해결중심 단기치료 이해와 실제

Thorana S. Nelson · Frank N. Thomas 편저 | 김희정 역

학지사

Handbook of Solution-Focused Brief Therapy: Clinical Applications
by Thorana S. Nelson and Frank N. Thomas

역자 서문

이 책은 해결중심 단기치료의 역사와 기본 원리, 철학적 배경 그리고 다양한 상담 및 교육 장면에의 적용과 다양한 사례를 포함하고 있다. 원서의 제목에서 보듯이 해결중심 단기치료 핸드북, 즉 해결중심 단기치료에 관한 모든 내용을 포괄하는 편람 또는 안내서라고 할 수 있다. 따라서 이 책은 해결중심 단기치료를 처음 접하는 상담자에게 해결중심 단기치료에 대한 전반적인 소개를 제공하는 개론서로서 매우 적합하다. 또한 이 책의 각 장은 다양한 분야에서 해결중심 단기치료를 활용하고 있는 권위 있는 치료자들이 집필하였기 때문에, 이미 해결중심 단기치료를 알고 있지만 더 깊은 이해를 원하는 상담자에게도 유익할 것으로 생각된다. 처음 읽을 때 알아차리지 못했던 행간에 함축된 의미들이 반복해서 읽을 때마다 읽는 이들을 더 깊은 통찰로 이끌기 때문이다.

이 책의 이러한 장점 때문에 역자는 오래 전부터 이 책을 국내에 소개하고 싶었다. 그러던 중에 운이 좋게도 연구년을 맞아 이 책을 번역하는 데에 많은 시간과 노력을 할애할 수 있게 되었다. 예상했던 것보다 더 많은 시간과 노력을 투입해야 했지만, 이제 드디어 그 성과를 책으로 출판하게 되어 매우 기쁘다.

이 책을 번역하는 일은 단순히 영어를 우리말로 바꾸는 것에 그치지 않고 역자에게 해결중심 상담자이자 교육자로서 더 성장하는 기회를 제공하였다는 점에서 의미 있는 일이었다. 먼저, 역자는 이 책의 여러 치료자와 사례를 통해 그동안 역자가 상담해 온 많은 내담자와의 해결중심 작업을 반성적으로 성찰해 보고 해결중심 치료자의 자세와 태도를 되새김으로써 상담자로서 한 뼘 더 성장할 수 있었다. 또한 영어로 된 해결중심 질문과 사례를 우리말로 바꿀 때 해결중심 치료의 철학과 의미를 충분히 전달하면서 동시에 내담자가 이해하기 쉬운 내용이 되도록 하였는데, 이를 통해 해결중심 치료에 대한 이해를 더욱 확장할 수 있었고 해결중심의 치료적 언어를 역자 자신의 언어로 만들 수 있었다. 역자에게 그랬듯이 이 역서가 해결중심 치료에 관심을 가지고 이 치료적 접근을 자신의 상담에 적용하고자 하는 상담자들에게는 물론 해결중심 치료를 배우고자 하는 학습자, 가르치고자 하는 교육자들에게 도움이 되길 바란다.

참고로, 역자는 이 책에서 '치료'와 '상담'(또는 '치료자'와 '상담자')을 혼용하였다. Solution-Focused Brief Therapy의 'therapy'에 충실하기 위해 되도록 '치료'라고 번역하였으나, '학교상담'이나 '목회상담'처럼 '상담'이 더 자연스럽고 보편적으로 사용되는 경우 '상담'이라고 번역하였다.

끝으로, 역자를 해결중심 치료자로 이끌어 준 Center for Change Family Support Center의 슈퍼바이저 Bob Williams와 학문적 가르침과 교육자로서의 본보기를 보여 주신 뉴욕 주립대학교의 James D. Donnelly 교수님께 깊은 존경과 끝없는 감사의 마음을 전하고 싶다. 또한 출판을 허락해 준 학지사, 원고 수정에 도움을 준 학지사 편집팀, 원고를 읽고 학습자이자 초보 상담자 입장에서 피드백을 준 대학원 지도 학생들에게도 깊은 감사의 마음을 전한다.

2017년 4월

역자 김희정

저자 서문

Insoo Kim Berg에게 바치는 헌사

나의 오랜 친구이자 멘토인 Insoo Kim Berg(1934. 1. 25.~2007. 1. 10.)는 이 책이 출판되기 며칠 전인 2007년 1월 10일에 갑작스럽게 세상을 떠났다. 우리는 20년 넘게 우정을 쌓아 왔다.

Insoo는 이제까지 내가 만난 상담자 중 가장 뛰어나고 현명한 사람이었다. 그녀는 뛰어난 지성과 타인에 대한 연민, 겸손 그리고 격식에 얽매이지 않는 태도를 균형 있게 갖춘 사람이었다. 나는 단기가족치료센터(Brief Family Therapy Center)에서 그녀가 내담자와 상담하는 장면을 보자마자 내 평생이 걸리더라도 그녀의 상담 방법을 배우고 싶었다. 돌아보면, 그때가 그리 오래되지 않은 것처럼 느껴진다. 그로부터 20년이 지나 우리가 『기적 그 이상의 것들(More Than Miracles)』(de Shazer, S., Dolan, Y., Korman, H., Trepper, T., Berg, I. K., & McCollum, E. (2007). *More Than Miracles: The State of the Art of Solution-Focused Brief Therapy*. Binghamton, NY: The Haworth Press)을 함께 저술하게 되었을 때, Steve de Shazer는 (그해에 그도 세상을 떠났다) 나에게 익살스럽게 고백하기를 자신은 Insoo가 해결중심치료에서 했던 일들을 정확히 알아내서 사람들이 그것을 따라할 수 있도록 책으로 써내는 일에 자신의 모든 것을 바쳤다고 하였다. 그리고 자신은 30년이 흐른 지금 정말로 그 모든 것을 마침내 글로 쓸 수 있을 것 같다고 하였다. 나는 그의 뜻이 무엇인지 이해할 수 있었다.

수년간 Insoo와 나는 종종 서로의 집을 방문하거나 여러 국가에서 열리는 학회에서 함께 강의하였다. 그러나 아침에 Insoo보다 먼저 일어나는 것은 거의 불가능하였다. Insoo는 한겨울에도 새벽같이 일어나 산책을 하고, 커피를 내리고, 우리 모두를 위해 아침을 준비하였으며, 아침 7시 30분이면 어떤 프로젝트든지 시작할 준비가 되어 있었다. 수년이 흘러도 Insoo는 아침 산책을 멈추지 않았음은 물론, 다른 운동까지 추가로 하기도 하였다. 예를 들면, 요가와 스트레칭, 근력 운동을 하였고, 가능할 때마다 산이나 숲, 또는 자연 속의 고요한 장소들을 걸었다. 한번은 그녀의 70번째 생일 직후에 그 연령대의 사람들보다 그녀가 얼마나 건강한지 내가 놀라워하자 그녀는 이렇게 말했다. "내 스케줄을 유지하려면 나는 건강이 아주 좋아야 해요."

그녀의 스케줄은 정말 대단했다. 내가 Insoo에게 전화하거나 이메일을 보낼 때마다 그녀는 학술지 논문에 마지막 수정을 가하고 있거나 또 다른 책을 쓰고 있었다(그중 두 권은 우리가 함께 쓴 것이다). 내가 알기로 그녀는 한 번도 마감일을 지키지 못한 적이 없었다. 그녀는 『Journal of Marital and Family Therapy』『Family Psychology and Counseling Series』『Families in Society』『Family Process』의 편집위원이기도 하였으며, 단기가족치료센터의 이사이며, 해결중심 단기치료학회(Solution-Focused Brief Therapy Association)의 창립자이기도 하였다. 또한 미국 결혼 및 가족치료학회(American Association for Marriage and Family Therapy)의 임상 회원이자 인증된 슈퍼바이저였으며, 위스콘신 결혼 및 가족치료학회(Wisconsin Association for Marriage and Family Therapy)에서도 활발히 활동하였다. 게다가 미국 사회복지학회(National Association of Social Workers) 및 유럽단기치료학회(European Brief Therapy Association)의 회원이었다. 대부분의 사람이 지쳐 버릴 만한 스케줄을 소화하면서도 그녀의 에너지와 열정은 쇠퇴할 줄 몰랐다. 나는 그녀가 단순한 '삶의 즐거움' 대신에 '일하는 즐거움'을 즐기는 것 같다고 놀리곤 하였는데, 그러면 그녀는 웃으며 "맞아요, 나는 그래요!"라고 말하곤 하였다.

Insoo는 글을 쓰고, 책을 저술하고, 학술지의 편집위원으로 활동하고, SFBTA를 설립했을 뿐만 아니라 전 세계를 돌며 해결중심 치료에 관한 세미나를 하고, 유럽과 아시아, 태평양 연안은 물론 북미 지역에서 자문 활동을 하였다. 나는 수년 동안 Insoo와 함께 여러 국가를 여행하고 가르칠 수 있었던 경험에 대해 감사하게 생각한다. 대부분의 경우, 우리는 우리가 받은 전액을 자선 기관에 기부하였다. 경제적인 측면에서 이것은 현명한 일이 아닐지도 모르지만, Insoo와 나는 우리의 가슴이 시키는 대로 하였고, 그렇게 하는 것은 분명 즐거운 일이었다.

내가 Insoo와 외국을 여행한 경험 중에 가장 기억에 남는 것은 아시아 지역에 해결중심 훈련을 하러 간 여행에서 Insoo의 고국인 한국의 서울에 머물게 된 것이다. 서울에서 나는 우리 가족의 미해결 과제를 수행할 임무를 가지고 있었다. 아주 옛날, 미군 장교였던 나의 아버지가 한국전쟁에 참전하면서 돌아올 때 나의 어머니에게 진주 목걸이를 사 주기로 약속하셨다고 한다. 그러나 나의 아버지는 전쟁에서 사망하셨다. 나의 어린 시절에 관한 기억 중 하나는 어머니가 군대 장례식에서 우셨던 것이다. 이제 40년이 지나 나는 아버지께서 어머니께 약속하셨던 진주 목걸이를 사다 드리고자 하였다.

서울에 살고 있는 Insoo의 친척이 괜찮은 가격에 좋은 진주 목걸이를 살 수 있는 보석 상점들이 있는 곳을 알려 주었다. Insoo와 나는 함께 나가서 몇 곳의 상점을 돌아다니다가 마침내 괜찮은 곳을 발견하였다. 그런데 판매원이 완벽하게 만들어진 진주 목걸이들을 줄줄이 보여 주자 나는 눈이 가물거리기 시작했다. 선택을 한다는 것이 불가능했다. 진주 목걸이들의 길이가 정말 다양했고, 조금씩 빛이 달랐다. 하지만 기본적인 지식이 없는 나의 눈에는 모든 것이 똑같아 보였다. 판매원은 한 발로 서 있다가 다른 발로 서 있다가 하더니 마침내 내가 쉽게 선택할 수 있도록 도와줄 수 있는 것이 있다면서 서랍을 열더니 끈으로 졸라맨 실크 주머니를 꺼냈다. 그 주머니 안에는 각기 다른 독특한 진주들을 아주 주의 깊게 한 줄에 꿰어 놓은 진주 목걸이가 있었다. 그는 이 서로 '다른(different)' 진주알을 꿴 진주 목걸이와 다른 진주 목걸이들을 비교하면서 우리에게 가장 최선이라고 생각되는 진주 목걸이를 선택하도록 해 주었다.

Insoo와 나는 바로 이 '다른' 진주들을 묶어 놓은 목걸이에 매료되었다. 이 목걸이의 진주들은 각각 조금씩 독특한 질을 가지고 있어서 같은 것이 하나도 없었다. 어떤 것은 조금 더 둥글었고, 어떤 것은 한 쪽이 다른 쪽에 비해 더 컸으며, 어떤 것은 조금씩 흠이 있거나 했다. Insoo는 이러한 '차이'를 재미있어 하였다. 그녀가 말했듯이, "모든 사람은 독특하고, 그 때문에 고유한 특성이 있다. 그래서 사실 모두가 잘 어울린다. 왜냐하면 각자 독특한 차이를 가지고 있다는 공통점이 있기 때문이다." 우리는 두 개의 목걸이를 사서 상점을 나왔다. 나는 우리 어머니를 위해 내가 살 수 있는 금액 한도 내에서 가장 둥근 진주 목걸이를 샀고, Insoo는 이 '다른' 진주 목걸이를 샀다. 그녀는 이 목걸이를 수년간 걸고 다녔다.

나는 Insoo가 이 책의 각 장을 특히 좋아할 것이라고 생각한다. 왜냐하면 이 두 줄의 목걸이처럼 각 장이 독특한 특성과 개별성, 아름다움을 가지고 있지만 동시에 한 줄의 실에 꿰어 있기 때문이다. 그리고 나는 이 책의 모든 장이 마치 진짜 진주처럼 오랫동안 그 가치가 있을 것으로 생각한다.

2007년 1월 15일

인디애나 주 하몬드에서

해결중심 단기치료학회(Solution-Focused Brief Therapy Association) 회장

Yvonne Dolan

책 소개

해결중심 단기치료(Solution-Focused Brief Therapy: SFBT)의 활용에 관한 많은 책이 출판되고 있다. 우리는 워크숍과 교육에서 "SFBT가 ____(문제)에 효과가 있나요?" 혹은 "SFBT는 '미봉책'이나 '일회용'으로 보이는데, 진짜 문제에는 어떻게 효과가 있나요?"라는 질문을 받는다. 그러나 수많은 책이 이 접근을 서로 다른 문제들(학교에서, 상담 기관에서, 어린아이에게, 가정폭력 가해자에게, 외상 환자에게 등)에 어떻게 활용할 수 있는지 설명하고 있는 것을 보면, 이 접근을 사용하는 많은 사람이 그것이 진짜 문제들을 무시하는 미봉책이거나 은폐해 버리는 것이 아님을 강하게 믿고 있다는 사실을 반증한다고 생각된다. 그러나 만약 당신이 해결중심 접근을 배우고 있지만 이 모든 책을 읽을 시간이나 자원이 없다면 이 책이 당신에게 도움이 될 수 있을 것이다.

이 책의 목적은 SFBT 접근을 다양하게 활용할 수 있는 방법을 독자에게 간결하게 보여 주는 데 있다. 각 장의 저자는 먼저 장의 주제에 맞는 현상을 설명하였다. 이는 이 책의 앞부분에서 SFBT의 가정과 개념, 일반적인 임상에 대해 설명하였기 때문에 각 장에서 이 모델의 기초적인 내용들을 반복할 필요가 없었기 때문이다. 따라서 독자는 SFBT 모델의 기초적인 내용이 소개된 이 책의 처음부터 읽어 나가기 바란다. 또한, 각 장은 SFBT가 어떤 특정한 상황에서 어떻게 활용될 수 있는지 보여 주고 자유롭게 사례를 제시하고 있다. 우리는 이 책이 SFBT에 낯선 사람은 물론 기초적인 개념을 이해하고 있으면서 특정한 상황에 대한 구체적이고 추가적인 아이디어를 얻고자 하는 사람, 그리고 이 접근을 다양하게 활용할 수 있는 방법을 탐색하고자 하는 사람에게 알맞을 것으로 생각한다. 이 책은 대학원 수업 및 고급 상담 훈련에서 교재로 사용할 수 있으며, 각 장의 참고문헌을 합치면 SFBT에 관한 문헌들을 모아 놓은 참고서가 될 수도 있을 것이다.

우리는 이 책이 독자에게 유용한 자료들을 한데 모아 놓은 것으로 활용되기를 바란다. 이 책의 각 장은 각각의 주제에 대한 전문가이자 이 접근을 사용하는 데 경험이 많은 저자가 저술하였다. 서문은 Yvonne Dolan이 고(故) Insoo Kim Berg에게 바치는 헌사이며, 1부는 SFBT의 가정과 실제, 역사, 인식론을 포함하는 '기초'로 구성되었다. 특히 Cade와 Bidwell의 2장과 3장은 이 분야에 특별히 뛰어난 기여를 하였다고 생각한다. 2부는 몇몇 임상적 문제와 대상에 SFBT를 활용하는 것을 담고 있다. 예를 들면, 부부, 우울증, 가정폭력, 학교, 아동, 목회, 치료자 소진, 약물, 그리고 '치료실 밖에서의' 적용에 대한 것이다. 3부는 훈련과 슈퍼비전에 초점을 두고 있다. 4부는 사례와 SFBT의 잠재적 한계점에 관한 Frank의 생각들을 소개하였다. 그리고 이 책의 마지막 장은 Steve de Shazer와 그의 아내이자 SFBT 접근의 공동 창시자인 Insoo Kim Berg에 대한 Brian Cade의 헌사로 장식하였다.

차례

⊙ 역자 서문 _ 3
⊙ 저자 서문: Insoo Kim Berg에게 바치는 헌사 _ 5
⊙ 책 소개 _ 9

PART 1 기 초

CHAPTER 01 해결중심 단기치료의 가정과 실제(Frank N. Thomas, Thorana S. Nelson) • 19
서 론 _ 19
상호작용 관점 _ 20
임상적 사고: 해결중심 입장 _ 21
기본 가정 _ 28
실 제 _ 35
결 론 _ 45

CHAPTER 02 해결중심 단기치료의 역사(Brian Cade) • 49
서 론 _ 49
Milton H. Erickson _ 51
치료에서의 의사소통 _ 60
전략가와 기술자 _ 63
팰로앨토의 단기치료센터 _ 66
밀워키 단기가족치료센터 _ 71
해결의 열쇠: 오즈의 마법사 기법 _ 74

누가 무엇을 원하는가 _ 82
언어와 전경/배경 _ 86
적용과 성과 연구 _ 90
결 론 _ 92
감사의 말 _ 93

CHAPTER 03 앎: 인식론과 해결중심치료(Duane R. Bidwell) • 101
서 론 _ 101
안다는 것에 대하여: 역사적 요약 _ 103
심리학의 탈근대화: 사회적 구성주의 이론 _ 107
가족치료에서 인식론적 초점의 전환 _ 113
해결중심 앎의 특성 _ 117
존재의 기적 _ 122
결론: 미래를 향하여 _ 126

PART 2 적 용

CHAPTER 04 해결중심 부부치료(Phillip Ziegler, Tobey Hiller) • 133
부부치료에 관한 해결중심 접근 _ 133
상담 사례 _ 140

CHAPTER 05 우울증 그 너머를 보는 것(Teri Pichot) • 167
서 론 _ 167
기적 질문 _ 171
척도 질문 _ 174
예외 질문 _ 177
관계성 질문 _ 178
차이 질문 _ 180

칭 찬 _ 181
사 례 _ 182
결 론 _ 188

CHAPTER 06 가정폭력 가해자를 위한 해결중심치료 (Mo Yee Lee, John Sebold, Adriana Uken) • 191

서 론_ 191
기존의 치료적 접근 _ 193
새로운 시작 _ 197
해결중심 접근에 대한 이론적 설명 _ 199
해결중심 접근으로의 전환 _ 201
다른 체제와 협력하기 _ 226
치료 프로그램 평가 _ 226
결 론 _ 227

CHAPTER 07 학교에서의 해결중심 단기치료(Cynthia Franklin, Beth Gerlach) • 233

서 론 _ 233
학교에서의 SFBT의 효과 _ 234
학교에서 SFBT의 효과를 높이는 방법 _ 234
학교에서 SFBT를 사용함으로써 얻는 이점들 _ 235
학교에 SFBT 소개하기 _ 237
성공적인 학교 상담 _ 238
협력적 관계 구축하기 _ 241
학생과 협력하기 _ 243
학생 및 학부모와 협력하기 _ 250
학교 관리자와 협력하기 _ 253
교사와 협력하기 _ 255
정신건강 전문가와 협력하기 _ 259
결 론 _ 260

CHAPTER 08 아동과 청소년을 위한 해결중심치료(Paul Hackett, Guy Shennan) • 265

서 론 _ 265

어떤 아동을 위한 해결중심 단기치료인가 _ 266

사 례 _ 283

결 론 _ 291

CHAPTER 09 해결중심 아동상담의 비법과 요령(Sabine Tolksdorf, Mark Mitchell) • 297

독일 학교의 해결중심 단기치료 _ 297

해결중심 단기 아동상담 _ 309

CHAPTER 10 해결중심 단기 목회상담(Daniel Gallagher) • 313

서 론 _ 313

내담자가 원하는 것을 알아내기 _ 315

애 도 _ 316

영성적 문제들 _ 325

신만이 할 수 있는 일 _ 326

이혼할 것인가 말 것인가, 그것이 문제로다 _ 328

우연히 잠시 이루어지는 상담: 병원 방문 _ 338

집단상담 _ 341

결 론 _ 342

CHAPTER 11 소진에 대한 해결중심 접근(Yvonne Dolan, Thorana S. Nelson) • 345

서 론 _ 345

Amy의 사례 _ 347

결 론 _ 369

CHAPTER 12 정신건강 진료를 위한 해결중심 단기치료(Alasdair J. Macdonald) • 371

'의학적 모델'의 소개 _ 371
역사와 문화의 영향 _ 372
주요 정신 장애들 _ 375
응급 평가 _ 378
계획된 평가 _ 380
급성 발작 입원 환자 관리 _ 387
입원 환자 치료에 영향을 주는 공통의 문제들 _ 401
결 론 _ 403

CHAPTER 13 외상과 아동보호를 위한 해결중심 단기치료(Andrew Turnell) • 409

서 론 _ 409
아동보호 서비스: 일선 담당자들의 성공 사례 _ 411
내담자와 함께 평가하기 _ 414
정신적 외상을 입은 난민과 작업하기 _ 417
내담자와 글쓰기 _ 421
결 론 _ 427
〈부록〉 회복에 관한 해결중심 척도 _ 429

PART 3 훈 련

CHAPTER 14 해결중심 훈련: 도구와 메시지(Heather Fiske) • 437

서 론 _ 437
언어에 관한 주석 _ 438
도전과 가능성 _ 439
무엇이 효과적인가 _ 447
잘 마무리하기 _ 464
결 론 _ 465

CHAPTER 15 해결중심 슈퍼비전(John Wheeler) • 473

서 론 _ 473
지침이 되는 생각들 _ 475
해결중심 슈퍼비전의 도구들 _ 478
눈 위에 난 발자국 _ 484
슈퍼바이저의 가설 _ 487
슈퍼비전의 형태 _ 492
비디오 슈퍼비전 _ 501
전화 자문 _ 502
슈퍼바이지의 관점에 관한 연구 _ 505

PART 4 마무리

CHAPTER 16 사례: Lucy와 Caleb(Thorana S. Nelson) • 515

서 론 _ 515
첫 회기 _ 516
두 번째 회기 _ 525
세 번째 회기 _ 533
에필로그 _ 540

CHAPTER 17 해결중심 단기치료의 한계, 오해 그리고 오용 (Frank N. Thomas) • 543

서 론 _ 543
제한점, 오용 그리고 오해 _ 545
결 론_ 561

⊙Steve de Shazer에게 바치는 헌사 _ 567
⊙찾아보기 _ 571

PART 1

기 초

Handbook of Solution-Focused Brief Therapy

해결중심 단기치료 접근의 기본적인 내용을 소개한다.

- 해결중심 단기치료의 가정과 개념, 실제
- 해결중심 단기치료의 역사와 맥락
- 해결중심 단기치료의 인식론

해결중심 단기치료의 가정과 실제

Frank N. Thomas
Thorana S. Nelson

패러다임이 변하면 세상도 변한다.
Thomas Kuhn

은행 이자를 제외하고는 어떤 것도 가정하지 마라.
Bob Branon

서 론

해결중심 단기치료(Solution-Focused Brief Therapy: SFBT)의 가정은 de Shazer의 저서 『단기가족치료의 유형(Patterns of Brief Family Therapy)』(1982)에서 시작되어 그동안 많은 저자와 교육자에 의해 상세히 설명되었다. 그러나 이 가정들은 아직도 가변적인 상태에 머물러 있다. 따라서 이 장에서는 기존 가정들의 유사점과 차이점을 찾아봄으로써 전체적으로 해결중심 단기치료의 명확한 가정들을 확인해 보고자 한다.

SFBT를 활용하는 사람들 모두가 변화와 치료, 인간에 대하여 같은 생각을 가지고 있는 것은 아니다. 다만 30년 이상이라는 시간 동안 Erickson과 Bateson,

Wittgenstein, de Shazer, Berg를 잘 혼합하여 숙성시킨 비옥한 토양 위에 SFBT의 가정에 관한 목록들이 확장되거나 축소되고 있을 뿐이다. 이 중 어떤 가정은 독특하며, 또 어떤 가정은 시간에 상관없이 지속성이 있다.

이 장에서는 SFBT 관련 문헌들에서 추출한 포괄적인 가정들의 목록을 취합하고 요약하여 크게 두 개의 범주, 즉 (a) 철학, 자세, 입장(임상적 사고)의 범주, 그리고 (b) 개념적/실제적(우리가 무엇을 하는가) 범주로 요약하고자 하였다.

상호작용 관점

해결중심치료는 캘리포니아 주 팰로앨토(Palo Alto)의 정신건강연구소(Mental Research Institute: MRI)의 단기치료로부터 시작되었다. 이것은 John Weakland와 Bradford Keeney가 de Shazer의 첫 번째 저서인 『단기가족치료의 유형』(1982)의 서문에서 그의 저서가 Erickson과 Bateson의 전통을 이어받은 단기치료에 기여할 것이라고 칭찬한 것을 보면 알 수 있다. 후에 출판된 de Shazer의 저서 『언어는 원래 마술이었다(Words Were Originally Magic)』(1994)는 앞의 것과 다소 다른 성격의 저서다. 그러나 SFBT와 MRI는 이론과 실제에 있어서 같은 혈통을 가진 자매라고 할 수 있다.

> 상호작용적 관점이란 정확히 무엇인가? 많은 사람이 그것을 '이론' 혹은 '병인론' '연구 및 치료 프로그램' 또는 '관점'이라고 말한다. 그러나 전체적으로 보면 그 어느 것도 아니다. 상호작용적 관점이란 문제를 바라보는 새로운 방식을 제공하는 치료 혹은 연구에 관한 하나의 견해다. 즉, 우리가 치료 또는 연구 상황에 가지고 들어가는 하나의 마음 자세, 태도 혹은 틀이라고 생각하는 것이 가장 바람직하다. 따라서 상호작용적 관점은 정답 또는 결론을 제공하는 것이라기보다는 우리가 문제를 생각할 수 있게 틀을 제공하는 것이라고 할 수 있다 (Fisher, 1982, pp. 197-198).

임상적 사고: 해결중심 입장

호기심

호기심을 견지하는 입장은 많은 치료 접근에서 공통적으로 나타나지만, SFBT에서는 없어서는 안 되는 것이다. 해결중심 치료자에게 치료란 오래된 인식과 생각, 행동이 선입견 없이 검토되고, 윤리적 · 도덕적 범위 내에서 새로운 개념과 행동을 연습할 수 있는 맥락을 제공하는 것이다. 이 과정에서 핵심이 되는 것은 치료자가 내담자의 경험과 내담자가 부여하는 의미에 관심을 기울이는 질문을 해야 한다는 것이다. 만약 치료자가 내담자의 관점보다 자신의 관점에 더 많이 초점을 둔다면 그것은 더 이상 SFBT가 아니다.

SFBT에서는 치료자의 낙관주의가 호기심을 유지하는 데 일정 역할을 한다. 즉, 치료자의 호기심은 긍정적인 결과, 작은 성공, 그리고 내담자/맥락적 자원에 향해 있다. 문제의 원인이나 설명, 분류에 향해 있지 않다. 텍사스 주 포트 워스(Fort Worth) 출신의 사회복지사 Tom Lee는 필자와의 사적인 대화에서(2003년 11월 22일) 자신은 "효과적인 치료를 위하여 SFBT의 유용성을 믿고, 내담자가 자기 삶에 긍정적 변화를 가져올 수 있는 능력이 있다고 굳게 믿는다."고 하였다. 치료자가 호기심의 입장을 취하는 것이 무엇인지를 전형적으로 보여 주는 말이다.

SFBT에서 치료자는 내담자로부터 배우기를 원하며, 내담자는 많은 것을 갖고 있는 존재다. 치료자와 내담자 모두 변화의 과정에 참여하지만, 내담자는 자신의 삶에 있어서 전문가이며, 치료자는 내담자에게서 더 중요한 부분과 덜 중요한 부분 모두를 활용하지 않고서는 앞으로 나아갈 수 없다(Thomas & Cockburn, 1998; Weiner-Davis, 1992). 내담자의 경험과 의미, 기대에 대한 호기심 없이 치료자는 내담자를 도울 수 없다. 이러한 입장을 잘 요약한 만화가 있다. 이 만화에서 정장을 입은 전문가는 자격증으로 가득한 벽 앞에 놓여 있는 책상에 앉아 "우리가 알고 있는 것은 너무 적어."라고 말하고 있다. 아이러니하지 않은가. 하지만 SFBT 치료자는 한술 더 떠서 자신이 알고 있는 것은 치료에 겨우 일부분 기여할 뿐이라고 생각한다. 중요한 요소는 내담자로부터 나온다는 것이다.

존 중

거의 모든 치료적 접근이 내담자를 존중할 것을 권장하지만, SFBT만큼 이에 대해 상세히 이야기하고 있는 접근은 없을 것이다. 또한 많은 치료 접근이 비판단적이고 무조건적 존중에 대하여 이야기하지만, SFBT는 의도적으로 내담자가 설명하는 경험과 그것이 무엇을 의미하는지에 귀 기울인다. SFBT에서는 내담자가 치료자 혹은 다른 어떤 전문가보다 자신에 대해서 더 잘 안다는 믿음, 즉 존중이 스며들어 있다(Måhlberg & Sjöblom, 2004).

아마도 존중의 자세 중 가장 눈에 띄는 면은 치료에 대한 내담자의 기대를 알아내고 인정하는 것일 것이다. 즉, 내담자가 성취하고자 하는 목표와 내담자가 선택하는 것을 우선시한다. 그리고 이 접근에서 치료자는 내담자의 태도 및 대화의 주제와 관련하여 내담자와 명확히 의사소통할 책임이 있으며, 내담자의 삶의 역사가 중요하게 다뤄진다.

치료자 역할에 대한 내담자의 관점 역시 중요하게 고려된다. 내담자가 치료에서 기대하는 것은 다양하지만(Prochaska, DiClemente, & Norcross, 2003), SFBT 치료자는 존중적인 상호작용, 즉 내담자에게 최대한 맞추는 것을 치료자의 책임이라고 본다. 모든 치료자가 한계를 가지고 있지만(왜냐하면 윤리적 · 도덕적 · 임상적 한계를 고려하여야 하므로), SFBT 치료자는 내담자가 얼마나 편안함을 느끼는지, 그들이 무엇을 기대하고, 어떻게 하면 가장 동기화되는지, 그리고 성공적인 치료 관계의 핵심 요소가 무엇이라고 생각하는지 등을 알아내고자 한다. 예를 들면, 한 내담자가 치료자에게 사람들로부터 반복적인 질문을 받는 것을 싫어한다고 말하였다. 그는 최근의 소송 때문에 자신의 고용주를 기소하려는 검사가 그를 증인으로 세워 상당한 심문을 받았으며, 그때 경험한 수치심과 두려움 때문에 치료에 오게 되었다. 이런 경우 치료자는 비록 SFBT가 질문 중심이기는 하지만, 호기심의 자세는 유지하되 직접적인 질문은 최소화도록 자신의 방식을 변경할 것이다. 그리고 치료자와 내담자는 언제든 내담자가 너무 많은 질문을 받는다고 느끼거나 치료자가 심문하는 듯한 태도를 취한다고 생각되면 이에 관해 논의하기로 합의할 것이다.

잠정적일 것

우리(이 장의 저자)는 전문가로서 좀 과감한 면이 있어서(Cade, 1992 참조) 우리의 전문성에 대해 다른 누구와도 대화할 준비가 되어 있다. 여러분도 듣고 싶다면 요청해 주기 바란다. 예를 들면, 우리 중 한 명은 루터교에 대해, 유타(Utah) 지방의 날씨에 대해, 그리고 가족치료 전공 대학원 운영에 관해 잘 알고 있다. 다른 한 명은 변호사인 남편과 산다는 것이 어떤 것인지, 달라스(Dallas) 하키팀과 핀란드 올림픽 하키팀, 합기도 등 비교하기는 뭣하지만 꽤 복잡한 것에 관한 전문가다. 이처럼 우리가 임상과 슈퍼비전에서 발견한 것은 우리의 전문성이 내담자에게는 그리 중요하지 않다는 점이다. 어떻게 아이들이 자라고, 어떻게 좋은 관계를 맺는지, 어떻게 하면 가장 효과적인 치료를 할 수 있는지 등에 대하여 우리가 알고 있는 것이 치료실 안에서는 우선하지 않는다. 이것은 Gregory Bateson(1979)이 말한 "모든 남자애가 알고 있는 것"과 같다. 즉, "우리는 포괄적인 것은 알 수 있으나 구체적인 것은 알 수 없다." (p. 43)

Harlene Anderson과 Harry Goolishian(Anderson, 1997, 2005; Anderson & Goolishian, 1992)은 '알지 못한다는 자세(not-knowing position)'를 주창한 사람들이다. 이들이 주장한 것은 '무지(ignorance)'가 아니라 '알 필요가 없는 것(not having to know)'이다(Anderson, 1997, p. 64). 이것에 관한 그들의 초기 입장을 살펴보면 다음과 같이 명확하게 기술되어 있다.

> 알지 못한다는 자세는 치료자가 행동을 통해 풍부하고 진실한 호기심을 전달하는 전반적인 태도 또는 입장을 말한다. 즉, 치료자의 행동과 태도가 내담자와 내담자의 문제, 혹은 무엇이 변해야 하는지에 대해 미리 생각한 의견을 전달하기보다는 내담자가 말한 것에 대해 더 알고 싶다는 것을 표현하는 것을 말한다. 따라서 치료자는 항상 자신을 내담자로부터 정보를 얻어야 하는 위치에 놓는다 (Anderson & Goolishian, p. 29).

Anderson(1997)에 따르면, 치료자는 항상 "다른 사람으로부터 정보를 얻고, 무슨 일이 일어났고, 또는 일어나지 않았는지 알아내야 하므로" (p. 134) 알지 못한다는 자세를 취할 필요가 있다.

'알지 못한다'는 것은 말 그대로 '알다(know)'의 반대말인 '알지 못한다(not know)', 또는 '지식의 부재(no knowledge)'를 의미하는 '완전히 모른다'는 입장으로 이해되기도 한다. Paulo Bertrando(2000)는 다음과 같이 썼다.

> 완전히 모른다는 자세를 취하기는 불가능하다. 왜냐하면 치료자는 자신의 고유한 경험을 피할 수 없기 때문이다… 따라서 모른다는 자세는 단순히 알면서도 말하지 않는 것을 의미하거나 전략적인 것을 의미할 위험성이 있다. 즉, 어떤 의견이 없거나 관점을 갖지 않는 척하는 것은 단지 알지 못한다는 것의 가상적인 방법일 뿐이다(p. 92).

우리는 '알지 못한다'에 초점을 둔 대화는 역효과를 낳을 수 있다고 생각한다. 이 이분법적인 용어 때문에 발생할 수 있는 혼란을 줄이기 위해 우리는 해결중심 치료자는 잠정적인 입장을 취한다고 주장하고 싶다. 이 입장을 유지하기 위해 치료자는 자신의 생각을 완전한 것이 아닌 잠정적인 가설로서 바라본다(해결중심의 알지 못함에 대해서는 Iveson, 2005 참조). 예를 들면, 한 내담자가 치료에 오게 된 이유를 자신이 최근에 암을 진단받았기 때문이라고 말한다면, 치료자로서 당신은 잠시 동안 이것이 그녀를 치료에 오게 만든 유일한 원인이라고 가정하라. 그리고 그녀의 고민거리가 치료 중에 바뀔지 모르니(아마도 바뀔 것이다), 당신이 어떤 접근을 택할 것인가에 있어서 잠정적이어야 한다. 만약 전통적인 치료 접근이라면, 즉시 내담자의 애도 반응과 죽음에 대한 두려움에 초점을 둘 것이다. 암에 걸린 내담자에 대한 계속적인 재해석과 그녀의 변화하는 경험은 무시한 채 말이다.

그러나 잠정적이라는 것은 내담자로 하여금 자신이 현재 경험하는 것을 충분히 이해하도록 해 주면서 그것을 치료자에게 알려 달라고 하는 것을 의미한다. 어떤 내담자는 몇 가지 문제를 함께 제시할 수도 있다. 예를 들면, 배우자를 잃을지도 모른다는 두려움, 암 치료가 가정 경제에 미칠 영향, 다가올 신체 변화 등이다. 어떤 치료 접근은 내담자의 문제의 원인과 중요성에 단계를 만들 것이며, 어떤 치료 접근은 내담자가 가진 여러 문제를 동시에 포괄하는 하나의 가설을 세우려 할 것이다. 반면, 해결중심 치료자는 내담자의 문제에 대한 반응의 복잡성이 아닌 내담자의 경험의 복잡성에 초점을 둔다. 따라서 치료자의 생각과 기법을 결합하는 것보다는 잠정적인 가설을 세우고 기법은 살짝 적용하면서 언어 사용에 매우 주의할 것이다(예, "혹시 ~인지 궁금하군요." "이것은 혹시 ~인가요?" "~일 가능성이 있습니까?"). 치료자가 잠정적인 자세를 취하는 것은 내담자로 하여금 목표를 설정(재설정)하고, 자신의 생각과 느낌, 행동을 보고하는 데 있어서 자유를 준다. Keeney(1983)는 이것을 "거울 속의 카멜레온"(p. 172)이라고 불렀다. 치료자는 잠정적인 자세를 취함으로써 치료 목표와 내담자와의 합의를 유지하면서 변화를 추구할 수 있다. 나는 천천히 알아가는 것이 더 현실적인 입장이라고 생각한다(Thomas, 2007). 왜냐하면, 천천히 알아가는 것은 내담자가 자기 입장을 다양하게 이야기하고 설명할 수 있도록 해 줌으로써 내담자의 진술을 확장시켜 주기 때문이다. 나는 내담자가 이야기를 수정하는 것에 개방적이며, 나 자신도 자신의 생각을 계속 수정하기 때문에—단순히 그런 척하는 것이 아니다—내담자는 내가 정신적으로 느린 것이 아니라는 것을 알고 오히려 내담자 자신의 언어와 경험 간의 의미를 재창조하기 위해 나와 함께 재탐색하고 재실행해 볼 것이다.

비표준화와 비병리화

SFBT는 모든 내담자의 경험을 고유하다고 보며, 따라서 내담자가 자신의 경험에 대하여 두려움 없이 꺼내 놓고 의논할 수 있도록 해 주어야 한다고 가정한다. Milton Erickson의 말을 인용하면, "모든 사람은 독특한 존재다. 따라서 치료는 인간 행동에 대한 가설적 이론에 개인을 획일적으로 맞추기보다는 그 사람의 독특한 요구를 충족시킬 수 있는 방식으로 이루어져야 한다."(Zeig, 1985, p. viii) 이러한 믿음에 따라 SFBT는 진단[예를 들면, 미국정신의학회(American Psychiatric Association: APA)의 정신장애에 관한 진단 및 통계 편람(Diagnostic and Statistical Manual of Mental Disorders: DSM-IV)]이나 일반화(즉, 인간의 '정상' 발달)에 거의 가치를 두지 않는다.

SFBT는 오랫동안 비판단적 입장을 가정해 왔다. 다시 말하면, 대부분의 해결중심 치료자나 연구자는 사물을 보는 관점과 경험에서 '옳은' 것이란 없다고 전제한다(Durrant, 1995; O'Hanlon & Weiner-Davis, 1989). 대체로 SFBT는 '원인'에 대한 인과관계론적 설명을 하지 않는다. 인과관계론적 설명은 대부분 정상 또는 비정상이라는 진단을 내리기 위한 것이기 때문이다. 또한 SFBT는 내담자의 문제의 원인을 '찾는 것'이 반드시 해결책을 구축하는 데 필수적이라고 보지 않는다. 오히려 원인을 찾는 데 전념하는 것이 문제를 더 악화시킬 수 있다고 본다(de Shazer & Miller, 1998, p. 370). 대신에 해결중심 치료자는 내담자의 문제와 관련된 경험에 초점을 둔다. 예를 들면, (a) 예외, (b) 문제해결을 위한 자원, (c) 내담자의 경험을 문제가 있다 혹은 없다와 같이 이분법적으로 나누기보다는 내담자의 경험의 범위를 다양하게 허용함으로써 희망을 고취시키는 것, 그리고 (d) 문제 상황을 견뎌 온 내담자의 강점에 집중한다. 따라서 문제란 내담자가 문제라고 생각하는 것을 의미하며(Durrant, 1995), 내담자에게 가장 문제가 되는 것이 문제다.

이처럼 비표준화(nonnormative)를 강조하는 것과는 별개로, SFBT는 '정상화'(normalizing)(De Jong & Berg, 2002)를 강조한다. 즉, 내담자는 문제를 경험하는 것은 자신만이 아니며, 다른 사람도 문제에 생각과 감정, 행동을 가지고 있다는 것을 알게 될 때 편안함과 문제해결을 위한 동기를 갖게 된다. 내담자에게 자신의 경험은 특별하지만 동시에 그것은 보통 사람이 스트레스나 상실, 불안에 대해 대처하는 '정상적인' 방법이라는 것을 알려 줄 때 내담자가 희망을 갖게 되는 것이다. 비표준화를 강조하는 것은 차이를 허용한다는 것이다. 즉, 개인으로 하여금 자신의 삶, 문제, 상황을 변화 가능한 것으로 볼 수 있게 해 준다. 미국 문화에서는 대중이나 전문가들 모두 성격은 영원한 것이라고 본다. 성격장애(예, 자기애 혹은 경계선 성격장애)를 공부하는 것이 상담 훈련의 일부가 되었으며, 대중적으로는 성격을 자가진단하기 위한 우스운 책들까지 넘쳐난다(1980년대에 '상호의존성'에 관한 책들이 폭발적으로 나타났던 것을 기억해 보라). 그러나 SFBT에서 내담자는 고유의 경험을 가지고 이러한 경험에 대하여 끊임없이 새로운 인식을 하게 된다. Michael Durrant는 DSM이 20권짜리 백과사전이 되거나 한 단어짜리 문서(모든 사람은 그저 "덫에 걸린 것뿐이다."라는 한마디)가 될 것이라고 예언하기도 하였다(Thomas, Durrant, & Metcalf, 1993). 사실 그는 이렇게 되길 바랐다.

SFBT 치료자에게 문제는 병리를 말하는 것이 아니다. 병리는 문제를 묘사하는 한 가지 방법에 불과할 뿐이다. 문제를 명명하는 것(labeling)은 문제를 분류하고 범주화함으로써 우리가 경험하는 것들을 이해하기 위한 것이다. 다른 사람의 행동과 정서를 묘사할 때, 우리는 그 표현을 얻는 것일 뿐 실제 지식과 치우침 없는 설명을 얻게 되는 것은 아니다. 문제는 언어와 경험과 맥락 속에 있는 것이지 '황야'에 홀로 존재하는 것이 아니다.

마지막으로, SFBT는 내담자가 처한 맥락을 끊임없이 고려함으로써 비표준화·비병리화 입장을 충실히 견지한다. 그동안 SFBT의 가장 큰 단점 중 하나는 맥락적 이해와 적용이 중요하게 여겨지지 않았다는 점이다. 그 이유는 SFBT 치료자에게 치료실 안팎에서 맥락을 볼 수 있는 개념적·인식적·참여적 기술을 충분히 훈련하지 않았기 때문이다. 그러나 우리는 우리의 교육적 배경(가족치료를 배운 이래로)으로 인해 내담자의 삶에 맥락이 얼마나 중요한 영향을 미치는지 확신하고 있으며,

따라서 개인은 맥락 속에 살아가야 하며, 개인의 이야기와 경험은 항상 맥락에 의해 이해될 수 있다고 생각한다(Bertrando, 2000).

내담자의 유능성

SFBT 치료자는 내담자가 유능하다고 가정한다. 내담자는 단지 모든 정답을 손에 쥐고 있지 않을 뿐이며, 해결을 시도해 보았으나 단지 효과가 없었던 것일지도 모른다. 우리는 모두 우리의 삶에서 해결책을 찾지 못해 고착되어 있었던 때를 돌아보고, 때로는 어딘가에 더 나은 것이 있다는 것을 떠올릴 필요가 있다. 내담자에게는 신체적 또는 환경적인 제약이 있을지도 모른다. 하지만 SFBT는 내담자가 정신건강 분야에서 가정하는 것보다 훨씬 더 유능하다고 가정한다. 이런 내담자의 유능성을 활용하는 것이 SFBT의 대표적인 특징이다.

기본 가정

▣ 변화는 지속적이며 피할 수 없다: 사람이 의사소통하지 않고는 변화하지 않을 수 없는 것처럼

"변화는 삶의 아주 많은 부분을 차지한다. 따라서 사람은 변화하지 않을 수 없다."(Berg & Miller, 1992, p. 11) 문제에 빠지면 우리의 변별 능력이 무기력해져서 내담자는 자신이 정체되어 있거나 고착되어 있다고 느끼게 된다. 그러나 삶은 안정적이지만 동시에 지속적으로 변화하는 것이다. 이를 통해 SFBT 치료자는 중요하지만 종종 문제의 시스템 내에서 잊혀진 것을 발견할 수 있었다.

이것은 때로는 치료에서 우리가 원하는 방향으로 변화하도록 영향을 미칠 수 있다는 것을 의미하는 것이다. 반대로 때때로 변화는 예상치 못한, 그리고 좋지 않은 방향으로 일어날 수도 있음을 의미한다. SFBT 치료자는 이러한 변화의 양면성에 의기소침해지기보다는 그것을 내담자가 우리와 어떻게 협력하고 있는지, 어떤 긍정적인 의미가 있는지, 그리고 변화를 재정향하기 위해 어떤 방향으로 나아가야 하는지에 관하여 알 수 있는 기회로 보았다. 상황은 멈춰 있을 때보다 움직일 때 변화하기 쉽다.

예를 들면, 직장에서 좀 더 자기주장을 하려고 했다가 실망과 역효과만 얻고 웃음거리가 되었다면, SFBT 치료자는 내담자가 그 상황에서 무엇을 배웠는지, 조금이라도 도움이 된 것은 무엇인지, 어떻게 그 감정에 대처했는지, 그리고 실패보다는 그것을 좋은 시도라고 할 만한 것이 있는지 깨닫도록 도울 것이다.

▣ 고장 나지 않았다면 고치지 마라. 일단 무엇이 효과가 있는지 알게 되면 그것을 더 많이 하라. 만약 효과가 없다면, 그것을 다시 하지 말고 뭔가 다른 것을 하라!

이 세 가지 요소로 구성된 삼단논법(Berg & Miller, 1992, p. 17)은 상호작용 패턴을 보면 문제의 해결 방법을 알 수 있다는 MRI 학파의 관점에서 파생된 것이다. 해결중심적 아이디어는 한발 더 나아가 해결 방법을 찾는 일반적인 패턴을 보면 해결책을 찾을 수 있다고 주장한다. 유명한 착시 그림에서 꽃병을 바라보는 대신에 두 개의 마주보는 얼굴을 보려 한다면 단순히 문제를 다른 시각에서 바라보기만 하면 된다.

SFBT에서 이것은 강조점이 다르다는 것을 의미한다. 즉, 무엇인가 다른 것을 하게 하는 대신에 SFBT는 내담자에게 무엇이 효과적인지, 무엇을 그대로 남겨 두어야 하는지를 알아내고, 그것을 유지하는 것에서부터 시작한다. 어떤 행동이 필요할 때에만 그 행동을 하면 되며, 단순한 방법이 적절치 않아 보일 때에만 복잡한 방법을 택하기로 한다. 이것을 이해하기 위해서는 경제성의 원리(같은 현상을 설명하는 두 개의 주장이 있다면 간단한 쪽을 선택하라.)를 적용하면 된다.

▣ 내담자는 개인적 · 환경적 자원과 강점을 가지고 있다. 치료자가 할 일은 그것을 알아내고, 중요하게 다룰 수 있는 환경을 만들어 주는 것이다

이 가정은 내담자가 결함을 가진 존재라고 보는 치료적 접근과 SFBT의 차이점을 보여 준다. 다른 치료 접근에서 전문가(치료자)가 해야 할 일은 내담자에게 무엇이 잘못되었고, 그 문제를 해결하기 위해 내담자가 무엇을 해야 하는가를 말해 주는 것이다. 그러나 SFBT는 내담자가 처한 환경에 대한 전문가는 내담자 자신이며, 따라서 치료자는 결코 내담자의 경험에 대한 지식에 확실성을 가질 수 없다고 가정한다. 따라서 치료자는 해결책 구축 과정과 치료적 대화에 관한 전문가일 뿐, 문제해결을 위하여 내담자가 무엇을 해야 하는가에 관해 알려 주는 전문가는 아니다.

어떤 치료자는 이것이 내담자가 이미 모든 해답을 갖고 있으며, 치료자의 역할은 단순히 내담자 안에 이미 있는 것을 내담자가 볼 수 있도록 돕는 것임을 의미한다고 생각하는 것 같다. 그러나 우리는 이것이 내담자는 자신이 갖고 있는 자원을 사용할 수 있는 능력이 있으며, 치료자의 역할은 내담자의 자원을 확대시켜 주는 것임을 의미한다고 생각한다.

17세기 수학자이자 물리학자인 Pascal은 다음과 같이 말했다. "인간은 남들에 의해서보다는 자신이 스스로 발견한 이유가 있을 때 더 설득되기 쉽다."(http://www.Quotationspage.com, 2005년 4월 10일 발췌) 우리는 Pascal의 생각에 동의한다. 내담자는 자신의 장점을 스스로 발견했을 때, 그것을 더 잘 활용하는 것 같다. 그리고 그것을 더 강하게 믿고, 더 향상되는 모습을 보인다. 치료자의 역할은 내담자가 스스로 사용 가능한 자원을 발견하고, 더 나은 방향으로 나아갈 수 있도록 돕는 것이다.

▣ 문제와 해결책 간에는 반드시 논리적인 관계가 있어야 하는 것은 아니다. 치료자의 역할은 내담자의 장애를 진단하고 고치는 것이 아니라 잠재적인 해결 방안을 발견하고 확장시키는 것이다

이 가정은 앞서 말한 가정과 유사한데, 다른 치료 접근과 SFBT가 본질적으로 다른 사고방식을 가지고 있음을 보여 준다. 즉, SFBT는 문제와 해결책이 반드시 연관되어 있는 것은 아니라고 가정한다. 소위 말하는 '전통적인' 치료들은 해결책을 발견하기 위해서 반드시 내담자가 가진 문제의 이유와 문제의 구조, 내담자의 자원을 알아야 한다고 가정한다. 그러나 독극물이나 의약품에 대한 반응과 같은 특정 의학적 문제에서는 그것이 옳은 말일지 몰라도 정신건강과 대인관계 문제에서도 반드시 그런 것은 아니다. 예를 들어, 내담자의 문제의 근원이 과거에 발생한 외상사건이라고 하자. 이 외상사건을 기초로 우리는 많은 정신건강 전문가가 합의한 진단을 내릴 수 있을 것이다. 그러나 진단을 내리는 것이 내담자의 현재 문제에 대한 해결책을 알려 주는 것은 아니다. 우리는 과거에 발생한 일을 바꿀 수 없다. 우리는 그 상황에 대한 당사자의 기억이나 정서를 바꿀 수 있을 뿐이다. 진단을 내리는 것이나 증상에 대해 아는 것, 기억을 변화시키는 것이 반드시 현재의 증상을 완화시켜 주는 것은 아니다. 우리는 내담자가 현재 겪는 고통과 문제에 대한 해결책을 찾는 것을 도울 수 있을 뿐이다. 그리고 그 해결책은 내담자가 이미 경험한 삶의 일부분에서 찾을 수 있고 촉진할 수 있다.

어떤 사람에게는 이러한 비유가 적용된다. 예를 들어, 당신이 자동차 바퀴에 못이 박힌 것을 발견하였다고 하자. 이 구멍 난 타이어를 고치기 위해 우리는 그 못이 어디에서 온 것인지 반드시 알아야 하는가? 아니다. 못을 빼내고 구멍을 메우는 것은 그 못이 도로의 어디에 있었던 것인지, 혹은 그 못이 어디에서 온 것인지와 직접적인 관련이 없다. 아마도 다음에 또 타이어가 구멍이 나는 것을 막기 위해서는 그것(예를 들어, 공사가 한창인 그 도로를 다시 지나가지 않는다든지)을 아는 것이 유용할지 모르지만, 현재 문제를 고치는 데 반드시 필요한 것은 아니라는 것이다.

대부분의 해결책은 문제와 직접적인 상관이 없다. 문제를 알아야 해결책을 발견할 수 있다고 생각하는 것은 어떤 일을 단순히 서술하기보다는 자동적으로 그 일이 왜 일어나는지 이해하려고 하는 내담자들의 특성과 그 일에 대해 먼저 해부해 보려고 하는 치료자들의 서구식 사고방식 때문이다. 반면, SFBT는 문제해결적 접근이 아니라 해결과 미래 중심적 접근이다. 따라서 종종 내담자의 원래의 문제와 관련이 없어 보이는 질문을 하게 된다. 예를 들면, SFBT에서 잠재적 해결책은 다음과 같은 내용에 관하여 질문함으로써 얻을 수 있다.

- 비슷한 문제에 대하여 과거에 효과가 있었던 것은 무엇입니까?
- 가끔 현재에도 효과가 있는 것은 무엇입니까?
- 똑같지는 않지만 비슷한 상황에 효과가 있었던 것은 무엇입니까?
- 비슷한 상황에 처한 다른 사람들에게 효과가 있는 것은 무엇입니까?
- 문제와 직접적인 관련은 없지만 상황을 덜 나빠지도록 만드는 것은 무엇입니까?

이러한 가정에 기초할 때, 치료자의 역할은 가능성에 열려 있으면서 그 가능성을 탐색하고 확장할 수 있는 질문을 하는 것이다. 그 많은 가능성 중에서 가장 최선의 결정을 내리는 것은 내담자다.

미국 인디언 주술사인 Paula Underwood가 '여섯 고개'(Sixes)라는 게임을 가르쳐 주었는데(2001년 3월 23일, V. Nelson과의 사적인 대화에서), 이 게임에서는 한 사람이 어떤 행동을 하면 다른 사람들에게 여섯 번까지 그 행동의 의미를 맞출 수 있는 기회가 주어진다(역자 주: 우리의 '스무고개'와 비슷한 게임). 처음에는 정답을 맞추기가 정말 어렵지만, 네 번째, 다섯 번째 그리고 여섯 번째에는 얼마나 답을 맞추기 쉬운가? 어떤 사람에게는 여섯 번째까지 맞추지 못하면 일곱 번째, 여덟 번째 그리고 더 많이 답을 말해 볼 기회가 주어진다.

▣ 어려운 것이나 다룰 수 없는 것보다는 가능한 것, 변화하는 것에 초점을 두는 것이 좋다(Thomas, Durrant, & Metcalf, 1993)

"중요한 것은 문제가 아니라 상황이다."(2004년 11월 7일, Steve de Shazer와의 사적인 대화에서), 즉 어떤 것은 변화시킬 수 없다. 예를 들면, 성인은 더 이상 키가 클 수 없다(나이가 들수록 작아질 수는 있겠지만). 과거에 비극적인 사건이 있었든, 바보 같은 행동을 하였든, 과거라는 사실은 여전히 바꿀 수 없다.

우리는 과거를 바꿀 수 없다. 우리는 우리 자신(의 일부분)만 바꿀 수 있으며, 과거의 사건에 우리가 부여하는 의미만 바꿀 수 있다. 때로 우리가 바라는 최선이란, 상황에 대하여 다른 방식으로 관계하는 것이지 상황 그 자체를 바꾸는 것이 아니다. 이것은 때때로 치료자가 할 수 있는 최선은 내담자가 피할 수 없는 상황을 수용하고, 그 상황에 대하여 다르게 생각하고 대처하며, 다르게 상호작용할 수 있도록 함께 있어 주는 것임을 의미한다. 과거에 집중하면 쉽게 압도되고 고착되어 버릴 수 있지만, 현재와 미래에 집중하면 가능하고 바꿀 수 있는 것이 오히려 더 명확해질 수 있다(예를 들면, 예외나 가설적 질문, 미래 중심적 질문 등을 통해서).

예를 들어, 누구나 상실을 경험할 수 있다. 가장 어려운 상실의 경험은 사랑하는 이의 죽음이며, 이와 같은 상실에 대해 슬퍼하는 것은 인간의 보편적인 반응이다. 사랑하는 이를 잃은 후의 슬픔은 당연하며 피할 수 없는 현상이다. 그런데 해결중심 치료자라면 상실을 경험한 내담자가 자신의 현실에 귀 기울이고(사랑하는 이의 죽음은 현실이다), 슬퍼하는 것은 피할 수 없는 일이지만(사랑하는 이의 죽음 후에 슬픔을 느끼는 것은 당연한 증상이다) 그가 할 수 있는 어떤 것(좀 덜 슬퍼하고, 자신이 슬픔으로 인해 무기력해지는 것을 막을 수 있는 것)을 할 수 있도록 도울 것이다(Peller & Walter, 1992/1993 참조).

작은 변화가 더 큰 변화를 가져올 수 있다

Bateson(1979)은 작은 변화가 체계에 폭넓은 효과를 일으킬 수 있다고 하였다. 항상 큰 망치가 필요한 것은 아니다. 때로는 작은 두드림이 물결 효과를 일으켜서 더 큰 변화를 가져온다(O'Hanlon & Weiner-Davis, 1989). '물결 효과'(ripple effect)라는 아이디어는 연못에 돌을 던졌을 때 그 지점으로부터 파문이 일어나는 것 그 이상의 의미를 갖는다. 즉, 한 번 변화가 일어나면 내담자가 그 뒤에 더 많은 변화를 만들어 낼 것이라고 가정하는 것이다(de Shazer, 1985 참조). 예를 들면, 어떤 아버지가 아들과의 관계에서 작은 변화를 도모하면(예를 들어, 자신의 말만 하기보다는 아들의 말을 더 많이 들어 준다면), 아들 역시 변화(예를 들어, 아들은 아버지와 좀 더 많이 대화하고자 할 것이다)할 것이라고 가정하는 것이다. 또, 아버지의 변화에 대하여 아들이 반응하는 방식이 변화하면, 아버지는 더욱더 주의 깊게 아들의 말을 들어줄 것이며, 아들의 생각이 어떤지 질문도 하게 될 것이고, 나아가 아버지와 가족의 의사소통도 전체적으로 바뀌게 될 것이라는 것이다.

이러한 상황에서 치료자가 할 수 있는 최선은 조용히 비켜나 있는 것이다. 우리는 때로 내담자의 변화를 '공고히' 하려면 해석을 내리고 내담자에게 더 많은 과제를 내주거나 통찰을 요구하는 것이 필요하다고 생각하지만, 내담자를 돕기 위해 치료자가 목표로 해야 할 것은 내담자가 작은 변화부터 시작하도록 돕는 것임을 명심할 필요가 있다(Bateson, 1979).

치료는 내담자 중심적이다. 내담자가 자신의 경험에 대한 전문가다

SFBT에서 우리는 치료자의 경험보다 내담자의 경험에 특권을 부여한다. SFBT는 어떤 모델에서 나온 개념이나 치료자의 전문적 지식에 초점을 두지 않는다. 예를 들면, SFBT 치료자는 인지 왜곡이나 그것을 수정하기 위한 표준화된 기법(technique)을 사용하지 않는다. 또한 내담자나 내담자의 문제를 분류(즉, DSM-V)

하는 것이 도움이 된다고 생각하지 않는다. 그보다 치료자는 내담자가 자신의 문제를 설명하는 방식을 주의 깊게 듣고, 내담자의 다른 경험에 대해서 질문하고, 내담자와 관련된 가능성을 탐색한다.

이러한 가정은 특히 내담자에 대한 치료자의 입장과 관련된 것이다. 두 번째 가정으로 돌아가서, 치료자는 우리가 하는 것이 효과가 있지 않으면 '무언가 다른 것을 해야 한다.'고 가정한다. 이것은 다양한 형태로 이루어지는데, 치료실에 다른 사람을 데려오거나, 목표를 재검토하거나, 내담자를 다른 곳에 의뢰하거나, 혹은 치료 접근을 바꾸는 것 등이다. 그러나 가장 주요한 강조점은 내담자의 말과 설명, 소망, 목표를 존중하는 데 있다. SFBT의 주요 원칙은 해결중심 질문을 하는 것보다 치료실 안의 특별한 존재인 내담자에게 민감해지는 것이다(Sharry, Madden, & Darmody, 2003, p. 18). 예를 들어, 내담자가 초기에 결정한 자신의 목표를 성취하지 못해서 지친다고 말한다면, 치료자는 만약 목표를 달성하면 내담자의 삶에 어떤 변화가 있을 것 같은지에 대하여 탐색할 것이다. 이러한 탐색을 통해 치료 초기에 설정한 목표는 정확히 내담자가 원한 목표가 아니었음을 발견할 수 있고, 따라서 새롭게 보다 적절한 목표를 설정할 수 있게 된다. 내담자는 때때로 어떻게 그들의 원가족 경험이 자신의 문제에 영향을 미치고, 그것이 어떻게 발전되었으며, 어떻게 해야 해결할 수 있을지에 대해 알고 싶어 한다. 이런 경우 해결중심 가계도 작업을 하는 것(Kuehl, 1995; Kuehl, Barnard, & Nelson, 1998)이 내담자의 변화를 가져올 수 있다.

실 제

내담자-치료자 관계의 중요성

Wampold(2001)는 치료에 긍정적인 성과를 가져오는 요소들에 관한 많은 연구를 검토한 결과, 가장 큰 영향을 주는 요소로서 내담자-치료자 관계를 제시하였다.

즉, 라포나 유대감, 치료가 도움이 될 것이라는 내담자의 신뢰가 없다면 치료는 내담자에게 도움이 되지 않는다는 것이다. 치료자는 꽤 자주 치료의 실패를 내담자의 동기 부족 때문이라고 본다. 때로는 잘못된 접근이나 기법에 원인을 돌리기도 한다. Berg와 Miller(1992)는 세 가지 유형, 즉 방문형(visitor), 불평형(complainant), 고객형(customer)의 내담자－치료자 관계를 제안하였다. 이 개념은 자주 내담자의 성격(종종 성격적 결함을 뜻하는)을 나타내는 것으로 오해를 받는다. 즉, 내담자－치료자 관계가 방문형, 불평형, 고객형이라기보다는 내담자가 방문자, 불평가 혹은 고객이라는 뜻으로 이해된다. 그러나 관계에 강조점을 두게 되면, 치료자에게도 그 책임을 부여하는 것이 된다. 왜냐하면 관계는 한 사람이 아니라 (최소한) 두 사람의 책임이기 때문이다. 관계를 맺기 위해서는 두 사람이 필요하며(물론 관계를 망치는 것은 한 사람만으로 가능하다), 치료 전문가로서 치료자는 관계 유형을 파악하고, 필요하다면 다음 단계로 나아가기 위한 책임을 져야 한다.

방문형의 관계에서 치료자는 훌륭한 집주인 역할을 하여야 한다. 즉, 내담자가 편안하게 느끼도록 돕고, 그들의 요구를 경청하며, 연민을 표현하고, 그들을 위해 무엇을 해 주어야 할지 물어보아야 한다. 방문형의 내담자는 종종 그냥 치료자가 친절한지, 치료를 잘하는지, 그들의 문제와 관련하여 믿을 만한지를 살펴보기 위해 치료에 온다. 이러한 관계에서 해결 구축을 위한 시도는 결실을 거두기 힘들다. 가게를 '그냥 둘러보러 온' (방문형) 사람은 판촉을 위한 소리에 마음이 그리 열려 있지 않기 때문이다. 그들에게는 자기만의 방식으로 쇼핑하고 질문할 수 있도록 자유를 주는 것이 더 나은 전략이다.

그러면 **불평형**의 관계에서 치료자의 역할은 무엇일까? 생각해 보라. 내담자가 불평할 때 치료자는 어떻게 하는 것이 가장 좋을까? 혹은 효과적인 것은 무엇일까? 바로 경청하고 연민을 표현하는 것이다. 어떤 내담자는 자기 근심거리를 열거하는 것으로 치료를 시작하고 싶어 한다(이런 근심거리는 주로 다른 사람에 대한 것이다. 사람들은 자신의 행동에 대해 불평하는 경우는 거의 없으며, 만약 자신에 대해 불만족한 경우라도 그것은 다른 방식으로 표현된다). 불평형의 관계에서 해결책 구축은 어렵다. 해결책 구축은 내담자가 고객형(방문형이거나 불평형이 아닌, 변화를 추구하는 내담자) 관계일 때에만 효과적이다. 따라서 내담자가 불평형인 경우, 치료의 목표는 잘해야 내담자를 고객형 관계가 되도록 만들거나, 최소한 내담자가 자신의 말을 치료자가 경청하고 있다고 느끼도록 해 주어야 한다. 불평형은 해결을 위한 질문에 대부분 "네, 하지만……."이라고 반응함으로써 치료자를 지치게 만들기 때문에 오히려 연민을 가지고 경청하거나, "어떻게 이처럼 힘든 상황들을 견디셨나요?"라는 질문이 종종 더 효과적이다.

고객형 관계에서 치료자는 내담자에게 '고용'되어 내담자가 자신의 이야기 속에서 스스로 해결책을 구축할 수 있도록 돕는 작업에 착수한다. 이 관계의 내담자는 새로운 아이디어, 제안, 재구성, 격려 등에 마음이 열려 있으며, 해결책 구축이 본격적으로 시작될 수 있다.

잘 세운 목표

종종 내담자는 변화가 어떤 것인지에 관하여 (있다 하더라도) 흐릿한 방향만 알려준다. 무슨 이유에서인지 몰라도 내담자는 주로 분명한 불평거리로 치료를 시작하며, 문제가 없는 미래는 어떤 모습일지에 대해서는 거의 모르는 경우가 많다. "목표를 세운다는 것(goaling)은 무엇이 성취되어야 하는가, 즉 그 수단(means)을 의미하기보다는 무엇이 다를 것인가, 즉 궁극적인 목표(end)를 진술하도록 하는 데 강조점이 있다." (Sharry et al., 2003, p. 37) SFBT에서는 치료자와 내담자가 이 목표를 위해 함께 작업하는 것이 중심이 된다. 그리고 목표는 다음과 같은 특징을 가져야 한다(De Jong & Berg, 2002 참조).

목표는 내담자에게 중요한 것이어야 한다. 치료의 목표를 내담자 대신 다른 사람이 결정해 주어서는 안 된다. 내담자의 삶을 향상시키고, 장애물을 없애 줄, 그리고 주체성을 향상시켜 줄 방향으로 변화가 일어날 때 내담자는 더욱 동기화된다.

목표를 내담자가 처한 상황과 관련되게 진술하도록 하라. 내담자가 처한 관계적 맥락 안에서 변화를 도모하는 것이 내담자에게 개인적으로 의미 있는 변화를 찾을 수 있는 방법이다. 그래야 내담자의 경험이 내담자가 추구하는 변화와 일치할 가능성이 높아진다. 예를 들면, "나는 행복하고 싶다."도 좋은 목표이지만, "나는 행복하기를 원한다. 그리고 나와 가까운 사람들은 나의 긍정적인 변화를 알아차리고 칭찬해 줄 것이다."라고 목표를 세웠을 때 변화를 유지할 가능성이 훨씬 높아진다.

목표는 바람직하지 않은 것보다는 바람직한 것으로 진술되어야 한다. 수학에서 오래된 정설 중 하나는 '부정은 증명할 수 없다'는 것이다. 마찬가지로 만약 내담자가 "더 이상 화내고 싶지 않아요."라고 말한다면, 그/그녀는 자신이 화가 나는지, 또는 화가 안 나는지에만 계속 주목하게 될 것이다. 이럴 경우 내담자는 목표(화내지 않는 것)를 달성하지 못할 가능성이 크다. 우리는 화를 안 내는 것이 어느 내담자에게도 적절한 목표가 아니라고 본다. 반면 치료의 목표가 긍정적인 용어로 진술될 경우(예를 들면, "저는 좀 더 느긋해지고 싶어요."), 화를 내는 것보다 화를 내지 않는 예외(exceptions)가 더 중요한 자리를 차지하게 된다.

목표는 치료의 종결보다는 시작을 강조하는 것이어야 한다. SFBT에서 '단기'라는 말은 종종 '짧은' 또는 '빠른'이라는 말과 혼용되어 왔다. 그러나 de Shazer는 (2002년 9월 14일, 사적인 대화에서) 그의 치료 접근에서 이 '단기'라는 말은 "꼭 필요한 회기 외에 한 회기도 더하지 않는 것"을 의미한다고 하였다. 이 정의에 따르면, 치료의 목표는 치료의 종결보다는 치료의 시작에 초점을 두게 된다. 그리고 언제 치료를 멈출 것인가는 내담자가 결정하게 된다. 치료 과정은 본질적으로 단기이며, 어떤 치료 접근을 사용하더라도(Asay & Lambert, 1999; Garfield, 1994) 내담자의 목표는 성취 불가능한 것이어서는 안 된다. SFBT는 척도 질문을 사용하여 목표를 향해 나아가는 과정을 강조하며, 내담자로 하여금 언제 치료를 종결하기에 충분한지 결정하도록 격려한다.

목표는 구체적이고, 성취 가능하며, 측정 가능한 것이어야 한다. SFBT에서 가장 어렵지만 가장 중요한 특징 중의 하나가 바로 목표는 구체적이고, 성취 가능하며, 측정 가능한 것이어야 한다는 것이다. 기적 질문을 사용하는 것은 내담자의 눈을 통하여 '성공'이라는 상황을 눈에 보듯 기술하는 중요한 방법 중 하나다(De Jong & Berg, 2002). 문제가 더 이상 내담자의 삶을 지배하지 않을 때, 내담자가 무엇을 원하는지를 알기 위해서는 문제가 발생하지 않을 때 내담자, 치료자 그리고 다른 사람이 무엇을 보게 될 것인가 하는 것에 초점을 두어야 한다. 당신이 중요한 목표를 성취했다는 것은 의미 있는 일이지만, 그 성취를 다른 사람도 인정할 때에라야 그 성취가 더욱 의미 있기 때문이다. 목표를 측정 가능한 것으로 정하는 것은 조금 더 손쉬운데, 이를 위해서는 내담자의 경험에 대하여 묻는 척도 질문이 유용하게 사용될 수 있다.

목표는 현실적이어야 한다: 내담자의 실제를 고려하라. 기적 질문에는 하나의 역설이 있다. 목표는 내담자에게 기적이 일어났을 때를 묻고 있지만, 그 목표는 현실에서 가능한 것이어야 한다는 것이다. 내담자를 불가능하고 가능성이 없는 것에서 눈을 돌려 가능한 것으로 이끌기 위해서는 치료자에게 상당한 연습이 필요하다. 예를 들면, 큰 사건을 겪은 내담자는 사건이 일어나기 전으로 시계를 돌리고 싶어 하는데, 이들에게 기적 질문을 할 때에는 기적이 일어나면 다른 어떤 일이 일어날지에 대해서 묻기보다는 그때 자신이 어떻게 다르게 할 것인가에 초점을 두는 질문을 하여야 한다.

또한 예술적 사고가 작동하게 되면 아동은 특히 마음대로 미래를 그려 내는 경향이 있다. 그것은 가능한 현실과는 거리가 먼 것이다. 따라서 치료자는 내담자가 가능한 현실을 함께 그려 낼 수 있도록 이끎으로써 좌절과 실패를 줄이고 목표를 생각하고 경험할 수 있도록 촉진하여야 한다.

각각의 내담자 역할을 포함시켜야 한다. 내담자가 치료 중에 대인관계에 관해 불평하는 것을 들어 보면, 대부분 치료에 오지 않은 다른 사람이 변하기를 바라는 내용이다. 예를 들면, "제 남편(엄마, 아들)이 변한다면 좋겠어요." 등과 같은 불평이다. 이와 같은 치료의 목표를 정할 때, 치료자는 "만약 기적이 일어났을 때 당신 자신은 어떻게 변해 있을까요?"라고 질문해야 한다. 치료에서 한 사람이 상대방의 변화만 요구하는 상황을 허락한다면, 오히려 부부관계나 대인관계를 망치는 치료가 될 수 있다. 만약 A와 B라는 내담자가 참여하는 부부치료를 하고 있다면 치료자는 A에게 "당신과 B(남편 또는 아내)의 관계에서 긍정적인 변화가 일어나도록 하기 위해 당신이 기꺼이 하고자 하는(또는 할 수 있는) 아주 작은 일은 무엇입니까?"라고 물어보아야 한다. 그리고 이 질문에 이어서 B에게는 "만약 A가 이렇게 변화를 시작한다면, 당신에게도 긍정적인 변화가 일어날까요?"라고 물어볼 수 있다. SFBT는 불평과 불만을 촉진하기 위한 치료가 아니라 해결을 위한 치료다. 이런 측면에서 SFBT의 목표(Walter & Peller, 1992)는 서로 요구하고 비난하는 진흙탕 싸움이 아니라 내담자 자신의 책임과 의미 있는 변화를 격려하는 것이어야 한다.

기적 질문

SFBT 접근을 사용하기 위해서는 질문 방법들을 잘 기억해 두는 것이 필요하다. 그 이유는 우리보다 앞선 사람들이 연구와 실험을 통해 만들어 놓은 것들이 우리에게 도움을 주기 때문이다. 마치 둘째 아이가 맏이로부터 배우는 것처럼, 우리는 SFBT의 선구자들이 경험한 실수와 성공으로부터 배울 수 있다.

다음에 잘 만들어진 기적 질문을 예로 들어 보자.

> 오늘 밤 당신이 잠든 사이 온 집안이 고요할 때 기적이 일어났다고 가정해 보세요. 기적이란 오늘 당신을 치료에 오게 만든 바로 그 문제가 해결된 것을 말합니다. 그러나 당신은 자고 있었기 때문에 기적이 일어났다는 사실을 모르지요. 그래서 내일 아침 당신이 일어났을 때, 기적이 일어났다는 사실을 당신이 알려면, 그리고 당신을 치료에 오게 만든 그 문제가 해결되었다는 것을 알려면 무엇이 달라져 있을까요? (de Shazer, 1988, p. 5; De Jong & Berg, 2002, p. 85 참조)

기적 질문은 지난 15년 동안 SFBT의 핵심이자 SFBT를 정의하는 중요한 부분이 되었다(Beyebach, 2000). 따라서 기적 질문을 사용하는 것이 SFBT의 최근 트

렌드이자 SFBT의 임상 및 연구 자료에 기초한 전통을 따르는 것이라고 할 수 있다. SFBT에서 목표 설정 및 예외 발견, 그리고 종결을 위하여 기적 질문을 사용하지 않는 것은 상상하기 어려울 정도다.

그러나 이 중에도 주의할 것이 있는데, 바로 기적 질문이 유용하게 사용되기 위해서는 기적 질문 과정 중에 반드시 기적이 어떤 변화를 가져올 것인지에 관하여 질문하여야 한다는 점이다. 다시 말하면, 최종 목표뿐만 아니라 목표를 통해 무엇을 성취할 것인지, 그로 인해 내담자의 삶에서 무엇이 달라지게 될 것인지, 다른 사람이 무엇을 알아차릴지, 어떻게 하면 그러한 변화를 일어나게 할 수 있을지, 그리고 그러한 변화가 다른 사람에게는 어떤 차이를 가져올 것인지, 또는 다른 사람은 그러한 변화에 어떤 의미를 부여할지 등을 포함하여야 한다. SFBT 초보자는 종종 (a) 내담자가 처한 맥락 또는 (b) 변화가 의미하는 것과 동떨어진 기적 질문을 사용하는 경향이 있다. 변화가 내담자에게 의미하는 것은 변화 그 자체보다 더 중요한데도 말이다.

예를 들면, 어떤 내담자는 기적 질문에 대하여 처음에 다음과 같이 대답하였다. "제 직장 동료들이 저에게 친절해질 것 같아요." 그러나 이 변화가 어떤 차이를 가져올 것인지에 대하여 좀 더 탐색한 결과, 내담자 자신이 딸에게 못되게 구는 것이 좀 덜해질 것이라고 생각하고 있음을 알게 되었다. 그리고 이러한 변화는 내담자가 자신의 딸과 좀 더 사이좋게 지내고, 딸이 부모로부터 독립한 후 부모와 좀 더 자주 연락하는 모습을 보여 주기를 바라는 것을 의미함을 알게 되었다. 바로 이러한 변화야말로 내담자가 바랐던 직장 동료들과의 관계보다 더 의미 있는 것이며, 내담자가 스스로 영향력을 미칠 수 있는 변화다.

예외의 정의

SFBT는 예외(들)는 반드시 일어난다고 가정한다. 즉, 내담자에게 문제가 발생할 것으로 기대했으나 발생하지 않은(또는 문제가 덜 강렬하게, 덜 자주, 덜 규칙적으로 일어난, De Jong & Berg, 2002 참조) 때가 있다고 가정한다. 이러한 예외(들)를 정의하는 것은 예외가 일어난 상황 및 예외가 일어났을 때의 행동과 함께 SFBT의 근간을 이룬다.

모든 예외가 똑같이 창조되지는 않는다. 치료자는 내담자의 예외들 중 특정한 예외에 더 많은 의미나 중요성을 강요해서는 안 된다(Nylund & Corsiglia, 1994 참조). "어떤 것도 항상 일어나지는 않기"(2002년 6월 7일, Michael Durrant와의 사적인 대화에서) 때문에 SFBT는 단순히 내담자의 삶의 경험에서 예외의 가능성이 있는 것에 대해 질문하고 주의를 기울이는 것이다. 예외 질문의 예를 들어 보자.

- 문제가 일어날 것으로 예상했지만 일어나지 않은 경우가 분명 있었을 것입니다. 어떻게 그런 일이 일어났나요?
- 문제가 일어날 것 같은 상황이지만 당신이 그것을 막은 적이 있나요? 그때는 무엇이 달랐습니까? 당신은 무엇을 하셨나요?
- 그 밖에 누가 변화를 알아차렸습니까? 어떻게 그/그녀가 알아차렸다는 것을 알 수 있었습니까?
- 그 문제가 덜 자주 일어날 때는 언제입니까? (문제가 덜 심할 때는 언제입니까?)
- 문제가 언제, 어떻게 다릅니까? 그렇게 ______하는 것이 도움이 된다는 것을 어떻게 아셨나요?

예외를 사용하는 데 필수적인 요소는 내담자에게 이미 변화가 일어났으며, 이러한 변화를 통제할 수 있는 힘이 내담자에게 있다는 것을 항상 치료자가 믿어야 한다는 것이다. 그와 반대되는 강력한 증거가 있지 않다면 말이다. 예외를 발견하고자 할 때에는 다음과 같은 후속 질문을 하여야 한다.

- 어떻게 그렇게 할 수 있었나요?
- 이것(변화, 차이)을 위해 당신은 어떤 역할을 하셨나요?

SFBT는 내담자가 예외의 주체임을 가정함으로써 내담자의 통제 능력을 강조하고, 내담자를 변화 과정의 일부로 끌어들인다.

척도 질문

성공 아니면 실패라는 양자택일의 이분법에서 벗어나면 변화는 좀 더 쉬워진다. 문제가 완벽히 해결되기 전에 '0'(완전한 실패 또는 재앙)에서 '10'(완벽한 상태) 사이에서 움직이는 것을 배움으로써 치료자와 내담자 둘 다 그 사이의 어느 한 지점에서 성공을 경험할 수 있다. 치료의 어느 순간이든 내담자의 변화를 측정하고 관찰하고 경험할 수 있다.

다음은 척도 질문의 몇 가지 예다.

- 1부터 10까지의 척도에서, 1은 '매우 나쁘다'이고 10은 '매우 좋다'라고 할 때, 당신은 현재 몇 점입니까? (그리고 "당신이 ____점(내담자가 말한 숫자보다 1 또는 2 높은 점수)이라면 무엇이 달라질까요?"라는 후속 질문을 할 것)
- 당신의 우울증(내담자가 말한 문제)에 매일 점수를 줍시다. 자, 어머니께서도 아드님의 우울증에 매일 점수를 주세요. 서로에게 점수를 알려 주지 마시고, 대신 그것을 기억해 두었다가 다음 상담에서 그것에 관해 이야기해 주시기 바랍니다.
- 1부터 10 사이에 지금 당신의 분노(내담자가 말한 문제)는 몇 점입니까? 예를 들어, 그것이 1 또는 2점 정도 나아지려면 무엇이 필요한가요?
- 자, 당신의 게으름 병(내담자가 말한 문제)이 2점에서 4점으로 향상되었다고 하셨어요. 그렇게 짧은 시간 안에 2점에서 4점으로 향상되기 위해서 당신은 무엇을 하셨나요?
- 문제가 5점에서 6점이 되려면 무엇이 필요합니까?

회기 중 휴식

대부분의 해결중심 치료자들은 휴식 시간을 갖는다. 휴식 시간은 회기를 돌아보고, 내담자에 대한 칭찬을 구상하고, 이번 회기와 다음 회기 사이에 부여할 과제를 준비하기 위한 시간이다. 휴식은 회기의 종결이 가까운 시점에 물리적으로(치료자가 몇 분 동안 치료실을 떠나 있는 것) 또는 시간적으로(치료자가 생각할 수 있도록 몇 분을 달라고 요청하는 것) 잠시 쉬는 것을 말한다. 휴식을 효과적으로 활용하려면, 치료자가 내담자의 예외를 강조하고 변화를 칭찬하는 것으로 회기를 정리하고, 이를 통해 내담자의 목표와 기술이 얼마나 발전하였는가를 강조해야 한다. 스페인의 연구자 Mark Beyebach과 그의 유럽단기치료학회(European Brief Therapy Association: EBTA) 동료들은 휴식 시간 뒤에 해 주는 칭찬이 매우 중요하다고 하였다. 이들은 이 칭찬이 없다면 SFBT라는 명칭을 사용할 수 없다고 주장하기도 하였다(Beyebach, 2000).

제안, 실험 그리고 과제

SFBT 내에서도 과제를 활용하는 것은 치료자에 달려 있는 것 같다. de Shazer와 Molnar(1984)의 과제 부여하기가 가장 대표적인데, 내담자로 하여금 '알아차리기' '주의 기울이기' 혹은 '행동적 실험'을 시도해 보도록 하는 등 보다 명백한 행동에 초점을 두고 있다는 점에서 은밀한 전략을 강조하는 정신건강연구소(Mental Research Institute: MRI)와 다르다. 하지만 이들은 여전히 그들의 영향을 받았다고 볼 수 있다. 다른 치료자들(Nelson, 1998; Sharry et al., 2003; Thomas, 1998 포함)은 초기 SFBT에서 사용된 과제들(예를 들면, 동전을 던져서 앞뒷면 정하기, ~하는 척하기, 무엇이 다른지 주의 기울이기)과 비슷하면서 폭넓게 적용 가능하며 협동적으로 구축할 수 있는 과제를 계속 개발하고 있다.

결 론

문제중심에서 해결중심으로의 전환은 근본적으로 우리가 내담자를 어떻게 생각하고 내담자에게 어떻게 반응하는가에 관한 것이다. 즉, 모든 해결중심 질문과 반응에는 내담자의 강점 및 기술, 자원에 대한 신념이 담겨 있다. 이것은 내담자의 문제를 부정하거나 내담자의 문제가 그들의 삶에 미치는 영향을 간과하기 위한 것이 아니라 문제에서 해결로 방향을 바꾸는 것이 더 도움이 된다는 믿음에서 비롯된 것이다(Sharry et al., 2003, p. 7).

SFBT는 하나의 운동이며, 마음가짐이며, 세계관이며, 실제다. SFBT에 속하는 대부분의 저자들은 Sharry 등의 의견에 동의할 것이다. 다시 말하면, SFBT를 채택하는 치료자는 자신의 접근법에다가 몇 가지 기법을 첨가하는 것 그 이상이어야 한다. 이것은 Kuhn(1962)이 말한 전통적인 심리치료의 지식과 치료자의 전문성, 치료 개입의 실제에서 내담자의 지식, 내담자의 전문성, 내담자의 능력, 내담자의 주체성을 존중하는 해결 지향적 접근으로의 인식의 전환(paradigm shift)을 의미한다. 이러한 세계관의 전환 없이는 단순히 헌 포도주 부대에 새 포도주를 붓는 것과 다를 바가 없을 것이다.

참고문헌

American Psychiatric Association. (1994). *Quick reference to the diagnostic criteria from DSM-IV.* Washington, DC: Author.

Anderson, H. (1997). *Conversation, language, and possibilities: A postmodern approach to therapy.* New York: Basic.

Anderson, H. (2005). Myths about "not-knowing." *Family Process, 44*(4), 497-504.

Anderson, H., & Goolishian, H. (1992). The client is the expert: A not-knowing approach to therapy. In S. McNamee & K. J. Gergen (Eds.), *Therapy as social construction* (pp. 25-39). London: Sage.

Asay, T. P., & Lambert, M. J. (1999). The empirical case for the common factors in therapy: Quantitative findings. In M. Hubble, B. Duncan, & S. Miller (Eds.), *The heart & soul of change* (pp. 23-55). Washington, DC: APA.

Bateson, G. (1979). *Mind and nature: A necessary unity.* New York: Dutton.

Berg, I. K., & Miller, S. D. (1992). *Working with the problem drinker: A solution-focused approach.* New York: Norton.

Bertrando, P. (2000). Text and context: Narrative, postmodernism, and cybernetics. *Journal of Family Therapy, 22,* 83-103.

Beyebach, M. (2000, May). *European Brief Therapy Association outcome study: Research definition.* Retrieved December 20, 2004, from http://www.ebta.nu/sfbt-researchdefinition.pdf.

Branon, B. (1993). *Let us prey.* New York: HarperCollins.

Cade, B. (1992). I am an unashamed expert. *CONTEXT: A News Magazine of Family Therapy, 11,* 30-31.

De Jong, P., & Berg, I. K. (2002). *Interviewing for solutions* (2nd ed.). Pacific Grove, CA: Brooks/Cole.

de Shazer, S. (1982). *Patterns of brief family therapy: An ecosystemic approach.* New York: Guilford.

de Shazer, S. (1985). *Keys to solution in brief therapy.* New York: Norton.

de Shazer, S. (1988). *Clues: Investigating solutions in brief therapy.* New York: Norton.

de Shazer, S. (1994). *Words were originally magic.* New York: Norton.

de Shazer, S., & Miller, G. (1998). Have you heard the latest rumor about . . .? Solution-focused therapy as a rumor. *Family Process, 37*(3), 363-377.

de Shazer, S., & Molnar, A. (1984). Four useful interventions in brief family therapy. *Journal of Marital and Family Therapy, 10,* 297-304.

Durrant, M. (1995). *Creative strategies for school problems.* New York: Norton.

Fisher, B. A. (1982). Implications of the "interactional view" for communication theory. In C. Wilder & J. H. Weakland (Eds.), *Rigor and imagination: Essays from the legacy of Gregory Bateson* (pp. 195-209). New York: Praeger.

Garfield, S. L. (1994). Researchon client variables in psychotherapy. In S. L. Garfield & A. E. Bergin (Eds.), *Handbook of psychotherapy and behavior change* (4th ed.) (pp. 190-228). New York: Wiley.

Iveson, C. (2005). Teaching the difficult craft of not knowing. *Solution News, 1*(3), 3-5.

Keeney, B. P. (1983). *Aesthetics of change.* New York: Guilford.

Kuehl, B. (1995). The solution-oriented genogram: A collaborative approach. *Journal of Marital and Family Therapy, 21,* 239.

Kuehl, B., Barnard, C., & Nelson, T. S. (1998). Making the genogram solution-focused. In T. S. Nelson & T. S. Trepper (Eds.), *101 more interventions in family therapy.* Binghamton, NY: Haworth.

Kuhn, T. S. (1962). *The structure of scientific revolutions.* Chicago: University of Chicago.

Måhlberg, K., & Sjöblom, M. (2004). *Solution-focused education.* Smedjebacken, Sweden: ScandBook AB.

Nelson, V. (1998). Noticing the difference. In T. S. Nelson & T. S. Trepper (Eds.), 101 *more interventions in family therapy* (pp. 467-470). New York: Haworth.

Nylund, D., & Corsiglia, V. (1994). Becoming solution-focused forced in brief therapy: Remembering something important we already knew. *Journal of Systemic Therapies, 13,* 5-12.

O'Hanlon, W., & Weiner-Davis, M. (1989). *In search of solutions: A new direction in psychotherapy.* New York: Norton.

Peller, J., & Walter, J. (1992/1993). Celebrating the living: A solution-focused approach to the normal grieving process. *Family Therapy Case Studies, 7*(2), 3-7.

Prochaska, J. O., DiClemente, C. C., & Norcross, J. C. (2003). In search of how people change: Applications to addictive behaviors. In P. Salovey & A. J. Rothman (Eds.), *Social psychology of health* (pp. 63-77). New York: Psychology

Press.

Quotationspage.com (2005). *Blaise Pascal.* Retrieved April 10, 2005 from http://www.quotationspage.com/quotes/Blaise_Pascal/

Sharry, J., Madden, B., & Darmody, M. (2003). *Becoming a solution detective: Identifying your clients' strengths in practical brief therapy.* Binghamton, NY: Haworth.

Thomas, F. N. (1998). I rewrite with a little help from my friends. In T. S. Nelson & T. S. Trepper (Eds.), *101 more interventions in family therapy* (pp. 134-139). Binghamton, NY: Haworth.

Thomas, F. N. (2007). *Simpler may not be better.* Manuscript submitted for publication.

Thomas, F. N., & Cockburn, J. (1998). *Competency-based counseling: Building on client strengths.* Minneapolis: Fortress.

Thomas, F. N., Durrant, M., & Metcalf, L. (1993, October). *Focusing on solutions in schools and residential settings.* Workshop presented at the American Association for Marriage and Family Therapy annual conference, Anaheim, CA.

Walter, J. L., & Peller, J. E. (1992). *Becoming solution-focused in brief therapy.* New York: Brunner/Mazel.

Wampold, B. E. (2001). *The great psychotherapy debate: Models, methods, and findings.* New York: Lawrence Erlbaum.

Weiner-Davis, M. (1992). *Divorce busting: A revolutionary and rapid program form staying together.* New York: Summit.

Zeig, J. K. (Ed.). (1985). *Ericksonian psychotherapy. Volume I: Structures.* New York: Brunner/Mazel.

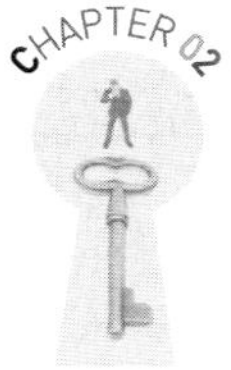

해결중심 단기치료의 역사

Brian Cade

> 우리는 해결중심치료를 하나의 이야깃거리로 생각하는 것이 도움이 된다고 생각한다.
> 그것은 치료자들의 공동체 안팎에서 회자되는 이야기들의 모음이다.
> 그 이야기들은 해결중심치료에 관한 소문의 여러 버전이다. 주인공들의 이름은 대체로 그대로이지만,
> 한 사건을 구성하는 줄거리와 맥락은 하나의 이야기와 다음 이야기에서 다양하게 나타난다.
>
> Miller & de Shazer(1998, p. 364)

서 론

최근에 나는 흥미로운 책을 읽고 있는데, 『거의 모든 것에 관한 짧은 역사(A Short History of Nearly Everything)』(Bryson, 2003)라는 제목의 책이다. 이 책을 통해 나는 놀랍게도 인류 역사상 잘 알려진 아이디어나 발명의 창시자들 중 얼마나 많은 사람이 그 아이디어나 발명을 생각해 낸 유일한 사람 혹은 첫 번째 사람이 아니었다는 것을 알게 되었다. 어떤 사람은 이러한 사실을 명확히 밝히거나 자기보다 앞서서 생각해 낸 사람에게 감사하거나 다른 방식으로 인정하기도 한다. 반면, 어떤 사람은 다른 이들의 업적을 기꺼이 무시하고 자기 혼자만의 성과인 양 뻐긴다.

예를 들어, Charles Darwin이 그의 유명한 저서『종의 기원(On the Origin of Species)』의 원고를 제출하기 1년 전에 Alfred Russel Wallace라는 극동지역의 젊은 동식물연구자가 영국으로 원고를 보냈다. 제목이『원형으로부터 끊임없이 달라지는 변종에 관하여(On the Tendency of Varieties to Depart Indefinitely from the Original Type)』라는 것이었는데, 이 원고에 나타난 진화에 관한 주장은 Darwin의 그것과 매우 유사한 내용이었고, 비슷한 관찰 내용에 기초하고 있었다. 이 원고의 존재를 알고 나서 Darwin은 자신의 원고를 철회하겠다는 뜻을 명확히 밝힌 적도 있었지만, 결국 1858년 7월 1일 한 과학학회에서 두 사람의 주장이 동시에 베일을 벗었다. 그러나 두 사람 모두 학회에 참석하지 않았기 때문에 아무런 주목을 끌지 못하였다. 그 후 Wallace는 더 신비로운 것을 찾아 어디론가 사라져 버렸고, Darwin의 생각이 역사상 가장 영향력 있는 것으로 남게 되었다.

그러나 사실 이보다 20년 전 Darwin이 비글호를 타고 항해에 나섰던 바로 그 해에 Patrick Matthew라는 스코틀랜드 출신의 정원사가 이미 자연선택설에 관한 아이디어를 생각해 냈었다. 그는 자신의 생각을 어떤 책의 부록으로 출판했는데, 불행히도 이 책은 많이 읽히지 않았다. Darwin은 나중에 자신이 그 책의 존재를 알지 못했었다고 사과했지만, Wallace와 마찬가지로 Matthew 역시 잊혀지는 불운에 처하였다(Bryson, 2003, pp. 338-347 참조).

이 장에서 해결중심치료에 관한 짧은 역사를 개관해 달라는 요청에 나는 약간의 두려움이 앞선다. 혹시나 50년 된 책을 '다른 말로 하면'이라는 제목으로 다시 쓰는 것은 아닐까 염려가 된다. 하지만 나의 지식이 허락하는 한 최선을 다해 모든 것을 종합할 수 있도록 하겠다.

진화론자인 Richard Dawkins는 다음과 같이 말했다.

> …나의 학생들 중에 이상한 습관을 가진 여학생이 한 명 있었다. 깊은 생각이 요구되는 질문을 받으면 그녀는 눈을 꽉 감은 채 고개를 가슴께로 떨구고 30초가까이 얼어 붙은 듯이 있다가 고개를 들고 눈을 뜬 다음 유창하고 명석한 답변

을 내놓곤 했다. 나는 이것이 재미있다는 생각이 들어서 어느 날 저녁식사 후에 동료들과 잡담하던 중 그녀의 흉내를 냈는데, 그 중에는 옥스퍼드 대학의 저명한 철학자도 있었다. 내 흉내를 보자마자 그는 즉시 "그건 Wittgenstein이군요. 혹시 그녀의 성이 ○○ 아닌가요?"라고 물었다. 내가 "그런 것 같네요."라고 하자, 그는 "그녀의 부모님이 모두 철학자인데 Wittgenstein 추종자들입니다."라고 말해 주었다. 이 행동은 위대한 철학자에서 그녀의 부모를 거쳐 내 제자에게까지 전해져 내려온 것이다. 그 후에 나는 농담 삼아 그 흉내를 또 내곤 했는데, 그렇다면 내가 이 행동의 네 번째 후계자임에 틀림없다. 누가 알겠는가, Wittgenstein은 그 행동을 어디서 배웠는지?(Dawkins, 1999, p. vii)

이와 마찬가지로 어떤 분야에서든 시간이 지나면 종종 어떤 것이 샘인지, 개울인지 그리고 강의 지류인지 알아낸다는 것이 어려우며 때로는 불가능하다. 만약 Miller와 de Shazer(1998)가 "해결중심 소문"이라고 부른 것을 내가 조금이라도 왜곡한다면, 그것은 나의 책임일 것이다. 그리고 만약 내가 자신도 모르게 간과하거나 잊어버린 혹은 왜곡한 사람이나 생각이 있다면 그것 역시 나의 책임임을 밝힌다.

Milton H. Erickson

우리는 단기가족치료센터(BFTC)에서 Erickson의 기법과 절차를 적용해 보다가
우리의 치료 접근법을 개발할 수 있었다….

de Shazer(1982, p. 28)

모든 길은 로마로 통한다는 말이 있다. 단기, 상호작용적, 의사소통중심 치료를 살펴보면 그 아이디어들 중 많은 부분이 Milton H. Erickson 고유의 뛰어난 치료 기법들에서 도움을 받았음을 알 수 있다(Erickson & Rossi, 1979; Erickson, Rossi, & Rossi, 1976; Haley, 1967b, 1973; O'Hanlon, 1987; Rosen, 1982; Rossi, 1980).

Milton H. Erickson은 내담자가 이미 가지고 있는 생각과 그들의 개인적인 경험, 역사, 그리고 그들이 어려움을 극복하기 위해 사용할 수 있는 자원과 유능한 능력을 사용하여 치료하였다. Milton H. Erickson은 강의나 저작을 통해 정신분석적 용어를 종종 사용하기도 하였으나, 사실 그는 명확히 설명된 어떤 성격이론이나 역기능이론을 가지고 내담자를 치료하거나 그런 것을 만드는 것조차 하지 않으려 했다. 그는 결핍 모델을 따르지 않고 사람의 변화를 가져오는 어떤 암시적인 치료 이론을 사용한 것으로 생각된다. 그의 주된 관심은 사람들이 가진 강점과 자원이었으며, 그것에 몰두하였다. 그는 사람이 어느 순간이든 자신에게 주어진 가능한 최선의 선택을 한다고 믿었으며, 치료자는 내담자의 말을 주의 깊게 경청하고 모든 의사를 존중하여야 한다고 믿었다. 치료자의 세계를 내담자에게 주입하기보다는 내담자의 세계 안에서 내담자를 만나는 것이 치료자의 일이라고 보았다.

Erickson은 수많은 장애를 가지고 태어났고 그것은 일생을 통해 그에게 영향을 주었다. 그는 색맹에 음치였으며, 부정맥과 읽기 장애가 있었다. 소아마비로 17세에 몸이 거의 마비되어서 실제로 어느 날은 세 명의 의사로부터 동시에 그가 아침까지 살아 있을지 모르겠다는 선고를 받은 적도 있었다. 이 말을 들었을 때, 그는 자신의 어머니가 그런 무서운 이야기를 들어야 한다는 것에 무척 화가 나서 적어도 아침까지는 살아야겠다고 결심했다. 그래서 다음 날 아침 해가 뜨는 것을 옷장 거울을 통해 볼 수 있도록 옷장을 자신의 방으로 옮겨 달라고 고집했다고 한다. 그리고 마침내 그는 살아남았고, 말하는 데에는 조금 어려움이 있었지만 날카로운 귀가 있었고, 눈을 움직이거나 볼 수 있었다. 그때 이런 의지가 없었다면 그는 아마도 평생 동안 마비 상태에서 움직일 수 없게 되었을지도 모른다. 그 후 어느 날 그가 방 한가운데에 있는 흔들의자에 몸이 묶인 채 부모님 곁에 앉아서 창문 가까이로 조금이라도 다가갈 수 있기만을 바라며 창밖을 보고 있을 때였다.

> 그가 그렇게 앉아 있을 때, 분명 그는 움직일 수 없는데 갑자기 의자가 조금씩 흔들리기 시작하는 것을 느꼈다. 얼마나 놀라운 발견의 순간인가! 우연이었을까?

> 창문 가까이 가고 싶다는 그의 소망이 정말 그의 몸을 움직여 의자가 흔들리게 만든 것일까? … 이 경험이… 17세의 소년을 자기탐색과 발견의 열정으로 이끌었다. 생각과 이상의 움직임이 실제 자율적 신체의 움직임을 경험하도록 이끈 것이다. 몇 주, 몇 달 후에 … Erickson은 자신의 감각기억을 통해 다시 움직임을 배우려고 애썼다. 예를 들면, 자신의 손을 몇 시간 동안 노려보기도 했으며, 포크를 잡을 때 자신의 손가락이 어떻게 느꼈는지 떠올리려고 했다. 아주 조금씩 그는 자기 손가락이 정확하지는 않지만 미세하게 떨리고 움직이기 시작하는 것을 발견하였다. 그는 이 움직임이 더 커질 때까지 계속했고, 마침내 의식적으로 그것을 통제할 수 있게 되었다(Rossi, 1983, p. 12).

그 다음 한 해 동안 Erickson은 고통스럽지만 천천히 자신의 근육들에게 움직이는 것을 가르쳤다. 이는 주로 시각화 과정을 통해 이루어졌는데, 결정적으로 그의 어린 여동생이 일어서고 걷는 것을 관찰한 것이 중요하게 작용하였다.

> 여동생이 일어서기를 배우는 것을 보면서 나도 일어서곤 했다. 두 손을 바닥에 대고, 두 다리를 풀고, 무릎을 지지대 삼아 한쪽 팔과 한쪽 손에 일어서기 위한 힘을 더 싣는다. 무릎을 접은 상태에서 계속 균형을 잡는다. 몸에 균형을 잡은 후에는 머리를 움직인다. 몸이 균형을 잡으면 손과 어깨를 움직인다. 균형을 잡고 한 발을 다른 발 앞에 놓는다. 쓰러진다. 그럼 다시 시작한다(Rossi, 1983, p. 13).

Erickson은 스스로 많은 장애를 이겨 낸 경험을 통해 사람에게 장애를 극복할 수 있는 능력이 있다는 것을 배우게 된 것 같다. 특히 17세라는 나이에 손가락을 움직이고, 손과 발을 움직이고, 서기, 균형 잡기 그리고 마침내 다시 걷기라는 기본적인 것들을 다시 배워야 했기 때문에 그럴 수 있었다. 사람을 향한 이런 태도는 그가 미래의 치료자들에게 준 영향 중에 가장 가치 있는 유산이 되었다.

명석하고도 예측 불가능한 치료를 보여 주는 Erickson의 전설적인 천재성만큼이나 중요한 것은 그가 내담자와 그들의 신념, 그들의 변화 가능성에 대해 가졌던 심오한 존경심이다. 아무리 만성적이고 심각한 문제를 가진 내담자라 하더라도 말이다.

> 자신을 예수 그리스도라고 말하는 환자가 있었다. 그는 매우 편집증적이기는 했지만 위해를 가하지는 않았기 때문에 병원 안을 돌아다니는 것이 허락된 환자였다. Worcester 병원은 이렇게 자유가 허락된 환자들을 유용한 일에 활용하도록 하고 있었고, 그때 마침 심리학 실험실에 일꾼이 필요했다. 그때 그 매우 예의 바르고 겸손한 … 환자가 천을 두르고 하나님과 함께 어슬렁거리고 있었고, 나는 그와 함께 무언가를 해야만 했다. 그와 나는 의사들이 쉬는 시간에 테니스를 칠 수 있다는 것이 얼마나 좋은 일인지, 그래서 하나님이 그들에게 주신 근육과 기술과 능력을 사용하는 것이 얼마나 좋은 일인지에 대해 이야기를 나누었다. 그러려면 테니스 코트가 잘 정리되어 있는 것이 얼마나 중요한지에 대해서 얘기하면서 그와 테니스 코트로 걸어갔다. 그리고 우리는 신이 만든 나무들, 아름다운 잔디, 지구상의 창조물들에 대해 많은 이야기를 나누었다. 그리고 그때 나는 흙으로 만든 테니스 코트 위에 울퉁불퉁한 부분을 발견하고는 하나님도 그런 울퉁불퉁한 것을 좋아하시지는 않을 거라면서 그에게 테니스 코트를 고르고 평평하게 만들어 줄 수 있는지 물어보았다. 그는 자신이 인간을 위해 여기 와 있는 거라며 확실하게 노력해 보겠다고 답하였다. 그를 남겨두고 나는 돌아왔다. 이후 그는 뛰어난 테니스 코트 관리인이 되었다. 한번은 심리학 실험실에서 책장을 필요로 했는데, 나는 우연히 그에게 예수님이 목수였다는 사실을 언급하였다. 그러자 그가 책장을 만들어 주었다. 이후로 그는 심리학 실험실에 아주 도움이 되는 사람이 되었다(Gordon & Meyers-Anderson, 1981, p. 43).

이 이야기는 환자의 증상을 포함한 모든 것과 그들을 옭아매고 있는 사회적 상황을 그들이 어떻게 활용할 수 있도록 도울 것인가에 관한 Erickson의 치료 기법을 잘 보여 주는 것 같다. Erickson이 단기 접근의 발전에 미친 영향은 매우 크다. 캘리포니아 주 팰로앨토(Palo Alto)에 있는 단기치료센터(Brief Therapy Center)의 창립 멤버인 John Weakland는 인터뷰에서 Erickson으로부터 무엇을 배웠는가라는 질문에 다음과 같이 대답하였다.

> 정말 많은 것을 배웠습니다. … 내담자에게 세심한 주의를 기울이는 것을 배웠고, 절망적이고 변화하기 어려운 상황에서조차도 항상 변화 가능한 것이 있다는 것을 배웠고, 사람이 유용한 방향으로 변화하도록 영향을 주고 책임을 지는 것은 본질적으로 치료자의 책임이라는 것도 배웠습니다…. Erickson이 사람들에게 그들이 익숙하지 않은 다른 일을 하도록 만드는 것을 보는 것은 놀라운 일이었습니다(1995년 3월 15일, S. Chaney와의 사적인 대화에서).

Lankton과 Lankton(1983, p. 12)은 Erickson의 접근에 내재된 원리를 목록으로 작성하였다. 이것은 대부분의 단기 치료자들의 치료에 암시적으로 나타나 있다.

- 사람은 그들의 감각적 경험보다 내면의 지도에 따라 움직인다.
- 사람은 어떠한 순간에도 자신에게 최선의 선택을 한다.
- 한 사람에 관한 어떠한 설명이나 이론, 비유도 그 사람 자신은 아니다.
- 내담자가 말하는 모든 메시지를 존중하라.
- 선택하도록 가르쳐라: 절대로 선택권을 버리지 않도록 하라.
- 내담자가 필요로 하는 자원은 내담자 자신의 개인적 삶 안에 있다.
- 내담자의 세계 안에서 내담자를 만나라.
- 가장 융통성 또는 선택권이 있는 사람이 그 체계(system)의 요소들을 통제할 것이다.
- 사람은 의사소통하지 않을 수 없다.
- 치료하기 어려우면, 그 범위를 줄여라.

• 성과는 심리적 수준에서 결정된다.

Erickson의 치료는 de Shazer(1994, p. 33)의 책에서 Erickson의 기법들이 설명된 부분들을 보면 잘 알 수 있다. 그의 기법들은 단기 전략적 접근을 사용하는 치료자나 저자들에게 상당한 영향을 주어 그들이 기술적 측면과 치료 기술에 초점을 두도록 하였다. 그러나 무엇보다 Erickson이 진단과 분류에 관해 관심을 두지 않았다는 점과 사람의 자원과 능력에 깊은 신뢰를 갖고 있었다는 점이 가장 큰 유산이 되었다.

기타 초기의 영향들

단기치료의 중요한 부분들은 20세기 중반에 일어난 지식 운동의 비옥한 풍토에서 뿌리를 찾을 수 있다. 또한 치료자들의 임상적 경험을 통해 사회적 · 정신적 문제가 생겨나고 지속되는 데에는 맥락의 영향이 크다는 것을 인식하게 된 것도 단기치료에 영향을 주었다. 초기 치료자와 이론가들의 생각의 중심에는 일반체계이론(systems theory), 사이버네틱스(cybernetics), 정보이론(information theory)과 게임이론(game theory)이 있었다.

> 사이버네틱스와 일반체계이론은 같은 전통에서 나왔지만, 태어나는 순간 분리된 쌍둥이(로마 신화의 코르시카 쌍둥이 형제)처럼 Norbert Weiner와 Ludwig von Bertalanffy라는 카리스마적이고 독창적인 두 인물에 의해서 갈라졌다. 이것은 혈통이 달라서라기보다는 지역이 달랐기 때문이다. 이 두 이론은 마치 서로 모르는 사이처럼 성장했지만, 둘을 구별할 수 있는 것은 지역 이외에는 없을 정도로 놀랍도록 유사한 이론으로 진화하였다(Sluzki, 1985, p. 26).

체계이론은 일반적인 체계의 특성에 대하여 서술한다. 초기에는 사이버네틱스도 체계가 어떻게 스스로를 유지하는가 하는 규칙에 관심이 있었다. 그러나 이 생각은 Norbert Weiner(1948)의 선구적인 노력에 의해 발전하게 되었다. 사이버네틱스는 어떤 일련의 사건이 일어나는 과정은 그것이 특정 수치 바깥으로 움직이는 것을 막는 제어 장치에 종속되어 있다고 본다. 이 점에 있어서 사이버네틱스는 부정적이다. 따라서 무수히 많은 패턴을 갖기 때문에 보편적으로 계속 반복되는 사건들의 순서는 반드시 구체적이거나 자세할 필요는 없다는 것이다.

1952년 뉴욕에서 Gregory Bateson은 '의사소통에 있어서 추상적 개념의 역설'(Paradoxes of Abstraction in Communication)에 관한 연구 지원금을 찾고 있었다. 그는 그의 제자인 John Weakland와 함께 머무르고 있었는데, Weakland는 다음과 같이 회상하였다.

> 어느 날 선생님이 돌아오셔서 "지원금을 얻었어!"라고 하셨다. 내가 "잘됐습니다."라고 하자, 선생님은 "자네가 서부로 와서 나와 일해 주면 어떻겠나?"라고 물으셨다. 나는 "정말 좋습니다!"라고 했고, 우리는 모두 나가서 저녁식사를 하며 축하했다(Lipset, 1980, p. 200).

다음 해에 Jay Haley와 William Fry가 참여하면서 이들은 지극히 독창적이고 영향력 있는 연구 집단을 형성했으며, 가족치료 분야에서 수많은 초기 논문들을 생산해 냈다.

이들은 사이버네틱스 이론의 영향을 많이 받았으며, 복화술이나 시각장애인을 위한 안내견 훈련, 영화, 동물치료, 유머, 최면, 정신분열증, 심리치료 등을 포함하여 폭넓은 현상을 연구하였다. 당시 정신과 의사였던 Don Jackson은 정신분열증 환자의 가족을 폐쇄된 체계로서 바라보는 관점을 발전시켜 나가고 있었는데, 그는 대인관계 현상에 관심을 기울인 Harry Stack Sullivan의 영향을 상당히 받은 사람이었다(Harry Stack Sullivan은 Alfred Adler, Karen Horney와 마찬가지로 당시의 정신분석가들 사이에서는 드물게 대인관계 현상에 관심을 가졌던 인물이다). Jackson은 이들과 가깝게 작업하기 시작하면서 이 연구 집단의 일원이 되었다. 이들은 서로 영향을 주고받으며 의사소통에 관한 다양한 채널을 살펴보기 시작하였다. 특히 정신분열증 환자의 가족을 연구하였는데, 이들이 출판한 첫 번째 연구가 그 유명한 『정신분열증 이론을 위하여(Toward a Theory of Schizophrenia)』(Bateson, Jackson, Haley, & Weakland, 1956)다. 이 책에는 이중속박(double bind) 가설이 자세히 설명되어 있으며, 이 연구 집단의 상호작용적 관점의 첫 출판물이 되었다(Berger, 1978; Sluzki & Ransom, 1976; Watzlawick & Weakland, 1977 참조).

『정신분열증 이론을 위하여』는 행동과 의사소통 간의 관계를 자세히 들여다보는 새로운 방법을 제시하였다는 점에서 특히 중요하다. John Weakland는 다음과 같이 말했다.

> 처음에는, 말하자면 동전의 양면처럼 의사소통과 행동에 대한 자세한 정의로 시작하였다. 사회적 행동의 가장 중요한 측면은 의사소통 효과다. 그리고 의사소통은 행동을 사회적으로 나타내는 주요한 요소다. 이 두 가지를 연결하면서 『정신분열증 이론을 위하여』는 중요한 측면에서 한쪽의 또는 단일 방향적 관점을 취하였다. 예를 들면, '희생양'(victim)에 대한 이중속박을 가정할 때 '구속자'(binder)의 관점에서 보았다. 그럼에도 불구하고, 명확하게 드러나지는 않지만, 이 책은 의사소통을 폭넓게 그리고 기본적으로 상호작용적으로 바라보는 관점을 취하였다. 즉, 의사소통은 단일 방향의 원인과 그로 인하여 다양한 결과가 발생하는 체계이지만, 그것들을 더 큰 체계의 측면에서 바라봐야 한다. …중요한 것은 따로 떨어뜨려 보면 아무리 극적이고 놀라운 것들일지라도 특정 사건이나 메시지를 보지 말고 의사소통의 보편적인 패턴을 보아야 한다는 것이다(Weakland, 1976, p. 311).

Weakland가 염려했던 것 중의 하나는 『정신분열증 이론을 위하여』에서 영향을 받은 많은 사람이 더 큰 반복적 패턴에 초점을 두거나 그 가설을 새로운 언어로 발전시키는 것에 초점을 두기보다는 병리적 요소(이중속박 가설을 증명하기 위해서든 반박하기 위해서든)를 강조하는 환원주의적 사고에 관심이 있다는 점이었다. Weakland의 눈에는 그들이 중요한 핵심을 놓치고 있는 것으로 보였다. 몇 년 후 연구 집단이 이에 대해 설명하는 글을 썼지만, 사람들은 이를 간과하였다.

> 이중속박을 가장 잘 설명하는 방법은 구속자(binder)나 희생양(victim)의 입장에서가 아니라, 관계에 갈등을 가져오고 그로 인해 주관적인 스트레스를 야기시키는 계속되는 체계 안에 갇힌 사람들의 입장에서 설명하는 것이다(Bateson, Jackson, Haley, & Weakland, 1963, p. 59).

많은 사람이 자신의 생각이나 접근을 개발하는 데 Gregory Bateson에게서 영감을 받았다고 밝히던 시절이 있었다. 그 많은 사람이 신비하고 이해 불가능한 것에 끌린다는 것이 나에게는 의아하고 불만스러운 일이었다. 예를 들면, Bateson의 복잡한 글들이나 Maturana의 중언부언하는 주장들, 더 최근에는 탈근대주의의 철학적 복잡함 같은 것들 말이다. 한번은 Jay Haley에게 Bateson이 가족치료에 기여한 것 중 가장 중요한 것이 무엇이라고 생각하는지 물어보았더니, "Bateson이 연구 지원금을 얻어서 한 해에 몇 차례 John Weakland와 자신이 Milton Erickson을 만나 시간을 보낼 수 있게 해 준 것"이라는 대답을 들었다. 그리고 나는 마침내 John Weakland에게 Bateson을 이해하는 것이 어렵다고 고백하였다. Weakland는 "연구 팀의 나머지 사람들도 Bateson의 말을 이해하기 어려워했으며, Bateson이 뛰어났던 점은 사람들이 자신의 생각을 발전시켜 나갈 수 있도록 지지하고 격려해 준 것"이라고 말해 주었다. 나는 마음이 홀가분해지고 나의 도덕성이 올라가는 것을 느낄 수 있었다.

연구 팀의 초기 연구들은 일대일 의사소통에 초점을 두었다. 그러나 이후 Weakland와 Haley는 관찰의 최소 단위가 3명이어야 한다고 하였고, 여기에는 치료자도 포함될 수 있었다(Haley, 1967a; Weakland, 1960).

이후 삼각관계의 참여자들을 악당 또는 희생양으로 보는 관점에서 벗어나 참여자 각자가 자신이 세상을 바라보는 관점이나 자신이 처한 상황에서 자신의 삶의 경험으로부터 그들이 할 수 있는 최선을 다하는 존재라고 보는 관점으로 발전하였다. Fisch와 그의 동료들은 다음과 같이 말하고 있다.

> …사람들은 종종 어쩔 수 없이 문제가 반복되도록 만드는 행동을 계속한다. 최선의 의도를 가지고 … 그들은 매우 조심스럽게 잘못된 지도를 따라가는데, 역경의 한가운데에서 불안한 사람에게는 당연한 일일 것이다. 이들은 또한 잘못된 지도에 대한 신뢰를 갖고 있기 때문에 그 지도가 효과적인 안내서가 아니라는 점을 알기 어렵다…(Fisch, Weakland, & Segal, 1982, pp. 16-18).

1958년에 Don Jackson은 캘리포니아 주 팰로앨토에 정신건강연구소(MRI)를 설립하였다. 이 연구소는 상호작용 관점에 관한 임상적 의미를 발전시키고 연구하기 위한 곳이었다. 이 프로젝트는 개인 내부에 일어나는 변화보다는 사람들 간의 상호작용 패턴에 효과적으로 개입할 수 있는 방법을 개발하는 데 관심을 두었다.

Don Jackson은 1968년 48세의 나이로 갑자기 사망하였으나 단기치료 및 가족치료 분야에 중요한 공헌을 하였다. 그의 작업과 그가 이 분야에 미친 영향에 관하여 알려진 것은 많지 않지만, 그는 카리스마 넘치는 천재적인 치료자였다. 그는 환자/내담자를 "단지 현재 문제가 있는 … 가족에게 둘러싸인 개인"으로 보았다(Jackson, 1967, p. 32). 그의 초점은 개인 구성원의 성격에 관한 가설보다는 사람들 사이의 관계, 그리고 추론에 의한 것보다는 관찰 가능한 것에 있었다.

치료에서의 의사소통

반 컵의 물은 절반이 빈 것인가, 아니면 절반이 찬 것인가?

Bavelas와 동료들이 Davis(1986)를 인용한 것을 보자.

> …Davis는 첫 회기 전체를 분석한다. 그리고 한 회기 동안 치료자가 내담자의 호소 문제를 어떻게 그의 이론에 맞는 문제로 변형시키는지를 차례로 보여 준다. 만약 누구든 특정 이론적 접근에 치우친 Davis의 글을 읽게 된다면, 그의 치료가 내담자의 문제에 대한 매우 통찰력 있는 발견이라고 생각할 것이다. 더 세밀하게 살펴보면, 치료자의 적극적인 영향이 명확해진다. Davis는 3단계에 걸쳐 내담자의 사회적 · 상황적 문제를 심리내적 · 성격적 문제로 재구성하고, 내담자의 말을 치료자의 해석을 통해 새로운 문제로 서술하며, 마지막으로 새로 정의된 문제에 대한 내담자의 동의를 끌어낸다(Bavelas, McGee, Phillips, & Routledge, 2000, p. 54).

Bavelas와 동료들은 치료 과정에 대하여 본질적으로 다른 두 가지 접근을 제시하였다. 하나는 치료적 대화에 관한 전통적인 입장으로 본질적으로 치료 과정은 병리를 정의하는 것이며, 특히 내담자의 문제와 해결책에 관한 치료자의 이론을 따라가는 것이다. 다른 하나는 대안적 패러다임으로 치료적 대화가 암시적이든 명시적이든 내담자의 강점과 자원에 초점을 두는 것이다.

Bavelas 등(2000)은 치료자가 사용하는 세 가지 담론 도구를 강조하였는데, 공식, 질문 그리고 어휘 선택(어떻게 그것을 풀어낼지에 관한 선택)이다. 먼저 공식(formulation)이란 "다른 사람이 금방 말한 것의 요지를 서술, 설명, 묘사, 해석, 통역, 요약 또는 윤색하는 데 있다."(p. 56) 이것은 공식이 원래의 진술을 보존, 삭제, 변형하는 세 가지 기능을 수행할 수 있다고 말한 Heritage와 Watson(1979)의 제안에 따른 것이다. 앞서 Bavelas 등이 말한 첫 번째 전통의 치료(내담자의 병리를 밝히려는 치료)는 보전, 삭제 혹은 변형하는 경향이 있어서 병리가 강조되고 그들의 이론은 사실임이 확인된다. 두 번째 전통의 치료(내담자의 강점에 초점을 두는 치료)는 내담자의 강점을 공식화하기 때문에 내담자가 과거에 거둔 성공, 강점 및 자원이 강조된다. 어떤 질문(question)이 이루어지는가, 어떻게 질문이 주어지는가 하는 것은 내담자와 내담자의 이야기의 어떤 측면이 초점이 되고 중요하게 여겨지는가, 그리고 무엇이 보이지 않고 가벼이 여겨지는가에 따라 영향을 받는다.

"무의식적이라 할지라도 음성 혹은 비음성적 의사소통 통로를 통해 정보가 교환되기 때문에 우리가 직접 참여하는 상호작용에서 어떤 영향도 주지 않는다는 것은 불가능하다."(Cade, 1994, p. 14) 우리가 묻는 것은 물론 묻지 않는 것까지 우리의 얼굴 표정과 자세, 몸짓의 변화, 호흡 패턴 등 우리가 거의 또는 전혀 통제하기 어려운 수준의 미묘한 것일지라도 내담자 또는 내담자의 가족을 무의식적으로, 때로는 어쩔 수 없이 우리의 선입견과 걱정, 가설과 같은 방향을 향하도록 만들 수 있다. 우리가 진심으로 비지시적이라고 생각하는 순간에도 그렇다.

Alan Wade(2000)는 치료 접근을 두 가지로 구별하였다. 하나는 개인의 결함에 대한 가설을 전제로 하는 접근이고, 다른 하나는 개인에게 이미 존재하는 능력이 있다는 가설을 전제로 하는 접근이다. Bavelas 등은 팰로앨토 그룹과 의사소통 및 언어에 특별히 관심을 가진 그룹들을 두 번째 접근의 초기 접근으로 분류하였다. 그리고 뒤이어 나타난 Milan 학파, 해결중심치료, White와 Epston의 이야기치료(슬프게도, 최근의 글을 보면 이야기치료는 이러한 뿌리를 잘라내 버린 듯 보인다)가 여기에 포함된다.

해결중심과 이야기치료 간의 유사성이나 차이점에 관해서는 다양한, 때로는 과열된 논쟁이 있었다(Steve de Shazer와 Michael White가 학회에서 벌인 토론을 포함하여). 내 개인적인 의견으로는 진단적인 측면에서 둘 사이에는 상당한 차이점이 있다. 이야기치료는 내담자의 문제가 발생하는 원인을 거의 대부분 정치적·사회적으로 설명하려 한다. 반면 해결중심 접근은 정치적인 것은 물론 어떤 종류의 설명에도 관심이 없다. 물론 해결중심 접근을 쓰는 사람은 (이야기 치료자처럼) 강한 정치적 의견이 있을지라도 말이다. 치료의 실제 측면에서 두 접근 간에는 상당한 유사성이 명백히 존재한다. 예를 들면, '독특한 결과'(unique outcomes)와 '예외'(exceptions)는 모두 내담자나 가족이 문제를 좀 더 효과적으로 다루는 때가 언제인가에 초점을 둔다.

둘 사이의 차이점은 방식이다. 이야기 치료자는 개별적인 예들을 모아 중요한 기념 사건, 즉 '빛나는 순간'(sparkling moment)으로 만든다. 해결중심 치료자는 예외는 항상 일어난다는 점에서 놀라운 일이 아니라고 본다. 따라서 해결중심 치료자는 예외가 일어나지 않는 것을 기대하지 않는다는 점에서 예외는 항상 일어나고 있다고 강조한다. 그러나 독특한 결과는 내담자(들)가 자신의 문제와 맞서 싸우기 위해 내담자의 자원을 구축하는 데 '용기를 주는' 과정으로 사용된다. 문제는 외재화되고 종종 끊임없이 싸워 이겨야 하는 불길하고 영악한 성격으로 채워진다. 따라서 이야기치료는 문제에 초점을 두거나 문제를 구축할 뿐만 아니라 그 문제를 영원히 존재하도록 만든다. 내가 알기로는 1990년대 초 Mara Selvini Palazzoli가 독일 하이델베르크의 한 카페에서 아침을 먹다가 중세의 악마에 대한 생각을 하면서 외재화를 그와 연관시키게 되었다고 한다. 반대로, 해결중심에서 예외에 초점을 둔다는 것은(내담자가 원하지 않는다면) 문제를 정의할 필요 없이 해결책과 다만 내담자가 종종 알아차리지 못했을 뿐 이미 문제의 해결이 일어나고 있었던 때를 찾는 과정이다(이것은 다음 절에서 자세히 다룰 것이다). 그러나 나는 두 접근 모두 Wade가 말한 일반적인 범주에서 내담자가 이미 가지고 있는 능력(preexisting ability)이라는 가설의 범주 아래에 있다고 생각한다.

전략가와 기술자

한번은 Lynn Hoffman이 내가 상담할 때 어쩌다 막스 형제(Marx Brothers, 역자 주: 미국의 코미디언 가족) 같은 방식을 쓰게 되었느냐고 물은 적이 있었는데, 나는 다음과 같이 설명하였다. "어느 날 다마스쿠스로 가는 길이었는데, 난데없이 Haley의 『심리치료 전략(Strategies of Psychotherapy)』(Haley, 1963)이 머리 위에 떨어졌어요. 그 책에서 심리치료에 관한 Jay Haley의 새로운 생각들과 그의 '성스러운 황소들'(역자 주: 지나치게 신성시되어 비판 · 의심이 허용되지 않

> 는 관습과 제도, 여기서는 전통적인 심리치료 접근들을 의미함)에 대한 의심, 그리고 Milton Erickson의 '특이한 치료'를 소개한 것들이 저에게 심오한 영향을 미쳤기 때문이랍니다. 다른 많은 사람에게 그랬던 것처럼요." (Cade, 1999, p. 196)

초창기 다수의 저서들은 전략과 기술에 관한 것보다는 위대한 치료자나 훌륭한 치료 개입에 대해서만 설명하곤 하였다. 그럼에도 불구하고 그 이면에 흐르는 근본적인 믿음은 내담자가 자신의 어려움을 극복하기 위해 필요한 강점을 이미 가지고 있다는 것이었다.

1977년 Richard Rabkin의 저서 『전략적 치료: 단기 증상적 치료(Strategic Therapy: Brief and Symptomatic Treatment)』(이 책은 훌륭한 책이지만 아쉽게도 널리 알려져 있지 않다)의 첫 장에서는 내담자가 치료에 기여하는 것과 관련하여 '돌로 만든 수프'라는 러시아의 이야기를 비유로 들고 있다.

> 당신은 요리사인데 가지고 있는 재료는 오직 돌 밖에 없습니다. 이 수프를 굉장히 영양가 있고 배부른 수프로 만들려면 일단 냄비에 물과 돌을 넣고 끓이세요. 그리고 손님들에게 안 그러셔도 수프가 맛이 있을 테지만 만약 그들이 내놓을 수 있는 양파나 파슬리 조금, 토마토, 고기 등등이 있다면 수프의 맛이 더욱 좋아질 것이라고 말해 보십시오. 당신이 수프를 다 끓여서 손님들에게 내갈 때쯤, 당신 덕분에 그들은 놀랄 만큼 매우 맛있는 돌로 만든 수프를 대접받게 될 것입니다(p. 15).

지금이라면, 아마도 Rabkin도 그렇겠지만, "당신 덕분에 그들은 놀랄 만큼"이 아니라 "그들 덕분에 그들은 놀랄 만큼"으로 말을 바꾸어야 한다. 그러나 이 글이 쓰여진 때는 1977년이다. 나는 나의 책들에서 Hemmingway가 당장 자신의 타자기로 달려 갔음직 할 정도로 영감을 주는 내담자의 치료적 총명함에 관한 역설적 묘책에 관하여 설명한 적이 있는데, 그 글의 마지막 부분에 다음과 같이 썼다. "가장 고착된 것처럼 보이는 문제 행동일지라도 그것을 변화시키기 위해서는 내담자가 가진 능력에 대한 낙관적인 사고가 필요하다."(Cade, 1979, p. 104) 그 당시의 치료자들은 내담자에게 극적인 변화를 가져올 수 있는 치료 기술을 보여 주기 위해 많은 글을 썼다. 하지만 내담자의 총명함에 대한 혜안은 없었다는 점에서 당시 치료자들은 비판받을 만하다. 그러나 내 경험에 따르면, 그것은 치료자의 자기 힘에 대한 과시보다는 내담자를 돕고자 하는 넘치는 열정과 진실한 소망에서 비롯된 부작용이라고 생각된다. 그러나 1985년 나와의 인터뷰에서 Steve de Shazer는 다음과 같이 말했다.[1]

Brian(나): 미국에서도 마찬가지일지 모르겠는데, 영국의 치료자들이 많이 염려하는 것 중 하나는 특정한 기법들의 윤리적인 문제입니다. 특히 역설적 기법들 말이죠.

Steve: 우리는 그런 복잡한 것들, 즉 우리 중 일부가 과거에 사용했던 속임수 같은 것들을 만들어 낼 필요가 없다는 사실을 알게 되었습니다. 우리의 흥미로운 기법들은 이제 모두 알려져 있고, 우리는 내담자가 제공한 자료들을 활용하고 있습니다. 사실 돌아보면, 그 모든 기법은 우리가 상담한 내담자로부터 나온 것입니다. 다른 치료자들이 염려하는 것은 우리가 상담한 것에 대하여 저자들의 글 쓰기 방법 때문인 것 같습니다. 마치 회복될 수 없을 것처럼 글을 쓴 것 같아요. 우리가 그것을 다르게 쓰게 된다면 이렇게 말할 수 있을 것 같습니다. "자, 보세요. 우리의 내담자가 똑똑하지 않습니까!"라고요.

Brian: 네, 우리가 했던 복잡한 것들을 되돌아보면 때때로 속임수가 사용되었다는 점에서 상담이 완전히 윤리적이지는 않았던 것 같습니다. 예를 들면, 일방경 뒤에서 일어나는 일 같은 것 말이죠. 그 당시엔 그것이 어떤 특정한 교착 상태에서 유일한 돌파구로 생각되었고, 때로 그것은 단단히 고착된 증상을 완화시키는 데 매우 효과적이었습니다. 그러나 그 이면에는 다른 가능성도 있었죠. 때때로 우리는 우리의 영리함에 갇혀 버렸어요(Cade, 1985, p. 97).

나는 내가 한 상담은 물론 치료자의 전략적 기술에 대해 한껏 기분이 고조되었던 시절 John Weakland가 상담한 비디오 테이프도 많이 갖고 있다. 지금의 시각으로 그것들을 들여다보면, 우리가 얼마나 내담자의 강점과 성취에 많은 주의를 기울였는지 놀라울 정도다. 비록 그 시절 우리는 그것을 자세, 긍정적 재개념화 또는 긍정적 암시라고 불렀었지만, 1979년 『단기가족치료(Brief Therapy with Families)』에서 de Shazer는 균형이론을 설명하면서 어떻게 상담할 것인가를 결정하는 사람은 바로 치료자라는 점을 명확히 하였다. 그러나 그럼에도 불구하고 내담자의 강점을 분명히 강조하고 있다.

> 치료자는 상담실로 돌아가 내담자를 칭찬해 주어야 한다. 내담자가 상담에서 편안하게 자신의 이야기를 나눠 준 것에 대해 칭찬하거나, 문제를 해결하기 위해 그/그녀 또는 가족이 얼마나 열심히 노력했는가를 칭찬할 수 있다. 가족이 처한 복잡한 상황을 잘 설명한 점에 대하여 칭찬하거나 상담에서 도움을 받을 수 있으리라 생각하고 함께 상담을 받으러 온 것을 칭찬할 수도 있다(Cade, 1985, p. 88에서 인용).

팰로앨토의 단기치료센터[2]

단기치료의 중심 철학

1. 고장이 아니면 고치려 하지 마라.
2. 효과가 없으면 그것을 다시 하지 마라. 다른 것을 하라.
3. 일단 효과가 있으면 그것을 더 많이 하라.

단기치료센터(Brief Therapy Center)는 1966년 캘리포니아 주 팰로앨토에 있는 정신건강연구소(MRI) 내에서 Dick Fisch와 John Weakland, Paul Watzlawick의 주도로 시작되었다. 이들은 이후 단기 접근이 세계적으로 급속히 발달하는 데 큰 영향을 미쳤다(Fisch, Weakland, & Segal, 1982; Ray & de Shazer, 1999; Watzlawick, 1978; Watzlawick & Weakland, 1977; Watzlawick, Weakland, & Fisch, 1974; Weakland, Fisch, Watzlawick, & Bodin, 1974; Weakland & Ray, 1995). John Weakland는 단기치료 프로젝트의 시작에 대해 다음과 같이 말하고 있다.

> 내 생각에 우리는 처음에 두세 가지의 기본적인 아이디어만 있었을 뿐인데 이것이 그 모든 일을 일어나게 한 것 같다. 첫째는 물론 우리가 그룹으로 함께할 것이라는 점이었고, 둘째는 한 사람이 치료자가 되면 다른 사람들은 관찰자가 되고, 모든 것을 녹음하고 토론하고 … 그러나 우리의 방향을 잡아 준 틀에는 중요한 두 가지 원칙이 있었다. 첫 번째 원칙은 내담자의 주요 호소 문제에 초점을 두고 그것에 집중한다는 것이었다. 내담자의 문제 주변이나 그 뒤, 혹은 그 밑에 있는 것을 보기보다는 주요 호소 문제를 따라간다는 것이었다. 두 번째 원칙은 그 당시 우리는 내담자가 변화하도록 하는 것이 그리 쉽지 않다는 것을 깨달았기 때문에 우리가 생각할 수 있는 것은 무엇이든지 시도해 보기로 한 것이었다. 그것이 전통적인 방법이든, 혹은 전통적인 방법에서 아주 먼 것이든 상관없이 합법적이고 도덕적인 것이라면 무엇이든 하기로 하였다. 단지 이런 생각에서 모든 것이 출발했던 것 같다(1995년 3월 15일, S. Chaney와의 사적인 대화에서).

오늘날에는 팀 접근이나 일방경의 사용 그리고 비디오 녹음기 등이 너무 흔해서 그 당시에 이러한 절차적 접근이 얼마나 혁명적이었는가를 알기는 어렵다. 특히 내담자의 문제에 대하여 어떤 '심층적인' 것 혹은 잠재된 이슈가 존재한다거나 증상이 수행하는 기능이 있다고 가정하지 않고, 순전히 내담자가 문제라고 정의 내린 것에만 초점을 유지하려 한 것은 혁신적이었다. 그들은 내담자가 변화하도록 하는 과정을 직접 관찰하고 상담 회기에 대한 녹음을 세심하게 분석함으로써 치료 접근을 세밀하게 만들기 시작하였다. 증명할 수 없는 가설을 만들거나 사용하지 않았다. 그들은 실제적인 것, 객관적으로 관찰될 수 있는 것, 명확히 진술할 수 있는 것으로부터 멀어지지 않으려 했다. 이것은 그 당시에 광범위하게 퍼져 있던 다른 치료 모델들과 상당히 대조되는 것이었는데, 당시의 다른 치료 모델들은 꽤나 복잡한 이론적 교리를 따랐다. 단기치료의 주장 중 가장 중요한 것은 어떤 환경에서 문제는 특정한 생활 문제나 종종은 정상적인 생활 문제로부터 생겨나고 유지되며, 그 문제가 인식되고 결과적으로 그것이 걸림돌이 된다는 것이다. 이성이나 논리, 관습 또는 '상식'에 따른 다양한 해결책을 적용하여도(문제의 존재를 부인하는 것까지 포함) 효과가 적거나 없거나 혹은 상황을 더욱 악화시킨다. 그러면 문제는 더욱 고착화되고, 같은 해결책을 적용하면 또 같은 문제를 낳고, 결국 또 같은 해결책을 반복하게 되는 것이다. 악순환이 발생하고, '틀린' 또는 '부적절한' 해결책을 계속해서 사용함으로써 문제가 문제를 강화하고 스스로 유지하는 패턴에 갇혀 버리게 되는 문제가 될 수 있다. 단기치료는 기존의 치료 접근이 논리적이고 옳았다 해도 당장 그것을 그만두거나 심지어 뒤집어서 '시도되었던 해결책'들을 변화시키고자 한다. 단기치료는 문제를 유지하는 피드백 고리가 일단 변화하면 더 다양한 반응이 나타나리라고 가정한다.

John Weakland는 치료자가 배워야 할 가장 중요한 것에 대해 다음과 같이 말하였다.

> 매우 단순하게 들리겠지만, 일관되게 하기도 어려운 것이 바로 내담자가 무엇을 말하는지, 어떻게 말하는지를 정말 주의 깊게 듣는 것이다. 이 말은 치료자가 너무 통찰력을 앞세워서 내담자가 말하는 것이나 의미하는 것을 내담자보다 더 잘 안다고 생각해서는 안 된다는 의미다. …치료자에게 이것은 매우 어려운 일이다. …많은 상담 훈련에서 치료자의 통찰을 강조하는 점은 염려스럽고 위험한 일이라고 생각한다. 나는 경청하는 것이 훨씬 더 중요하다고 생각한다.

단기 치료자들은 이런 것들에 많은 주의를 기울였다. 예를 들면, 내담자의 발전을 최대화시킬 수 있는 치료자의 태도는 무엇인가? 그들은 신중하고 자신을 낮추는 자세가 가장 바람직한 치료자의 기본 자세임을 발견하였다. John Weakland는 그가 가장 선호하는 개입이 무엇인가를 묻는 질문에 자신은 치료를 개입이라는 용어로 말하는 것을 좋아하지 않는다고 하였다. 하지만 매우 폭넓게 적용할 수 있어서 자신이 꾸준히 사용하는 것이 있다면 그것은 바로 "…어떻게든 내담자에게 좀 천천히 하라고 조언하는 것"(1995년 3월 15일, S. Chaney와의 사적인 대화에서)이라고 답하였다. 문법적으로 정확하게 말하자면, 그는 "천천히 하라."고 말했을 것이다. 이것이 내담자가 척도에서 1점 올라가도록 하는 해결중심 입장의 초석이 되었을 것으로 보인다.

치료자가 내담자보다 상담에 대해 또는 상담의 성과에 대해 결코 더 열심이어서는 안 된다. 사람은 기꺼이 자신이 무엇을 구매하고자 하는 고객일 때에만 변화하려 한다. 종종 내담자는 자신을 상담에 데리고 온 사람 혹은 자신을 상담에 의뢰한 사람의 목표에 열성을 보이기보다는 자기만의 다른 목표를 갖기도 한다. 그것은 그들이 달성하고자 하는 준비가 되어 있는 목표다. 예를 들면, 수업 시간의 무질서한 행동 때문에 교사가 학생을 상담에 의뢰했을 때, 이 학생은 교사를 위해 자신이 변해야겠다는 데에는 관심이 없을 것이다. 오히려 어떻게 하면 교사가 자신을 덜 괴롭히게 할 것인가에만 관심이 있을 것이다. 거식증이 있는 여대생은 체중을 늘리는 것보다는 과제를 할 수 있는 에너지를 어디서 얻을까에 더 관심이 있을 것이다. '알코올 문제' 또는 '알코올 중독'인 사람은 금주를 위해 그들이 목표로 해야 하는 것이 무엇이냐고 물으면 자신의 음주 습관을 다루는 것보다 실직 문제를 해결하는 데 더 관심이 있을 수 있다.

다른 사람을 변화시키려고 할 때 만약 그가 변화에 대해 양면적인 태도를 가지고 있다면 종종 그 사람으로부터 반박당할 수 있다. 바로 당신의 상담에서도 일어날 수 있는 일이다. 설득의 기술에 관해 한 연구자는 다음과 같이 설명하였다.

> …설득의 과정에서 개인은 적극적인 참여자다. 그들은 다른 사람의 의견을 자신의 기존 정보 목록에 연관시킴으로써 상대의 설득 메시지에는 실제로 포함되어 있지 않은 자료들까지 고려한다. 이렇게 도출된 자신의 생각은 다른 사람이 주장한 입장에 동의할 수도 동의하지 않을 수도 있다. 의사소통을 통해 호의적인 인지 반응이 나타나면 다른 사람의 주장에 호의적으로 변화하며, 호의적인 정신 반응이 일어나지 않으면 타인의 주장에 관한 호의적인 태도는 나타나지 않는다 (Perloff & Brock, 1980, p. 69).

사실 타인의 주장보다는 자신의 내적인 주장이 훨씬 강하다는 사실을 볼 때, 다른 사람에게 영향을 준다는 것은 한계가 있는 일이다. 어떤 입장에 대해 자신이 생각하는 주장이 많을수록 더욱더 그 입장은 유지되는 것으로 보인다. 일련의 설득적 대화를 살펴보면, 사람은 대화 내용보다는 자신의 생각과 주장을 더 명확하게 기억하는 것으로 나타난다(그들이 대화 내용에 동의 또는 동의하지 않는 것과 상관없이). 언어학자인 Deborah Tannen(1991)은 다음과 같이 제안하였다.

> 대화의 많은, 심지어 대부분의 의미는 말해지는 단어 속에 있기보다는 듣는 사람에 의해 채워진다. 우리는 각자 다른 사람이 말한다고 생각하는 것을 서로 다른 위치에서 또는 대칭적인 관계에서 결정한다. 사람들이 다른 사람의 말을 이런 저런 의미로 해석하는 것은 그 말이 의도했던 것보다는 듣는 사람 자신의 초점, 관심, 습관에 의해 결정된다(p. 37).

치료자가 '알지 못하는'(not-knowing) 자세를 채택함으로써 내담자는 자신이 선택할 수 있는 선택안에 있어서 좀 더 창조적이 될 수 있다. Milton Erickson이 말했듯이, "최선의 치료 성과를 가져오고자 할 때 내담자의 개성을 강조하는 상담 작업에서 알지 못함(not knowing)과 하지 않는다(not doing)는 자세는 특히 중요한 가치가 있다."(Erickson & Rossi, 1979, p. 25) Erickson이 말한 자세는 초기부터 최근의 '알지 못함의 자세'가 정립되기 전까지 단기치료에 영향을 주었다.

통제하려는 시도는 순응하거나 저항하는 반응을 일으킨다(둘 다 치료적 변화라 할 수 없는 것이다). 1965년 시애틀에서 열린 세미나에서 Erickson은 통제의 윤리에 대하여 다음과 같이 말했다.

> 자, 여러분은 내담자를 통제하십니까? 그렇다고 생각하지 않습니다. 그러려고 해서도 안 된다고 생각합니다. 여러분은 내담자에게 말해야 합니다. 여러분은 그들의 행동을 분석해야 합니다. 그리고 여러분이 그들을 어떻게 도울 수 있는지 궁금해해야만 합니다. 나는 그들의 행동을 유익하고 건설적인 방법으로 활용하려고 합니다. 왜냐하면 나는 그들의 행동을 통제할 자격이 없으니까요. … 여러분은 여러분의 목적을 달성하기 위해 내담자와 상담하는 것이 아닙니다. … 높든 낮든, 어떤 내담자에게도 나의 기준을 강요할 권한이 없습니다(Erickson, 1983, p. 272).

밀워키 단기가족치료센터

위스콘신 주 출신에는 Spencer Tracey, Georgia O'Keeffe,
Thornton Wilder, Harry Houdini, Liberace가 있다. 그리고….

1960년대 후반과 1970년대 초반 점점 더 많은 전문가가 단기치료센터(Brief Therapy Center)와 접촉하기 시작하였다. 그들 중에는 해결중심 접근의 발전에 많은 영향을 미친 Steve de Shazer와 Insoo Kim Berg도 있었다. 사실, 나는 이 둘을 만나게 만든 사람이 John Weakland였다고 생각한다. de Shazer는 Milton Erickson과 Jay Haley(1963)의 획기적인 저서인 『심리치료의 전략들(Strategies of Psychotherapy)』로부터 영향을 받았다.

> 내 기억으로는 이 책을 읽기 전까지 나는 '심리치료'라는 말조차 들어 본 적이 없었다. 이 책이 심리치료에 대해 내가 처음 읽은 책이었다. 나는 철학, 예술사, 건축학 또는 사회학의 어떤 다른 '전문 서적'들보다 이 책을 더 즐겁게 읽었다. 그래서 도서관에 가서 그와 유사한 책들을 찾아보았는데, 그 결과 큰 충격을 받았다. 내가 찾은 어떤 책도 끝까지 읽을 수가 없었다. 『심리치료의 전략들』이 너무 좋아서 Milton H. Erickson의 글들을 모은 또 다른 책 『최면과 치료의 고급 기법들(Advanced Techniques of Hypnosis and Therapy』(Haley, 1967b)을 만나기 전까지는 다른 모든 책이 잘 쓰여져 있다는 생각이 들지 않았다. 이 두 권의 책이 나의 삶과 나의 미래를 변화시키기까지 그리 오래 걸리지 않았다. 다른 많은 전문 서적과 달리 Erickson과 Haley의 책은 훌륭하고 명확했다. 그 당시 나는 그들이 쓴 모든 논문과 책을 읽었다. 나는 다른 어떤 것에서보다 이 책들에서 암묵적으로, 간접적으로 나의 작업에 대한 많은 주제를 발견할 수 있었다. '단기치료'에 관한 아이디어를 포함해서 말이다(de Shazer, 1999, p. 2).

단기가족치료센터(Brief Family Therapy Center)는 1978년에 밀워키(Milwaukee)에 세워졌다. de Shazer는 다음과 같이 말하였다.

> Insoo와 나, 동료들은 수년 간 함께 작업을 해 오면서 독립적인 '중서부 지역 MRI'를 세우기로 하였다. 상담의 효과를 연구하고, 더 효과적으로 상담할 수 있는 상담자를 훈련하고, 물론 우리도 상담을 하기 위해서였다(de Shazer, 1999, pp. 2-3).

원래의 밀워키 그룹에는 Steve de Shazer와 Insoo Kim Berg, 그리고 James Derks, Marvin Weiner, Elam Nunnally, Eve Lipchik, Alex Molnar 및 Marilyn La Court가 참여하였다. 그러나 몇 년 후 구성원이 점차 늘어나서 Wallace Gingerich, Michele Weiner-Davis, John Walter, Kate Kowalski, Ron Kral, Gale Miller,

Scott Miller, Larry Hopwood 등이 기여하게 되었다.

초기에 이 그룹은 팰로앨토의 단기치료센터와 비슷한 문제중심 모델을 사용하였다. 그러다 1980년대 초반에는 내담자가 문제해결을 위해 이미 스스로 하고 있는 일, 내담자가 변해야 한다고 생각하는 것은 무엇인지, 어떻게 달라질 수 있다고 생각하는지, 그런 변화를 가져오기 위하여 무엇을 해야 하는지에 관한 내담자의 생각에 점차 관심을 갖게 되었다. 문제를 명료화하거나 실패한 해결책에 초점을 두기보다는 해결책을 알아내는 데 초점을 둠으로써 그들은 변화를 위해 반드시 내담자의 문제와 그 원인을 확실히 알아야만 하는 것은 아니라는 깨달음을 얻게 되었다. 내담자를 자기 삶의 주인으로 보기 시작한 것이다.

MRI의 단기치료 접근과 해결중심 접근을 구별하는 사람들은 전자를 문제중심으로 정의한다. 그러나 나는 이런 입장에 동의하지 않는다. 기법에 있어서는 차이점이 있지만(중복되는 것도 많다), 나는 두 접근 모두 미래와 내담자의 탄력성 및 자원에 주된 초점을 두는 점에서 근본적으로 비슷하다고 생각한다. Bavelas 등(2000)은 John Weakland가 사적인 대화에서 어떻게 팰로앨토 단기치료 프로젝트 팀이 병리적 관점의 유용함을 거부하고 "인간은 스스로 어떻게 건강해질 수 있는지를 알고 있다."(p. 55)고 가정하게 되었는지를 설명한 것을 인용하였다. 나는 이 두 접근의 차이점은 강조점의 차이라고 생각한다. de Shazer와 Berg는 내담자의 불평/문제가 발생하지 않는 때가 얼마나 많은지를 발견하고서 단기치료의 핵심 철학을 바꾸게 되었다고 한다(1995, p. 252).

1. 고장이 아니면 고치지 마라.
2. 일단 효과가 있으면 그것을 더 많이 하라.
3. 효과가 없으면 그것을 다시 하지 마라. 다른 것을 하라.

해결의 열쇠: 오즈의 마법사 기법

Steve: 우리는 모든 자물쇠를 열 수 있는 만능열쇠(skeleton key, 역자 주: 곁쇠, 혹은 여러 자물쇠에 쓸 수 있는 열쇠)처럼 모든 문제 상황에 잘 맞는 상담 기법이 필요하다고 생각합니다.

Brian: 사람들은 보통 각각의 자물쇠에 서로 다른 열쇠가 필요하다고 생각하는데요. 만능열쇠에 대한 아이디어는 중요한 것인가요?

Steve: 네, 만능열쇠는 각각의 자물쇠의 상세한 특성을 알아야만 사용할 수 있는 것이 아닙니다. 만능열쇠 몇 개만 있으면 사람을 도와주기 위해 필요한 수많은 자물쇠를 열 수 있습니다. 상담의 효과를 볼 수 있다는 것이죠. 열쇠가 효과가 있으면 당신은 문을 열 수 있습니다.

Brian: 그럼, 상담에서 문제의 정확한 특성을 확인하기 위해 그렇게 애쓸 필요가 없다는 의미입니까?

Steve: 맞습니다. 문제가 무엇인지, 내담자가 곤란해하는 것이 무엇인지 알지 않고도 상담을 진행할 수 있는 사례들이 있습니다. 때로는 상담을 이론적으로 구조화하기 위해서 내담자가 문제를 어떻게 인식하고 있는지 아는 것이 유용한 경우도 있습니다만, 반드시 그러한 것은 아닙니다.

Brian: 그것은 Milton Erickson의 접근과 어떤 면에서는 매우 유사한 것 같습니다. Erickson도 사람은 광대한 능력의 저수지를 가지고 있어서 상담은 내담자에게 무엇을 제공하거나 내담자의 결점을 대치하는 과정이 아니라 이미 내담자에게 있는 가용한 자원을 열어 주는 것이라고 하였습니다.

Steve: 그렇습니다. 우리는 이것을 '오즈의 마법사 기법'이라고 부릅니다. 우리는 내담자가 갖고 있지 않은 것이라면 어떤 것도 주지 않습니다. 예를 들면, 어떤 부부가 상담을 받으러 왔는데, 제가 남편에게 그들이 상담에 오게 된 계기가 무엇인지 물었습니다. 남편은 부부싸움 중에 폭력이 있었다고 말하더군요. 저는 곧 아내에게 그들이 싸우지 않을 때에는 어떤 일이 일어나는지 물었습니다. 그리고 나머지 시간 동안 우리는 부부가 폭력적으로 싸우지 않을 때에는 어떤 일이 일어나는지에 대해 이야기를 나누었습니다. 저는 이 부부의 싸움에 대하여 아무것도 알게 된 것이 없고, 누가 누구에게 폭력을 행사했는지도 알려고 하지 않았습니다.

Brian: 전통적으로 상담자들이 주로 관심을 기울이고 알아내야 할 내용이 누가 무엇을 했고, 누구에게 했고, 얼마나 자주 하는가 하는 것들인데요.

Steve: 4~5년 전에는 저도 그렇게 했습니다.

Brian: 선생님은 특히 사람들이 이미 잘하고 있는 것에 관심이 있으시군요. 사람들이 상담에 올 때는 보통 무엇이 잘못되어 있는지에 집착하고, 그들이 이미 유능하게 하고 있는 것에 대해서는 인식하지 못하는데요.

Steve: 네, 대부분 그렇습니다(Cade, 1985, p. 96).

1984년 ds Shazer와 Molnar는 '첫 회기 과제'(first-session task)라는 공식을 만들었는데, 이것은 내담자가 어떤 주요 호소 문제를 가지고 있는가와 상관없이 내담자에게 주어지는 과제를 말한다.

> 오늘 이후부터 다음에 저희(저)와 만나기 전까지, 당신의 삶(결혼, 가족, 대인관계 등)에서 계속 되었으면 하고 바라는 어떤 일이 일어나는지 잘 관찰하셔서 다음 번 저희(저)와 만날 때 말씀해 주시기 바랍니다(de Shazer & Molnar, 1984, p. 298).

그들은 상당히 많은 사례에서 중요한 변화는 과제를 준 이후와 그다음 회기 사이에 일어난다는 것을 발견하였다.

> 놀라울 정도로 많은 사례(56개의 사례에 대한 추수조사에서 50개 사례)에서 내

> 담자들은 계속 되기를 바라는 일들이 일어남을 알아차렸고, 적어도 이러한 일들 중 한 가지를 '새로운' 또는 '다른' 일이라고 말하였다. 이러한 일들은 중요하고 관찰 가능한 것이었으며, 해결을 위한 것이었다(de Shazer et al., 1986, p. 217).

Moshe Talmon은 de Shazer의 첫 회기 과제를 정신의학센터에서 첫 번째 전화 상담을 통해 환자와 상담 약속을 정할 때 어떻게 사용할 수 있는가를 보여 주었다(Talmon, 1990, p. 19). Weiner-Davis와 de Shazer, Gingerich(1987)는 상당히 많은 사례를 통해 첫 번째 상담에 오기도 전에 빈번히 변화가 일어난다는 것을 발견하였다. 이것을 알아보기 위해 그들은 이렇게 질문한다. "종종 사람들은 상담 약속을 한 다음 첫 회기에 오기도 전에 벌써 무엇인가 달라진 것 같다고 느낍니다. 당신에게는 무엇이 달라진 것 같습니까?" (p. 306)

de Shazer는 『단기치료에서 해결의 열쇠(Keys to Solution in Brief Therapy)』(1985)에서 더 많은 '개입 공식들'을 개발하고, 그것을 통해 해결책을 구축하는 과정을 설명하였다. 그는 만능열쇠를 예로 들며, 오직 한 개의 만능열쇠가 있으면 각각의 자물쇠에 딱 맞는 정확한 열쇠를 발견할 필요 없이 다양한 자물쇠를 모두 열 수 있다고 하였다.

Molnar와 de Shazer(1987, p. 355)는 이러한 개입 공식들의 목록을 다음과 같이 상세히 설명하였다.

1. 내담자의 문제 행동과 다른 성공적인 행동이 있다면 그것을 더 많이 하도록 한다.
2. 내담자가 '~하고자 하는 유혹 또는 강요를 극복할 수 있을 때, 그때 자신이 무엇을 하고 있는지 주의를 기울이도록' 한다.
3. 내담자에게 회기와 회기 사이에 자신의 문제 행동에 예외 행동이 일어나고 있는지 살펴보도록 하는 예측 과제(prediction assignment)를 부여한다.
4. 내담자에게 "지금과 다음 회기 사이에 무언가 다른 일을 해 보시고, 무슨 일이

일어났는지 다음에 오실 때 제게 말씀해 주세요."라고 말한다.

5. 내담자에게 문제 행동이 감소하거나 없을 때와 관련된 구조화된 과제(예를 들어, 특정한 일들을 기록하는 것)를 부여한다.
6. 내담자에게 "상황이 매우 ~(복잡한, 변덕스러운 등)하지만, 지금과 다음 회기 사이에 이보다 상황이 더 나빠지지 않은 이유는 무엇인지 생각해 보세요."라고 한다.

이러한 개입 방법들의 공통점은 병리적인 문제를 탐색하거나 진단하기보다는 과거에 효과적이었던 것, 현재 효과가 있는 것, 미래에 효과가 있을 것 같은 것과 관련되어 있다는 점이다. 또한 내담자가 그런 것들에 초점을 맞추도록 한다는 공통점이 있다. 이런 개입 방법들은 변화는 불가피하며 사람은 이미 변화를 경험하고 있고, 그들이 변화를 위해 필요한 모든 것을 가지고 있다는 가정에 기초하고 있다. 밀워키 그룹은 치료적인 상담에 필요한 핵심, 즉 무엇이 효과적인가를 좀 더 명확하고 상세하게 설명하고자 하는 노력을 계속하였다. 이러한 과정에서 그들은 가설, 사고의 방식 또는 개입 방법 등을 생략하기 시작하였다. 그들은 이런 것들이 불필요하거나 도움이 되지 않는다는 것을 발견하였다. 그러나 이들 중 많은 이가 이후에 종종 수많은 다른 상담 접근들에서는 핵심적이고 중요한 것들로 생각되는 가설과 접근들(예를 들어, 문제의 명확한 정의, 가설 세우기, 진단)을 포함시켰다.

Brian: 방향을 바꿔서 당신의 팀이 어떻게 일하시는지 알고 싶습니다. 한 가지 저에게 놀라웠던 것은 당신의 팀이 일하는 방식이 비구조화되고 거의 무작위적이라는 점입니다. 종종 둘, 셋 또는 네 개의 상담이 동시에 이루어지고, 상담자가 일방경 뒤의 관찰실에 들락거리고, 때로는 뭔가 다른 일을 하기 위해 나가기도 하며, 종종 상담이 끝나갈 때 즈음에는 이리저리 왔다 갔다 하기도 합니다. 상담자가 상담실에 들어갈 때 일방경 뒤에 어떤 사람(들)이 들어가는데, 상담자가 나중에 팀의 자문을 얻기 위해 일방경 뒤로 갔을 때에는 다른 사람(들)이 그곳에 있기도 하고, 혹은 아무도 없는 때도 있습니다.

Steve: 사실입니다. 팀은 활용할 수도 있고 활용하지 않을 수도 있습니다. 우리는 내담자나 상담을 받으러 온 가족에게 이것에 대해 알려 줍니다. 훈련생이 없다면 분명 관찰자라도 있을 것이며, 누군가 일방경 뒤에 있을 수도 있고 없을 수도 있다고 말해 줍니다. 저도 제가 일방경 뒤로 갈 때까지 누가 그곳에 있을지 모릅니다.

Brian: 그럼, 내담자나 가족도 어느 시점에 일방경 뒤에 누가 있을지 없을지 모른다는 뜻이군요?

Steve: 우리가 중간에 휴식 시간을 갖든 안 갖든 그것과 상관없이 일방경 뒤에는 사람이 있을 수도, 없을 수도 있습니다. 상담자는 상담 계획을 세우기 위해 일단 상담실 밖으로 나갑니다. 하지만 그것을 혼자 할 수도 있고, 자문팀과 함께할 수도 있습니다.

Brian: 그 순간 일방경 뒤의 방에 우연히 들어선 사람도 자문에 참여합니까?

Steve: 그렇습니다. 그러고 나서 우리는 상담실로 돌아가 내담자에게 일방경 뒤에 사람이 있다 혹은 없다고 말해 줍니다.

Brian: 어떤 사람은 그렇게 하는 것이 주의를 산만하게 하며 지속성과 집중력을 방해한다고 말할 것입니다. 금방 도착했는데 도대체 어떻게 내담자와 가족을 도와줄 수 있다는 것입니까?

Steve: 우리는 다른 방법도 시도해 보았습니다. 그러나 한 가지 문제점은 우리가 이윤을 내야 하는 사립 기관에 소속되어 있다는 점이었습니다. 일부 사례에는 팀을 일관되게 운영하여 상담하고자 하였으나 그런 방식으로 상담할 때 오히려 더 상담이 잘 안 된다는 것을 발견할 수 있었습니다. 오히려 일방경 뒤에 '금방 들어선' 사람이 더 도움이 되었습니다. 이런 사람이 우리가 30분 가까이 상담실에서 상담하면서 형성한 선입견에 구애받지 않고 더 참신한 관점을 제공해 주었습니다. 예를 들어, Alex Molnar 같은 사람이 갑자기 나타나서 몇 분 동안 상담을 지켜본 다음 자신의 아이디어를 미친 듯이 내놓고 나가면 우리는 그 덕을 볼 수 있습니다.

Brian: 즉, Alex가 어떤 틀이나 선입견, 사전에 세운 어떤 진단 공식도 없이 그가 본 것에 대한 의견을 내놓을 수 있다는 것이군요. 팀의 다른 사람들은 어떤 근시안적인 시각을 이미 형성했을 테지만 말입니다.

Steve: 맞습니다. 어젯밤 제가 세 개의 사례를 보기 위해 이 상담실 저 상담실로 왔다 갔다 하는 것을 보셨죠? 만약 제가 한 사례에 지루해지기 시작하면, 저는 다음 사례를 보러 갑니다. 그때 갑자기 이전 상담에서 본 아주 작은 부분에 관한 아이디어가 떠오르고, 이런 미친 것처럼 보이는 아이디어가 아주 유용한 것이 되는 것을 볼 수 있습니다.

Brian: '미친' 것처럼 보이는 아이디어란 무엇을 의미합니까?

Steve: 여기서 '미친'이란 내담자 혹은 상담자가 현재의 관점에서 정의하고 설명한 내용에 맞지 않는 것을 의미합니다(Cade, 1985, pp. 96-97).

Insoo Kim Berg는 1980년대 초반 자신이 상담한 어떤 여성에 대하여 이렇게 설명하였다. 이 여성 내담자는 수많은 문제에 사로잡혀 좌절해 있었다. 그녀의 자녀들은 도저히 통제할 수 없는 아이들이었고, 남편은 알코올 문제 때문에 직장에서 금방 해고될 위기에 처해 있었다. Insoo는 그녀에게 "어떻게 하면 상담이 도움이 될 수 있을 것 같습니까?" 라고 물어보았다. 그랬더니 내담자는 "잘 모르겠습니다. 문제가 너무 많아서요. 기적이 일어난다면 모를까. 그렇게 많은 걸 기대하는 것은 불가능하겠지요." Insoo는 "좋아요. 그럼, 기적이 일어났다고 가정하고, 당신을 상담에 오게 만든 문제가 해결된다면요?" 라고 물었다. 그러자 놀랍게도 아무것도 할 수 없을 것처럼 좌절해 있던 내담자가 다른 모습의 삶에 대해 이야기하기 시작하였다. 그녀는 기적이 일어나면 남편이 "좀 더 책임감을 가지고 직장생활을 계속하고, 돈 문제를 좀 더 잘 관리할 것" 이라고 하였다. "아이들은 학교에서나 집에서 정해진 규칙을 잘 따르며 어지르지 않고 집안일을 도울 것" 이라고 하였다. 그리고 무엇보다도 그녀 자신이 달라질 것이라고 하였다. "저는 좀 더 에너지 넘치고 더 많이 미소 짓고 아이들에게 마구 잔소리만 하기보다는 평소의 목소리로 말하고 좀 더 조용히 대할 거예요. 남편과도 우리가 처음 결혼했을 때처럼 평범한 대화를 할 것 같아요." (De Jong & Berg, 2002; p. 77)

이때부터 단기가족치료센터의 팀들은 점점 더 많은 내담자에게 **기적 질문**(miracle question)이라고 불리는 것을 활용하기 시작하였다.

나는 "Milton Erickson은 표절자다. 그러나 그 누구보다 더 영리하다."라는 말을 한 적이 있다. 다시 말하면, 그는 30년이나 앞선 생각들을 표절하였지만, 만약 그가 하지 않았다면 적어도 그 어느 누구도 생각조차 못했을 일들을 해냈다. Margaret Mead(1977) 역시 다음과 같이 말했다. "Milton Erickson은 새로운 방식을 생각해 낼 수만 있다면(그는 보통은 새로운 방식을 알고 있었다), 결코 낡은 방식으로 문제를 해결하려 하지 않았다." (p. 4)

이것이 무슨 관련이 있는지 궁금한가? 1954년, Erickson은 한 편의 논문에서 최면을 활용한 몇 개의 사례를 소개하였다. 이 사례들에서 그는 환자를 미래의 시간으로 보내어 미래에 자신이 무엇을 하고 있는지 환영을 보도록 한 다음 자신이 본 모습을 말하도록 하였다. 그리고 최면 상태에서의 경험을 지웠다. 그런데 이 환자들이 다음 상담에 와서 자기 문제가 상당히 호전되었음을 보고한 것이다. Erickson은 이것에 대해 다음과 같이 제안하였다.

> 이 기법은 연습만이 완벽함을 가져오며, 환자 스스로 시작한 행동이 더 오래 지속되며, 행동은 희망과 기대의 부산물이라는 보편적인 사고를 활용하여 만든 것이다. 이러한 보편적인 사고를 활용하여 환자가 소망하는 치료적 목표를 자신이 이미 성취한 것처럼 심리적으로 효과적으로 반응하도록 하는 상황을 만든다.
>
> 최면이나 유아기로 거슬러 올라가는 것과는 반대로 미래에 가 보도록 만드는 것이 이 기법에 해당한다. 즉, 환자는 공정하고 분리된, 객관적인 관점을 갖고 있지만, 그러나 동시에 그 순간 그가 이미 성취했다고 믿는다는 점에서는 주관적

> 관점을 취하게 된다. 환자는 자신이 성취한 것이 자신의 소망과 욕구에 대한 환상을 표현한 것임을 깨닫지 못한다(Erickson, 1954, p. 261).

나는 기적 질문이 최면 상태를 사용하지는 않지만 앞에서 말한 것과 비슷한 작업을 할 수 있는 매우 효과적인 방법이라고 생각한다. 1978년 당시 젊은 단기 치료자였던 de Shazer가 논문을 통해 여덟 가지의 사례에서 같은 기법을 성공적으로 사용한 것을 발표한 적이 있다. 따라서 Insoo의 내담자가 이 기적 질문을 창작해 내었을 때, 그것은 이미 상당히 비옥하게 일구어진 토양 위에서 스스로 불쑥 자라난 것이라고 할 수 있다.

de Shazer는 1988년에 출판한 저서인 『단서: 단기치료의 해결책 탐구(Clues: Investigating Solutions in Brief Therapy)』에 해결중심 접근에서 사용하는 기법들과 그 뒤에 숨은 기본 원리에 대하여 요약하고 있다(de Shazer, 1988). 이것이 해결중심 접근의 본질적인 특징이 되었다. 이후 이러한 특징들은 다시 다음과 같이 요약되었다(de Shazer & Berg, 1997, p. 123).

1. 첫 회기 중에 치료자는 '기적 질문'을 한다.
2. 첫 회기와 그다음 몇 회기 안에 적어도 한 번 내담자에게 '0~10' 또는 '1~10'의 척도 위에 점수를 매기도록 질문한다.
3. 치료자는 매 회기마다 휴식 시간을 갖는다.
4. 휴식 시간 이후 상담자는 내담자에게 돌아와 칭찬을 하고 어떤 제안이나 과제(종종 '실험'이라고 부르는)를 제시한다.

이후 de Shazer가 출판한 책(1991, 1994)과 Insoo Kim Berg의 수많은 책(예, Berg, 1994; Berg & Miller, 1992; Berg & Reuss, 1998; De Jong & Berg, 2002)에 이러한 아이디어를 다양한 다른 장면에 활용한 예들이 자세히 설명되어 있다. 그리고 밀워키 그룹의 구성원들이나 그들에게서 영향을 받은 사람들이 쓴 책들이 점점 더 많이 나타나고 있다. 이들 중에는 Dolan(1991), Durrant(1993), Miller 등(1997; Miller, Hubble, & Duncan, 1996), Jacob(2001), Jackson과 McKergow(2002), Thomas와 Cockburn(1998), 그리고 Turnell과 Edwards(1999) 등이 있다.

해결중심 접근은 힘의 차이를 간과하였다거나 Hare-Mustin(1987)이 말한 "이차적 선입견"(어느 한쪽을 선호/비선호하는 것도 선입견이지만 차이를 무시하는 것 역시 선입견이라는 의미)에 빠졌다는 비판을 받았다. "해결중심 접근의 틀 안에는 아직 성(gender)과 힘(power)의 차이를 체계적으로 다룰 수 있는 메커니즘이 형성되어 있지 못하다."(Dermer, Hemesath, & Russell, 1998, p. 249)는 비판을 받기도 하였다. 이것은 어렵고 때로는 감정적인 문제다. 기본적으로 해결중심 접근은 질문을 하는 방식이며 요약과 반응을 만들어 내는 방식이다. 따라서 내담자의 목표를 확인하는 것이 주가 된다. 이 접근은 설명을 위한 모델이 아니며, 따라서 어떤 일들이 어떠하며, 또 어때야 하는가를 정의하기 위한 것이 아니다. 또한 어떤 회기에 무엇이 초점이 되어야 하는가를 결정하기 위한 것도 아니다. 나는 모든 상담자가 정치적 · 사회적 문제를 인식하고 회기 중에 그러한 문제가 관련성이 있는지(이것은 내담자만이 정의할 수 있는 것이지만) 민감하게 알아차려야 한다는 점에 찬성한다. 그러나 그것은 해결중심 접근의 범위 밖에 있는 것이다(Lipchik, 2002; Berg & Steiner, 2003; Lee et al., 2003; Nelson, 2005; Turnell & Essex, 2006; Macdonald, 2007).

누가 무엇을 원하는가

고객은 항상 옳다

팰로앨토에 있는 단기치료센터는 누가, 무엇을, 누구를 위해 도움을 필요로 하는지, 그리고 "왜 지금?"이라는 질문에 주목하였다. 그들은 종종 내담자의 '저항'이라고 보았던 것들을 상담이 실패로 돌아간 결과라고 생각하였다. 즉, 내담자가 고객인지 아닌지, 내담자가 언제 고객인지, 그리고/또는 내담자가 어떤 부분에 대해 고객인지를 정확히 파악하고 존중하지 못한 결과라고 보았다. 만약 내담자가 현재 상담에서 무엇을 사거나 자신이 사려고 하는 것 이외의 물건에 관심이 없다면, 내담자에게 무엇을 '팔려고 하는 것'은 효과가 없다. 따라서 내담자가 스스로 관심이 있어 상담에 오게 된 것인지, 아니면 다른 사람 때문에 상담에 오게 된 것인지를 초기에 파악하는 것이 중요하다. 만약 내담자가 스스로 상담에 온 것이라면 문제는 무엇인지, 상담이 도움이 되려면 어떤 일이 일어나야 하는지를 알아내는 방향으로 진행한다. 그러나 만약 내담자가 다른 사람 때문에 상담에 오게 되었다면, 내담자 자신의 선택이 아님에도 불구하고 상담에 참석한 것에 대하여 상담자가 정중히 감사를 표시하는 것이 종종 이후의 상담을 생산적으로 만든다(상담의 목표를 설정하게 되거나 상담을 종결하는 것에 공동으로 합의하기도 한다). 예를 들어 보자.

상담자: 어떻게 상담에 오시게 되었습니까?

내담자: 의사 선생님이 제가 상담을 받고 이야기를 좀 하면 도움이 되리라 생각하셨나 봐요.

상담자: 상담이 도움이 될 것이라는 생각에 동의하시나요?

내담자: 모르겠습니다.

상담자: 의사 선생님은 당신이 상담을 받고 이야기를 해서 무슨 일이 일어나기를 바라실까요?

내담자: 어머니가 돌아가신 것을 극복하기 위해 제가 애도 상담을 받을 필요가 있다고 생각하시는 것 같습니다.

상담자: 그것에 동의하시나요?

내담자: 잘 모르겠어요. 그것에 대해 이야기하는 걸 좋아하지 않아요. (잠깐 쉼) 제가 그걸 원하는지 모르겠어요.

상담자: 어머니께서 언제 돌아가셨습니까?

내담자: 약 1년 전이요.

상담자: 무엇 때문에 의사 선생님은 당신에게 애도 상담이 필요하다고 생각하셨을까요?

내담자: 음, 제가 우울하고 잠을 잘 못 잡니다. 작은 일에도 갑자기 울고. 올해 초 신경쇠약이 일어난 다음부터는 일도 할 수 없어요.

상담자: 의사 선생님은 그것이 어머니가 돌아가신 것과 관련이 있다고 생각하시는 것 같군요?

내담자: 그런 것 같아요.

상담자: 당신도 그렇게 생각하시나요?

내담자: 관련이 있을 수 있다고 생각합니다.

상담자: 어머니와 가까우셨나요?

내담자: 많이 가까웠어요. (눈물이 고임)

상담자: 그래서 의사 선생님께서 돌아가신 어머니에 대해 이야기하는 것이 도움이 될지도 모른다고 생각하셨나 보군요.

내담자: 그런 것 같아요.

상담자: 상담을 받으면 무엇이 달라질 거라고 의사 선생님은 기대하실까요?

내담자: 음, 제가 항우울제를 먹지 않고 직장으로 돌아가서 가르칠 수 있기를 기대하시겠지요. 저는 초등학교 교사이거든요.

상담자: 학교로 돌아가기를 원하시나요?

내담자: 네, 그럴 수 있다면 그렇게 하고 싶습니다.

상담자: 그럼, 오늘이 아니라 아마도 몇 주 후에 당신이 "의사 선생님의 조언대로 상담 받기를 잘했어."라고 말할 수 있으려면 당신의 삶에 어떤 다른 일이 일어날 필요가 있습니까?

내담자: 만약 제가 어느 날 아침에 일어나서 그날 하루가 정말 기대가 된다면 그럴 것 같습니다.

상담자: 그럼, 그런 일이 일어났다고 가정해 봅시다. 당신이 기대하게 되는 아주 작은, 하지만 중요한 일은 무엇일 것 같습니까?

내담자: 그냥 단순히 산책하러 나가고 이스트우드(Eastwood) 거리에 가서 모닝 커피 한잔 마시는 것이요. 친구도 만나고요. 몇 주 동안 친구에게 전화하는 걸 미루고 있거든요.

상담자: 그 밖에 또 무엇이 있을까요?

이 내담자는 이날 두 번째 상담을 약속하고 떠났다. 이후 계속된 상담을 통해 이 내담자의 상담 목표는 매일 자신이 하고 있는 일들을 점점 더 증가시켜 나가는 것이었으며, 이로써 아침에 잠에서 깨어나는 것을 기대하게 만드는 것이 가능했다. 그녀의 어머니가 그녀에게 해 준 일들에 감사하고, 돌아가신 어머니에 대해 슬퍼하는 것을 제외하고는 애도나 슬픔에 관한 주제로 상담에서 이야기한 시간은 미미하였다(애도의 문제가 중요하지 않다거나 이 내담자가 슬픔을 극복해야 할 필요가 없다는 의미가 아니다. 애도는 이 내담자가 상담에서 다루고 싶어 하는 것이 아니었다는 뜻이다).

상담자는 때때로 특히, 예를 들면 법적 권한이나 책임을 가지고 어떤 기관을 대표하여 상담을 하게 될 때 내담자가 어떤 방향으로 변해야 한다는 명확한 입장을 갖게 된다. 명시적인 것이든 암묵적인 것이든 상담자는 '내담자는 어떠해야 한다, 혹은 내담자는 무엇을 해야 한다'는 것에 대하여 자신이 주된 '고객'이 되어 버릴 수 있다. 이런 경우 마치 상담자가 내담자의 변화를 위해 상담을 장악한 것처럼 되어 버리며, 내담자에게 허락되는 것은 오직 반론을 제기하는 것뿐이다. 그리고 이러한 반론은 감정을 동반하게 된다. 상담자의 세계관에서 지각한 옳고 틀린 것들은 의미가 없다. 만약 그러한 목표를 추구한다면 내담자를 좌절하게 만들 것이며 내담자의 '저항'을 증가시켜, 나아가 방어적 태도를 가져오는 효과를 낼 수밖에 없다.

언어와 전경/배경

세상은 보고자 하는 대로 보인다.

Evans-Wentz(1969)

『티베트의 위대한 해방서(The Tibetan Book of Great Liberation)』

단기치료와 해결중심치료는 구성주의와 상호작용 관점에 대한 구성주의적 사고에 기초를 둔다. 인간 행동에 대한 서술과 이해, 설명에 있어서 이런 이론들은 객관적 분석을 가능하게 하는 하나의 실재가 '그곳에' 존재한다고 보지 않는다. 관찰자와 관찰자 집단만큼 많은 실재가 존재한다. 경험하고 반응하는 방법이라는 뜻의 '실재'(reality)는 개인이 자신의 세계를 지각하고 나누고 이해하고 의미를 부여하고 그것에 대해 말하는 방식으로 구성된다. 그다음, 이것은 개인 대 개인 혹은 가족, 친척 그리고 친구 관계에 이르기까지 사람들 간의 상호작용에서 끊임없이 전개되는 실재에 관한 교섭에 스며들며 그 실재에 의한 영향을 받는다. 그리고 이것은 나아가 더 큰 관계의 공동체, 예를 들면 지역, 국가, 그리고 국가 간의 사회적 · 정치적 · 지식의 체계를 통해, 그리고 국제적으로 전송되는 매체의 접촉과 전 세계 인터넷 공동체에까지 작용한다.

언어는 그러한 실재를 교섭하는 주요 수단이며, 모든 담화 영역과 담화 수준에서 언어를 사용하는 방식은 그 담화의 특정한 영역에 대한 요구와 본질을 반영하며 그것을 전달하고 발전시킨다. 특정한 단어와 구절의 덩어리, 그리고 그것을 사용하는 방법은 맥락에 따라 선호되고 의미를 획득한다. 철학자 Ludwig Wittgenstein은 '언어 게임'(language game)이라는 용어를 제시하고, 단어(들)의 의미는 단어와 그 단어가 의미하는 실재 사이의 고정된 관계에 있는 것이 아니라 맥락에 따라 다양하며, 그 단어를 사용하는 특정한 상황에서의 그 단어에 대한 약속에 있다고 강조하였다. 예를 들면, 유혹하려고 할 때, 혹은 대출받으려고 은행원을 만나 교섭할 때,

노조 관계자가 임금을 협상할 때, 이웃에 대해 험담할 때, 과학적 이론에 대해 토의할 때, 공동 예배를 이끌 때 서로 다른 언어 게임이 사용될 것이다. 각각의 언어 게임은 명백히 서로 다른 방식으로 행해지고 사용될 단어들이 정해지며, 그 단어들은 행위와 전통, 그리고 그 전통에 대한 관습적 기대에 적절한 의미와 관련성을 갖게 된다. 물고기가 자신이 물속에 있다는 것을 깨닫지 못하는 것처럼 보이듯이, 우리는 언어 바깥으로 나가지 못하며 언어가 우리에게 주는 친숙함이 너무 크기 때문에 우리가 특정한 언어 게임 안에 있다는 것을 깨닫지 못한다. 단어가 어떻게 의미를 갖고 '언어 게임' 밖에서는 상대적으로 무의미한지 그 예를 살펴보자.

> '좋은'이라는 단어를 보자. 좋은 농담, 좋은 선수, 좋은 사람, 기분 좋은, 좋은 의도, 좋은 가정에서 자란, 보기 좋은, 좋은 점이란 하나도 없는 등에서 '좋은'이 의미하는 공통점은 무엇인가? '좋은'이라는 단어가 의미하는 단 한 가지 공통적 특성은 없다. 우리는 이 단어를 분석할 수 없기 때문에 몇 가지 본질이나 요소에 접근하여 그로부터 의미를 형성한다. …그러나 이 단어의 다양한 의미 사이에 유사점은 있다. …단어가 사용되는 상황들이 실마리를 준다. 단어의 구체성은 경험에 달려 있는 것이 아니라 우리의 욕구와 의도, 의미 등에 대해 표현하거나 말할 수 있도록 하는 언어 게임에 달려 있다. …의미는 활자보다는 상세화에 달려 있다. 구체성은 항상 언어 게임에 달려 있으며, 언어 게임 안에서만 상세히 이해할 수 있다(Heaton & Groves, 1994, pp. 127-129).

우리가 주목하는 어떤 장(field)이 있으면 그 장의 특정 측면은 다른 측면을 전경/배경으로 하여 두드러지는 것이다. 어떤 측면이 전경이 되고, 또 어떤 측면이 배경이 될지는 그 상황에 대한 우리의 기대와 우리가 현재 가장 관심을 가지고 있는 열정 그리고 의도와 관련된다. 우리의 기대와 열정, 의도 역시 우리가 습관적으로 작동하는 언어 게임에 영향을 주고 영향을 받는다. Adcock(1964, p. 142)은 그의 저서를 통해 지각에 관하여 다루면서 전경/배경 현상에 관하여 "…상세한 것은 전경으로 여겨지는 것만큼만 관찰 가능하며, 반면 배경은 비교적 동질적이다."라고 하였다.

> 몇 년 전 내 친구 한 명이 빅토리아 시대의 그림 한 점을 가져왔는데, 지각심리학 작업에서 자주 사용되는 전경과 배경을 뒤집을 수 있도록 만든 그림이었다. 그 그림은 옷을 벗은 젊은 여성으로 보이거나 뼈만 남은 인간의 해골로도 보일 수 있는 것이었다. 그런데 내 친구는 그 그림에서 여성만 볼 수 있고 해골은 보지 못했다. 그리고 며칠이 지나서 어느 날 아무 생각 없이 그 그림을 보다가 갑자기 처음으로 해골을 볼 수 있게 되었다. 이런 그림에서 어떤 대상이 나타나는가 하는 것은 어느 선과 어느 그림자가 나머지 배경을 구성하는 것과 대조되어 형태를 구성하는가에 대한 완전히 다른 두 가지 해석에 달려 있다. 두 개의 대상은 한 명의 관찰자에게 동시에 존재할 수 없다. 일단 모양을 파악하면 두 대상을 서로 빠르게 번갈아 떠올릴 수는 있지만 말이다(Cade & Hudson O'Hanlon, 1993, p. 27).

문제가 있는 사람은 자신의 삶에서 자신과 타인에 대한 문제적인 생각들을 확인시켜 주는 측면만 보고 기억하는 경향이 있다. 따라서 문제가 아닌 다른 것들은 배경이 되고 문제가 전경으로 돋보이게 된다. 그 문제는 개인, 가족, 또는 어떤 체계에서 발생한 문제이든 자기와 가까운 사람들, 그리고 종종 다른 체계(예를 들면, 법, 의학, 학교, 상담, 이웃, 직장)에 속한 사람들로부터 상당한 초점을 받게 된다. 이처럼 문제에 몰두하는 것이 가족, 공동체 또는 직장에서의 언어 게임에 녹아 들어가고, 이것이 문제를 설명하는 틀, 감정 반응, 문제를 다루는 행동 그리고 그 결과를 형성하게 된다. 즉, 문제와 관련된 어떤 특정한 사건과 원인이 전경으로 부각되고 다른 가능성은 배경이 되어 버린다는 뜻이다. 문제가 자리를 잡는 것은 게슈탈트가 형성되는 것과 유사하다. 따라서 어떤 행동과 신념, 태도, 반응이 끊임없이 강조되고 반복되어 그 결과 거미줄처럼 서로 맞물려 있는 언어 게임들 속에서 강화된다.

상담에 관한 모델들의 숫자가 끊임없이 증가하고 있다(250개 이상이라는 추측도 있다). 이러한 모델들은 문제가 왜 발생하는가, 즉 과거, 현재, 미래 혹은 내적 · 외적 삶은 문제와 어떤 관계가 있는가, 상담자와 상담은 무엇에 초점을 두어야 하는가 등에 대하여 서로 다른 설명을 제공하고 있다. 각 접근들은 각자 고유한 언어 게임을 갖고 있어서 공통으로 사용되는 용어이더라도 같은 의미를 가진다거나 같은 함의를 갖고 있을 것이라고 가정할 수 없다. 많은 상담자가 다양한 기관과 학파들이 모여 사례를 발표하는 곳에서 자신의 사례를 발표하고 난 후 토론이 이루어질 때 당황스럽고 어안이 벙벙한 경험을 해 본 적이 있을 것이다.

Miller와 de Shazer(1998)는 문제에 관한 이야기를 만들어 내는 언어 게임과 내담자가 해결책에 관한 이야기를 구축할 수 있도록 돕는 언어 게임을 구별하였다. 전자는 내담자가 가진 결함과 과거(대체로 잘못된 것들임)에 초점을 두고 문제를 구성하고 유지하는 담화에 필요하다. 후자는 해결책을 구축하는 데 필요한 내담자의 자원과 가능성에 초점을 두고, 이미 효과가 있는 것들을 강조하며, 미래중심적인 경향이 있다. 전자는 대부분 사물과 사건, 그리고 그것을 설명하는 단어 사이에는 직접적인 대응 관계가 있다고 가정한다. 따라서 그는 우울하다, 그녀는 성격장애다, 이 증상군은 조현증이다, 이 가족은 역기능적이다라고 말한다. 후자는 이러한 분류에 관심이 없으며, 그렇게 명명하는 것이 분류되는 자에게도 분류하는 자에게도 많은 것을 알려 주지 않는다고 본다.

Miller와 de Shazer는 다시 언어 게임을 다음의 두 가지로 구별하였다. 먼저 상담을 성취해야 할 작업으로 보며, 상담은 내담자가 도움을 얻고자 하는 것이라고 정의하고, 상담은 내담자를 위해 효과적으로 수행되었는가를 평가하는 입장에서 사용하는 언어 게임이다. 다른 하나는 상담이란 더 큰 이론과 관념에 연결되어 있으며, 상담자가 중요하다고 보는 개인적 · 정치적 · 사회적 · 문화적 양상 안에서 내담자가 자신을 다르게 바라보도록 촉진하는 것으로 볼 때 사용하는 언어 게임이다. 해결중심치료는 내담자의 삶에서 내담자가 추구하는 변화를 가장 신속하고 효과적으로 가져오게 할 수 있는 상담자의 태도와 행동에 주요 관심이 있기 때문에 두 가지 언어 게임 중 당연히 전자에 속한다고 할 수 있다.

적용과 성과 연구

지난 10여 년 동안 해결중심 접근은 전 세계적으로 급속히 성장하며 다양한 장면에서 사용되고 있다. 초기부터 요양 시설이나 학교에 적용되었으며, 정신건강기관, 공공 사회복지기관, 병원, 보호관찰소나 교도소, 아동복지시설에서 활용되었다. 또한 슈퍼비전이나 기관 또는 기업체 자문을 위해 집단으로 활용되었고, 아동 · 청소년 문제, 가정폭력, 성적 학대 피해자, 약물과 알코올중독 문제, 정신 질환, 신체적 장애, 부부 문제, 중복 문제/공유 가정, 노령화 문제, 섭식 장애, 입양 가정, 가족 의료 등에 활용되어 왔다. 물론 이보다 더 많음은 말할 필요도 없다. 더 많은 자료(1,000개가 넘는 문헌들이 있다)를 보기 위해서는 Patrick Triggiano의 『해결중심 연구 수정판: 해결중심 연구의 시작과 통합, 확장에 관한 총론(The Solution Papers Revisited: A Compilation of the Beginning, Integration, and Ever Expanding Guide to Solution-Focused Publications)』을 참조하라.

단기가족치료센터는 수년 간 상담 접근을 발전시켜 오면서 내담자들에 대한 체계적인 추수조사를 실시하였다. 즉, 상담이 종결된 후 6개월에서 3년 사이에 내담자와 접촉하여 상담을 통해 치료 목표를 달성하였는지, 또는 적어도 치료 목표를 위한 유의한 변화가 있었는지 조사하였다. 그 결과 70~80%의 내담자들이 일관되게 긍정적인 응답을 나타냈다(de Shazer et al., 1986; De Jong & Hopwood, 1996; Kiser, 1988). 그러나 이러한 주관적이고 통제되지 않은 연구 결과는 어느 정도 유용한 지표이기는 하지만, 엄밀히 말하면 해결중심 접근의 효과에 대하여 어떤 결론을 내리기에는 충분치 않다.

최근에는 많은 성과 연구가 출판되고 있으며, 이러한 연구들은 다양한 수준의 효과를 보고하고 있다. 1999년 4월 학회에서 발표된 논문을 통해 밀워키 그룹의 초기 멤버인 Wallace Gingerich와 Sheri Eisengart는 더 많은 통제된 연구가 최근에 이루어지고 있다고 보고하였다(다음의 연구 목록 참조). 이들은 15편의 연구에 관하여 보고하였다.

> 그중 7편의 연구들에서 해결중심 단기치료(SFBT)는 표준 치료법들과 동등하거나 그보다 뛰어난 성과를 보여 주었다. 이 연구들에서 SFBT는 때로 더 효과적이었으며, 때로는 더 짧은 시간 안에 상당한 효과를 가져왔다. SFBT의 긍정적인 효과를 검증하지 못한 연구는 1편(Littrell et al., 1995)뿐이었다. …15편의 연구들은 개인상담부터 가족 치료, 집단, 자문, 슈퍼비전, 기관 상담 등 다양한 방법을 사용한 것들이었는데, 6편의 연구들 중 5편은 2회 이상의 개인 또는 가족 치료를 제공하였고, SFBT 원래의 형식에 맞춰 이루어졌으며 긍정적인 성과가 있었다. 그러나 자문이나 슈퍼비전과 같은 간접적인 방법을 사용한 연구들도 손색이 없는 성공률을 보여 주었다. 대부분의 연구가 실제 임상 대상들을 연구 대상으로 하였으며, 내담자들의 문제는 보통 정신건강 문제부터 학교 적응, 자기 충족감, 음주 행동, 과로 등을 포함하는 것이었다. 이로써 SFBT가 생각보다 넓은 범위에서 활용되고 있음을 알 수 있었다.
>
> 우리는 또한 1편의 연구(Lambert et al., 1998)를 제외하고 모든 연구에서 SFBT가 주로 새로 훈련을 받기 시작한, 경험이 적은 상담자들에 의해 이루어졌음에도 성과를 내었음을 알 수 있었다. 일반적인 심리치료 연구에서는 숙련된 상담자들이 초보 상담자들보다 더 좋은 성과를 가져온다고 보고하고 있다(Gingerich & Eisengart, 1999).

그러나 Gingerich와 Eisengart는 절차화 부족, 통합적 치료에 대한 증거 부족, 그리고 연구자들의 과반수가 SFBT 옹호자라는 점 등을 제한점으로 들었다. 즉, "이 연구들은 … (SFBT가) 효과적이라는 증거를 제시하고는 있으나 … 어떤 연구도 경험적으로 타당한 치료 방법에 해당하는 기준을 만족시키지 못하고 있다."고 하였다. 그럼에도 이들은 다음과 같이 지적하고 있다.

이렇게 짧은 시간 안에 15편의 연구가 이루어졌다는 것은 만들어진 지 20년도 안 된 상담 접근법으로서는 꽤 놀라운 일이다. 더구나 SFBT가 양적 연구의 맥락 속에서가 아니라 임상적 맥락으로부터 만들어진 접근이라는 점과 이 연구들이 원래의 밀워키 그룹이 아닌 외부 연구자들에 의해 수행되었다는 점은 더욱 놀라운 일이다(Gingerich & Eisengart, 1999).

결 론

내가 보기에 단기 해결중심 접근은 겸허한 태도로 내담자 스스로 자신의 해답을 찾도록 돕고 그들에게 알맞은 제안을 제공한다. 그러나 이것이 무례하고 도움이 되지 않는 방식으로 이루어지는 경우도 있다. '알지 못함'의 태도와 반영적인 질문, '비전문가'로서의 자세가 내담자에게 도움이 되는 경우도 있지만, 그것이 내담자를 짜증나고 화나게 하는 경우도 있다. 복잡하고 구체적이며 상담자가 만들어 낸 과제들이 내담자의 변화를 돕는 경우도 있지만 완전히 실패로 돌아가는 경우도 있다. 반영 팀이 내담자를 인정하고 도움을 주는 경우도 있지만 너무나 부자연스러워서 내담자를 얼떨떨하게 만드는 경우도 있다. 나는 저명한 이야기 치료자가 내담자 가족에게 그들과 '공동 창작'(co-creation)했다고 하기 힘든 새로운 이야기를 받아들이도록 설득하는 것을 본 적이 있다. 사실 그것은 내담자 가족에게 도움이 되는 듯 보였고, 나도 그것을 따지려고 하는 것은 아니다. 단지 그 치료자가 내담자 가족에게 영향력을 행사하고 있다는 점을 부인하는 것이 불편할 뿐이다. 상담 분야의 저명한 사람들 중 많은 이가 이 접근을 사용하고 있다. 나 역시 과거에 이런 것들을 모두 해 봤다.

결과적으로, 정말 중요한 사람들(궁극적으로 우리의 내담자)의 눈에 상담이 잘 되어 가는 것으로 보이려면 우리는 '옳은' 모델 혹은 접근, 철학적 입장에 덜 의존하고, 오히려 내담자와의 상호작용에서 실제적인 효과를 내기 위한 기본적인 것들에 더 많이 매달려야 한다. 만약 우리와 상담한 후에 내담자가 영향을 받았든 설득을 당했든 더 나은(그들의 관점에서 더 나은) 방향으로 변화한다면, 우리가 생각하고 제안한 것에 의해서든 아니면 그들이 생각하고 결정한 것에 의해서든(실제로 누가 말하고 들었는지와 상관없이 내담자 혹은 상담자가 말하고 들었다고 내담자 혹은 상담자가 생각하는 것에 의해서든) 우리는 우리 일을 제대로 해 낸 것이라고 할 수 있다. 우리가 어떤 방식으로 했는지는 상관이 없다.

감사의 말

이 장을 빌려 나의 멘토이자 친구인 John Weakland에게 감사한다. 나는 다행히도 John이 세상을 떠나기 직전인 1995년 3월 캘리포니아의 사라토가(Saratoga)에서 열린 전문가 모임에 참석하였다. 그 모임에는 Bateson 그룹의 Jay Haley와 Dick Fisch, Paul Watzlawick, 그리고 단기치료센터에서 온 John의 동료들 등 많은 사람이 참석하였다. 그날의 모임은 매우 감동적이었다. John은 병에 걸린 상태였으나 내내 굳건히 자리를 지켰고, 특유의 습관대로 적은 말수와 명쾌한 사고력, 유머로 적극 참여하였다. 그날 그가 다음 세대를 위하여 해 준 마지막 충고는 "항상 호기심을 가져라."라는 것이었다.

주

1 Cade B. W. (1985). The Wizard of Oz approach to brief family therapy: An Interview with Steve de Shazer. *The Australian and New Zealand Journal of Family Therapy, 6*, 95-97을 저자 허락하에 인용함.

2 이 장의 일부는 출판사의 허락하에 다음의 문헌에서 인용함. Cade, B. (2001). Building alternative futures. In S. Cullari (Ed.), *Councelling and Psychostherapy*(pp. 182-216). Boston: Allyn and Bacon.

Cade, B. W. (1996). Towards a one-and-halfth order practice: Rehabilitating pragmatics. *Journal of family Therapy, 18*, 243-248.

참고문헌

Adcock, C. J. (1964). *Fundamentals of psychology.* Harmondsworth, Middlesex: Penguin Books.

Bateson, G., Jackson, D. D., Haley, J., & Weakland, J. H. (1956). Toward a theory of schizophrenia. *Behavioral Science, 1*(4), 251-264.

Bateson, G., Jackson, D. D., Haley, J., & Weakland, J. H. (1963). A note on the double bind?962. *Family Process, 2,* 154-161.

Bavelas, J. B., McGee, D., Phillips, B., & Routledge, R. (2000). Microanalysis of communication in psychotherapy. *Human Systems: The Journal of Systemic Consultation and Management, 11*(1), 47-66.

Berg, I. K. (1994). *Family based services: A solution-focused approach.* New York: Norton.

Berg, I. K., & Miller, S. D. (1991). *Working with the problem drinker: A solution-focused approach.* New York: Norton.

Berg, I. K., & Reuss, N. H. (1998). *Solutions step by step: A substance abuse treatment manual.* New York: Norton.

Berg, I. K., & Steiner, T. (2003). *Children's solution work.* New York: W. W. Norton.

Berger, M. M. (Ed.). (1978). *Beyond the double bind.* New York: Brunner/Mazel.

Bryson, B. (2003). *A short history of nearly everything.* London: Doubleday.

Cade, B. (1979). The use of paradox in therapy. In S. Walrond-Skinner (Ed.), *Family and marital psychotherapy: A critical approach* (pp. 99-105). London: Routledge & Kegan Paul.

Cade, B. W. (1985). The Wizard of Oz approach to brief family therapy: An interview with Steve de Shazer. *The Australian and New Zealand Journal of Family Therapy, 6,* 95-97.

Cade, B. W. (1994). Treating the house like a hotel: From simile to metaphor. *Case Studies in Brief and Family Therapy, 8*(1), 5-14.

Cade, B. (1999). Taking humour seriously: Monty Python-focused therapy. In W. Ray & S. de Shazer (Eds.), *Evolving brief therapies: In honor of John H. Weakland* (pp. 195-208). Iowa City, IA: Geist & Russell.

Cade, B., & Hudson O'Hanlon, W. (1993). *A brief guide to brief therapy.* New York: Norton.

Davis, K. (1986). The process of problem (re)formulation in psychotherapy. *Sociology of Health and Illness, 8,* 44-74.

Dawkins, R. (1999). Foreword. In S. Blackmore, *The meme machine.* Oxford: Oxford University Press.

De Jong, P., & Berg, I. K. (2002). *Interviewing for solutions* (2nd ed.). Pacific Grove, CA: Brooks/Cole.

De Jong, P., & Hopwood, L. E. (1996). Outcome research on treatment conducted at the Brief Family Therapy Center, 1992-1993. In S. D. Miller, M. A. Hubble, & B. L. Duncan (Eds.), *Handbook of solution-focused brief therapy* (pp. 272-298). San Francisco: Jossey-Bass.

Dermer, S. B., Hemesath, C. W., & Russell, C. S. (1998). A feminist critique of solution-focused therapy. *The American Journal of Family Therapy, 26,* 239-250.

de Shazer, S. (1978). Brief hypnotherapy of two sexual dysfunctions: The crystal ball technique. *The American Journal of Clinical Hypnosis, 20*(3), 203-208.

de Shazer, S. (1979). Brief therapywith families. *The American Journal of Family Therapy, 7*(2), 83-95.

de Shazer, S. (1982). *Patterns of brief family therapy: An ecosystemic approach.* New York: Guilford.

de Shazer, S. (1985). *Keys to solution in brief therapy.* New York: Norton.

de Shazer, S. (1988). *Clues: Investigating solutions in brief therapy.* New York: Norton.

de Shazer, S. (1991). *Putting difference to work.* New York: Norton.

de Shazer, S. (1994). *Words were originally magic.* New York: Norton.

de Shazer, S. (1999). *Beginnings.* Retrieved February 10, 1999 from www.brief_therapy.org.

de Shazer, S., & Berg, I. K. (1995). The brief therapytradition. In J. H. Weakland & W. Ray (Eds.), *Propogations: Thirty years of influence from the Mental Research Institute* (pp. 249-252). Binghamton, NY: Haworth.

de Shazer, S., & Berg, I. K. (1997). "What works?" Remarks on research aspects of solution-focused brief therapy. *Journal of Family Therapy, 19*(2), 121-124.

de Shazer, S., Berg, I. K., Lipchik, E., Nunnally, E., Monlar, A., Gingerich, W., & Weiner-Davis, M. (1986). Brief therapy: Focused solution development. *Family Process, 25*(2), 207-222.

de Shazer, S., & Molnar, A. (1984). Four useful interventions in brief family therapy. *Journal of Marital & Family Therapy, 10*(3), 297-304.

Dolan, Y. M. (1991). *Resolving sexual abuse: Solution-focused therapy and Ericksonian hypnosis for adult survivors.* New York: Norotn.

Durrant, M. (1993). *Residential treatment: A cooperative, competency-based approach to therapy and program design.* New York: Norton.

Erickson, M. H. (1954). Pseudo-orientation in time as a hypnotherapeutic procedure. *Journal of Clinical and Experimental Hypnosis, 2,* 261-283.

Erickson, M. H. (1983). *Healing in hypnosis.* New York: Irvington Publishers.

Erickson, M. H., & Rossi, E. L. (1979). *Hypnotherapy: An exploratory casebook.* New York: Irvington Publishers.

Erickson, M. H., Rossi, E. L., & Rossi, S. I. (1976). *Hypnotic realities: The induction of clinical hypnosis and forms of indirect suggestion.* New York: Irvington.

Evans-Wentz, W. Y. (Ed.). (1969). *The Tibetan book of the great liberation.* Oxford: Oxford University Press.

Fisch, R., Weakland, J. H., & Segal, L. (1982). *The tactics of change: Doing therapy briefly.* San Francisco: Jossey-Bass.

Gingerich, W. J., & Eisengart, S. (1999, April). *Solution-focused brief therapy: A review of the outcome literature.* Research presentation at the International Family

Therapy Association, Akron, Ohio.

Gordon, D., & Meyers-Anderson, M. (1981). *Phoenix: Therapeutic patterns of Milton H. Erickson.* Cupertino, CA: Meta Publications.

Haley, J. (1963). *Strategies of psychotherapy.* New York: Grune and Stratton.

Haley, J. (1967a). Toward a theory of pathological systems. In P. Watzlawick & J. H. Weakland (Eds.), *The interactional view* (pp. 31-48). New York: Norton.

Haley, J. (Ed.). (1967b). *Advanced techniques of hypnosis and therapy: Selected papers of Milton H. Erickson.* New York: Grune and Stratton.

Haley, J. (1973). *Uncommon therapy: The psychiatric techniques of Milton H. Erickson.* New York: Norton.

Hare-Mustin, R. T. (1987). The problem of gender in family therapy theory. *Family Process, 26,* 15-27.

Heaton, J., & Groves, J. (1994). *Wittgenstein for beginners.* Cambridge: Icon Books.

Heritage, J., & Watson, R. (1979). Formulations as conversational objects. In G. Pasathas (Ed.), *Everyday language: Studies in ethnomethodology* (pp. 123-162). New York: Irvington.

Jackson, D. D. (1967). Aspects of conjoint family therapy. In G. H. Zuk & I. Boszormenyi-Nagy (Eds.), *Family therapy and disturbed families* (pp. 28-40). Palo Alto, CA: Science and Behaviour Books.

Jackson, P. Z., & McKergow, M. (2002). *The solutions focus: The simple way to positive change.* London: Nicholas Brearly.

Jacob, F. (2001). *Solution focused recovery from eating disorders.* London: BT Press.

Kiser, D. J. (1988). *A follow-up study conducted at the Brief Family Therapy Center of Milwaukee, Wisconsin.* Unpublished manuscript.

Lambert, M. J., Okiishi, J. C., Finch, A. E., & Johnson, L. D. (1998). Outcome assessment: From conceptualization to implementation. *Professional Psychology: Research and Practice, 29*(1), 63-70.

Lankton, S., & Lankton, C. (1983). *The answer within: A clinical framework of Ericksonian hypnotherapy.* New York: Brunner/Mazel.

Lee, M. Y., Sebold, J., & Uken, A. (2003). *Solution-focused treatment of domestic violence offender: Accountability for change.* New York: Oxford University Press.

Lipchik, E. (2002). *Beyond technique in solution-focused therapy: Working with emotions and the therapeutic relationship.* New York: Guilford.

Lipset, D. (1980). *Gregory Bateson: The legacy of a scientist.* New Jersey: Prentice Hall.

Littrell, J. M., Malia, J. A., & Vanderwood, M. (1995). Single-session brief counseling in a high school. *Journal of Counseling and Development, 73*(4), 451-458.

Macdonald, A. (2007). *Solution focused therapy: Theory, research and practice.* London: Sage.

Mead, M. (1977). The originality of Milton Erickson. *American Journal of Clinical Hypnosis, 20,* 4-5.

Miller, G. (1997). *Becoming miracle workers: Language and meaning in brief therapy.* New York: Aldine de Gruyter.

Miller, G., & de Shazer, S. (1998). Have you heard the latest about . . .? Solution-focused therapyas a rumor. *Family Process, 37*(3), 363-377.

Miller, S. D., Hubble, M. A., & Duncan, B. L. (1996). *Handbook of solution-focused brief therapy.* San Francisco: Jossey-Bass.

Molnar, A., & de Shazer, S. (1987). Solution-focused therapy: Toward the identification of therapeutic tasks. *Journal of Marital and Family Therapy, 13,* 349-358.

Nelson, T. S. (Ed.). (2005). *Education and training in solution-focused brief therapy.* Binghamton, NY: Haworth Press.

O'Hanlon, W. H. (1987). *Taproots: Underlying principles of Milton H. Erickson's therapy and hypnosis.* New York: Norton.

Perloff, R. M., & Brock, T. C. (1980). "． ． ． And thinking makes it so": Cognitive responses to persuasion. In M. E. Roloff & G. R. Miller (Eds.), *Persuasion: New directions in theory and research* (pp. 67-99). Beverly Hills: Sage Publications.

Rabkin, R. (1977). *Strategic therapy: Brief and symptomatic treatment.* New York: Basic Books.

Ray, W. A., & de Shazer, S. (Eds.). (1999). *Evolving brief therapies: In honour of John*

H. Weakland. Galena, IL: Geist and Russell.

Rosen, S. (1982). *My voice will go with your: The teaching tales of Milton H. Erickson, M. D.* New York: Norton.

Rossi, E. L. (Ed.). (1980). *The collected papers of Milton Erickson.* New York: Irvington Publishers, Inc.

Rossi, E. L. (1983). Milton H. Erickson: A biographical sketch. In M. H. Erickson (Ed.), *Healing in hypnosis: The seminars, workshops, and lectures of Milton H. Erickson* (pp. 1-59). New York: Irvington Publishers.

Sluzki, C. (1985, May-June). A minimal map of cybernetics. *The Family Therapy Networker, 9,* 26.

Sluzki, C. E., & Ransom, D. C. (Eds.). (1976). *Double bind: The foundation of the communicational approach to the family.* New York: Grune & Stratton.

Talmon, M. (1990). *Single session therapy.* San Francisco: Jossey-Bass.

Tannen, D. (1991). *You just don't understand: Women and men in conversation.* Sydney: Random House Australia.

Thomas, F. N., & Cockburn, J. (1998). *Competency-based counseling: Building on client strengths.* Minneapolis: Fortress.

Turnell, A., & Edwards, S. (1999). *Sings of safety: A solution and safety oriented approach to child protection.* New York: Norton.

Turnell, A., & Essex, S. (2006). *Working with "denied" child abuse: A resolutions approach.* Buckingham: The Open University Press.

Wade, A. (2000). *Resistance to interpersonal violence: Implications for the practice of therapy.* Unpublished doctoral dissertation, University of Victoria, Victoria, Canada.

Watzlawick, P. (1978). *The language of change: Elements of therapeutic communication.* New York: Basic Books.

Watzlawick, P., & Weakland, J. H. (Eds.). (1977). *The interactional view.* New York: Norton.

Watzlawick, P., Weakland, J. H., & Fisch, R. (1974). *Change: Principles of problem formation and problem resolution.* New York: Norton.

Weakland, J. (1960). The "double-bind" hypothesis of schizophrenia and three-party interaction. In C. E. Sluzki & D. C. Ransom (Eds.), *Double bind: The foundation of the communicational approach to family therapy* (pp. 23-37). New York: Grune and Stratton.

Weakland, J. H. (1976). The double bind theory by self-reflexive hindsight. In C. E. Sluzki & D. C. Ransom (Eds.), *Double bind: The foundation of the communicational approach to the family* (pp. 307-314). New York: Grune & Stratton.

Weakland, J. H., Fisch, R., Watzlawick, P., & Bodin, A. (1974). Brief therapy: Focused problem resolution. *Family Process, 13*(2), 141-168.

Weakland, J. H., & Ray, W. A. (Eds.). (1995). *Propagations: Thirty years of influence from the Mental Research Institute.* New York: The Haworth Press, Inc.

Weiner, N. (1948). *Cybernetics of control and communication in the animal and the machines.* New York: Wiley.

Weiner-Davis, M., de Shazer, S., & Gingerich, W. J. (1987). Building on pretreatment change to construct the therapeutic solution: An exploratory study. *Journal of Marital and Family Therapy, 13,* 359-363.

앎: 인식론과 해결중심치료

Duane R. Bidwell

서 론

해결중심치료를 사용하는 대부분의 상담자들처럼, 나는 "아침에 당신이 일어났을 때 기적이 일어났다는 것을 어떻게 알 수 있습니까?"라는 질문을 수백 번 해 왔다.

하지만 어느 날 Kyle이라는 대학원생이 천장에 뛰어다니는 쥐 소리를 들은 강아지처럼 고개를 쏙 빼고는 "'안다'는 것이 무슨 의미죠?"라고 물을 때까지 이런 황당한 질문을 받아 본 적이 없었다. 나는 Kyle에게 "누가 어떤 것을 어떻게 '아느냐'는 뜻입니다. 우리는 어떤 것에 대하여 우리가 이해하는 방식으로 합리화하는데, 그것을 '안다'고 하지 않습니까? 만약 나는 기적이 일어났다는 것을 '아는데' 내 여자 친구는 알지 못한다, 그러면 내가 '안다'는 것은 어떤 차이를, 혹은 어떤 변화를 가져옵니까?" 라고 대답했다.

이 장에서 나는 Kyle이 했던 질문에 대한 치료적 답변들을 제시하고자 한다. Kyle이 질문을 했을 당시에는 한숨을 쉬며 이 20여 명의 대학원생들을 어떻게 가르칠까 하고 내 업보를 한탄했었는데, 그날 이후로 Kyle의 질문은 나에게 점점 더 타당하게 느껴지기 시작했다. 우리가 해결중심치료에서 '앎'(knowing)이라고 할 때, 그것은 정확히 무엇을 의미하는 것일까?

현대의 철학자 Esther Lightcap Meek(2003)은 '앎'의 정의를 "논리 정연한 양식을 가진 단서에 기초하고 그것의 실재(reality)를 따르기로 하는 책임 있는 인간의 노력"(p. 13)이라고 하였다. 이러한 노력은 우리가 현실을 어떻게 인식하는가뿐만 아니라 우리가 인식한 현실에 어떻게 반응하는가를 결정한다. 따라서 '지식'(knowledge)에 관한 이해와 '앎'(knowing)의 방식—흐릿하든 명확하든, 생각이 깊든 생각이 없든—은 심리치료의 핵심이다. 치료 전문가는 변화와 인간의 삶의 의미에 관심이 있기 때문에 '앎'—앎의 특성, 성격, 한계—에 대한 우리의 가정은 우리의 임상에 많은 함의가 있다.

예를 들어, 다음의 질문들을 생각해 보라. 상담의 목표를 세우고 효과를 평가할 때 상담자에 주목해야 할까, 아니면 내담자나 치료적 관계에 주목해야 할까? 변화에 대해 아는 것은 '실제 세계'(real world)에서의 구체적인 경험에서 나오는가, 아니면 실제 세계에서의 경험과는 별개로 개인의 내면에서 생겨나는 생각과 아이디어에서 나오는가? 아니면 이 둘을 혼합한 것에서 나오는가, 혹시 이 둘 중 어느 것에서도 나오지 않는가? 상담자로서 우리는 내담자의 삶의 변화—예를 들면, 내담자의 우울 증상이 없어진다거나 월급을 다 쓰지 않고 저축을 한다거나, 혹은 다투는 일이 줄어든다거나 하는—가 일어났다는 것을 알기 위해서는 강력한 경험적 증거가 필요한가? 또는 우리는 여전히 우리에게는 내담자의 상황이 그 전처럼 혼란 그 자체인데도 좋아졌다고 말하는 내담자의 그럴듯한 주장이나 정서적 느낌을 인정해 주어야 하는가? "우리는 여전히 싸우지만, 나는 그가 늦을 때에는 전화를 할 것이라는 것을 아는 것만으로도 기분이 좋아졌어요." 라고 하는 경우에 말이다. 어떻게 우리는 우리의 내담자가 얘기하는 변화가 '진실'이라는 것을 알 수 있을까? 어떻게 우리는 사례에 관하여 틀린 평가를 내리는 것—우리가 안다고 생각하는 것과 다를 바 없는 것—을 피할 수 있을까?

이 장이 그 질문에 대한 만고불변의 해답을 주지는 못할 것이다. 다만 나의 목표는 해결중심치료의 이론과 실제에 영향을 미친 지식에 관하여 몇 가지 가설을 제시하고자 한다. 다시 말하면, 그러한 질문에 대한 해결중심 치료자의 대답이라고 할 수 있는 특정한 입장(철학적인 면에서)에 관하여 설명하고자 하는 것이며, 해결중심 치료자가 어떤 특정한 상황에서 특정한 지식(특히 치료적 대화 중에 나오는 지식)을 평가하고 비판할 때(이론이나 치료 회기에 대한 평가) 사용하는 준거에 대하여 이야기하고자 한다.

따라서 나는 지식에 관한 '실제' 이해를 설명하려는 것이 아니다. 사실 해결중심 치료에 맞는, 혹은 그것을 정확히 설명하는 지식에 관한 정확한 철학적 관점을 정의하는 것이 가능할지 의문이다. 또한 그것이 가능하다 하더라도 도움이 될지 모르겠다. 따라서 그보다는 해결중심치료에서 어떻게 앎이 드러나는지에 대하여 설명하고자 한다. 즉, 해결중심 이론가와 상담자들이 치료 과정에서 '지식'을 이해하고 접근하고 사용하는 방법에 관하여 전반적인 설명을 제공하려고 한다.[1] 그리고 해결중심치료와 그것이 '앎'과 관련하여 어떻게 작동하는지에 대한 새로운 이해(와 오해)를 제공하고자 한다. 그렇게 함으로써 상담자들 사이에 회자되고 있는 해결중심치료에 관한 소문(대부분은 날조된, 그럼에도 불구하고 사실인)(Miller & de Shazer, 1998)에 하나를 더하게 될 것이다.

안다는 것에 대하여: 역사적 요약

우리는 이 장에서 지식에 관한 이론에 대해 말하려고 한다. 철학에서는 지식에 관한 이론을 '인식론'(epistemology)이라고 하는데, 말 그대로 '안다는 것에 관한 말'이라는 의미다. 이런 이론들은 인간 지식의 가능성, 기원, 특성, 발달 그리고 한계를 설명한다. 'episteme'(knowledge)이란 말은 '이론적 지식의 조직화된 덩어리' 그리고/또는 '사물의 본질에 관하여 증명할 수 있는 사실 덩어리'를 의미한다(Philosophy Pages, 2003). 철학자들은 수천 년 동안 포괄적인 인식론을 발전시키고자 하였다. 여기서 나는 해결중심 인식을 설명하기 위하여 간략하게(이 주제를 위해 필요한 것보다 훨씬 가볍게 꼭 필요한 것만) 근대와 탈근대적 인식론에 주목할 것이다.

대체로 서구 문화는 인식론에 대하여 양극화된 접근을 취하는 경향이 있었다. 이는 부분적으로 17세기와 18세기의 문화적 전환, 즉 많은 사람이 '과학 혁명' '계몽주의'라고 부르는 것에 따른 것이다. 한쪽에는 인식의 기원이 인간의 마음속에 있는 선천적 진실까지 거슬러 올라갈 수 있다고 한 Rene Descartes로 대표되는 합리주의/이상주의(rationalism/idealism)가 있다. Descartes와 합리/이상주의자들에게 지식은 경험에 앞서는 것이다. 다른 쪽에는 John Locke(1995, 1698)로 대변되는 실증주의/경험주의/현실주의(positivism/empirism/realism)가 있다. Locke는 그의 저서 『인간의 지적 능력에 관한 에세이(An Essay Concerning Human Understanding)』를 통하여 인간의 마음은 백지(tabula rasa)와 같다는 개념을 소개하였는데, 인간의 마음은 백지 상태이며 세계가 그것을 점차 채워 나간다는 것이다. Locke는 모든 지식(knowledge)은 경험(experience)으로부터 오며, 어떤 사고(thought)도 어떤 사건(event)에 의해 발화되기 전까지는 일어나지 않는다고 보았다.

이 두 가지 사상이 지식을 타당화하기 위한 주요한 준거가 된다. 하나는 증거에, 다른 하나는 이성에 의존하고 있다. 그러나 두 입장 모두 지식의 입장을 개별 인간의 마음 안에 두고 있다. 이것이 근대주의자, 실증주의-경험주의자의 세계관의 주요 가설이다.

근대주의 관점에서는 개인이 집단보다 더 가치 있으며, 개인의 마음은 세상의 내용을 정확히 반영하는 거울로 간주된다. 이 관점에 따르면, '실제의' '좋은' 그리고 '진실된' 것은 이성과 증거, 논리를 사용하는 개인에 의해 객관적으로 정의되고 정확하게 기술된다. 동시에 '절대적 현실'은 단순히 보여질 수 있는 것이 아니다. 그것은 겉으로 보이는 것이 아니라 표면 밑에 숨겨져 있는 것이다. 따라서 John Shotter(1993)는 다음과 같이 말한다.

> 반성적 또는 이론적 사고에는 매우 특별한 힘이 있다. 그것은 사물과 행동의 표면적 형식을 뚫고 들어가 더 깊은 수준의 '질서와 같은 형태적'의 특성을 갖는다. 모든 인간의 생각과 행동은 사실 이런 근원적인 질서에서 나와야 한다. (p. 24)

이러한 관점을 구조주의(Structuralism)라 하는데, 우리가 관찰한 것(과 우리가 아는 것)은 그 밑에 있는 구조나 본질을 반영하는 것이라는 관점이다.

그러나 20세기 중반 엄청난 지적인 전환이 근대적 인식론의 주요 가정들을 흔들기 시작하였다. 부분적으로는 Wittgenstein(예, 1974)의 후기 저서에서 시작된 철학에서의 '언어로의 전환'(turn to language)은 간주관적 또는 관계적 과정에서 지식의 기원을 찾고자 하였다. 이 관점에서 모든 지식은 맥락 의존적이다. 즉, 그것은 어떤 하나의 마음에서 나오는 것이거나 개인의 경험으로부터 나오는 것이 아닌, 인간 상호작용의 독특성에서 나오는 것이다. 따라서 의미와 지식은 대화에 참여하는 사람들이 합의한 해석의 과정적 측면이며, 지식은 개인 안에서부터 생겨나 세계에 영향을 주는 것이 아니라 사람들 사이에 구체화된, 동시에 인간관계에 위치하며 인간관계에 의해 발생되며 인간관계를 생성하는 것이다. Shotter(1984)는 이 과정을 '구조의 이중성'(duality of structure)이라고 하였다.

Wittgenstein의 '언어 게임'의 개념은 그의 지식에 대한 이해(de Shazer, 1994; Watzlawick, Weakland, & Fisch, 1974; Wittgenstein, 1974; de Shazer, 1988 참조)를 설명해 준다. Wittgenstein에게 단어는 세상의 구체적인 '사물'을 대표하거나 가리키는 고정된, 본질적인 정의라고 할 수 있는 '의미'가 없다. 그보다 단어에는 '용도'가 있고, 단어를 사용하는 것—그래서 그 의미를 갖는다—은 단어가 사용되는 어떤 언어 게임 혹은 대화의 규칙에 의해 가능해진다. 이런 관점에서 언어의 의미는 수사학적이고 상황 반응적이다(Shotter, 1993). 예를 들어, 이 장의 첫 부분에서 나는 "당신은 어떻게 기적이 일어났다는 것을 알 수 있습니까?" 라고 질문하였는데, 이것은 '앎'이 구체적이고 특정한 변하지 않는 의미가 있거나, 적어도 내담자와 나 사이에 명확하게 공유하는 용도가 있다는 것을 함축하고 있다. 그런데 Kyle이 '앎'의 의미가 무엇인지 질문하였다. 이것은 그와 내가 이 단어에 대하여 공유하는 용도에 대해 합의할 필요가 있음을 의미한다. 즉, 우리의 대화에 특정한, 그리고 치료적/학문적 언어 게임의 규칙에 적용되는 용도를 정해야 한다는 것이다.

이러한 탈근대주의적 전환(postmodern shift)—지식과 언어를 고정되고 보편적이며 실제 사물이나 구조 뒤에서 그것을 대표하거나 가리키는 것으로 보는 관점으로부터 지식과 언어는 합의할 수 있고 특정한 수사학적이고 반응적인 것으로 보는 관점으로의 전환—은 가족치료 분야 전반과 특히 해결중심치료의 창시자들에게 큰 영향을 주었다. 그 영향은 Milton Erickson의 치료에서 일부 나타나며, Gregory Bateson, John Weakland, Don Jackson, Paul Watzlawick 그리고 Richard Fisch의 상호작용적 관점을 형성하게 하였다. 또한 캘리포니아의 정신건강연구소(MRI)와 팰로앨토의 단기치료센터 이론가들의 해결중심 접근에 관한 주요 아이디어 형성에 영향을 주었다. 나아가 이야기치료 및 해결중심 이론의 주요 가설과 기법들에 영향을 주었다. 해결중심 접근의 창시자인 Steve de Shazer의 저서에서도 Wittgenstein이 자주 거론된다[특히 상담에서의 언어의 중요성을 설명하는 de Shazer의 『언어는 원래 마술이었다(Words Were Originally Magic, 1994)』 참조].

점차 다른 방식의 '앎'이 가치 있게 여겨졌다. 하나는 삶의 깊은 구조보다는 '표면'에 주목하는 것이고, 다른 하나는 두 사람 사이(between)에 발생한 것과 더불어 두 사람 안(within)에 일어난 것을 포함하는 것이다(Bidwell, 2004). 이러한 전환은 '신인식론'에 영향을 주었다. 선교학자 Leonard Sweet(2003)는 이 신인식론을 약자 'EPIC'로 특징 지었는데, 즉 경험적(experiential)이고 참여적(participatory)이며 심상이 풍부한(image-rich) 그리고 연관적(connectional)이라는 의미다. 간략히 말하면, '앎'에 관한 탈근대주의적 방법은 근대의 이성적(rational), 객관적(objective),

고립된(isolated) 인식론과 거의 반대라고 볼 수 있다.

철학에서 '언어로의 전환'은 지식에 관한 이론 그 이상의 의미가 있다는 점에 주목해야 한다. 그것은 존재하는 것 그 자체를 이해하는 데에도 영향을 주었다. 어떤 이론가들은 '우리가 아는 것'(인식론)과 '존재하는 것'(존재론)은 별개의 것이라고 주장한다. 그러나 '앎'(knowing)에 대한 질문은 아는 사람(knower)이 존재함을 암시한다. 즉, 어떤 점에서 우리의 인식론은 존재에 대해 우리가 믿는 것을 반영한다. 그리고 지식에 대한 우리의 믿음은 존재론적 결과를 갖는다. 내가 해결중심의 앎에 대하여 명료화하려고 할 때 '우리가 아는 것'(what we know)과 '존재하는 것'(what there is) 사이에 공생적 관계가 있음을 기억하라.

해결중심의 앎에 관한 많은 부분이 앞에서 설명한 실증주의/합리주의를 구분하는 것으로 설명될 수 있지만, 그렇다고 서구 철학의 지식에 대한 이원론적 접근에서 지식의 성격과 특성, 한계를 설명하려는 인류의 노력이 멈추지는 않는다. 사실 이슬람 철학의 경우 실증주의와 합리주의의 중간쯤에 있는 제3의 인식론을 제공하는데, 우리는 이 장의 후반부에서 기적 질문(이 책의 1장 참조)을 이해하는 한 방법으로 '존재에 의한 지식'(knowledge by presence)이라고 불리는 제3의 입장을 탐색해 볼 것이다. 이 존재에 의한 지식은 기적 질문이 상담 과정에서 어떻게 변화를 가져오는지를 명확히 보여 줌으로써, 해결중심치료에서 앎이 어떻게 발생하는지에 대한 중요한 통찰을 제공해 줄 것이다.

심리학의 탈근대화: 사회적 구성주의 이론

초기 해결중심적 사고는 어떤 특정한 심리학 이론도 의식적으로 사용하지 않았다. 그러나 해결중심 치료자들은 자신들의 아이디어를 뒷받침하고 정교화하기 위하여 결국 구성주의(Miller, 1997)와 사회적 구성주의 심리학에 의존하였다(Berg & De Jong, 1996; Bidwell, 2000; De Jong & Berg, 1998; de Shazer, 1991, 1994; de

Shazer & Berg, 1992; Miller, 2000; Miller, Hubble, & Duncan, 1996; O'Hanlon, 1990). 사회적 구성주의 사고는 철학에서의 '언어로의 전환', 그리고 문학적 · 사회적 · 해석학적 이론에서 설명하는 '전환'으로부터 진화한 것이다.

일반적으로 사회적 구성주의에서 지식이란 발견되는 것이 아니라 구성되는 것이며, 그 구성은 한 개인의 사색에 의해서가 아니라 관계 속에 살아가는 사람들에 의해 구현되는 것이다. 따라서 대화(와 다른 양식의 담화)를 통한 해석과 공유, 연관된 경험의 과정이 인간의 '지식'을 창조한다. 즉, "지식은 각 개인의 마음에서 생겨나는 것이 아니라 집단 속에서 발생하는 것"이며, "지식을 위해 무엇을 선택할 것인가 하는 것은 개인의 내적 과정이 아니라 의사소통의 사회적 과정"(Gergen, 1982, p. 207)이라는 것이다. 이것은 '참여적 인식론'(participatory epistemology)(Efron & Clarfield, 1992)을 낳았는데, 이는 인식보다는 관계적 과정에 우선순위를 둔다. 사회적 상호작용이 개인보다 우선하며 개인을 결정한다. 즉, 개인의 심리내적 경험보다는 상호 의존과 상호작용이 심리적 탐구, 기술, 설명의 주요 초점이다. 더불어 사회적 구성주의자들은 사회적 실제에 비해 이론은 부차적인 것으로 보며, 대상이 아니라 행동을 탐구와 연구의 초점으로 삼는다(Shotter, 1992).

이러한 탐구와 연구는 배타적이기보다는 통합적이기 때문에 구성주의에는 '본질적인 주의'가 없다. 사회적 구성주의자들의 생각의 범위는 많은 접근을 포함한다. 대부분의 구성주의자들의 연구 제안서는 다음에 짧게 개요를 서술하였듯이 여전히 적어도 다섯 가지 가정을 공유한다(Bidwell, 2004).

첫째, "우리의 정신적 표상이 '저기 바깥에 있는' 객관적 실재(reality)를 있는 그대로 반영하는 것이라는"(Rosen, 1996, p. 5) 지식에 관한 대응설은 무너졌다고 가정한다. 대신, "지식과 우리가 그것에 부여하는 의미는 인간의 마음을 구성한다."(Rosen, p. 5) 이 관점에서 실재는 여러 개다. 즉, 아는 사람과 알려진 것은 분리될 수 없으며, 실재의 특성에 대한 합의는 언어적 활동을 통해 일어난다(de Shazer, 1991).

둘째, 어떤 '본질적인' 인간의 특성도 가정하지 않는다. 사람이 완전해지기 위해서는 세상에 대한 감각과 자신에 대한 감각을 형성하도록 해 주는 구체적인 맥락 속에 있어야 한다. 실재의 특성에 대한 합의는 사회적 역할, 과정 그리고 구조가 '실재'(reality)라는 지위를 부여하며, 그다음에 그 이해를 공유하는 사람의 '자아'를 결정한다. 이러한 관점에서 원인과 효과는 분리될 수 없으며, 그 둘은 경계가 없는 전체를 형성한다.

셋째, 실재의 성격에 대한 합의는 언어적 도구와 '문화적 소산'을 제공하는 관계를 통해 발달한다(Cushman, 1995, p. 18). 여기서 언어적 도구와 문화적 소산이란 물질적인 것은 물론 아이디어와 행동까지 인간이 자신의 경험에 의미를 부여하기 위해 사용하는 것을 의미한다. 실재를 이해한다는 것은 사람이 사회의 질서를 책임지는(유지하는) 방법으로 다른 사람을 이해하는 것을 말한다. 따라서 앞에서 강조한 것처럼, 개인이 집단에 영향을 주기 전에 집단이 개인을 형성하고 영향을 준다.

넷째, 사람이 집단적으로 세계를 이해하는 방식은 미래를 위한 암시를 담고 있다고 가정한다. 오늘의 설명과 의미는 내일의 가능성을 형성하며, 관계는 새로운 사회 질서와 세계에 대한 새로운 이해를 강화, 약화 그리고/또는 창조한다. 특정 사회 구조의 미래 영향력은 그것의 타당성을 평가하는 핵심이다. John Shotter(1993)가 지적하였듯이, 구성주의의 핵심 질문은 "미래에 가능한 것들 중 무엇을 선택해야 최선의 선택인가? 어떤 것이 우리에게 최선의 미래를 가져올 것인가?"(p. 18)다.

다섯 번째 가정은 네 번째 가정과 관련이 있다. 특정한 실재의 구성은 반영성, 일반성 그리고 실용성의 준거에 따라 평가된다. 사회 구성주의적 글쓰기에서는 경험적 타당성(즉, 실재와의 유사성)은 준거로서 기각되며, 실용성이 주된 평가의 준거가 된다. 이런 관점에서 핵심적인 평가 질문은 우리가 실재를 이해하는 것을 통해 무엇을 할 수 있는가? 그것을 어떻게 사용할 수 있는가? 그것은 행동으로 이어지는가? 그것이 우리로 하여금 무엇을 성취할 수 있게 해 주는가? 그것은 새로운 관점을 창조하는가, 혹은 기능적인 대안을 제공하는 새로운 비전을 열어 주는가? 그것은 새로운 가능성을 고무하는가? 그것은 다른 사람을 존중하는가? 그것은 인식의 차이를 허용하는가? 그것은 사람의 주요 경험에 대한 대안적 경험을 제공하는가? 그것은 이해에 관한 다양한 은유를 허용하는가, 아니면 하나의 은유를 부과하는가?

이러한 가정하에 사회심리학 문헌들은 사회적 구성주의를 인식론적(지식 중심의)이지만 존재론적(존재 중심의) 이론은 아니라고 한다. 즉, 사회적 구성주의는 알려져 있는 것에 관한 것이 아니라 인간이 알고 있는 것에 관한 주장이라는 것이다. 그것은 물리적 혹은 본질적 실재가 아니라 합의된 일시적인 사회적 실재를 말한다. 구성주의 관점에서 지식은 "타당성(즉, 개인의 신념과 객관적 진실의 유사성)에 기초해서가 아니라 실행 가능성(즉, 개인 신념의 실용적 적응성, 이를 통해 개인은 세상에서 성공적으로 방향을 찾아갈 수 있다)"(Rosen, 1996, p. 13; Gergen, 2001, p. 32 참조)에 기초하여 평가되어야 한다. 이것은 사회적 구성은 사회적 실재를 통하여 '실제 세계'에 영향을 준다는 것을 강조한다. 사회적 실재는 심리치료 모델을 포함한다. 따라서 인간의 개념과 지식은 사회적 실재와 사회 구조로부터 분리될 수 없다(Burr, 1998). 이것이 지식은 개인 안에서가 아니라 사람들 '간에' 존재한다는 구성주의의 전제다.

물론 모든 사람이 이 생각을 지지하는 것은 아니다. 심리학계 내에서도 구성주의 이론은 뜨거운 논쟁거리다. Barbara Held(1995)는 사회적 구성주의 심리치료를 어떻게 '실재를 구성'할 것인가를 이해하는 데 비일관적인 접근이라고 비판해 왔다. 그녀는 이런 치료들(이야기치료 및 해결중심 모델을 포함)이 한편으로는 실재의 구성은 개인의 주관으로부터 나오므로 개인적이라고 주장하면서, 또 한편으로 실재의 구성은 사회적이며 사회적 과정을 통해 구성된다고 주장한다는 점에서 '두 가지 방법을 모두' 원하는 우를 범하고 있다고 믿는다. 만약 그녀가 주장하듯이, 구성이 사회적 과정이면 개별성은 타협된다. 이것이 그녀가 양보하려고 하지 않는 점이다. 또한 그녀는 사회적 구성주의자들의 주장을 인식론이라고 폄하하고 존재론의 지위를 부여하지 않는다. 그녀에게 사회적 구성주의자들은 사회적 담화 그 이상의 실체적 세계의 존재를 부인하는 분명한 반현실주의자다.

구성주의 관점에서 볼 때, Held의 구성주의 치료에 대한 불만은 두 담화 가운데에서 혼란에 빠진 것이라고 볼 수 있다. 그녀의 주요 담화는 경험적 세계 안에서 자율적 의사결정을 내리는 원자론적 개인적 자아에 관한 실증주의 담화이며, 부차적 담화는 개인 내보다는 사람들 간의 사회적 과정에서의 인간의 자율성에 관한 구성주의적 담화다. Held가 탈근대주의 치료의 논리적 비일관성('실재의 구성은 사회적으로 합의된다.'는 것을 유지하면서 '개인의 자유와 자율성을 인정하는 것' 사이의 긴장)을 알아냈는지 모르겠지만, 그녀의 주장이 사회적 구성주의자들의 경험에 대한 이해를 무가치한 것으로 만들 수는 없다. 사회적 구성주의자들은 실증주의-경험주의 세계관에 대한 강력한 대안을 만들기 위한 반성적이고 생성적인 수용력을 가지고 있다. 내 생각에 Held는 언어에 주의를 기울이기보다는 언어를 가볍게 사용하는 특정 치료자의 입장에서 폭넓게 일반화를 하고 있으며, 사회적 구성주의 문헌에 나타나는 존재론과 인식론의 이원성을 과장하고 있는 것으로 보인다. 사회적 구성주의 문헌을 읽으면서 나는 어떤 큰 존재론적 문제점도 찾지 못하였다. 사실 그들은 오히려 그런 문제점에 많은 주의를 기울이고 있다.

대부분의 사회적 구성주의자들이 주장하는 것은 사회비판적 해석학이다(Ricoeur, 1970, pp. 32-35; Fiorenza, 1985 참조). 사회비판적 해석학은 모든 지식의 고유한 이념적 주장과 가설을 밝히기 위하여 모든 지식을 해체하고자 한다. 이러한 해석학은 사회적 구성주의 가설을 촉진하는 심리치료 접근을 강화한다. 예를 들면, 해결중심치료의 구성주의적 주장은 상호성, 인간의 자유, 인간의 책임감, 열린 미래를 강조하도록 해 준다(Bidwell, 2000). 해결중심의 이러한 측면은 윤리학자인 Don Browning(1987)이 요청한 비판적 사회이론에 기초한 실용심리학으로 한 발자국 나아가는 것일지도 모른다. 목회 신학자인 Christie Neuger(2001)는 사회적 구성주의 사고에 기초한 이야기치료 접근에도 비슷한 강점을 준다고 하였다.

'도덕적 상대주의'의 문제점은 도덕적 선택은 절대적 혹은 본질적 진실보다는 공동의 기준/담화에 달려 있다는 구성주의적 주장에 기인한다. 즉, 도덕적 선택은 상대적이어서 객관적 실재보다는 주관적 기준에 기초하고 있다고 보기 때문이다. 그러나 사회적 구성주의 이론이 반드시 도덕적 주장이 기초하고 있는 근원적인 실재까지 부인하는 것은 아니다(Schilderman, 2002 참조). 인식론적 입장에서 사회적 구성주의 이론은 오직 인간은 실재를 완전히 또는 사회적 담화 없이 알 수 없다고 주장한다. 따라서 인식론의 도덕적 주장은 부분적으로 이해되어야만 한다. 그러나 이런 부분적 지지를 주장한다고 해서 사회적 구성주의자들이 도덕에 대하여 상대주의적 입장을 채택하라고 요구하는 것은 아니다. 사회적 구성주의 담화는 도덕의 범위를 깨부수지 않는다. 그보다 그들은 어떤 도덕적 주장을 다른 것보다 위에 둘 수 있는 공동의 기준을 중요하고 적절한 준거로 본다. 더불어 사회적 구성주의 그 자체는 도덕적으로 중립적이지 않다. 급진주의자들은 가치 판단에 실용성, 생산성, 반성을 기준으로 삼는다. 도덕적 상대주의는 사실상 사회적 구성주의 메타이론의 요소가 아니다.

사회적 구성주의가 '객관적 진실'이라는 개념을 부정한다고 주장하는 비판은 적절하지 않은 것 같다. 이것은 인식론적 입장에 대한 존재론적 비판이다. 사회적 구성주의는 실재에 관한 '진실'을 알고자 하는 것이 아니다. 그보다는 인간이 실재에 대하여 어떻게 알게 되는가에 대하여 이야기하려는 접근이다. 사회적 구성주의는 존재론적 진실을 주장하기보다는 Kenneth Gergen(2002)이 주장하였듯이, "어떤 문화적 실천 양식을 불러들이고, 가능하게 하고, 촉진하는 이해의 영역이다."(pp. 280-281) 이런 실천 형태는 앞에서 언급하였듯이, 물리적 세계의 진실 또는 실재, 혹은 그 존재론에 관한 주장을 하지 않고도 '구성된 지식'이 물리적 세계에 영향을 미치도록 해 준다. 따라서 사회적 구성주의는 특정한 담화에 담겨 있는 그 실재를 이해하는 다양한 방식이 가져오는 결과에 관심이 있는 것이지, 실재의 이면에 있는 구조의 진실에는 관심이 없다. 그런 지식의 실용적 효과가 사회적 구성주의 탐구의 핵심이다.

도덕적 상대주의와 객관적 진실에 관하여 이러한 관점을 갖고 있기 때문에 사회적 구성주의 이론이 반드시 '인간의 본질'을 하나의 구조라는 지위로 축소하고 있는 것은 아니다. 오히려 많은 사회적 구성주의 이론가들은 과학적 또는 실증주의-경험주의 담화에서와 마찬가지로 단어와 지식을 필수적이고 생성적이며 공동의 자원이라고 받아들임으로써 '신성한 것'과 '실재'와 같은 개념에 타당성을 부여한다고 본다. 따라서 사회적 구성주의 이론은 "심오한 문화적 가치가 있는 것을 폄훼하거나 축소시키기 위해"(Hardy, 2001, p. 25) 심리학을 사용하는 것에 반대하는 것이다.

가족치료에서 인식론적 초점의 전환

사회적 구성주의 사고는 의사소통과 상호작용, 변화에 관한 사회과학의 폭넓은 대화로부터 진화하였다. 이러한 대화는 부분적으로는 가족치료 영역에 의해 생성되었고, 해결중심치료의 이론과 실제가 출현한 것도 이러한 맥락에서였다(이 책의 2장 참조). 이러한 대화의 역사는 20세기 서구 문화에 있었던 인식론적 전환까지 거슬러 올라간다. 이때 나타난 것만큼 구체적이고 명료하게 나타난 적이 없다.

가족치료에서 첫 번째 주요한 인식론적 전환은 1950년대 중반에 일어났는데, 캘리포니아 팰로앨토의 정신건강연구소의 연구자들이 의사소통과 행동 간의 직접적 관계를 제안함으로써 시작되었다(Bateson, Jackson, Haley, & Weakland, 1956). 그들은 의사소통을 폐쇄된 체계 안에 있는 참여자들 간의 복잡하고 상호작용적인 과정이라고 보았다. 이 의사소통 과정의 주된 효과는 그 체계의 구성원들의 사회적 행동을 지시하는 것이었다. 오늘날 이러한 생각이 얼마나 엄청난 것이었는가를 이야기하기는 어렵다. 상호작용에 대하여 서로 다른 해석을 내리거나 이해하는 것이 참여자들의 사회적 행동을 창조하고 유지하며 변화시키는 방식으로 서로에게 그리고 동시에 영향을 준다는 주장은 지금은 별로 놀라운 일이 아니다. 그러나 그 당시에는 이러한 생각이 급진적인 것이었다. 아마도 심리치료자들이 심리 내적 혹은 인지적 자아의 깊숙한 곳을 파헤치기보다는 인간 경험의 '표면'(즉, 관찰 가능한 행동과 유형)에 초점을 맞춘 첫 시도였을 것이다.

이후 10년 동안 이들 연구자들 중 일부가 단기 심리치료에 초점을 두기 시작하였다. 그들은 내담자가 문제라고 말한 것에만 엄격하게 초점을 두었다. 이것이 두 번째 주요 인식론적 전환이다. 이들은 '실제 문제'에 대해 파고들거나 단어 뒤에 있는 의미를 파헤치는 것이 아니라 내담자의 해석의 틀을 상담자가 작업해야 할 유일한 실재로 여겼다. 변화는 내담자가 상담에 가져온 문제를 만들고 유지하는 의사소통의 체계적 유형을 상담자가 알아내고 그것을 바꿀 때 일어나는 것으로 여겨졌다. 이러한 목적을 달성하기 위해 상담자는 내담자의 행동 이면에 있는 것에 관한 전문적 해석을 내리기보다는 의사소통 체계의 '표면'을 관찰하고 설명하는 것에 주의를 기울였다. 이것은 현실적으로 관찰할 수 없는 가설이나 가정은 기각되어야 한다는 것을 의미하였다. 즉, 인간에 대한 감춰진 구조적인 이해는 더 이상 주요 관심사가 아니다. 이들 치료자들에게 중요한 것은 보이거나 들을 수 있는 것이어야 하며, 치료적 개입은 특정한 문제에 따라 재단되어야 하는 것이었다. 자동차 정비사가 엔진을 수리하듯이, 치료자는 폐쇄된 시스템에 대하여 작업하는 기술자와 같았다.

이 생태계 모형은 심리치료에서 경험적 관찰에 강조점을 둠으로써 새로운 방식의 실증주의 인식론이 되었다. 그러나 치료자의 '전문가 의견'이 본질로 여겨지면서 치료자가 먼저 어떻게 문제가 발생하고/유지되는지에 대하여 특정한 맥락적 설명을 제공하고, 문제적 의사소통 패턴을 변화시키기 위해 개입하는 설명 모델이었다. 변화를 유도하기 위한 기준은 대체로 경험적 · 실용적이었지만(Watzlawick et al., 1974), 인식론에 있어서는 부분적으로 합리주의/이상주의에 머물렀다. 이 새로운 접근은 경험적 자료—삶의 표면—에 새롭게 주목하였지만 치료자의 개인적 · 내적 이해를 수단으로 하였고, 그것에 의해서 변화를 위한 조건이 궁극적으로 발생할 것이라고 보았다. 치료자는 내담자가 볼 수 없는 것을 볼 수 있는 사람이었다.

다음 10년 동안은 십여 명의 정신건강 전문가들이 이러한 생각을 같이하였다. Steve de Shazer와 Insoo Kim Berg와 같은 치료자 집단이 1978년 밀워키에 단기가족치료센터를 설립하였다. 이 집단은—거의 모두가 단기 심리치료자들임—Milton Erickson의 임상과 생각으로부터 많은 영향을 받았다. 사실, de Shazer (1982)는 "Erickson의 기법과 과정을 적용하기 위해 노력하는 과정에서 우리의 (해결중심) 접근이 발달하였다."(p. 28)고 밝히고 있다. 특히 사람은 주어진 환경에서 그들이 생각한 최선의 선택에 따라 행동하며, 자기 문제에 적용할 수 있는 선천적인 자원과 기술을 가지고 있다는 Erickson의 이중 의도(dual insistence)의 영향을 받았다. 이러한 가정하에 밀워키 그룹은 문제를 설명하는 것(상호작용적, 생태계 모델의 주요 목표임)에서 해결책을 기술하는 것으로 초점을 전환하였다.

de Shazer는 특정한 문제에 맞는 치료적 개입을 재단하여야 한다고 생각하지 않았다. 그보다는 다양한 문제를 해결하는 데 사용할 수 있는 보편적인 원리를 알아내고자 하였다. de Shazer는 "다양한 사례의 해결책을 구축하는 과정을 찾아내는 것이 각 개입 방법이 해결하고자 하는 문제점보다 더 유사점이 많다."(1985, p. xv)고 주장하였다.

> 치료자의 과제는 … 내담자와 함께 … 변화와 해결에 관한 기대를 발달시켜야 한다는 것이다. 이 말은 상담에서 (전통적인 치료와 달리) 해결책 구축을 위하여 개인의 과거에 대하여 어떤 것도 알아낼 필요가 없다는 것을 의미한다. 또한 (다른 단기치료 접근이나 가족치료 접근들과 달리) 앎, 구체적으로 말하면 문제를 유지시키는 것에 대한 앎을 필요로 하지도 않는다. 따라서 치료자는 변화에 대하여 열린 기대를 가지고 빠르고 안정적인 변화가 일어나도록 할 수 있다(p. xvi).

해결에 관한 포괄적인 이론을 찾고 내담자의 변화에 관한 기대를 발전시키는 과정을 통해 밀워키의 임상가들은 내담자와 더욱 협력적이 될 수 있었다(Miller, 1997). 치료적 대화는 내담자가 자신의 문제가 해결되었다는 것을 어떻게 알게 되는가를 풍부하게 기술하는 것을 중심으로 이루어졌고, 내담자가 변화에 대해 어떤 이론을 갖고 있는가, 내담자가 중요한 변화를 어떻게 인식하는가 하는 것이 성공적인 상담의 핵심 준거가 되었다. de Shazer(1985)가 말했듯이, "'문제/불평, 그리고 그것을 어떻게 해결할 것인가'에 대한 관심에서 '해결책과 그것이 어떻게 효과가 있는가'에 대한 관심으로 전환이 일어났다."(p. 45)

이해(지식)에 대한 연속된 질적 전환을 통해 밀워키 그룹은 내담자의 문제에 영향을 미치는 것, 그리고 문제를 수정하기 위하여 내담자가 이미 잘하고 있는 것에 대하여 탐색하기 시작하였다. 즉, 이미 존재하는 행동이 문제를 해결하기 위한 수단이 되었다. 시간이 흐름에 따라 이 임상가들은 더 이상 자신을 상호작용 과정의 객관적 증인으로 여기지 않게 되었다. 대신 그들은 자신을 상호작용 체계의 일부분으로 이해하기 시작하였다. de Shazer(1988)는 "상담자가 다루어야 할 것은 내담자가 자신의 실재를 어떻게 구성하는가를 상담자 자신도 구성하는 것이다. 이 두 구조로부터 내담자와 상담자가 협력하여 치료적 실재를 구성한다."(p. 61) 따라서 "내담자와의 상호작용은 단지 그것을 기술하는 것이 아니라 의식적으로 사회적 실재를 구성하는 것"(Miller, 1997, p. 68)이라고 볼 때, 치료자는 치료적 문제와 해결에 있어서 참여자다(de Shazer, 1985, 1988). 이러한 관점에서 치료자는 폐쇄된 체계에 개입하는 기술자라기보다는 치료적 대화에 필요한 지식을 구축하는 데 참여하는 해석적 지도자가 된다.

이것이 치료적 대화에서 지식을 이해하고 사용하는 것에 있어서의 세 번째 중요한 전환이다. 첫째, 해결중심치료는 '실제로 그곳에' 존재하는 내담자의 문제를 기술하는 것을 추구하는 순수한 실증주의/경험주의 인식론과 이별하였다. 내담자에 의해 기술된 문제는 더 이상 상담 회기 밖에 존재하는 구체적인 실재가 아니라 치료적 대화 속에 존재하는 특정한(변화 가능한) 인식이라고 가정된다. 둘째, 어떻게 하면 문제가 해결될 것인가에 대한 공동의 이해가 상담자의 합리주의/이상주의적 앎—무슨 일이 "정말 일어나고 있는가?" 그리고 그것을 고치기 위해 어떻게 개입하여야 하는가?—보다 우선한다. 잠정적이고 참여적인 앎이 개인이 가진 확실하고 특정한 지식보다 우위에 있다. Gale Miller(1997)는 이런 양식의 앎을 '구성주의'(constructivist)라고 불렀다. 왜냐하면 "상담자 자신과 내담자의 지식의 상대성과 두 사람의 지식이 어떻게 내담자의 문제를 구성하고 치료하는 데 사용될 수 있는가에 초점을 두기 때문이다."(p. 59) 나는 대화를 통하여 새로운 이해에 이르는 사회적 과정에 초점을 둔다는 점에서 이것을 '구성주의적 전환'이라고 부르고자 한다.

해결중심 앎의 특성

해결중심 접근에 관하여 가장 먼저 포괄적인 논의가 이루어진 것은 de Shazer의 저서 『단기치료에서 해결의 열쇠(Keys to Solution in Brief Therapy)』(1985)를 통해서였다. de Shazer는 이와 관련한 아이디어들을 이후의 저서에서 더욱 발전시켰는데, 오늘날에는 다른 해결중심 이론가들의 저서도 많이 있지만 여기서 나는 임상적 · 실용적 이유로 de Shazer의 초기 저서에 초점을 두고자 한다. 해결중심에 관한 문헌은 너무 광범위해서 이 장 안에서 모두 다루기 어렵고, 해결중심 접근의 인식론적 가정을 가장 잘 드러내 줄 수 있는 것이 de Shazer의 해결중심 모델에 관한 초창기 저서이기 때문이다.

밀워키 그룹은 초기부터 단기치료에 경험적으로 가장 효과적인 접근을 추구하였다. 그런 면에서 그들의 작업은 유용성과 긍정적인 결과, 그리고 "높은 정확성"(de Shazer, 1988, p. 15)의 효과를 판단하는 준거로서 중요하게 여기는 실증주의-경험주의 인식론에 바탕을 두었다고 할 수 있다. John Weakland는 그들의 작업이 "오직 관찰 가능한 자료"(p. vi)에 초점을 두었으며 실용주의를 최우선으로 하였다고 말했다. 이들에게는 고상한 이론적 설명이 반드시 필요하지 않았다. 그들은 효과 있는 치료적 개입을 찾고 있었다. 사실, "효과가 없는 것보다는 효과가 있는 것을 찾아라."(de Shazer)는 경구가 이 모델의 중심이 되었다. 밀워키 그룹이 실증주의-경험주의 입장을 취했다는 것은 그들이 컴퓨터 프로그램을 사용하여 실험에 기초한 준거를 만들고, 그것을 기초로 치료 옵션을 구축했다는 것을 보면 명확히 알 수 있다(de Shazer).

그룹의 지향점이 문제에서 해결로 전환됨에 따라 행동과 지각의 차이, 예외와 문제의 차이, 그리고 회기 전 변화를 강조하는 특징이 명확해졌다. 이처럼 해결에 관한 보편적인 열쇠를 발견하였기 때문에 밀워키 그룹은 '새로운' 치료 접근을 창조할 필요가 없었다. 대신 이들은 효과적이라고 증명된 것을 더 많이 하기로 하였다.

de Shazer(1988)는 이에 대해 "자료를 따르라."(p. xiv)고 하였다. 여기서 자료란 겉으로 보이는 행동이나 내적 상태에 대한 설명이 아니라 변화에 관한 구체적이고 행동적인 진술을 말한다.

경험적 증거가 이전의 치료 모델들보다 더 빨리 그리고 더 효과적인 변화를 가져올 수 있는 방법을 보여 주었기 때문에 de Shazer와 동료들은 내담자가 해결책을 어떻게 구축하는가에 대하여 현상학적 이해에 가까운 접근을 채택하였다. 현상학은 어떤 이론적 설명이나 제약 없이 특정한, 그리고 구체적인 개념을 풍부하게(또는 풍성하게) 창조함으로써 개념의 실재—예를 들면, '해결책'—를 이해하고자 하는 철학 방법이다. (de Shazer와 동료들이 의도적으로 현상학적 접근을 채택하였는지는 불확실하다. 하지만 내가 이렇게 생각하는 이유는 그것이 해결중심의 앎이 일관되게 나아간 방향과 맞아 떨어지기 때문이다. 다시 생각해 보면, 간단히 말해서 현상학적 방법이 해결중심 모델의 설명에 맞아 떨어진다고도 할 수 있다. 해결중심 모델을 개발하는 데 사용한 방법이 현상학적 방법과 정확히 일치하지 않을지도 모르지만 말이다. 이러한 과정에 대한 나의 설명은 de Shazer나 Berg, Scott Miller, Eve Lipchik, 그리고 해결중심치료의 초기에 관여했던 다른 사람들의 생각과 다를지도 모른다.) 현상학적 기술은 보편적인 개념을 정의하기 위하여 특정한 사건을 선택하는 준거에 의해 이루어진다. 해결중심치료가 지식에 관하여 극히 실용적인 이론이라는 점을 고려하면, 단 하나의 준거만이 해결책에 관한 현상학을 결정한다. 바로 '그것이 효과가 있는가?'라는 준거다.

> '효과가 있는 것'이란 내담자가 변화에 관하여 보고하는 것을 통해 정의된다. 내담자가 어떤 이야기를 하든 상담자는 그것을 있는 그대로 받아들인다. …즉, 상담자에게는 내담자가 보고하는 변화가 '변화'이며, 미래에 일어날 변화에 관하여 이야기하는 것의 적절성은 오직 다음 회기에 실제로 변화를 보고할 내담자에 의해서만 증명될 수 있다(de Shazer, 1988, p. 11).

'변화'는 "새로운 그리고 이전에 해 왔던 것과는 다른 행동, 그리고/또는 지각"

(de Shazer, 1985, p. 65)이라고 정의된다. 따라서 해결중심 치료자의 주제는 합리주의-이상주의에서처럼 '진실' 또는 '근원'을 발견하는 것이 아니라, "내담자의 삶과 문제를 변화중심으로 이끌기 위한 효과적인 전략을 개발하는 것" (Miller, 1997, p. 70)이다. 상담자는 어떤 사실이 아니라 내담자의 지각을 가지고 작업하기 때문에(de Shazer, 1988), 해결중심 접근은 내담자의 치료적 성공(실패)에 대한 경험적 자료인 자기 보고를 중요하게 여긴다.

해결중심치료에서 합리주의-이상주의적 앎이 중요해지는 지점이 바로 이 부분이다. 내담자가 타고 태어난 변화에 대한 감각—내담자의 문제 또는 어려움이 해결되었다는 지각—이 경험적 증거로 받아들여진다. 그 원천이 합리주의-이상주의적인 것일지라도 말이다. 변화에 대한 지각을 이야기하는 것만으로도 내담자는 그것을 '사실'로 변형시키게 된다. 즉, 변화하였다는 인식을 그저 언어로 표현함으로써 확실하지만 비경험적이었던 지각에서 구체적인 변화에 대한 보고(이야기)로 바꿀 수 있는 것이다. 그리고 구체적인 보고는 행동적 증거에 의해 뒷받침될 수 있다. 대개 해결중심 치료자는 내담자의 '상황이 달라졌다'는 합리주의-이상주의적 이야기를 '전체 이야기'가 달라졌다는 식으로 받아들이지는 않는다. 왜냐하면 해결중심치료의 주요 가정은 모든 '사실'—합리주의적 또는 경험주의적—에는 알려지지 않은 요소가 포함되어 있다고 보기 때문이다.

이것이 해결중심 치료자가 내담자에 대하여 '알지 못함' (not-knowing)의 자세를 채택하는 이유다(Anderson, 2005; Anderson & Goolishian, 1992; De Jong & Berg, 1998, 2002). 알지 못함의 자세란 내담자의 경험의 내용 혹은 의미에 대하여 어떤 가정도 하지 않으며 내담자만이 그것을 아는 전문가라고 보는 관점이다. 해결중심 치료자는 조심스러운 질문과 내담자의 언어로 확인되지 않은 가설은 모두 피하면서 그 밖에 내담자가 변화에 대해 무엇을 더 알고 있는지를 찾아낸다. 이렇게 함으로써 치료자는 변화에 관한 구체적이고 행동적인 증거를 묻는 질문을 던질 수 있다. 즉, 합리주의적 지식에서 경험적 지식으로 전환시킨다. 척도 질문은 '이상적인 앎(또는 어떤 것에 관한 '내적 감각')을 경험적 용어'로 해석하는 과정에 관한 탁월한 예다. 해결중심치료에서 사용하는 척도에는 어떤 논리적 근거도 없다. 느껴지는 것을 척도로 표현하는 것은 향상이나 퇴보를 구체적으로 측정할 수 있게 해 준다. 따라서 해결중심치료에서 합리주의–이상주의 지식은 중요하지만 항상 실증주의–현실주의 앎에 비해서는 부차적인 것이다.

그러나 이러한 새로운 지식은 개인의 마음에 있는 것이 아니다. 그러므로 이 새로운 지식은 전통적으로 서구의 철학이 생각했던 순수한 실증주의–경험주의도 아니며 합리주의–이상주의도 아니다. 오히려 해결중심 지식은 치료자와 내담자 사이의 공동의 작업에서 드러나는 상호작용의 결과다(Shotter, 1984). 사회적 구성주의 용어로 말하자면, 해결중심 대화로부터 나온 지식은 행동('무엇을 하는가')과 사건('무엇이 일어났는가') 사이에 위치한 공동의 자원이다. de Shazer(1985)는 해결중심 모델 초기에 이것에 대하여 알고 있었다. 그는 "해결은 치료자나 치료팀 혹은 내담자 어느 한쪽의 창의성에 온전히 달려 있는 것이 아니다."(p. 171)라고 하였다. 따라서 해결중심의 앎은 치료자나 내담자 한쪽에 의해 얻어질 수 있는 것이 아니라 대화의 주요 산물이며 부차적으로는 참여자들의 재산인 것이다. John Shotter(1993)는 이 공동 작업의 산물을 "처음에는 자발적으로 창조된 두 사람 사이에 위치한 활동이지만 … 나중에는 개인의 사적 · 탈상황적 · 의도적인 통제하에 사용되기 위하여 '사유화' 되고 '내면화' 된다."(p. 75)고 하였다.

지식이 공동 작업으로서 대화 속에서 교섭된다는 생각은 해결중심 앎의 또 다른 모습을 보여 준다. 즉, 그것은 해석학적 혹은 해석적 특성을 지녔다는 뜻이다. 해결중심 치료자는 내담자가 그들 경험의 일부분, 특히 그들이 알아차리지 못했을 법한 경험에 주의를 기울일 수 있도록 하는 질문을 사용한다. 내담자가 자신의 경험의 '새로운' 측면—예를 들면, 내담자의 문제가 일어나지 않거나 고통스럽지 않은 때—에 대해 깨닫게 되면 그들은 그러한 경험들에 관한 이야기를 재해석해야 한다(예를 들어, 해결중심 대화에서 문제가 일어나지 않을 경우에 관한 지식을 창조할 때, 문제는 '항상 일어난다'는 이야기가 얼마나 빨리 바뀔 수 있을지 생각해 보라). 즉, 내담자가 자신의 경험을 구성하는 방식에 있어서 변화(내담자가 변화에 관하여 이야기하고 보고

하는 데 나타나는 변화)가 일어나면 그것은 내담자의 변화 경험을 촉진할 것이며, 또 다음 회기에 내담자가 또 다른 변화를 보고하도록 촉진시켜 줄 것이라는 가정이다 (de Shazer, 1988, p. 77).

> …예외를 구축하는 것은 내담자의 삶에 관한 허구적 이야기를 만들어 내는 것이 아니라 그들이 이미 하고 있는 것을 보고 그것으로부터 배우도록 하는 이야기를 창조해 내는 것을 말한다. 새로운 이야기는 내담자로 하여금 자기가 성공한 것으로부터 배우게 하며, 치료자에게는 내담자의 문제해결을 도울 때 내담자의 능력과 자원을 더 잘 활용할 수 있도록 해 준다. 따라서 예외를 구축할 때 해결중심 치료자와 내담자는 내담자가 이미 그들에게 일어난 기적을 깨닫기 시작했다는 진보적인 이야기를 만들어 낸다(Miller, 1997, p. 197).

Miller는 해결중심치료에서의 해석 과정에 대하여 다음과 같은 결론을 내렸다.

> …내담자에게 그들의 삶이 더 나아질 것이라고 격려한다. 그리고 그들의 삶이 이전에 그들이 생각했던 것보다 이미 얼마나 더 나아졌는지를 볼 수 있도록 해석의 '렌즈'를 제공한다. 이런 식으로 단기 치료자는 사실과 허구라는 전통적인 서구식 이분법을 뒤집는다(p. 214).

Miller(1997)의 주장은 해결중심 삶의 근본적 요소, 즉 긍정적인 변화는 항상 일어난다는 가정을 강조한다. 이 가정은 해결중심치료에서 합리주의-이상주의가 중요하다는 것을 보여 주는 또 다른 방식이기도 하다. 예를 들어, 치료적 만남에서 변화에 대한 기대는 하나의 입장이지 사실이 아니다. 그것은 처음에는 증거를 통해 알 수 있는 것이 아니라 믿음에 의해 알 수 있다(아무리 빨리 이런 가정을 뒷받침할 증거가 나타난다 하여도). 그러나 어떤 방법에 의해서든 변화에 대한 기대는 해결중심치료의 과정에서 핵심적인 것이다. "왜냐하면 기대는 그 다음에 일어날 사건의 특성을 결정하도록 해 주기 때문에 기대가 변화하면 행동도 변화할 것이 분명하다." (de Shazer, 1985, p. 94) 따라서 치료자의 주요 책임은 변화에 대한 기대를 만들어 내는 것이며(de Shazer, 1985, 1988), "내담자가 적절한 변화를 기대할 수 있도록 건설적인 '치료적 맥락'을 만들어 주는 것이다. 그것이 치료자가 해야 할 일이다." (de Shazer, 1985, pp. 69-70)

어떤 사람들은 이것을 '플라시보 효과'(Hubble, Duncan, & Miller, 1999)라고 불렀다. 나는 그것을 희망이라고 부르는 것을 좋아한다. 그러나 그것을 무엇이라고 부르든, 변화에 대한 기대는 해결중심치료의 본질이며, 이 접근은 희망과 가능성을 최우선으로 한다(Bidwell, 2000). 해결중심 대화에서 협력적 · 해석적 과정은 대화를 "발전적인 이야기", 즉 "내담자가 희망하는 목표를 향해 나아가는 것을 강조하는 이야기"(Miller, 1997, p. 61)를 향하도록 하는 것이다. 해결중심 대화는 긍정적인 미래에 대해 알고자 하며, 미래가 현재에 이미 어떻게 나타나고 있는가를 알고자 한다(Bidwell, 2005).

이로써 해결중심 앎은 실용적인 특성을 지닌다. 그것은 확정되어 있는 것이라기보다는 해석적이고 부분적인 것이다. 그것은 진보적이며, 개인의 마음 또는 경험의 결과가 아니라 협력적인 작업의 결과다. 철학적으로는 합리주의-이상주의의 앎이 해결중심 대화에 도입되기도 하지만 주로는 실증주의-경험주의적이며, 그것을 뒷받침하는 경험적 증거에 의해 '구체화'된다. 따라서 지식에 관한 전통적인 서구의 개념을 넘어서는 인식론의 양상을 보여 준다는 점에서 무엇보다 해결중심의 앎은 미래 지향적이라고 할 수 있다.

존재의 기적

해결중심 치료자가 변화에 대한 기대를 만들어 내는 방법 중 하나는 기적 질문을 사용하는 것이다. 상상적인 활동으로서 기적 질문은 내담자에게 기적이 일어나서 그들의 문제가 해결된 날 아침의 경험에 대하여 상세히 진술하도록 한다. 알지 못함의 자세를 취하면서 상담자는 기적이 일어난 날에 대하여—그날 내담자가 깨달을 행동적 · 경험적 증거를 포함하여—더 풍부한 진술을 계속 이끌어 낸다. 언어로 설명된 이미지는 내담자 반응의 특히 중요한 측면이다. 내담자가 자신의 기적에 대해 진술하는 과정에서 유의미한 일이 일어난다. de Shazer(1988)는 "문제가 이미 해결된 미래에 대하여 자세히 기술하는 것만으로도 문제가 해결될 것이라는 기대를 갖게 되며 그 기대가 일단 형성되면 내담자는 이러한 기대를 충족시키기 위한 방식으로 생각하고 행동할 것이다."(p. 50)라고 하였다.

분명히 변화에 대한 기대를 만들어 내는 것은 기적 질문의 장점 중 하나다. 또한 이 기법은 상담의 목표를 이끌어 내는 간접적인 방법이기도 하며(Bidwell, 2005), 치료적 동맹을 강화하는 데에도 도움이 된다(de Shazer, 1994). de Shazer(1988)와 Miller(1997)는 기적 질문이 과거보다 미래를 더 강조함으로써 시간에 대한 내담자의 방향을 전환시킨다고 하였다. 사실 내담자가 상상한 변화는 "종종 치료자가 직접 관찰한 내담자의 변화만큼이나 유용하다. 관찰과 상상 모두 진보적인 이야기를 발전시키는 데 도움이 된다."(Miller, p. 191) 그러나 기적 질문의 의도는 단순히 변화를 상상하는 데 있지 않다. 문제로부터 자유로운 미래에 대하여 일단 명확하게 진술하고 나면, 치료자와 내담자는 기적이 일어난 날의 어떤 모습이 현재에 어떻게 존재하는지에 관하여 협력적으로 구성할 수 있다.

기적 질문의 이점들—변화에 대한 기대를 만들어 내고, 치료적 목표를 명확하게 하고, 치료적 관계를 강화시키고, 미래의 중요성을 증가시키는—은 모두 중요하다. 그러나 종합해 보면, 이 이점들은 기적이 일어난 날을 상상하는 과정에서 일어날 수 있는 것들을 너무 빈약하게 설명하고 있지는 않은지 의문이다. 그 기법의 효과는 실용적으로 설명해 주고 있지만, 기적 질문이 내담자의 삶에 엄청난 변화를 가져올 수 있는 힘이 있음을 충분히 설명해 주는가? 나아가 어째서 내담자는 자기 과거의 경험을 넘어서 문제로부터 자유로운 미래에 대해 상상 또는 '알' 수 있는가?

기적 질문이 치료적 과정에 기여하는 점에 관해서는 더 잘 기술되어 있는 문헌들이 있다. 대부분 앎의 과정과 관련된다. 따라서 여기서는 해결중심의 앎에 관한 설명을 실용적 기술에서 이론적 설명으로 전환하고자 한다. 이것은 사실 치료적 모델과는 반대의 방향이다. 그럼에도 불구하고 해결중심치료의 인식론의 많은 부분을 충분히 설명하기 위해 필요하다.

앞에서 언급하였듯이, 이슬람 철학은 지식에 관한 설명에 "존재에 의한 지식(knowledge by presence)"(Ha'iri Yazdi, 1992)을 포함시키고 있다. 이것은 탈근대주의 철학이 인식론과 존재론으로 분열된 것('우리가 아는 것'과 '존재하는 것'으로 구분된)을 연결시켜 줄 수 있다. 이 개념은 이슬람 신비주의와 깊은 연관이 있는데, 그것은 경험에 의해 입증될 수 있는 경험적 지식으로 분류된다. 그것은 현실과 일치하는 지식을 만들어 낼 수 있는 선천적인 마음의 능력에서 오는 것이 아니며, 감각적 자료(시각, 후각, 촉각, 미각, 청각)를 통하여 얻어지는 것도 아니다. 존재에 의한 지식은 물리적 세계와 '일치'하는 것도 아니며(물리적 세계에 '맞는' 것일지 모르지만), 당신이 공원에서 주운 비둘기 깃털의 느낌을 알기 때문에 닭의 깃털이 어떤 촉감일지를 상상해 보는 것과 유사하지도 않다. 그보다는 존재에 의한 지식은 존재의 무한성과 충만함(제한 없는 가능성의 영역)이 유한한 인간을 통하여 저절로 밝혀지거나 혹은 '알게' 될 때 발생한다. 이 과정은 개인이 알거나 상상할 수 있는 능력 밖의 가능성을 보여 준다. 최고의 경우, 존재에 의한 지식은 인간과 존재하는 것 자체의 생생한 대화가 될 수 있다.

나는 내가 이 개념을 완전히 이해하고 있다고 말하려는 것이 아니다. 또한 그 신비한 의미를 탐색하고자 하는 것도 아니다. 나의 흥미를 끄는 것은 미래의 경험을 상상하는 것을 통하여 내담자가 변화는 가능한 것임을 알게 되는 것—아는 것과 아는 것이 무엇을 변화시키는가—을 이 개념이 설명해 준다는 점이다. 문제가 없는 미래를 상상하는 과정에서 존재 그 자체가 내담자에게 전에는 알려져 있지 않았던 가능성을 나타내 줄 수 있을지도 모른다. 존재에 의한 지식에 관하여 최초로 영어로 쓰여진 책을 펴낸 페르시아의 철학자 Ha'iri는 명확하게 이러한 지식은 우리의 꿈과 상상과 직관—기적 질문이 암시적으로 가져올 수 있는 경험—에 의해 발생할 수 있다고 하였다. 사실 기적 질문은 Erickson 최면(de Shazer, 1988)의 크리스탈 볼 기법(또는 수정 구슬 기법)으로부터 나온 것이며, 무아지경에 이르게 하는 요소들과 함께 제시될 때 가장 성공적으로 보인다(그러나 밀워키 그룹은 기법에 의한 최면 상태를 사용하지 않았다).

이슬람 철학은 다른 수준의 존재에 의한 지식을 가능하게 한다. 즉, 서로 다른 사람들은 '알려지는 것'에 관하여 서로 다르게 열려 있다. 존재에 의해 아는 것은 개인의 존재 자체에 대한 알아차림에 달려 있는 것처럼 보이며, 존재와 개인의 의식이 서로 관여하는 방식에 달려 있는 것 같다. 존재에 의한 지식에 열려 있는 수준이 다양하다는 것은 왜 기적 질문이 어떤 내담자에게는 성공적이고, 어떤 사람에게는 아닌가를 잘 설명해 주는 것 같다. 그 메커니즘이 무엇이든 간에, 기적 질문을 통하여 문제가 없는 미래를 기술하는 것이 부분적으로는 존재에 의한 지식의 결과(대화를 통하여 더 충만하고 더 만족스러운 삶의 길을 가르쳐 주는 도움이 되는 실재)라는 생각은 매우 복잡하다.

인정하건대, 이것은 철학과 신학의 이론적 경계, 임상적 실제의 기술적 경계, 그리고 실용적 지식의 경험적 경계에 걸쳐 있는, 따라서 이론과 기법 모두를 초월하는 생각이다. 만약 존재에 의한 지식이 해결중심치료의 앎에 잘 맞는다면, 혹은 지식에 관한 합리주의-이상주의와 실증주의-경험주의 이론들(나는 앞에서 이미 이 이론들이 해결중심 대화에서 나타나는 지식을 설명하는 데 불충분하다고 설명하였다)보다 더 잘 맞는다면, 이러한 생각들은 탐색해 볼 만하지 않을까? 만약 이 개념이 해결중심치료에 함축되어 있는 지식에 관한 이론을 이해하는 데 유용하다면, 해결중심치료에 중요한 질문을 던진다. 예를 들면, 어떻게 하면 해결중심 대화를 통해 내담자를 더 빨리 효과적인 해결책으로 이끌 수 있는 환경을 조성할 수 있는가? 어떤 기술이 존재를 치료적 과정으로 이끄는 것을 촉진하는가? 어떤 단서를 보면 특정 내담자가 존재에 의한 지식을 더 많이 혹은 더 적게 가지고 있다는 것을 알 수 있는가? 그리고 어떻게 치료자는 그들 자신의 존재에 의한 지식을 키울 수 있을까?

결론: 미래를 향하여

앞의 질문들은 다시 이 장의 범위를 벗어나는 것들이다. 여기서 내가 내린 결론은 존재에 의한 지식이라는 인식론이 탈근대주의 인식론과 그것에 기초한 상담(해결중심치료를 포함하여)에 대하여 '실재'와의 관련성을 잃었다고 비판하는 것에 대해 해결중심 이론가 및 임상가들이 대처할 수 있는 한 가지 방법을 제공할 수 있을 것이라는 점이다.

"우리는 무엇이 실재인지 알지 못한다. 다만 그것을 설명할 수 있을 뿐이다."라는 생각—해결중심 문헌에 널리 스며 있는—은 당대의 철학에서 그동안 점점 더 문제가 되어 왔다. 이에 대응하여, "비판적 현실주의"(Lopez & Potter, 2001)라고 불리는 학파는 실재는 우리가 알고 있는 것보다 "훨씬 더 넓고 훨씬 더 복잡하다."(p. 75)고 주장하면서 '우리가 알고 있는 것'과 '거기에 있는 것'을 다시 연결하려 하였다. 이러한 철학자들은 존재론적 주장을 하면서도 역사적으로 임시적인 우리의 지식의 편파성을 보호하고자 한다. Meek(2003)은 우리의 지식이 실재와 관련되어 있다는 풍부한 가능성을 제시하였다. 이 풍부한 가능성에 대하여 누가 해결중심 치료자보다 더 잘 이해하겠는가?

내가 알기로 서구의 지식 철학자들은 인식론과 존재론의 틈을 메우기 위하여 존재에 의한 지식을 고려해 보지 않은 것 같다. 내 주장이 '앎'에 대해 유용한, 그리고 잘 맞는 설명을 제공한다고 생각하는 해결중심 치료자가 있다면, 아마도 어떻게 인간이 실재의 측면과 지식의 유형 둘 다를 '가능성'으로 알고 받아들이게 되는지 좀 더 풍부하게 설명할 수 있을 것이다.

주

1 Ernst von Glasersfeid(1984)가 말했듯이 '맞음'과 '일치함'을 구별하는 것은 해결중심 생각과 앎의 방식이 발전하는 데 중요하게 작용하였다(de Shazer, 1985; Miller & de Shazer, 1998).

참고문헌

Anderson, H. (2005). Myths about "not knowing." *Family Process, 44*(4), 497-504.

Anderson, H., & Goolishian, H. (1992). The client in the expert: A not-knowing approach to therapy. In S. McNamee & K. J. Gergen (Eds.), *Therapy as social construction* (pp. 25-39). London: Sage.

Bateson, G., Jackson, D. D., Haley, J., & Weakland, J. H. (1956). Toward a theory of schizophrenia. *Behavioral Science, 1,* 251-264.

Berg, I. K., & De Jong, P. (1996). Solution-building conversations: Co-constructing a sense of competency with clients. *Families in Society: The Journal of Contemporary Human Services, 77*(6), 376-391.

Bidwell, D. R. (2000). Hope and possibility: The theory of culture inherent to solution-focused brief therapy. *American Journalof Pastoral Counseling, 3*(1), 3-21.

Bidwell, D. R. (2004). Real/izing the sacred: Spiritual direction and social constructionism. *The Journal of Pastoral Theology, 14*(1), 59-74.

Bidwell, D. R. (2005). Working miracles: Goaling for short-term spiritual care. *Healing Ministry, 12*(2), 31-36.

Browning, D. S. (1987). *Religious thought and the modern psychologies: A critical conversation in the theology of culture.* Philadelphia: Fortress Press.

Burr, V. (1998). Overview: Realism, relativism, social constructionism and discourse. In I. Parker (Ed.), *Social constructionism, discourse and realism* (pp. 13-25). London: Sage.

Cade, B. (2007). Springs, streams, and tributaries: A history of the brief, solution-focused approach. In T. S. Nelson & F. N. Thomas (Eds.), *Handbook of solution-*

focused brief therapy: Clinical applications (pp. 25-64). Binghamton, NY: The Haworth Press.

Cushman, P. (1995). *Constructing the self, constructing America: A cultural history of psychotherapy*. Reading, MA: Addison-Wesley.

De Jong, P., & Berg, I. K. (1998). *Interviewing for solutions*. New York: Brooks/Cole.

De Jong, P., & Berg, I. K. (2002). *Interviewing for solutions* (2nd ed.). Pacific Grove, CA: Brooks/Cole.

de Shazer, S. (1982). *Patterns of brief family therapy: An ecosystemic approach*. New York: Guilford.

de Shazer, S. (1985). *Keys to solution in brief therapy*. New York: Norton.

de Shazer, S. (1988). *Clues: Investigating solutions in brief therapy*. New York: Norton.

de Shazer, S. (1991). *Putting difference to work*. New York: Norton.

de Shazer, S. (1994). *Words were originally magic*. New York: Norton.

de Shazer, S., & Berg, I. K. (1992). Doing therapy: A post-structural revision. *Journal of Marital and Family Therapy, 18*(1), 71-81.

Efron, J. S., & Clarfield, L. E. (1992). Constructionist therapy, sense, and nonsense. In S. McNamee & K. J. Gergen (Eds.), *Therapy as social construction* (pp. 200-217). London: Sage.

Fiorenza, E. S. (1985). The will to choose or to reject: Continuing our critical work. In L. M. Russell (Ed.), *Feminist interpretation of the bible* (pp. 125-136). Philadelphia: Westminster.

Gergen, K. J. (1982). *Toward transformation in social knowledge*. New York: Springer-Verlag.

Gergen, K. J. (2001). *Social construction in context*. London: Sage.

Gergen, K. J. (2002). Reflecting on/with my companions. In C. A. M. Hermans, G. Immink, A. DeJong., & J. van der Lans (Eds.), *Social constructionism and theology* (pp. 273-289). Leiden, Netherlands: Brill.

Ha'iri Yazdi, M. (1992). *The principles of epistemology in Islamic philosophy: Knowledge by presence*. Albany, NY: State University of New York.

Hardy, D. (2001). Theologians of a kind: Trinity Church conference speakers on what it si to be human. *Research News and Opportunities in Science and Theology, 2*(4), 24-25.

Held, B. S. (1995). *Back to reality; A critique of postmodern theory in psychotherapy.* New York: Norton.

Hubble, M. A., Duncan, B. L., & Miller, S. D. (1999). *The heart and soul of change: What works in therapy.* Washington, DC: American Psychological Association.

Locke, J. (1995, 1698). *An essay concerning human understanding.* Amherst, NY: Prometheus.

Lopez, J., & Potter, G. (2001). *After postmodernism: An introduction to critical realism.* London: Athlone.

Meek, E. L. (2003). *Longing to know: The philosophy of knowledge for ordinary people.* Grand Rapids, MI: Brazos.

Miller, G. (1997). *Becoming miracle workers: Language and meaning in brief therapy.* Hawthorne, NY: Aldine de Gruyter.

Miller, G. (2000). From "how" to "what" questions. *RATKES: Journal of the Finnish Associationfor the Advancement of Solution and Resource Oriented Therapy and Methods, 2,* 24-29.

Miller, G., & de Shazer, S. (1998). Have you heard the latest rumor about . . .? Solution-focused therapy as a rumor. *Family Process, 37*(3), 363-377.

Miller, S. D., Hubble, M. A., & Duncan, B. L. (Eds.). (1996). *Handbook of solution-focused brief therapy.* San Francisco, CA: Jossey-Bass.

Neuger, C. C. (2001). *Counseling women: A narrative, pastoral approach.* Minneapolis, MN: Fortress.

O'Hanlon, W. H. (1990). A grand unified theory for brief therapy: Putting problems in context. In J. K. Zeig & S. G. Gilligan (Eds.), *Brief therapy: Myths, methods, and metaphors* (pp. 78-89). New York: Brunner/Mazel.

Philosophy Pages. (2003). *επιστημη (episteme) and epistemology.* Retrieved December 31, 2003 from http://www.philosophypages.com/dy/e5.htm

Ricoeur, P. (1970). *Freud and philosophy: An essay on interpretation* (trnas. Denis Savage). New Haven, CT: Yale University Press.

Rosen, H. (1996). Meaning-making narratives: Foundations for constructivist and social constructionist psychotherapies. In H. Rosen & K. T. Kuehlwein (Eds.), *Constructing realities: Meaning-making perspectives for psychotherapists* (pp. 3-51). San Francisco, CA: Jossey-Bass.

Schilderman, H. (2002). Personal religion. In C. A. M. Hermans, G. Immink, A. DeJong, & J. van der Lans (Eds.), *Social constructionism and theology* (pp. 211-237). Leiden, Netherlands: Brill.

Shotter, J. (1984). *Social accountability and selfhood.* Oxford: Basil Blackwood.

Shotter, J. (1992). "Getting in touch": The meta-methodology of a postmodern science of mental life. In S. Kvale (Ed.), *Psychology and postmodernism* (pp. 58-73). London: Sage.

Shotter, J. (1993). *Conversational realities: Constructing life through language.* London: Sage.

Sweet, L. (2003, November). Lecture before Grace Presbytery at Austin College, Sherman, TX.

Thomas, F. N., & Nelson, T. S. (2007). Assumptions within the solution-focused brief therapy tradition. In T. S. Nelson & F. N. Thomas, *Handbook of solution-focused brief therapy: Clinical applications* (pp. 3-24). Binghamton, NY: The Haworth Press.

Von Glasersfeld, E. (1984). An introduction to radical constructivism. In P. Watzlawick (Ed.), *The invented reality* (pp. 17-40). New York: Norton.

Watzlawick, P., Weakland, J., & Fisch, R. (1974). *Change: Principles of problem formation and problem resolution.* New York: Norton.

Wittgenstein, L. (1974). *Philosophical grammar* (A. Kenny, trans.). Oxford: Oxford University Press.

PART 2

적 용

Handbook of Solution-Focused Brief Therapy

다양한 상담 장면에 해결중심 단기치료를 적용한다.

CHAPTER 04

해결중심 부부치료

Phillip Ziegler
Tobey Hiller

부부치료에 관한 해결중심 접근

부부치료는 어려운 작업이다. 마음이 약한 사람들이 할 일이 못된다. 부부치료는 불화와 때로는 전쟁 상태에 있는 두 사람을 도와 서로 납득할 수 있는 방식으로 관계를 정리하고 개선할 수 있도록 돕는, 복잡하고도 때로는 혼란스러운 임무를 효과적 · 탄력적 · 창조적으로 해 내기 위한 끊임없는 노력이다. 부부치료에서 가장 중요한 것은 라포를 형성하는 일이다. 즉, 두 사람의 날카로운 대립각을 존중하고 통합함으로써 두 사람 모두와 관계를 맺는 것이 중요하다. 이 장에서 우리는 이런 부부치료와 많은 초보 및 숙련된 치료자들이 제기하는 문제와 질문들을 다루는 데 왜 해결중심치료(SFT)가 효과적인 방법인가에 관하여 설명하고자 한다. 이를 위해 부부치료에 대한 우리의 생각이 어떻게 진화해 왔는가에 대하여 간단히 설명하고자 한다.

우리는 1970년대 초반에 부부치료를 처음 시작하였다. 1990년대 초반까지 우리는 주로 무엇이 친밀한 관계를 건강하게 만들거나 악화시키는가, 정상적인 관계란 무엇인가, 그리고 기능적인 관계와 역기능적인 관계를 구별하는 것은 무엇인가를 밝혀 주는 산발적인 연구들에 기초하여 상담을 하였다. 우리는 치료자의 역할은 부부가 가진 사고방식의 문제와 불안한 상호작용을 발견하고 바꾸도록 도와주는 것이라고 생각하였으며, 그들의 불화와 불만족의 심리내적 · 체계적 원인에 초점을 두었다. 그러나 건강한 관계란 무엇인가에 대해 다소 모호하게 정의되어 있는 모델에 기초하여 치료를 하다 보니, 연인이나 배우자와 좀 더 좋은 관계를 맺는 방법에 대하여 그들을 가르치려고 하는 우리를 발견하였다. 즉, 서로 존중하는 관계를 배우도록 하고, 갈등을 조절하는 새로운 방법을 소개하고, 바람직한 의사소통 기술을 가르치게 된 것이다.

어떤 기법을 사용하든지 우리는 부부가 서로를 더 잘 이해하고, 존중하고, 사랑하도록 이끄는 정서적 · 인지적 돌파구를 만들고자 하였다. 이런 노력은 종종 곤경에 처한 그들의 관계를 변화시키는 데 효과적이었다. 그러나 우리는 수년 동안 보다 효과적이고 효율적으로 상담할 수 있는 방법을 지속적으로 탐색하였다. 우리의 상담이 얼마나 효과적인지 평가하면서 동시에 실패한 경우에 대하여 토론하였으며, 치료자와 치료 모형, 치료 기법들이 어떤 때에는 효과가 적은지, 혹은 훨씬 긍정적인 변화를 일으키는지에 관한 의견을 나누었다.

우리는 치료의 실제와 그에 관한 토론을 통해 부부치료에서 이정표가 될 만한, 그리고 반복적으로 나타나는 특징을 발견하고 더욱 자세히 검토해 볼 필요성을 느꼈다. 그것은 바로 부부관계에서는 '인식'과 '의미 부여'가 중요한 역할을 한다는 것이었다. 다시 말하면, 부부의 인식에 있어서의 긍정적인 변화, 서로의 태도에 부여하는 의미, 그리고 치료의 성과 사이에 긍정적인 상관이 있다는 것이다. 그리고 긍정적인 변화가 빨리 일어날수록 상담 효과는 더 좋았다. 또한 상담 과정을 통하여 두 사람의 유대감과 강점, 자원을 강조하는 것이 얼마나 효과적인지 발견할 수 있었다. 다시 말하면, 우리는 부부치료에서 성공적인 결과를 가져오는 것이 무엇인지를 확실히 알아내고자 하였고, 점차 역기능적인 부부관계에 기초한 이론에서 벗어나 다른 방향으로 나아가게 되었다. 우리는 다른 질문을 따라가고 있었다. 즉, 무엇이 부부관계의 실패를 가져오는가 대신에 무엇이 부부치료에 효과적인가에 초점을 두게 된 것이다.

돌아보면, 지난 20여 년간 부부들과 작업하면서 성공적인 치료와 관련된 몇 가지 양식을 발견할 수 있었다. 부부로 하여금 '마음에 있는 말을 뱉어 낼 수 있고' 상호 이해를 도모할 수 있는 안전한 환경을 만들어 주면 상황은 대체로 좋아졌다. 안전한 분위기 속에서 부부는 종종 서로에 대한 비난과 방어로 점철된 적대적인 자세를 협력적 태도로 전환시킬 수 있었으며, 서로가 원하는 변화를 위해 동맹 관계를 형성하는 등 새로운 기쁨을 발견하였다. 자신과 상대방의 서로 다른 인식을 받아들이고, 오해하고 가로막혔던 의미에 대하여 탐색해 보는 것은 갈등을 줄어들게 만들었다. 서로의 관계가 좋아지면 더 많은 정서적 자유를 느끼게 되며 공격적인 반응은 줄어든다. 이처럼 안전과 협력, 수용 또는 존중의 장을 마련하는 것은 심지어 이미 이혼을 결정한 부부에게도 이별이라는 고통스러운 과정을 '함께'라는 정신으로 감당할 수 있도록 해 주었다.

그 밖에 우리는 내담자의 자원과 유대감, 부부로서 가지고 있는 특별한 자질들(그들의 유능함과 능력)을 강조함으로써 부부의 동맹 관계를 유지시키고, 그들이 서로에게 더 협력할 수 있는 희망과 동기를 부여하는 긍정적인 효과를 가져올 수 있음을 알게 되었다. 이러한 접근은 부부의 강점과 자원을 이끌어 내는 데에도 도움이 되었다. 또한 우리는 즉시성이 중요하다는 것도 깨달았다. 다시 말하면, 초기에 되도록이면 첫 회기부터 내담자의 희망과 협력적 분위기를 이끌어 낼 수 있을 때, 내담자는 변화를 위해 더욱 열심히 그리고 열정적으로 노력하였으며 치료적 성공을 가져올 수 있었다.

이처럼 점차 진화하는 새로운 시각으로 우리의 작업을 살펴보면서 우리는 몇 가지 기법, 도구 또는 관점이 협력적이고 안전한 환경을 조성하는 데 특히 효과적이라는 것을 알게 되었다. 그것은 효과적인 상담을 위해 이상적인 것들이었다. 우리는 여기서 그중 중요한 세 가지를 소개하고자 한다. 이것을 적절히 사용하면 부부의 서로 다른 요구와 관점에 부응하면서도 양쪽 모두와 라포를 형성하는 데 도움이 될 것이다. 부부치료가 결코 쉽지는 않지만, 이것은 부부치료의 초기든 이후의 회기에서든 융통성 있게 사용될 수 있으며 신뢰할 만한 것들이다. 그 세 가지는 바로 정상화와 상호성 그리고 '좋은 이야기' 지향이다. 이는 부부로 하여금 그들 관계에서 발생하는 어려움을 효과적으로 다루고 해결할 수 있는 능력이 자신들에게 있음을 깨닫도록 강조하는 기법이다.

정상화(normalizing)란 부부의 문제를 특별한 것이 아닌 보편적인 것으로 재정의하는, 일종의 재개념화 기법이다. 여기에는 두 가지 측면이 있는데, 먼저 부부 또는 개인이 이상하거나 비정상이거나 문제가 있는 것이 아니며 그들이 안고 있는 문제는 많은 커플이 경험하는 문제이기도 하다는 것을 의미한다. 두 번째로, 정상화는 부부간의 갈등과 서로 다른 관점을 정상적인 관계의 일부분으로 정의함으로써 수치심, 소외, 절망감 등의 분열된 감정보다는 자신들의 문제와 어려움을 스스로 제어할 수 있다는 생각을 갖도록 해 주는 문제에 대한 재개념화 기법이라고 할 수 있다. 문제를 자기에게만 있는 복잡한 것으로 바라보면 문제는 근본적으로 더 파괴적인 잠재력을 가지며 해결할 수 없는 것으로 보이지만, 문제를 누구나 갖고 있는 것으로 정의하고 단순화시키면 훨씬 더 해결하기 쉬운 것으로 보이게 된다.

상호성(mutualizing)은 또 다른 재개념화 기법인데, 문제를 한 사람 또는 두 사람의 결함, 상황, 문제 등으로부터 야기된 것으로 보기보다는 두 사람의 변화하는 관계 속에 존재하는 것으로 정의하는 것이다. 부부를 서로 적대적인 관계에서 벗어나 문제나 외부적 스트레스를 함께 해결하기 위해 협력하는 한편이 되도록 만드는, 즉 방향을 전환시키는 기법이다. 이 기법을 통해 부부의 파트너십이 재활성화된다. 이야기치료의 Michael White와 David Epston(1990)은 이 기법을 '문제의 외재화'(externalizing the problem)라고 하였다. 상호성은 또 다른 중요한 맥락적 전환을 가능하게 해 주는데, 치료자가 두 사람 사이에서 어떤 판정을 내리거나 한쪽 편을 드는 것이 아니라 양쪽 모두와 라포를 형성할 수 있도록 해 준다. 이 기법을 통해 치료자는 문제가 각자에게 어떤 영향을 미치고 있는지를 이해하면서 동시에 두 사람이 함께 문제를 해결할 수 있도록 돕는 협력자로서의 위치를 취할 수 있게 된다.

세 번째로 중요한 요소이자 우리 부부치료의 전형적인 특징(Ziegler & Hiller, 2001)은 기법이라기보다는 방향이라고 할 수 있다. '좋은 이야기' 지향('good story' orientation)이란 부부인 두 사람의 삶의 관계를 하나의 총체적 내러티브, 또는 '좋은'(관계 지지적)과 '나쁜'(관계 파괴적)이라는 연속선상의 이야기로 보는 것이다. 모든 부부는 두 사람이 함께하는 삶을 '매우 좋다'와 '매우 나쁘다' 사이의 어딘가에 있다고 생각한다. 그런데 시간이 지나면서 사건(특히 감정이 북받치는 일들)과 반복되는 상호작용 양식들이 이들의 부정과 긍정의 양극단의 이야기에 생각과 해석의 힘을 실어 준다. 두 사람의 관계가 (어떤 이유로든) 악화되기 시작하면, '나쁜 이야기' 내러티브에 영향력을 미치는 것들이 '좋은 이야기' 내러티브에 영향을 주는 생각과 해석에 그림자를 드리우기 시작한다. 그리고 그 영향력이 자라나면서 부부관계는 점차 악순환되고 나쁜 이야기는 더욱 굳건해진다. 따라서 부부의 경험을 정의하는 내러티브를 고려하지 않고 상담을 하게 된다면, 그들의 행동과 사고, 감정에 어떤 변화가 생긴다 하더라도 그 변화는 쉽게 무시되거나 퇴색되어 버릴 것이다. 왜냐하면 나쁜 이야기가 서로의 행동과 그 행동이 부여하는 의미에 여전히 영향을 미치고 있을 경우, 상대방의 어떤 긍정적인 또는 화해하려는 노력도 건설적으로 받아들여지지 않기 때문이다.

더 나아가, 나쁜 이야기는 태생적으로 갈등과 분열, 소외를 조장하기 때문에 서로 다투고 거리를 두게 만든다. 따라서 치료자는 좋은 이야기가 되살아날 수 있도록 해야 하며, 부부가 나쁜 이야기로부터 빠른 탈출구를 찾을 수 있도록 도와주어야 한다. 그래야 어느 한쪽의 편을 들거나 혹은 무시해야 하는 부담을 덜 수 있다. 부부가 착한 이야기를 가지고 살 때 서로 간의 차이는 참을 만한 것, 혹은 창조적인 것이 될 수 있다. 나쁜 이야기에 빠져 있는 부부를 좋은 이야기로 이끄는 방법은 (a) 배우자의 다양한 문제에 관한 이야기 속에서 긍정적인 주제를 찾고, 그것에 대하여 묻고 알아내기, (b) 좋은 이야기 맥락에 관한 신호를 찾아내기, 그리고 (c) 배우자와 그들의 관계에 관한 긍정적인 가정과 생각으로 돌아갈 수 있는 길을 찾기 등이다. 우리는 부부의 문제 경험에 대한 이야기를 경청하고 이해할 때에도 그들의 배우자 혹은 부부관계의 강점과 자원은 무엇인지를 밝혀 줄 내러티브의 조각들과 부스러기에 주의를 기울인다.

치료자는 이 세 가지 도구를 통하여 부부치료에서 치료자가 직면할 수 있는 혼란과 동맹 맺기의 어려움을 줄일 수 있다. 이 세 가지 도구를 사용하기 위해 치료자는 생산적이고 호기심 가득한 질문들로 대화해야 한다. 재개념화를 위한 질문들을 통해 치료자는 부부가 가진 서로 다른, 심지어 상반되는 관점들을 발견하고 존중할 수 있으며, 각자의 생각을 탐색하고 두 사람이 합의점에 도달할 수 있는 방법을 탐색할 수 있다. 더불어 목표에 초점을 둠으로써 두 사람의 공통된 관점이 생겨나도록 할 수 있으며, 누가 비난받아야 하는가 혹는 상대방이 바뀌어야 한다는 논쟁에 치료자를 끌어들여 삼각관계를 형성하는 데 소모되는 시간을 줄일 수 있다.

우리의 작업이 점차 부부중심의 협동적이고 강점을 기반으로 하는 것으로 변화하면서, 우리는 부부들이 그들에게만 적용 가능한 독특한 치료를 스스로 설계하고 참여하도록 도울 수 있었다. 그것은 무슨 변화가 일어나기를 원하는지, 그리고 변화가 어떻게 일어나기를 원하는지에 대한 그들의 요구를 존중하는 맞춤식 프로그램이다. 치료자로서 우리의 역할은 그들에게 자신의 목표를 명확히 하고, 그 그림 안에서 합의점을 찾고, 무엇을 보면 그들이 희망하던 변화가 일어났는지 알 수 있을지 이해하도록 하며, 상담 중에 그들이 성공한 것들에 대해 상기시켜 주는 것이다.

바로 이 시기에 우리는 우리와 비슷한 생각을 가지고 우리의 접근법과 잘 어울릴 만한 상담 접근을 발전시키고 있는 이론가 및 임상가들에 관하여 듣게 되었다. 우리는 Steve de Shazer와 Insoo Kim Berg의 해결중심 단기치료(SFBT)(de Shazer & Berg, 1985), 그리고 Bill O'Hanlon의 가능성 치료(Possibility Therapy)(Hudson &

O'Hanlon, 1991)에 호기심을 갖게 되었고 흥분하였다. Michael White와 David Epston이 개발한 이야기치료(Narrative Therapy)(White & Epston, 1990)뿐만 아니라 Harry Goolishian과 Harlene Anderson의 협동적 언어치료(Collaborative Language Therapy)(Anderson, 1997; Anderson & Goolishian, 1992)에도 끌렸지만, SFT가 우리에게 가장 잘 맞았다. 따라서 이 SFT에 특히 강조점을 두면서 세 가지 구성주의적 치료법을 통합하고 적용한 것이 우리의 '파트너십 재건 부부치료' (Recreating Partnership Couples Therapy: RPCT)라고 할 수 있다(Ziegler & Hiller, 2002). 우리의 해결중심적 부부치료의 가정과 공식은 다음과 같다.

- 변화는 항상 일어나고 있다. 경험은 항상 다양하다. 부부는 상담을 받으러 올 때 대부분 자신들의 관계에 대한 문제적 시각에 갇혀 있다. 이런 제한적이고 관계를 망치는 그림에서 그들이 되도록 효과적이고 효율적으로 벗어나도록 돕는 것이 치료자가 해야 할 일이다.
- 다른 모든 치료처럼 부부치료는 목표 또는 효과 지향적일 때 더욱 효과적 · 효율적 · 창조적이 될 수 있다. 이것은 무슨 일이 일어나면 치료가 성공적이라고 할 수 있을지에 대한 내담자와 치료자의 합의된 동의가 있어야 한다는 뜻이다.
- 부부치료는 강점 중심, 변화와 성공 중심적일 때 더 효과적이며 시간을 절약할 수 있다. 따라서 부부의 강점과 자원, 그리고 긍정적인 경험과 변화를 지향한다. 이것은 첫 회기 이전은 물론, 상담이 진행되는 모든 순간과 상담이 끝난 후의 미래에까지 적용된다. SFT의 대화는 긍정적인 경험과 성공뿐 아니라 '예외'(exceptions, 문제가 조금 덜할 때)를 강조한다. 이러한 대화는 희망과 자기효능감을 불러일으키며 내담자에게 맞춤 설계된 해결책 구축을 위한 기초를 마련해 준다.
- 해결중심 치료자는 본질적으로 한 걸음 뒤에서 이끌며 영향력을 행사하는 자문가 역할을 한다(De Jong & Berg, 2002). 치료자는 '기적 질문'과 같이 변형된 질문들을 사용함으로써(이 책의 1장 참조) 부부들이 그들의 관계를 새로운

방향에서 바라보고, 그 관계를 뒷받침하는 새로운 의미를 부여하며, 변화의 가능성을 발견하고 창조할 수 있는 기회를 제공한다.

- 어떤 모델이나 기법을 사용하든 치료자는 적재적소에 필요한 융통성과 민감성을 가져야 한다. 다른 상담 접근들과 마찬가지로 SFT도 치료자가 이론이 지시하는 것에만 관심을 둔다면 실패하기 쉽다. 치료자는 내담자를 열심히 경청하고 민감하게 반응하며 유연하게 작업하여야 한다.
- 치료적 대화는 항상 초대에 의해 이루어진다. 내담자는 치료자를 특정한 대화로 초대하고 치료자는 그것을 받아들이거나 사양한다. 치료자 역시 내담자를 특정 대화에 초대하며 내담자는 그것을 받아들이거나 거절한다. 모든 치료는 지속적이고도 섬세한 대화의 상호작용이다. 그런데 만약 치료자가 자신과 부부 사이에 일어나는 대화의 서로 다른 유형들을 인지하지 못한다면 아무리 도와주고자 하는 치료자의 좋은 의도도 빗나가게 된다. SFT를 포함한 전통적인 단기치료는 치료적 관계의 특성을 설명하기 위하여 '방문자' '불평가' '고객'이라는 용어를 사용한다. 우리는 치료적 대화를 설명하는 데 도움이 되는 이 용어를 응용하기로 하였다. 즉, 두 사람으로 이루어지는 용어인 방문자/집주인, 불평가/동조자, 고객/자문가(Ziegler & Hiller, 2001)가 그것인데, 치료자와 내담자 사이에서 어떤 유형의 대화가 이루어지고 있는가를 알아차림으로써 삼각화, 방황, 고착과 같은 부정적인 상호작용을 막을 수 있다.

상담 사례

이 장의 마지막 부분은 두 부부의 사례에 초점을 두었다. 이 두 사례를 제시하는 이유는, 첫째, 두 사례가 서로 다른 치료자에 의해 다루어졌기 때문에 SFT 또는 RPCT의 틀 안에서 치료자들 각자의 독특한 방식이 어떻게 표현되는지 알 수 있기 때문이다. 둘째, 매우 숙련된 부부치료자조차 당황하게 만들 수 있는 임상적 문제를 안고 있는 부부와 작업할 때 해결중심 부부치료가 어떻게 방향을 잡아 주는지 보여 줄 수 있기 때문이다. 첫 번째 사례는 치료자가 삼각관계 형성을 피하면서 동시에 부부 두 사람 모두와 효과적인 관계를 형성하기 위한 시간을 갖는 것이 중요하다는 것을 보여 준다. 두 번째 사례는 부부치료에서 목표 설정의 중요성에 관하여 이야기하고 있는데, 부부가 상담 목표를 잘 설정하도록 치료자가 어떻게 도와줄 수 있는지 그 예를 보여 준다.

사례 1: 결혼 위기

첫 번째 사례는 숙련되지 않은 부부치료자라면 당황하기 쉬운 전형적인 어려운 사례다. 우리는 이런 어려움을 치료자 Phil이 해결중심 질문들을 활용하여 어떻게 해결해 나가는지 보여 주고자 한다. 또한 Phil이 '좋은 이야기' 구축을 위하여 부부와 어떻게 대화하고, 결혼 위기를 극복하기 위한 방안을 도출하기 위하여 어떻게 협력하는지 보여 주고자 한다.

이 사례는 특히 치료자가 부부 두 사람 모두와 라포를 형성하는 것이 중요하며, 부부가 서로 다른 관점과 목표, 상반된 생각을 가지고 상담에 왔을 때, 양쪽 모두가 동의할 수 있는 합의점을 찾는 것이 중요하다는 것을 보여 준다. 또한 치료자가 자신은 협력자이며 권위자가 아니라는 태도로 임하면서도 부부가 호소하는 문제에 조언하고 해결책을 찾는 데 역할을 할 수 있음을 보여 줄 것이다. 마지막으로, SFT는 해결을 강요하는 접근이라는 비판을 받는데, 이와 달리 이 사례를 통해 SFT는 치료자와 내담자가 협력하는 과정임을 보여 주고자 한다(Nylund & Corsiglia, 1994).

먼저 전화를 걸어 치료 약속을 잡은 사람은 아내인 Gail이다. 그녀는 결혼 위기로 인해 자신과 남편에게 도움이 필요하다고 하였다. 치료자와의 첫 만남에서 이들은 둘 다 눈에 띄게 긴장한 상태였다. Gail은 매우 주저하였고, 남편인 Alan은 굳어 있었다. 이들은 옷을 잘 갖춰 입은 매력적인 중년 부부였다. Phil은 자신을 소개하고, 부부가 편안히 앉도록 안내하면서 (치료자가 항상 그렇게 하듯이) 어떻게 도와주기를 바라는지 물었다. 또한 자신이 Gail로부터 들은 내용은 부부가 결혼 위기에 처해 있다는 것임을 알려 주었다. (우리는 항상 전화로 한쪽 배우자가 이야기한 것을 상대방에게 그대로 말해 준다. 그것이 아무리 파괴적인 것일지라도 그냥 사실로서 얘기해 주는 것이다.) Phil은 부부 문제에 대하여 구체적으로 묻지 않는다. 대신 부부 문제에 국한되지 않고 폭넓은 내용에 관하여 질문함으로써 상담 목표와 주제, 관심이 '결혼 위기'라는 틀 안에 갇히지 않도록 한다. 우리는 치료적인 질문을 할 때 이런 점에 주의를 기울여 방향을 잡는다.

Gail: (애써 참으려 하지만 눈에 눈물이 고이며) 남편이 바람을 피웠어요.

Alan: (즉시) 끝냈어요. 아내에게 끝냈다고 말했어요. 그리고 아무 의미 없는 일이었다고 했는데. 미안하다고, 끝냈다고, 아내를 사랑한다고 계속 말하는데. (부부는 분명 긴장한 상태였으나, 부부치료에서 항상 그렇듯이 곧바로 문제로 뛰어들었다.)

Gail: (화가 나서 반격하면서) 네, 물론이죠. 당신은 미안하다, 이제 끝났다 말하면 그만이고, 그러면 끝이 날 거라고 생각하는군요, 그렇죠? 그런데 당신과 우리 결혼에 대한 내 믿음은 완전히 무너졌어요. 완전히 무너졌다고요! (Alan은 고통스럽고 암울해 보였으며, 상담실 분위기는 순식간에 팽팽히 긴장되었다.)

Phil: 아, 꽤 심각하네요. 두 분이 매우 어려운 상황 속에 계시다는 것을 알 것 같습니다. 그런데도 두 분이 도움을 받으러 오신 것을 보니 다행입니다. (두 사람이 심각한 감정을 갖고 있음을 타당화함과 동시에 누구도 비난하지 않으면서 부부간에 문제가 있음을 인정해 준다. 그리고 두 사람 모두 상담을 통해 도움을 받는 것에 대해 같은 마음을 가지고 있음을 강조한다.)

Alan: 음, 정직하게 말할게요. 저는 상담이란 것을 믿는 사람은 아닙니다. 아내는 돈을 주고 자신의 문제를 쏟아내는 것을 좋아하는 사람이지만, 저는 사적인 것을 좋아하고 제 문제는 제가 해결하는 것을 좋아해요. 뭐 개인적인 감정으로 받아들이지는 마세요. 선생님은 충분히 좋은 사람으로 보이네요. 하지만 제가 느끼는 것은 그렇다는 거죠.

Phil: 네, Alan, 개인적인 감정으로 받아들이지 않을게요. 저도 상담이 모든 사람에게 좋다고 생각하지는 않거든요. 그러니까 누가 알겠어요, 오늘 상담이 끝날 때쯤 우리가 다음 상담은 필요 없겠구나 하고 동의할 수 있을지도 모르죠. 그러니 이렇게 하는 것은 어떨까요? 오늘 이 시간 동안 두 분 사이에 무슨 일이 일어났는지 제게 말씀해 주시고, 두 분이 이 어려운 시기를 어떻게 헤쳐 나갈 수 있을지, 앞으로 어떤 방향으로 나아갈 수 있을지를 우리가 조금이나마 알게 된다면 어떨까요? 그러고 나서 우리 세 명 모두 동의하는 경우에만 다음 상담을 약속하기로 합시다. 어떻게 생각하세요? (치료자는 여기까지 남편과 치료자의 대화 관계를 '방문자/집주인'의 관계로 파악하고 반응하였다. 즉, Alan은 상담이 도움이 된다거나 목표가 성취될 것이라는 기대가 없다. Alan은 제삼자(여기서는 아내)가 상담을 받아야 한다고 해서 상담에 왔을 뿐인 강제된 내담자와 비슷하다. Alan을 '치료적인' 대화에 끌어들여 협력하는 분위기를 형성하도록 하는 것은 어려운 일이다. 또한 흥미와 자신감이 결여된 그와 협력적 맥락을 구성하기란 쉽지 않다.)

Alan: 괜찮게 들리네요. 하지만 미리 말씀드릴게요. 저와 Gail은 그동안 많은 일을 함께 겪었고, 항상 다른 사람의 도움 없이 문제를 해결해 왔어요. 모든 부부들이 문제가 있잖아요. 저는 우리가 이 문제를 우리 힘으로 극복할 수 있다고 생각합니다.

Phil: 좋아요. 두 분이 그동안 어려움을 겪으면서도 꽤 잘해 오신 듯 보입니다. 두 분 관계가 어떤지 알 것 같아요. 두 분은 결혼하신 지 얼마나 되셨나요?

Alan: 23년이요. 다 큰 아이들이 두 명 있고, 손자가 셋 있어요. Gail은 이 손자들로 충분하죠.

Phil: (Alan이 말한 '좋은 이야기'에 관심을 보이면서 동시에 남편의 외도가 부부 관계에 심각한 문제를 준 것에 대해 Gail이 어떤 느낌을 갖고 있는지에도 관심을 기울여야 한다. 부부 두 사람 모두와 라포를 형성하고 '적극적 중립성'을 유지하기 위해서는 치료자가 양쪽 모두의 관점에 관심을 기울이고 인정해 주는 것이 필요하다.) 네, 저는 두 분을 잘 알지는 못하지만 두 분이 안고 있는 위기가 심각하고 그것을 극복하는 것은 매우 중요하다는 것을 알겠습니다. 그럼에도 불구하고 두 분이 긴 시간을 함께하셨고, 많은 것을 함께 겪으셨고, 여러분의 가족을 사랑한다는 것도 알겠습니다. 여기에서 저의 생각이 맞는지 알려 주시기 바랍니다. 제가 보기에 두 분은 서로를 매우 사랑하고, 가능하면 이 결혼을 유지하고 싶어 하시는 것 같습니다. (Alan과 Gail 둘 다 고개를 끄덕이며, 약간의 미소로 서로를 흘깃 바라보았다. 만약 두 사람이 동의할 것이라는 강한 직감이 없었다면 Phil은 이 말을 하지 않았을 것이다.) 그런데 제가 몇 년 동안 배우자의 외도 문제가 있는 부부들을 상담해 오면서 어떤 부부들은 잘해 나가지만 많은 부부가 그렇지 못한 것을 보았어요. 그게 결코 쉽게 빨리 해결되는 것이 아니더군요. 그러나 열심히 하면 많은 부부가 성공합니다. 혹시 나중에 두 분이 어떻게 이 부부들이 성공할 수 있었는지 듣고 싶어 하신다면 제가 말씀해 드릴게요. [부부치료의 목표를 설정할 때에는 성공 가능하다는 것과 동시에 그것이 매우 어려운 일이라는 것을 암시하는 것이 좋다. 그렇게 함으로써 내담자에게 희망을 갖게 하며 동시에 그들이 안고 있는 문제가 어려운 것임을 인정해 줄 수 있다. 여기에서 치료자는 다른 부부들도 문제를 갖고 있으며 문제를 성공적으로 극복하기도 한다는 사실을 넌지시 말해 줌으로써 이 부부의 문제를 정상화(normalizing)하고 있다.]

Gail: 네, 우리가 필요한 것이 그것인 것 같아요. 이 문제를 어떻게 극복할 것인지에 대한 안내 같은 것이요. 우리는 계속해서 싸우기만 하거든요. 저는 화가 나고, 그 일에 대해 생각하고, 아시죠? 그럼 제 자신을 어찌할 수가 없고, 질문을 하기 시작해요. 그러면 안 된다는 것을 알지만 멈출 수가 없어요. 그러면 Alan은 화가 나 입을 다물어 버리고 말을 안 하죠. 아니면 성을 내고 자기가 어떻게 해야 하냐고 물어요. 손목을 자를까? 십자가에 나를 매달까? 이러면서.

Phil: (정상화하기 위해) 제 경험상 이런 일들은 꽤 자주 일어나는 일입니다. 제 말이 두 분께도 맞는지 한번 들어 보세요. 배우자의 외도가 알려졌을 때, 외도를 알게 된 배우자는 여전히 상대를 사랑하고 결혼 생활을 끝내고 싶지 않아 할 때 이처럼 많은 괴로운 생각과 상상을 하게 됩니다. 그런 생각들은 사람을 미치게 만들지요. (Gail이 고개를 끄덕임.) 그리고 아내분과 같은 입장에 선 사람들은 대부분 그렇듯이 아무리 고통스러워도 더 자세한 내용이 알고 싶고, 또 고통을 멈출 수 있기를 무엇보다 원합니다. (Gail이 고개를 끄덕이며 눈물을 흘림. Alan은 불만스럽고 치료자에게 조금 화가 난 듯 보임.) 그리고 Alan, 외도를 해서 자신이 무엇을 위험에 빠뜨렸는지 갑자기 깨닫게 된 사람은 자신이 얼마나 이 결혼을 깨뜨리고 싶지 않은지, 정말 얼마나 미안하게 느끼는지, 그리고 배우자에게 보상하고 자신의 사랑을 증명하기 위하여 얼마나 노력하고 싶은지를 표현하고 싶어 합니다. 그에게는 이것이 분명하기 때문에 이제는 문제를 떠나 앞으로 나가기를 바라지요. [Alan은 조금 누그러진 듯 보이지만 여전히 경계하는 모습이다. Phil은 두 사람이 겪는 것을 모두 타당화(validating)하고, 그들이 서로 다른 입장을 보이는 것이 정상임(normalizing)을 알려 준다. 그리고 문제는 부부 공동의 것이며, 그들의 반응은 서로에 대한 반응이라기보다는 문제에 대한 반응으로 인식하도록 상호성(mutualizing) 과정으로 이끈다.]

Phil: (계속하며) 제 경험상 두 분은 자신들이 겪은 일에 정상적으로 반응하고 계시다는 것이 중요한 것 같습니다. 문제는 두 분이 서로 다른 입장에 서 있기 때문에 두 사람이 각자 느끼는 것, 요구하는 것들이 서로 이해는 되지만 동시에 상황을 더욱 악화시키고 상대방에게는 부적절하게 보이는 것입니다. 제 말이 맞나요? (부부가 상황에 대하여 협력적인 인식을 갖도록 확인한다.)

Alan/Gail: 네, 맞아요.

Phil: (문제는 상호적이고 정상적이라는 점을 강조하며 상담의 목표가 무엇인지에 대해 의논하기 시작한다. 상담의 목표는 미래에 대한 그림을 그리는 것이며, 그 그림을 향해 나아갈 수 있는 몇 가지 단계, 즉 부부가 앞으로 나아가고 있다는 것 혹은 그들이 원하는 변화를 시작하고 있다는 것을 알게 해주는 징후가 무엇인지를 발견하는 것이다.) 그래서 두 분이 요구하는 것이 서로 만날 수 있는 방법을 발견하시면 이 결혼의 위기를 극복할 수 있는 방법을 찾았다라고 말씀하실 수 있겠습니까? Gail의 입장에서는 아무리 고통스럽더라도 Alan에게 자세한 내용을 묻고 싶을 때에는 물을 수 있고, Alan은 대답하고…….

Gail: 네.

Phil: 그리고 Alan은 Gail이 너무 자주 그것에 대해 묻지 않았으면 하고, 때로는 Alan도 어떤 순간에는 그 이야기를 하고 싶지 않다고 말할 수 있기를 바라죠? (Alan이 고개를 끄덕임) 그리고 시간이 지나면서 Gail의 믿음이 다시 자라나게 할 방법을 두 사람이 찾길 바라시죠?

Alan/Gail: 네. (이제 세 사람이 상담의 전반적인 목표를 구체화하기 위해 협력하기로 한다. Gail과 Alan 모두 치료자와 고객/자문가 관계에 들어갔다.)

Phil: 그럼 좋아요. 두 분께 질문하겠습니다. 좀 이상한 질문인데요, 이것이 하룻밤 사이에 해결될 수 있다는 의미는 아니지만, 해 볼게요. 만약 오늘 집에 가셔서 밤에… 저녁을 드시고 저녁시간에 무엇을 하시든… 잠자리에 들었어요… 그리고… 두 분이 잠 자는 사이에 기적이 일어나서 어쩐 일인지 이 문제가 해결이 되어 버렸어요. 두 분 모르게… 그리고 다음날 아침 두 분이 일어나셨을 때, 무언가 달라져 있다는 것을 알아차리기 시작했어요. 그런데 두 분은 잠을 자고 있었기 때문에 기적이 일어났는지 모르지요. 하지만 문제가 해결되었다는 징후는 볼 수 있어요. 기적이 일어난 다음 날을 상상해 보시고 무엇을 보면 기적이 일어났음을 알 수 있을지, 두 분이 준비가 되시면 말씀해 주세요 [이것이 '기적 질문'(Thomas & Nelson, 2007)이다.

기적 질문의 핵심은 좋은 관계를 나타내는 징후나 신호를 상세히 이끌어 내는 것이며, 문제가 해결된 미래의 그림을 상상하여 그 조각과 파편들을 구체화하는 것이다. 구체적인 징후를 알아내면 그것이 나타났을 때 인식하기 쉽고 또 그런 일이 일어나기 쉽게 만들 수 있기 때문이다. 기적 질문 혹은 다른 질문을 사용함으로써 잘 만들어진 목표는 상담 중에 바로 좋은 이야기를 만들어 내는 시작점이 될 수 있다.]

Gail: 제 위 속에 있던 이 끔찍하게 꽉 막힌 것이 없어질 것 같아요. 그 여자의 얼굴이 마음에 떠오르지 않고, 남편과 그 여자가 모텔 방에 함께 있는 것 같은 환상이 없어지겠죠.

Phil: (Gail의 첫 반응을 시작으로 좀 더 잘 만들어진 목표를 발전시킨다. 잘 만들어진 목표란 내담자가 어떤 경험을 했을 때 이상적인 목표로 나아가고 있다는 긍정적인 변화의 징후를 알 수 있는가, 내담자가 어떤 경험을 했을 때 이상적인 미래의 그림의 조각과 파편들을 알 수 있는가 하는 것들이다. Phil은 Gail이 치료적이며 잘 만들어진 목표를 말할 수 있도록 한 걸음씩 도와준다. 목표를 선정하는 두 가지 기준은 첫째, 어떤 일이 없을 때가 아니라 있을 때로 진술되어야 한다는 것이며, 둘째, 작고 관찰 가능한 것으로 진술되어야 한다는 것이다. 여기서는 Phil이 아직 관찰 가능한 것은 아니지만, 감정과 생각이 없는 것에서 있는 것으로 옮겨 가는 질문을 하는 예를 보여주고자 한다.) 그 대신에 어떤 느낌과 생각이 있을까요?

Gail: 글쎄요. 아마도 나쁜 느낌은 있겠지만… 기분 나쁜 게 모두 없어지려면 기적이 일어나야 할 거예요(웃음). 하지만 어쨌든 남편과 제가 여전히 함께인 것에 대해서 아마도 기쁘겠지요. 남편이 외도를 했지만 여전히 저를 사랑하고 우리가 결혼을 잘했으며(Alan이 아내를 보고 미소를 지음), 이 위기를 극복한다면 우리가 더 나아지리라는 자신감이 있겠죠. 아, 그리고 남편이 그녀와 다시는 어떤 연락도 하지 않을 것이라는 확신이 생길 것이고요.

Alan: (대화에 끼어들며) 내가 얼마나 더 얘기해야 돼? 당신이 생각하는 것보다 당신을 사랑해. 그리고 신에게 맹세코 그 여자랑 다시는 만나거나 얘기하지 않을 거야. 그 여자가 음성을 남기거나 이메일 보내는 것까지 내가 막을 수는 없지만, 나는 그걸 바라지도 않는다고 말했잖아. 그 여자와 관련되고 싶지 않아. 그 여자에게서 온 것들은 모두 지워 버리고 답장하지 않아. 끝냈어. 이 세상에서 나에게 여자는 당신뿐이라는 것을 알아줘.

Phil: (치료자는 Alan의 긍정적인 의도는 인정해 주되, Alan의 이런 '설득' 방식이 두 사람 사이에 악순환을 가져온 것임을 알 수 있다.) Alan, 이제 그 일은 끝났고 당신의 미안한 마음을 아내에게 확인시키려고 당신이 많은 노력을 했다는 것을 알겠습니다. 그런데 두 분이 말씀하시는 것을 들어 보니 Alan의 설득이나 사과가 진심이라 하더라도 항상 효과가 있는 것은 아닌 것 같아요. 사실, 때로는 상황을 더욱 나쁘게 만드는 것 같기도 해요. (두 사람 모두 동의하듯 고개를 끄덕임) 그래서 기적이 일어난 아침 이전으로 돌아가서 다른 질문을 해 보고 싶어요. 만약, 남편이 아내의 입장에 서서 당신이 Gail이라면, 아내가 남편의 말을 조금 더 확실하게 믿으려면 무엇이 필요하다고 말할 것 같습니까? [이것은 반영적 질문(reflexive question)으로, 부부 중 한 사람에게 배우자의 반응과 감정을 상상해 보도록 하는 질문이다. 두 사람 간의 공감대 형성을 강조하기 위해 사용된다. 여기서 주목할 점은 나쁜 이야기 혹은 부정적인 감정들—Gail은 남편의 항변을 듣기 싫어함—에 초점을 두기보다는 아내가 무엇을 원하고 받아들일 만한지, 즉 그들이 목표를 향해 나아가게 하는 것이 무엇인지에 대해 질문한다는 점이다.]

Alan: 글쎄요, 잘 모르겠어요. 아내를 설득하려고 애쓰겠지요. (치료자는 조용히 기다린다.) 아마 시간이 필요하다고 하겠죠.

Phil: 그 밖에 또 다른 것은요? 아마 당신이 이미 하고 있는 일이나 할 수 있는 아주 작은 일들 중에—아내가 필요하다고 할, 아마도 당신이 아내를 얼마나 사랑하는지 말해 줄 수 있는 어떤 것이요.

Alan: 음, 아마도 제가 그녀의 질문에 화내지 않고 참을성 있게 대답하기를 원한다고 하겠죠. 외도를 저지른 일에 대해 생각하는지 안 하는지를 포함해서… 저는 생각 안 하지만요! 늘 그 생각을 하는 것은 바로 아내거든요! (마지막 말은 Alan이 자신의 관점으로 되돌아간 것이기는 하지만 Gail은 고개를 끄덕이며 동의하는 모습을 보인다. 남편이 아내의 생각을 이해해 주는 것이 그녀에게는 분명 긍정적인 의미를 주는 것으로 보인다.)

Phil: 좋아요. 아내가 고개를 끄덕이는군요. 남편이 잘 이해한 듯 보여요.

Gail: 이해하고 있네요.

Phil: 좋습니다. 그럼 이제 아내에게 기적이 일어난 아침에 대해 몇 가지 더 질문할게요. (다시 아내를 초대하여 변화가 생겨나면 그녀의 느낌과 생각에 어떤 작은 관찰 가능한 징후가 나타날지 물어본다.) 자, 기적이 일어난 날 아침에 대해 몇 가지를 더 살펴볼게요… 아침에 Alan이 당신의 어떤 변화를 보면, 당신의 기분이 좀 다르고 좀 더 긍정적인 생각을 하고 있구나 하는 것을 알아차릴 수 있을까요? (이것 역시 반영적 질문이다. Gail은 그것에 대해 답하면서 자신이 조금 더 행복한 기분일 때, 그리고 좀 더 자신감 있을 때 어떻게 다르게 행동할지 자세히 말할 수 있게 된다. 뿐만 아니라 아내가 남편이 원하는 것과 가치 있게 여기는 것을 알고 있음을 전달할 수 있다. 이 질문은 행동에 대해 질문함으로써 긍정적인 변화란 무엇인지 구체화할 수 있도록 해 준다.)

Gail: 모르겠어요. (치료자는 앞에서 Alan에게 그랬던 것처럼 Gail이 결국 무언가를 떠올릴 때까지 기다린다. 치료자가 내담자로 하여금 변화를 '그려 보도록' 하는 질문을 했을 때 내담자가 "모르겠어요."라고 대답하면 일단 조용히 기다리는 것이 좋다. 이는 내담자의 상상력이 작동할 수 있도록 시간을 주기 위해서다.) 글쎄요, 아마도… 한동안 그렇게 안 했지만, 아침에 일어나 제가 웃으며 그를 바라보겠지요. (이 순간 Alan과 Gail이 눈을 조금 찡긋하며 미소를 지음) 그리고 아마도 제가 몸을 돌려 남편에게 키스하고 껴안아 주겠죠.

Alan: (처음 상담에 왔을 때 주저하던 그의 행동과 비교해 보라.) 와! 그러면 정말… 그것보다 내게 희망을 주는 건 없을 거야.

Gail: 이런. 방금 깨달은 것인데, 나는 당신이 그렇게 쉽게 처벌을 면했다고 생각하지 않았으면 좋겠어요. 당신이 내게 얼마나 큰 고통을 줬는데, 당신도 고통을 겪어야죠. 당신이 한 짓을 인정하고 그때마다 고통스러웠으면 좋겠어요. 아직은 당신을 용서하고 싶지 않아요.

Phil: (기적이 일어난 이후의 상황에 대해 자세히 묻는 대신에 이것을 해결책 구축에 중요한 정보로 활용하려고 한다.) 중요한 것을 깨달으셨군요. Alan에게는 아마도 그리 놀라운 일은 아닐 거예요. 그렇죠, Alan?

Alan: 네, 알고 있어요. 받아들이기 힘들지만, 아내는 제가 상처받기를 원해요. 왜냐하면 제가 아내에게 큰 상처를 주었으니까요. 이해해요. 저도 상처받는 것이 싫고 또 나 자신을 방어하고 싶지만, 아내를 비난하지는 않아요. 하지만 그녀만큼은 아니어도 저 역시 정말 상처받고 있다는 것을 아내가 알아주었으면 좋겠어요.

Phil: (상호성을 촉진하고 좋은 이야기의 재료를 발견한다.) 제 생각에는 Gail이 원하는 것은 Alan이 고통을 준 대가를 치르고 쉽게 처벌에서 벗어나지 않는 것이며, Alan은 좀 더 인내심을 가진다면 두 분의 고통이 줄어들고 제자리로 돌아갈 수 있을 것이라는 점에 두 분 모두 동의하시는 것 같아요.

Gail: 맞아요. 좀 복잡하지만 사실이에요.

Phil: 그럼, Alan에게 묻겠습니다. 당신이 어떻게 할 때 아내가 당신이 '대가를 치르고' 있고 인내심을 발휘하고 있다고 생각하게 될까요? (다른 방식의 반영적 질문으로, 공감과 상호성을 강조함으로써 '좋은 이야기'를 더욱 공고하게 만들어 준다.)

Alan: 글쎄요, 모르겠어요. (치료자는 기다린다.) 음, 아마도 아내에게 짜증을 내는 대신에 아내가 상처를 극복하는 데 시간이 필요하다는 것을 이해한다고 말해 줄 것 같아요. 그것을 알고 있다고. 그리고 받아들인다고. (Gail이 다

시 눈물을 흘림. Alan이 부드럽게 아내를 바라봄)

Phil: 하지만 언젠가 적절한 때가 오면 다른 상황이 올 거라고 생각합니다. 어떤 상황이 펼쳐질지 확신할 수는 없지만, 제 추측에는 기적이 일어난 다음 날 두 분이 볼 수 있었던 그런 일들이 일어날 수 있을 것 같습니다. (더 큰 신뢰와 친밀감 형성이라는 목표로 나아가기 위한 재확인 작업이다.)

Alan: 네, 저도 그렇게 생각해요. 그런데 우리가 그렇게 될 때까지 얼마나 긴 시간이 걸릴지 궁금합니다.

Gail: 나는 전에는 이 말을 하고 싶지 않았는데, 왜냐하면 당신이 상담에 와서 내 마음을 그냥 무시해 버리는 것을 원치 않았으니까. 그런데 당신이 상담을 싫어하는데도 오늘 이렇게 와서 정말 변화한 모습을 보여 줘서… (다시 울기 시작한다.) 당신이 외도한 것을 다른 사람들이 알게 되는 것을 얼마나 싫어하는지, 그리고 상담을 정말 안 믿는다는 것도 알아요. 하지만 당신이 상담에 와서 정말 마음을 열어 줘서, 그것이 나에겐 얼마나 의미 있는 일인지 몰라요, Alan.

Alan: 음, 나도 좋은 일은 망치고 싶지 않아. 내 말은, 와서 보니까 이 분(Phil)도 괜찮은 분인 것 같아. 나는 이 분이 내 이야기를 막 들추어 내고, 내 문제가 뭔지, 내가 뭘 하고 뭘 하지 말아야 하는지… 그런 것들을 이야기할 줄 알았어. 그런데 이 분이 맞는 말을 하고, 몇 가지 내가 듣고 싶지 않은 말도 있었지만, 그래도 대체로 이곳에 온 것은 좋은 생각이었던 것 같아.

Phil: (무엇이 Alan에게 도움이 되었는지 알아내고, 상담자가 그의 마음에 들지 않는 말을 했을 수 있다는 점을 인정해 주기 위하여 이것을 기회로 활용한다.) Alan, 제가 말한 것 중에 무엇이 당신 마음에 들지 않았나요? 제가 공격을 하지는 않았지만, 이치에 맞지 않는 말을 하려는 의도는 없었어요. 잠깐 시간을 갖고 제가 한 얘기 중에 당신이 싫어한 것은 무엇인지, 그리고 이곳에 온 것이 좋은 생각이었다고 생각하도록 만든 것은 무엇인지 얘기해 주시겠어요? (협력의 과정과는 별도로 치료자는 무엇이 도움이 되었고, 효과가 있었는지 그리고 효과가 없었는지 구체적으로 질문한다.)

Alan: 음, 저는 선생님이 심리학 용어들을 막 사용하지 않고 있는 그대로 말씀하시는 것이 좋았어요. 그런데 제가 아내에게 준 고통에 대해 저도 상처받기를 원한다는 아내의 말이 당연한 것이라고 말씀하시는 것은 좋지 않았어요. 옳은 말이기는 하지만요. 선생님과 얘기하면서 좋았던 점은 이런 문제를 가지고 상담받는 부부가 저희 말고도 있다는 사실과 우리를 도와줄 만한 일이나 우리가 주의를 기울여야 할 것들에 대해 알게 된 것들이 모두 좋았습니다. 선생님이 가끔 Gail의 편을 든다고 느꼈지만, 그다음엔 꽤 중립적이었다고 생각되고. 우리가 서로를 걱정하고 사랑하고 있으며, 단지 지금 문제가 있는 것일 뿐 그것을 극복할 수 있다는 점을 알아주신 것도 좋았어요.

Gail: 여보, 우리 또 상담받는 건 어때요? 선생님이 우릴 도와줄 수 있을 것 같아요.

Alan: 나는 우리 관계를 구석구석 파헤치면서 몇 년 동안 길게 상담하는 건 원치 않아.

Phil: 그럼, Alan, 당신이 원하는 것이 무엇인지 말해 주실 수 있나요? 정말 변화가 나타나기 위해서 우리가 네 번 혹은 다섯 번 만남에 무엇을 할 수 있을지? (목표 설정, 즉 상담을 계속하는 것이 도움이 되기 위해서 어떤 신호가 필요한지에 초점을 둔다.)

Alan: (잠깐 생각하더니 놀라운 이야기를 한다.) 우리가 몇 번의 만남 안에 이것을 고칠 수 있을지 잘 모르겠는데요, 제가 외도를 하게 된 이유 중 일부분은… 아내를 비난하고자 하는 것은 아니고 이것은 우리 둘 다의 일인데… 우리 부부가 아주 오랫동안 그리 가깝지 않았기 때문이라고 생각합니다. 제가 퇴근하면 아내는 외출 중인 경우가 많고, 저녁에 집에 있을 때 저는 TV 앞에서 한가롭게 시간을 보내기 원하고 아내는 거실에서 혼자 책을 읽어요. 우리는 심지어 같은 시간에 잠자리에 들지도 않고 관계도 거의 갖지 않아요. (Phil을 바라보며) 사실 이 외도 사건이 일어난 다음에 몇 년 만에 최고로 좋은 부부관계를 했어요. 그리고 아내는 무엇인가에 화가 났고 저는 방어적이 되었고, 그게 끝입니다. 제가 말하고 싶은 것은 제가 외도한 것과 아내가 여기에 오자고 한 것이 우리의 리듬을 되찾기 위해 변할 수 있는 기회가 될 수도 있다는 것입니다. 제 말 아시겠죠? (자주 일어나는 일은 아니지만 Alan은 지금 그가 안전하다고 느끼는, 그리고 문제를 해결하기 위해 필요한 새로운 목표를 꺼내 놓았다. 목표는 종종 진화한다. Alan과의 대화는 이제 초기의 방문자/집주인의 상태에서 완벽히 고객/자문가 유형으로 바뀌었다.)

Gail: 지금 들은 말을 믿을 수가 없네요. 최근에 우리 관계가 좋지 않았다는 것을 결국은 당신이 인정하는군요?

Alan: 응, 인정해. 당신이 성가시게 자꾸 상담에 가자고 해서 내가 불행하다는 걸 받아들이고 싶지 않았어. 알아, 알아, 그래야 했다는 거. 하지만 이제 이렇게 됐으니 상담 선생님과 뭔가 해 봐야지. 외도에 대해서뿐만 아니라 우리가 다시 가까워질 수 있는 방법에 대해서 말이야.

Gail: 기적에 대해서 말해 봐요! 그리고, 알죠? 내가 당신을 믿는다는 거. 당신이 지금 어떤 생각을 하는지 정직하게 말하고 있다는 것을 알겠어요.

Phil: 와, 오늘 정말 많은 것을 하셨네요. 한 시간 만에 두 분이 이 결혼을 얼마나 지키고 싶은지, 서로를 얼마나 이해하고 있는지, 그리고 이제 상당한 시간과 인내심이 필요하겠지만 두 분이 얼마나 기꺼이 이 위기를 헤쳐 나가고자 하는지에 대해서 이야기를 나누었어요. 또한 두 분의 관계가 외도 사건 이전에도 문제가 있었다는 것을 알게 되었고, 이제는 더 좋은 관계를 만들기 위해 협력할 것이라는 점에 대해서도 이야기했습니다. 만약 두 분 모두 저와 상담하고 싶으시다면 저는 기꺼이 하겠습니다. 저는 두 분이 오늘 여기서 보여 주신 솔직함과 용기에 매우 큰 감동을 받았어요. 제 경험상 부부가 상담을 받으러 와서 오늘 여러분처럼 첫 회기에 열심히 하시는 경우엔 상담에 온 목적을 성취할 가능성이 크다고 생각합니다. (Phil은 오늘 열심히 상담에 참여한 부부를 타당화해 주고 칭찬해 준다. 부부의 장점과 노력을 알아줌으로써 좋은 이야기를 강조하고 내담자의 문제해결 능력 및 효율성, 풍부한 자원에 주목할 수 있다.)

이제 회기의 마무리가 가까워졌다. 부부는 일주일 후에 다시 상담받기로 약속했다. 두 번째 회기에서 이 부부는 전반적으로 모든 것이 나아졌다고 보고했다. 단 한 번 다툼이 있기는 했지만 두 사람의 기분이 나빠지기 전에 멈출 수 있었다고 한다. Gail은 두 사람의 미래에 대해 좀 더 자신감이 생겼으며, Alan이 자신에게 신뢰를 강요할 수 없다는 것을 알게 된 것 같아 기쁘다고 하였다. Alan은 Gail의 질문에 인내심을 갖고 대답할 수 있게 되었고, 이것이 그를 수치스럽게 만든다 하더라도 그녀가 자신에 대한 신뢰를 회복해 가는 자연스러운 과정의 일부임을 알게 되었다고 하였다. 또한 그것이 어느 정도는 타당한 처벌이라고 보고 있었다. 부부는 스스로 어떻게 해 나가는지 살펴본 후 몇 주 뒤에 세 번째 상담을 받기로 약속하였다.

세 번째 상담에서 부부는 목요일 저녁에는 외식을 하고 함께 무언가 특별한 것을 하는 로맨틱한 밤으로 삼기로 했다고 보고했다. Alan은 저녁을 멋지게 보내기 위해 기운을 비축하려고 목요일에는 일찍 퇴근하기로 하였다. 세 번째 회기 마지막에 Phil은 부부가 잘하고 있다고 생각하는지 확인하였고, 부부는 그렇다고 대답하였다. 또 부부가 이제 외도 사건을 잊고 부부간의 애정에 다시 불을 붙이는 것에 얼마만큼 진전이 있었는지를 묻는 과정-척도 질문(progress-scaling question)에 부부는 8점과 9점 사이에 있다고 하였다. Phil은 이러한 변화를 더 많이 만들어 갈 수 있는 자신감이 얼마나 되는지 부부에게 각각 질문하였고, 부부는 9점과 9.5점 사이로 대답하였다. 부부는 그들의 자신감이 아직 10점은 아니기 때문에 1개월 후에 상담을 한 번 더 받되, 만약 두 사람이 여전히 잘하고 있다면 상담을 취소하기로 하였다.

약속된 마지막 회기 일주일 전에 Gail에게서 전화가 왔다. Gail은 자신과 Alan이 매우 잘하고 있으며, 그래서 당분간 상담을 쉬겠다고 했다. 하지만 두 사람 모두,

특히 Alan이, 만약 둘 사이에 어떤 어려움이 생기면 다시 상담을 받기를 원한다고 하였다. Phil은 그들이 잘하고 있어서 정말 기쁘지만 한편으로는 두 사람이 너무 잘해서 그들을 만날 수 없다는 것이 아쉽다고 말해 주었다. 그리고 만일 혹시라도 아주 작든 크든 문제가 생긴다면 주저하지 말고 전화하라고 하였다.

사례 2: 양립할 수 없는 목표

두 번째 소개할 사례는 부부가 명확히 서로 양립할 수 없는 목표를 가지고 상담에 오는 어려운 사례를 보여 준다. 부부치료에서 이런 경우는 매우 흔하기 때문에 치료자는 이 문제를 의논하지 않고 진행하는 경우도 있으며, 때로는 알아차리지 못하는 경우도 있다. 이렇게 되면 내담자와 진실한 협력 관계를 형성하기란 불가능하며, 상담이 생산적인 결과를 얻지 못하고 종종 수렁에 빠지게 된다. 사실 내담자들이 공동의 목표를 그려 내지 못하는 경우, 치료자는 내담자의 동기가 부족하다거나 어려운 내담자라고 비난할 수 있다[본 사례에 등장하는 부부는 치료자인 Tobey에게 오기 전에 3년 동안 다섯 번에서 여섯 번이나 부부치료를 받았다고 한다.] 이 사례에서 우리는 치료적으로 잘 형성된 목표를 구축하는 것이 중요하다는 것을 강조하고 싶다. 그리고 부부치료에서 잘 형성된 목표의 기준은 두 사람 모두에게 의미 있는 목표이자 두 사람 모두가 기꺼이 달성하고자 하는 미래상을 구현하는 목표이어야 한다는 점을 강조하고자 한다. '파트너십 재건'(Recreating Partnership)이라는 용어에서 공동의 미래상이란 '좋은 이야기' 맥락으로 돌아가야 한다는 의미다.

이 부부는 남편의 개인 치료자의 의뢰로 부부치료에 오게 되었다. 남편의 개인 치료자는 부부간에 성생활이 없다는 것에 남편이 무척이나 화가 나 있다는 사실을 알고 부부를 함께 상담에 의뢰하게 되었다. 개인상담 중에 남편은 "아내가 어린 시절 성추행당한 사실을 뒤늦게 깨닫게 되면서, 자신의 심리적 경계선을 확보하는 것이 필요하다며 그렇게 될 때까지 남편과 부부관계를 원치 않는다고 선언하였다." 고 말했다.

첫 회기에 부부가 각자의 입장에 관하여 이야기를 시작하자마자 상담자는 그들 사이의 분열을 실제로 확인할 수 있었다. 남편은 정기적으로 아내와 부부관계를 갖기를 원한다고 하였고, 부인은 안전하다고 느끼고 싶으며 무섭고 불안한 성관계로부터 자신과 몸을 보호하고 싶다고 하였다. Tobey는 상담 목표 설정을 위한 논의를 시작하였다. 먼저 남편인 Gordon에게 아내인 Lillian이 "싫어요."라고 말할 수 있게 좀 더 참을성을 가지고 들어주면 도움이 될 것 같으냐고 물었다. 그러자 남편은 자신이 3년이나 참아 봤지만 이제는 인내심이 바닥났다고 하였다. Lillian은 자신이 다른 사람의 의견을 따르든 아니면 스스로 결정을 하든 간에 성관계 영역에서만큼은 한번도 자신을 위한 결정을 내릴 수 없었다는 점을 깨닫게 되었기 때문에 이 문제가 해결될 때까지는 부부관계를 갖는다는 생각만으로도 혐오스럽다고 하였다. 그녀는 남편이 좀 더 이해해 주고 뒤로 조금 물러나 주기를 원하고 있었다. 두 사람의 목표와 희망이 날카롭게 맞서고 있었기 때문에 Tobey는 상담을 더 진행하기 전에 두 사람이 어느 정도 동의할 수 있는 공동의 큰 목표(포괄적이고 중대한 목표)를 설정하는 것이 필요하다고 보았다. 그래야만 부부 각각의 요구를 어느 정도 충족시키면서 동시에 두 사람 공동의 미래상을 그려 내기 위한 단계별 변화의 징후가 무엇인지 알 수 있다. 대화가 불평가/동조자 유형에서 고객/자문가 유형으로 변해야 한다. 부부들은 대부분 첫 회기를 불평가/동조자 유형으로 시작한다. 그리고 상담을 통해 자신이 원하는 대로 상대방이 바뀌기를 원한다. 치료자가 심판이 되어 시시비비를 가려 주거나 자신의 불만을 알아주는 동조자가 되어 주기를 바라기도 한다. 만일 치료자가 내담자의 대화 유형을 알아차리지 못한다면 쉽게 삼각관계나 혼란에 빠져서 결국 부부 중 한 명과 동맹을 형성하거나 앞으로 나아갈 방향을 찾지 못할 수도 있다. 목표를 설정하는 것은 부부를 고객/자문가 유형의 대화로 이끄는 과정이다. 이런 대화가 이루어질 수 있을 때 부부는 치료자의 협력 속에 두 사람이 원하는 미래를 위한 행동에 나서게 될 것이며, 치료자와 내담자 부부 세 사람이 함께 큰 목표를 성취할 수 있게 될 것이다.

첫 회기에 Tobey는 두 사람 사이에 친밀감을 높이는 것이 그들 공동의 목표인지에 관한 대화를 나누었다. 그 결과 회기가 끝날 때쯤, 적어도 한동안은 두 사람의 친밀감을 높인다는 것이 오히려 그들이 각각 원하는 그림과 상반되는 것임이 명확해졌다. 치료적으로 잘 형성된 목표는 나타나지 않았다. 부부가 성관계에 대해 각자 다른 생각을 주장하며 상대방이 자신이 원하는 것에 얼마나 부응하지 못하는가를 불평하는 일이 반복되었다. Tobey는 그들이 상담에서 원하는 다른 목표나 주제가 있는지 물어보았다. 부부는 그 밖에 다른 문제는 없으며 이것이 가장 큰 문제라고 하였다. 그리고 그 전에 받은 상담들은 이 문제를 해결해 주지 못하였기 때문에 모두 시간 낭비였다고 하였다.

첫 회기가 마무리될 즈음 Tobey는 두 사람이 그처럼 어려운 문제에 굴하지 않고 계속 노력해 왔다는 점과 성에 관한 문제가 그들의 초점임을 명확히 알고 있는 점에 대해 칭찬해 주었다. 그리고 부부에게 선택권을 주었다. 다음 상담 약속을 잡을 수 있기는 하지만, 다음 상담까지 그 사이에 혹시 두 사람이 공동의 목표나 소망을 발견할 수 있을지 또는 언제 그것을 발견할 수 있을지 생각해 보고, 만일 그들이 원하는 공동의 목표가 발견되었을 경우 전화로 상담 약속을 하라고 하였다. 나중에 두 사람은 이것이 그들에게는 일종의 충격이었다고 말해 주었다. 그들이 만난 어떤 치료자도 그들이 상담을 받기 전에 시간이 좀 필요하다고 말한 적이 없었다고 한다. 어떤 면에서, Tobey는 자신과 상담하는 것이 그리 쉽지 않은 어려운 일이라는 것을 이들에게 보여 준 것이다. 더 중요한 것은 치료자와 내담자 사이에는 파트너십이 필요하다는 점을 강조한 점이다. 약 한 달 후, Lillian으로부터 두 사람의 공동 목표가 생겼으니 Tobey의 도움이 필요하다는 전화가 왔다.

상담에 다시 온 부부는 그 사이에 부부 참만남집단에 다녀왔으며, 그곳에서 '미러링'(mirroring) 기술을 배웠다고 하였다. 이 기법은 워크숍 동안에는 그들에게 꽤 유용했고 그들도 좋아했던 것 같았다. 하지만 집으로 돌아간 후에는 잘되지 않아 Tobey가 미러링 기술 연습을 도와주기를 바라고 있었다. Tobey는 이것이 좋은 출발점이라고 생각하였다. 미러링 기술을 연습하는 것이 두 사람 공동의 목표이며, 더 큰 목표를 달성하기 위한 수단이 될 수 있다. 이런 맥락에서 Tobey는 부부에게 그들의 관계가 향상되었을 때에 관한 경험적 목표와 징후를 찾아낼 수 있을 것이라고 보았다. 따라서 부부와 상담을 시작할 때 Tobey는 미러링에 관한 대화를 해결로 가는 출발점으로 보고, 두 사람의 파트너십을 강조하며 그들이 공동으로 희망하는 미래에 관한 대화를 시작하였다.

Tobey: 우리는 좋은 출발점을 찾은 것 같습니다. 만약 두 분의 미러링 기술이 향상되어서 대화할 때 이 기술을 잘 사용할 수 있게 된다면 두 분의 관계가 더 행복해졌다는 표시가 될 것이라는 점에 두 분 모두 동의하셨어요. 그런데 제가 궁금한 것은 두 분이 미러링 기술을 잘 사용하고 있다는 것을 어떻게 아시겠습니까? 혹은 어떻게 알 수 있을까요? 제가 좀 이상하지만 숫자로 된 질문을 해 볼게요. 1부터 10 사이에, 1은 두 분이 미러링 기술을 사용하는 데 있어서 가장 낮은 점수고요, 10은 가장 잘 사용할 때의 점수입니다. 지금 부부로서 두 분은 몇 점에 있다고 말할 수 있을까요? (치료자는 부부가 각 개인의 수준에서가 아닌 두 사람의 관계에 점수를 주기를 원한다. 이를 통해 관계의 변화를 구체화할 수 있다. 척도 질문은 변화가 일어나는 방향으로 한 단계씩 나아가도록 해 주며, 동시에 긍정적인 인식을 심어 준다.)

Lillian: 음… '함께'라고 한다면 저는 우리가 약 3점 정도라고 할게요. 저도 남편도 잘하지 못하기 때문에 그 정도가 맞을 것 같아요.

Gordon: 저는 노력하는데, 아무리 노력해도 아내는 제가 제대로 하지 못한다고 항상 불만이고, 꼭 거기에다가 여러 가지 이야기를 덧붙여요. 그래서 그게 정말 힘들어요. (Gordon은 치료자에게서 동조자의 역할을 구하며 여전히 불평가 유형에서 맴돌고 있다. Tobey는 그의 요청을 사양하고 그를 고객/자문가 유형의 대화로 이끈다.)

Tobey: 좋아요, Gordon. 잘 들었어요. 그런데 지금은 미러링을 사용하는 능력에 있어서 부부로서 두 분이 몇 점이라고 생각하는지 그 얘길 듣고 싶어요. (나쁜 이야기 대화에 참여하지 않으면서 Gordon이 점수를 말할 수 있도록 방향을 바꿔 준다.)

Gordon: 글쎄요, 전반적으로는 3점 정도요. 아내의 의견에 동의해요.

Tobey: 알았어요, 이제 출발점이 생겼군요. 만약, 여러분의 점수가 4점 또는 4.5점으로 증가했다고 하려면, 두 분의 미러링 대화에서 무엇이 달라지면 그렇게 말할 수 있을까요? (이렇게 한 단계씩 증가시키는 질문은 내담자가 원하는 미래의 그림에서 내담자가 알아차릴 수 있는 동시에 예를 들 수 있는 구체적인 징후나 신호를 이끌어 내기 위한 것이다.)

Lillian: 아, 그건 쉬워요. 상대방이 말한 것에다가 자신의 이야기는 덧붙이지 않고 자기가 들은 내용만 되돌려 주면 돼요. 우리 둘 다 그렇게 하는 데 어려움이 있지만요.

Gordon: 저도 그렇게 생각해요. 하지만 제가 덧붙이고 싶은 것은 Lillian이 계속해서 말하지만 않는다면 제가 그녀가 말한 것을 잘 따라가고 잊어버리지 않고 요약해 줄 수 있을 것 같아요.

Tobey: 좋아요. 제가 들은 것을 요약해 볼게요. 두 분이 모두 상대방의 이야기를 경청하면서 각자 자기 생각이나 반응을 덧붙이지 않고 들은 내용만 되돌려 줄 수 있을 것이란 말씀이죠? Gordon은 Lillian이 말할 때 길이와 내용을 좀 줄이려고 노력하면 도움이 될 것 같다고 하셨어요. 그러면 아내가 말한 것을 이해하고 되돌려 줄 수 있게 될 거란 말이죠. 제가 잘 이해했나요? (이것은 변화에 대한 그림을 상호적인 것으로 만들어 주는 예이며, 동시에 미러링을 어떻게 하는지 보여 주는 반응이다.)

Gordon/Lillian: 네.

Tobey: 그럼, 이제 미러링 사용과 관련하여 두 분에게 어떤 문제가 있는지 이야기해 보시겠어요? 만약 중간에 두 분이 어려워하는 순간이나 옆으로 벗어나는 경우 제가 개입하도록 하겠습니다. 어떠세요? (부부치료에서 미러링 연습은 일반적으로 많이 이루어지는 것이지만, 이 사례의 경우 치료자가 두 사람의 공동의 목표가 무엇인지를 질문한 다음에 부부가 자신들에게 필요한 것이 미러링 연습이라고 하였기 때문에 이 연습을 하게 된 사실에 주목할 필요가 있다. 또한 치료자는 부부가 부부 워크숍에 다녀온 것이 도움이 되었다는 점에 주목하고, 어디서든 그들의 자원과 기회를 발견할 수 있는 사람은 내담자 자신들이며, 그것을 활용하여 협력하는 것이 치료자가 하는 일임을 보여 준다.)

Lillian: (Gordon이 동의하듯 고개를 끄덕임) 좋은 아이디어네요. 네, 문제가 있으면 말씀해 주세요. Gordon, 어떻게 하면 우리가 함께 집안을 청소하고 아이들이 돕도록 할 수 있을지에 대해 얘기하고 싶어요. 우리 둘 다 너무 늦지 않게 잠자리에 들 수 있게.

Gordon: 좋아. 우리는 항상 그것 때문에 싸우니까.

미러링 기술을 연습하는 것과 관련하여 변화의 징후가 무엇인지 알아냈으므로, 이제 치료자는 부부가 논쟁할 만한 주제에 대하여 미러링 연습을 할 수 있도록 장(場)을 마련한다. 부부는 각자 무엇을 보면 상대방이 미러링 과제를 '더 잘하고 있는지'를 알 수 있을지 이야기한다. Gordon과 Lillian은 각자 무엇을 해야 하고, 무엇을 원하는지를 잘 알고 있었기 때문에 집안 청소를 어떻게 할 것인가에 대하여 몇 가지 약속을 할 수 있었고, 그렇게 할 때 그들이 적절한 시간에 잠자리에 들 수 있을 것이라는 점에 의견을 같이하였다. Gordon이 부부관계를 원하지 않는다면, 너무 늦지 않은 시간에 잠자리에 드는 것은 두 사람 모두가 바라는 것이다. 이 대화에 대하여 부부는 6점 또는 7점이라는 높은 점수를 주었다. 회기의 마무리 무렵, Tobey는 부부에게 집에 가서 미러링 연습을 해 보거나, 만약 치료자와 함께하는 것이 더 도움이 된다고 생각한다면 다음 상담 시간에 와서 다시 해 볼 수 있다고 선택권을 주었다. 치료자는 열린, 그리고 유연성 있는 제안을 함으로써 부부가 어떻게 변화할 것인지, 상담과 미러링 연습을 어떻게 활용할 것인지 스스로 결정하도록 한다. 이러한 제안은 자신들만의 변화를 향한 창조적이고 고유한 방식을 찾아낼 수 있도록 충분한 여지를 남겨 준다.

치료자와 부부는 미러링 기술을 향상시키는 데 동의하였으므로 초기에 부부가 말했던 성생활에 관한 문제는 한 켠에 놓아두고 있다. 그럼에도 불구하고 치료자는 남편이 초기에 이전 상담들이 도움이 되지 않았었다고 말한 점을 인지하고 있어야 한다. 따라서 치료자는 언젠가 부부를 이 대화에 초대하여 이 주제와 관련한 부부 공동의 목표를 발견할 수 있을지 그 가능성에 주의를 기울인다.

세 번째 회기가 시작되자 Gordon과 Lillian은 손을 잡고 웃으며 상담실에 들어왔다. Tobey는 그들이 좋은 한 주를 보낸 것 같다고 말하면서 그것에 대해 듣고 싶다고 하였다.

Lillian: 음, 제가 오늘 아침 3시에 너무 기분이 좋아서 일어났거든요. 저도 많이 피곤하고, Gordon도 그런 것 같아서 그를 깨우고 싶지 않았지만, 오랜만에 처음으로 남편에게 성적인 걸 느꼈어요.

Tobey: (부부의 목표를 과잉 재개념화하지는 않되 긍정적인 반응을 돌려준다.) 아! 좋은 소식이군요. Lillian, 제가 질문 하나 할게요. 처음 두 분이 오셨을 때 Gordon의 목표는 다시 부부관계를 하게 되는 것이라고 했어요. 그리고 Lillian 당신의 목표는 Gordon이 한발 물러서 주는 것이라고 했지요. 그런데 지금 남편이 여전히 참을성이 있었으면 좋겠다고 하면서도 그에게 성적인 걸 느끼고 싶다는 거죠? 이것은 당신에게 성적 욕구가 다시 생기기 시작했다는 것을 의미하나요?

Lillian: 네, 저도 그걸 원하긴 해요. 다만 Gordon이 저를 압박하면서 부부관계를 원한다고 계속해서 말하면 제 마음이 확 꺼져 버리는 것뿐이에요. 그럼 마치 그가 저를 이용만 하고 제가 그 문제로 어려움이 있다는 걸 이해하지 못하는 것처럼 느껴지거든요. 저는 그가 애원하는 게 싫어요. 그가 애원하면 죄책감이 들고 짜증이 나거든요.

Tobey: (나쁜 이야기에는 동참하지 않고 그녀에게 일어난 긍정적인 변화에 대해서 물어본다.) 아! 그럼 오늘 아침 일찍 무언가가 당신에게 성적인 것을 느끼게 해 준 것 같군요. 남편이 그걸 알고 있나요?

Lillian: 네, 아침에 우리가 일어났을 때 남편에게 말했어요.

Tobey: (Gordon에게) Lillian에게 그 말을 들었을 때, 당신에게도 변화가 있었나요? 아마도 아내와 부부관계를 다시 하고 싶다는 목표에 맞게 변화가 일어나고 있다는 의미로 들렸을 것 같은데요.

Gordon: 음, 그 말을 듣고 좋긴 했지만 그게 정말로 좋은 결과를 가져올지는 확신할 수 없는 것 같아요. 이런 일이 전에도 있었거든요.

Tobey: 흠, 좋아요. Gordon, 제가 질문 하나 할게요. 지난 한 주 동안 Lillian이 당신에게 성적 감정을 느끼게 할 만한 뭔가 다른 것이 당신에게 있었나요? (치료자는 Lillian의 감정의 변화를 일으킨 관계적 맥락에 대해 질문하고 있다. Gordon에게 역할을 바꾸어 생각해 보도록 하는 질문을 통해 Gordon에게 주도성을 부여한다. 즉, Lillian이 성적 감정을 갖게 된 데에는 Gordon이 뭔가 긍정적인 영향을 준 것이라는 점을 암시하는 것이다.) 그리고 부인은 당신에게 더 닿고 싶다는 감정을 느끼기 위해 당신이 무엇을 더 해야 한다고 생각하고 있을까요? [Lillian의 눈을 통해서 Gordon이 자신을 바라보도록 하는 반영적 질문이다. 남편이 잘못한 것이 아니라 잘한 것이 무엇인지, 무엇을 더 해야 하는지에 대하여 질문한다. 바로 이것이 해결중심 접근으로, 무엇이 변화를 일으켰는지, 그리고 내담자의 주도성을 확장하고 내담자가 장차 앞으로 나아가기 위해서 무엇을 더 할 수 있는지에 대하여 질문한다(De Jong & Berg, 2002, 1998)].

Gordon: 확실하지는 않지만, 아마도 제가 관계를 원한다는 말을 하지 않았기 때문인 것 같습니다. 아마도 우리가 집안을 청소하고 아이들이 돕도록 한 것이… 효과가 있지 않았나 싶어요. 우리가 아이들에게 너희도 도와줬으면 좋겠다고 말했거든요… 그 밖에 또 무엇이 있는지는 확실히 모르겠어요.

Lillian: 음, 이건 말할 수 있는데, 이번 주 동안 당신이 나한테 더 남자다웠던 것 같아요. 그게 정확히 뭔지는 모르지만, 그랬어요.

Tobey: (좋은 이야기 재료를 활용하여 Gordon이 달라진 점, 그리고 그것이 그녀에게 어떤 의미가 있는지를 두 사람의 목표인 친밀감에 연결한다.) 자, Lillian, 지난 한 주를 돌아보면서 Gordon이 좀 더 남자답게 보이는 어떤 일을 했었는지 생각해 보시겠어요? (이전에는 Gordon이 성적 욕구에 대해 이야기하든 이야기하지 않든, 둘 다 Lillian에게 성적 감정을 느끼게 하는 데 비효과적이었다. 하지만 이제 Lillian은 남편에게 성적 감정을 느끼게 되었고, 그 열쇠는 아내에게 관계를 강요하기보다는 남편이 아내에게 어떻게 보이는가와 관련이 있다. 따라서 치료자는 아내에게 '더 남자답다'는 것이 무슨 의미인지, 그 신호는 무엇인지 말하도록 하려는 것이다.)

Lillian: 음, 첫 번째로 생각나는 것은 집안 청소하는 일을 남편이 도와주었다는 점이고요. 그리고 남편이 아이들에게 너희도 도와라라고 말할 때, 소심해 보이지 않고, 아이들의 핑계도 안 받아 주고 반드시 하도록 시키더라고요. 와, 그게 정말 달라진 것 같네요. 좋았어요. 남편이 정말 내 편이구나 하고 느꼈어요. 지금 생각해 보니, 남편이 애들에게 그렇게 대하는 것을 보고 남편에게 훨씬 더 친근감을 느끼게 된 것 같아요. 조금은 육체적으로도 그렇고요. (이 사례의 목표를 설정할 때, 부부간의 성적 친밀감을 형성하는 것은 어떻게 부부가 성관계를 가질 것인지에 대한 합의를 도출하는 것보다는 어떻게 가족의 기능과 관련된 부부의 파트너십을 증가시킬 것인가에 기초해 있었다. 이 책의 1장에서 볼 수 있듯이, 해결책이 반드시 문제와 직결되어 있을 필요는 없다.)

Tobey: 흥미롭네요. Lillian, 만약 Gordon이 집안일을 좀 더 도와주고 아이들에게 그런 식으로 이야기를 하고 그렇게 제대로 한다면, 남편에게 더 친밀감을 느끼는 데 도움이 될까요? 그리고 아마도 시간이 지나면 남편과 다시 부부관계를 할 수 있을까요?

Lillian: 네, 그럴 것 같아요. 하지만 아직도 압박감은 안 줬으면 좋겠어요. "이제 내가 집안일을 더 많이 도와주니까 관계를 해도 되는 거지?"라는 식으로는 싫어요.

Gordon: 알겠어.

Tobey: 이제 두 분이 변화를 위해 더 추가한 것이 있는 것 같네요. 남편은 집안일을 더 많이 도와주고, 아이들을 더 많이 담당하고, 두 분이 적당한 시간에 잠자리에 들 수 있고, 남편은 아내에게 압박감을 주지 않으며, 아내는 남편에게 성적 감정을 좀 더 느끼는지 생각해 보는 것이죠. 이해가 되세요?

Gordon/Lillian: 네!

Tobey: 그런 이야기를 했으니까 이제 우리가 지금 어떻게 하고 있는지, 어디에 있는지 확인해 보고 싶네요.

Tobey: (Lillian과 Gordon은 미소를 지으며 서로를 바라보더니 부드럽게 서로에게 기댄다. 상담이 제대로 진행되고 있는 듯하지만, 치료자는 부부가 스스로 방향을 잡아 나가고 있으며 그들 자신이 무엇을 하고 있는지 알도록 해 주어야 한다. 따라서 이제 척도 질문을 사용할 것이다. 이것은 지금도 상담실 안의 분위기가 긍정적이지만 좋은 이야기를 더 굳히기 위해 사용하는 것이다.) 이제 우리가 어디에 와 있는지 알아보기 위해서 제가 숫자로 된 질문을 몇 개 더 할게요. 먼저, 1부터 10 사이의 척도에서 두 분이 전반적으로 잘하고 계신지를 점수로 매긴다면 몇 점이라고 하시겠습니까?

Gordon/Lillian: (서로를 바라보며 차례로 대답함) 8점이요!

Tobey: 와! 굉장하네요. 두 분 모두 열심히 하셨고 정말 많이 좋아지셨어요. 그러면 또 질문할게요. 척도상에서 1은 자신감이 전혀 없다, 10은 완벽히 자신감이 있다라고 할 때, 두 분의 자신감은 몇 점이라고 할 수 있겠습니까? 두 분의 관계에 대한 목표를 향해 두 분이 계속 나아갈 수 있다는 자신감 말입니다.

Gordon: 음, 전체로는 8점이나 9점, 부부관계에 있어서는 6점이나 7점이요.

Lillian: 저는 모든 문제에 대해 8점이나 9점이라고 하고 싶어요. 부부관계를 포함해서요.

Tobey: 네, 좋습니다. 남편이 부부관계에 있어서 밀어붙이지 않는 것이 Lillian에

계는 여전히 중요한가요?

Lillian: 네.

Tobey: 그런데 Lillian, 제 생각에는 Gordon이 당신에게 다가갈 때 당신이 부부관계를 원하는지 아닌지 어떻게 알 수 있을지 그것에 대해 좀 말씀해 주시면 좋을 것 같아요. (Gordon이 고개를 끄덕임) 남편이 부부관계를 먼저 하자고 말하기 어려우니까요. 아내분이 그것을 받아들일 준비가 되어 있다는 것을 남편이 어떻게 알 수 있을까요? (치료자가 점진적으로, 그리고 미래로 조금씩 계속 나아가는 용어를 사용하고 있음에 주목하라. 이러한 용어를 사용함으로써 변화는 어떤 정지된 상태가 아니라 무엇인가를 향해 조금씩 나아가는 것임을 보여 준다.)

Lillian: (남편을 유혹하듯 바라보며) 아유, 저 사람은 알아요!

Tobey: 네, 제 앞에서 말로 표현하시기 어렵다는 걸 이해해요. 하지만 상담이 끝난 다음에 남편에게는 말해 주실 거죠?

Lillian: 그럼요!

이 대화 후에 이 회기는 곧 마무리되었다. 네 번째 회기에서 부부는 아내가 먼저 부부관계를 갖고 싶다고 말했고 둘이 좋은 시간을 가졌다고 보고하였다. 그리고 이제 잘하고 있다는 자신감이 생겼다고 했지만, 특히 남편은 아직 이 변화를 유지할 수 있을지에 대해서는 조심스럽다고 하였다. 그래서 당분간은 상담을 더 받으면서 그동안 덮어 두었던 다른 문제들, 예를 들면 경제적인 문제와 집을 팔고 근교로 이사하는 것 등에 대해서 다루고 싶다고 하였다. Tobey는 이 부부를 4개월에 걸쳐 8회 더 상담하였다. 그리고 이 책을 쓸 때 즈음 한 번 더 상담을 하기로 하였다. Gordon과 Lillian은 그들이 여전히 완벽하지는 않지만 둘 사이의 친밀감이 상당히 높아졌고 이제 한 팀으로서 자신감을 갖게 되었다고 한다.

참고문헌

Anderson, H. (1997). *Conversation, language, and possibilities: A postmodern approach to therapy.* New York: Basic Books.

Anderson, H., & Goolishian, H. A. (1992). The client is the expert: A not-knowing approach to therapy. In S. McNamee & K. J. Gergen (Eds.), *Therapy as social construction* (pp. 25-39). Newbury Park, CA: Sage.

De Jong, P., & Berg, I. K. (2002). *Interviewing for solutions* (2nd ed.). Monterey, CA: Brooks-Cole.

de Shazer, S., & Berg, I. K. (1985). A part is not apart: Working with only one of the partners present. In A. S. Gurman (Ed.), *Casebook of marital therapy* (pp. 97-110). New York: Guilford.

Hudson, P., & O'Hanlon, W. H. (1991). *Rewriting love stories: Brief marital therapy.* New York: Norton.

Nylund, D., & Corsiglia, V. (1994). Becoming solution-focused forced in brief therapy: Remembering something important we already knew. *Journal of Systemic Therapies, 13*(1), 5-12.

Thomas, F. N., & Nelson, T. S. (2007). Assumptions within the solution-focused brief therapy tradition. In T. S. Nelson & F. N. Thomas (Eds.), *Handbook of solution-focused brief therapy: Clinical applications* (pp. 3-24). Binghamton, NY: The Haworth Press.

White, M., & Epston, D. (1992). *Narrative means to therapeutic ends.* New York: Norton.

Ziegler, P. B., & Hiller, T. (2001). *Recreating partnership: A solution-oriented, collaborative approach to couples therapy.* New York: Norton.

Ziegler, P. B., & Hiller, T. (2002). Good story/bad story: Collaborating with violent couples. *Psychotherapy Networker, 26*(2), 63-68.

우울증 그 너머를 보는 것

Teri Pichot

서 론

우울증은 그 어두운 감정을 포착하기 위하여 우울함의 주요 특징인 우중충한 기분, 깊은 구멍, 어두운 터널 등의 수많은 비유로 설명되어 왔다. 이러한 비유들의 공통점은 외로움 또는 공허함, 그리고 숨이 막힐 듯한 답답함과 같은 강렬한 슬픔의 감정이다. 우울증은 그 희생자에게 도저히 빠져나갈 방법은 없으며, 아무도 이해할 수 없다고 느끼게 만들고, 본질적으로 어떤 결함이 있어서 고치는 것은 불가능하다고 믿게 만든다. 이런 믿음을 치료하지 않으면 심지어 자살로 이어질 수 있다. 우울증으로 힘들어하는 사람에게는 우울증 그 너머를 보는 것이 아무 소용이 없다는 생각이 든다. 이것이 해결중심 단기치료(SFBT)가 우울증으로 고통받는 사람들에게 매우 효과적인 이유다. SFBT는 우울증으로 고통받는 사람에게 잃어버린 희망과 미래에 관한 새로운 비전을 제시한다.

미국 성인 인구의 대략 9.5%는 어떤 형태로든 우울증을 경험하는 것으로 추정된다(National Institute of Mental Health: NIMH, 2003). 세계보건기구(World Health Organization: WHO)의 2001년 세계건강보고서에 따르면(NIMH, 2003에서 인용), "우울증은 미국과 전 세계에서 모든 연령의 남성과 여성이 겪는 가장 주요한 장애로 나타났다." 자료에 따르면, 매년 대략 1,200만 명의 미국 여성이 우울증을 경험한다고 추산된다(NIMH, 1999). 또한 전문가들은 남성보다 여성이 대략 2배 더 많이 우울장애를 경험하며, 이러한 남녀 비율은 인종과 민족 배경 또는 경제적 지위에 관계없이 1:2의 비율임을 밝혀 냈다(NIMH, 2000).

우울증 환자의 증상은 잘 알려져 있는 편이다. 증상에는 우울한 기분, 무망감, 이전에 즐기던 활동들에 대한 흥미나 즐거움의 감소, 체중의 현저한 증가/감소, 또는 식욕의 증가/감소, 불면증/과다 수면, 심리운동성 흥분/지체, 피로 또는 체력 감소, 무가치감, 과도하거나 부적절한 죄책감, 사고능력 혹은 집중력 감소, 우유부단함, 죽음 또는 자살에 대한 반복된 생각 등을 포함한다(American Psychiatric Associaton, 1994, pp. 162-163).

이러한 증상들과 더불어 감정 때문에 신체적 건강 상태가 더 악화될 수 있다. 왜냐하면 사고가 건강에 영향을 미치기 때문이다(Kemper, Healthwise Staff, & Smith, 1997). 자신의 신체적 건강 상태에 긍정적인 생각을 가지고 있는 환자는 그렇지 않은 환자보다 더 빨리 회복하며, 약물도 긍정적인 효과가 있다고 믿는 환자에게서 더 효과적일 수 있다(플라시보 효과). 또한 환자는 약리적인 효과가 나타나기 전에 이미 효과를 약물에 귀인하는 것으로 알려져 있다. 우리의 정신적 · 신체적 건강에 마음이 강력한 영향을 미치며, 이제는 이러한 마음과 몸의 연결을 연구하는 과학 분야(정신신경 면역학)까지 존재한다(Kemper et al., 1997). 마지막으로, 환자가 임상적 우울증을 겪고 있을 때에는 식이와 운동 그리고 건강에 영향을 주는 기타 다른 요소들이 손상되고 나아가 신체적 · 정신적 상태가 악화될 수도 있다.

우울증에 대한 정확한 원인은 계속 연구되고 있으나 아직 명확하게 밝혀지지 않았다. 많은 자료에 따르면 "거의 모든 주요 우울증은 뇌의 화학 신호(신경전달물질)와 관련되어 있다."(Kemper et al., 1997, p. 298) 때문에 건강보험제도는 주요 우울장애를 의료 혜택을 볼 수 있는 생리학적 조건으로 간주한다. 우울 삽화는 부정적인 생활 사건(죽음 또는 실직)으로부터 촉발될 수 있다. 그러나 항상 그런 것은 아니다. 어떤 경우에는 경고나 원인 없이 갑작스럽게 나타나기도 한다.

우울증을 치료하는 데에는 항우울제, 심리치료, 또는 이 두 가지를 결합한 방법 등 많은 접근이 있다. 심리치료로는 인지적 · 행동적 개입이 가장 많이 활용되고 있으며(보험회사들이 가장 독려하는 접근임), 이는 오늘날 "세계에서 가장 많이 실시되고 있는 치료 방법"(Burns, 1999, p. xxxi)이기도 하다. David Burns(1980, 1999)는 인지행동치료가 약물치료 없이도 우울증에 임상적인 효과가 있다고 하였다. 이 접근은 내담자의 '자기 파괴적인' 사고에 도전하고 그것을 수정하여 변화를 추구하는 접근이며, 그 결과 내담자의 우울한 기분과 비효과적인 행동을 경감시킨다. 이 접근의 첫 번째 단계는 내담자의 사고를 탐색하는 것이다. 치료자는 내담자가 자신의 부정적인 사고와 감정이 서로 연결되어 있다는 것을 이해할 수 있도록 돕는다. 이러한 기본 원리는 항우울제인 졸로프트의 광고 슬로건에 잘 나타나 있다(Understanding Depression, 2003). 이 광고는 "문제가 무엇인지 잘 알수록 당신은 더 잘할 수 있다."고 말한다. 이러한 원인과 결과 중심의 접근들은 대부분 문제 중심 접근의 근간이 된다. 이것은 문제의 원인과 해결책이 반드시 연결되어 있을 필요는 없다는 SFBT의 본질적 특성과 직접적인 대조를 이룬다.

원인과 결과에 초점을 두는 기존의 접근들은 다양한 방법을 사용하여 내담자가 자신의 어두운 부분에 더 오래 머물게 하면서 문제의 원인을 탐색하고 이해할 수 있도록 한다. 이러한 접근은 많은 사람에게 유용할 수 있지만, 어떤 사람은 자신의 부정적인 측면을 탐색하면서 자신의 어두운 부분을 더 이상 견디기 어렵고 점점 더 좌절하기도 하여 결국 우울한 상태가 더 깊어지기도 한다. 그런 사람에게는 즉각적인 희망과 가능성에 대한 비전을 주는 대안적 접근이 더 효과적이다. 바로 이 점이

SFBT의 차이점이다. SFBT에 따르면, "문제는 문제일 뿐, 문제는 해결책과 연관될 때 가장 잘 이해될 수 있다."(de Shazer, 1988, p. 7) Miller와 de Shazer(1988)는 치료자에게 "내담자의 무기력과 절망에 계속 주의를 기울임으로써 내담자의 희생을 가속시키기" 보다는 "내담자를 격려하여 내담자 자신이 이미 문제를 얼마나 잘 관리해 왔는지 깨닫고, 자신의 삶을 더 나은 방향으로 통제하기 위한 개인적 · 사회적 자원을 발견할 수 있도록 격려할 책임이 있다."(p. 373)고 하였다.

때때로 SFBT는 일반적으로 말하는 인지행동적 접근과 혼동되기도 한다. 두 접근 모두 지금-여기에서의 변화(행동, 인지, 그에 따른 감정을 포함)에 초점을 두고, 목표 중심적이며, 내담자의 사고와 가정에 도전하기 때문이다. 그러나 SFBT는 적어도 세 가지 주요 부분에서 근본적으로 다르다. 첫 번째는 원하는 해결책에 있어서 치료자의 위치다. 인지행동치료와 같은 전통적인 치료에서는 치료자가 내담자와 함께 문제를 해결하고, 가능한 해결책을 찾는다(현재 또는 과거로부터 미래를 들여다 봄). 이런 접근에서는 가능한 해결책을 브레인스토밍하기 위해 적어도 문제의 요소들을 이해할 필요가 있다. 그러나 SFBT는 매우 다르다. SFBT에서 치료자는 문제가 이미 해결된 장소(미래)에서부터 질문을 하려고 한다. 이것은 더 호기심이 있고 미래 지향적인 태도를 낳는다. 두 번째로, 전통적인 치료 모델에서 치료자는 전문가로서의 역할을 한다. 치료를 위해 치료자의 의견과 조언은 무엇보다 중요하게 여겨진다. 그러나 SFBT에서는 내담자가 자기 삶에 있어서의 전문가로 여겨진다. 이는 우울증을 겪고 있는 내담자에게 매우 큰 힘을 준다. 그들이 본래 가지고 있던 힘과 희망을 볼 수 있도록 해 주기 때문이다. 세 번째로, 전통적인 인지행동적 접근은 내담자의 감정을 변화시키기 위한 열쇠로서 인지와 행동에 주로 초점을 맞춘다. 그러나 SFBT는 내담자의 사고방식을 고려하고 내담자의 행동과 그로 인한 감정에 대하여 질문은 하지만, 원인과 결과를 직선적인 인과관계로 보는 접근을 지양한다. 해결중심 상담자는 문제가 이미 해결된 맥락에서 내담자의 삶의 모든 측면에 대하여 질문한다. 반면 성공하기 위해서 내담자가 무엇을 바꾸어야 하는지에 관한 어떤 가설도 세우지 않으며, 궁극적으로 목표로 삼는 변화는 내담자가 결정한다고 본다.

SFBT의 특징이나 일반적으로 사용되는 개입 방법에 대하여 자세히 알고 싶다면, 이 책에서 SFBT의 가정을 설명한 부분(1장)을 참조하기 바란다. 이 장에서는 SFBT의 기본 가설을 기초로 하여 우울장애의 특징인 부정적 사고를 반복하거나 경험하게 하지 않고도 우울증의 증상을 효과적으로 다루고 해결할 수 있는 구체적인 개입 방법들을 설명하고자 한다.

기적 질문

나는 강한 정서적 고통(예를 들면, 우울증 같은 고통)을 경험하고 있는 내담자에게 기적 질문[1]을 사용하는 것이 적절한가에 대한 질문을 종종 받는다. 처음에는 이 질문이 당황스러웠지만, 나는 심한 정서적 고통을 가지고 있는 내담자에게 기적 질문은 적절하고 꼭 필요한 것이라고 믿는다. 고통 중에도 고통은 끝날 것이라는 희망을 갖게 만드는 무언가가 필요하다. 종종 환자는 자살이 고통을 멈출 수 있는 유일한 방법이라고 여긴다. 따라서 우울증을 경험하고 있는 내담자에게 즉각적이고 대안적인 것에 초점을 두도록 만드는 것은 꼭 필요하고 치유적인 효과가 있다. 그러나 나는 경험이 부족한 치료자가 내담자의 고통을 경청하고 그들이 겪는 현실적인 고통에 대하여 소통하는 훈련이 잘되어 있지 않아서 의도치 않게 이 기적 질문을 냉정하게 사용하는 것을 본 적도 있다. 따라서 기적 질문을 사용하여 내담자가 고통에서 벗어나도록 하기 전에 치료자는 경청과 의사소통에 관한 훈련을 먼저 받아야 한다.

De Jong과 Berg(1998)는 "내담자가 힘든 시간을 이겨 내기 위해 이미 효과적으로 사용하고 있는 자신의 강점이 무엇인지를 탐색하도록 돕기"(p. 38) 위해서는 치료자가 먼저 내담자의 마음을 인정하고 고통을 수용해 주어야 한다고 하였다. 그러나 이들은 인정(validation)의 중요성은 강조하지만, 부정적인 감정을 강조하는 것에 대해서는 경고한다. 그들은 "부정적인 감정을 강조하는 말은 삶의 부정적인 측면으로 내담자를 이끌며, 긍정적인 변화를 생성하는 데 도움이 되지 않는다." (p. 37)고 하였다. 내담자는 치료자가 자신의 정서적 고통에 대해서 들어주고 수용해 줄 때 해결책을 알아내는 자신만의 방법을 가지고 있다.

여기서 중요한 것은 내담자의 고통을 인정한다는 것이 치료자가 내담자와 공통의 또는 공유하는 경험을 통해 내담자의 고통과 관계 맺는 것과는 매우 다르다는 점이다. 숙련된 치료자는 자기 개방에 의존하지 않고 공감을 소통할 수 있다. 공통의 또는 공유하는 경험(우리 모두 때로 내담자와 똑같은 혹은 비슷한 경험이 있다)이 내담자를 위한 최선의 해결을 찾는 데 반드시 도움이 되는 통찰을 제공하는 것은 아니다. 그렇기 때문에 이러한 과정에서 혼란을 줄 수도 있다. 문제 중심 접근에서는 종종 문제와 해결책 사이에 직접적인 상관관계가 있다고 가정한다. 따라서 논리적으로 공통의 경험은 가능한 공통의 해결책을 의미한다. 그러나 인과관계는 SFBT에 포함되지 않는다. 따라서 SFBT에서는 문제를 공유한다는 것이 반드시 해결책을 공유하는 것을 의미하지 않는다. 더불어 치료자가 공통의 경험을 자기 개방하는 것은 내담자가 치료자를 전문가로 바라보게 만들 위험이 있고, 따라서 내담자가 자신을 전문가, 해결책의 잠재적인 자원으로 재정의하도록 도울 기회를 놓치게 만든다. 내담자의 문제를 지나치게 강조하지 않으면서 내담자의 고통을 인정해 주고 알아주는 것 사이에 균형을 이루는 것이 우울 증상으로 고통받는 내담자를 위한 기적 질문을 하기에 가장 효과적인 타이밍을 결정하는 핵심 요소다. 다시 말하면, 내담자의 고통이나 다른 감정들을 인정해 준 때가 바로 기적 질문을 사용할 때라는 의미다.

전통적인 접근을 활용하는 치료자는 내담자에게 문제에 대하여 물어보는 경향이 있다. 그들은 종종 우울증의 증상을 탐색하고, 그렇게 함으로써 내담자가 자기 삶에서 가장 고통스러운 부분에 주의를 기울이도록 만든다. 이와 반대로, 기적 질문은 내담자가 우울증 또는 우울 증상이 해결된 경우에 주의를 기울이도록 한다. 우울증을 겪고 있는 내담자에게 기적 질문을 사용할 경우에는 전통적인 형태의 기적 질문보다 개인화된 형식의 기적 질문을 사용하는 것이 더 유용하다. 기적을 정의하는 것을 통해 치료자는 내담자에게 더 잘 맞는 개입을 재단할 수 있고 내담자와 논쟁하는 것을 피할 수 있다. 예를 들면, 변화에 대한 희망이 없고 아무도 자신을 이해하지 못할 거라고 말하는 내담자에게 다음과 같이 개입할 수 있다.

> 이제 제가 당신에게 이상한 질문을 하겠습니다. 밤에 당신이 잠자고 있을 때 기적이 일어났다고 생각해 보세요. 그 기적은 삶에 아무런 희망이 없고 아무도 당신을 이해하지 못하겠지만, 그럼에도 불구하고 우울한 감정을 포함하여 당신이 말했던 모든 문제가 해결된 것입니다. 어쨌든 변화가 일어났습니다! 사람들은 이제 당신을 이해할 수 있습니다! 그러나 불행히도 당신은 잠을 잤기 때문에 기적이 일어났다는 것을 알지 못합니다. 당신이 아침에 일어나서 첫 번째로 무엇을 보면 이러한 기적이 일어났다는 것을 알 수 있을까요?

이처럼 표현을 수정함으로써 내담자가 치료의 목적에 계속 초점을 맞출 수 있게 하고, 내담자의 절망감과 정서적 고립감을 치료자가 정말로 이해하고 있음을 보여 줄 수 있다. 또한 내담자가 질문에 자유롭게 대답하게 만든다. 기적 질문은 내담자의 초점을 우울과 절망에서 벗어나 그 너머를 보게 한다. 이 질문의 형태는 우울증 저편에 무언가가 존재하고 있음을 시사하고, 그렇기 때문에 논의할 가치가 있음을 함축해 준다. 그곳을 보는 것이 치유의 첫 번째 단계다. 내담자는 대체로 매우 공손해서 그것을 지지하는 가정을 믿지 않는다 하더라도 치료자의 개입을 따라온다. 내담자는 기적 속에 있는 자신의 모습을 그려 보는 것에서부터 점차 그 밑에 있는 신념까지 수용하게 된다. 이것이 첫 번째 희망의 싹이다. 이러한 희망과 대안적 비전이 우울증의 핵심인 외로움 그리고 절망감과 천천히 싸우기 시작한다. 내담자는 이전에 즐거웠던 활동들을 다시 하는 자신의 모습과 친구 관계를 즐기고, 숙면하고, 에너지를 가지고 하루를 살아가는 자신의 모습을 상상으로 그려 볼 수 있다. 이제 우울증을 일시적이고 통제 가능한 문제라는 시각으로 보게 되는 것이다.

척도 질문

우울증을 겪는 내담자는 종종 '아무도 이해할 수 없다.' '항상 이렇다.' '나는 절대 행복해질 수 없다.'라는 흑백사고의 희생양이 된다. 그들은 세상을 부정이라는 렌즈를 통해 바라본다. 우울증이 있는 내담자와의 상담에 유용한 해결중심 원리 중 하나는 "문제가 항상 일어나는 것은 아니다."(Pichot & Dolan, 2003, p. 13)라는 것이다. 이러한 원리가 없으면 내담자의 '항상' 우울하다는 말은 자기 충족적 예언이 될 수 있고 그들의 정체성이 될 수 있다. Berg와 Miller(1992)는 "대체로 내담자는 문제가 변치 않는 특성을 가진 것으로 보는 경향이 있다. 그것에 대한 어떤 예외도 알아차리지 못한다."(p. 12)고 하였다. 치료자는 척도 질문을 통해 조심스럽게 내담자의 불변성에 대한 신념에 도전한다. 치료자는 1에서 10까지의 척도에 대해 명확하게 정의하여 솜씨 있게 언급할 필요가 있다. 그렇지 않으면 내담자는 예외가 존재하지 않음을 확인하는 데 이 척도를 사용할지도 모른다. 예를 들어, 다음의 척도는 우울증으로 고통받고 있는 내담자에게 사용할 수 있는 것이다.

> 1에서 10까지의 척도에서, 1은 당신이 한 약속을 지키기 위해 침대에서 일어날 수조차 없는 것을 말합니다. 그 약속이 얼마나 중요한지와는 상관없이 말이죠. 그리고 10은 당신이 아무리 우울해도 인생을 잘 살아갈 수 있다는 것을 의미합니다. 당신은 오늘 몇 점이라고 하시겠습니까?

이 시나리오에서 치료자는 의도적으로 '1'을 내담자가 '어떤 약속에도 나갈 수 없는 것'으로 정의한다. 왜냐하면 치료자는 내담자가 어찌됐든 치료자와의 약속에는 나왔다는 것을 이미 알고 있기 때문이다. 따라서 내담자가 자신에게 1점을 주기란 매우 어렵다. 이것이 내담자에게 예외를 탐색할 수 있는 좋은 출발점을 제공한다. 대화는 다음과 같이 이루어질 것이다.

내담자: 글쎄요. 그렇게 말씀하시니 저는 3점이라고 하겠습니다.

치료자: 오, 3점이요! 당신이 말씀하신 것들을 생각해 보면 꽤 높은 점수로군요. 이렇게 높은 점수를 주게 만든 일이 있다면 무엇인가요?

내담자: 글쎄요. 제가 지금 이곳에 있으니까요. 이곳에 오는 것이 정말 힘들었지만, 왔습니다. 여기 오기 전에 샤워도 했어요. 그리고 저는 지난주에 딸의 학교에서 있는 모임에도 참석했어요. 꼭 가야만 했으니까요.

치료자: 당신의 기분이 그런데도 불구하고 두 개의 약속을 모두 지켰다는 것과 샤워까지 했다는 점이 정말 인상 깊네요. 어떻게 자신이 그렇게 할 수 있도록 하셨나요?

척도 질문을 통해 내담자가 작은 변화를 이루었던 순간들을 추가적으로 발견해 낼 수 있다. 그것은 척도 질문이 아니라면 내담자가 공개하지 않았을 내용들이다. 치료를 받기 위한 준비 단계에서 내담자는 종종 중요한 것을 잊지 않기 위해 자신에게 어떤 문제가 있는지 마음속으로 검토한다. 이것은 우리가 차를 수리하기 위해 자동차 정비소에 갈 때와 유사하다. 정비사에게 기계적인 문제들에 대하여 얘기할 때, 우리는 어떤 꽝 하는 소리나 덜그럭거리는 소리가 났는지, 정확하게 언제 소음이 발생했고, 얼마나 오랫동안 그랬는지 등을 설명하기 위한 정확한 단어를 찾을 필요가 있다. 우리는 대부분 이러한 섬세한 지식 없이는 전문가가 정확하게 진단하고 문제를 고칠 수 없을 거라고 생각한다. 우울증을 겪고 있는 내담자는 치료자가 해결책을 찾아주기를 간절하게 원하며, 그것을 돕기 위해 부지런히 정보를 모은다. 그러나 불행히도 인간에게 있어서 변화는 기계보다 훨씬 더 복잡하며, 해결중심 상담자들은 문제의 구체적인 사항들을 아는 것이 유용하지 않다는 것을 안다. 내담자들은 해결중심 상담자가 문제가 조금 나아진 때를 더 가치 있게 여기는 것을 보고 종종 놀라기도 한다. 척도 질문은 이러한 교훈을 내담자에게 천천히 가르치고 그들의 초점을 돌려놓을 수 있는 훌륭한 장치다.

척도 질문은 자살 사고를 가진 내담자를 만날 때에도 유용한 도구로 사용할 수 있다. 내담자가 위기에 있을 때 치료자는 SFBT를 포기하고 싶은 유혹을 느낄 수 있다. 왜냐하면 내담자가 좀 더 안정적일 때에만 이 접근이 효과적으로 사용될 수 있다고 생각하기 때문이다. 이런 경우 전통적인 접근으로 돌아가 내담자의 자살 위험성을 평가하기 위해 우울 사고와 증상에 대하여 탐색하면서 자살 평가를 시작하는 치료자를 본 적도 있다. 내담자의 안전을 빠르게 평가하는 것은 의심할 여지 없이 필요하지만, 전통적인 접근의 방법들이 유일한 방법은 아니다. 앞에서 언급하였듯이, 치료자의 목표는 내담자의 사고를 문제로부터 벗어나 문제를 해결하는 방향으로 향하도록 전환하는 것이다. 자살을 생각하는 내담자에게 희망은 가장 중요한 부분이다. 다음의 대화는 필요한 평가 정보를 제공하면서 동시에 미래에 초점을 두도록 전환시키는 데 척도 질문이 얼마나 유용하게 사용될 수 있는지를 보여준다.

치료자: 1부터 10까지의 척도에서, 10은 지금은 비록 너무 힘든 시간이지만 당신이 고통을 극복할 수 있다는 것을 의미하고, 1은 당신이 이 상담을 떠나 당신의 삶을 포기하는 것을 의미합니다. 당신은 오늘 몇 점인가요?

내담자: 4점 정도인 것 같아요. 저는 자살하지 않을 거예요. 살아야 할 이유가 너무 많으니까요. 하지만 갈 길이 너무 멀어요.

치료자: 와! 4점은 굉장히 높네요! 당신이 3점이 아니라 4점이라는 것을 어떻게 알 수 있었나요?

내담자: 글쎄요. 저에게는 딸이 정말 소중해요. 저는 절대로 제 딸을 엄마 없는 아이로 자라게 하고 싶지 않아요. 아무리 어려운 시간이 와도 제 딸을 위해 극복해야 해요. 자살에 대해 생각할지도 모르지만 결코 죽지는 않을 거예요. 몇 년 전이라면 그런 선택을 할 수도 있었겠지만, 지금은 아니에요. 이제 나에게는 책임이 있으니까요.

치료자: 당신이 딸을 얼마나 사랑하는지 알 것 같네요! 어려운 시간 동안 당신에게 딸이 너무나 소중하다는 것을 어떻게 기억할 수 있었나요?

내담자: 열쇠고리에 딸의 사진을 넣어서 가지고 다녀요. 그러면 나는 어디서든 열쇠를 사용할 때마다 딸을 볼 수 있죠. 딸 사진을 보면 웃을 수 있어요. (말하면서 자신의 열쇠고리에 있는 딸의 사진을 보며 미소를 지음)

이러한 대화는 치료자에게 내담자의 안전에 대한 유용한 정보를 제공한다. 치료자는 내담자가 자살에 대한 생각은 갖고 있을지라도 자살을 계획하거나 구상하고 있지 않음을 알 수 있었다. 내담자는 자신이 살아갈 이유(자신의 딸)가 있고, 그 이유를 매일 자신에게 기억시킬 수 있는 효과적인 방법을 가지고 있다. 이러한 안전에 대한 정보는 문제에 초점을 두지 않고도 얻을 수 있었다. 이처럼 치료자는 내담자의 안전에 대한 단서를 듣는 동안 해결에 초점을 두는 것을 유지할 수 있다. 따라서 문제에 초점을 두는 질문으로 내담자를 혼란스럽게 하지 않으면서 치료를 위한 안전에 대한 평가로 부드럽게 전환할 수 있다.

치료를 진행하면서 치료자는 내담자의 발전에 맞는 척도를 솜씨 있게 만들어야 하며, 내담자의 발전에 따라 전개되는 추가적인 척도 질문들도 신중하게 만들어야 한다. 이와 같이 척도 질문은 내담자가 깊은 우울로부터 기적에 다다를 수 있는 사다리를 제공한다.

예외 질문

척도 질문은 내담자가 아주 조금 더 나아진 때를 강조하기 위한 자연스러운 방법이다. 이는 예외—문제가 없거나 또는 문제가 심각하지 않은 때—에 대하여 논의할 수 있는 출발점이기도 하다. 문제에 대한 예외는 어디에나 존재한다. 치료자의 역할은 그 예외를 알아차리고, 내담자의 세계관을 더욱 균형 잡힌 세계관—긍정적인 것과 부정적인 것이 모두 인식되는 세계관—으로 바꿀 수 있도록 부드럽게 도전해 주는 것이다. 그런데 여기서 주의해야 할 사항이 하나 있다. 나는 좋은 의도에서 예외 질문을 사용하던 한 치료자가 과잉 열성적으로 변하는 것을 본 적이 있다. 그런 신호가 될 만한 것이 바로 치료자가 "네, 하지만~"을 사용하게 되는 것이다. 이런 일은 내담자가 부정적인 진술을 하고 있으나 그 부정적 진술과 상치되는 사실이 있다고 생각해서 치료자가 그것과 싸우려고 할 때("네, 하지만 어제는 침대에서 일어날 수 있었다고 하셨죠?") 발생한다. 이는 내담자에게 마이너스 효과가 있다. 즉, 내담자는 치료자가 자신의 말을 이해하거나 수용해 주지 않는다고 느끼며 불쾌해질 수 있다. 우울증을 겪는 내담자는 빈번하고 광범위하게 부정적인 성향을 갖고 있기 때문에 매우 어려운 내담자다. 나는 이런 내담자에게는 예외에 대해서 직접적으로 묻는 것을 피하고, 척도 질문을 통해 예외를 발견하도록 하는 것이 더 효과적이라는 것을 발견하였다(예를 들면, "당신이 4점이 아니라 5점이라는 것을 어떻게 알 수 있었나요?"). 그렇게 할 때 내담자는 치료자가 자신보다 더 흥분하지 않고 자신의 곁에서 천천히 걷고 있다는 사실을 떠올리면서 여유 있게 예외를 찾아낼 수 있다. 이처럼 속도를 약간 늦추는 것이 내담자의 긍정적인 면을 과장되게 강조하지 않음으로써 내담자의 감정을 인정해 주는 부가적인 효과가 있다. 일단 내담자의 우울감이 줄어들면 내담자는 예외 탐색에 더 수용적이 될 것이다.

주의할 점이 있지만, 예외 질문이 가진 힘은 더 이상 강조할 필요도 없다. 예외 질문을 통해 내담자는 희망의 부가적인 단서를 찾기도 하고, 미처 알아차리지 못한 변화를 발견하기도 한다. Peter De Jong과 Insoo Kim Berg(1998)는 "당신과 내담자가 예외에 대해 살펴볼 때마다 내담자의 삶에서 일어나는 좋은 것들을 인식하게 되고, 결과적으로 내담자의 미래를 보다 희망적으로 느낄 수 있을 것이다." (p. 98)라고 하였다.

관계성 질문

우울 증상이 깊어지면 내담자는 더 자주 고립되어 있다고 느낀다. 아무도 자신을 이해할 수 없고 도와줄 수 없다고 믿기 때문이다. 그들은 공통적으로 죄책감이나 자신이 다른 사람에게 귀찮은 존재라는 믿음을 갖게 된다. 관계성 질문은 이러한 내담자의 생각에 도전하고, 그들을 사랑하고 그들에게 중요한 사람들을 내담자의 현재와 미래의 삶에 포함시키도록 만드는 유용한 도구다. 다음의 대화는 앞에서 다룬 내담자의 예를 사용하여 내담자에게 소중한 사람이 있다는 것을 발견했을 때 관계성 질문을 사용하는 것이 얼마나 효과적인지를 보여 준다.

치료자: 딸의 사진을 볼 수 있을까요?

내담자: 물론이죠! (활짝 웃으며 치료자에게 사진을 건넴) 네 살이에요. 이름은 Tracey예요.

치료자: 정말 귀여운 여자아이네요! 당신이 왜 이 모든 어려움과 열심히 싸우고 있는지 알 것 같아요.

내담자: 네, 정말 좋은 아이예요!

치료자: 그래요. 궁금해요… 우리가 이야기했던 기적이 일어나면 그 모든 변화가 Tracey에게는 어떤 차이를 가져올까요?

내담자: 큰 차이가 있을 거예요! 저는 딸에게 집중할 것이고, 딸에게 엄마다운 엄마가 될 거예요.

치료자: 그러면 기적이 일어난 날은 어떨 것 같습니까?

내담자: 음, 딸에게 아침을 만들어 줄 것 같아요. 그리고 딸의 이야기를 잘 듣고, 딸이 좋아하는 것을 하면서 시간을 보낼 거예요.

치료자: 그러면 딸의 세상은 어떻게 변할 것 같나요?

내담자: Tracey는 자신이 얼마나 사랑받고 있는지 알게 될 거예요. 그리고 만약 Tracey가 정말 그것을 알게 된다면, 자신감이 생기고 어른이 되었을 때 강한 여자가 될 거예요.

치료자: 와! 그것은 정말 딸의 인생에서 당신이 해야 할 중요한 역할이네요!

내담자와 주변의 관계, 그리고 내담자의 변화가 주변에 가져올 긍정적인 영향에 대하여 탐색함으로써 치료자는 이러한 변화가 내담자가 속한 체계에 장기적으로 어떤 영향을 미칠지, 그래서 어떤 의미 있는 변화를 가져올 수 있을지 이해할 수 있다. 이것은 우울증을 겪는 내담자를 치료할 때 정말 중요한 것이다. 이러한 긍정적이고 체계적인 영향에 대한 확실한 이해 없이, 그리고 변화가(비록 작은 변화이더라도) 중요한 차이를 만들 것이라는 희망 없이는 우울 증상이 억제되지 않는다. 내담자는 자신의 변화가 자신이 사랑하는 사람에게 미치는 영향을 탐색하게 되고, 자신의 감정이 변화되기도 전에 벌써 그들의 변화로 인한 즉각적인 이점을 알 수 있게 된다. 가장 일반적인 우울 증상 중 하나는 자신에게만 몰두하는 것이나 지각의 축소다. 해결중심 개입은 내담자가 자신에게만 몰두하는 것에서 벗어나 그들에게 중요한 사람들에게 초점을 맞추도록 해 준다.

차이 질문

차이 질문은 해결중심 개입의 다른 기법들과 결합하여 사용할 수 있다(이것은 이 장에서 논의한 다른 기법들의 경우에도 마찬가지다). 차이 질문은 과거와 현재, 또는 제시된 변화에 대한 의미 있는 탐색을 가능하게 한다. 이 질문은 특히 우울증을 겪고 있는 내담자에게 유용한데, 우울한 내담자는 종종 작은 변화가 의미 있는 차이를 만들어 낸다는 것을 알아차리지 못하기 때문이다. 차이 질문은 내담자 자신 또는 내담자에게 중요한 사람에게 일어난 변화를 탐색할 수 있게 해 준다(앞서 관계성 질문과 마찬가지로). Steve de Shazer(1988)는 "일단 어떤 변화를 알아차리기 시작하면 그 후에 관찰자는 더욱 적극적으로 유사한 사건과 패턴들을 찾게 될 것이다."(pp. 2-3)라고 하였다. 이러한 적극적인 태도는 우울 증상으로 에너지가 낮은 내담자의 에너지를 증가시킨다. 나아가 이것은 내담자가 참여하고 있는 상담에 대해서도 의미와 목적을 부여한다.

칭 찬

우울 증상을 겪고 있는 사람에게 칭찬을 받아들이는 일은 어려운 일일 수 있다. 따라서 칭찬 역시 내담자의 감정을 무시하지 않고 수용해 주면서 민감하게 사용해야 하는 개입 방법이다. 그렇지 않으면 내담자는 자신의 문제가 자신이 느끼는 것만큼 치료자에게는 심각하게 들리지 않는 것으로 오해할 수 있다. 우울증의 중요한 요소는 내담자의 감정이 내담자의 현실과 불균형적이라는 점이다. 그럼에도 불구하고, 치료자보다는 내담자가 스스로 결론에 이르게 될 때 상담이 가장 효과적이다. 가장 효과적인 칭찬 방법 중의 하나는 Pichot과 Dolan(2003, p. 26)이 설명한 2단계 과정이다.

> 먼저 내담자의 성취에 대하여 긍정적인 놀라움을 표현하라.
> 그리고 내담자가 어떻게 그렇게 하였는지 물어보라.

내담자는 조금 나아진 경우에 대하여 종종 이야기한다. 그때 치료자는 내담자가 작은 변화를 이루기 위해 무엇을 하였는지 발견할 수 있는 기회가 생긴다. 그리고 이러한 것들을 발견하고 칭찬해 주는 것은 매우 효과적이다. 내담자는 종종 자신의 변화를 칭찬하지 않기 때문이다. 긍정적인 놀라움을 표현하고 내담자로 하여금 그들이 어떻게 그것을 이루어 냈는지 탐색하도록 이끎으로써 내담자가 이전에는 간과하고 넘어갔던 행동들을 발견하도록 도울 수 있다. 이는 나아가 내담자의 희망을 고취하고, 계속 변화할 수 있는 에너지를 제공한다.

내담자는 자신과 다른 치료자의 지각과 긍정적인 놀람 혹은 진실한 칭찬 등을 경험하게 될 때, 자신의 행동과 상황에 대한 지각에 도전을 받는다. 이러한 칭찬을 통해서 내담자는 자신이 간과했으나 치료자가 칭찬하는 것들을 발견할 수 있게 된다. 때때로 이것을 통해 내담자는 자신에 대한 호기심과 자신이 간과해 온 자원들에 대해 호기심을 갖게 된다.

사 례

Susan은 보험 회사로부터 의뢰된 내담자다. 그녀는 30대 초반이며, 최근에 자신이 임신한 것을 알게 되었다. 일반적으로 임신은 행복과 기쁨을 가져오는 일임에도 불구하고, Susan의 경우에는 그렇지 않았다. Susan의 결혼 생활은 행복했고 남편은 그녀의 임신을 너무나 기뻐했지만, Susan은 공포로 가득했다. 나는 그녀가 어떻게 상담에 오게 되었는지 더 잘 이해하기 위하여 그녀와 이야기를 나누었다. 그녀는 수년 간 우울 증상과 섭식 장애, 약물 남용 등의 증상을 겪었다고 하였다. 그녀는 자신에 대하여 잘 알고 있고, 이미 주치의에게 항우울제를 처방받았다고 하였다. 나는 그녀가 빠르게 약을 처방받으러 갈 정도로 지혜롭고, 자신의 우울 증상뿐만 아니라 임신에 대해서도 주치의에게 이야기하고 약을 복용해야 한다는 것을 알고 있었다는 점에 놀랐다. 그래서 어떻게 그녀가 그렇게 할 수 있었는지 좀 더 명확히 들을 수 있겠느냐고 물었다. 그녀는 정중하게 그러셔도 된다고 대답하고, 어떻게 그녀가 약을 처방받기 위해서 주치의에게 가야 한다는 것을 알았는지, 항우울제를 복용하기 시작하면서 나타난 변화는 무엇인지, 그리고 나와 약속을 잡은 이후로 무엇이 어떻게 나아졌는지에 관하여 말해 주었다. 다음의 대화는 첫 회기 동안에 Susan에게 칭찬을 어떻게 사용하였는지, 그리고 예외에 대한 탐색이 어떻게 이루어졌는지를 보여 준다.

치료자: 그렇군요! 약(항우울제)이 벌써 효과가 있었군요! 놀랍네요. 그것을 어떻게 사용해야 하는지 잘 알고 계신 것 같아요.

Susan: 네, 수년 간 먹었으니까요. 통제가 불가능할 때 저에게 무엇이 필요한지 잘 알고 있어요.

치료자: 매우 인상적입니다. 그 밖에 효과가 있는 것에 대해서 무엇을 알고 계신가요?

Susan: 많지는 않아요. 그래서 상담을 받으러 온 거예요. 왜 이런 감정이 올라오는지 이해하고 싶어서요. 이런 기분이 들지 않아야 하는데, 남편처럼 행복했으면 좋겠는데…….

치료자: 자, 그럼 우리가 그 모든 것을 알아내서 우울증 해결에 필요한 것을 이해했다고 가정해 봅시다. 무엇을 이해할 수 있을까요?

Susan: 네, 네. (Susan은 말하면서 머리를 끄덕였다. 그녀가 어떻게 하면 우울증을 멈출 수 있을지에 관한 통찰을 얻으려고 상담에 오게 되었다는 사실을 내가 이해하고 있다고 느끼고 안도감이 든 것 같다.) 음, 제가 임신한 것에 대해서 왜 행복하게 느끼지 않는지, 왜 나는 이것 때문에 질식할 것 같은지를 이해할 수 있을 거예요. 그리고 몇 년 동안 왜 우울증이 지속되고 있는지에 대해서도 이해할 수 있을 거예요. 저는 이것이 엄마와 관련되어 있다고 생각해요. 선생님도 그렇게 생각하시지 않나요?

치료자: 글쎄요. 저는 아직 잘 모르겠지만, 당신은 이것에 대해 많은 생각을 가지고 있는 것 같네요.

Susan: 네! 이 문제를 파악하는 것이 저에게는 중요합니다.

치료자: 당신은 문제를 해결하기 위해 정말 열심히 노력하는 분이군요. 그리고 당신은 정답을 찾기 위해 문제를 분석하는 데 많은 시간을 보내고 있어요. 맞나요?

Susan: 네, 선생님 말씀이 맞는 것 같아요. 전에는 이런 방식으로 본 적이 없었어요. (상담 회기 중 처음으로 자신에 대한 자부심을 가지게 된 것처럼 미소를 지어 보였다.)

치료자: 음, 그런 성격이 우리의 치료에 분명히 도움이 될 거예요. 나는 주의와 분석을 요구하는 과제를 많이 내주는 편입니다. 그럴 준비가 되어 있으신가요?

Susan: 물론이죠! (그녀의 기분이 전환된 듯 보였다. 마치 첫 번째 과제를 빨리 받고 싶은 듯한 열의를 보였고, 치료가 도움이 될 것이라는 희망을 가졌다. Susan은 더 이상 과거를 돌아보는 것에 초점을 맞추지 않았고, 나의 다음 질문에 주의를 기울였다.)

치료자: 좋아요. 이제 당신이 무엇을 원하는지, 그리고 그것이 어떤 차이를 가져오게 될지 이해할 수 있을 것 같습니다. 그래서 당신에게 질문을 하나 할게요. 오늘 밤 당신이 잠자리에 들고, 그리고 기적이 일어났다고 가정해 보세요. 기적이 일어나서 당신의 우울증의 원인이 무엇인지 당신이 알게 되었습니다. 그러나 당신은 잠들어 있었기 때문에 이러한 기적이 일어난 것을 알지 못합니다. 당신이 아침에 일어나서 처음으로 무엇을 보면 기적이 일어났다는 것을 알 수 있을까요?

Susan: 글쎄요, 제가 임신한 것에 대해 행복해할 것 같아요. 제 남편과 아기에 대해 이야기할 것 같아요. 그리고 노숙자로 늙어 가게 되는 것이 두렵지 않을 거예요.

치료자: 노숙자가 될까 봐 두려운 '노숙자 신드롬'을 갖고 계시군요!

Susan: 그런 말을 들어 보신 적 있으세요? (그녀는 자신이 미치지 않았다는 것, 그리고 다른 사람도 이런 감정을 보이는 경우가 있다는 것에 안도하는 듯 보였다.)

치료자: 물론이죠! 그것은 어떤 사람이 직업을 잃게 될까 봐 두려워할 때 생기는 것이죠. 직업을 잃으면 공과금을 낼 수 없고, 공과금을 내지 못하면 집을 잃게 될 수도 있을 거예요. 만약 집이 없으면, 훔친 식료품 카트를 밀거나 큰 가방을 들고 거리를 떠돌게 되겠죠……. 노숙자가 되는 것이죠. (이러한 상호작용이 비록 표면적으로는 해결중심적으로 보이지 않지만, 내담자의 깊은 두려움을 경청하고 있음을 전달하기 위한 의사소통에는 효과적이다. 더구나 그녀가 상담을 받으러 온 목적이라고 밝힌 통찰을 제공해 준다.)

Susan: (웃으며) 바로 그거예요! 저는 그게 너무 끔찍해요. 너무 두려운 나머지 우울해져요! 이 아기를 원하지만, 제가 전만큼 많은 일을 할 수 없으면 무슨 일이 일어날지 두렵고, 제 인생이 변하는 것이 두려운 겁니다. 직장을 위해 열심히 일했는데, 이제 모든 것이 변할 거예요. 전보다 적은 돈으로 우리가 살아갈 수 있을까요?

치료자: 자, 그럼 만약 우리가 그 노숙자 신드롬을 없앨 수 있다면, 그것이 기적이고 우리 상담 시간을 잘 사용하는 것이 되겠습니까?

Susan: 전적으로요! 제 문제였네요. 제가 어찌 됐든 노숙자가 되지는 않을 거라는 것을 믿어야 하는데…….

치료자: 좋습니다! 그럼 기적 질문을 조금 변경해 볼게요. 오늘 밤 기적이 일어나서 당신이 바람직한 결정을 내리고 노숙자가 되지 않을 거라는 것에 자신감을 갖게 되었습니다. 그리고 당신의 우울증이 기적적으로 사라졌습니다. 무엇을 보면 이런 기적이 일어났다는 것을 알 수 있을까요?

Susan: 저에게 평온함이 있을 것 같아요.

Susan의 사례는 드문 경우가 아니다. 그녀는 다양한 문제를 내놓았고, 문제를 분석하고, 그녀에게 무엇이 필요한지(Susan의 경우 '통찰')를 결정하는 데 상당한 시간을 보냈다. 그러나 불행히도 이렇게 하는 동안 그녀의 우울증은 더 깊어 갔다. 하지만 그녀는 몇 가지 시도를 하였고, 그것은 긍정적인 변화를 가져왔다. 내가 그것들을 더욱 탐색해 들어가지 않았더라면 그녀는 이런 일들에 주목하지 않았을 것이다.

Susan이 가진 다양한 문제가 어떤 과정을 거쳤는지를 아는 것은 이 사례를 산만하게 만든다. 그녀가 현재 임신 중이라는 사실과 섭식 장애, 약물 남용 경험을 연결하면 치료자는 쉽게 문제 중심으로 내담자의 인생사를 탐색하고 싶은 유혹을 느낄 것이다. 만약 그랬다면, Susan은 자신의 약물 남용이나 섭식 장애가 재발할지도 모른다는 생각으로 훨씬 더 위축되었을 것이다. 문제에 초점을 두면 두려움이 커지고,

그로 인해 재발을 촉진할 수 있다. 대신에 나는 의사를 만나 상담한 Susan의 지혜로움에 초점을 맞추고, 문제가 해결되면 무엇이 달라질 것인가를 발견하게 함으로써 대화의 초점을 그녀의 긍정적인 결정과 자원에 두고자 하였다. 물론 나는 Susan을 해결중심적으로 치료했지만 잠재적으로 중요한 그녀의 문제들을 간과하지도 않았다. 치료를 통해 Susan의 식사와 다른 건강과 관련하여 그녀의 확고한 의견들을 주의 깊게 경청했다. 그러나 이것 역시 미래에 초점을 유지하면서 이루어졌다. 만약 Susan이 안전에 대한 정보를 쉽게 공개하지 않으면, 나는 염려되는 부분과 관련된 것들에 대한 척도 질문을 만들어서 그녀가 점수를 주도록 하였다. 이렇게 만들어진 다양한 척도에서 Susan이 왜 그 점수를 말했으며, 다음에 그 점수가 조금 더 올라갔을 때 무엇을 보면 알 수 있는지 등에 대해 질문함으로써 Susan은 내게 필요한 모든 정보를 주었다. 예를 들면, 그녀의 섭식 문제가 안정적이고, 약물 문제가 재발하지 않고 있다는 등에 관한 정보다. 나는 이러한 것들에 주의를 기울임으로써 Susan이 중요한 문제에 계속 주목할 수 있도록 도울 수 있었다.

Susan의 사례에서 보여 주듯이, 항우울제는 우울 장애에 공통적인 처치 방법이다. 이러한 약물은 어떤 사람에게는 도움이 되지만, 또 어떤 사람에게는 그렇지 않다. 나는 내담자가 종종 심리치료를 받기 전에 항우울제의 도움을 받을지 말지를 결정한다는 것을 안다. 그리고 이러한 약물이 줄 수 있는 이점들이 이미 널리 알려져 있으므로 내담자에게 내가 이런 정보를 줄 필요는 거의 없다고 생각한다(그러나 만약 내담자가 항정신성 약물의 효과에 대해서 잘 인식하지 못하고 있다면, 나는 분명 필요한 교육을 제공할 것이다). 이러한 문제(항우울제)에 대한 내담자의 결정을 지지해 줌으로써 나는 그들이 심리치료에서 원하는 것에 집중할 수 있다. 모순되게도, 나는 이러한 문제에 있어서는 내담자의 결정이 대부분 가장 정확하다는 것을 알 수 있었다. 치료 중간에 내담자가 이런 문제에 대해 마음을 바꾸었을 때에도 그렇다. 내담자가 다양한 외부의 압력 때문에 약물 복용을 결정했을 때 성공적인 경우를 보지 못했다. 때때로 내담자는 약물 복용을 거부하고 치료에서 최소한의 진전만 보일 수도 있다. 이런 경우 치료자는 내담자가 다시 기적(우울증이 해결되는 것)에 초점을 맞추도록 하고, 척도 질문을 사용하여 이러한 기적에 이르기 위한 과정을 측정함으로써 쉽고 부드럽게 내담자에게 변화가 필요한지를 탐색하도록 할 수 있다. 그렇게 함으로써 내담자는 아직 치료자에게 말하지 못한 자신의 발전을 깨닫게 되며, 약물을 복용하는 것에 대해 재평가하게 될 수도 있다.

내담자가 희망하는 해결책에 대하여 스스로 갖고 있는 믿음을 지지해 주는 것이 중요하다. Susan의 경우 그녀는 자신에게 통찰력이 부족하다고 믿고 있었다. 내가 '노숙자 신드롬'이라는 것을 즉흥적으로 창작해 낸 것은 그녀의 두려움에 대해 경청하고 그것을 존중한다는 것을 알게 하기 위한 놀이와 같은 기법이다. 그녀가 이것을 이해하자 자신이 필요로 하는 통찰력을 갖게 되었고, 우리는 문제가 이미 해결되었다는 것에 다시 초점을 맞출 수 있었다. 이것은 상담 회기 동안 Susan이 통찰하고 싶었던 것이었다. 그녀의 분석적인 성격으로 인해 그녀는 회기 동안 다른 많은 통찰을 얻었다. 우리는 그녀가 새로 얻은 통찰로 인해 생겨난 변화와 그러한 변화가 어떻게 좀 더 기적에 가까워지도록 해 주었는지에 관하여 탐색하는 시간을 가졌다.

다음 몇 개월 동안 나는 Susan을 세 번 이상 만났다. 우리는 그녀의 자신감, 성장 그리고 그 밖의 많은 것을 척도에 점수로 매겼다. 나는 아이가 태어난 다음에도 이러한 변화를 계속할 수 있는 자신감이 유지된다면, 그녀의 삶이 어떻게 달라질지 상상해 보도록 하였다. 그녀는 이것을 모두 글로 써서 기록하고, 1년 후에 자신이 얼마나 그것에 가까워졌는지 살펴보기로 하였다. 그녀의 임신에 대한 기쁨도 커졌고, 가족이 늘어나면 생길 수 있는 미래의 문제들을 예방하기 위한 능력이 자신에게 있음을 확인할 수 있었다. 자신의 섭식 장애와 약물 남용은 그녀의 인생사의 오직 한 부분으로 남겨졌다. 마지막 회기에 그녀는 장난스럽게 말했다. "마트를 지나갈 때, 내가 어떤 쇼핑 카트를 훔치게 될까 하는 생각을 하지 않는 한 '나는 괜찮다.'라고 생각해요." Susan이 자신의 미래를 즐겁게 바라볼 때 그녀의 '노숙자 신드롬'은 깨진 것이다.

결론

우울 장애는 치료 장면에서 흔히 만날 수 있는 내담자 문제다. 만약 치료되지 않는다면 우울 장애는 내담자와 가족, 사회 전체에 파국적인 결과를 가져올 수 있다. 나아가 우울 장애는 다른 어려운 장애들과 자주 동반되어 나타나기도 한다. 우울 장애를 치료하기 위한 많은 접근이 있지만, 주로 역기능적인 행동이나 역기능적 사고 패턴을 탐색하는 것을 강조하기 때문에 치료가 무망감과 절망감을 해소해야 함에도 불구하고 의도치 않게 오히려 그것들을 더 깊어지게 만들 수 있다. SFBT는 우울 장애를 치료하는 데 강력하고 효과적인 접근 방법이다. 이 접근은 미래에 초점을 두며, 내담자의 주요 호소 문제나 인지적 왜곡을 탐색하고 이해할 필요가 없다고 봄으로써 내담자가 희망을 갖도록 만든다. 따라서 우울 증상이 없는 삶을 상상해 보도록 하며, 우울증 저편 너머로 갈 수 있다는 힘과 내적 동기를 부여한다.

주

1 기적 질문의 예를 보기 위해서는 이 책의 1장, Thomas와 Nelson(2007)의 pp. 19-48 참조.

참고문헌

American Psychiatric Association. (1994). *Quick reference to the diagnostic criteria from DSM-IV.* Washington, DC: Author.

Berg, I. K., & Miller, S. D. (1992). *Working with the problem drinker: A solution-focused approach.* New York: Norton.

Burns, D. D. (1980). *Feeling good: The new mood therapy.* New York: Signet.

Burns, D. D. (1999). *The feeling good handbook.* New York: Plume.

De Jong, P., & Berg, I. K. (1998). *Interviewing for solutions.* Pacific Grove, CA:

Brooks/Cole.

de Shazer, S. (1988). *Clues: Investigating solutions in brief therapy.* New York: Norton.

Kemper, D. W., Healthwise Staff, & Smith, T. (Eds.). (1997). *Healthwise handbook: A self-care manual for you* (13th ed.). Boise, ID: Healthwise.

Miller, G., & de Shazer, S. (1998). Have you heard the latest rumor about . . .? Solution-focused therapy as a rumor. *Family Process, 37*(3), 363-377.

National Institute of Mental Health. (1999). "The numbers count: Mental illness in America," *Silence on our minds fact sheet series.* Retrieved August 5, 1999 from http://www.nimh.nih.gov/publicat/numbers.cfm.

National Institute of Mental Health. (2000, August). *Depression: What every woman should know.* NIH Publication No. 00-4779. Retrieved November 14, 2003 from http://www.nimh.nih.gov.

National Institute of Mental Health. (2003, March). *Depression: A treatable illness.* NIH Publication No. 03-5299. Retrieved November 14, 2003 from http://www.nimh.nih.gov.

Pichot, T., & Dolan, Y. M. (2003). *Solution-focused brief therapy: Its effective use in agency settings.* Binghamton, NY: The Haworth Press.

Thomas, F. N., & Nelson, T. S. (2007). Assumptions and practices within the solution-focused brief therapy tradition. In T. S. Nelson & F. N. Thomas (Eds.), *Handbook of Solution-Focused Brief Therapy: Clinical Applications* (pp. 3-24). Binghamton, NY: The Haworth Press.

Understanding Depression. (n.d.) Retrieved November 14, 2003 from http://www.zoloft.com/index.asp?pageid=2.

가정폭력 가해자를 위한 해결중심치료

Mo Yee Lee
John Sebold
Adriana Uken

서 론

이 집단은 여러 면에서 매우 달랐다. 나는 새크라멘토(Sacramento)에서 열린 집단에도 참여한 적이 있었는데, 그것은 전반적으로 모든 것이 학교 수업 같아서 학생들에게는 유익할 것 같았으나 불행히도 대부분의 참가자들에게는 그렇지 않았다. …나는 사람이 인생에서 누군가가 옳고 그름을 말해 주는 것보다는 경험으로 배울 필요가 있다고 생각한다. 이 집단을 지도하신 분들은 우리가 집단 밖에서도 잘할 수 있도록 해 주었다. 그들은 우리가 무언가 긍정적이고 성취 가능한 일들을 할 수 있기를 바랐다. 내가 이 집단을 통해 배운 것은 삶에 있어서 부정적인 순환처럼 긍정적인 순환도 쉽게 시작할 수 있다는 것이었다. 모든 사람이 하

> 나가 잘못되면 모든 것이 잘못된다는 것을 알고 있다. 그러나 내가 몰랐던 것은 아주 작은 것도 좋은 쪽으로 변화하면 훨씬 좋은 것들이 눈덩이처럼 불어난다는 것이었다(프로그램 참여자).

이 장에서 우리(이 장의 저자들)는 우리의 연구와 임상 경험을 나누고자 한다. 우리가 함께 일하기 시작한 것은 1993년으로 거슬러 올라간다. 당시 Mo Yee Lee는 우리에게 가정폭력 가해자를 위한 해결중심치료 프로그램인 플루머스 가정폭력 치료 프로젝트(Plumas Project Domestic Violence Treatment Program)에서 다양한 연구를 수행해 줄 것을 제안하였다. 1991년에 시작된 플루머스 프로젝트는 1970년대와 1980년대 치료 모델의 생각과 임상에서 본질적으로 탈피함을 의미하였다. 또한 전반적으로 가정폭력 문제에 효과가 없는 사회적/임상적 접근에 문제를 제기하는 것을 의미하였다. 이 프로그램에 대한 가장 큰 논란은 프로그램 전반에 걸쳐서 가정폭력과 분노 조절, 갈등 해결에 관한 직접적이고 강력한 논의와 설명을 제공하지 못한다는 점이다. 또한 단기 프로그램으로 10~12주 동안 총 8회기로 운영된다. 이러한 독특한 특성에도 불구하고(또는 아마도 이것 때문에), 이 프로그램은 인상적인 연구 결과를 보여 주었다.

이 장에서는 가정폭력 치료 프로그램과 관련된 연구들을 먼저 간략히 고찰하고, 우리의 접근이 어떤 발전 과정을 거쳤는지, 왜 이러한 접근이 의미가 있으며, 프로그램의 핵심 특성은 무엇인지 기술하고자 한다. 또한 참여자들의 말을 통해 프로그램이 참여자들에게 어떤 영향을 미쳤는지, 그들의 삶을 어떻게 바꾸어 놓았는지 등에 관한 이야기를 전달하고자 한다. 이러한 참여자들의 이야기는 프로그램 참여자 일부의 특수한 견해가 아니라 매우 보편적인 견해다. 어떻게 프로그램을 운영하는지, 특히 변화를 촉진하기 위해 언어를 어떻게 사용해야 하는지 등에 관해서는 주어진 여백의 한계 때문에 모두 기술할 수 없음을 이해해 주기 바란다.

기존의 치료적 접근

친밀한 관계에서 발생하는 가정폭력을 막기 위해 많은 접근법이 개발되어 왔다. 가정폭력 문제는 복잡하고 가족과 아이들에게 큰 상처를 주며 끔찍한 불행을 가져온다. 1970년대에 가정폭력 피해자와 그 아동을 보호하기 위해 시작된 '매 맞는 여성을 위한 운동'(the battered women's movement)은 미국 대부분의 주에서 가해자에게 치료 프로그램을 부과하는 법률적인 제재로까지 확대되었다(Roberts & Kurst Swanger, 2002; Schechter, 1982). 최근의 가정폭력 가해자를 위한 치료 프로그램들은 대부분 인지행동주의 접근에 기초하고 있다. 따라서 폭력 행동의 원인이 되는 개인의 성격이나 문제에 주로 초점을 두거나(예, Geffner & Mantooth, 1999; Saunders, 1996), 여성주의 관점에 기초하여 가정폭력의 사회문화적 원인에 초점을 둔다(예, Martin, 1976; Pence & Paymar, 1993; Walker, 1984). 즉, 인지행동주의 접근은 가정폭력의 원인을 이해하는 데 있어서 개인과 사회문화적 요소를 우세하게 보는 입장의 영향을 받았다고 할 수 있다. 특히 개인의 병리를 강조하는 관점은 주로 정신건강에 초점을 두는 관점을 취한다. 즉, 가해자는 정신건강, 약물 남용 그리고/또는 성격 문제를 가지고 있어서 폭력 행동을 막기 위해서는 반드시 이런 문제들이 다루어져야 한다는 것이다(예, Dutton, 1995; Gondolf & White, 2001; Holtzworth-Munroe & Stuart, 1994; Kantor & Straus, 1987). 여성주의 관점은 사회문화적 요소에 초점을 두고, 가부장적 믿음 및 사회적 구조에 근거한 남성 우월과 여성 혐오가 여성에 대한 폭력의 근간을 이루고 있다는 관점을 취한다. 친여성주의 치료 프로그램(Pro-feminist treatment program)의 목표는 성 역할 조건화에 대한 가해자의 인식을 향상시키고, 남성이 양성 평등을 위해 협력하도록 재사회화시키며, 그들의 폭력적인 행동에 대하여 책임을 지도록 만드는 것이다(Mederos, 1999; Pence & Paymar, 1993). 이러한 치료 접근들은 주로 가정폭력 가해자가 지식과 (혹은) 기술에 결함이 있어서 여성을 때리는 성향이 나타난다고 가정한다(Geffner & Mantooth,

1999). 이런 가정에서 출발하기 때문에 이들의 치료 방향은 재교육 과정을 통하여 가정폭력 가해자의 행동을 변화시킬 수 있다고 본다. 그 결과 이러한 치료 프로그램들의 핵심 내용은 대체로 폭력 및 분노 조절, 갈등 방지, 의사소통 훈련, 스트레스 관리(Geffner & Mantooth, 1999; Russell, 1995), 가부장적 권위와 통제에 대한 인식 증진(Pence & Paymar, 1993) 등에 관하여 직접적으로 교육하는 것을 포함한다. 따라서 이를 따르는 심리교육 프로그램은 참여자가 자신의 폭력 행동을 인식하고 인정하며, 자신의 문제에 대한 총체적인 책임을 지고(Lindsey, McBride, & Platt, 1993; Pence & Paymar, 1993; Russell, 1995), 분노를 조절하고, 배우자와 효과적으로 소통하는 새로운 방법을 배우도록 정면으로 도전하는 데 초점을 둔다(Geffner & Mantooth, 1999; Sonkin, 1995; Wexler, 1999).

가정폭력 가해자를 위한 치료의 발달에 여성주의-인지행동치료 접근이 기여한 부분이 과소평가되어서는 안 된다. 그러나 동시에 임상과 성과의 관점에서 볼 때, 이러한 프로그램들의 효과에 관한 의문이 제기되어 온 것도 사실이다. 가정폭력 가해자들과 같은 집단을 치료 대상으로 할 때 주요 장애물이 되는 것이 동기다(De Jong & Berg, 2002). 대부분의 가정폭력 가해자는 비자발적이며 법원으로부터 치료 명령을 받은 내담자이기 때문에 재교육에 대한 자발적 동기가 없다. 많은 상담자는 법원 명령을 받은 가정폭력 가해자가 자신의 폭력 문제에 직면하게 될 때 거듭된 회피나 침묵, 거짓 동의, 심한 논쟁을 보이는 등 흔히 방어적이 된다는 사실을 매우 잘 알고 있다(Murphy & Baxter, 1997). 법원의 명령을 받은 사람들 중 다수가 아예 치료를 받지 않거나 프로그램을 끝내지 못하고 중도 탈락한다. 프로그램 책임자들을 대상으로 한 조사에 따르면, 치료 프로그램들 중 절반에서 접수 면접에 참여했던 사람들의 50% 이상이 중도 탈락하였다(Gondolf, 1990). Cadsky와 Hanson, Crawford, Lalonde(1996)는 캐나다에서 배우자를 학대한 남성을 위한 치료 프로그램에 참여하도록 권고 받은 사람들의 75%가 프로그램을 이수하지 못했다고 보고하였다.

그 밖에 몇몇 전문가들은 가해자에게 직면(confrontation)하거나 그들이 가진 결핍(deficit)에 초점을 맞추는 것이 폭력을 막고 긍정적인 변화를 도모하는 데 얼마나 도움이 되는지에 대하여 의문을 제기하였다(Edleson, 1996; Lee et al., 2003; Uken & Sebold, 1996). 왜냐하면 비난이란 가해자가 피해자를 겁주고 자신의 공격적인 행동을 정당화하기 위해 이용하는 주요 수단 중 하나이므로, 치료 전략으로써 직면하기와 비난하기를 사용하는 것은 가해자의 공격적인 역동을 투사하거나 아마도 더욱 악화시킬 수 있기 때문이다. 가정폭력 가해자의 특성을 볼 때, 치료에서 결핍의 관점 그리고/또는 비난하는 관점을 취하는 것이 효과적일 것 같지는 않다. 폭력적인 남성에게서 가장 일관되게 나타나는 위험 요소는 부모로부터 폭력을 당한 경험, 부부간의 폭력을 목격한 경험, 빈번한 음주, 낮은 자기주장, 낮은 자존감으로 확인된다(Hotaling & Sugarman, 1986; Saunders, 1995; Straus, 1996). 결론적으로 가정폭력 가해자 중 다수가 자신의 낮은 자존감을 높이기 위해 타인에게 피해를 주고, 사회의 주변부에 살고 있는 불완전한 존재라고 할 수 있다. 나아가 성격에 관한 연구들에 따르면, 많은 가정폭력 가해자가 자기애성 성격장애나 경계선 성격장애의 프로파일에 맞는 것으로 나타났다(Dutton, 1995; Hamberger & Hastings, 1990). 자기애적이거나 경계선적인 사람은 매우 취약한 자기상을 가지고 있으며, 대체로 직면과 비판에 잘 반응하지 않는다고 알려져 있다(Kernis & Sun, 1994). 이들은 교육이나 기술 훈련을 비난이나 거부로 인식할 수 있다.

가해자들에 관한 프로파일을 개발하려는 연구들이 있었으나, 지금까지의 연구들은 가정폭력 가해자들이 어떤 단일 프로파일로 쉽게 특징 지을 수 있는 동종 집단의 사람들이 아니라는 점을 보여 준다. 어떤 가해자는 어린 시절 학대를 경험했거나 목격했을 수 있으며(Saunders, 1995; Straus, 1996), 어떤 사람은 알코올 남용 문제를 가지고 있을 수 있다(Kaufman Kantor, 1993). 또 어떤 사람은 집 밖에서도 폭력적이고 범죄 전력을 가지고 있는 반면, 다른 사람은 자기 집안에서만 폭력적이다(Holtzworth-Munroe & Stuart, 1994). 어떤 사람은 정신질환 진단 및 통계 편람(Diagnostic and Statistical Manual of Mental Disorders: DSM-IV)(American Psychiatric Association, 1994)에 의한 진단을 받기도 하지만, 또 어떤 사람은 그렇지도 않다. 어떤 가해자는 빈곤하고, 또 어떤 가해자는 우리 사회에서 부자에 속한다. 다시 말하면, 치료 프로그램은 다양한 또는 무한한 수의 경로를 통해 폭력적이 된 폭넓은 범위의 사람들을 다루어야 한다. 따라서 한 가지로 모두를 치료한다거나 개인별 특성과 참여자의 반응을 존중하고 수용하지 못하는 프로그램이 성공할 가능성은 적다.

치료 프로그램의 효과에 관한 경험적 연구들을 볼 때 쉽게 결론 내리기는 어렵지만, 한 가지 명확한 것은 기대한 것보다 효과가 없다는 점이다. 가정 폭력 가해자들에 대한 치료 프로그램을 살펴보면, 대체로 프로그램 종결 후 1년 이내에 20~50%가 재발하는 것으로 나타났다(예, Edleson, 1996; Rosenfeld, 1992; Tolman & Edleson, 1995). 이 프로그램들에서 참여자의 초기 탈락률도 상당히 높게 나타났다(Cadsky et al., 1996; Edleson & Syers, 1990). 덜루스 가정학대 치료 프로그램(Duluth Domestic Abuse Intervention Program)과 덜루스 모델(Duluth Model)에 근거한 프로그램에서 재발률은 40%였다(Shepard, 1992). 여성주의-인지행동주의 관점을 취하는 덜루스 모델은 가정폭력 가해자 치료에 가장 널리 사용되는 치료적 접근이다. Saunders(1996)는 여성주의-인지행동주의 치료에서 나타난 재발률은 45.9%라고 보고하였다. 최근에 이루어진 두 개의 실험 연구에서도 배우자 폭력 치료 집단은 대체로 효과적이지 않은 것으로 나타났다. 집단치료를 받은 사람과 받지 않은 사람 간의 가해 태도, 믿음, 행동에 유의한 차이가 없었으며(Feder & Forde, 2000), 피해자 보고에서도 유의한 차이가 나타나지 않았다(Davis, Taylor, & Maxwell, 2000).

Hanson(2002)은 가정폭력 가해자 치료 분야는 경험적일 뿐만 아니라 정치적이라고 하였다. 이 분야에 관해서는 아직 어떤 결론을 내리기가 어렵다. 따라서 서비스 제공자나 연구자들은 기존의 가정폭력 가해자 치료 패러다임을 다시 논의하고 그 기본 가정에 도전할 필요가 있다.

새로운 시작

> 이 집단에서 나는 많은 것을 배웠다. 타인을 보살피고 존중하는 것에 관하여 배웠고, 다른 사람도 비슷한 상황에 처해 있으며, 상호 간에 솔직하고 정직하게 말하는 것이 우리 모두에게 유익하다는 것을 배웠다. 목표를 세우고 단순히 생각에 전념함으로써 목표에 도달할 수 있다는 것을 알게 되었고, 다른 사람이 나에 대해 염려해 준다는 것을 알았다. 나는 인생이 그렇게 심각하고 항상 긴장할 필요가 없다는 것을 배웠다. 자기를 조금만 내놓으면 유익한 것이 돌아온다는 것을 배웠다. 이 과정과 동료들 그리고 치료자 덕분에 개인적인 이야기들을 공유하게 되었고 그로 인해 내가 좀 더 편안하고 부드러워졌다고 생각한다. John과 Adriana(집단의 촉진자들)는 대단한 사람들이며, 나는 이 집단에 참여할 기회를 갖게 된 점을 진심으로 감사하게 생각한다. 1부터 10까지의 척도에서, 내가 나의 목표를 실행할 가능성은 10점이라고 생각한다. 이제 나의 인생은 더 행복하고 더 건강해질 것이라는 것을 안다. 여러분에게 감사하며, 하나님의 축복이 함께하길 바란다(프로그램 참여자).

14년 전 우리(이 장의 저자 Sebold와 Uken)는 당시 많은 서비스 제공자들이 그랬듯이 심리교육적 모델(psychoeducational model)을 기초로 가정폭력 치료에 관하여 탐구하기 시작했다. 우리는 둘 다 심각한 어려움을 겪고 있는 매우 다양한 많은 내담자를 치료하면서 상당한 성공을 거둔 경험 많은 치료자이었기 때문에 심리교육적 모델을 적용하는 데 자신이 있었다. 그러나 2년 넘게 이 모델을 사용해 본 결과, 내담자에 대한 긍정적인 효과가 부족했을 뿐 아니라 우리가 가졌던 성과에 대한 환상도 깨졌다. 우리는 심리교육적 접근이 변화를 가져온다 하더라도 아주 작은 변화일 뿐이며, 가해자에게 역기능적인 해결책을 되풀이하게 만듦으로써 그들과 우리 사이의 거리를 더 멀어지게 만든다는 생각을 갖게 되었다. 우리의 평가에 따르면, 우리 자신이 문제의 일부분이었다. 결과적으로 우리는 전통적인 모델의 사용을 중단하고 Mo Yee Lee가 제시한 대로 훨씬 덜 기술적인 고찰을 시작하였다. 그리고 아주 단순한 고찰을 통해 전통적인 치료 모델에 관한 세 가지 중요한 관찰 결과를 얻었다. 첫째, 전통적인 프로그램에서는 법원 명령을 받은 내담자들 중 많은 이가 첫 회기와 그 이후의 회기에 참여하지 않았다. 둘째, 대부분의 경우는 아니지만 프로그램을 시작한 내담자들의 상당수가 프로그램을 끝까지 마치지 못하였다. 셋째, 프로그램을 이수한 사람들 중 대부분은 어떤 형태로든 폭력 행동을 지속하는 행태를 보였다. 이것이 Edleson과 Syers(1991)가 가장 심각하게 지적한 내용이다. 가해자가 프로그램에 참여하면 그들의 배우자나 파트너는 자신의 배우자나 파트너가 도움을 받거나 치료가 되어 돌아올 것이라고 믿는다. 그러나 안타깝게도 결과는 그렇지 않았다(Gondolf, 1988).

우리에게 충격적이었던 사실은 전통적인 모델에 관한 연구들은 내담자가 나타나지 않거나 중간 탈락한 경우를 제외하고 선택된 가해자 집단에만 치료 프로그램을 적용하였다는 점이었다. 선택된 집단의 가해자들은 긴 기간의 매우 완수하기 어려운 프로그램을 끝까지 참여할 자원이 있거나 그만큼 동기화되어 있는 사람들이었다. 그럼에도 불구하고 이 연구들의 결과는 종종 통제 집단보다 나을 게 없을 만큼 낮았다. 프로그램을 수정한 경우에도 치료 기간을 늘리거나 교육 시간을 추가하고, 여러 가지 접근을 결합하는 등 실제로는 동일한 접근의 연장선에 그치고 있었다. 이와 같은 사실을 바탕으로 우리가 내린 결론은 가정폭력을 다루되 더 이상 무익한 치료를 제공하지 않으려면 무언가 전혀 다른 새로운 것을 해야 한다는 것이었다. 우리는 선행 연구들을 존중하지만, 선행 연구의 결과들이 뭔가 새롭고 근본적으로 다른 접근을 시도해야 한다는 점을 시사해 준다고 믿었다. 전통적인 모델과 이에 관한 연구들이 가장 중요하게 기여한 점은 무엇을 하지 말아야 하는지, 그리고 무엇을 다르게 해야 하는지에 관한 실마리를 제공해 주었다는 것이다. 다행히도 당시 우리는 다른 문제들을 다루기 위한 접근으로 해결중심 접근을 사용하기 시작하였고, 그것이 굉장히 유용하고 효율적이라는 점을 알게 되면서 가능성 있는 새로운 방법을 모색하게 되었다. 해결중심적 접근을 적용하면 여러 측면에서 전통적인 모델에 기초한 프로그램과 사실상 반대되는 치료 접근을 낳게 될 것임이 명확했다. 예를 들면, 전통적인 프로그램은 보통 길고(26~52주), 매우 문제 중심적이고, 교육적이며, 전문가가 주도하는, 그리고 일방적으로 남성 가해자에 초점을 맞추는 반면, 우리 프로그램은 짧고(12주, 8회기), 교육적 요소가 없으며, 거의 전적으로 문제 중심이 아닌 해결중심적이며, 전문가가 이끌기보다는 촉진하고, 남성과 여성 모두가 가해자가 될 수 있다는 점을 인정하며, 남성과 여성을 같은 집단에 포함시킨다. 우리는 근본적으로 가해자 치료에 관련하여 기존에 정립되어 있는 대부분의(전부는 아니더라도) 핵심 규칙들을 따르지 않는다. 연구를 통해 우리의 접근이 효과적이라는 사실이 입증되고 있다. 높은 참여율과 매우 낮은 탈락률, 그리고 장기간에 걸친 추수조사에서 매우 낮은 재발률을 보이고 있다. 우리는 우리에게 의뢰된 내담자를 거절하지 않으며, 다양한 지역에서 온 내담자들에게 모두 치료를 제공하고 있기 때문에 프로그램이나 연구 참여자 선정에 있어서도 편향되지 않도록 하고 있다.

해결중심 접근에 대한 이론적 설명

수년 간 우리는 우리의 접근에 이론적 기초가 없다고 말해 왔다. 우리는 왜 해결중심적 접근이 다른 모델들보다 더 효과적인가에 대하여 큰 관심이 없었다. 또한 현재의 이론들이 새로운 그리고 더 나은 해답을 촉진하기보다는 상담 분야를 경직되고 폐쇄적으로 만든다고 생각했기 때문에 가정폭력의 역동을 이해하는 데 아주 작은 도움이 될 만한 아이디어를 소개하는 데 그칠까 봐 조심스러웠다. 우리는 또한 '가정폭력'이 용어만큼 문제도 복잡해서 그 문제를 이론으로 다 설명할 수 있다고 생각하지 않았다.

그러나 이와 같이 기초 이론이 부재한 것이 많은 임상가에게는 혼란스러움을 초래한 것 같다. 왜냐하면 임상가는 무엇이 왜 효과가 있는지 알고 싶어 하기 때문이다. 사람은 자신이 어떤 것을 이해하면 그것을 바꿀 수 있다거나 더 효과적이게 할 수 있다고 생각한다. 아마도 더 중요한 것은, 사람은 어떤 것이 효과적이라는 것을 자신이 직접 경험하지 않거나 그것이 왜 효과적인가를 합리적으로 설명하지 못할 때 무언가를 받아들이는 것이 매우 어렵다고 느낄지도 모른다는 것이다. 따라서 완전한 것은 아니지만, 왜 이 접근이 효과적인지에 관한 우리의 생각을 밝히고자 한다. 이것을 통해 전통적인 접근이 왜 효과 면에서 고전하는지 이해할 수 있을 것이다. 우리가 제시한 생각들을 통해 더 나은 치료적 접근들이 나타나기를 기대한다.

우리의 경험에 비추어 볼 때, 모든 폭력적인 사람이 실제로 가지고 있는 핵심 요소는 사람과의 유대가 부족하고, 그로 인해 삶에 초점이 되는 의미가 부족하다는 것이다. 그들은 타인과 유대 관계를 맺지 못했거나 유대감을 상실한 사람들이다. 이들이 보이는 유대 관계 결핍의 형태와 양상은 다양하며, 수줍음, 미성숙, 약물과 알코올, 그리고 다양한 부적응과 관련된 문제들이 함께 나타난다. 이들이 관계 형성에 실패할 것을 두려워하거나 실제로 관계 형성에 실패했을 때 이러한 부적응은 악화된다. 전통적인 접근은 가해자의 정체성을 가해자로만 바라보기 때문에 가해자의 유대감 결핍을 더욱 악화시킨다. 그리고 상담자가 전문가/교육자의 역할을 담당함으로써 상담자와 가해자의 거리는 더욱 멀어지며, 가해자의 독특한 개성을 존중하지 못하므로 상담자가 가해자의 관심을 얻기가 어렵다. 그러나 해결중심 모델은 내담자가 공격자(가해자)라는 점은 인정하지만, 99%의 초점은 장기적 · 단기적으로 그가 다른 사람과 좀 더 효과적으로 관계 맺을 수 있는 그 밖의 자질을 가지고 있다는 사실에 주목한다. 각각의 가해자(가정폭력 치료 프로그램 참여자)에 맞는 독특한 해결책을 세우는 데 초점을 둠으로써 가해자(참여자)는 촉진자(집단 상담자 또는 치료자)와 유대감을 형성하며 신속하게 치료에 열중하게 된다. 이 과정에서 참여자는 자신의 치료 목적과 관련하여 스스로 중요한 선택을 하게 되며, 다른 사람과 성공적으로 유대관계를 맺을 수 있다는 기대를 갖게 된다. 놀랍게도, 성역할에 관한 심리교육이나 인지행동 기술을 가르치지 않아도 많은 참여자가 치료에 참여한

다음 무엇이 효과적인지, 무엇을 다르게 하고 있는지에 대해 물어보면 스스로 다양한 기술을 개발하여 사용하고 있었다. 그중에서도 가장 놀라운 것은 우리 프로그램을 이수한 참여자들로부터 받은 편지를 보면, 거의 모든 참여자가 자신이 사랑하는 사람들과 새롭고 더 깊어진 유대감을 갖게 되었다고 밝히고 있다는 점이다.

해결중심 접근으로의 전환

> 내가 이 집단을 처음 시작했을 때, 나는 이것이 과연 나에게 도움이 될지 매우 회의적이었다. 그러나 지금 이 집단을 마치면서, 어떻게 설명할 수는 없지만, 나는 내가 매우 침착해졌다는 사실을 깨달았다. 나는 아주 작은 일에도 화내지 않는다. 행동하기 전에 생각할 수 있게 되었다. 이제 나는 어떤 상황에 반응하기 전에 생각을 하고, 대부분의 일이 훨씬 더 쉽게 해결된다. 나는 항상 아버지에게 무엇이 문제인지, 무엇이 싫은지를 말하는 데 어려움이 있었다. 이제 나는 아버지에게 말할 수 있고, 나의 감정과 생각에 대해 이야기할 수 있다. 내가 아버지, 새어머니와 마주 앉아 이야기할 수 있기 때문에 우리는 모든 것을 함께 논의할 수 있는 가족이 되기 시작했다. 아내와 내 아이들, 그리고 아버지를 포함한 우리 가족 모두가 훨씬 더 가까워졌다(프로그램 참여자).

우리는 치료에 변화를 주기 시작했는데, 이를 위해 가정폭력 가해자를 위한 집단의 설계에서 중요한 두 가지를 바꾸었다. 첫째, 더 이상 '문제'에 초점을 두거나 '문제'에 대해 이야기하지 않기로 하였다. 둘째, 참여자들에게 구체적이고 행동적인 개인 목표를 설정하도록 하였다. 이 목표는 그들이 보기에 그들의 삶에서 중요한 사람과의 관계에 긍정적인 영향을 미칠 수 있는 목표다. 나아가 참여자들이 그들의 목표를 달성하기 위한 노력으로 회기와 회기 사이에 무엇을 했는지 자세한 증거를 제시하도록 요구하였다. 문자 그대로 실제 우리의 접근은 이러한 기본 요소들을 따른다. 집단의 구조를 세운다는 것은 치료 팀과 각 참여자가 해결책 구축에 초점을 둘 수 있는 환경을 조성한다는 것이다. 변화를 촉진하기 위한 언어 사용 방법과 집단 과정의 구조적 요소들은 Insoo Kim Berg와 Steve de Shazer, 그리고 밀워키 단기가족치료센터(Berg, 1994; de Shazer, 1991) 멤버들의 치료에서 영감을 얻었다. 이 프로그램은 가정폭력 가해자들로 하여금 그들의 문제를 인정하고, 재교육을 받고, 프로그램을 완수하게 만들고자 하는 접근이 아니다. 그보다는 그들을 집단 과정 안에서 해결책을 창안해 내고 구축할 책임이 있는 존재로 보는 접근이다.

임상가는 종종 가정폭력 치료에 대한 이와 같은 급진적인 접근을 이해하기 어려워한다. 실제로 대부분의 다른 접근들은 가정폭력을 치료할 때 문제를 직접적이고 집요하게 다룰 것을 강조하기 때문이다. 임상가는 가해자가 문제를 인정하고 적절히 이해한 뒤에야 해결책을 발견하고 적용할 수 있게 된다고 배운다. 그러나 어떻게 하면 내담자가 해결책을 찾아낼 수 있도록 효과적으로 도울 수 있는지 알게 된다면 문제는 실제로 그것을 경험하는 사람에게 별 의미가 없다는 것을 알 수 있을 것이다.

해결중심 평가

치료의 첫 단계는 해결중심 평가를 내리는 것이다. 일반적인 모델에서와 마찬가지로 평가를 잘 내리는 것은 좋은 성과를 얻기 위한 초석이 된다. 그러나 평가에 대한 우리의 관점은 일반적인 치료 모델의 평가에 대한 관점과 현저하게 다르다. 일반적인 치료 모델에서는 치료자가 문제에 관한 전문적인 진단 기술을 가지고 어떤 치료 모델 또는 접근이 특정 개인에게 적합한지뿐만 아니라 개인이 그 치료에서 도움을 받을 수 있을지 없을지를 결정하기 위한 평가를 내리는 전문가 역할을 한다. 그러나 해결중심 평가는 다른 가정을 전제로 한다. 우리는 치료와 평가가 밀접한 관련이 있는 것으로 보고, 최초 만남에서부터 내담자와 긍정적이고 협력적인 관계를 구축하고 변화를 촉진하기 위해 모든 노력을 기울인다. 우리는 치료 목표를 달성하기 위한 진단을 내리지 않으며, 개인이 치료에 적합한 후보인지 아닌지를 결정하려고 하지도 않는다. 실제로 해결중심 평가는 대체로 간단하게 이루어지며, 30~50분 정도가 소요된다. 이때 예비 참여자는 프로그램 참여에 대해 자신이 어느 정도 준비가 되어 있는지, 어느 정도 관심이 있는지 스스로 평가해 볼 기회를 갖는다. 더욱 중요한 것은 예비 참여자가 집단 참여를 매우 두려워함에도 불구하고 해결중심 평가를 통해 집단에 친근하게 다가갈 기회를 얻는다는 점이다. 마지막으로, 해결중심 평가는 참여자가 어떤 치료를 받을지에 관하여 갖고 있는 두려움과 걱정을 해소시켜 주며 집단의 기대를 명확히 이해하는 데에도 도움을 준다. 많은 가정폭력 가해자들이 집단 참여에 대해 큰 두려움을 가지고 있기 때문에 그들의 강점에 초점을 맞추고, 프로그램에 참여 여부를 결정하는 것도 그들 자신의 선택이라는 점을 강조하는 것은 이들이 프로그램에 참여하도록 하는 데 큰 도움이 된다.

우리는 법원으로부터 프로그램에 참여할 것을 명령받은 가해자에게도 그들의 선택이 중요하다고 생각한다. 따라서 처음부터 참여자가 자신에게 무엇이 최선인지를 결정할 수 있는 기본적인 권리를 갖고 있음을 강조하고 존중해 준다. 드물지만 참여자가 프로그램에 참여하지 않기로 결정한 경우에도 그들이 다시 법정으로 돌아가 자신의 의견을 주장하기로 결정한 점에 대하여 칭찬해 준다. 이렇게 하면 법원이 그들에게 다시 치료를 받도록 판결을 내려 그들을 치료에 돌려보냈을 때, 그들이 좀 더 적극적으로 프로그램에 참여하고 라포를 형성하도록 하는 데 도움이 된다.

우리는 촉진자(집단 치료자)가 아닌 참여자에 의한 평가가 치료적으로 유익하다고 생각한다. 다시 말하면, 평가는 전문가가 주도하기보다는 내담자 중심이 되어야 한다. 따라서 촉진자가 비전문가적 입장을 유지함으로써 참여자와 동등한 입장에서 대화한다는 점이 치료 과정에서 다른 모델과의 큰 차이점이라고 할 수 있다. 평가하는 동안 촉진자는 참여자의 강점과 자원을 찾고, 협력 관계를 발전시키기 위해 칭찬을 한다. 그리고 예비 참여자가 우리를 자신과 협력하는 파트너로서 바라보도록 긍정적인 분위기를 조성하기 위해 노력한다.

해결중심 평가가 이루어지는 동안 강조되어야 할 네 가지 주요 목표는 (a) 협력적 관계의 시작, (b) 변화를 위한 추진력 마련, (c) 즉각적인 변화와 미래의 변화를 위한 씨앗 심기, 그리고 (d) 집단에 대한 기대를 파악하기다. 다음은 가해자의 잠재적인 강점과 자원을 평가하기 위하여 집단 참여자와 촉진자가 할 수 있는 질문의 예시다.

- 최근에 당신이 성공적으로 한 일은 무엇인가요?
- 당신이 한 일들 중에 자랑스러운 일은 무엇인가요?
- 당신이 정말 열심히 노력한 일은 무엇인가요?
- 정말 고치기 힘든 습관을 버린 적이 있나요?
- 다른 사람이 당신의 어떤 점을 칭찬하나요?

우리는 접수 면접 때나 치료 중에 참여자가 가진 폭력 문제의 내력에 대하여 알려고 하지 않는다. 또한 폭력의 심각도, 약물 사용, 또는 DSM-IV(APA, 1994)의 진단에 근거하여 예비 참여자를 가려내거나 배제하지도 않는다. 해결중심 관점에서 우리가 더 흥미를 갖는 것은 참여자가 미래에 설정할 목표와 관련된, 혹은 무엇인가 다르고 유용한 것을 할 수 있도록 동기화시킬 수 있는 관찰 가능한 '표면' 행동 또는 생각이다. 그리고 참여자 개인이 성취한 것과 이전에 성공한 것들을 발견하고 탐색함으로써 이들이 장차 해결책 구축에 초점을 두도록 도울 수 있으며, 촉진자는 참여자를 잠재력과 희망의 싹을 가진 존재로 바라보게 된다. 이것은 참여자에게 중요하고 그의 강점과 관련된 목표를 참여자와 촉진자가 함께 발견할 수 있는 비옥한 환경을 제공해 준다. 이 점에서 해결중심 접근은 개인의 결함을 중심으로 문제를 분류하는 데 초점을 두는 전통적인 진단적 접근과 상당한 대조를 이룬다. 우리는 문제를 명명하는 것(labeling)이 촉진자로 하여금 진단에 기초한 가정을 세우도록 한다는 점에서 의도치 않게 문제를 지속시킬 수 있다고 생각한다. 결국 그 사람과 그 사람의 능력을 반영하는 보다 넓은 현실에 기초하지 못하도록 만든다(Berg &

Miller, 1992).

때로는 참여자가 '화가 나거나 불안해하거나 두려워할 때 그들이 집단에 있다면 자신의 감정을 어떻게 조절할 것인가'를 평가해 보도록 하는 것이 유익하다. 우리는 단도직입적으로 참여자들에게 이런 질문을 던지며, 그들이 이러한 문제에 대하여 자신만의 해결책을 고안하도록 한다. 그들이 직면한 질문이 쉽다고 생각하지는 않지만, 그들을 위해 촉진자가 문제를 해결해 주지도 않는다. 인내심을 가지고 침착하게 그들이 자기 안에서 자신의 감정을 수용 가능한 방식으로 통제할 수 있는 방법을 발견해 낼 것이라고 기대한다. 이런 상황에서는 촉진자가 많은 것을 하려고 하기보다는 적게 하는 것이 매우 중요하다. 특히 예비 참여자가 자기 스스로 문제를 해결할 수 있다는 기대를 받고 있으며, 촉진자가 그의 그런 능력을 전적으로 믿고 있음을 아는 것이 중요하다. 접수 면접 과정에서 이러한 문제들이 효과적으로 전달된다면 효과적인 집단 과정을 위한 장이 잘 마련된 셈이다. 반대로 촉진자가 개인의 문제를 직접적으로 해결해 줄 수 있는 특별한 지식 그리고(또는) 기술을 가지고 있다고 암시하게 되면, 촉진자와 예비 집단 구성원 모두 오히려 문제를 키우는 방식으로 나아가게 된다.

촉진자: 그럼, 이제 집단이 어떻게 구성되고 집단의 기대가 무엇인지 아실 텐데요, 질문이 있으신가요?

Nate: 아니요. 그냥 제가 이 과정을 해야 하는지 잘 모르겠어요. 아내가 술을 마시지 않는다면 제가 이곳에 오지도 않았을 텐데… 이곳에 올 사람은 아내인데… 왜 제가 이곳에 와야 하나요?

촉진자: 잘 모르겠습니다. 제 생각에는 판사가 당신을 이곳에 오라고 한 것 같아요. (촉진자는 어떤 판단을 내릴 기회를 잡기보다는 단순하고 사실적인 반응을 유지한다.)

Nate: 그렇습니다만, 선생님은 모르신다는 거군요, 그렇죠? 단지 돈만 버는 거네요, 맞죠?

촉진자: 판사가 당신을 이곳에 오게 만든 것에 대해서 화가 나는 거군요. 이해할 수 있습니다. 제 생각에는 당신이 이 프로그램이 도움이 된다고 생각하지 않는다면 이 프로그램에 올 필요가 없다는 것을 알고 계시는 것이 중요하다고 생각합니다.

(촉진자는 정중하게 Nate가 성난 것에 주목하고 그에게 선택권이 있다는 것을 인식시킨다. 여기에는 Nate가 집단에 참여하기로 선택한다면 집단이 도움이 될 것이라는 미묘한 암시가 깔려 있다.)

Nate: 제가 어느 센터로 가야 합니까? 르노(Reno), 아님 저 멀리 시카고(Chicago)나 새크라멘토(Sacramento)로 가나요?

촉진자: 모르겠습니다. 어디를 선택할지는 판사나 변호사와 이야기하실 수 있을 겁니다.

(촉진자는 제안은 하지만 그것은 통찰에 의한 것이라기보다는 명백한 사실에 의한 것이다. 이를 통해 Nate가 주도권을 가지며, 변화와 의사결정에 책임이 있음을 알려 준다.)

Nate: 맞아요, 그럼 교도소이거나 여기겠죠.

촉진자: 어려운 선택이네요.

(다시 선택을 강조하는 것이 대단히 중요하다.)

Nate: 네, 정말 어려워요. 그리고 선생님은 하나도 신경 쓰지 않고, 아내는 거기서 자기가 원하는 것만 하고 있겠죠.

촉진자: Nate, 궁금한 것이 있어요. 당신이 정말로 하고 싶지 않은 일인데 그런데 잘해 낸 적이 있으신가요?

(촉진자는 참여자의 능력을 찾기 위한 전환을 시도한다.)

Nate: 그게, 무슨 뜻이죠?

촉진자: 글쎄요, 당신은 지금 엄청 곤란한 상황에 처해 있잖아요. 저는 당신이 전에도 이런 어려운 일을 극복해 낸 적이 있는지 궁금해서요.

Nate의 질문을 받은 촉진자는 Nate가 처한 현재의 상황을 엄청난 난국으로 표현함으로써 그가 그것을 헤쳐 나간다면 그것은 가히 영웅적인 수준일 것이라고 끌어올린다.

Nate: (잠시 멈춤) 제가 학교에서 집에 돌아오면 냉장고에 먹을 거라고는 마요네즈 한 통 뿐이었어요. 저는 제 아이들이 집에 왔을 때 그렇게 되길 원치 않아요. 아이들은 그것보다 더 좋은 것을 받을 자격이 있어요. 무슨 뜻인지 아시겠죠?

촉진자: 예, 압니다. 당신 아이들에게 더 나은 것을 해 주고 싶으신 거죠? 자녀에 대해 정말 많은 생각을 하고 계시군요.

Nate: 예, 그렇죠… 그럼, 이 집단은 언제 시작하나요?

촉진자: 2주 후예요, 준비가 되셨나요?

Nate: 네.

촉진자는 Nate의 질문을 존중하고, 집단의 시작 날짜를 알려 주었으며, 그가 참여하기를 희망하는지 확인한 후 헤어지는 인사를 하였다. Nate가 자신의 어린 시절에 관한 극적이고 개인적인 정보를 드러냈음에도 불구하고, 이렇게 회기를 종결해 버리는 것이 독자에게는 색다르게 보일 것이다. 어떤 촉진자는 그의 어린 시절의 고통에 관하여 좀 더 많은 정보를 끌어내기 위해 질문하고 싶은 유혹을 느낄 것이다. 그러나 우리는 Nate가 집단에 참여할 정도의 유대감을 갖게 되었다는 정도만 생각한다. 그는 "이제 준비가 됐어요."라고 말하고 있는 것이며, 우리는 단순히 그 메시지를 존중한다. 만약 Nate가 어린 시절의 어려움에 관하여 좀 더 많은 이야기를 했더라면, 우리는 그를 따라 그가 어떻게 살아왔는지 무엇을 배웠는지에 관하여 탐색했을 것이다.

시작하기: 1~3회기

우리의 경험에서 볼 때, 성공적인 치료를 위해 적합한 집단의 크기는 8~12명이다. 8명으로 구성된 집단은 매우 운영할 만하지만, 10명이 넘어가면 더 많은 교육과 팀 활동, 기술, 집중력이 요구된다. 그리고 우리는 일반적으로 남녀가 한 팀으로 집단을 운영한다. 경우에 따라서는 집단을 혼자 운영하기도 하지만, 주로 4회기를 마친 다음에야 혼자 하는 편이다. 또한 우리의 경험상 접수 면접은 여성 촉진자가 하는 것이 효과가 좋았다. 초기 몇 회기 동안은 여성 촉진자가 좀 더 편안하고 효과적으로 라포를 형성하는 것 같다. 이에 관련된 역동을 아직까지 완전히 이해하지는 못했지만, 이런 방법으로 과정에 접근하는 것이 도움이 된다는 점은 자신 있게 말할 수 있다.

첫 회기에 촉진자는 규칙을 정하고, 집단의 구조를 정의하며 목표 설정을 시작해야 한다. 촉진자는 자기소개를 마친 후 집단의 규칙을 나누어 준다. 그리고 참여자들이 규칙을 하나씩 큰 소리로 읽게 함으로써 전체 집단이 규칙을 듣고 명확하지 않은 것은 질문할 수 있도록 하는 것이 좋다. 규칙은 투명하고 숨겨진 의도가 없어야 하며, 모든 참여자에게 분명하고 합리적이어야 한다. 또한 촉진자는 집단에 대한 기대와 집단의 한계에 대하여 명확한 개요를 제공해야 한다. 마지막에는 다음과 같은 기대를 말한다. "여러분은 세 번째 회기가 끝날 때까지 목표를 세워야 합니다. 목표는 여러분이 무언가 다른 것을 하기로 선택한 것을 말합니다. 그것은 여러분의 삶을 개선할 수 있는 것이며, 다른 사람이 알아차릴 수 있는 것이되 그들에게 좋은 영향을 줄 수 있는 것이어야 합니다. 만약 여러분이 세 번째 회기가 끝날 때까지 목표를 세우지 못한다면 이 집단에 더 이상 머무를 수 없습니다." 참여자들이 집단에 남아 있으려면 집단 안팎으로 열심히 노력해서 실행 가능한 목표를 설정해야 한다는 점을 강조한다. 그리고 집단이 시작되자마자 즉각적으로 촉진자는 작업을 시작해야 한다. 왜냐하면 적어도 1~2명의 참여자는 집단을 떠나 버릴 수도 있으므로 이들이 잘 정의된 실천 가능한 목표를 가지고 집단을 떠날 수 있도록 하기 위해서

다. 이렇게 함으로써 집단에서 참여자와 촉진자 모두 집중적으로 치료에 임할 필요가 있으며, 참여자에게는 변화를 위한 목표를 설정해야 할 책임이 있고, 참여자와 치료 팀에게 주어진 시간은 매우 제한되어 있다는 점을 강조할 수 있다. 일단 치료 팀과 집단이 목표 설정 과정에 접어들었다면, 한 참여자에서 다음 참여자의 순으로 잘 정의된 목표를 설정할 수 있도록 도와준다. 이런 복잡한 과정을 수행하려면 촉진자는 수용 가능한 목표가 무엇인지 알고 있어야 하며, 참여자가 성공적으로 앞으로 나아가도록 적절히 지도할 수 있어야 한다. 다음 절에서 이 과정에 대한 통찰을 얻을 수 있을 것이다.

유용한 목표 세우기

> 나는 지난 몇 달 동안 가정폭력 집단에 참여하였다. 기초 과정에서 목표를 세우고 새롭게 문제를 다루거나 극복하는 방법에 대하여 배웠다. 또 내가 배운 것은 다른 사람에게 내가 할 수 있는 일은 아무것도 없다는 것이다. 다른 사람이 생각하고 느끼고 행동하는 것을 내가 바꿀 수는 없다. 내가 바꿀 수 있는 사람은 오직 나 자신뿐이다. 만약 우리가 변화하고자 한다면 그 해답은 종종 우리 안에서 찾을 수 있으며, 문제를 보려고만 하지 말고 우리가 다른 방식으로 행동하기 위해서 무엇을 할 수 있을까를 생각할 때 그 해답을 찾을 수 있을 것이다. 종종 작은 변화가 다른 사람에게는 큰 변화를 가져올 수 있다. 만약 우리의 변화가 다른 사람에게 영향을 미치지 못한다면, 우리는 그에 맞게 문제를 해결해야만 한다.
>
> 내가 추구하기로 결심한 목표는 내 아내를 마치 우리가 젊어서 데이트할 때처럼 다르게 보겠다는 것이었다. 아내가 무엇을 해야 하고 어떠해야만 한다는 기대를 버리기로 했다. 무언가 좋은 점을 보거나 좋은 것을 받는다면 그냥 고마워하고 감사해하면 된다.
>
> 이렇게 변화하고 보니 그 결과가 계속 노력할 만한 가치가 있는 것 같다. 내가 설정한 목표가 우리의 주요한 삶의 방식을 함께 변화시켰고, 또 앞으로도 변화시

> 킬 것 같다. 이것은 아내 혹은 아내의 반응 여부에 달린 문제가 아니다. 내가 타인을 긍정적으로 대하겠다는 목표를 세우면 더 긍정적인 결과가 돌아온다는 것을 충분히 알게 되었다. 만약 이것이 어떤 사람에게는 효과가 없다 하더라도 내 삶의 변화를 위해 잘 사용된 것이니 괜찮다(프로그램 참여자).

참여자가 설정한 변화를 위한 목표는 치료 과정에 중요하고 폭넓은 영향을 미친다(Elliot & Church, 2002; Foster & Mash, 1999). 치료의 주안점을 목표 설정이라고 할 때, 개인은 행동을 변화시켜야 할 책임이 자신에게 있음을 효과적으로 받아들이게 된다. 또한 목표를 설정하게 함으로써 무엇을 할 수 없는가 대신에 무엇을 할 수 있는가에 초점을 맞추도록 전환할 수 있다. 즉, 타인이나 자신을 비난하는 것에서 벗어나 더 나은 다른 미래를 발전시켜야 할 책임이 자신에게 있음을 알게 한다. 목표는 참여자에게 선택권이 있다는 인식을 증가시키고, 치료에서 적극적인 역할을 수행할 기회를 제공한다(Lee et al., 2003; Locke, 1996). 결과적으로 목표는 참여자가 얼마나 치료에 준비되어 있는가, 어떻게 치료 과정에 참여하는가, 치료 효과를 어떻게 평가하는가에 영향을 미친다(Elliot & Church, 2002).

유용한 목표는 노력 없이 쉽게 정할 수 있는 것이 아니다. 참여자가 자기 문제에 대한 명확한 해결책을 볼 수 있고 깨달을 수 있다면 그들에게 치료는 필요치 않을 것이다. 치료가 제대로 진행되기 위해서는 유용한 목표를 설정하는 것이 첫 번째이자 가장 중요한 단계다. 우리 프로그램에서 유용한 목표는 다음의 기준에 부합해야 한다. 첫째, 유용해야 한다. 목표는 참여자 개인에게 의미 있고 그들의 삶을 향상시키는 데 도움이 되어야 한다. 둘째, 대인 관계와 관련되어야 한다. 목표는 대인 관계적인 특성이 있으므로 참여자가 목표를 향해 열심히 작업할 때 다른 사람이 참여자의 변화를 알아챌 수 있으며 그 변화의 영향을 받을 수도 있다. 셋째, 새로워야 한다. 목표는 무언가 다른 것, 즉 참여자가 평소에는 하지 않았던 행동 같은 것이어야 한다. 넷째, 일상적이어야 한다. 목표는 참여자가 일상적으로 연습할 수 있는 행동이어야 한다(Lee et al., 2003). 참여자는 세 번째 회기까지는 목표를 발견하여야 하며, 이후의 회기에서 그들이 목표를 위해 얼마나 노력하고 있는지 함께 나누어야 한다. 그 밖에 Berg와 Miller(1992) 역시 참여자 개인에게 의미 있고 중요한, 즉 유용한 목표의 특징은 성취할 수 있을 만큼 작고 구체적이며 행동적이어서 성취 여부를 눈으로 보고 확인할 수 있어야 하며, 긍정적인 말로 진술하되 무엇이 없는 것보다는 있는 것으로 표현되어야 한다고 하였다.

이 접근에서 대부분의 치료적 작업은 참여자가 유용한 목표를 개발하도록 하는 것을 중심으로 이루어진다. 명확하고 구체적이며 잘 세워진 목표를 가지고 치료에 오는 참여자는 거의 없다. 따라서 대부분의 참여자들에게 이 과정은 매우 어렵게 느껴진다. 참여자는 초기에 매우 막연한 목표를 갖고 있으며, 이 목표들은 대체로 복잡하고 잘 정의되지 않은, 거창하고 겉으로는 옳게 보이지만 개인에게는 도움이 되지 않는 목표들이다. 어떤 사람은 목표를 떠올리기 힘들어하고, 또 어떤 사람은 자기 삶은 완벽하기 때문에 목표가 필요 없다고 말하는 "아무 문제 없어요." 유형의 내담자다(Lee et al., 2003). 이런 참여자들이 많고 또 그들을 변화시키는 것은 어렵지만, 촉진자가 끈기 있고 사려 깊게 접근하면 극복할 수 있다. 해결중심 촉진자는 어떤 형태이든 '저항'은 자신의 삶을 변화시켜야 한다는 압력을 느끼면 누구나 보일 수 있는 일반적인 반응으로 본다. 촉진자가 이런 관점을 가지고 있어야 초점이 불명확한 참여자를 만나더라도 주의를 빼앗기지 않으며, 참여자가 초기에 설정한 목표를 더욱 발전시키고 명료화하며 구체화하고 재구성하도록 유용한 질문을 해 나갈 수 있다.

다음의 대화는 촉진자가 참여자의 복잡한 목표 진술을 보다 단순하고 실행 가능한 목표로 바꾸도록 돕는 방법을 보여 준다.

Gary: 저는 의사소통 문제를 다룰 필요가 있는 것 같아요. 소통을 더 잘하는 것 말입니다.

촉진자1: 만약 당신이 소통을 더 잘하게 되면, 무엇을 하고 있을 것 같습니까?
(촉진 팀은 시간을 낭비하지 않고 곧장 관찰 가능한 목표 행동을 찾는다.)

Gary: 글쎄요, 잘 모르겠어요. 다만 소통이 좋아질 거라 생각해요. 무슨 말이냐면, 아내와 제가 요즘 대화를 하지 않거든요.

촉진자2: 당신과 아내가 대화를 많이 하고 상황이 더 좋았던 때가 있었나요?

Gary: 네, 우리가 산책을 가곤 했을 때요. 하지만 요즘은 제가 집에 와서 TV를 보거든요. TV 앞에 앉아서 맥주를 마시고, 그 이후에는 아내 말을 거의 안 듣죠.

촉진자2: 산책을 갈 때 그때는 더 좋았다는 거죠?

Gary: 네, 더 많은 에너지가 생기고 더 많은 일들을 하죠.

촉진자1: 당신이 그렇게 하는 데 도움이 된 것은 무엇이라고 생각하세요? 당신에게 도움이 된 것 말입니다.

Gary: 잘 모르지만, 그냥 우리 둘이 무슨 일을 함께하면 훨씬 더 좋은 것 같아요. 산책 같은 것 말이에요. 아, 그걸 잊어버리고 있었네요! 우리가 좀 더 많은 것을 할 필요가 있을 것 같아요.

촉진자2: 더 많은 것을 하는 것이요?

Gary: 네, 약 2주 전에 퇴근 후 혼자 산책을 했는데, 제 말은, 집에 오기 전에 혼자 걸었더니 집에 도착했을 때 정말 기분이 편안해지더라고요. 그것이 도움이 됐어요. 아내는 아이들 때문에 스트레스를 받고 있었지만 저는 그것이 괜찮았어요. 보통은 성질이 확 올라와서 아내에게 짜증스러운 말을 해버리거든요.

촉진자1: 와, 퇴근 후의 산책이 도움이 되었군요.

Gary: 네, 큰 차이를 만들었죠. 저를 차분하게 만들어 주었으니까요. 우리가 문제에 대해 얘기를 많이 하다 보면 일이 완전히 엉망이 되어 버려요. 그래서 이런 의사소통에 확신이 서지 않습니다.

촉진자1: 산책이 어떻게 도움이 되나요?

Gary: 제 생각엔 제가 직장에서의 일에 너무 스트레스를 받아서 그 기분을 집에까지 가져오고, 아내를 제 부하처럼 취급하는 것 같아요. 그러면 안 되는 거죠. 제 말은, 아내가 하는 행동이 싫다 하더라도 제가 아내를 부하처럼 대해서는 안 된다는 말입니다.

촉진자2: 그래서 무언가 다른 것을 시작하기 위해 아주 작은 무엇을 하시겠습니까? 당신이나 다른 누군가가 당신이 무엇을 하고 있는 것을 보게 될까요?

Gary: 퇴근해서 집에 오기 전에 운동을 하거나 걸으러 갈 것 같습니다. 그것이 효과가 있는 것 같고, 아내를 제 부하처럼 다루어서는 안 될 것 같아요. 시간이 좀 걸릴 테지만요.

(무엇을 할 것인가에 관하여 Gary의 생각이 좀 더 명확해졌다. 촉진 팀은 Gary가 그로 인해 얻을 수 있는 효과가 무엇인지 가능한 한 구체적으로 말하도록 돕기 시작한다.)

촉진자1: 아내가 당신이 무엇을 하는 것을 보게 될까요? 만약 산책한 다음 집에 돌아와서 당신이 무엇을 다르게 할까요?

Gary: 그냥 좀 더 차분해질 것 같아요.

촉진자2: 당신이 좀 더 차분해졌다는 것을 아내가 어떻게 알 수 있죠?

(이 질문은 Gary의 아내가 실제로 그에게 원하는 것이 무엇인가를 생각해 보도록 해 준다.)

Gary: 시간을 갖고 아내의 말을 잘 들어 줄 거예요. 때로 그게 아내가 원하는 것인 것 같아요. 제 말은 제가 아내의 말을 정말 잘 들어 줄 필요가 있다는 것이 아니라, 그냥 거기 앉아서 아내가 좀 진정될 때까지 고개를 끄덕여 주는 것이 필요하다는 뜻이에요.

촉진자1: 실제로 그렇게 하실 수 있으시겠어요?

Gary: 예, 확실히 할 수 있을 것 같아요.

촉진자1: 음, 이 문제를 매우 열심히 생각하셨군요. 그것이 당신에게 얼마나 도움이 될지 알 것 같습니다. 언제 그런 변화를 시도하실 건가요?

일반적으로 우리는 언제, 어떻게, 어디서 그리고 얼마나 자주 목표 행동이 일어날 필요가 있는지에 관하여 자세히 질문한다. 그렇게 함으로써 참여자 스스로 과제를 평가해 볼 뿐만 아니라 상상 속에서 먼저 과제를 해 볼 수 있는 기회를 줄 수 있다. 또한 우리는 종종 척도 질문을 사용하여 참여자가 과제를 평가하고 자신이 그것을 위해 얼마나 노력할 준비가 되어 있는지 알 수 있도록 돕는다. 예를 들면, "1에서 10까지의 척도에서, 10은 당신이 설거지를 해 주면 아내와 당신의 관계가 달라질 것이라고 완전히 믿는 것을 의미합니다. 그리고 1은 당신이 그렇게 하더라도 아무런 변화가 없을 거라고 생각하는 것입니다. 당신은 몇 점이라고 하시겠습니까?"

(상담 계속)

Gary: 왜 제가 지금 당장 할 수 없는지는 모르겠지만, 내일부터 하겠습니다.

촉진자1: 최고의 효과를 내기 위해서는 얼마나 자주 그렇게 하시는 것이 좋을 것 같나요?

Gary: 매일 시도는 해 봐야 한다고 생각해요. 알다시피 때로는 그것이 불가능할 때도 있을지 모르지만, 거의 매일 그렇게 할 것 같습니다.

촉진자2: 그래요. 당신의 목표는 퇴근 후에 거의 매일 산책하고, 운동하고, 아내의 이야기를 잘 들어 주고, 아내가 안정이 될 때까지 고개를 끄덕여 주는 것입니다. 이것이 당신에게 가장 도움이 될 거라고 생각하는 것이죠?

Gary: 네.

촉진자2: 아내가 이것에 어떻게 반응할지 매우 궁금합니다. 이것이 아내에게 어떤 영향을 미치는지 주의 깊게 살펴보시겠어요? 어떤 영향이든 말이죠.

Gary: 아내가 변화를 알아차릴 것 같아요.

촉진자1: 당신이 잘하고 있다는 것을 말이죠?

Gary: 네!

처음에 Gary는 촉진자가 매우 일반적인 용어로 목표를 설정하기를 원한다고 생각하고 그런 목표를 찾으려 하였다. 그러나 촉진자는 매우 구체적인 목표를 찾으며, Gary가 그의 아내와 즐겁게 소통할 수 있는 명확한 행동 목표를 설정하도록 하였다. 촉진자가 알고 싶은 것은 어떻게 하면 이것이 효과가 있을지에 관한 것이며, 구체적인 사항을 듣고 싶다는 뜻을 전달한다. 또한 Gary가 아내의 반응을 살펴보게 함으로써 아내의 반응에 좀 더 주의를 기울이고 가까워지도록 돕는다.

참여자는 종종 잘 정의된, 자신이 실행할 만한 목표를 설정했을 때 성취감을 느낀다. 자신이 무엇을 성취하기를 원하는지, 그리고 어떻게 그렇게 할 것인지를 알게 된다. 참여자는 집단 프로그램을 할 만한 것으로 느끼기 시작하며, 따라서 프로그램의 요구를 성공적으로 수행할 수 있다는 생각에 집단에서 마음이 편안해지기도 한다. 한 번에 조금씩 나아감으로써 자신의 삶은 자신이 통제한다는 느낌을 갖는다. 촉진자가 온전히 참여자들에게만 집중하고 그들을 위해 더 나은 삶을 계획하는 모습을 보여 주는 것은 참여자에게 작지만 강력한 영향력을 발휘한다. 참여자들은 치료 팀이 그들을 위해 일하며, 그들의 목표 달성을 위해 협력하고 있다는 것을 알기 시작한다. 그들은 자신의 변화뿐만 아니라 다른 참여자의 성공과 변화에도 점진적으로 연결된 느낌을 갖기 시작한다.

변화의 과정에 목표를 활용하기: 4~6회기

우리 프로그램은 변화를 위한 맥락을 만들기 위해 목표를 활용한다. 즉, 실제 삶의 상황에서 해결책을 확장하고 강조하고 강화하기 위해 목표 달성을 중심으로 치료적 개입이 이루어진다. 3회기가 마무리되기 전까지 모든 참여자는 잘 만들어진 목표를 개발해야 한다. 우리의 초점은 첫째, 목표와 관련하여 노력한 것이 있다면 칭찬하고 격려한다. 둘째, 참여자가 자기 목표에 가능하면 많은 의미를 부여하도록 하여 목표 달성을 위해 최대한 노력하도록 돕는다. 셋째, 무엇이 효과적인지 참여자가 평가하고 인지하도록 돕는다. 이러한 과정에서 참여자의 반응은 대체로 두 가지로 나눠지는데, 목표로 인해 긍정적인 경험을 하게 되었다는 경우와 변화가 없거나 도움이 되지 않는다는 경우다.

참여자가 긍정적인 결과를 보고한다면, 목표의 의미와 가치를 더욱 확장하고 참여자가 목표 달성을 위해 더 노력하도록 만드는 기회로 삼아야 한다. 이를 위해 우리는 참여자에게 무슨 일이 일어났는지 호기심과 관심을 보이며, 가능한 한 아주 자세한 내용들까지 말하도록 한다. 이처럼 구체적인 내용들을 알아가는 과정에서 참여자의 목표와 관련된 모든 가능성과 의미들이 다른 집단원들 앞에서 검토되고 탐색된다. 우리는 또한 참여자들에게 그들의 행동이 타인에게 직접 혹은 간접적으로 어떤 영향을 미쳤는지 평가하도록 한다. 목표 행동의 아주 구체적인 내용과 그것이 미친 영향까지 탐색함으로써 목표 행동의 중요성과 그것에 부여된 의미를 더욱 확장한다. 우리는 종종 새로운 것을 시도하려는 내담자의 용기와 효과가 있을 만한 목표를 선택한 내담자의 지혜에 대해서도 언급한다. 이 과정에서 직간접적인 칭찬은 매우 중요하다. 왜냐하면 칭찬은 중요한 피드백을 제공할 뿐만 아니라 변화를 기대하는 긍정적인 분위기를 조성해 주기 때문이다.

목표로부터 얻은 것이 없다고 말하는 참여자와 작업하는 것은 상당히 어려운 일이다. 그러나 목표에 대한 참여자의 반응은 단지 반응일 뿐이라는 것을 기억할 필요가 있다. 좋고 나쁜 반응은 없다. 참여자의 반응은 언제든지 유용하게 사용할 수 있다. 초보 치료자는 참여자가 훨씬 좋아졌다고 말할 때 좀 더 마음이 편해진다. 그러나 '컵은 비어 있을 때 가장 유용하다.'는 오래된 속담이 있다. 참여자가 효과가 없다고 말할 때, 그들은 종종 더 새로운 생각에 열려 있고 가능성을 갖고 있다. 우리는 모든 목표 관련 행동은 유용하다고 본다. 심지어 참여자가 목표를 향해 노력했으나 원하는 결과를 얻지 못했다고 말할 때에도 그렇다. 목표 행동이 효과가 없다는 것은 최소한 참여자에게 무엇이 해답이고 해답이 아닌가를 알게 해 주기 때문이다. 또한 더 효과가 있을 것 같은 다른 방법을 찾도록 해 준다. 만약 목표가 다른 사람과의 관계를 개선하지 못했다면, 여전히 그 관계는 우연히 좋아질 가능성이 있고 유용한 것이라는 점을 기억해야 한다. 핵심은 목표가 얼마나 유용한 것인지를 참여자가 감지할 수 있는가, 그리고 치료자는 참여자가 그것을 감지하도록 도와줄 수 있는가 하는 것이다.

우리의 경험에서 볼 때, 참여자의 표현과 말은 매우 유동적이고 끊임없이 변화한다. 참여자의 표현을 확고한 것으로 간주하면 상당한 문제가 발생하게 된다. 언어는 경계나 한계가 거의 없는 창조적인 도구이며, 언어의 유동적인 측면은 하나의 표현을 재빨리 다른 표현으로 바꾸는 것을 가능하게 해 준다. 쓸모없는 목표일지라도 참여자가 노력한 부분에 초점을 맞추면 매우 유용한 것으로 변형될 수 있다. 만약 집단에서 참여자가 자신에게 목표가 도움이 되지 않았다고 말한다면, 우리는 먼저 그에게 목표가 무엇인지 말하도록 한다. 그리고 목표가 도움이 되지 않았다고 묵살해 버리기 전에 행동의 세부 사항을 살펴보도록 한다. 그 근거는 첫째, 사람은 종종 주의 깊게 생각하기 전까지는 목표 행동의 긍정적인 결과를 떠올리거나 부수적인 이점을 알아차리지 못하기 때문이다. 둘째, 때때로 참여자는 원래의 목표에서 주의를 다른 곳으로 돌리게 되므로 다시 목표에 집중하게 하는 것이 도움이 된다. 셋째, 어떤 참여자는 처음부터 너무 많은 것을 달성하려 하기 때문에 작지만 중요한 변화를 놓치게 된다. 따라서 유용하지만 참여자가 간과했던 것을 알아차리고 아직 다듬어지지 않은 다이아몬드에 의미를 부여하도록 하는 것이 바로 촉진자가 해야 할 일이다.

드물지만 참여자 중에는 목표를 위해 노력하는 과정에서 아무것도 얻지 못했거나 오히려 더 나빠졌다고 말하는 경우도 있다. 이런 경우 우리는 참여자에게 목표를 바꾸는 것이 도움이 될지 신중히 평가하도록 돕는다. 또한 그들의 목표에 대하여 자세히 질문하고, 깨닫지 못한 이점이 있는지 찾아보도록 하며, 숨은 이점이 있는지 평가하도록 한다. 만약 참여자가 목표에서 도움이 되는 것을 찾지 못하면, 우리가 그 목표를 지속하는 것이 이점이 된다고 생각하더라도 더 이상 그 목표를 추구하지 않는다. 우리는 참여자가 자신에게 무엇이 최선인지를 알고 있다고 가정한다. 우리의 역할은 그들의 삶을 향상시키기 위하여 도움이 되는 것이 무엇인지를 참여자 스스로 평가하도록 돕는 것이다. 따라서 참여자와 유대감을 유지하고, 그들에게 확신이 없는 목표를 계속 추구하자고 주장하기보다는 그들이 주도하는 것에 따르겠다는 의견을 전달하는 것이 훨씬 더 중요하다.

미래: 7~8회기

집단치료 과정의 후반기에 들어서면 자기 주도적이고 개인적으로 의미가 있는 목표를 설정하고 성취하게 되므로 대부분의 참여자들은 자신과 자기 삶에 대하여 긍정적인 시각을 갖게 된다. 또한 참여자는 종종 집단의 다른 구성원들뿐만 아니라 자신의 목표와 관련된 다른 사람과도 의미 있는 유대감을 느낀다. 그러나 자신이 시작한 대로 그 길을 갈 수 있을지에 대해서는 의문을 갖고 있다. 가정폭력 가해자 치료 분야에서 가장 큰 어려움은 집단이 종료된 다음 폭력 행동이 재발하는 것을 감소시키는 일이다. 따라서 참여자의 변화를 탄탄하고 견고하게 만드는 것뿐만 아니라 참여자의 미래를 위한 로드맵을 개발하여 참여자의 변화가 함축하는 의미를 확고하게 하도록 돕는 것이 중요하다. 보다 근본적으로는 참여자들에게 그들이 하는 것이 효과가 있으며, 따라서 그들이 계속 성공할 수 있다는 것을 인식하도록 돕는 것이 중요하다. 이를 위해 우리는 다음 세 가지에 초점을 둔다. 첫째, 참여자의 목표가 계속 유용하게 사용될 수 있는 더 많은 방법을 창안해 낸다. 둘째, 참여자가 자신의 변화를 어떻게 생각하는지, 그런 변화가 참여자 자신에 대한 생각을 어떻게 바꾸어 놓았는지 알아내고 확고하게 한다. 셋째, 다른 사람과 계속 유대 관계를 맺을 수 있는 청사진을 개발한다.

미래 관점

집단이 종결에 다다르면 참여자는 자신이 성취한 것을 평가할 준비를 한다. 우리는 참여자의 이러한 자연스러운 경향성을 활용하여 그들이 노력한 것의 즉각적인 효과를 평가하고, 장차 어떻게 하면 목표 작업을 계속할 수 있을지 계획하도록 돕는다. 이를 위해 우리는 참여자를 미래에 관한 대화로 이끌기 위한 질문을 던지며, 그들이 미래에 무엇을 하고 있을지 가능한 한 자세하게 탐색한다. 질문은 다음과 같다.

- 성공적인 미래를 위해 무엇을 계속해야 할까요?
- 당신이 지금 하고 있는 일들 중에 미래에도 계속하고 있을 가장 중요한 일은 무엇인가요?
- ______하는 것을 계속하실 건가요?
- 최근 자녀들과 처음으로 놀아 주셨지요? 그것을 계속하려면 무엇을 해야 하나요?
- 자녀들과 유대감을 느끼는 것이 1부터 10까지의 척도에서 얼마나 중요한가요?
- 만약 지금부터 6개월 후에 우리가 만난다면, 제가 무엇을 볼 때 당신이 더 나은 삶을 살고 있다는 것을 알 수 있을까요?
- 이것이 어떤 중요한 변화를 가져올까요?

우리는 질문을 통해 집단의 종결 후에도 변화를 가져올 수 있는 행동이 무엇인지 참여자들이 주의를 기울이도록 한다. 그리고 우리가 없을 때에도 참여자가 계속 열심히 할 것이며, 그러한 노력이 그들 자신과 사랑하는 사람들에게 매우 큰 영향을 줄 것이라는 것을 전제로 하는 언어를 사용한다. 또한 참여자의 주의를 그들이 사랑하는 사람의 관점으로 돌려놓기 위한 언어를 사용한다.

- 아들이 지금 두 살이죠? 아들이 일곱 살이 되면, 당신의 노력에 대해 뭐라고 말할까요?
- 당신의 노력이 아들의 삶을 어떻게 더 나아지게 만들까요?
- 앞으로 3개월 동안 매주 토요일에 아들과 시간을 보낸다면, 그것이 아들에게 어떤 변화를 가져올까요?
- 이 목표를 위해 계속 노력하면, 지금부터 1년 후 당신은 무엇이 가장 자랑스러울까요?
- 만약 1년 후에 우리가 당신 아내와 함께 커피를 마시러 간다면, 당신이 한 일 중에 아내를 가장 기쁘게 한 것은 무엇이라고 말할 것 같습니까?

- 아들이 장차 당신의 나이가 되었을 때, 당신 혹은 당신이 한 일 중에 무엇이 아들의 삶을 더 낫게 만들었다고 말할 것 같습니까?

어떤 참여자는 다른 참여자보다 더 먼 미래까지 생각할 수 있다는 점을 고려하여야 한다. 또한 참여자가 미래에 관해 어떻게 이야기하는가를 경청하는 것이 대단히 중요하다는 것도 염두에 두어야 한다. 예를 들어, "미래에는 당신의 목표를 어떻게 더 확장시켜 나갈 건가요?"라는 질문에 참여자가 "저는 제 상사를 피할 것입니다. 그렇게 하는 게 저한테는 정말 효과적이에요."라고 대답한다면, 이 참여자에게는 자신의 목표를 단순하게 갖고, 목표를 현재에 두는 것이 중요하다는 점을 존중해 주어야 한다. 동시에 여전히 내담자가 미래를 바라보게 하려면 다음과 같이 부드럽게 질문한다. "물론, 그렇게 하는 것이 당신에게는 정말로 효과가 있겠군요. 상사를 피하는 것을 계속하다 보면, 그것이 장차 더 쉬워질까요, 아니면 더 어려워질까요?" 이러한 유형의 반응은 단순해 보이지만 실상은 복잡하다. 예를 들어, 이것은 참여자의 말을 충분히 확인해 주고, 그가 목표를 위해 어떤 행동을 할 것인지 재진술해 주며, 참여자의 미래의 행동을 확장하기 위해 추정적인 언어를 사용하는 것이다. "당신이 그것을 계속하면……."은 지속성을 의미한다. 또한 그 행동이 미래에는 더 쉽거나 어려울 것이라고 가정함으로써 그런 일이 일어나게 될 것이라는 교묘한 추정적 딜레마를 포함한다. 여기서 중요한 것은 목표 행동을 계속하는 것이 쉬울 것이라고 가정하지 않는다는 점이다. 더 어려울 수도 있다는 사실도 존중된다. 우리는 이렇게 하는 것이 특히 법원 명령을 받은 내담자를 상담할 때 중요하다고 생각한다. 왜냐하면 그들은 통제와 선택의 문제에 매우 민감할 수 있기 때문이다.

대부분의 참여자는 미래의 목표 행동과 그것을 어떻게 발전시켜 나갈 것인가에 대하여 아주 구체적인 부분까지 대화할 준비가 되어 있다. 따라서 촉진자는 질문을 통해 참여자를 동참시키고 대화에 미래를 가미하기만 하면 된다. 또한 적절한 시점에 참여자를 칭찬함으로써 치료 과정이 더욱 무르익도록 만들 수 있다.

굳히기

집단 종결에 두 번째로 중요한 주제는 참여자에게 자신이 누구이며 어떤 사람이 될 것인가에 관한 새로운 신념을 굳히는 것이다. 많은 참여자가 집단을 통해 자신의 어떤 본질적인 면이 변화했다고 생각하며, 그 결과 자신을 새롭게 명명한다. 명명하기는 그들이 변화되었다는 점을 확인시켜 주는 것이며, 변화가 이제 그 개인의 자아와 사회적 맥락의 새로운 일부분이라는 사실을 알려 주는 것이다. '사이가 소원해진 딸과 친밀해지기'라는 목표를 성취한 여성은 이전에 자신을 '실패한 엄마'로 보았던 데에서 이제는 자신을 '따뜻한 엄마'로 여길 것이다. 내성적이고 고립된 채 살아온 남자가 이제 이웃과 대화하고 함께 일하게 되면서 이전에는 자신을 '고독한 사람'으로 보았던 것과 반대로 이제는 '좋은 이웃'이라고 여길 수 있다. 이러한 변화가 나타나면 촉진자는 참여자가 자신에게 새로운 이름을 부여하거나 새로운 표현을 발견하도록 돕거나, 그들의 새로운 행동에 알맞은 이름을 제시해 주는 것이 좋다. 다음 대화는 이런 과정에 관한 짧은 예다.

촉진자: 아내가 그렇게 아플 때 어떻게 하셨나요?

Ed: 그냥 괜찮을 거라고 말해 주고 아내를 병원에 데리고 갔어요… 저는 아내가 심하게 화를 내는 게 싫어요… 그럴 때는 그냥 나가서 제 차를 타고 도망가 버리고 싶어요… 제 말은 제가 그런 일로 왔다갔다 하는 것이 싫다는 뜻이죠.

촉진자: 물론이죠, 그런데 아내 곁에 계속 있기로 결정하셨죠?

Ed: 아내의 손을 잡아줬어요, 마음이 불편했지만요… 아내에게 좋게 말하는 것을 목표로 정하고 노력했으니까요. 아내가 손을 잡아주기를 바랄지도 모른다고 생각했어요.

촉진자: 그러니까 아내가 무엇을 필요로 하는지 좀 더 잘 알게 되셨군요.

Ed: 제가 잘 안다고 생각했었지만, 저는 항상 좀 거친 사람이었어요. 울고 그러는 것… 그런 것은 여자가 하는 일이라고 생각하는…….

촉진자: 아내분이 이런 변화를 알아챈 것 같은가요?

Ed: 아, 네! 아내가 계속 고맙다고 말하고 제 손을 꽉 잡았어요. 저는 그냥 괜찮다고 말했어요.

촉진자: 그랬군요. 이것이 당신에 대해, 또는 당신이 어떤 사람인지에 대해 무엇을 말해 준다고 생각하세요?

Ed: 모르겠어요… (촉진자는 기다리면서 기대에 찬 얼굴로 바라본다.) 제가 아내에게 조금 부드럽게 대한 것 같아요.

촉진자: 부드러운 남자가 되셨군요.

Ed: 아마도… 그런 것 같아요……. 저에게는 쉽지 않은 일이에요.

촉진자: 큰 변화네요. 잘하셨습니다. 대단한 일이라고 생각합니다.

앞의 사례에서 촉진자들은 Ed가 '아내에게 부드럽게 대한 것'을 '부드러운 남자가 된 것'으로 바꿔 말해 줌으로써 Ed의 변화를 그의 성격적 특성으로 만들었다. 이렇게 함으로써 변화 과정이 더 확고해진다. 이것은 참여자의 변화를 그의 결함이 아닌 그의 강점으로 명명해 준다는 면에서 참여자를 진단적으로 명명하는 것과 대조를 이룬다. 일단 참여자의 특징을 명명하여 참여자에게 제시하고, 그가 이것을 받아들이면 계속 반복하여 제시함으로써 참여자의 새로운 자기 진술이 되도록 만든다.

때때로 자신이 어떤 사람인가에 대한 참여자의 이전 생각들을 수정해야 하기 때문에 새로운 진술은 참여자에게 내적 갈등을 일으킨다. 예를 들면, 한 참여자는 자신에게 의미 있는 변화가 일어나려면 '사커 맘'(soccer mom, 역자 주: 자녀를 스포츠, 음악 교습 등의 활동에 데리고 다니느라 여념이 없는 전형적인 중산층 엄마를 가리킴)이 되어야 하지만, '사커 맘'이 되면 자신의 마음을 솔직히 말하거나 자기가 좋아하는 대로 옷을 입는 것 등에 제약이 있을 것이라고 생각하였다. 우리는 '사커 맘'이 되는 것이 그녀와 자녀들에게 어떤 의미가 있는지 평가하도록 하였다. 그러자 그녀는 '사커 맘' 이라는 진술이 자신과 자신의 아이들에게 많은 이점을 주는 것은 맞지만, 자신의 선택은 '사커 맘' 과 '그녀 자신' 이 되는 것 사이에 있다는 것을 깨달았다(Goolishian & Anderson, 1987). 따라서 우리는 그녀에게 '사커 맘' 이 되는 것과 동시에 '자신의 마음을 솔직히 말하고 편안한 옷을 입는 것' 이 가능한지 한번 생각해 보라고 하였다. 그 결과 그녀는 두 가지 역할을 모두 포함하는 '그때 그때 자신에게 맞는 옷을 찾아 입는 엄마' 로 자신을 통합할 수 있었다. 이런 예는 참여자가 말하는 내용을 탐색하여 하나의 표현에서 다른 표현으로 전환하는 데 도움을 주는 것이 얼마나 중요한지를 보여 준다.

개인적 관계의 개선

집단 종결에서 중요한 마지막 주제는 참여자가 변화를 위해 계속 노력하고 변화를 확장할 수 있도록 그들에게 개인적으로 중요한 관계에 관한 청사진을 그려 보도록 하는 것이다. 많은 경우 참여자에게는 그들의 목표 성취를 도와줄 누군가가 있다. 우리는 질문을 통해 참여자와의 관계를 파악하고, 그 관계가 미래에 얼마나 중요한지를 평가하며, 그 관계를 지속할 수 있도록 계획을 세우는 것을 돕는다. 우리는 참여자에게 6회기 이후 자신에게 긍정적인 영향을 준 누군가에 관하여 1페이지 분량의 글을 쓰도록 하는 것이 도움이 된다는 것을 발견하였다. 이를 통해 그들이 존경하는 사람으로부터 무엇을 배웠는지를 평가하고, 지금 자신을 지지해 주는 사람에 대하여 이야기하는 기회가 마련되었다.

일단 참여자가 현재 자신의 변화 과정에 도움이 되는 사람을 발견하면, 그와 어떻게 계속 관계를 유지할 수 있을지 세부적인 사항들을 찾는다. (참여자를 지지해 주는 사람은 대부분 참여자의 잠재력을 알고 믿어 주는 사람이다.) "당신의 어떤 점 때문에 그가 여전히 당신을 지지해 준다고 생각하십니까?" 와 같은 질문이다. 이런 질문은 참여자는 물론 그를 지지해 주는 사람 모두를 칭찬해 주는 이중 효과가 있다. 우리는 이러한 지지적 관계에 대해 직접적인 칭찬을 하기도 하지만, 참여자가 그 관계를 계속 유지할 수 있도록 격려한다. "____는 당신에게 정말 도움이 되는 사람이군요. 당신에게 ____가 얼마나 큰 의미를 지닌 사람인지 ____도 알고 있나요?" 비록 집단 내의 한 명에게 질문한 것이지만, 다른 참여자들도 자신을 반추해 보도록 한다.

프로그램 수정

그동안 가정폭력 가해자에 대한 치료를 더 길고 복잡하게 만들려는 경향과 정치적인 압력이 있었다. 때문에 우리의 접근을 좀 더 장기로 만들거나 해결중심 접근에 다른 접근을 접목하는 것은 어떤지에 대한 질문들을 종종 받는다. 이에 대해 우리는 프로그램을 10회기에서 12회기로 늘리는 것은 이점이 될 수 있지만, 12회기를 초과한다면 프로그램의 효과가 줄어들 뿐 아니라 참여자 수도 감소하고 끝까지 마치는 사람도 줄어드는 결과를 낳게 될 것이라는 결론을 내렸다. 가정폭력 가해자는 프로그램이 실천 가능한 것인지, 참여할 가치가 있는 것인지를 고려한다. 우리는 가해자의 법률적 책임을 강조하지만, 순수하게 법률 체계의 힘에만 의존한다면 참여자가 12주 이상 효과적으로 프로그램을 따르고, 프로그램을 완수하고, 성공할 것이라고 생각하지 않는다. 가해자가 가진 에너지와 자원의 제한점을 고려하지 않는다면 참여자의 참석률과 치료에 대한 순응도를 감소시킬 뿐이다. 가해자가 집단에서 얻는 것은 치료가 적을수록 더 많다고 알려져 있다.

앞에서 말했듯이, 우리 모델에 2~4회기를 추가하면 잠재적인 이점이 있을 것으로 보인다. 어떤 참여자에게는 변화를 굳히기 위한 추가 회기가 필요해 보인다. 특히 약물 남용 문제 그리고(또는) 기질적 뇌 장애를 동시에 가진 사람에게 그럴 수 있다. 그러나 현재의 8회기 틀에서도 촉진자와 참여자는 시간을 효과적으로 사용해야 한다는 압박감을 많이 느낀다. 그 결과 촉진자와 참여자는 매우 집중적이고 집약적으로 작업하게 되었다. 우리의 상담 축어록을 읽어 보면 항상 명확하게 드러나는 것은 아니지만, 비교적 빠른 속도와 매우 집중된 과정을 통해 이런 특징이 잘 드러난다. 치료 기간이 짧다는 것은 참여자가 기꺼이 열정적으로 작업하고자 하면 짧은 시간 안에 긍정적인 변화를 만들어 낼 수 있는 능력이 그들 자신에게 있다는 사실을 촉진자가 믿고 있음을 전달해 준다. 시간과 치료적 변화 사이의 관계를 살펴본 연구들은 변화는 회기 수의 로그 일차함수로 발생하므로 가장 큰 치료 효과는 치료 초기에 나타나고 그 이후로 감소하는데(Howard, Kopta, Krause, & Orlinsky, 1986), 대부분의 치료 효과는 초기 8회기 내에 나타난다(Garfield, 1989).

약물 남용

약물 남용은 많은 가정폭력 가해자의 중요한 특징이다. 그러나 수년 동안 우리는 참여자들에게 술에 취해 집단에 참여하지 말 것을 요구하는 것 외에는 약물 남용 문제에 초점을 두지 않았다. 약물 남용 문제나 그와 관련된 대화를 나누는 것이 집단의 주의를 빼앗는 역효과를 낳는다고 강하게 믿었기 때문이다. 이러한 접근은 사실 효과적이었다. 왜냐하면 참여자는 새로 배운 행동과 생활방식 때문에 술과 약물에 신경 쓸 여지가 없었기 때문이다. 그러나 참여자들이 약물 남용을 중단함으로써 얻는 많은 이점에 대하여 언급하였고, 우리는 점차로 많은 가해자가 약물 남용과 관련된 대화를 탐색하고 확장하는 것에서 얻는 이점이 있다는 것을 알아차리게 되었다. 여전히 우리는 '음주/약물 중단'을 목표로 삼는 것은 거부한다. 왜냐하면 관찰 가능한 행위를 하는 것 대신에 하지 않는 것을 제시하기 때문이다. 우리는 참여자가 음주나 약물 문제에 관하여 정보를 제공하면 열심히 경청하고, 그것이 그들 자신과 그들이 사랑하는 사람들에게 미치는 영향을 평가하도록 돕는다. 우리는 음주와 약물에 관한 그들의 성공담도 열심히 경청하고 그들의 노력과 변화의 결과로 미래가 어떻게 달라질지 탐색하도록 돕는다. 이 외에도 우리는 그들이 추가적인 치료를 받기 위한 간단한 계획을 세우도록 하며, 그것이 도움이 될 것임을 믿도록 지지해 준다. 우리는 그들이 물질 남용의 '드라마' 속에서 헤맬 때면, 그들의 주의를 해결책 구축으로 전환하기 위해 노력한다. 음주나 약물 남용 문제를 가진 참여자가 프로그램 참여와 처치를 동시에 받으면 해결중심 접근의 전반적인 효과도 증가한다.

다른 체제와 협력하기

우리는 가정폭력 근절을 위해 다른 사회-정치-문화 체제의 협력적 노력이 매우 중요하다고 생각한다. 우리 프로그램의 철학과 마찬가지로 서로 다른 기관들 간에 공동의 목표, 작은 변화 그리고 연결고리를 찾는 것이 중요하다. 그 과정에서 긍정적인 변화가 일어날 수 있다. 우리의 경험에서 보았을 때, 더 넓은 체제와 협력적 관계를 발전시키는 것이 유용하다. 경험적 연구들에 따르면, 체포, 구금, 법률적 지원, 피해자 지원, 가해자 프로그램에 대한 법원의 평가, 프로그램에 순응하지 않는 가해자에 대한 법원의 처리 등에 협력적 개입이 이루어져야 재범이 감소하고 프로그램도 효과를 볼 수 있었다(Edleson, 1991; Kaci & Tarrant, 1988; Steinman, 1988). 우리도 가해자가 자기 행동에 책임을 지도록 하기 위해 지역 변호사, 보호관찰소, 판사와 연계한다. 대부분의 집단 참여자들이 자신의 문제에 대하여 자발적으로 치료를 받으려 하지는 않는다. 그들은 프로그램에 참석하도록 명령받았기 때문에 참여하는 경우가 대부분이다. 이런 측면에서 우리의 집단치료 프로그램의 '긍정적인 치료 효과'는 법률적 체제의 강력한 뒷받침에 의해서만 가능하다. 어떤 경우에는 유기징역을 포함한 법적 처벌이 가해자뿐만 아니라 잠재적인 가해자의 추가적인 폭력을 줄이거나 막을 수 있는 중요한 도구가 될 수도 있다.

치료 프로그램 평가

우리는 프로그램의 효과를 평가하기 위하여 6개월 추수 조사를 통한 단일 집단

사전-사후 검사 연구 설계를 사용하였다. 자료는 프로그램의 참여자, 그들의 파트너/배우자, 그리고 공식 범죄 기록을 포함한 다양한 보고 자료이며, 분석은 1996년 10월에서 2002년 1월까지 진행된 14개의 집단 참여자들의 자료를 기초로 하였다. 응답자는 90명의 프로그램 참여자들(남자 77명, 85.6%, 여자 13명, 14.4%)이다. 연구 결과, 가정폭력 가해자를 위한 해결중심 접근의 효과에 대한 최초의 경험적 증거를 제공할 수 있었다. 공식 기록에 따르면, 우리 프로그램의 재범률은 16.7%에 그쳐, 대부분의 다른 가정폭력 가해자 프로그램의 재범률보다 상당히 낮았다. 이는 6개월 추수 면담에서 배우자나 파트너들이 보고한 13.5%의 재범률과 비슷하다. 마찬가지로 프로그램 이수율이 92.8%에 달해 다른 대부분의 프로그램들의 이수율과 비교할 때 상당히 높았다. 다른 프로그램들과 비교해 상대적으로 낮은 7.2%의 탈락률은 우리의 접근이 존중과 적극적인 자세를 가지고 있으며, 대부분의 참여자가 프로그램을 통해 그들에게 도움이 되는 이점을 발견할 수 있었다는 사실에 기인하는 것으로 생각된다. 배우자와 파트너 보고에 따르면, 프로그램 참여자들의 50%가 부부/연인 관계에서 관계 기술이 향상된 것으로 나타났다. 사전-사후 검사에서 향상된 참여자의 관계 기술은 프로그램 종료 후 6개월까지 유지되는 것으로 나타났다. 이 외에도 참여자와 그들의 배우자/파트너들은 프로그램 종료 6개월 후에 참여자의 언어와 신체적 폭력 행동이 유의하게 감소한 것으로 인식하고 있었다. 참여자의 자기 보고에 따르면, 자존감은 사전-사후에 유의하게 향상되었으며, 그 효과는 프로그램 종료 후 6개월까지 유지되는 것으로 나타났다.

결론

상담 전문가는 가정폭력 가해자에 대한 효과적인 치료 방법을 끊임없이 탐구한다. 우리의 접근은 전통적인 치료 패러다임에서 혁신적으로 벗어난 것이다. 우리의 접근은 가정폭력에 대한 주 정부의 법적 조치의 핵심이 되는 가정을 거부한다. 우리의 접근이 복잡한 가정폭력 문제에 대한 유일한 해답이라고 보지는 않는다. 그러나 이것이 새로운 탐색과 향후 연구의 방향을 제시하기를 기대한다.

해결중심 접근은 가정폭력 가해자를 해결책을 구축할 책임이 있는 존재로 보고, 그들의 문제와 결함에 초점을 두지 않는다. 해결중심 모델은 목표를 활용하여 참여자가 자신의 문제에 대하여 성공 가능한 해결책을 발견할 수 있는 즉각적이고 적절한 환경을 제공한다. 유용한 목표를 개발하고, 도움이 되는 행동을 파악하고, 그것을 확대·강화하기 위하여 목표 달성을 강조한다. 따라서 참여자는 자신에 대하여 대안적이고 새롭고 유익한 진술을 개발하게 되며, 이를 통하여 친밀한 관계에서 폭력을 제거하거나 배제하게 되는 기회를 만들 수 있다.

우리는 가정폭력 피해자와 잠재적인 미래의 피해자까지 보호하는 것이 우리의 핵심적·도덕적·윤리적 책임이라고 생각한다. 이런 생각은 만약 우리가 가정폭력 가해자를 신속하고 효과적으로 변화시킬 수 있는 치료적 기법을 개발하고 활용하지 못한다면 실천 불가능할 것이다. 치료받지 않은, 혹은 성공적으로 치료되지 못한 가해자는 의미 있는 변화가 일어나기 전까지는 계속해서 가족에게 고통을 줄 것이다.

우리는 정부가 단순히 강제된 프로그램과 서비스를 제공하는 것뿐만 아니라 그러한 프로그램들이 효과에 대한 책임을 지도록 해야 한다고 확신한다. 결과가 있다고 반드시 효과적인 것은 아니다. 특히 치료 프로그램은 참여자가 프로그램을 따르고 완수하는 비율을 높이고 재범률을 감소시킬 책임이 있다. 이것은 연구자와 서비스 제공자들 사이의 연계가 강화되어야 한다는 것을 의미한다. 우리는 서비스 제공자와 연구자들이 이 분야를 발전시키기 위한 여러 질문에 답하기 위하여 협력하는 것이 매우 필요하다고 생각한다. 연구에 의해 제공되는 피드백이 없다면 서비스 제공자는 의미 있는 변화가 일어나고 있는지의 여부를 알기 어렵다. 더욱 안타까운 것은 서비스 제공자가 사실 자신의 치료가 효과가 없는데도 그것이 효과가 있다고 믿는 것이다. 연구자와 서비스 제공자들이 전문성과 자원을 함께 공유하는 동반자 관계를 맺을 때 치료 프로그램을 개선하고 이에 관한 지식을 넓힐 수 있을 것이다.

참고문헌

American Psychiatric Association. (1994). *Diagnostic and statistical manual of mental disorders* (4th ed.). Washington, DC: Author.

Berg, I. K. (1994). *Family-based services: A solution-focused approach.* New York: Norton.

Berg, I. K., & Miller, S. (1992). *Working with the problem drinker: A solution-focused drinker.* New York: Norton.

Cadsky, O., Hanson, R. K., Crawford, M., & Lalonde, C. (1996). Attrition from a male batterer treatment program: Client-treatment congruence and lifestyle instability. *Violence and Victims, 11,* 51-64.

Davis, R. C., Taylor, B. G., & Maxwell, C. D. (2000, January). *Does batterer treatment reduce violence? A randomized experiment in Brooklyn.* New York: Victim Services.

De Jong, P., & Berg, I. K. (2002). *Interviewing for solutions* (2nd ed.). Pacific Grove, CA: Brooks/Cole.

de Shazer, S. (1991). *Putting difference to work.* New York: Norton.

Dutton, D. G. (1995). Intimate abusiveness. *Clinical Psychology: Science and Practice, 2,* 207-224.

Edleson, J. L. (1996). Controversy and change in batterers' programs. In J. L. Edleson & Z. C. Eisikovits (Eds.), *Future interventions with battered women and their families* (pp. 154-169). Thousand Oaks, CA: Sage.

Edleson, J. L., & Syers, M. (1990). Relative effectiveness of group treatments for men who batter. *Social Work Research Abstracts, 26,* 10-17.

Elliot, A. J., & Church, M. A. (2002). Client-articulated avoidance goals in the therapy context. *Journal of Counseling Psychology, 49,* 243-254.

Feder, L., & Forde, D. R. (2000, June). *A test of the efficacy of court-mandated counseling for domestic violence offenders: The Broward experiment.* Executive summary of final report. Washington, DC: National Institute of Justice.

Foster, S., & Mash, E. (1999). Assessing social validity in clinical treatment research:

Issues and procedures. *Journal of Consulting and Clinical Psychology, 67,* 308–319.

Garfield, S. L. (1989). *The practice of brief psychotherapy.* New York: Pergamon.

Geffner, R., & Mantooth, C. (1999). *Ending spouse/partner abuse: A psychoeducational approach for individuals and couples.* New York: Springer Publishing Company.

Gondolf, E. W. (1988). The state of the debate: A review essay on woman battering. *Response to the Victimization of Women and Children, 11*(3), 3–8.

Gondolf, E. W. (1990). An exploratory survey of court-mandated batterer programs. *Response to the Victimization of Women and Children, 13*(3), 7–11.

Gondolf, E. W., & White, R. J. (2001). Batterer program participants who repeatedly reassault: Psychopathic tendencies and other disorders. *Journal of Interpersonal Violence, 16,* 361–380.

Goolishian, H., & Anderson, H. (1987). Language systems and therapy. *Psychotherapy, 24,* 529–538.

Hamberger, L. K., & Hastings, J. E. (1990). Recidivism following spouse abuse abatement counseling: Treatment implications. *Violence and Victims, 5,* 157–170.

Hanson, B. (2002). Interventions for batterers: Programs approahces, program tensions. In A. R. Roberts (Ed.), *Handbook of domestic violence intervention strategies: Policies, programs, and legal remedies* (pp. 419–448). New York: Oxford University Press.

Holtzworth-Munroe, A., & Stuart, G. L. (1994). Typologies of male batterers. Three subtypes and the differences among them. *Psychological Bulletin, 116,* 476–497.

Hotaling, G. T., & Sugarman, D. B. (1986). An analysis of risk markers in husband to wife violence: The current state of knowledge. *Violence and Victims, 1,* 101–124.

Howard, K. I., Kopta, S. M., Krause, M. J., & Orlinsky, D. E. (1986). The dose-effect relationship in psychotherapy. *American Psychologist, 41,* 17–22.

Kaci, J. H., & Tarrant, S. (1988). Attitudes of prosecutors and probation departments toward diversion in domestic violence cases in California. *Journal of Contemporary Criminal Justice, 4*(3), 187–200.

Kantor, G. K., & Straus, M. A. (1987). The "drunken bum" theory of wife beating.

Social Problems, 34, 213-230.

Kaufman Kantor, G. (1993). Refining the brush strokes in portraits of alcohol and wife assaults. In *Alcohol and interpersonal violence: Fostering multidisciplinary perspectives* (NIH Research Monograph No. 24, pp. 281-290). Rockville, MD: U.S. Department of Health and Human Services.

Kernis, M. H., & Sun, C. R. (1994). Narcissism and reactions to interpersonal feedback. *Journal of Research in Personality, 28,* 4-13.

Lee, M. Y., Sebold, J., & Uken, A. (2003). *Solution-focused treatment with domestic violence offenders: Accountability for change.* New York: Oxford University Press.

Lindsey, M., McBride, R. W., & Platt, C. M. (1993). *AMEND: Philosophy and curriculum for treating batterers.* Littleton, CO: Gylantic Publishing Company.

Locke, E. A. (1996). Motivation through conscious goal setting. *Applied and Preventive Psychology, 5,* 117-124.

Martin, D. (1976). *Battered wives.* San Francisco, CA: Glide.

Mederos, F. (1999). Batterer intervention programs: The past and future prospects. In M. F. Shepard & E. L. Pence (Eds.), *Coordinating community responses to domestic violence: Lessons from Duluth and beyond* (pp. 127-150). Thousand Oaks, CA: Sage.

Murphy, C. M., & Baxter, V. A. (1997). Motivating batterers to change in the treatment context. *Journal of Interpersonal Violence, 12,* 607-619.

Pence, E., & Paymar, M. (1993). *Education groups for men who batter: The Duluth model.* New York: Springer.

Roberts, A. R., & Kurst Swanger, K. (2002). Court responses to battered women and their children. In A. R. Roberts (Ed.), *Handbook of domestic violence intervention strategies: Policies, programs, and legal remedies* (pp. 127-146). New York: Oxford University Press.

Rosenfeld, B. (1992). Court-ordered treatment of spouse abuse. *Clinical Psychology Review, 12,* 205-226.

Russell, M. N. (1995). *Confronting abusive belief: Group treatment for abusive men.*

Thousand Oaks, CA: Sage.

Saunders, D. G. (1995). Prediction of wife assault. In J. C. Campbell (Ed), *Assessing dangerousness: Violence by sexual offenders, batterers, and child abusers* (pp. 68-95). Thousand Oaks, CA: Sage.

Saunders, D. G. (1996). Feminist-cognitive-behavioral and process-psychodynamic treatments for men who batter: Interaction of abuser traits and treatment models. *Violence and Victims, 11,* 393-413.

Schechter, S. (1982). *Women and male violence: The vision and struggles of the battered women's movement.* Boston: South End Press.

Shepard, M. (1992). Predicting batterer recidivism five years after community intervention. *Journal of Family Violence, 7,* 167-178.

Sonkin, D. J. (1995). *The counselor's guide to learning to live without violence.* Volcano, CA: Volcano Press.

Steinman, M. (1988). Evaluating a system-wide response to domestic violence: Some initial findings. *Journal of Contemporary Criminal Justice, 4,* 172-186.

Straus, M. A. (1996). Identifying offenders in criminal justice research on domestic assault. In E. S. Buzawa & C. G. Buzawa (Eds.), *Do arrests and restraining orders work?* (pp. 14-29). Thousand Oaks, CA: Sage.

Tolman, R. M., & Edleson, J. L. (1995). Intervention for men who batter: A review of research. In S. Stith & M. A. Straus (Eds.), *Understanding partner violence: Prevalence, causes, consequences, and solutions* (pp. 262-274). Minneapolis, MN: National Council of Family Relations.

Uken, A., & Sebold, J. (1996). The Plumas Project: A solution-focused goal directed domestic violence diversion program. *Journal of Collaborative Therapies, 4,* 10-17.

Walker, L. (1984). *The battered woman syndrome.* New York: Springer.

Wexler, D. B. (1999). *Domestic Violence 2000: An integrated skills program for men: Group leader's manual and resources for men.* New York: Norton.

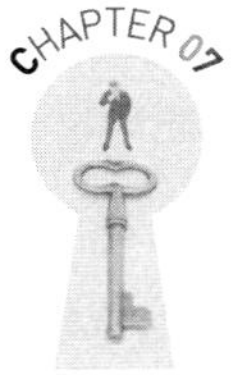

학교에서의 해결중심 단기치료

Cynthia Franklin
Beth Gerlach

서 론

학교의 기본적인 임무는 학생을 교육하는 것이지만, 학교는 학생과 학생 가족의 정신건강을 돕는 주요 기관이기도 하다. 학교를 기반으로 일하는 정신건강 전문가는 학교 체계의 복잡성으로 인해 학교 현장에서의 독특한 요구에 부응하기 위한 획기적이고 효과적인 접근법을 필요로 한다. 해결중심 단기치료(SFBT)는 유연하고 창의적인 상담 접근으로 학교 현장에 용이하게 적용할 수 있다.

이 장에서는 학교 기반 치료자가 학교에서 SFBT를 효과적으로 사용할 수 있도록 돕고자 한다. 또한 현재는 학교 밖 치료기관에서 일하고 있지만 장차 학교와 관련된 일을 하고자 하는 치료자에게도 SFBT를 효과적으로 사용할 수 있도록 돕고자 한다. 따라서 이 장에서 우리는 SFBT의 효과에 대한 근거를 제공하고, 학교 장면에서 SFBT를 사용할 때의 이점에 대해 논의할 것이다. 그리고 SFBT가 잘 알려져 있지 않은 학교에 SFBT를 도입할 수 있는 전략과 학생, 학부모, 학교 행정가, 교사들과 작업할 때 어떻게 SFBT를 활용할 수 있는지 그 예를 제시하고자 한다.

학교에서의 SFBT의 효과

오늘날 학교 환경은 점점 더 증거에 기반할 것을 요구하고 있다. 따라서 연구를 통해 상담의 효과를 뒷받침하는 것은 학교 관계자들의 신뢰를 얻기 위해 반드시 필요하다. SFBT의 효과에 관한 연구는 앞으로 더 많이 제시될 필요가 있지만, 아동과 청소년을 위한 SFBT의 효과를 지지하는 연구들은 그동안 비교적 많이 이루어져 왔다. 그리고 그 결과들은 SFBT가 자존감과 대처능력(LaFountain & Garner, 1996), 행동화 및 기타 문제 행동의 감소(Corcoran & Stephenson, 2000; Franklin, Biever, Moore, Clemons, & Scamardo, 2001; Franklin, Corcoran, Nowicki, & Streeter, 1997; Moore & Franklin, 2005; Newsome, 2002), 목표 달성(LaFountain & Garner, 1996; Littrell, Malia, & Vanderwood, 1995; Newsome, 2002), 사회적 기술 및 학업 성취의 향상(Franklin & Streeter, 2004; Newsome, 2002) 등에 효과가 있음을 보여 주었다.

학교에서 SFBT의 효과를 높이는 방법

Franklin 등(2001)은 교사나 학교 관계자들이 SFBT를 이해하고 있을 때 치료자가 학교에서 SFBT를 사용하는 것이 더욱 효과적일 수 있다고 하였다. Moore와 Franklin(2005), 그리고 Franklin과 Streeter(2003, 2004)는 이 접근을 사용하여 교사들을 훈련한 예를 보여 준다. 또한 이 SFBT가 교사 협의체를 활용하는 특수교육

학생들이나 중도탈락 예방을 위한 대안학교 교사들에게 긍정적인 효과가 있음을 보여 주었다. 학교 장면에서 SFBT의 효과를 극대화하기 위해서는 학교 전체의 문화, 규범, 관습이 변화할 필요가 있으며, 학교도 해결중심 접근의 강점과 평등한 관계 지향 접근을 추구할 필요가 있다. 텍사스 주 오스틴(Austin)에 있는 대안학교인 Gonzolo Garza 고등학교는 학교의 모든 교직원이 SFBT 훈련을 받은 사례다(Franklin & Streeter, 2003, 2004).

학교에서 SFBT를 사용함으로써 얻는 이점들

학교는 아동을 돕기 위해 SFBT를 적용할 수 있는 최고의 장소 중 하나일 것이다. 그 이유를 살펴보면 다음과 같다. 첫째, 학교는 아동과 청소년을 위한 주요한 정신건강 서비스를 제공하며, 고위험에 처한 학생에게 정신건강 서비스를 제공하는 유일한 자원이다(Harris & Franklin, 2003; Roans & Hoagwood, 2000). 예를 들어, 소외계층 아동은 높은 수준의 정신건강 서비스를 필요로 하지만 학교의 관심이 없다면 보살핌을 거의 받을 수 없다(RAND, 2001). 많은 가출 청소년, 이주민 가정, 10대 미혼부모 또한 치료적 도움을 필요로 하는 대상들이지만 학교나 형사사법제도를 통해서만 보살핌을 받을 수 있다. SFBT는 원래 고위험에 처한 사람을 위한 상담에서 발전하였다(2004년 3월 17일, Insoo K. Berg와의 사적인 대화에서). 따라서 청소년과 그 가족을 변화시키는 데 훌륭한 치료적 도구가 될 수 있다.

둘째, 학교에서의 치료는 단기적이고 효과적이어야 하며 문제가 나타난 후 즉각적인 해결을 제시할 필요가 있다. 학교는 치료를 위한 시간과 비용이 충분하지 않으며 학생의 성취에 장애가 되는 일상의 이슈에 대해서 실제적인 해결책을 요구한다. 따라서 작고 구체적인 목표를 설정하는 SFBT는 시간과 자원이 부족한 학교상황에 현실적으로 적합하다(Murphy, 1996).

셋째, SFBT는 적극적인 경청과 강점에 초점을 둠으로써 학생과 관련된 사람과의 협력을 촉진한다. SFBT는 관계 형성을 돕고, 희망과 동기를 증진시키며, '비협조적인' 학생과 작업하기 위한 전략을 제공하기 때문에 효과적이다. 또한 SFBT는 매우 융통성이 있으며, 학생의 목표를 돕기 위해 면밀히 사용한다면 다른 치료 모델의 기법을 활용하는 것도 지지한다. SFBT 치료자는 해결책을 찾는 데에는 많은 치료적 접근이 존재한다는 자세를 취하며, 다른 치료자와 상담자, 학생, 학부모, 교사들의 독특한 생각과 신념, 방식을 존중한다(Murphy & Duncan, 1997). 해결중심 치료는 격려 및 정적 강화와 비슷한 칭찬을 사용하며, 학생이 자신의 능력에 대해 가지고 있는 제한된 신념을 바꾸어 줌으로써 학교에서 활용되는 학습에 대한 접근과 양립이 가능하다.

넷째, 학교는 스트레스가 많은 환경일 수 있으며 학생은 스트레스에 대한 반응으로 교사나 학교 공동체의 다른 구성원들이 염려할 만한 문제 행동을 나타낼 수 있다. 흔한 학교 관련 문제 행동에는 기분 변화, 충동성, 부주의, 공격성, 나쁜 섭식 및 수면 습관, 학업 성취 감소, 성에 대한 집착, 결석, 약물 사용이나 남용 등이 포함된다(Center for Mental Health in School, 2003). SFBT는 사회적 상호작용을 변화시키는 것이 중요하다는 점에 초점을 두며, 사회적 상호작용 스트레스에 대한 해결책을 찾기 위해 인적 자원을 모은다. 예를 들어, SFBT의 치료 과정은 행동과 관계 문제를 다루어 줄 뿐만 아니라 학생, 교사, 그리고 학교 공동체의 다른 구성원의 대처 기술을 향상시킬 수 있다.

끝으로, 학교의 의뢰로 상담을 받게 된 학생은 '강제된 내담자'라고 할 수 있다. 이들은 다른 누군가에 의해 치료에 보내졌기 때문에 대체로 자발적으로 도움을 요청하지 않는다. SFBT는 도움받기를 주저하거나 치료에 회의적인 학생과 효과적인 관계를 맺는 데 도움이 되는 면담 기술을 제공하며, 이런 이유로 학교 장면에서 특히 더 유용할 수 있다(Franklin & Hopson, 출판 중).

학교에 SFBT 소개하기

학교 관계자는 SFBT 접근으로 훈련을 받는 경우가 흔치 않다. 따라서 교사와 관리자 같은 교육 전문직에게 해결중심적 치료가 학교에서 얼마나 유망한 치료적 접근인지 알려 줄 필요가 있다. 예를 들면, 학생 조력 활동의 최근의 추세에 대해 소개하고, SFBT가 학교 중도 탈락, 교실 경영, 학교 관련 문제 행동에 얼마나 효과적인지를 알려 주는 것이 좋다(Franklin et al., 2001; Franklin & Streeter, 2003). 또한 SFBT에 관한 책을 소개하거나 질의 응답을 제공하는 것도 도움이 될 것이다. 다행히 요즘 학교를 위한 해결중심 자료들이 많이 소개되어 있다(Franklin et al., 2001; Franklin & Streeter, 2003; Kral, 1995; Metcalf, 1995; Murphy & Duncan, 1997; Sklare, 1997; Thomas, 1997; Webb, 1999). 이 자료들은 학생, 학부모, 교사, 관리자들에게 SFBT를 사용하기 위한 훌륭한 사례와 전략들을 제시해 준다.

해결중심 치료자가 학교에 SFBT에 관한 자문이나 교육을 제공한다면 학교에서의 치료 활동의 효과를 더 극대화할 수 있다. 따라서 자원봉사 차원에서 해결중심 접근에 관한 교사 교육이나 관리자 교육을 제공할 수 있다. 예를 들어, 다음의 활동은 교사들에게 SFBT의 관점을 소개할 수 있는 유용한 방법이며 이렇게 함으로써 다른 관점에서 문제를 바라볼 수 있도록 도울 수 있다. 먼저 교사들을 두 집단으로 나누고, 각 집단에 학생의 사례를 나눠 준 후 검토하고 토론하도록 한다. 이때 같은 학생을 설명하는 사례를 주되, 각 집단은 의뢰된 학생 문제를 다루기 위한 상담 계획을 세울 때 한 집단은 전통적인 문제 중심 언어 기법을 사용하고, 다른 집단은 강점에 기초한 해결중심 언어 기법을 사용하도록 한다. 두 집단을 한데 모아 각 집단의 상담 계획을 발표하도록 한다. 그리고 사례를 개념화할 때 사용하는 언어가 자신들의 학생에 대한 인식과 상담 개입 계획, 그리고 그들의 기대에 어떤 영향을 미치는가에 관하여 토론하도록 한다.

SFBT를 도입하기 위한 특별한 전략들

Franklin과 Streeter(2003)는 학교 장면에 SFBT를 도입하기 위한 유용한 전략을 다음과 같이 제안하고 있다.

- 관리자의 지지를 얻는다.
- 교육과 활용의 주요 책임자가 누구인지를 안다.
- 학교 교직원들과 강한 협력 관계를 형성한다.
- 해결 구축을 위해 학교가 이미 하고 있는 것을 발견한다.
- 교과목/학급 간의 팀 구축을 위한 모형을 도입한다.
- 모든 구성원, 특히 학생들의 자원을 찾는다.
- 해결 구축 대화를 할 때 학교에 초점을 둔다.
- 해결중심 치료 전문가의 훈련을 제공한다.
- 교육자들이 자신의 고유한 철학과 접근을 가지고 모델을 형성할 수 있도록 지원한다.

학교 체계 외부에서 치료자가 방문하는 경우에는 SFBT를 소개하기에 앞서 교장, 관리 팀, 학교 기반 정신건강 전문가들과 동맹관계를 맺는 것이 도움이 될 것이다. 그리고 관심이 있는 전문가들로 팀을 구성하고, 이들을 훈련하여 다른 관계자 훈련에 공동 훈련자로 참여시키는 것이 좋다.

성공적인 학교 상담

학교의 상담 환경은 치료자의 사무실이나 정신건강 클리닉에서의 상담과는 종종 많은 차이가 있다(Streeter & Franklin, 2002). 따라서 학교 외부에서 온 상담자는 종종 학교 상담 환경을 낯설어하는데, 이런 경우 학교의 차이점에 스스로 준비가 되어 있어야 한다. 예를 들어, 학교 기반 치료자는 운동장이나 식당에서도 학생이나 교사들을 만날 수 있다. 게다가 종종 다양한 역할을 수행해야 하는 어려움을 안고 있다. 학교 사회복지사, 가족 치료사, 상담 교사들은 학생을 옹호하는 것부터 규율을 가르치는 것까지 광범위한 역할을 담당한다. 따라서 서로 대립되는 역할과 그에 따른 목표까지 고려하여야 한다. 치료자는 좋은 협상가가 되어야 하며, 학교의 목표와 학생들의 다양한 요구 사이에서 균형을 유지해야 한다.

이처럼 대립되는 역할들은 SFBT를 적용하는 데 항상 이상적인 상황을 만들어 주는 것은 아니다. 하지만 다양한 역할을 해야 한다는 것은 해결중심 치료자가 문제를 제기한 사람 및 내담자들과 다양한 수준에서 관계를 맺고 영향을 줄 수 있는 기회라고 생각해야 한다. 복합적인 상황과 경쟁적인 과제들을 조정할 수 있을 때 해결중심 치료자는 학교에서도 신뢰받는 유능한 존재가 될 것이다.

학교 환경 때문에 때때로 SFBT를 학교 문화에 충분히 통합시키기 어려운 경우가 있다. 예를 들어, 몇몇 치료자들은 일주일에 하루만 학교를 방문하거나 다른 기관에 소속된 상태에서 아주 적은 시간만 학교에 배치되기도 한다. 한 학교에서 한 명의 해결중심 치료자가 유일한 상담자일 수도 있고, 몇 명의 정신건강 전문가들 중 한 명일 수도 있다. 게다가 어떤 종류의 치료자 역할은 학교 관계자의 회의적인 시각을 받을 수도 있다.

학교에서 다양한 목표를 협상하기 위한 사례

Joey Smith는 17세의 남학생으로 결석 및 알코올, 약물 문제가 있으며, 친구 집과 할머니 집을 왔다 갔다 하며 살고 있다. 학교에서는 Joey의 결석 횟수가 점점 더 증가하고 있는 점과 그의 약물 사용 혐의 및 낙제 문제 등에 대하여 걱정하고 있는 상황이다. 게다가 Joey의 개인적인 상황은 더 염려스러운 상태로, 그의 어머니는 코카인 중독으로 몇 주씩 사라졌다 나타나기를 반복하고 있으며 매춘

> 에 관련되어 있다는 소문도 있다. 어머니가 오면 할머니 집에 며칠씩 머물곤 하지만 Joey를 돌보지는 않는다. Joey의 아버지는 교도소에 있으며, Joey에게는 다른 친척의 도움도 거의 없는 상황이다. Joey에게는 22세의 누나가 있고, 라스베이거스에 가서 댄서로 일하고 있는 것으로 알려져 있으나 2년 동안 소식이 없는 상태다. 배다른 형제인 세 명의 동생들은 5세, 7세, 10세이며, 이들은 아동 보호 서비스의 관리를 받고 있다.

이 사례에서 해결중심 치료자는 약물 남용을 포함하여 가정에서 학생의 안전을 증가시키고, 가족이 삶의 문제를 다룰 수 있도록 도와주는 것이 중요하다고 본다. 그러나 치료의 목표는 학교 관계자들이 Joey의 행동에 대해 기대하고 요구하는 것에 관한 합의를 기초로 설정되어야 한다. 학교 관계자들의 목표는 치료자의 목표처럼 가족에 초점을 둔 것이 아닐 수도 있다. 예를 들어, 교사나 관리자와 같은 학교 관계자들은 치료자의 개입 결과, Joey의 어머니가 약물 치료를 받기 시작하거나 Joey가 매일 밤 친구 집이 아니라 할머니의 집에서 지내게 된다면 만족할 수도 있다. 그러나 학교 상황에서 더욱 중요한 것은 치료적 개입이 학생의 출석, 성적, 수업 태도 등을 어떻게 돕는가 하는 것이다. 복합적인 문제와 목표가 얽혀 있는 이런 사례에서 해결중심 치료자는 학교 정신건강 전문가와 마찬가지로 학교가 가치를 두는 것 또는 성과와 정신건강 측면에서의 개입을 연계해야 하는 어려운 과제에 직면한다.

Joey의 경우 해결중심 치료자는 안전과 협력이라는 목표와 학교에서 Joey의 행동과 관련된 목표, 두 가지를 절충하였다. 목표는 학교의 요구를 충족할 수 있도록 구체화되었다. 예를 들면, 교사들의 목표는 Joey가 술을 마시지 않고 수업에 참여하고 그날의 활동을 완수하는 것이었다. 또한 Joey가 과제를 제대로 제출하는 것이다. 교사들은 Joey가 술을 마시지 않고 수업에 참여한다면 교장에게 보내지 않고 과제를 따라갈 수 있을 때까지 추가적인 도움을 주기로 하였다. 한 교사는 Joey에게 개인지도를 해 주기로 하였다. 교장의 목표는 Joey가 규칙적으로 학교에 나오고, 교사들에게 협조하며, 학교에 있을 때 약물을 하지 않는 것이었다. 교장은 Joey가 각 학년 수업 일수의 90%만 출석한다면 가끔 학교를 빠지더라도 무단결석 학생지도원이나 소년법원에 위탁하지 않기로 했다. Joey 할머니의 목표는 학교로부터 Joey의 결석에 대해 문의하는 전화를 더 이상 받지 않고, 학교가 무단결석 학생지도원을 보내 벌금을 내도록 하지 않는 것이었다. 그녀는 이 벌금을 지불할 형편이 되지 않았다. Joey의 할머니는 한 주라도 학교로부터 전화가 오지 않고 평화롭게 보낼 수 있기를 원했다. 할머니는 Joey가 일주일 동안 매일 학교에 나가고 학교에 다니는 동안 함께 생활한다면 Joey에게 용돈을 주겠다고 하였다. 그 이후에도 Joey가 학교에 다니며 할머니와 지내고 교장이 제시한 90% 규칙을 지킨다면 계속해서 Joey에게 용돈을 지원하고 Joey가 원하는 추가적인 것들을 해 주기로 하였다.

Joey의 목표는 체포되거나 소년범 구금을 당하지 않는 것이다. 그는 자신의 아버지처럼 교도소에 가게 되는 것을 원치 않았다. 특히 법정에 서는 일은 없었으면 좋겠다고 하였다. 또한 Joey는 다음 학년으로 올라갈 수 있는 성적을 얻고 싶어 하였다. 그러나 엄격하게 출석하는 것은 싫다고 했다. 그의 목표는 일주일 간 학교에 출석하고, 중요한 과제 세 개를 마치고, 소년범 담당자가 집에 찾아오지 않는 것이었다. 그리고 90% 이상 출석하겠다는 규칙을 따르고 할머니 집에 머무는 것에 동의하였다.

협력적 관계 구축하기

SFBT 기법이 학교 장면에 가장 유용한 이유 중 하나는 협력적 태도 때문이다. 이 접근은 치료자가 제시하는 해결책보다 학교의 각 구성원이 해결책 구축에 더 고유한 전문성을 갖고 있다고 인정한다. 학교에서는 이러한 관점이 효과적이다. 학교는 해결 구축을 위하여 정신건강 전문가가 다른 학교 관리자들과 공동으로 작업하고 협력해야 하는 곳이기 때문이다. 모든 사람의 노력을 결합하고 그들의 학생들에 대한 보살핌과 관심을 존중해 줄 때 해결중심 치료자는 학교 관계자들로부터 더 많은 지지를 얻을 수 있다. 예를 들어, 교장은 그들의 학교 운영에 대하여 지시받기를 원하지 않으며, 교사는 자기 학급의 운영에 대해 지시받기를 원하지 않는다. 그러나 그들은 그들의 관심사를 잘 들어주고 일상에 실용적이고 효과적인 전략을 제공해 주는 협력자는 환영할 것이다.

협력을 위한 전략

학교 장면에서 효과적으로 협력적 관계를 형성하기 위해서 치료자는 학교의 사회정치적 · 조직적 환경을 충분히 이해하고 이해 당사자들을 참여시키는 방법을 알아야 한다. 치료자는 다음 질문들을 고려해 볼 수 있다.

- 누가 같은 생각을 가지고 있는가? 누가 동의하지 않을 것인가? 왜?
- 당신의 치료적 개입에 가장 우호적인 사람은 누구이며, 어떻게 그에게 영향력을 미칠 것인가?
- 변화를 가져오기 위해 당신이 설득해야 할 의사결정자는 누구인가?
- 이것은 당신이 직접 영향을 줄 수 있는 문제인가? 다른 누가 영향을 줄 수 있는가?
- 어떤 개입이 필요한가? 가장 효과적인 개입을 수행하는 방법은? 누구에게 그리고 누구부터 개입해야 하는가?
- 성과를 위해 누구를 관여시키는 것이 가장 좋은가?
- 개입이 이루어지려면 누구의 지지를 얻어야만 하는가? (Cashman, 2006)

Harris와 Franklin(2004)은 학교 체계 안에서 협력적으로 상담할 수 있는 방법에 대한 추가적인 정보를 제공해 준다.

교장과 협력하기

관리자와 협력하기 위한 해결중심 전략의 열쇠는 그들의 관점을 채택하고 그들과 목표와 비전을 함께하라는 것이다. 교장은 학교의 분위기와 비전을 설정한다. 그리고 치료자는 치료에서의 언어 대신에 학교에서의 언어를 사용하는 것이 중요하다. 따라서 우리는 '해결중심 단기치료' 대신에 '해결 구축 대화'라는 용어를 사용할 것을 제안한다. 해결 구축이라는 용어는 De Jong과 Berg(2002)가 면담에서 해결중심치료를 사용하는 방법을 설명하기 위해 사용한 것이다. 물론, 모든 치료자는 어떤 언어를 사용하더라도 그 상황에 가장 잘 맞는 언어를 사용해야 한다. 그러나 학교에서의 우리의 경험에 따르면, 교장과 교직원들은 해결 구축 대화라는 용어를 사용할 때 더 호의적으로 반응하는 경향이 있다. 왜냐하면 해결중심 대화는 교사와 교직원들이 위기 행동을 보이는 학생을 좀 더 효과적으로 대하도록 격려할 수 있기 때문이다. 예를 들어, 교직원들에게 문제를 예방하면서 해결 구축이라는 가정을 생각해 보도록 한다면, 학습 환경이 조금 방해되더라도 상담을 허용하게 될 것이다. 대부분의 교장들은 그런 성과를 가져올 수 있다면 어떤 치료라도 지지할 것이다.

학생과 협력하기

SFBT 상담 과정에서 변화의 주체는 학교가 아닌 학생이다. 따라서 학교는 물론 학생은 행동 통제의 압박감을 덜 수 있다. 학생을 통제하고 학교 규칙에 협조하게 만드는 일은 종종 학생을 소외시키며 그들과의 관계 및 협력을 구축하기 어렵게 만든다. 이런 일이 발생하는 이유는 학교가 강압과 처벌을 사용하는 경향이 있기 때문이다. 그러나 해결중심 기법은 학생을 문제나 통제에 빠지게 하기보다는 구체적이고 달성 가능한 목표를 개발하도록 돕는다. 예를 들면, 치료자는 학생이 조금씩 앞으로 나아가도록 개입한다. 작은 단계 접근을 사용하면 비록 그것이 아주 작은 것이라 할지라도 변화가 나타나기 때문에 교사는 희망을 가질 수 있다. 또한 학생은 스스로 행동을 변화시킬 수 있다는 긍정적인 믿음을 갖게 되며, 학교는 학생을 통제하기 위해 처벌과 강압을 사용해야 한다는 압박감이 줄어든다.

작은 단계에 주목하기

Rita는 내성적인 고등학교 1학년 여학생이다. 평범한 학생으로, 성적은 대부분 C에 가끔 B를 받는 평균에 해당한다. Rita는 다른 사람과 말하거나 눈을 마주치지 않으며, 때로는 청결에 문제가 있고, 과제를 잘 제출하지 않는 특성을 보인다. 그러나 잘 격려하면 과제를 완수하고 청결 문제도 향상되곤 한다. 교사는 Rita를 지속적으로 격려하는 것이 힘들지만, 무엇보다 Rita가 다른 학생들로부터 소외되고 사회적 적응력이 부족한 점을 염려하고 있다.

Rita: 저는 선생님이 싫어요. 그리고 특히 이 학교가 너무 싫어요, 짜증나!

치료자: 구체적으로 학교의 어떤 점이 좋지 않니?

Rita: 많은 것이요.

치료자: 가장 중요한 것 한 가지만 말해 볼래?

Rita: 저는 이 학교에 친구가 한 명도 없어요. 외톨이 같아요.

치료자: 예전에 친구가 있었던 때도 있었니?

Rita: 네, 이 학교로 오기 전에 중학교 2학년 때는 친구가 있었어요.

치료자: 그럼, 네가 늘 혼자였던 것은 아니네?

Rita: 항상 그런 것은 아니었죠.

치료자: 그럼, 예전에는 친구랑 지내는 것을 좋아했구나?

Rita: (침묵)

(치료자가 한 번 더 묻고 기다린다.)

Rita: 네, 재밌는 때도 있었죠.

치료자: 1부터 10까지에서, 학교에 친구가 없는 것이 얼마나 불만족스럽니? 1은 "나는 지금 이 학교에서 친구가 없어."이고, 10은 "내가 원하는 만큼 친구가 있어."라고 하자.

Rita: 1이요. 아무도 없으니까 절대로 10이 될 순 없어요.

치료자: 그렇지. 10은 누구에게나 엄청난 점수야. 그럼 2가 되면 어떨 것 같니?

Rita: 만약 학교에서 말할 수 있는 친구가 한 명이라도 있으면 2라고 느낄 것 같아요.

치료자: 어떻게 하면 너에게 한 명의 친구가 있다고 느낄 수 있을까?

Rita: (침묵. 치료자는 조용히 대답을 기다린다) 모르겠어요. 선생님이 상담 선생님이잖아요.

치료자: 글쎄, 잠깐 동안 네가 안다고 상상해 봐. 뭐라고 할래? (기다린다)

Rita: (잠시 침묵) 영어 수업에서 말을 걸 수 있을 것 같은 여자 애가 있는데, 그 애와 친구가 될 수 있을 것 같아요. 저처럼 시를 좋아하고, 그 애도 선생님들을 싫어하는 것 같거든요.

치료자: 그래, 좋은 출발 같구나. 다음 수업이 언제지? 수요일, 맞니?

Rita: 네, 수요일이에요.

치료자: 그럼, 네가 그 아이한테 어떻게 말을 걸지 궁금하구나.

Rita: 아마도 수업 전에 복도에서 '안녕'하고 인사할 수 있겠죠. 한번은 그 애가 사물함 옆에서 저한테 웃어 줬어요. 사물함 옆에 서 있을 때 그 애한테 함께 숙제를 하자고 말해 볼 수 있지만, 그렇게 할 수 있을지는 잘 모르겠어요. 내가 먼저 얘기를 꺼내는 것은 싫어요. 그 애가 먼저 말해 주면 좋겠어요.

치료자: 그 애가 먼저 이야기를 시작하면 좋겠지. 하지만 그건 그 애에게도 역시 어려운 일일지 몰라. 물론 네가 모르는 누군가와 대화를 시작하는 일은 쉽지 않아. 그래서 너는 그 아이한테 무슨 말을 할 거야?

Rita: 그냥, "안녕, 잘 지냈어?" 그리고 숙제를 같이할 수 있는지 물어볼래요.

치료자: 좋아, 내가 그 애라고 생각하고, 네가 나에게 물어보는 척해 볼래?

Rita: (망설이다가) 알겠어요. 하지만 선생님이 그 애가 아니니까 이상하게 들릴 거예요.

치료자: 물론이야. 아무튼 해 보자.

Rita: 네.

잘 설정된 목표를 개발하고 예외를 탐색하기

학생에게 목표 설정은 낯선 일이 아니다. 그러나 SFBT에서 제시하는 것처럼, 구체적이고 행동적인 것에 초점을 두는 목표를 설정하는 기술은 부족할 수 있다. 척도 질문은 목표를 설정하는 데 유용한 도구로서, 목표는 작은 증가라고 할 수 있으며 척도상에서 1점 움직이는 것을 의미한다(Franklin & Streeter, 2003). 척도 질문은 학생에게 문제가 없는 미래의 모습을 상상해 보도록 이끈다. 또한 목표를 구성하는 것은 이 책의 1장에서 설명한 기적 질문을 사용함으로써 촉진할 수도 있다. 기적 질문은 학생(또는 학부모나 교사)에게 그들이 자는 동안 어려움이 사라진다면 무슨 일이 일어날지 구체적으로 서술하도록 한다. 상상한 모습을 가능한 한 구체적으로 서술하는 것은 변화에 대한 동기를 향상시킬 뿐만 아니라 해결을 향한 첫 번째 단계를 구성하기 위한 실마리를 제공한다. "하루 동안 나를 따라오는 거예요."라거나 "당신은 버스를 탔습니다. 무슨 일이 일어나고 있는지 설명해 보세요."라고 질문함으로써 치료자는 학생을 어떤 교실이나 상황으로든 생생하게 유도할 수 있다.

또 다른 접근은 기적이 일어난 날을 신문 기사처럼 기술하도록 하는 것이다. 이 접근에서 치료자는 학생에게 그날 하루를 각 시간대 별로 어떤 일이 일어날지 기적이 일어났음을 보여 주는 것을 중심으로 기록하도록 한다. 비디오 대화[1]와 "그 밖에 다른 것이 있습니까?"라는 질문은 학생의 삶에서 미래에 대한 비전을 그려 보도록 해 준다. 또한 학생에게 해결책을 상상하고 그것을 실천해 보라고 할 수도 있다.

후속 질문으로는 어떤 부분에서 기적이 이미 일어나고 있는지를 묻는다. 아무리 작은 것이라 하더라도 말이다. 이것은 학생에게 그들이 이미 하고 있는 것을 좀 더 자주 하도록 하며, 어떠한 문제도 늘 같은 강도로 존재하지 않는다는 것을 명확히 보여 줌으로써 가능한 방안들을 도출한다. 문제에 대한 예외 탐색과 어려움이 없거나 조금이라도 괜찮았을 때를 구체적으로 검토함으로써 학생이 해결 구축을 위한 실마리를 얻을 수 있도록 돕는다. 학생은 이미 변화와 성공을 경험한 적이 있기 때문에 이러한 접근들은 그들의 성공에 가속도를 덧붙여 줄 것이다.

뭔가 다른 것 그리고 과제

학생 상담의 주요 목표는 지금까지와는 다른 것을 실천하도록 하는 데 있다. 상담은 학생의 강점과 노력, 변화하고자 하는 열망을 칭찬하고, 다음 행동을 위한 제안을 제시해야 한다. 과제는 문제가 없는 미래에 관한 비전에서 도출할 수 있으며, 이미 일어나고 있는 예외를 포함하여야 한다. 종종 학생에게 자신의 삶의 일부를 관찰하고 보고하는 과제를 부여할 수 있다. 또한 학생에게 일상의 한 부분에서 마치 기적이 일어난 것처럼 행동하라는 과제를 줄 수도 있다.

'놀라운 결과(surprise ending)를 창조하기'와 같은 기법은 학생이 일주일 동안 시도해 볼 수 있는 구체적인 단계들을 설정할 수 있도록 해 준다. 예를 들어, 한 학생에게 교실에서 문제가 생겼을 때 보통은 어떤 결과가 발생하는지 설명하도록 한다. 학생이 그 상황에 대하여 자세히 기술하고 나면, 치료자는 학생에게 '놀라운 결과', 즉 완전히 다른 놀라운 결말을 세세한 부분까지 상상하여 쓰도록 한 다음, 그것을 실연해 보라고 주문한다. 그리고 학생이 특정 수업 시간을 선택하고 이 '놀라운 결과'를 실천해 본 다음 그 결과를 다시 보고하도록 한다.

학 생: 윽! Wilson 선생님이 저더러 또 상담실에 가래요. 그 선생님은 저를 싫어하고 늘 괴롭혀요.

치료자: 무슨 일이 있었니?

학 생: 음, 제가 그냥 친구와 이야기를 하고 있었는데 선생님이 저에게 말하지 말라고 했어요. 정말 중요한 이야기이고 과제도 이미 끝냈다고 말했는데도, 언제나처럼 제 얼굴을 빤히 보면서 버릇없다고 말씀하시는 거예요. 저는 학급 애들 앞에서 나한테 소리를 지른 선생님이 더 무례한 거라고 말했어요. 그리고 선생님이 저에게 그렇게 말하는 것이 싫었기 때문에 교실에서 나와 버렸어요. 선생님은 저에게 상담실로 가라고 했고요.

치료자: 흠… 지난달에도 이런 일이 여러 번 있었던 것 같구나.

학 생: 네… Wilson 선생님은 저를 아주 싫어해요.

치료자: 이제는 마치 Wilson 선생님이 너를 상담실로 보내기를 기대하고 있는 것처럼 보이는구나.

학 생: 네, 무엇을 하든 저를 혼내려고만 해요.

치료자: 나는 네가 Wilson 선생님 수업에서 완전히 다른 일이 일어났다고 한번 상상해 볼 수 있을지 궁금하구나. 너와 Wilson 선생님이 깜짝 놀랄 만한 일 말이다. 마치 그런 일이 일어났다는 것을 Wilson 선생님이 믿지 못하실 정도로 놀랄 일 말이야.

학 생: 마치 Wilson 선생님과 제가 서로 껴안고 최고의 친구가 되는 것처럼요? 맞아요, 그런 일은 절대 일어날 리 없죠.

치료자: 그래, 그건 우리 모두를 확실히 놀라게 할 만한 엄청난 일이지… 그럼, 그 밖에 네가 상상할 수 있는 모두를 놀라게 할 만한 다른 일은 무엇이 있을까?

학 생: 제가 수업 시간 내내 교실에 앉아 있고, Wilson 선생님이 제게 어떤 트집도 잡지 않고, 수업이 끝날 때 저한테 웃어 주는 것 같은 거요?

치료자: 그건 정말 예상 밖의 일이구나! 네가 Wilson 선생님이 정말 놀라시도록 실제로 그렇게 할 수 있을지 궁금하다.

학 생: 그럴 수는 있지만, Wilson 선생님은 항상 저를 상담실로 보내고 싶어 하

기 때문에 쉽지는 않을 거예요. 하지만 선생님이 놀라서 저한테 미소 짓게 만들 무언가를 찾을 수 있을 것 같긴 해요.

치료자: 음… 너는 창의적인 이야기를 만들어 내는 데 정말 뛰어나다. 우리 만남에서 남은 15분은 네가 이 놀라운 이야기를 어떻게 마무리할지에 대하여 써 보는 것이 어떨까? 마치 모든 이야기의 마지막에는 반전이 있는 것처럼!

학 생: 좀 바보같이 들리기는 하지만, 할 수 있을 것 같아요. 누군가 다른 사람이 그걸 읽게 되나요?

치료자: 아니, 다른 사람은 읽지 않을 거야. 이번 주 중에 Wilson 선생님을 완전히 놀라게 할 만한 일에 대한 계획을 짜는 거야. 네가 그 일을 언제 할지에 대해서 말해 주면 심지어 나도 놀랄지 모르지. 우리가 다음 주에 만났을 때, 네가 상담실에 오는 것 말고 어떤 식으로 Wilson 선생님을 놀라게 했는지 말해 주겠니? 어쩌면 선생님이 네게 미소를 지었는지도 말해 줄 수도 있겠지!

휴식 시간을 활용하기

SFBT 치료자는 종종 회기의 중간 혹은 회기가 끝나기 전에 휴식 시간을 갖는다. 이는 내담자와 치료자 모두 자신의 생각을 가다듬고 그 회기를 숙고하기 위한 것이다. 학교에서는 이것이 때때로 다르게 이루어지지만, 여전히 유용한 전략이 될 수 있다. 생각을 가다듬기 위해 휴식 시간을 갖는다는 것은 학생을 대단히 존중하는 것을 의미한다. 나아가 학교 환경에서 휴식 시간을 갖는 것은 많은 시간을 따로 떼어 놓기 어려운 학생과 교사에게 유용한 일이다. 예를 들어, 휴식 시간은 오전과 오후 사이에, 점심을 먹기 전이나 먹은 후에 자연스럽게 이루어질 수도 있다. 그러나 휴식 시간을 너무 길게 가지면 목표 설정의 효과, 특히 문제가 없는 미래를 그려 보는 것의 효과를 반감시킬 수 있다. 휴식 시간은 교사가 학부모와 상담하는 동안 주어질 수도 있으며, 학생에게 편안함을 주기 위해 사용될 수도 있다. 즉, 학생과 학부모는 교사, 상담자, 관리자들과 함께 학생의 문제를 논의하는 자리에서 종종 압박감을 느끼는데, 이때 휴식 시간을 줌으로써 그들의 긴장을 완화시키고 집중력을 증가시킬 수 있다.

학생 및 학부모와 협력하기

SFBT는 학생과 학부모에게 많은 권한을 부여한다. 특히 문제가 있어서 자주 학교와 상호작용하게 되는 학생과 학부모들에게 용기를 북돋아 줄 수 있다. 이들 학부모와 학생들은 불평, 비난, 학교와의 끊임없는 갈등을 예상하며 상담에 온다. 그러나 SFBT는 문제 중심에서 벗어나 학부모와 학생에게 나아질 것이라는 희망을 갖도록 해 준다. 치료자는 가족에게 그들이 가진 자원과 문제가 없는 예외 상황에 대해 생각해 보도록 한다. 이것은 학교가 학부모 및 학생이 가진 장점을 인정하고 있음을 전달해 준다. 또한 학생의 문제가 곧 나아질 것이라고 믿고 있으며, 학교는 학생을 포기하지 않을 것이라는 뜻을 전달해 준다. 이러한 접근을 통해 SFBT는 가족과 학교 사이의 파트너십을 촉진하며, 학교와 가족이 서로 다른 방식으로 문제를 정의한다 하더라도 궁극적인 목표는 학생을 위해 무엇이 최선인가를 밝히는 것이 되도록 해 준다.

문제의 패턴 깨뜨리기

SFBT 기법들은 가족에게 그들의 일상을 깨고 무언가 다른 것을 시도하도록 용기를 북돋아 줄 수 있다. 그리고 문제의 패턴에 갇힌 가족에게 매우 강력한 접근이 될 수 있다.

어머니: Tabita는 아침마다 제 시간에 일어나기 싫어해서 매일 학교에 지각해요.

치료자: 따님이 제 시간에 일어났던 날도 있었나요?

어머니: 그런 날은 없었어요. 정말 못 일어난다니까요. 걔는 이제까지 제가 본 사람들 중에 가장 게으른 아이예요. 걔가 결석을 하는 이유는 지금까지 늘 그랬듯이 게으름증 때문이에요.

치료자: 물론 많은 십대 아이들이 아침에 일어나기 힘들어해요. 부모를 미치게 만들죠!

어머니: 맞아요. 정말 그래요.

치료자: Tabita가 아침에 일어나지 못하면 어떤 일이 일어나나요?

어머니: 그 아이 방으로 올라가서 엉덩이를 때려 줄 거라고 소리 질러요.

치료자: 그것이 효과가 있나요?

어머니: 음, 아니요. 그렇진 않은 것 같아요. 하지만 제가 뭘 더 할 수 있겠어요?

치료자: 저도 아직 확실히 모르겠습니다. Tabita가 기꺼이 그리고 즐겁게 하고 싶어하는 일이 무엇이 있을까요?

어머니: 글쎄요, 생각해 보면… 그 아이는 자기 음악에 관심이 많아요. 자신의 음악을 사랑하죠.

치료자: 확실히는 모르겠지만, 아이를 깨우는 데 음악을 어떻게 사용할 수 있을까요?

어머니: 그 아이에게서 그걸 뺏으라는 말씀인가요? 제가 CD 플레이어를 뺏으면 그 아이는 정말 엄청 화를 낼 걸요. 만약 제가 그렇게 한다면 학교를 안 가겠다고 할 겁니다… 큰 싸움이 나겠죠. 전에는 서로 때릴 뻔한 적도 있어요.

치료자: 그럼, 그 방법은 Tabita를 제 시간에 일어나게 하지는 못하겠네요?

어머니: 안 되죠, 안 돼요! 걔는 너무 고집이 세요. 제가 많이 빼앗아 봤지만, 하루 종일 그 아이를 감시하지 못하다 보니 몰래 음악을 들을 방법을 찾거나 제가 일하러 간 사이에 CD 플레이어를 다시 찾아내더라고요. 알다시피 제가 야간 근무를 하니까요.

치료자: 물론 어머니께서 노력하시고 감시하시지만 늘 그렇게 하시기는 어렵지요.

왜 효과가 없었는지 알겠네요. 그럼 무엇이 효과가 있었나요?

어머니: 글쎄요, 걔가 일어나는 데에는 게으르지만 용돈을 벌기 위해서는 일을 하더라고요. 제가 그 아이에게 모든 것을 사줄 수는 없으니까요. 돈이 충분하지 않아서…….

치료자: Tabita는 자기가 원하는 것을 얻기 위해서 일하는 것을 좋아하는군요. 좋아요! 이상하게 들리겠지만, 아이가 아침에 일어나게 하기 위해 소리를 지르거나 음악을 뺏는 대신에 무언가 일할 거리를 주는 것은 어떨까요? 아이를 깜짝 놀라게 하고 동기를 부여할 만한 무언가 굉장히 새로운 일 말이에요.

어머니: 어떤 것 말씀인가요?

치료자: 음, 어머니께서 Tabita가 음악을 좋아한다고 하셨는데, Tabita가 좋아하는 CD 한 장을 사서 아침에 일어나야 할 시간에 방에다 트는 겁니다. Tabita는 뭔가 얻기 위해서는 일하는 것을 좋아하니까, 아침에 학교가기 전에만 CD를 들을 수 있다고 말씀하세요. 만약 5일 동안 연속으로 제 시간에 학교에 간다면 그 CD를 가질 수 있게 해 주는 것이죠. 이렇게 하면 아마도 Tabita의 기상 습관이 바뀌기 시작하겠죠?

어머니: 네, 다르긴 하네요. 정말 그렇게 될 수 있을까요?

치료자: 시도해 보실 수는 있으시겠어요?

어머니: 이상하게 들리지만, 해 볼게요. 걔가 정말 음악을 좋아하니까요.

설명한 바와 같이 SFBT는 가족의 작고, 단순하고, 행동적인 변화에 초점을 두지만, 부모와 학생이 반복적이고 그들 스스로를 강화하는 끊임없는 문제의 패턴으로부터 '벗어나는 것'을 돕는다.[2] 문제의 패턴에서 벗어남으로써 부모와 학생들은 해결책에 대하여 그들이 가지고 있던 생각을 바꾸고 새로운 것을 시도하려는 동기를 갖게 된다.

학교 관리자와 협력하기

경험 있는 해결중심 치료자는 언어와 개인의 지각이 어떻게 사회적 상호작용을 통해 창조되는지 이해하며, 대화와 신념, 행동의 변화는 동시에 일어난다는 관점을 취한다. 그러나 학교 관리자(교장)들은 '믿는 것이 보는 것이다.' 라는 철학에 다소 회의적일 수 있다.[3] 대부분의 학교 관리자는 행정가로서 훈련받으며, 현실적이고 실리적인 관점을 지니고 있다. 또한 그들은 성과 지향적이며, 학생의 출결 등과 같은 성과에 책임이 있다. 그들은 믿기 전에 보기를 원하며, 그들이 보고자 하는 것은 그들이 정의한 결과들이다. 한 교장은 이렇게 말했다. "성과를 보여 줘."

그래서 관리자들에게는 해결 구축 기법이 어떻게 효과적인가를 입증하는 것이 중요하다. 이를 위해 교장에게 해결을 구축하기 위한 기법을 사용하는 교사나 상담자를 관찰하도록 함으로써 해결 구축이 효과적이라는 점을 납득시킬 수 있다. 이 책의 7장에서 언급했던 텍사스 주의 오스틴에 있는 Gonzolo Garza 고등학교에서는 학교 사회복지사가 첫 회기 과제 공식(formula first-session task)(de Shazer, 1982)을 시범으로 보여 주었다. 그 결과 교장이 높은 관심을 가지게 되었고, 학교 전체가 이 접근을 수용하게 만들었다. 물론 가장 도움이 되는 것은 문제 학생의 출석률이 향상되는 것과 같은 것들이다. 플로리다 주 포트 로더데일(Fort Lauderdale)에 있는 어떤 학교에서는 학교 심리사가 3명의 특수 교사들에게 고위험군 학생들을 잘 관찰하고 그들이 무엇을 잘하고 있는지 찾아내어 그 행동을 칭찬하도록 훈련하였다. 또 학생의 변화를 알 수 있도록 척도 질문을 사용하는 방법을 훈련하였다. 그 결과 출석률 및 다른 성과들(Berg & Shilts, 2004)이 개선된 것으로 나타났다. 이러한 변화는 학급의 성과를 평가해야 하는 교장의 눈에 띄었고, 이후 더 많은 교사가 해결중심 훈련을 받는 계기가 되었다.

학생의 발전을 평가하기

교장이나 학교 관리자들은 치료자가 학생의 발전을 평가해 준다면 환영할 것이다. 학생의 발전을 평가하는 것은 교사가 학생에게 어떻게 지내고 있는지를 묻거나 척도상에서 몇 점에 있는지 묻는 등 상당히 비공식적인 방식으로 이루어진다. 척도 질문은 종종 변화가 한 단계 이상 일어났음을 보여 준다. 또한 척도 질문은 변화를 계속 유지할 수 있는 능력에 대한 학생의 자신감을 평가해 줄 수 있으며, 이러한 자신감 및 변화 점수는 학생의 허락하에 다시 교장에게 보고될 수 있다.

또 다른 평가 전략은 치료자가 학생의 발전에 대하여 '전과 후'(before & after)에 관한 이야기를 만들어 내는 것이다. 학생도 자신의 행동에서 변화된 것들을 이 과정에 대입해서 설명할 수 있다. 교사도 이 방법을 배워서 그들이 학생에게서 관찰한 변화를 '전과 후' 칸에 써 넣을 수 있다. 교사가 쓴 글은 이후에 이야기로 발전시켜 교장이나 다른 사람에게 전달될 수 있다. 예를 들어, 한 교사의 보고서를 보면 다음과 같다.

> 가을에 Tim을 처음 봤을 때, 솔직히 저는 Tim이 잘할 수 있을 것 같지 않았습니다. 그러나 지금은 제가 깜짝 놀랄 정도로 Tim이 많은 성장과 발전을 이루었습니다. Tim이 처음 교실에 왔을 때에는 팔짱을 끼고 뒷줄에 앉아서 아무 말도 하지 않았습니다. 그러나 지금은 교실에서 가장 예의바른 학생 중 한 명입니다. 선생님을 도와주고 다른 학생을 돕는 일에도 자발적으로 참여하고 있습니다. 심지어 또래 상담자로 추천도 받았습니다. 하지만 이것은 놀라운 일도 아닙니다. 성적도 D에서 B와 C로 향상되었고, 심지어 대학에 가고 싶다는 이야기도 합니다. 제가 그랬던 것처럼 교장선생님도 Tim의 변화를 아시면 놀라실 겁니다.

평가를 위한 세 번째 방법은 교장이나 다른 관리자들에게 줄 해결 지향 보고서를 개발하는 것이다. 이 보고서에는 교사나 학생이 입력한 행동 개선 목표들을 나열한다. 그리고 학생이 상담 의뢰를 받았을 당시에 몇 점에서 시작해서 시간에 따라 몇 점으로 발전하고 있는지를 등급으로 평가한다. 즉, 학생은 D나 F로 시작해서 C로 향상될 수 있고, 더 많은 발전을 이루어 B나 A가 될 수도 있다. 이렇게 하면 대충 훑어보는 것만으로도 향상된 정도를 충분히 살펴볼 수 있다.

교사와 협력하기

만약 교사가 해결을 구축하는 기술을 배우고 싶다면, 치료자와 기꺼이 협력하고 그 이상의 노력을 해야만 한다. 이를 위해 학교 상담자와 정신건강 전문가들은 교사를 지지해 주는 것이 중요하다. 교사가 교실에서 기본적인 해결중심 기술을 사용할 수 있도록 훈련함으로써 학생의 문제 행동을 감소시킬 수 있다. 그러나 교사 스스로 해결중심 대화를 배우고 사용하는 데 동의해야지, 그들에게 이 기법을 사용하도록 강요하는 것은 좋은 생각이 아니다. 우리는 교장과 정신건강 전문가들이 교사의 노력을 지지해 줄 때 그것이 가장 효과적이라고 본다. 치료자는 직무연수를 통해 교사들에게 이 기법을 가르치고, 이후 개별 교사의 교실에서의 어려움과 목표 설정을 도와주는 추수 훈련을 제공하는 것이 바람직하다. 만약 즉각적으로 학교 전체에 접근하는 것이 불가능하다면, 학생에 대한 일대일 자문이나 조력 활동을 제공할 수도 있다. 해결중심 치료자는 교사가 스스로 해결책을 찾도록 도와주는 자문위원, 협력자, 코치의 역할을 하는 셈이다. 치료자는 이러한 코치 역할을 통해 교사가 학생의 문제 행동을 혼자의 힘으로 다루고 효과적인 해결 구축 대화를 사용할 수 있도록 힘을 불어넣어 주어야 한다.

교사는 학생의 정신건강 문제나 사회적 문제들을 다룰 때 종종 무력감을 느낀다. 많은 학생이 일상생활에서 심각한 어려움을 가지고 살아가고 있으며, 이러한 어려움들은 그들이 학교에서 보내는 시간에도 부정적인 영향을 준다. 학교는 많은 학생에게 문제에서 벗어나 공부하고 활동할 수 있는 안식처를 제공한다. 해결 구축을 위한 대화는 어려움을 겪고 있는 학생에게 교사가 적절히 반응할 수 있도록 도와주며, 동시에 학교에 명확한 초점을 맞출 수 있도록 해 준다. 가장 마음에 새겨야 할 중요한 질문은 "상황이 나아지고 네가 더 성공하려면 학교에서 우리가 무엇을 도와줄 수 있을까?" 하는 것이다. 학교 밖에서 학생이 처한 상황에 관여하고 싶다 하더라도 그것은 교사의 권한이 아니며, 교사에게 해결 구축을 위한 기술을 얻게 해 주는 것도 아니다. 교사의 역할은 학생에게 일차적인 도움을 주고, 학생의 문제를 분류함으로써 불필요하게 학생을 제삼자에게 의뢰하는 것을 막고, 학생이 다음 단계에 해당하는 도움을 받도록 효과적으로 의뢰하는 것이다.

다음의 예는 학생과 교사 사이에 일어날 수 있는 과제에 관한 해결중심 접근이다.

교사: Ricky, 선생님은 네가 지난 2주 동안 과제를 제출하지 않은 것 때문에 걱정이 되는구나.

Ricky: 죄송해요. 엄마가 2주 전에 또 다시 교도소에 들어가셨어요. 집세를 내야 해서 제가 아르바이트를 하는 시간을 늘렸어요.

교사: 엄마 이야기는 정말 안됐구나. 그리고 네가 많은 책임을 지고 있는 것 같구나. 다음에는 어떤 일이 있으면 나에게 먼저 알려 주겠니?

Ricky: 네, 알겠습니다.

교사: 일을 더 많이 하기로 했다니 너는 훌륭한 아들이고 형이구나. 그런데 나는 네가 이 수업을 잘하는 것도 중요하다고 생각한단다. 네가 과제를 할 수 있도록 내가 무엇을 도와주면 좋겠니?

Ricky: 글쎄요, 지난 주부터 시작해서 이제 과제를 거의 다 끝내 가요.

교사: 대단하구나. 다른 일들도 많은데 어떻게 그걸 했지?

Ricky: 모르겠어요. 쉬는 시간이나 밤에 했어요. 한 번에 아주 조금씩이지만요.

교사: 정말… 네가 얼마나 과제를 해 내고 싶어 했는지 알 것 같구나. 네가 지금까지 한 것을 제출하고, 그것으로 내가 성적을 주는 것은 어떨까?

Ricky: 좋아요, 일하다가 쉬는 시간이나 매일 점심시간에 숙제를 할 수 있어요.

그럼 그 부분을 선생님께 제출할게요.

교사: 네가 과제를 조금씩 할 수 있었다니 대단하다. 그렇게 많은 일이 있었는데도 불구하고 말이야! 엄마가 안 계신 동안 학교에 좀 더 집중할 수 있을까?

Ricky: 그러기는 어려워요. 학교를 그만두고 한동안 일을 해야 할지도 몰라요.

교사: 물론 집세도 내야겠지. 하지만 선생님은 네가 학교에 다니고 싶어 하는 것을 알고 있단다. 당분간 과제를 바꿔 줄 수 있단다. 그런데 네가 학교에 좀 더 집중하려면 무엇이 도움이 될 것 같니?

Ricky: 제 생각에는 좀 더 싼 집이나, 그런 종류의 도움이요.

교사: 그래, 집세를 내기 위한 돈이 그렇게 많이 필요하지 않다면 좀 더 쉬워질 것 같구나. 이 문제를 해결하기 위해서 무엇을 해 보았니?

Ricky: 별로요… 음, 친구들에게 이야기했지만 그것뿐이었어요.

교사: 친구들이 뭐라고 했어?

Ricky: 친구들은 제가 학교를 그만두거나 좀 더 싼 집을 구해야 한다고 했어요. 한 친구는 엄마가 교도소에서 나올 때까지 학교는 잊어버리라고 했고, 다른 친구는 제가 집세에 관한 도움을 받을 수 있을 거라고 했지만, 저는 어떻게 하는지 몰라요.

교사: Rogers 선생님에게 이야기해 보았니? Rogers 선생님은 집세 같은 것에 도움을 얻을 수 있는 방법을 알고 있을 거야.

Ricky: 아니요, 그런 줄 몰랐어요.

교사: Rogers 선생님이 아마 좋은 방법을 알고 계실 것 같구나.

Ricky: 감사합니다. 일은 계속해야 한다고 생각하지만 집세에 도움을 좀 얻으면 좋을 것 같아요. 그분을 어떻게 만날 수 있나요?

교사: 여기 Rogers 선생님의 전화번호야. 번호를 적어 줄 테니 약속 시간을 잡아 보렴. 네가 Rogers 선생님을 만나면 해결책을 찾아낼 수 있을 것이고, 학교에 좀 더 집중할 수 있을 거야.

Ricky: 네, 그랬으면 좋겠어요.

교사: 어떻게 되었는지 나에게도 알려 주렴. 내일 과제 제출하기를 기다리고 있을게. 알았지?

Ricky: 네.

교사의 해결책 지원하기

SFBT 치료자는 학생에 관하여 교사와 논의할 때, 또는 교사와 회의할 때, 그 밖에 교사를 지원할 때 해결 구축을 위한 대화의 시범을 보일 수 있다.

교 사: Renee는 정말 심각한 행동 문제가 있어요. 제 수업에서 안 보면 좋을 텐데! 그 아이를 어떻게 해야 할지 모르겠어요.

상담자: 상당히 어려운 학생인가 보군요! 저 역시 어떻게 해야 한다고 확실히 말해 줄 수는 없지만, 선생님께서 오랫동안 그 학생을 수업에서 다루어 오신 점이 놀랍네요. 모든 사람이 그렇게 하지는 못했을 거예요. 어떻게 매일 그 학생을 다루실 수 있었나요?

교 사: 때로는 제가 어떻게 하고 있는지 저도 모르겠어요. 다만 제가 침착함을 유지하고, 그 아이에게 시간을 주면서 웃게 만들려고 노력하면 종종 그 아이의 행동을 통제할 수 있다는 것을 알게 됐습니다.

상담자: 와! 정말 놀라운 전략 같네요! 얼마나 자주 효과가 있나요?

교 사: 글쎄요, 제가 인내심을 가지고 그 아이에게 충분한 시간을 주면 항상 그 아이의 행동이 좋아졌어요. 하지만 걔는 정도가 좀 심해요.

상담자: 물론, 심하지요. 그런데 선생님은 그렇게 하실 수 있으시니 대단하세요! 어려운 학생이지만, 그 학생의 행동을 변화시키려면 어떻게 도와줘야 하는지 선생님께서는 알고 계시는 것 같아요. 놀랍네요. 덕분에 Renee가 선생님 수업에서는 잘하는 경우도 있었던 것이겠지요. 선생님께서도 Renee가 선생님 수업에서 잘하는 경우도 있다는 것을 물론 알고 계시죠? 다른

선생님들이 말씀하시던데요, Renee가 선생님 말은 따르는 것 같다고요.

교 사: 네, 문제는 있지만 그 아이가 저를 좋아하는 것 같아 보여요. 그러나 항상 쌍방이 그런 것은 아니죠. 저는 그 아이에게 지치고, 그 아이는 다른 학생들을 방해하고요.

상담자: 그것이 바로 제가 선생님에게 더 감동받은 이유입니다. 선생님은 Renee에게 인내심을 갖고 계시기 때문이죠. 그 학생을 교실에서 쫓아내고 싶을 때에도 그러지 않으시고 Renee의 행동을 변화시킬 수 있는 방법을 알고 계신 것 같아요.

교 사: 네, 그 방법을 알고 있어요. 하지만 그것이 항상 최선인지는 확실히 모르겠어요.

상담자: 물론 선생님께서 효과적으로 하고 계신지, 그 학생에게 노력할 만한 가치가 있는지 의심되는 날도 있을 거예요. 그러나 선생님은 포기하지 않으셨어요. 인내심이 있을 뿐만 아니라 일관되게 해 오셨지요. 그것이 효과가 있는 겁니다.

교 사: 그렇게 생각해 본 적은 없지만, 그것이 Renee가 다른 수업에서는 쫓겨나도 제 수업에서는 안 쫓겨나는 이유인 것 같아요.

정신건강 전문가와 협력하기

SFBT 치료자는 학교의 다른 치료자와 협력해야 한다. 예를 들면, 해결중심 전략을 가족체계모델이나 인지행동치료와 같은 친숙한 접근들과 연계하는 것은 전문가들 사이의 협력을 촉진할 수 있는 좋은 방법이다. 또한 학교에서 사용할 수 있는 좋은 방법 중 하나는 SFBT를 적용해 보기 위한 학습자 팀을 구성하는 것이다(Franklin & Streeter, 2003). 이 팀을 통해 해결중심치료 전문가들은 초보 해결중심 상담자와 짝을 이루어 해결중심 상담에 대한 코칭을 제공하고 해결중심 상담을 어떻게 사용하는지 알려 줄 수 있다.

학교에서 팀 접근 사용하기

시간과 자원의 제약 때문에 학교에서 팀 접근을 사용하는 것은 쉽지 않다. 그러나 학생, 교사, 학부모, 그리고 다른 사람들을 포함하는 합동 미팅이 필요할 때 팀 접근이 사용될 수 있다. 면담을 진행할 사람을 한 명 정하고, 나머지 전문가들은 '반영하는 사람들'(reflectors)이 되어 팀을 구성한다. 그리고 팀에 속한 사람들에게 긴장한 학생과 학부모의 입장에 자신을 대응해 보도록 한다. 예를 들어, Gonzolo Garza 고등학교에서는 일반적인 상담 개입 후에도 학생이 계속 문제를 보이는 경우 반영 팀 접근을 사용한다. 그 절차를 보면, 먼저 해결중심 치료자가 학생을 면담하고, 반영 팀(교감, 상담자 및 교사들로 구성된)이 그들의 생각과 의견을 제시한다. 그다음 학생은 반영 팀에 속한 사람들 중에 자신의 입장을 지지해 줄 대변인을 선택한다.

결 론

학교 기반 개입은 반드시 학생이 성공할 수 있도록 돕는 것이어야 한다. 또한 학생을 만나는 교사나 관리자에게도 도움을 줄 필요가 있다. SFBT는 목표 지향적이고 학교의 시간적 · 공간적 제약에도 알맞기 때문에 이러한 목적에 매우 적합하다. 교사나 관리자도 이 접근법의 기초를 쉽게 배울 수 있다. 교사나 관리자가 해결중심 접근을 알 때, 학교 상담자나 치료자 혼자 도움을 제공하는 것보다 더 빠르고 더 효과적인 성과를 얻을 수 있다.

주

1 비디오 대화는 MRI의 전략적 접근의 치료자들이 설명한 영화 · 영상 대화를 변형한 것 중 하나다(Weakland & Fisch, 1992). 이 기법에서는 치료자가 내담자에게 그들이 영화나 비디오를 보듯이 자신의 상황을 묘사하도록 한다. 내담자는 시작부터 끝까지 "나는 무엇을 보고 있습니까?" "누가 무엇을/언제 하고 있습니까?" "그리고 무슨 일이 일어났습니까?" "또 무슨 일이 일어났습니까?" "당신이 그것을 할 때 이 사람은 무엇을 하고 있었습니까?"와 같은 질문에 생생하고 구체적인 내용들을 기술하게 된다.

2 편집자 주: 많은 사람이 이것을 MRI 접근의 중요한 전략적 변화로 여긴다(Watzlawick, Weakland, & Fisch, 1974). 이 사례의 경우, 어머니의 예외 탐색을 돕거나 치료자의 제안으로 어떤 긍정적인 변화가 일어났는지에 관한 정보를 얻는 데 사용될 수 있으며, 그것은 해결 구축을 위한 대화로 이끈다.

3 편집자 주: 이것은 Heinz von Foerster(1984)가 그의 구성주의 세미나에서 논의한 것이다.

참고문헌

Berg, I. K., & Shilts, L. (2004). *Classroom solutions: WOWW approach.* Milwaukee, WI: BFTC Press.

Cashman, J. (2006). Influencing policies in legal education authorities. In C. Franklin, M. B. Harris, & P. A. Meares (Eds.), *The school services source book: A guide for social workers, counselors and mental health therapists.* New York: Oxford University Press.

Center for Mental Health in Schools. (2003). *Guidebook: Common psychological problems of school aged youth: Developmental variations, problems, disorders, and perspectives for prevention and treatment.* Retrieved January 25, 2005 from http://smhp.psych.ucla.edu

Corcoran, J., & Stephenson, M. (2000). The effectiveness of solution-focused therapy with child behavior problems: A preliminary study. *Families in Society, 81*(5), 468-474.

De Jong, P., & Berg, I. K. (2002). *Interviewing for solutions* (2nd ed.). Pacific Grove, CA: Brooks/Cole.

de Shazer, S. (1982). *Patterns of brief family therapy: An ecosystemic approach.* New York: Guilford.

Foerster, H. von (1984). On constructing a reality. In H. von Foerster (Ed.), *Observing systems* (2nd ed., pp. 287-312). Seaside, CA: Intersystem Publications.

Franklin, C., Biever, J. L., Moore, K. C., Clemons, D., & Scamardo, M. (2001). Effectiveness of solution-focused therapy with children in a school setting. *Research on Social Work Practice, 11*(4), 411-434.

Franklin, C., Corcoran, J., Nowicki, J., & Streeter, C. L. (1997). Using client self-anchored scales to measure outcomes in solution-focused therapy. *Journal of Systemic Therapies, 16*(3), 246-265.

Franklin, C., & Hopson, L. (in press). Involuntary clients in public schools: Solution-focused interventions. In R. H. Rooney (Ed.), *Strategies for work with involuntary clients* (2nd ed.). New York: Columbia University Press.

Franklin, C., & Streeter, C. L. (2003). *Solution-focused accountability schools for the twenty first century: A training manual for Gonzalo Garza Independence High School.* Unpublished manuscript, the Hogg Foundation for Mental Health: The University of Texas at Austin.

Franklin, C., & Streeter, C. L. (2004). *Solution-focused alternative schools: An evaluation of Gonzalo Garza Independence High School.* Unpublished manuscript, the Hogg Foundation for Mental Health: The University of Texas at Austin.

Harrsi, M., & Franklin, C. (2003). Effectiveness of a cognitive-behavioral, school based group intervention with Mexican-American pregnant and parenting adolescents. *Social Work Research, 27*(2), 71-84.

Harris, M. B., & Franklin, C. (2004). The design of school social work services. In P. A. Meares (Ed.), *Social work services in the school* (4th ed., pp. 277-294). Boston: Allyn & Bacon.

Kral, R. (1995). *Solutions for schools.* Milwaukee: Brief Family Therapy Center Press.

LaFountain, R. M., & Garner, N. E. (1996). Solution-focused counseling groups: The results are in. *Journal for Specialists in Group Work, 21*(2), 128-143.

Littrell, J. M., Malian, J. A., & Vanderwood, M. (1995). Single-session brief counseling in a high school. *Journal of Counseling and Development, 73,* 451-458.

Metcalf, L. (1995). *Counseling toward solutions: A practical solution-focused program for working with students, teachers, and parents.* San Francisco: Jossey-Bass.

Moore, K., & Franklin, C. (2005). The effectiveness of solution-focused therapy with school-related behavior problems. Manuscript submitted for publication.

Murphy, J. J. (1996). Solution-focused brief therapy in the school. In S. D. Miller, M. A. Hubble, & B. S. Duncan (Eds.), *Handbook of solution-focused brief therapy* (pp. 184-204). San Francisco: Jossey-BAss.

Murphy, J. J., & Duncan, B. S. (1997). *Brief interventions for school problems.* New York: Guildford Publications.

Newsome, S. (2002). *The impact of solution-focused brief therapy with at-risk junior high school students.* Unpublished doctoral dissertation, Ohio State University, Columbus, Ohio.

RAND health research highlights: Mental health case for youth (2001). Retrieved January 30, 2005 from www.rand.org/publications/RB/RB4541

Roans, M., & Hoagwood, K. (2000). School-based mental health services: A research review. *Clinical Child and Family Psychology Review, 3*(4), 223-241.

Sklare, G. B. (1997). *Brief counseling that works: A solution-focused approach for school counselors.* Thousand Oaks, CA: Sage.

Streeter, C. L., & Franklin, C. (2000). Standards for school social work in the 21st century. In A. Roberts & G. Greene (Eds.), *Social worker's desk reference* (pp. 612-619). Oxford University Press.

Thomas, F. N. (1997, August). *What you see is what you get: Competency-based techniques with couples, families and other earth units.* Workshop at the Texas Network for Children, Austin, TX.

Thomas, F. N., & Nelson, T. S. (2007). Assumptions within the solution-focused brief therapy tradition. In T. S. Nelson & F. N. Thomas (Eds.), *Handbook of solution-focused brief therapy: Clinical application* (pp. 3-24). Binghamton, NY: The

Haworth Press.

Watzlawick, P., Weakland, J., & Fisch, R. (1974). *Change: Principles of problem formation and problem resolution.* New York: Norton.

Weakland, J., & Fisch, C. (1992). Brief therapy-MRI style. In S. H. Budman, M. F. Hoyt, & S. Friedman (Eds.), *The first session in brief therapy* (pp. 306-323). New York: Guilford.

Webb, W. H. (1999). *Solutioning: Solution-focused interventions for counselors.* Philadelphia, PA: Accelerated Press.

아동과 청소년을 위한 해결중심치료

Paul Hackett
Guy Shennan

서 론

아동상담의 출발점이자 가장 중요한 원리는 치료자가 아동의 말을 진지하게 대해야 한다는 것이다. 또한 아동이 말하는 것을 중요하게 여기고 있음을 전달해야 한다는 것이다. 너무 당연한 이야기라서 만약 당신이 이 장을 그냥 넘겨 버리려고 한다면 잠깐만 더 읽어 보기 바란다. 단순하게 당신 자신의 어린 시절로 돌아가 생각해 보자. 사람들이 당신의 말을 듣고 있지 않다고 느낄 때 당신은 어떻게 했는가? 당신은 청소년기에 권위를 가진 사람에게 무시당했다고 느꼈을 때 어떻게 했는가? 그들을 이해시키려고 노력했는가, 아니면 단지 인정받지 못한다고 느꼈는가? 어린 시절 당신을 가장 잘 이해해 준다고 생각했던 어른, 혹은 당신의 소망을 가장 잘 존중해 준다고 느꼈던 어른을 생각해 보라. 지금 당신이 그와 같이 앉아 있다고 상상해 보라. 그리고 그 반대인 사람과 앉아 있다고 상상해 보라. 1분 정도의 시간을 할애하여 실제로 한번 해 보라. 아동 및 청소년과 상담할 때 우리는 어떤 기법이나 도구, 비법을 사용하든 간에 그들 자신과 그들이 원하는 것, 그들이 말하는 것을 존중해 준다는 기초 위에서 작업해야 한다.

아동상담에서 상담을 어떻게 시작할 것인가 하는 것은 매우 어려운 문제다. 우리도 한때 아동이었기 때문에 아동의 세계를 잘 알고 있다는 환상은 버려야 한다. 어른으로서 우리가 그들의 세계에 들어가기 위해서는 창의적인 상상력의 비약이 필요하다. 그것은 재미와 놀라움으로 가득한 일이며, 우리는 이 장에서 우리가 느낀 그 흥분을 조금이라도 전달할 수 있기를 바란다.

어떤 아동을 위한 해결중심 단기치료인가

해결중심 단기치료(SFBT)에 대해 논의할 때(예를 들면, 훈련 과정에서) 종종 제기되는 질문은 이 모델이 어떤 아동에게 가장 효과적인가, 그리고 어떤 유형의 아동 문제에는 적절하지 않은가 하는 것들이다. 이에 대한 우리의 첫 번째 대답은 이제 광범위한 아동 문제에 SFBT를 적용한 사례를 다룬 문헌들이 많아졌다는 것이다. 그 일부만 언급하자면, 문제 행동을 보이는 아동(Berg & Steiner, 2003; Selekman, 1993; Stringer & Mall, 1999), 우울하거나 자살 성향을 보이는 청소년(Selekman, 2002; Sharry, 2004), 신경성 식욕부진증이나 다른 섭식 장애를 가진 청소년(Berg & Steiner, 2003; Jacob, 2001), 학대 혹은 방임된 아동과 청소년(Durrant & White, 1990; Lethem, 1994), 따돌림을 당한 아동(Young, 2002), 주의력결핍과잉행동장애(ADHD)(Berg & Steiner, 2003; Dielman & Franklin, 1998; Prosser, 1999; Sharry, 2004) 및 자폐 범주성 아동(Berg & Steiner, 2003; Prosser, 1998; Sharry, 2004), 그리고 배설 문제가 있는 아동(Berg & Steiner, 2003)에 적용된 사례를 들 수 있다. 그리고 우리의 두 번째 대답은 이러한 연구들이 현재까지 우리에게 시사하는 바는 SFBT가 효과적이지 않았던 아동 집단이나 아동 문제는 결코 없었다는 것이다(Gingerich & Eisengart, 2000; Macdonald, 2003).

SFBT를 적용할 수 있는 잠재적 내담자 집단이 누구냐고 묻는다면, 우리의 대답은 단순하다. 앞에서 제시한 다양한 아동 정신건강 문제에 SFBT를 실제로 적용한 사례들을 본다면, 아동 및 청소년을 상담하는 어느 전문가에게든 이 접근이 잠재적으로 사용 가능한 것임을 알 수 있다. 그러나 이러한 예들을 제공하는 것은 오해의 여지가 있고, SFBT와 같이 강점에 기초한 접근의 정신에 맞지 않다. 강점에 기초한 접근은 병리학에 기초한 범주화에 대한 집착으로부터 자유로울 것을 강조한다. 우리는 잠재적 내담자 집단에 대해 보다 단순하게 생각한다. 성인과의 상담에서 우리는 자신의 삶에서 무언가 조금 달라지기를 바라는, 그러기 위해서 누군가와 이야기를 나눌 준비가 되어 있는 집단을 우리의 잠재적 내담자라고 생각한다. 다시 말하면, 내담자 집단의 특성은 단순히 '도움을 원하는 사람들'로 요약될 수 있다.

그러나 아동의 경우 약간 차이가 있다. 아동은 어른처럼 능동적으로 도움을 구하지 않는데, 어린 아동일수록 더욱 그렇다. 사춘기 이전의 아동이 우리에게 스스로 상담을 요청하러 온 경우는 결코 없었다. 아동과 청소년에 대한 상담 요청은 부모나 교사 같은 타인에 의해 이루어진다. 이 어른과의 관계에서 놓인 입장이나 역학관계를 고려하면, 아동은 비자발적인 내담자라고 할 수 있다(Berg & Steiner, 2003). 적어도 상담 초기에는 그렇다. 몇몇 경우에는 상담에 대한 아동의 이해가 증가하고 아동과 상담자의 관계가 발전함에 따라 아동이 도움을 받는 데 적극적이고 자발적인 내담자로 변하기도 한다. 그래서 아동상담에서 우리는 내담자의 특성을 '누군가 이 아이에게 상담이 필요하다고 생각하는 아동, 그리고/혹은 스스로 돕기를 원하는 아동'이라고 본다. 따라서 우리는 아동과의 작업에서 병리학적 명명하기나 범주화를 하지 않는다.

우리는 "이 내담자는 ~하다/이다."라고 말하지 않으려고 노력한다. 비록 우리가 만나는 아동에 대해 이런 방식으로 생각하더라도 우리는 아동을 우리의 주요 내담자로 보지 않는다. 우리에게 상담을 의뢰한 사람(보통은 부모 중 한 명이거나 모두)을 내담자로 보는 것이 더 타당하다(Shennan, 2003a). 만약 우리가 교육심리학자로서 작업한다면, 우리가 직접적으로 만나는 대상이 아동이라 하더라도 보통은 문제 아동을 내담자로 의뢰한 교사를 내담자로 간주한다. 부모가 연락하여 아동상담을 요청한 경우에는, 적어도 초기에는 아동만 따로 만나지 않는다. 우리는 되도록 아이가 '고쳐지도록' 우리에게 보내지는 상황을 피하고자 한다. 자신의 자녀를 상담에 보내고 정작 자신은 상담에 참여하지 않으려는 부모를 비판하려는 것은 아니다. 그것을 최선이라고 판단한 그들의 입장을 이해한다. 왜냐하면 전통적이고 전문가가 지배하는 모델에서는 여전히 그렇게 하는 것이 옳다고 보며, 아동의 행동 문제로 인해 부모는 좌절감을 느끼기 때문이다(Hackett, 2003).

좌절감 + 절망 = 병리

"좌절감 더하기 절망은 병리"라는 말은 부모가 "우리는 모든 노력을 다 했고, 아무것도 효과가 없다면 이 아이에게 뭔가(생물학적으로, 정신적으로, 육체적으로) 잘못된 부분이 있다는 것이다."라고 해석하는 것을 의미한다.

이러한 해석을 피하기 위하여 우리는 반드시 첫 회기에 부모를 만난다. 이 만남에는 부모가 염려하는 아동이나 가족 전체, 혹은 그들이 상담에 데려오고 싶은 누구라도 포함될 수 있다. 따라서 우리의 실제 아동 및 청소년 상담은 대부분 가족상담으로 이루어지며, 아동을 부모나 보호자로부터 분리하여 따로 만나는 경우는 드물다. 우리는 더 나이가 있는 아동이나 상담에 참여한다는 것이 무엇을 의미하는지 아는 청소년, 그리고 좀 더 독립적으로 변화할 수 있는 능력을 가진 청소년과는 주로 개인상담을 한다. 그러나 대체로 이 연령대 아동 및 청소년과의 작업은 여전히 가족상담의 맥락 안에서 이루어진다.

아동 및 청소년과 관계 맺기

상담의 초기에 가족을 함께 상담하는 것, 그리고 아동과 함께 부모 혹은 다른 중요한 어른을 상담에 참여시키는 것은 특히 도움이 된다. 해결중심 접근에서는 내담자와 관계를 맺고 연합하는 것에 대한 다양한 관점이 존재한다. 라포를 형성하기 위한 도입 단계가 별도로 필요하지 않다는 관점은 "라포는 처음부터 존재한다. 따라서 치료자가 해야 할 일은 그것을 잃지 않는 것이다."(de Shazer, 2002)라는 믿음에 기초한 것이다. 반면 다른 사람들은 SFBT가 관계 형성에 충분한 관심을 두지 않았다고 보고(Lipchik, 2002), 내담자와 연합하는 것이 치료의 필수적인 부분(Sharry, Madden, & Darmody, 2002)이라고 주장한다.

우리는 불안하거나 마지못해 참여하기 쉬운 아동과 상담을 진행할 때 초기에 라포를 형성하는 시간을 갖는 것이 중요하다고 생각한다. 그리고 가능한 한 단순하고 쉬운 설명으로 시작한다. 이를 위해 보통은 매우 많은 질문을 한다. 우리는 아동이나 청소년이 질문에 기꺼이 대답할 것이라고 생각하지 않는다. 대신 부모와 아동에게 질문해도 괜찮은지를 묻는 것으로 그들의 비자발적인 상황을 존중한다. 우리의 경험으로는 이 질문에 내담자가 "안 돼요."라고 대답한 경우는 거의 없었다. 물론 13세 소년 David의 사례에서처럼 그렇게 대답하는 경우도 있다(Shennan, 2003b). David는 어머니와 상담에 온 아동인데, 우리는 되도록 포용적인 방식으로 반응하며 아동이 스스로 선택할 수 있도록 해 주었다(O'Hanlon & Beadle, 1996). 예를 들면, "그래, 좋아. 그럼 여기 앉아서 말하는 것을 듣기만 해도 된단다. 말하는 것을 듣다가 네가 원할 때에는 참여해도 좋고, 네가 참여해도 되는지 물어봐도 좋아." (Hackett, 2001)라고 말해 준다. 이렇게 함으로써 그에게 말해야 한다는 압박감을 덜어 주고 준비가 되면 말할 수 있도록 해 준다. 이것은 또한 부모에게는 자녀가 말하도록 회유할 필요가 없다는 뜻을 전달한다. David는 처음 두 회기 동안 한마디도 하지 않았다. 회기가 끝날 때쯤, 상담자는 David에게 말을 해야 한다는 압박감을 느꼈을 텐데도 아무 말 하지 않겠다는 결심을 지킨 것을 칭찬하였다. 세 번째 회기가 시작되자마자 David는 바로 말하기 시작했다. 그리고 회기 내내 열심히 참여하였다. 세 번째 회기의 마지막에 상담자는 David에게 언제 말하는 것이 가장 좋을지 알고 있었던 점, 그리고 그것을 실행에 옮긴 점에 대하여 칭찬해 주었다.

해결중심 상담에서 개인 또는 가족과 관계를 맺는 주요한 방법은 "문제로부터 자유로운 대화"(Problem-free talk)(George, Iveson, & Ratner, 1999; Sharry et al., 2002)를 하는 것이다. "문제로부터 자유로운 대화"는 중립적인 명칭이고, 우리는 "능력에 관한 대화"(competence talk)(O'Connell, 1998), 또는 "강점에 관한 대화"(Shennan, 2003b)라는 용어를 선호한다. 그러나 이러한 용어들은 그것이 가져올 수 있는 엄청난 효과를 모두 표현하기에는 너무 단순한 것들이다.

14세의 Mandy는 어머니 집에서 나와 아버지와 새어머니 그리고 이복동생 두 명과 함께 살게 되었다. 그러나 얼마 지나지 않아 Mandy의 아버지는 사회봉사 기관에 연락하여 Mandy를 양육가정에 보내고 싶다고 하였다. 기관에서는 Mandy의 아버지에게 먼저 가족상담을 받아 볼 것을 권유하였고, 그는 마지못해 이를 수용하였다. 첫 회기에 Mandy의 아버지는 화가 난 상태에서 부루퉁하고 불안해 보이는 Mandy와 함께 나타났다. 상담자는 Mandy의 아버지에게 "Mandy는 무엇을 잘하나요?"라고 물었다. Mandy의 아버지나 Mandy 중 누구도 그들이 처음 받을 질문이 그런 것일 거라고 기대하지 못했을 것이다. Mandy의 아버지는 생각지도 못했던 질문을 받고 조금 당황하면서 답하기를 주저하더니, 상담자가 좀 더 부드럽게 밀어붙이자 Mandy가 학교에서 운동을 잘하고 이복동생들과 잘 지낸다고 말하였다. 상담자는 Mandy의 아버지에게 좀 더 상세하게 얘기하도록 하였고, Mandy의 아버지는 Mandy가 매우 책임감이 있어서 어린 동생들을 잘 돌보아 주며, 그래서 그와 아내가 아이들을 Mandy에게 맡기고 외출하는 것이 안심이 된다고 하였다. 그리고 Mandy가 얼마나 배려하는 성격을 가지고 있는지에 관하여 이야기하였다. 상담자는 Mandy에게 아버지의 어떤 부분이 좋은지 물었다. Mandy는 처음에는 대답하는 데 약간 어려움이 있었지만 곧

> 이어 자신의 아버지도 배려하는 성격을 갖고 있다고 말했다. 상담자는 두 사람이 배려라는 공통점을 갖고 있다는 사실을 지적하며, 아버지가 배려하는 어떤 행동을 하셨는지 물었다. 이러한 과정을 통해 Mandy의 아버지와 Mandy의 사이가 좀 더 부드러워지고, 긴장되고 부담스러웠던 분위기가 줄어들었다.

문제에 대한 탐색으로 상담을 시작했다면 상담은 정반대의 효과를 가져왔을 것이다. 일반적으로 아동과 청소년은 부정적인 이야기를 듣게 될 것이라는 기대를 가지고 상담에 온다. 이러한 기대는 그들이 상담에 참여할 가능성을 낮춘다. 반면 강점에 관한 대화로 상담을 시작하는 것은 아동과 청소년의 긴장을 풀어 주고, 가족 구성원 사이의 긍정적 상호작용을 촉진할 뿐만 아니라 가족 구성원의 강점을 조기에 분명히 드러나게 하려는 목적이 있다. 부루퉁한 딸과 화난 아빠보다는 배려심 많은 14세 여자 아이와 배려심 많은 아버지가 건설적인 대화를 나누게 된다. 또한 Mandy가 배려심 있는 아이라는 사실을 바로 Mandy의 아버지로부터 듣는 것이 긍정적인 효과를 배가시킨다. 나아가 부모와 함께 Mandy를 상담하는 것이 주는 잠재적인 장점은 상담자가 Mandy의 강점에 대해 이야기하는 것을 Mandy의 아버지가 관찰하고 모방할 수 있다는 점이다.

목표 협상

아동 및 청소년과 목표를 협상하는 데에는 주의 깊은 생각이 요구된다. 여기서 우리의 내담자가 누구인지를 되짚어 볼 필요가 있다. 아동과의 상담에서 우리는 일반적으로 성인 또는 상담을 의뢰한 성인을 주요 내담자로 본다. 처음 상담을 요청하는 것뿐만 아니라 언제 상담을 끝낼 것인가를 결정하는 것도 부모나 다른 책임 있는 어른이다. 따라서 우리는 우리가 어떻게 개입을 해야 하는가에 대한 그들의 목표를 분명하게 이끌어 내는 것이 필수적이라고 본다. 즉, 그들은 목표가 달성되었다는 것을 어떻게 알 수 있을까? 사실 주요 내담자가 무엇을 원하는지 알기 전에는 상담이 시작될 수 없다. 또한 우리는 아동과 청소년을 포함하여 우리가 만나는 모든 내담자의 개인적 희망을 확인하려고 노력한다. 우리가 만난 아동들 중에 많은 아동이 목표를 분명하게 말하기도 하지만, 상당히 많은 아동이 목표를 찾는 데 어려움을 겪거나, 비자발적인 아동의 경우 목표를 찾으려 하지 않기도 한다.

우리는 이해 가능한 방식으로 의사소통하지 못하면 어려움이 발생할 수 있다는 점에 항상 주의한다. 예를 들면, 우리의 경험상 성인 내담자에게는 "이 상담을 통해 가장 바라시는 것이 무엇인가요?"라고 묻는 것이 그들이 원하는 것이 무엇인지를 구체화하는 데 가장 도움이 된다. 그러나 이것은 특정 연령 이하의 아동에게는 효과가 없는 것 같다. 따라서 다른 다양한 질문을 시도해야 한다. "우리한테 이야기하러 와서 너에게 무엇이 달라지기를 원하니?"라고 묻거나 "좀 더 나아지길 바라지?"라는 폐쇄형 질문을 한 다음, 그것에 대한 긍정적인 대답이 있으면, "무엇이 좀 더 나아지면 좋겠니?" 또는 "어떻게 하면 좀 더 나아질까?"라는 질문을 뒤이어 할 수 있다. 또한 좀 더 세부적이고 구체적인 질문을 할 수도 있다. "학교(가정 등 상황에 따라)에서 달라졌으면 하고 바라는 것이 있니?"와 같은 질문이다. 과거에 우리는 첫 회기에 온 내담자에게서 목표에 관한 진술을 듣지 못하면 '실패'라고 느꼈었다. 그래서 아동이 한 개의 목표라도 말할 수 있도록 우리가 할 수 있는 것은 다하려고 했다. 아마도 다음과 같은 유도 질문을 했을 것이다.

상담자: 내 생각에는 네가 지금 이 모든 일에 행복하지 않은 것 같구나.

아　동: 전혀 행복하지 않아요("몰라요." 혹은 어깨를 으쓱하거나 아무 말도 하지 않는다).

상담자: 그러면 여기 오는 것이 너를 조금이라도 더 행복하게 해 준다면 너에게 도움이 되겠니?

특정한 유도 질문은 비자발적인 내담자로부터 목표를 이끌어 내는 데 목적이 있다. 예를 들면, "너는 정말로 여기에 오고 싶지 않은 모양이구나. 내 생각에 네가 원하는 것은 여기에 더 이상 오지 않는 일인 것 같다. 우리 모두 네게서 떨어져 나가 주는 것 말이야." 그런데 이런 방식으로 목표를 강요하는 것으로부터 벗어나면서 우리의 상담은 전환점을 맞았다. 우리는 만약 청소년이 자신이 바라는 것을 표현하지 않는다면, 그들의 부모가 바라는 것에 대하여 그들이 어떻게 생각하는지 물어보기로 하였다.

물론 치료에서 가장 이상적인 상황은 상담에 참여한 모든 개인이 자발적으로 상담에서 희망하는 것을 표현하는 것이다. 그런 일이 일어난다면 좋을 것이다. 그러나 이제 우리는 최소한 주요 내담자(성인)가 상담에서 원하는 것을 말하면 상담이 시작될 수 있다고 느낀다. 물론, 아동과 청소년이 적극적으로 도움을 요청하는 경우에는 그들이 우리로부터 원하는 것이 무엇인지를 밝히는 것도 필수적이다.

아동에게 기적 질문하기

상담의 총체적 목표가 설정되면, 우리는 모두가 앞을 바라보고 미래 중심적 대화에 참여하도록 격려한다. 기적 질문(de Shazer, 1988)은 성인뿐만 아니라 아동과의 상담에서도 해결중심 상담의 핵심이 된다. 기적 질문은 실마리가 보이지 않는 갑갑한 상황에서 가능성을 열어 준다. 아주 어린 아동을 위해서는 기적 질문을 조금 다른 방식으로 조정해서 사용할 필요가 있다. 그러나 우리는 기적 질문이 약 8~10세의 아동에게는 쉽게 이해될 수 있고 적용 가능하다는 것을 발견하였다. SFBT에서 말하는 기적은 우리의 경험상 일상적인 것들이다. 우리의 내담자가 열망하는 미래는 현실적이고 일상적인 사건들인 경향이 있다. 아동과 청소년 간에 차이는 거의 없다. 다만 이들은 아주 폭넓은 상상의 나래를 펼쳐서 종종 우리를 놀라게 한다. 이에 가장 잘 반응하는 방법은 그들의 틀 안으로 들어가 그들이 어떤 대답을 하든 간에 관심을 보이는 것이다. 결국 기적에 대한 질문은 상상 반응을 끌어내는 것이다. 상상 반응 다음에 아동이 희망하는 변화는 무엇인지 호기심을 보임으로써 상담자는 기적을 일상적인 것에 머물도록 할 수 있다. 우리가 상담했던 어떤 아동은 기적 질문에 "복권에 당첨됐어요."라는 대답으로 시작하였다. 다른 대답을 들었을 때와 마찬가지로 이에 대해서도 단순히 다음과 같은 후속 질문으로 비켜 갈 수 있다. "또 무엇이 다르니?" 그러나 만약 그 주제가 계속된다면 상담자는 "만약 많은 돈이 생긴다면 너는 어떻게 달라질까?"라고 질문할 수 있다. 이 질문은 내담자가 통제할 수 있는 범위 내에서 변화를 끌어내기 위한 것이다. 특히 행동상의 변화를 이끌어 내려는 것이다.

때때로 기적 질문에 대한 대답은 조금 당혹스러울 수 있다. 그러나 여전히 그것을 활용하는 것이 최선이다. 예를 들어, 여덟 살인 Rosa가 예상 밖의 대답을 했을 때 상담자는 질문을 통해 이것을 일상적인 것으로 되돌려 놓는다.

상담자: 네가 학교에 가려고 문을 열었을 때 기적이 일어났다는 것을 가장 먼저 말해 줄 첫 번째 신호는 무엇일까?

Rosa: 현관에 크고 하얀 말이 있을 것 같아요.

상담자: 정말?! 그 크고 하얀 말은 너의 무엇을 보면 기적이 일어났다는 것을 알 것 같니?

Rosa: 내가 웃고 있으면…….

상담자: 그리고 그다음엔 무슨 일이 일어날 것 같니?

Rosa: 흰 말과 함께 학교에 가요.

상담자: 그러면 학교에 가는 도중에 그 흰 말은 너에게 무엇이 다르다는 것을 알아챌까?

Rosa: 내가 막 뛰지 않는 거요.

상담자: 그 대신에 너는 무엇을 할 것 같니?

Rosa: 멋지게 걸어요.

상담자: 네가 멋지게 걷는 모습을 또 누가 볼까?

Rosa: 엄마죠, 물론!

상담자: 엄마가 기뻐하실까?

Rosa: 그럼요!

상담자: 너는 엄마가 기뻐하시는 걸 어떻게 알지?

그리고 13세 남자 아동의 사례가 있다. 이 아동은 아침에 일어났을 때 무엇이 달라져 있을까라는 질문에 콘플레이크가 담긴 그릇에 자기 머리를 박고 있을 것이라고 말했다. 상담자는 어떻게 후속 대화를 이어 나가야 할지 확신이 안 섰다. 나중에 반영 팀은 "그 콘플레이크는 어느 회사 거였지? 켈로그였어?" 라는 질문을 하기로 했는데, 이런 질문이 상황에 매우 적절했을 수 있다.

아침 식사로 시리얼은 우리의 상담에서 정기적으로 나타나는 주제다. 다음의 사례(Shennan, 2003b)는 부모가 자녀의 기적을 경청하는 것이 얼마나 효과적인가를 명확히 보여 준다. 두 딸과 부모가 함께한 첫 회기에서 열 살의 Sarah가 말한 기적은 아침 식사로 "엄마의 시리얼을 먹겠다." 는 것이었는데, 당시에는 중요하게 다루어지지 못했다. 일주일 후 가족이 어떻게 지내고 있는지, 특히 Sarah의 행동에 대하여 이야기하고 있을 때였다. Sarah의 어머니는 무엇이 좋아졌는지에 대해 말하면서 잡곡과 견과류가 섞인 시리얼은 엄마의 것이고, 쌀과자로 만든 시리얼은 아이들의 것이라고 어떻게 인식되었는지 자신이 미처 깨닫지 못했다고 하였다. 그러고 나서 Sarah에게 어떤 것이든 먹어도 된다고 말해 주었다. 이것을 통해 Sarah의 어머니는 Sarah에게 자신이 딸의 말을 얼마나 주의 깊게 듣고 있는지 보여 줄 수 있었다.

'기적' 을 잘 이해하지 못하는 어린 아동과 상담할 때 우리는 아동에게 어떤 마법 같은 일이 일어나서 그들이 원하는 일이 이루어졌다고 상상해 보도록 한다. 또는 가장 행복했던 날에 대하여 묻거나 조금 나은 날에 대하여 간단하게 묻는다. 또 그 주제와 관련하여 다른 누군가(보통은 상담의 주제와 관련된 중요한 어른)가 있을 수 있다는 생각을 가지고 아동의 기적 질문이나 기적 질문을 변형할 때 그들을 포함시키기도 한다(Iveson, 2003). 예를 들면, "자, 내일 네가 학교에 갔을 때 네가 정말 원하는 하루를 보내고, 선생님이 너의 행동을 좋아하실 거라고 상상해 봐. 어떤 날인지 말해 볼래? 너는 어떻게 행동할 것 같니?" 마지막으로, 어린 아동은 미래를 개념화하기 어려워할 수 있다는 점을 염두에 두어야 한다. 따라서 그들이 경험했던 좋은 날에 관하여 이야기하는 것이 가상의 좋은 날을 가정하는 것보다 더 의미가 있을 것이다.

그림 그리기

어린 아동과의 상담에서 좋은 날은 어떤 모습일지, 어떤 모습이었는지 그려 보도록 하고, 그것에 기초하여 추가적인 질문을 하는 것도 효과적이다. 그림이 가질 수 있는 힘은 놀랍다. 심지어 몇 회기에 걸쳐 효과적으로 사용할 수도 있다. 때때로 우리는 아동이 만화의 말풍선처럼 그림에 해당하는 이야기를 조금 써 넣도록 한다. 이러한 기법은 상담의 어느 단계에서도 활용할 수 있다.

> 열 살의 Ben은 어머니와 함께 상담에 왔다. 상담자는 Ben이 무엇을 잘하고 무엇을 좋아하는지 묻는 것으로 회기를 시작하였다. Ben은 열렬한 독서가이며 신문을 즐겨 읽는다는 것이 부각되었다. Ben의 어머니에게 바라는 것이 무엇인지 묻자 지난 2주 동안 Ben의 좋아진 행동들에 대하여 말하기 시작했다. 상담자는 구체적인 사항들을 말하도록 하였고, Ben이 집과 학교에서 보여 주는 행동에 차이가 있다는 점을 알게 되었다. 상담자는 Ben 앞에 신문의 앞면이 보이도록 놓았다. 거기에 Ben이 그림을 그려 넣고, 바로 옆에 'Ben의 행동에 엄청난 변화가 나타나다!'라는 큰 헤드라인 제목을 쓰도록 하였다. Ben의 어머니와 교사의 말을 인용하여 구체적으로 개선된 사항들을 기사로 작성하도록 하였다(어머니는 최근 교사와의 대화에서 교사가 Ben에 대해 칭찬한 이야기를 전달했다). 그 밖에 'Ben이 누나와 멋진 연주를 하다' 'Ben의 가족이 함께 외출하다' 'Ben이 1등을 하다!' 등의 작은 헤드라인들이 포함되었다. Ben은 어디에 어떤 제목과 사진, 기사를 배치할 것인지 등을 포함하여 전체 면을 계획하였고, 완성된 신문을 몇 장

복사해서 그의 아버지와 교사, 그리고 다른 이들에게 주었다. 남은 회기는(상담은 총 3회기임) Ben이 성장한 내용을 보고하기 위한 신문을 제작하는 것으로 진행되었다.

다른 치료적 접근 역시 예술품 만들기를 활용하지만, 그들과 달리 우리는 아동의 그림이나 예술품들을 해석하지 않는다. 이는 내담자의 언어적 의사소통을 우리가 해석하지 않는 것과 같다. 우리는 그림을 단지 의사소통의 대안으로 활용한다. 아동에게는 종종 말하는 것보다 그림을 그리는 것이 더 쉽기 때문이다. 그림이 무엇을 의미하는지 설명하는 사람이 있다면 그것은 아동 자신이다. 그리고 우리는 상담 중에 제작된 그림과 예술품은 그것을 만든 아동의 소유물이라고 본다. 따라서 그것을 가져갈 것인지, Ben의 사례에서처럼 중요한 누군가에게 줄 것인지를 결정하는 사람도 아동이 된다.

아동에게 척도 질문하기

우리의 경험으로 볼 때, 약 8~10세 아동에게 0에서 10까지의 척도는 편안하게 느껴지는 것 같다. 아동은 실제로 성인보다 숫자의 유연성에 친근한 경향이 있다. 따라서 우리는 성인과의 상담에서처럼 대부분의 아동에게 간단한 숫자로 된 척도 질문으로 시작해서 그들이 성취한 것이나 성장한 것에 대한 대화를 발전시켜 나간다. 우리는 아동 및 청소년과 상담할 때, 보다 더 다양한 것을 척도에 대입시키며, 특히 아주 어린 아동과 상담할 때에는 숫자를 대신할 만한 것들을 사용하는 경우가 많다. 척도를 사용하는 근거 중 하나는 상담 시작 후 20분, 30분 또는 40분이 지났을 때 아동이 가만히 있지 못하고 꼼지락거리고 지루해하기 시작하는데, 이때가 척도를 사용하는 데 적기라는 것이다. 척도 질문 같은 활동적인 주제가 지루함을 적절히 깨 주기 때문에 마지막까지 순조롭게 나아가는 데 도움이 된다.

우리는 종종 척도를 그림으로 그리는 방법을 사용한다. 아동에게 척도를 그리도록 하는 것은 몇 가지 측면에서 유용하다. 그것은 아동의 흥미와 관심을 유지하게 해 주며, 척도를 더 개인적이고 실제적이게 해 준다. 또한 아동이 척도를 얼마나 잘 이해하였는가를 상담자가 알 수 있도록 해 준다. 또한 종이에 척도를 표시하는 것은 아동에게 성장의 기록이자 축하의 의미로 제시될 수 있음을 의미한다. 큰 칠판이 있는 상담실이라면 척도를 더욱 확장해서 아동의 중요한 타인이 아동을 몇 점에 둘 것 같은지 아동의 생각을 물어볼 수 있으며, 1점 더 높은 것이 무엇을 의미하는지 그림으로 표현할 수도 있다. 우리는 종종 더 어린 아동에게는 울고 웃는 얼굴을 연속해서 사용하기도 하며, 상담자가 울고 웃는 얼굴을 아동과 함께 그리거나 아동에게 그것을 그리게 하는 것이 더 많은 여운을 가져오기도 한다. 그 밖에도 그림이 포함된 척도에는 등산하기, 사다리 오르기, 강을 건너기 위한 징검다리 등이 있다.

척도의 표현 방법을 결정할 때 아동의 의견을 반영하면 아동에게 유의미한 척도를 만들 수 있다. 우리 동료들 중에 한 명(Black, 2004)은 Amy라는 8세의 여아를 몇 회기에 걸쳐 상담하였다. 어느 날 상담자는 Amy가 얼마만큼 발전했는지 아동과 함께 확인하기로 하였다. 이를 위하여 둘은 Amy가 얼마나 행복해졌는가를 측정하는 평범한 척도를 만들었다. 상담자는 Amy의 흥미가 무엇인지, 그리고 가장 좋아하는 활동이 무엇인지 생각해 보도록 하였고, 그 결과 수영으로 결정되었다. 이어서 상담자는 큰 종이 위에 '지도'를 그렸는데, 위에는 '행복한 나라', 아래에는 '불행한 나라'라는 두 나라가 있고, 그 사이에 바다가 있는 그림이었다. 그리고 상담자는 Amy에게 '행복한 나라'를 향해 수영하고 있는 자신을 그려 넣도록 하였다. 그것은 Amy가 불행한 나라에서 얼마나 멀리 헤엄쳐 왔는가를 나타내는 것이기도 하다. Amy가 그렇게 멀리 헤엄쳐 올 수 있도록 도와준 것은 무엇인지(친구들을 사귄 것, 따로 사는 아버지를 만나러 간 것 등등) 수영하는 Amy 밑에 써 넣도록 하였다. Amy가 행복한 나라에 더 가까이 수영해 갈 수 있도록 도와줄 수 있는 것이 무엇인지 묻자 Amy는 "엄마와 좀 더 재미있게 지내는 것"이라고 하였고, 상담자는 그것을 수영하는 Amy 위에 써 넣도록 하였다.

척도를 사용할 때에는 양쪽 끝의 지점이 무엇을 의미하는지 명확히 정의하는 것이 중요하다. 특히 아동의 경우 무엇을 측정하고 있는지 아동이 잘 이해하고 있는가를 확인하는 것이 중요하다. 다음에 제시할 두 개의 사례에서처럼 아동도 양쪽 끝 지점을 정의하는 데 능숙하다.

Paul과 '평소의 나'

Paul은 똑똑한 8세의 남자 아동이다. 그러나 걸핏하면 화를 내는 성미 때문에 보건교사에 의해 상담에 의뢰되었다. 첫 회기에는 Paul의 부모만 방문하였고, 두 번째 회기에는 부모와 Paul이 함께 상담에 왔다(Paul에게는 첫 회기임). 두 번째 회기에서는 Paul이 '화'라고 부르는 것을 그동안 어떻게 다루어 왔는지에 초점이 맞추어졌다. 그리고 세 번째 회기에서는 Paul이 화를 더 잘 다루게 되었는지 살펴보고, 가족 내에 변화가 있었는지 살펴보았다. 다음은 세 번째 회기의 후반부에서 발췌한 것이다.

상담자: (부모에게) Paul이 숫자를 잘 아나요?

아 빠: 네.

Paul: 저는 200까지도 셀 수 있어요!

상담자: 그럼, 네가 이것을 할 수 있겠구나. 이것은 10까지만 있으니까 네가 잘할 수 있을 것 같다. 그러면, 0부터 10까지에서, 10은 최고를 말하는 거야(끝나는 지점을 손가락으로 가리킨다.) 모든 것이 진짜 좋아져서 네가 화나는 것을 언제나 멈출 수 있어, 알았지? 그리고 0은 바닥을 말하지. 모든 것이 정말 안 좋을 때야. 항상 화가 나 있어, 알았지? 그럼 바로 지금 너는 몇에 있다고 생각하니?

Paul: 음… 4나 5 정도요.

상담자: 4나 5라고? 좋아. 너는 그것에 만족하니?

(Paul이 고개를 끄덕인다.)

상담자: 4나 5가 되는 게 어려웠니? 그렇게 하기가 어려웠을 거야, 그렇지?

(Paul은 어떻게 대답해야 할지 몰라 엄마와 아빠를 쳐다본다.)

엄　마: 어려웠었지, 네가 화를 참는 거!

아　빠: 그게 너한테 좀 어렵지, 그렇지. 하지만 넌 잘하고 있어.

상담자는 부모에게 몇 점이면 만족할 것 같은지, 가족이 그 점수에 도달할 것이라는 확신이 있는지 물어보았다. 부모가 확신 척도에 대해 생각하고 있을 때, 열심히 생각 중이던 Paul이 다시 대화에 끼어들었다.

Paul: 있잖아요, 만약 내 '화'가 300에서 내려가면, 점점 더 내려가게 돼요. (손으로 보여 준다.) 그리고 '평소의 나'가 조금씩 위로 올라가서 300까지 올라가면, 저는 그게 저에게 더 좋다고 생각해요.

상담자: 너는 우리와 다른 점수를 갖고 있구나, 그렇지? 너는 0부터 300까지의 점수를 갖고 있어. 그래서 더 높을수록 더 좋아지는 거니?

Paul: 네, '평소의 나'가 높을수록 더 좋아져요. 왜냐하면 제가 '평소의 나'일 때에는 화가 나지 않거든요.

상담자: 알겠다. 그러니까 요즘엔 네가 좀 더 '평소의 나'였다는 거지?

Paul: 음, 가끔 제 생각에는 매일 '평소의 나'인 것 같아요.

상담자: 좋아, 우리가 다음에 만나면 '평소의 나'가 되었을 경우에 대해서 좀 더 얘기해 다오!

상담자의 10은 '화'가 부재하는, 즉 부정적인 방식으로 정의되었다. 반면, Paul은 이것을 '평소의 나'가 되는 것이라는 긍정적인 목표로 바꾸었다. Paul이 상담자를 좀 더 해결중심적이 되도록 도운 것이다. 따라서 상담자는 더 이상 '화'에 대해서 이야기할 필요가 없어졌다. Paul의 '평소의 나'에 대하여 이야기하는 것으로 충분할 것이다. 왜냐하면 '평소의 나' 는 화를 내지 않기 때문이다.

또 다른 사례는 7세의 Jack이라는 남자 아동에 관한 것이다. Jack의 어머니는 아들인 Jack의 목에 칼을 들이대고 소동을 피워 이웃의 신고로 체포되었다. Jack에 대한 평가의 일환으로 상담자는 Jack에게 어머니가 돌아오는 것이 얼마나 안전하다고 생각되는지 물어 보았다(Turnell & Edwards, 1999). 그러나 Jack이 '안전' 이라는 말의 의미를 잘 이해하지 못해서 안전성 척도를 사용할 수 없었다. 상담자는 잠시 시간을 두고 Jack이 '안전함' 을 어떻게 이해하고 있는지 알아내고자 하였다. Jack은 척도의 양끝을 '겁먹은' 과 '행복한' 이라는 단어로 정의하였다. 상담자는 산 모양을 그린 후, Jack에게 이 두 단어를 자신이 출발할 곳과 도착해야 할 곳에 써 넣으라고 하였다. Jack은 '겁먹은' 이라는 단어를 산 아래에 놓고, '행복한' 이라는 단어를 산꼭대기에 놓았다. 상담자가 "오늘 너는 산의 어디쯤에 있니?" 라고 묻자, Jack은 중간쯤에 있다고 말했다. 상담자가 "어떻게 중간까지 올라올 수 있었니?" 라고 묻자, Jack은 "엄마가 좋은 엄마라는 것을 알고 있기 때문" 이라고 하였다. 그리고 Jack은 엄마가 돌아와서 자신에게 그런 짓을 하지 말았어야 했다고 말해 주면 자신이 더 높은 곳까지 올라 갈 수 있을 것 같다고 하였다. 상담자는 이것을 단지 Jack의 안전을 평가하는 데에만 사용하는 데 그치지 않고, Jack의 어머니에게 Jack이 말한 것, 특히 Jack이 어머니를 칭찬한 것을 전해 주었다. 이후 Jack의 어머니는 경찰에 협조하기 시작하였으며, 자신이 치료를 받을 필요가 있음을 인정하였다. 그리고 Jack의 외할머니가 Jack을 돌보아 주는 것에 동의하였으며, 상담자가 언제든 Jack을 만나러 집을 방문할 수 있도록 허락하였다. 첫 만남 이후 하루가 지났을 때 Jack은 벌써 산의 좀 더 높은 곳에 올라가 있었다.

척도를 표현하는 또 다른 좋은 방법은 상담실을 척도의 경계선으로 활용하는 것이다. 상담실의 한쪽 구석과 그 반대편 구석을 활용하여 빠르게 척도를 만들면 내담자를 보다 상담에 활발하게 참여시킬 수 있고, 내담자가 상호작용에 흥미를 느끼게 만들 수 있다. 만약 가족을 상담한다면, 부모에게 자신들이 척도의 어느 지점에 있는지, 자녀는 어느 지점에 있는지 표현하게 할 수 있다. 가족과 같이 큰 집단을 상담하는 경우, 척도를 사용하면 유용한 정보를 얻을 수 있다. 뿐만 아니라 척도 질문은 가족을 상담하는 모델을 제시해 줄 수 있다. 한번은 상담실에 들어오는 계단을 활용하여 6세의 여자 아동에게 척도 질문을 한 적이 있다. 이 아동에게는 언어적 척도와 그림 척도 모두 활용이 어려웠기 때문이다. 이 아동은 계단의 꼭대기와 바닥의 차이를 명확하게 이해했고, 6회기 이후에는 계단의 맨 꼭대기에 도달했으며, 어머니는 거기서 아이를 꼭 껴안아 주었다. 어떤 아동에게는 숫자가 적힌 벽돌을 일렬로 세우도록 하는 것이 유용할 수 있다. 또 종이에 발자국의 크기를 작은 것부터 큰 것까지 점점 더 커지게 그려서 잘라 낸 다음, 그것들을 목표를 향해 점점 더 커지게 배치하여 사용하는 것도 변형된 좋은 척도 질문 방법이다.

나에게 보여 줄래

아주 어린 아동에게 그들이 희망하는 미래나 미래를 향한 발전 정도를 묻기 위한 매우 좋은 방법은 바람직한 행동에 대해 말해 보라고 하는 것보다 그 행동을 보여 달라고 요청하는 것이다. 여기서 바람직한 행동이란 아동의 삶에서 중요한 인물들이 희망하는 행동을 의미한다. 아동들은 "보여 줄래?"라는 말에 잘 반응한다. 여기서 '보여 주기'란 아동이 어떤 방식으로 행동하는 능력을 갖고 있다는 것을 명확히 예시하는 것일 뿐만 아니라 그런 종류의 미래 행동을 예행 연습하는 것을 의미한다. 보여 주기는 자연스럽게 아동의 행동을 칭찬하는 긍정적인 피드백을 가져오는 경우가 있고, 반면 보고된 행동에 기초할 때 아직은 그다지 칭찬할 만한 것이 없다는 피드백을 가져오는 경우도 있다. 만약 상담에 부모나 책임 있는 성인이 함께 참여하고 있다면, 다음 회기에 올 때 그들이 관찰한 것을 보고해 달라는 과제를 부여하는 것도 좋다. 종종 학교에 잘 가겠다, 저녁 식탁에서 바르게 행동하겠다, 혹은 형제자매와 어울려 게임을 하겠다는 아동에게 우리는 치료실에서 그렇게 행동하도록 함으로써 '그것이 어떤 모습일 것 같은지' 우리에게 보여 달라고 요청한다.

사 례

7세의 Carl과 그의 어머니 Rebecca는 Carl의 공격적인 행동과 야뇨증 때문에 상담을 받게 되었다. 세 번째 회기에 이들은 Carl의 5세인 여동생 Kylie와 함께 나타났다. Rebecca는 Kylie를 돌봐 줄 사람이 없어서 상담에 데리고 오게 되었다고 설명했지만, 사실 Carl과 Kylie가 항상 다투어서 걱정된다는 이야기도 나누었다. 상담자가 "그러니까 어머니께서는 두 아이가 서로 좀 더 잘 지내는 것을 원하시는군요?"라고 묻자, Rebecca는 "예."라고 대답하였다. 이것이 곧 상담의 목표가 되었다. 상담자는 어떤 경우에 Carl과 Kylie가 서로 잘 지낸다고 할 수 있을지 구체적인 예를 물어보았다. Rebecca는 "Carl이 뭔가 원할 때 Kylie한테 윽박지르지 않고, Kylie도 그렇게 대들지 않을 때요. Kylie가 가진 것을 Carl이 원할 때 Kylie가 안 주려고 하면 Carl이 정중히 달라고 요청할 수 있었으면 좋겠어요." 혹시 Carl이 이렇게 하는 것을 본 적이 있는지 물어보자 Rebecca는 "네, 있지만 아주 드물어요."라고 대답했다. 아주 드물지만, 그것만으로도 충분하다! 상담자는 Carl이 그렇게 할 수 있다고 본다. 그리고 Carl에게 어떻게 그렇게 할 수 있었는지 "보여 줄래?"라고 요청하였다. 이때 우연히도 상담자는 그 회기를 비디오로 녹화하고 있었고, Carl과 Kylie는 서로 잘 지내는 능력을 보여 주기 위한 (혹은 예행 연습하는) 정교한 연극을 고안하고 공동 출연하였다. 또한 연출자는 Carl과 Kylie 그리고 상담자다. 상담자는 아이들의 뛰어난 상상력을 동원하여 그들이 집에서 함께 텔레비전(비디오 카메라)을 시청하는 장면을 설정하였다. Kylie가 사과를 먹고 있는데, Carl도 사과를 먹고 싶어 하는 장면이었다. Carl이 Kylie에게 정중하게 사과를 좀 달라고 했지만 Kylie가 거절하자 Carl은 엄마에게 사과를 달라고 하였다. 그 밖에 몇 개의 '과제'를 더 수행하고 비디오 카메라를 돌려 보면서 즉각적인 피드백을 주고받았다. 상담자는 어머니에게 Carl과 Kylie이 잘했다고 생각하는 부분을 말하도록 하였다. 전체 회기는 말하는 것보다는 보여 주기를 중심으로 즐겁게 진행되었다. 덕분에 아동들은 완전히 몰입할 수 있었다. 만약 대화만 이루어지는 상황이었다면 불가능한 일이었을지도 모른다.

'몰라요'

청소년은 자기 에너지를 아끼는 데 뛰어나다. 따라서 질문에 종종 답하지 않거나 청소년 또래 문화 같은 것들을 따르기도 한다. 좋은 예가 되는 것이 '몰라요'다. 우리의 경험에 따르면, 이것은 십대에게서 들을 수 있는 가장 흔한 대답이다. 이 대답은 상담자와 내담자 둘 다를 불안하게 만들 수 있다. 훈련 중에 우리가 가장 많이 듣는 질문 중 하나가 "내담자가 '몰라요'라고 말할 때 어떻게 하시나요?"다. 부모도 자녀가 "몰라요" "몰라요"를 연발하는 것을 들으면 좌절감을 느낄 수 있다. 그러나 우리는 이것을 다른 측면에서 바라본다. 즉, 우리는 '몰라요'를 청소년 내담자의 독특한 협력 방식으로 본다(de Shazer, 1982). 우리는 '몰라요'를 문자 그대로 아동이 모른다는 것을 의미한다고 가정하지 않는다(물론 아동은 모를 수도 있다). '몰라요'는 "그것에 대해 생각할 시간이 좀 더 필요해요."라든가 "그 질문은 이해가 안 돼요." 또는 "지금은 그 질문에 대답하고 싶지 않아요." "너무 어려워서 (지금은) 대답할 수가 없어요."라는 의미일지도 모른다. 물론 우리는 그 대답을 미루고 싶은 것은 아니다. 따라서 우리는 '몰라요'를 "나에게 질문하지 마세요."라고 해석하는 대신에 그것을 진지하면서도 재미있게 다룬다. 예를 들면, 아동이 "몰라요."라고 말하면 다시 말하기 전에 잠시 기다리는 것이 좋은 전략이다. 보통 6초 정도면 충분하다.

상담자: 그럼, 이 만남에서 네가 가장 바라는 것은 무엇이니?

내담자(13세): 몰라요.

상담자: (머릿속으로 1, 2, 3, 4, 5, …를 센다)

내담자: (어머니를 가리키며) 엄마가 잔소리를 그만했으면 좋겠어요.

상담자: 그렇구나. 엄마가 잔소리를 그만하시면 그 대신에 무엇을 하실 것 같니?

내담자: 제 앞에서 사라지겠죠.

'몰라요'를 다루는 또 다른 방법은 책임을 상담자 자신에게 돌리는 것이다. 그중 한 가지는 '열 가지 연습 질문'(10 Draft Questions) 규칙으로 상담자가 던지는 질문의 수준에 대하여 알 수 있다. 이것은 청소년의 참여를 은밀히 요청하는 또 다른 방법이다. 청소년이 허락하면 상담자는 적어도 10개의 질문을 할 수 있다. 즉, 청소년 내담자가 "몰라요."를 연발하는 경우, 상담자는 "좋아, 때로는 내 질문이 이해가 잘 안 될지도 모르겠다. 그런 경우엔 그냥 '어려운 질문이에요.'라고 말해 주렴. 만약 우리가 연속으로 10번을 그렇게 하게 되면, 잠깐 쉬는 시간을 갖고 나는 다른 질문들을 생각해 보마."라고 말한다. 9번째 질문은 이렇게 하라. "그럼, 다음엔 내가 어떤 질문을 하면 좋은 질문일 것 같니?" (진짜 우리는 9번째 질문까지 해 본 적이 있다!)

상담에 다른 사람들도 참여한 경우 '몰라요'에 대처하는 데 그들도 참여시키는 것이 도움이 될 수 있다. 다음은 9세 Johnny와 그의 아버지와의 대화다.

상담자: 내가 말하는 자신감이 무슨 뜻인지 알겠니?

Johnny: 네, 내가 무언가를 할 수 있다는 것을 알고 있는 거요.

상담자: 맞아. 그럼, 0부터 10까지의 숫자가 있어. 더 좋아질 것이라는 자신감이 얼마나 되지?

Johnny: 몰라요.

(상담자가 기다린다.)

Johnny: 모르겠어요.

상담자: (아버지에게) 아버님은 Johnny가 어디에 있다고 생각하세요?

아버지: 8에서 9 정도요.

상담자: 8이나 9 정도요. (몇 초 동안 침묵했다가 Johnny에게) 아빠가 8이나 9라고 하셨는데, 놀랐니?

Johnny: 네.

상담자: 너는 어느 정도이지?

Johnny: 6이요.

마침내 '몰라요'를 다루다가 도움이 될 만한 부분을 찾아냈다.

상담자: (질문들을 던진다.)

Johnny: 몰라요.

상담자: 생각해 보렴.

(또는): 어떻게 생각하니?

(또는): 네가 알고 있다고 생각해 봐.

(또는): 네 옆에 '알고 있는 너'가 앉아 있다고 한번 상상해 봐. 걔는 뭐라고 말할까?

우리는 '몰라요'를 바라보는 가장 유용하고 정확한 관점은 그것이 청소년이 대답하는 데 실패한 것을 의미하는 것이 아니라 상담자와 내담자의 상호작용의 한 기능이라고 보는 것이라고 생각한다. 질문에 답해야 하는 것이 청소년의 책임인 만큼 적절하고 유용한 질문을 던지는 것은 상담자의 책임이다.

미디어 정보 해독력을 활용하기

우리가 십대와의 상담에서 특별히 얻은 아이디어는 십대의 미디어 정보 해독력을 해결중심 질문을 만드는 데 활용할 수 있다는 것이다(Hackett, 2002, 2003). 미디어 정보 해독력이란 청소년이 텔레비전, 영화, 대중음악에 대해 갖고 있는 지식을 말한다. 이것은 청소년 또래나 준거집단의 은어에 대해 그들이 갖고 있는 지식을 알아내어 활용하는 것을 의미한다. 자녀가 또래나 준거집단과의 상호작용에서 어떤 능력을 갖고 있는지 보여 주는 것은 자녀에게 실망한 부모에게 뜻하지 않은 기쁨이 될 수 있다. 또한 자녀가 어떤 생각을 하는지 부모에게 알려 줄 수도 있다. 십대에게는 그들의 미래를 가상의 틀 안에서 말하게 함으로써 부모가 부여한 규칙 및 기대와 협상을 시작하도록 도울 수 있다. 우리의 중요한 목표는 미디어가 우리에게 제공하는 것들을 통해 내담자의 능력과 가능성을 불러일으키는 것이다. 미디어는 공유된 경험의 집합적 보고이며 변화를 촉진하기 위해 활용될 수 있다. 다음의 두 사례는 기적 질문에 대한 대안으로 개발된 것이다.

사례 1: 〈백만장자가 되고 싶은 사람?〉 프로그램

이 사례는 기적 질문에 대답하기를 거부한 13세 남자 아동과의 상담이다. 우리는 상담에서 아동의 심각한 행동 문제를 다루고자 하였다.

> 이 13세의 남자 아동은 아버지의 차를 훔쳐서 운전하다 벽에 충돌하는 사고를 낸 후, 열쇠를 버리고 차를 훔치지 않은 것처럼 행동했다(학교 교사가 그가 아버지의 차를 운전하는 것을 목격함). 상담자는 아버지와 누나에게 기적 질문을 한 다음 아이에게 같은 질문을 해도 되냐고 물었다. 아이는 "안 된다."고 대답하였다. 상담자는 아이에게 〈백만장자가 되고 싶은 사람?(Who Wants to Be a Millionaire?)〉(역자 주: 영국 텔레비전에서 방영된 퀴즈 프로그램)이라는 프로그램을 아는지 물어보았다. 그리고 "만약 네가 〈백만장자가 되고 싶은 사람?〉에 출연해서 "어떻게 이 어려운 문제를 풀 수 있을까요?"라는 질문을 받고 도와줄 사람의 전화번호를 말해야 한다면 누구의 전화번호를 말할 것 같니?"라고 물었다. 아이는 세 명의 이름을 말했다. 그러자 상담자는 다음과 같은 질문을 했다.
>
> - 어떤 점 때문에 그들을 선택하게 되었니?
> - 그들이 무슨 말을 해 주면 네가 이 어려운 문제를 푸는 데 도움이 될 것 같니?
> - 그들이 말하는 것이 네게 어떤 영향을 미칠 것 같니?

• 네가 그렇게 하면 아빠는 너를 어떻게 다르게 대하실 것 같니?

상담자는 100만 원에서 1억 원으로 설정된 유사한 척도 질문을 만들어서 만약 3,000만 원까지 올라가면 무슨 일이 일어날 것 같은지 물었다. 이런 질문들은 6세 이상의 아동과의 대화를 촉진하는 데 유용한 것으로 나타났다. 특히 상담이 교착 상태에 빠져 있는 상황에서 사용하면 효과적이다. 아주 똑똑한 12세의 여자 아동을 상담한 사례에서는 '백만장자 질문'으로 상호작용이 꽉 막힌 답답한 분위기를 타개할 수 있었다. 6회기 만에 처음으로 아이의 얼굴에 미소가 서서히 번졌다.

사례 2: 〈이것이 당신의 삶이다〉 프로그램

14세의 남자 아동 Steve는 어머니의 돈을 훔치고 마약을 했기 때문에 집에서 쫓겨나 결혼한 누나의 집 소파에서 지내고 있었다. 기적 질문에 대해 그는 "어리석고" "쓸모없는" 질문이라고 말했다. 상담자가 가정을 방문했을 때 집에는 Steve, Steve의 어머니, 누나, 그리고 누나의 두 아이들이 있었다. 상담자는 방향을 바꾸어 Steve에게 〈이것이 당신의 삶이다(This is Your Life)〉(역자 주: 유명인사나 모범적이고 흥미로운 삶을 살아온 사람들이 그들의 이야기를 스튜디오에 가져와 들려 주는 TV 프로그램) 프로그램을 알고 있는지 물었고, 그는 그렇다고 대답하였다. 상담자는 Steve에게 미래에 그가 이 프로그램에 나온다고 상상하게 함으로써 Steve의 능력과 자신감을 이끌어 내고자 하였다.

상담자: 20년 후에 네가 〈이것이 당신의 삶이다〉에 출연했다고 상상해 보렴. 이 프로그램에 누구와 나가고 싶니?

Steve: 엄마, 누나, 친구들, 그리고 다른 가족들이요.

상담자: 그들이 너에 대해 뭐라고 얘기했으면 좋겠니?

Steve: 잘하고 있다고요. 누나의 남편처럼 경호원으로 일하면서요.

상담자: 지금의 힘든 시간들에 대하여 그때 이야기할 수 있는 기회가 있다고 가정해 보자. 네가 잘 극복할 수 있도록 그들이 무엇을 도와주었다고 말할 것 같니?

Steve: 엄마가 저랑 많은 시간을 보내 주었다고 말할 것 같아요.

상담자: 잘 극복하기 위해서 너는 무엇을 했다고 그들이 말할 것 같니?

Steve: 꾸준히 했다고요. 학교에서 퇴학당하지 않고, 학교에 지각하지 않고…….

Steve의 어머니에게 가장 놀라웠던 점은 아들이 자신과 함께 시간을 보내기를 원한다는 것이었다! 상담자는 Steve가 자신을 분명하게 표현할 수 있을 정도로 성숙한 아이라는 점을 칭찬해 주었다. Steve와 어머니는 집에서 함께 비디오를 보고 피자를 먹는 계획에 동의하였다. 이것은 Steve의 누나도 한숨 돌릴 수 있게 해 줄 것이다.

사례 3: 〈빅 브라더〉 프로그램

대중문화에 대한 십대들의 친숙함과 전문 지식을 이용하는 데에는 많은 방법이 있다. 〈빅 브라더(Big Brother)〉 같은 TV 프로그램은 다양한 선택안을 제공해 준다(역자 주: 빅 브라더는 George Orwell의 소설 『1984』에서 나온 용어이며, 이 장에서는 여러 나라에서 제작된 리얼리티 TV 프로그램의 제목이다. 이 프로그램에서는 여러 사람이 한 집에 함께 머물며 과제를 수행하는 과정에서 팀워크를 발휘해야 하며, 투표에 의해 매주(또는 2주마다) 1명씩 집을 나가야 한다. 최후에 남는 1인이 상금을 획득한다. 여기서 빅 브라더는 참가자들의 생각과 느낌을 인터뷰하는 진행자를 말한다). 예를 들면, 네가 〈빅 브라더〉에 나온다고 가정해 보자. 탈락하지 않고 계속 집에 남아 있으려면, 어떻게 해야 할 것 같니? 누가 함께 있었으면 좋겠니? 시청자들이 너의 좋은 모습을 본다면 어떤 모습일까? 빅 브라더가 너를 인터뷰할 때, 지난 한 주 동안 네가 자신에게 만족스러웠던 때가 언제인지 물어보면 너는 뭐라고 대답할 것 같니?

사례 4: 영화의 예고편

〈빅 브라더〉 질문은 주로 회기 사이에 청소년이 얼마나 발전했는가를 이야기 하도록 하기 위해 사용된다. 우리가 개발한 또 다른 기법은 다음 회기를 시작할 때 '무엇이 더 좋아졌니?'라는 기본 기법을 응용한 '영화 예고편' 질문(Hackett, 2002)을 하는 것이다. 이것은 12세 여자 아동과 그 가족을 상담하면서 개발되었다.

> 다루기 어려운 행동 문제를 가진 12세 여자아이가 의뢰되었다. 아동은 자신의 방을 엉망으로 만들고, 학교에 가기를 거부하고, 점점 더 나쁜 아이들과 어울리기 시작했다. 아동의 아버지는 조울증 진단을 받았으며, 부모는 딸도 이 증상을 보인다고 믿고 있었다(아동의 정신과 의사는 아이 아버지가 조울증인 것을 모름). 처음 두 회기 동안 우리는 아동이 비디오를 보거나 영화관에 가는 것을 좋아한다는 것을 발견하였다. 세 번째 회기에서는 무엇이 좋아졌는지 알아내기 위해 상담자가 다음과 같이 질문하였다. "너도 알다시피 영화관에 가면 본편 영화가 시작되기 전에 곧 개봉할 영화의 예고편을 보여 주잖아. 예고편은 최고의 장면만 골라서 보여 주니까 네가 다음에 또 그걸 보러 가고 싶어질 거야. 만약 네가 지난 한 주를 어떻게 보냈는지 영화 예고편으로 보여 준다면, 예고편에는 무엇이 나올까?"

우리는 이 기법을 통해 내담자가 지난 한 주 동안 일어났던 긍정적인 일들에 초점을 맞출 수 있도록 해 주었다. 같은 방식으로 다른 가족 구성원을 주인공으로 캐스팅하여 보다 구체적인 것들을 알아낼 수 있었다. 5회기가 더 진행되어 상담을 종결할 즈음 (부모의 목표였던) '딸의 성장'이 계속될 것이라는 자신감이 높아졌다. 이후로 우리는 이러한 개입 방법을 많은 아동에게 사용하였으며, 이는 아동과의 대화를 촉진하는 데 효과적이었다.

앞의 네 가지 사례는 우리가 TV와 영화를 활용하는 몇 가지 예에 불과하다. 이와 같이 현재 방송되고 있는 프로그램들을 활용하는 것은 유용하지만, 아동의 미디어 정보 해독력의 폭은 놀라울 정도로 넓어서 우리의 창조력이 따라가기에는 부족할 정도다.

결 론

이 장에서 우리는 아동과 상담할 때 해결중심 접근의 기법들을 어떻게 채택하고 변용하는지 소개하였다. 이 장을 마무리하면서 우리는 보통 어느 누구에게나 하는 것과 똑같이 아동과도 상담한다는 점을 말하고 싶다. 물론 앞뒤가 안 맞게 들리겠지만, 우리는 텔레비전이나 영화에 대한 비유, 그리고 그 밖에 다른 아동 중심의 생각과 의사소통 방식을 사용하는 것을 좋아한다. 이를 통해 우리를 아동의 생각에 맞출 수 있다. 아동의 마음은 일상의 문제에 찌들어 있지 않다. 그들의 생각은 덜 얽매여 있으며, 그들의 상상력은 틀에 갇혀 있지 않다. 그러나 아동과 청소년의 특별한 능력 및 전문성으로부터 기법을 개발해 내는 것은 많은 치료적 이점이 있지만, 그것이 결코 해결중심 기본 기법들을 대신할 수 있다고 보지는 않는다. 우리가 이 장의 많은 부분에서 SFBT 모델을 다양하게 변형하는 것에 대해 설명하였지만, 밀워키(de Shazer et al., 1986)에서 처음 개발된 기본적이고 인간적인 청사진과 그것을 있는 그대로의 모습으로 사용하였기에 아동과 성공적으로 상담할 수 있었다고 생각한다(Ajmal, George, Iveson, & Ratner, 2003; George et al., 1999, 2001).

SFBT의 간명성의 원리와 William Ockham(de Shazer, 1985)이 준 통찰에 기초하여 우리는 지나치게 설명하는 것은 어떤 경우에도 피해야 한다고 생각한다. 만약 당신이 멋진 방송이나 영화의 예, 혹은 척도를 사용한 것에 대해 뿌듯해하며 회기를 마친 다음 아동이 뭐라고 대답했는지 기억하지 못한다면 차라리 그것을 사용하지 않는 것이 더 나을 것이다. 한번은 우리가 네 살짜리 남자아이와 상담을 하게 되었는데, '장난감 팽이 싸움'에 대해 이야기하다가 그에 관하여 점점 더 상세하고 복잡한 척도를 만들게 되었다. 다음 몇 회기 동안 이에 관한 척도 질문이 계속되자 아이는 결국 용기를 내어 이렇게 말했다. "사실 저는 헐크를 더 좋아하는데요." 미디어는 다른 것들보다 다양하게 활용이 가능하다는 장점이 있지만, 미디어의 활용이 좋은 해결중심 상담을 방해할 수도 있다.

아동과 청소년은 가짜를 재빨리 알아차린다. 따라서 상담자는 이것이 두 가지 상반된 방향으로 갈 수 있다는 점에 주의할 필요가 있다. 상담자가 자신도 '아이' 같이 되려고 한다면 곧 그들에게 들통이 날 것이다. 불행히도 중년의 위기에 접어든 우리는 아무리 아동의 문화를 실제로 많이 안다 해도 요즘의 청소년이 된다는 것이 어떤 것인지 결코 알 수 없다. 반면, 우리는 상담자가 솔직하지 않은 것에 반대하는 것도 주의하기를 바란다. 솔직히 당신이 잘 모르는 아동의 삶에 대해 정직하게 고백하는 것은 괜찮은 일이다. 그러나 아동이 축구나 야구, 시끄러운 댄스 음악에 관해 말하도록 하기 위해 당신이 알면서도 아무것도 모르는 척하는 것은 상담에 해가 된다. 예를 들면, 어떤 상담자는 학습장애를 가진 아동과 상담하던 중 어느 날 함께 야구를 하게 되었는데, 학교 직원으로부터 야구 경기 중에 너무 열심히 하지 말아달라는 부탁을 받았다. 야구를 하는 동안 아이들 중 한 명이 왜 상담자가 야구를 잘 못하느냐고 물었다. 이 아이는 상담자가 학교 야구 팀에서 경기하는 것을 본 적이 있었다. 이 장의 처음에 말했듯이, 아동을 신중하게 다룬다는 것은 그들을 있는 그대로 보는 것으로부터 시작하고 그것에서 끝나야 하는 것을 의미한다.

참고문헌

Ajmal, Y., George, E., Iveson, C., & Ratner, H. (2003, September). *Beyond solutions.* Paper presented at the European Brief Therapy Association annual conference, Berlin, Germany.

Berg, I. K., & Steiner, T. (2003). *Children's solution work.* New York: Norton.

Black, R. (2004, May). *Engaging the imagination.* Workshop at Solutions with Children and Adolescents conference, Brief Therapy Practice, London, England.

de Shazer, S. (1982). *Patterns of brief family therapy.* New York: Guilford.

de Shazer, S. (1985). *Keys to solution in brief therapy.* New York: Norton.

de Shazer, S. (1988). *Clues: Investingating solutions in brief therapy.* New York: Norton.

de Shazer, S. (2002, May). Live demonstration workshop, Brief Therapy Practice, London, England.

de Shazer, S., Berg, I. K., Lipchik, E., Nunnally, E., Molnar, A,. Gingerich, W., & Weiner-Davis, M. (1986). Brief training: Focused solution development. *Family Process, 25,* 207-222.

Dielman, M., & Franklin, C. (1998). Brief solution-focused therapy with parents and adolescents with ADHD. *Social Work in Education, 20,* 261-268.

Durrant, M., & White, C. (Eds.). (1990). *Ideas for therapy with sexual abuse.* Adelaide, Australia: Dulwiche Centre Publications.

George, E., Iveson, C., & Ratner, H. (1999). *Problem to solution* (2nd ed.). London: Brief Therapy Press.

George, E., Iveson, C., & Ratner, H. (2001, September). *Sharpening Ockham's Razor.* Workshop presented at the European Brief Therapy Association annual conference, Dublin, Ireland.

Gingerich, W., & Eisengart, S. (2000). Solution-focused brief therapy: A review of the outcome research. *Family Process, 39,* 477-498.

Hackett, P. (2001, September). *Surviving teenagers.* Workshop presented at the European Brief Therapy Association annual conference, Dublin, Ireland.

Hackett, P. (2002). Solution-focused work with young people: Thank goodness for the telly! *Context, 61,* 24-25.

Hackett, P. (2003). Utilising media competence. *Journal of Family Psychotherapy, 14,* 101-104.

Iveson, C. (2003). Solution-focused couples therapy. In B. O'Connell & S. Palmer (Eds.), *Handbook of solution-focused therapy* (pp. 61-73). London: Sage.

Jacob, F. (2001). *Solution focused recovery from eating distress.* London: Brief

Therapy Press.

Lethem, J. (1994). *Moved to tears, moved to action: Solution-focused brief therapy with women and children.* London: Brief Therapy Press.

Lipchik, E. (2002). *Beyond technique in solution-focused therapy.* New York: Guilford.

Macdonald, A. (2003). Research in solution-focused brief therapy. In B. O'Connell & S. Palmer, Stephen (Eds.), *Handbook of solution-focused therapy* (pp. 12-24). London: Sage.

O'Connell, B. (1998). *Solution-focused therapy.* London: Sage.

O'Hanlon, B., & Beadle, S. (1996). *A field guide to possibility land.* London: Brief Therapy Press.

Prosser, J. (1998, September). *Solution-focused brief therapy and autism.* Workshop presented at the European Brief Therapy Association annual conference, Salamanca, Spain.

Prosse, J. (1999, Septembr). *Solution-focused brief therapy and ADHD.* Workshop presented at the European Brief Therapy Association annual confercne, Carlisle, Englnad.

Selekman, M. (1993). *Pathways to change: Brief therapy solutions with difficult adolescents.* New York: Guilford.

Selekman, M. (2002). *Living on the razor's edge: Solution-oriented brief family therapy with self-harming adolescents.* New York: Norton.

Sharry, J. (2004). *Counselling children, adolescents and families.* London: Sage.

Sharry, J., Madden, B., & Darmody, M. (2002). *Becoming a solution detective: A strengths-based guide to brief therapy.* London: Brief Therapy Press.

Shennan, G. (2003a). The Early Response Project: A voluntary sector contribution to CAMHS. *Child and Adolescent Mental Health in Primary Care, 1,* 46-50.

Shennan, G. (2003b). Solution-focused practice with families. In B. O'Connell & S. Palmer (Eds.), *Handbook of solution-focused therapy* (pp. 38-47). London: Sage.

Strigner, B., & Mall, M. (1999). *A solution focused approach to anger management with children*. Birmingham, UK: The Questions Publishing Company.

Turnell, A., & Edwards, S. (1999). *Signs of safety: A solution and safety orientated approach to child protection*. New York: Norton.

Young, S. (2002). *Solutions to bullying*. Tamworth: NASEN.

해결중심 아동상담의 비법과 요령

독일 학교의 해결중심 단기치료

Sabine Tolksdorf

내가 해결중심 상담에 대해 알게 된 것은 2004년 11월 말이다. 그 전에는 해결중심 접근에 대해서도, Insoo나 Steve에 대해서도 들은 적이 없었다. 그런데 친구의 소개로 Steve의 세미나에 참가하게 되었고, 거기서 Steve의 아내가 학교 해결중심

편집자 주: 이 책의 다른 장들이 이론이나 철학적인 내용을 주로 다루고 있다면, 이 장은 해결중심 단기치료를 활용하여 아동들을 상담한 교사들의 경험에 관한 것이다. 전반부는 독일에서 교사로 재직 중인 Sabine Tolksdorf가 학급에서 해결중심 접근을 창의적으로 활용한 경험을 담고 있다. 후반부는 캘리포니아의 로스앤젤레스에 살고 있는 Mark Mitchell이 가톨릭 재단의 학교에서 문제 학생들을 상담한 경험에 관한 내용을 소개한다.

상담에 관한 책(Berg & Steiner, 2003)을 썼다는 것을 알고 즉시 그 책을 주문하였다.

나는 10명의 남학생과 8명의 여학생이 있는 초등학교 1학년 학급을 가르치고 있다. 내가 근무하는 학교는 시골 지역에 있기 때문에 한 학급에 18명의 아동들만 있는데, 보통 독일의 학급에 30명 정도의 학생들이 있다는 것을 생각하면 나는 축복받은 셈이다. 나는 올해로 27세이고, 교직 경력 2년차에 접어들었다.

독자들은 왜 내가 해결중심 접근을 우리 학급에 적용하게 되었는지 궁금할 것이다. 이 접근이 나의 관심을 끈 가장 큰 이유는 '문제에 초점을 두지 않는다.'는 점이었다. 나는 나 자신의 삶에서는 문제로 보이는 것들을 해결하려고 많이 노력해 왔지만, 아동 특히 어린아이에게서 무엇이 결핍되었는지를 보려는 시각은 받아들일 수 없었다. 아이들은 얼마 지나지 않아 자신이 무엇을 할 수 없는지를 알게 되므로 초등학교에 들어와서 처음 몇 년간은 자신의 강점을 알게 되고 자신감을 얻는 것이 반드시 필요하다. 아이들은 자신이 못하는 것 대신에 자신이 잘하는 것, 그리고 정말 잘할 수 있는 것이 무엇인지 배울 필요가 있다.

1학년 아동들은 처음 초등학교에 들어올 때 정말 서로 다른 기대를 가지고 들어온다. 어떤 아동은 매우 관심이 많고 열려 있지만, 또 어떤 아동은 조용하고 심지어 미심쩍어하기도 한다. 유치원에서 초등학교로 올라가는 것은 굉장히 큰 변화다. 어떤 아동은 손위의 형제자매로부터 학교란 어떤 곳인지 이미 들어 알고 있지만, 또 어떤 아동은 전혀 '모르는 장소에 들어오는' 것이다. 따라서 이런 아동이 자신감을 얻고 자신의 능력과 가능성을 발견하도록 격려하는 것은 매우 중요하다고 생각된다.

나는 아동과 상담할 때 해결중심 접근의 WOWW(Working On What Works, '효과가 있는 것들을 하는 것') 접근에 따라 목표 설정하기를 첫 단계로 삼는다. 목표는 두 가지가 있는데, 하나는 학생이 자신의 능력과 강점을 발견하도록 지지해 주는 것이다. 이것은 나 자신과 상담을 위한 목표이며, 이를 통하여 나는 학생이 자신감을 얻도록 돕는다. 다른 목표는 학생이 자신감을 갖고, 학교에 대해 긍정적인 태도를 가지고, 학교에 오는 것을 좋아하게 만드는 것이다. 이 두 가지 목표는 본래의

WOWW 접근과는 꽤 차이가 있다. 본래의 WOWW는 문제 행동을 보이는 아동에 초점을 둔 것이지만, 나는 이것이 '문제'가 없는 아동에게도 유용한 접근이라고 생각한다. Ben Furman(2007)이 제시한 방법들은 우리 학생들에게도 잘 맞는다고 생각되어 다음에 내가 몇 가지 더한 방법들을 소개하고자 한다.

편 지

나는 학생들을 격려하기 위하여 편지를 활용한다. 편지에는 학생의 행동 중 그가 정말 잘할 수 있는 것이 무엇인가에 관하여 쓴다. "X는 학교에서 정말 잘 지내고, 다른 친구들을 많이 도와주는 것 같아. 그러니 그것을 더 많이 하세요." 또는 "Y는 아침마다 선생님한테 밝은 미소로 인사를 하니까 앞으로 더 많은 미소를 기대할게요." 또는 "Z는 아침에 학교에 올 때 따뜻한 미소로 등교하는 것 같아서 선생님은 그게 참 좋아. 계속 그렇게 해 주세요." 편지는 아동 개개인에게 특별하게 작성되며, 성적에 관해서는 어떤 말도 하지 않도록 한다.

자랑하기 시간

매일 종례 시간에 나는 학생들이 자신을 자랑할 수 있는 시간을 준다. 나는 학생들을 자랑스럽게 생각하지만, 교사인 내가 항상 그들에게 자랑스럽다고 말하기보다는 그들 스스로 자기가 잘한 것과 자랑스러운 일은 무엇인지 선택하고 그것을 학급에서 발표하는 것이 중요하다고 생각한다. 예를 들면, "저는 오늘 도장을 받은 일이 자랑스러워요."(이 도장은 숙제를 잘해 오면 내가 찍어 주는 도장이다. 독일어로 "참 잘했어요."라고 쓰여 있다.) 또는 "저는 오늘 별을 받아서 자랑스러워요."(별은 숙제를 뛰어나게 잘해 온 학생에게 준다. 이 별을 10개 받으면 내가 만든 스티커를 1장 얻을 수 있는데, 이 스티커 3장을 모으면 초콜릿을 상으로 준다.)와 같은 자랑의 말을 하도록 하는 것이다.

칭 찬

'만약 어떤 것이 효과가 있다면 그것을 더 많이 하도록 하라.'는 지침에 따라 나는 학생들이 잘한 것, 옳게 행동한 것에 대하여 칭찬하기 시작했다. 예를 들면, 어느 날 학년 초부터 전혀 말을 하지 않던 내성적인 여자아이가 아침에 나에게 인사를 한 것에 대해 칭찬을 해 주었다. 그 뒤로 그 아이는 아침마다 부드러운 미소로 내게 인사를 하게 되었고, 그것은 계속 되었다.

학부모 상담

나는 학생과 함께 혹은 학생 없이도 학부모와 상담한다. 만남 전에는 아동 개개인에 대해 칭찬할 것들을 써서 준비하며, 부모로부터 아동에 관한 정보를 듣고 기록하기 위한 종이를 준비한다.

1단계: 학부모와의 만남은 다음과 같은 질문으로 시작한다.

- 방과 후 아이가 집에서 어떻게 시간을 보냅니까? (일상적으로 하는 일이나 TV 보는 습관 등)
- 아이의 친구는 누구인가요? (같은 학급에 친구가 있나요?)
- 아이가 가장 좋아하는 취미는 무엇입니까?
- 아이가 숙제를 하는 데 얼마나 많은 시간이 걸리나요?

2단계: 미리 써 둔 칭찬 목록을 보면서 아동과 학부모를 칭찬한다. 그리고 부모의 얼굴이 자랑스러움으로 빛나는지 확인한다.

3단계: 만약 아동에게 문제가 있는 경우, 나는 학부모와의 상담에서 아이가 문제가 있다고 얘기하지 않는다. 그보다는 아이가 학교에서 잘할 수 있도록 부모가 좀 더 적극적으로 도와주기를 요청한다. 그리고 부모에게 자녀를 지지하고 도와주고 격려해 달라고 말하며, 아이가 학교에 점차 적응하고 있는 중이니 안심해도 된다고 말한다.

4단계: 나는 학부모에게 내가 아이들에게 쓰는 편지에 대하여 알려 준다. 초등학생은 얼마 안 가서 문제를 나타낼 수 있으므로 나는 그 전에 학생이 잘할 수 있는 것에 초점을 두고 싶다는 것을 말한다. 보통은 교사들이 학생들에게 편지를 쓰지 않기 때문에 학생에게 편지를 나누어 주기 전에 부모에게 편지에 대하여 알려 주는 것이 좋다.

두 번째 학부모 상담

두 번째 학부모 상담에서는 새로운 도전이 나타난다. 처음으로 모든 학생이 다 잘하는 것은 아니라는 사실을 받아들여야 하며, 그럼에도 불구하고 나는 여전히 학부모가 안심하고 걱정 없이 돌아가기를 원한다. 이 두 가지 사이에는 메울 수 없는 간극이 있는 것처럼 보였지만, 나는 다음과 같은 방법으로 해결하였다.

이곳 독일에서는 1, 2, 3학년 말에 학교가 학생 및 학부모에게 통지서를 보내는데, 중간 통지서가 없다. 그래서 나는 학생들의 학교 성적은 어떻고, 또래와의 사회적 관계는 어떠한지에 대한 비공식적이고도 간단한 편지를 쓰기로 하였다. 물론 항상 긍정적인 것은 아니다. 아무리 해결중심이라 하더라도 여전히 사실은 받아들여야 한다. 이것을 어떻게 해결해야 하는가?

나는 한동안 학생들에게 긍정적인 피드백을 주는 연습을 해 보았고, 그것이 효과가 있다는 것을 알았기 때문에 학부모에게도 그것을 사용해 보기로 하였다. 긍정적인 피드백이란 "복도에서 뛰지 마라."라고 말하는 대신에 "복도에서는 천천히 다녀요."라고 말하는 것이다[Ben Furman의 『아이들의 기술(Kid's Skills)』(Furman, 2007)에서 빌려온 아이디어임]. 이것은 정말 놀라울 정도로 효과가 있었다.

그래서 학부모가 들어오면 인사를 하고, 다음과 같이 물었다. "학교와 ______(자녀의 이름)에 대한 인상이 어떻습니까?" 나는 이것을 '첫 번째 연상 신호'(first associational cue)라고 부른다. 학부모는 이 질문을 받으면 학교나 자녀에 대해 생각한 것을 말하기 시작한다. 예를 들면, 아이가 학교 가는 것을 좋아한다든가, 어떻게 숙제를 한다든가, 어떤 문제가 있다든가 하는 것들이다.

그러면 나는 내 생각을 제시하면서 학부모의 관점에 대응한다. 아이의 어디에 문제가 있는지에 대해서도 말하지만, 곧바로 아이가 어떤 능력을 좀 더 배우면 되겠다고 말해 준다. 그러면 학부모는 종종 자녀가 그 능력과 기술을 배울 수 있도록 자신들이 무엇을 하면 되느냐고 물어온다.

사례 1: 7세 남자 아동

내가 소개할 첫 번째 사례는 7세의 남자 아동이다. 이 아이의 어머니는 '첫 번째 연상 신호'에 다음과 같이 대답하였다. "아이가 어떤 때는 학교 가는 것을 좋아하는데 어떤 때는 싫어해요." 나는 이 학생에게서 학교 오는 것을 싫어한다는 징후를 본 적이 없었기 때문에 어머니에게 좀 더 자세히 설명해 달라고 하였다. 그러자 어머니는 '복습'을 위해 아이에게 매일 학교에서 마치지 못한 독서를 시키고 있는데, 아이가 싫어하고 안 하려 하기 때문에 엄청난 압박을 줘야만 한다는 것이다. 나는 독서 과제를 내 준 적이 없기 때문에 이 부분에 호기심이 생겼다.

독서 과제를 내 준 적이 없는데 아이 입장에서는 엄마가 왜 이런 걸 시키는지 이해하지 못하고 있는 것이 아닌가 하는 생각이 들었다. 그래서 어머니와 아이가 덜 싸우고, 또 아동이 학교에 오는 것을 좀 더 행복하게 느끼도록 하기 위해 어머니에게 아이와 함께 일주일에 한 번, 주말에 45분 동안만 '복습'을 하고, 아이에게 왜 이것을 하라고 하는지 그 이유를 설명해 주는 것이 어떠냐고 제안하였다. 복습이 물론 도움이 된다는 것을 그 나이의 아이들도 알고 있다. 하지만 강요가 아니라 그렇게 할 수 있도록 용기를 북돋아 주어야 하는 것이다. 나는 어머니에게 아이가 잘하면 보상도 주셔야 한다고 말씀드렸다.

사례 2: 7세 쌍둥이 남자 아동

두 번째 사례는 이란성 남녀 쌍둥이 중 남자 아동에 관한 것이다. 이 아이들의 문제는 둘 사이가 너무 경쟁적이어서 한 명이 잘하면 다른 한 명은 결국 실패자가 되는 것이었다. 내가 보기에는 쌍둥이 중 남자 아동이 좀 더 불안해 보이고 자신감이 필요한 것 같았다. 이 아동은 실수하는 것을 끔찍하게 싫어했고, 실수를 할 때마다 학교에서든 집에서든(부모의 말에 따르면) 눈물을 보였다. 나는 쌍둥이 부모에게 아이들이 좀 더 자신감을 갖도록 도와주자고 말씀드렸다.

특히 쌍둥이의 아버지가 “어떻게 하면 아들을 좀 더 잘 도와줄 수 있을까요?” 라고 물어 왔을 때, 나는 남자아이가 분명히 여자아이보다 자신의 능력이 떨어진다고 느끼는 것 같으니 부모가 쌍둥이와 한 명씩 따로 시간을 가져 볼 것을 제안하였다. 그래서 아버지는 아들과 함께 쇼핑을 하며 부자만의 시간을 가졌다. 특히 딸이 항상 글을 더 빨리 읽기 때문에 아들에게는 기회가 없으므로 아들이 상품에 쓰인 글자를 읽으며 단어를 익힐 수 있도록 도와주도록 하였다.

또한 아이가 눈물을 보일 것 같을 때에는 엄마와 아빠가 어떻게 해 주었으면 좋겠는지 물어보라고 제안하였다. 만약 아이의 의견이 없으면, 아이가 여자아이 몰래 아무 장난감이나 택하도록 한 후에 강력한 힘이 필요하거나 도움이 필요할 때 대화할 수 있는 비밀 친구로 삼는 방법을 소개해 보라고 제안하였다.

칭찬 차트

나는 매일 몇 명의 학생들을 칭찬하려고 노력한다. 종이에 아이들의 이름을 적고 칭찬을 했는지 기록하기도 하는데, 이것은 쉬운 일이 아니다. 하지만 적어도 일주일에 한 번씩 모든 아이가 칭찬을 받았는지 기억하는 데에는 도움이 된다.

학생 차트

나는 학급 서류철을 만들어서 페이지마다 학생의 사진을 붙이고 그 옆에 1에서 10의 척도를 그려 넣었다. 처음에는 이 학생이 얼마나 바르게 행동하고 학급 규칙을 잘 지키는지에 대한 '행동과 규칙'이라는 한 개의 척도만 있었다.

그런데 어떤 학생에게는 좀 더 주의를 기울여야 할 다른 행동들이 있었기 때문에 두 번째 척도가 필요하게 되었다. 예를 들면, 어떤 남자아이는 몸을 앞뒤로 혹은 위아래로 계속 움직이면서 얌전히 앉아 있지를 못했는데, 이 경우 나는 두 번째 척도에 '심리운동 척도'라는 이름을 붙였다. 또 어떤 남자아이 두 명은 자신감이 부족해서 과제를 제대로 수행하지 못할 경우 금방 울어 버리고는 했는데, 이런 경우 '자신감'이라는 척도를 부여하였다. 나는 이 아이들이 언제 안전감을 느끼고 시간에 따라 점점 더 나아지는지 알고 싶었다. 마지막으로, 말을 잘 못하고 수줍어하는 여자아이에게는 '말하기와 상호작용하기'라는 척도를 만들었다. 이틀에 한 번은 아이들에게 점수를 주었고, 이후 1부터 10까지의 척도가 너무 복잡해서 1에서 5까지의 척도로 바꾸었다.

5분

이것은 내가 월요일 아침 조회 시간에 학생들과 한 작업이다. 먼저 학생들에게 "너희 한 명 한 명과 충분히 이야기할 시간이 없지만 나는 꼭 그렇게 하고 싶단다."라고 말한 후에 "그래서 내가 5분 동안 한 명씩 이야기를 나누는 동안, 나머지 학생들은 너희가 원하는 것(게임하기, 책 읽기, 말하기)을 무엇이든지 마음껏 해 보렴."이라고 하였다.

아이들과 5분 동안 이야기할 때, 나는 '강점 손가락' 활동(Berg & Steiner, 2003)을 사용하였다. 먼저 내가 아이의 손 모양을 그리면, 아이는 그중 한 개의 손가락을 선택한다([그림 9-1] 참조). 그리고 아이가 학교에서 혹은 밖에서 정말 잘할 수 있는

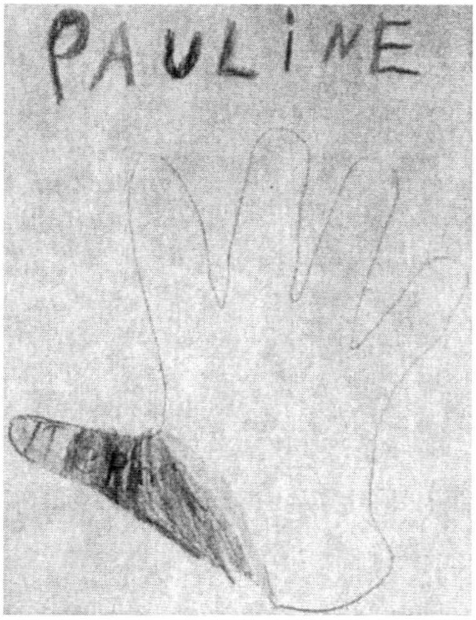

[그림 9-1] 강점 손가락

것은 무엇인지 스스로 생각해 보도록 한 후, 아이가 말한 것을 선택된 손가락 옆에 써 넣는다. 마지막으로 아이가 선택된 손가락에 색칠을 하고 자신의 이름을 종이의 맨 위에 적어 넣으면 그것을 교실 벽의 아이들 사진 옆에 붙여 놓았다.

이 활동은 매일 15분 정도 걸리며, 그 시간 동안 다른 아이들은 각자 그림을 그리도록 하였다.

메 달

독일에서 초등학교 1학년은 학년말 통지서만 받기 때문에 학생이나 학부모 모두 교사로부터 피드백을 받으려면 오랜 시간 기다려야 한다. 그래서 나는 학년 중간에 '깜짝 메달'을 수여하기로 하고, 모든 학생에게 앞면에 그림이 그려진 반짝이는 은색 메달을 주었다([그림 9-2] 참조). 아이들 각각에게 특별한 그림을 선택하기 위해 그 아이에 대해 칭찬할 것이 무엇인지 주의 깊게 살폈고, 아이의 이름과 칭찬을 메달 위에 써 넣었다.

칭찬은 예를 들면, '작은 수학 왕' 혹은 '작은 독서 여왕' '작은 마법사이자 예술가, 과학자' 같은 것이나 '친구들을 많이 도와주는'과 같이 행동적인 것들이다.

처음 내가 이 메달을 줄 때에는 메달을 주기 전날 아이들에게 내일 깜짝 선물이 있다고 말해 두었다. 다음 날 내가 교실에 들어가자마자 아이들은 정말 신이 나서 "깜짝 선물 주세요."라고 외쳤다. 깜짝 선물은 수업의 마지막 즈음에 주었는데, 그

[그림 9-2] 메달

시간이 다가오자 학생들은 모두 매우 흥분해 기대에 찬 표정을 지었다. 나는 먼저 학생들이 눈을 감고 메달을 담은 주머니에 손을 넣어서 무엇인지 맞춰 보도록 했다. 아이들은 "둥글고" "뭔가 오톨도톨하다"고 하였다. 그다음에는 그것이 무엇인지 추측해 보라고 하자, 아이들은 "고슴도치"나 "선인장" 같다고 하였다. 이런 활동은 재미있고 즐거움을 더해 준다. 그러고 나서 마침내 학생들에게 메달과 메달의 뒷면을 보여 주었다.

나는 교실 앞 의자에 앉아 주머니에서 메달을 하나씩 꺼내며 학생의 이름 첫 글자를 말해 주고, 학생들이 누구의 이름인지 알아맞히도록 하였다. 그렇게 하나씩 차례로 학생들을 앞으로 나오도록 하였다. 그리고 학생들에게 이제 벌써 이번 학년이 절반이나 지났다고 말하고, 한 학기 동안 '정말' 잘했으니 '큰' 선물을 받을 자격이 있다고 설명하면서 학생들의 목에 메달을 걸어 주고, 다른 학생들이 메달에 쓰인 칭찬을 큰 목소리로 읽도록 하였다. 아이들은 밝게 웃으며(어떤 아이들은 수줍어하지만) 매우 행복해하고 의자에서 방방 뛰기도 하였다. 그리고 그동안 수고한 것에 대하여 모두에게 서로 박수를 보내도록 하였다.

이 중에서 가장 귀여운 부분은 내가 아이들에게 메달을 모두 나누어 주었을 때, 몇몇 아이들이 선생님도 그렇게 열심히 자기들을 위해 일하셨는데 '선생님 메달'은 왜 없느냐고 물은 것이었다. 그래서 "선생님 메달은 너희가 나와 정말 잘해 준 거야."라고 대답해 주었다. 한 아이가 "그럼 우리 선생님에게 '큰 박수'를 쳐 주자."라고 말했다. 그것이 내게는 정말 정말 정말 큰 상이었다!

미소 척도

나는 나무 조각을 구해서 진한 갈색을 칠한 다음 그 위에 크고 노란 얼굴 다섯 개를 그려 넣은 예쁜 척도를 만들었다([그림 9-3] 참조). 이것은 Insoo Kim Berg가 제안한 것을 아이들을 위해 시각적인 것으로 만든 것이다. 다섯 개의 얼굴은 크게 미소 짓는 얼굴부터 아주 불행한 얼굴까지 있고, 그 위에 화살표 조각을 달아서 그날의 얼굴을 가리킬 수 있도록 하였다. 그리고 이 척도를 수업에 가지고 들어가서 보여 주었다. 처음에 학생들은 이것이 무엇인지 몰라서 내게 물어보았지만, 곧 이 재미있는 '나무 척도'가 자신들이 어떻게 하고 있는지를 보여 주는 것임을 알아차렸다.

이것은 척도와 마찬가지로 활용하면 된다. 학생들에게 우리 학급의 규칙이 무엇인지 함께 크게 말하도록 한 다음, 다섯 가지 얼굴들이 무엇을 의미하는지 맞춰 보도록 한다. 모두 각 얼굴의 의미를 옳게 알아보았다. 그때 한 학생이 아주 불행한 얼굴을 가리키며 "이것은 우리가 정말 잘못 행동했을 때 받는 거예요."라고 하였다. 나는 "맞아요. 이것은 여러분이 하루 종일 싸우거나, 수업 중인데 막 떠들고 있거나, 매일 매일 다른 친구를 방해했을 때 받는 거예요."라고 덧붙였다. 그러자 아이들이 크게 웃었다. 학생들에게 학교와 선생님들이 재미있다는 생각을 하도록 해 줄 필요가 있다.

그러고 나서 학생들에게 이 미소 척도 위에 그들 자신은 어디에 해당하는지 묻는

[그림 9-3] 얼굴 척도

다. 교사는 어떤 것이든 학생들이 그들에게 맞는 얼굴을 찾도록 돕는다. 우리 반 아이들은 3에서 5를 선택하였다. 어떤 학생이 "맨 위의 얼굴이요."라고 말하자 다른 여학생이 "저는 우리가 5점이나 받을 수 있을 것 같지 않아요. 4점이 더 나은데……." 내가 왜 그렇게 생각하는지 묻자, 여학생은 "음, 선생님이 나가시면 우리 반이 너무 시끄러워서요."라고 대답하였다. Insoo가 말했듯이 이것이 가장 좋은 부분이다.

참고문헌

Furman, B. (2007). Kid's skills in a nutshell. Retrieved February 4, 2007, from http://www.kidsskills.org/english/index.htm.

Berg, I. K., & Shilts, L. (2005). *Classroom solutions: WOWW approach*. Milwaukee, WI: BFTC Press.

Berg, I. K., & Steiner, T. (2003). *Children's solution work*. New York: Norton.

해결중심 단기 아동상담

Mark Mitchell

해결중심 접근의 주요 특징에는 척도 질문, 기적 질문, 대처 질문, 예외 등이 포함된다. 그런데 이런 기법들이 주로 성인에게 사용되는 '지도'라면, 어느 정도는 아동의 '영토'에도 적용될 필요가 있다. 해결중심 정신에 입각하여 아동과 상담할 때 호기심, 존중 그리고 독창성을 사용하는 것은 상담의 핵심이 된다. 다시 말하면, 이러한 정신이 아동과의 상담에 필수적이다. 대부분의 아동은 상담의 방문자이며, 칭찬을 받아야 한다. 성인은 좀 더 변화를 찾는 고객이며 과제를 좀 더 수행하려 할 것이다. 그러나 아동은 누군가를 기쁘게 하기 위해 과제를 한다. 아동은 어른을 기쁘게 하고, 어른의 긍정적인 반응을 얻기 위해 질문에 대답한다. 따라서 상담자는 아동이 어른을 기쁘게 하기 위해서 열심히 옳은 대답을 한다는 점을 알고 있을 필요가 있다

나는 1991년 폭동이 일어난 LA 남중부(세인트 라파엘) 시내에 위치한 가톨릭 학교에서 몇 년 동안 슈퍼바이저이자 훈련가로 일해 왔다. 처음 학교가 요청한 것은 학생과 그 가족을 위한 상담/코칭 프로그램을 만드는 것이었다. 이 학교에서의 어려움은 일부 학부모들이 첫 만남에서 자기 아이들은 좀 '채찍질'이 필요하다고 말하는 것에서부터 명확히 드러났다. 처벌과 부정적인 시각이 팽배해 있었다. 우리는 다양한 해결중심 개입을 통하여 이러한 분위기와 아동들의 변화를 가져오기 위해 노력하였다.

'교장선생님이 너 오래' 기법

학생은 교장실에 불려 가는 것을 두려워한다. 그런데 우리는 교장, 상담자 혹은 다른 어른들이 팀을 만들어 5분 동안 학생을 만나며, 학생이 '무엇을 잘하고 있는지' 말해 주고 교실로 돌려보낸다. 그러면 학생은 대부분 혼날 것을 예상하고 왔다가 칭찬을 받게 된 것에 놀라며 용기를 얻어 돌아가게 된다.

노래 질문

이 기법은 1991년 폭동이 일어나서 학생들이 폭동에 가담하고 경찰이 학교에 상주하던 시기의 나의 학생 상담 경험에서 비롯된 것이다. 이것은 기적 질문과 유사하다. 질문하는 방법은 "정말 기적이 일어나서 네가 노래를 하기 시작했다고 가정해 보자. 네가 어떤 노래를 부르고 있으면 '아, 기적이 일어났구나!' 혹은 '기적이 일어나고 있구나!' 하는 것을 알 수 있겠니?"라고 묻는 것이다. 이 질문은 어떤 연령의 아동들에도 효과적이다. 역사적으로 노래는 사람들이 어려운 시기를 잘 넘어

갈 수 있도록 도와주었다. 특히 미국의 흑인 사회에서 그랬다. 이 질문에 많은 아동이 'Barney Song'(역자 주: 2~5세의 아동을 위한 TV 어린이 프로그램에 나오는 노래)이나 'zippidy do daa'(역자 주: 1946년 디즈니 영화에 나온 노래, 어린이 노래로 유명함), 'itsy bitsy spider'(역자 주: 우리나라에서 '거미가 줄을 타고 내려옵니다'로 번안되어 불리는 노래)라고 대답하였다. 노래를 하는 것은 기적에 대한 '감정'을 불러일으키고 아동에게 생각의 변화를 가져온다. 그리고 "그 노래를 하는 동안 어떤 생각이 들었지?" "네가 기분이 나쁠 때에는 기분이 좋아지기 위해 계속 노래를 할 수 있겠니?"라는 질문들도 유용하다.

약속하기

이것은 아동과 매우 짧은 시간 안에 새로운 행동을 해 보기로 약속하는 기법이다. 아동은 약속을 진지하게 받아들인다. 그들에게 약속을 한다는 것은 그것을 하겠다는 의미다. "1시간 동안 수업에 잘 참여하기로 약속할까?" 약속은 아동이 중요하게 받아들일 수 있을 만큼 현실적인 것이어야 한다. 긴 시간에 대해 약속하는 것보다 짧은 시간 안에 할 수 있는 작은 것을 약속하는 것이 좋다. 시간이 길어지면 아동에게는 끝이 안 나는 일처럼 보인다는 것을 기억해야 한다.

너는 충분히 강해

아동, 특히 남자 아동은 자신이 강하다는 것을 좋아한다. "너는 충분히 강해."라는 말은 매우 유용하다. "네가 스스로 숙제를 다해 낼 만큼 충분히 강한 사람이라는 것을 무엇을 보면 알 수 있지?" "숙제를 다해 낼 만큼 네가 충분히 강하다는 것을 어떻게 알았니?" "정말 잘했구나."

상 장

아동이 한두 시간만 잘해도 상장을 준다면 아주 간단하고 유용한 방법이 될 것이다. 아동은 상장을 받는 것을 좋아한다. 우리는 심각한 행동 문제가 있는 아동들에게서 그들이 무엇인가 아주 짧은 시간 동안 잘하고 있는 때를 알아차려 주는 것이 일주일 동안 기다렸다가 칭찬해 주는 것보다 더 도움이 된다는 사실을 발견하였다.

관계 질문

아동에게 자신보다 더 힘 있고, 높은 자리에 있는 사람에 대해 생각해 보도록 하는 기법도 유용하다. 우리가 사용한 예를 들어 보자. "하나님이 무슨 말씀을 하시면 네가 좀 더 강해질 수 있을까?" "엄마가 뭐라고 하시면 네가 숙제하는 데 도움이 될까? 엄마 목소리를 지금 들을 수 있니?" "네게 기적이 일어나면, 엘사(만화영화 주인공, 운동선수 혹은 가수 이름을 써도 됨)는 뭐라고 말할까?" 이때 관계 질문의 대상은 아동에게 의미 있는 사람이어야 한다. 따라서 상담자는 아동이 동경하는 세계를 대표하는 사람이 누구인지 아동에게 물어보아야 한다.

마지막으로, 이러한 기법들은 아동의 변화를 가져오는 데 유용한 것들이지만, 어른이야말로 힘과 영향력을 가지고 있는 사람이기 때문에 어른에 대한 개입이 종종 더 중요하다고 말하고 싶다. 따라서 상담자는 아동의 기적이 계속될 수 있도록 어른들과 주의 깊게 요령껏 협력하는 것이 필요하다.

CHAPTER 10

해결중심 단기 목회상담

Daniel Gallagher

당신이 어디에 서 있는가에 따라 당신이 볼 수 있는 것과 볼 수 없는 것이 결정됩니다.
그것이 당신이 보는 각도를 결정하죠.
따라서 당신이 어디에 서 있는가 하는 것이 모든 것을 바꿉니다.
Steve de Shazer(1991)

서 론

당신이 이 장을 다 읽었다고 가정해 보라. 내가 이 장을 쓰고, 당신이 이 장을 읽은 것이 그럴 만한 가치가 있으려면 여기서 무슨 일이 일어나야 하는가? 당신이 이 장을 읽은 다음 그것이 당신에게 도움이 되었다는 것을 알려면 당신의 친구가 볼 때 당신은 무엇을 하고 있을 것 같은가?

이 장은 다양한 목회상담 장면에서 어떻게 해결중심 대화를 할 수 있는가에 관한

나는 나와 많은 다른 사람에게 해결중심 단기상담을 전해 준 Steve de Shazer와 Insoo Kim Berg에게 감사를 전한다. 또한 이 장을 읽고 조언을 준 나의 동료 Janet Campbell과 Margaret Kornfeld에게 감사한다.

것이다. 그리고 신자가 자신과 주위의 소중한 사람의 근심과 문제에 대해 이야기할 때 우리 목회자[1]가 어떻게 도움을 주는가에 관한 것이다. 이 장은 문제해결이 아니라 해결 구축에 관한 것이다. 해결중심 목회자는 내담자의 상황이 좋아졌을 때 그들이 무엇을 하고 있을지에 관하여 명확한 그림을 그릴 수 있도록 돕는 일에 가장 관심이 있다. 그리고 내담자가 자신의 삶에서 이미 존재하고 있는 그리고 사용 가능한 자원들, 예를 들면 해결 구축에 도움이 될 만한 기술, 경험, 관계, 행동, 생각들을 발견하도록 돕는 데 관심을 기울인다.

이러한 작업은 대부분 문제가 사라졌을 때, 혹은 문제가 덜할 때나 적을 때 그들이 무엇을 하고 있고, 했으며, 할 것인지에 관해 이야기하도록 하는 작업들을 포함한다. 예를 들면, 사랑하는 사람을 잃은 사람에게는 그녀가 상실의 고통을 느끼지 않을 때나 덜 느낄 때 혹은 덜 자주 느낄 때에 관하여 이야기하도록 한다. 그리고 우리는 그녀의 삶에서 문제가 없을 때, 그 상황이나 다른 것들이 어떻게 다른지 구체적으로 물어본다. 이러한 예외들이 바로 그녀가 하고 싶어 하는 것들이자 상담의 효과이고 해결책의 일부분이기 때문이다. 예외를 묘사하다 보면 희망이 생겨난다. 해결 구축은 목회 상담자를 만나기 전에 이미 일어나고 있는 것으로 여겨진다 (de Shazer & Isebaert, 2003).

이제까지 내가 보기에 가장 유용한 질문이라고 생각되는 것은 내담자가 상담으로 인해 달라지기를 원하는 것이 무엇인지를 명확히 알아낼 수 있는 '기적 질문'이다. 나는 거의 매 회기에 이 질문을 사용하고 있다. 대부분 다음의 예와 같다(de Shazer, 1985; 2005).

> 가정해 보세요. 당신이 오늘 이곳을 떠나서 평상시와 같이 하루를 보냅니다. 식사하고, 아마 TV를 볼 것이고, 그다음에는 잠자리에 들겠지요. 그러고 나서 당신이 잠을 자는 동안에 기적이 일어납니다. 그래서 오늘 상담하러 오신 문제와 근심거리들이 사라졌어요. 바로 그겁니다! 하지만 당신이 잠든 사이에 이 일이 일어났기 때문에 당신은 그 일이 일어났는지 모릅니다. 아침에 당신이 일어났을

때 이런 기적이 일어났다는 것을 어떻게 알 수 있을까요? 그 밖에 또 무엇을 보면 알 수 있을까요? 다른 사람들이 무언가 다른 일이 일어났구나 하는 것을 알려면 당신이 어떻게 하고 있는 것을 보게 될까요? 그 밖에 당신은 또 무엇을 하고 있나요? 이것과 조금이라도 비슷한 일이 이미 일어났었나요? 어떻게 일어났었지요?

다음으로 나는 내담자가 기적 질문에 답할 때 그랬던 것처럼, 자신의 삶을 향해 한 걸음 막 내딛은 것에 대해 점수를 매길 수 있도록 '척도 질문'을 한다. 척도 질문에서 '10'은 기적이 일어난 아침을 상징하고, '0'은 그들이 상담을 받기로 결정한 때를 의미한다. 척도 질문은 내담자가 이미 바람직한 해결책을 향해 '어느 정도' 발전하고 있다고 가정한다. 그리고 상담자는 내담자가 어떻게 대답하느냐에 따라 개별화된 질문을 만들어야 한다. 예를 들어, 내담자가 자신의 문제와 관련해서 현재 '4'라고 대답한다면, 그 숫자를 바탕으로 기적 질문에서와 마찬가지로 만약 '5'라면 가까운 사람이 볼 때 그는 어떻게 하고 있을지를 묻는 것이다. 이에 대해 내담자는 자신과 다른 사람과의 관계가 어떠할 것인가에 대하여 구체적인 진술로 대답하게 될 것이다. 그리고 내담자의 답변에 따라 다음 질문이 무엇인지 결정된다.

내담자가 원하는 것을 알아내기

우리는 내담자에게 문제가 없을 때 그(녀)의 삶이 어떤 모습일지 가능한 한 명확히 그려 내도록 한다. 내담자가 그리는 그림에 대하여 들어 보면 그(녀)가 무엇을 다르게 하고 싶은지 알 수 있다. 물론 시간에 따라 이것은 계속 바뀐다. 우리는 내담자가 이미 하고 있는 것 중에 잘하고 있는 것을 주의 깊게 듣는다. 그리고 그(녀)가 그것을 더 많이 할수록 그(녀)의 삶은 문제가 없을 때의 상황과 비슷해질 것이라고 본다.

내담자가 이런 그림을 그려 보도록 안내하는 방법에는 몇 가지가 있다. 상담자는 내담자의 답변을 기초로 유용한 후속 질문을 만들 수 있다.

첫 번째 방법은 de Shazer가 말한 '친한 친구' 질문이다. 이 질문은 내담자에게 "오늘 상담이 끝난 후에 다른 사람이 당신이 무엇을 하고 있는 것을 보면 이 상담이 당신에게 효과가 있었다고 말할 것 같습니까?"라고 묻는다. 여기서 '다른 사람'이란 내담자의 삶에 중요한 사람, 특히 내담자의 변화에 관계된 이해 당사자를 말한다.

다음에 목회 상담자의 상담 사례라고 할 만한 것들을 소개하고자 한다. 단, 다른 상담 접근을 취한다면 1~2회의 상담 이후에는 전문성을 인정받은 목회 상담자의 지도가 필요할 수 있는 사례들임을 말해 둔다.

애 도

한 부부가 목회자에게 상담을 신청하였다. 이 부부는 5년 전 18세의 아들을 교통사고로 잃은 후 힘들 때마다 몇 차례 이 목회자의 상담을 받아 왔다.

이번 상담을 위해 목회자는 이 부부가 무엇을 원하는지에 대해 어떤 가정도 하지 않은 채 그들이 원하는 것을 경청하기로 하였다. 내담자가 원하는 것이나 그들의 요구에 대해 상담자가 미리 가정하기보다는 그들로부터 알아내는 것이 중요하다고 생각하기 때문이다. 내담자가 필요로 하는 것이나 원하는 것이 상담자가 생각하는 것과 다른 경우는 정말 많다. 예를 들어, 상담자는 이 부부를 '미해결된 슬픔이 있는' 혹은 아직 '애도 과정이 끝나지 않은' 상태라고 가정할지 모르지만, 사실 그들이 마음속으로 무엇을 그리고 있는지 물어보지 않는다면 이 모두는 실제로 일어나고 있는 일이 아니라고 할 수 있다.

다른 사람들이 무엇을 보게 될까요

목사: 시작하기 전에 궁금한 것이 있습니다. 오늘 우리가 여기서 이야기를 한 다음 두 분이 아시는 다른 사람들, 예를 들면 친한 친구 같은 사람들이 두 분

이 무엇을 하시는 것을 보면 오늘 이야기가 두 분께 도움이 되었다는 것을 알 수 있을까요?

Charles(남편): 먼저 무슨 일이 있었는지 말씀드리고 싶어요. 목사님도 알다시피 우리 아들이 5년 전에 죽었잖아요. 그리고 저희는 최근까지도 우리가 그 일을 잘 극복하고 있다고 생각했는데, 해마다 아이의 생일이 다가오면 그냥 지나가기가 점점 더 힘들어지는 거예요. Polly는 매일 울고, 이 머리에 낀 침울한 구름을 벗어 버리고 싶지만 곧 크리스마스잖아요.

목사: 최근까지도 그것을 잘 극복하고 있었다고 하셨는데, 어떻게 그렇게 하셨습니까?

Polly(아내): 목사님도 아시는 것처럼 저희가 친척과 가깝게 지내요. 특별히 아들 생각이 나는 날에는 주로 친척과 함께 시간을 보내는데, 올해는 함께할 수가 없어서요. 그래서 매우 우울했었고, 그 뒤로 계속 그래요.

목사: 그럼, 상황이 좀 나은 때에는 Polly가 무엇을 하고 있을까요? 친척이 보기에 당신이 무엇을 하고 있는 것을 보게 될까요?

친한 친구 질문은 과거 부부에게 도움이 되었던 일을 바탕으로 앞으로 이들에게 도움이 될 만한 일은 무엇이 있을지 구체적으로 말하도록 해 준다. 독자는 이 목회 상담자가 Polly의 우울한 감정이나 미해결된 슬픔과 같은 중요한 주제들을 무시하고 있다고 생각할지도 모른다. 그러나 이 목회 상담자는 상담 훈련과 경험을 통해서 내담자가 처음 상담에 왔을 때, 상담에 온 결과로 인해 무엇이 달라지기를 원하는지 알아내면서 천천히 시작하라고 배웠다. 여기서는 그들이 무엇을 원하는지에 관한 대화가 시작되었지만, 아직 목회 상담자나 부부 모두 그들이 무엇을 하고 있을지, 다른 사람이 볼 때 그들이 무엇을 하고 있을지, 그것이 (부부, 친구, 가족, 그리고 동료와 아는 사람들에게) 어떤 변화를 가져올지에 대해서 명료하게 그리지 못하고 있다. 문제가 지금보다 나아졌을 때 그들의 삶이 어떨지에 대해 부부가 명확한 그림을 그릴 수 없다면, 문제가 나아져도 나아졌는지 알아차리지 못하거나 변화를 계속하기 위한 준비도 갖추지 못하였음을 의미한다. 그러나 이 부부는 기복은 있었지만 아들의 죽음 이후 5년간 잘해 온 적도 있었기 때문에 해결을 구축할 수 있는 여지가 있다. 따라서 목회 상담자는 그들이 상담하러 온 문제가 사라졌을 때 그들이 무엇을 하고 있을지에 관한 상세한 그림을 그려 낼 수 있도록 이 부부를 좀 더 격려하기로 한다. 내담자의 문제와 상관없이 이 목회 상담자는 첫 회기에 기적 질문을 사용한다.

기적 질문

목사: 제가 좀 이상한 질문을 두 분께 드리겠습니다. 이것은 좀 상상력이 필요한 것인데요… 만약… 오늘 두 분이 이야기를 끝낸 다음 집에 가셔서 남은 일들을 모두 하시고, 잠자리에 들었어요… 그러고 나서 두 분이 주무시는 동안 기적이 일어납니다… 하지만 두 분은 주무셨으니 그것을 알지 못하죠… 그리고 두 분을 여기에 오시게 한 문제가 해결이 되었어요… 그래서… 두 분이 내일 아침에 일어났을 때, 이 기적이 일어났다는 것을 어떻게 아실까요?

목회 상담자는 내담자가 질문에 답하도록 기다렸다. 여기서 침묵은 중요하다(기적 질문을 하는 중에도 조금씩 말을 멈춰 가면서 하는 것처럼).

Polly: 일어나기 전에 침대에서 시간을 조금 보낼 것 같아요. 저희는 주로 알람 소리와 함께 일어나서 각자 할 일을 하느라 서두르거든요. 시간을 좀 갖고, 아침을 좀 잘 차려 먹고, 무엇을 함께할까 얘기할 것 같아요. 마침 내일은 토요일이니 아무것도 서두를 필요가 없으니까요.

Charles: 네, 아내가 미소 짓고, 기분이 좀 더 나아지고… 평소와 달리 하루 종일 바쁘게 지내지 않을 것 같습니다.

목사: (Polly에게) 기적이 일어났을 때, 남편을 보면 남편이 무엇을 하고 있을 것

같습니까?

Polly: (웃으며) 아, 그건 쉬워요. 제가 예쁘고 빛이 난다고 말할 걸요. (모두 웃음) 남편이 제게 꽃을 사다 줄 것 같아요. 그리고 그동안 안 했지만, 외식을 하고 영화를 볼 것 같아요.

목사: (Charles에게) 기적이 일어났을 때, 당신이 아내를 보면 아내는 무엇을 하고 있을까요?

Charles: 제가 가끔 영화도 보고 외식도 하자고 해 봤지만, 아내는 관심이 없다고 했어요. 그냥 에너지가 없다고. 내일 아침이요? 기적이 일어나면? 아내가 저를 꽉 껴안아 줄 것 같고, 어디를 가고 싶은지 제게 말할 것 같아요.

목사: 아내가 그렇게 하면 당신은 어떻게 다를까요?

Charles: 그럼 좋은 하루를 보내겠죠.

목사: 좋은 하루에 대해 좀 더 얘기해 보세요.

앞에서 볼 수 있듯이, 친한 친구 질문과 기적 질문은 유사하다. 사실 친한 친구 질문은 기적 질문의 일부라고 할 수 있다. 질문에 대한 내담자의 대답을 바탕으로 다른 후속 질문들을 만들어 낸다는 점에서도 친한 친구 질문과 기적 질문은 유사하다(Iveson, Ratner, & George, 2001).

앞서 부부는 그들의 친척이 매우 중요하다고 하였다. 따라서 부부가 더 나아지는 데에는 친척이 결정적인 역할을 할 수 있으므로 부부에게 그들이 좀 더 잘 지낼 때 친척이 무엇을 보고 그것을 알 수 있을지 질문하는 것은 도움이 된다.

목회 상담자가 질문하였을 때, Polly와 Charles는 최근에 친척을 못 만났기 때문에 대답하기 어렵다고 하였다. 그래서 목회 상담자와 부부는 다음 날 Polly의 여동생 부부를 저녁 식사에 초대하는 것에 대해 논의하였고, 이어서 여동생 부부와 함께 즐거운 시간을 보냈던 기억들과 Polly 집안이 파티를 얼마나 좋아하는지에 대해서도 이야기하였다. 목회 상담자는 "만약 Polly가 웃고 농담하며 재미있어 할 때, 그녀의 친척들은 Polly가 어떻게 하는 것을 볼까요?"라고 질문하였다.

Charles: Polly는 정말 파티를 좋아하는 사람이에요. 기분이 좋을 때에는 모든 사람을 웃게 만들죠. 목사님도 기억나세요? 작년 크리스마스 때 Polly가 마리아 분장을 한 것 말이에요. (Polly가 웃음) 분홍색 스타킹만 빼놓고는 완전히 똑같았는데…….

기적과 같은 일들이 일어난 것은 언제였나요

목사: 그런 일이 최근에 일어난 것이 언제죠? 비록 아주 조금이라도…….

Charles: 지난 화요일 우리가 벼룩시장에 갔을 때에요. (Polly에게) 당신도 무척 좋았지?

Polly: 네. 하지만 요즘은 자꾸 Jimmy(아들)가 생각나고 우울해지는 일이 많아요.

Polly가 이렇게 대답하여도 이미 기적 이후의 삶이 시작됐기 때문에 목회 상담자는 Polly를 우울하게 만드는 일에 대하여 묻지 않는다. 오히려 Polly가 우울한 기분을 극복하기 위해 어떻게 하고 있는지를 구체적으로 묻는다.

목사: 우울해질 때에는 기분을 끌어올리기 위해 어떻게 하시나요? 좀 더 얘기해 주세요.

Polly: 기분을 끌어올리려고 하지는 않고요, 그냥 그것에 대해 잊어버리려고 하면 한두 시간 후에는 조금 나아져요.

목사: 그냥 그걸 잊어버릴 수 있군요?

Polly: 아, 친구한테 전화가 오거나 그런 일이 있으면…….

목사: 좋아요. 친구랑 통화하는 게 도움이 되나요?

Polly: 네, 친구랑 통화하면 결국은 얼마 안 가서 막 하하거리고 웃으면서 끝나죠. 우리가 학창 시절부터 그랬거든요.

Polly와 Charles의 고민거리가 항상 존재하는 것은 아니라는 점은 명확하다. 기적 질문 이후에 부부는 그들이 호소하는 문제가 없는 경우에 대해서 더 많이 생각하게 되었다. 아직 문제가 없는 상황을 단편적으로 생각할 뿐이지만, 문제가 없을 때 자신들이 무엇을 하고 있을까에 관한 생각의 빈도가 많아지고 그 중요성도 증가하였다. 이는 목회 상담자가 그들이 이미 하고 있는 일들 중에 효과가 있는 것에 관하여 구체적으로 물어보았기 때문에 가능했다. 이제 부부는 그들이 이미 하던 것들 중에 도움이 되는 것을 더 많이 기억하게 될 가능성이 크다. 예를 들면, 목회 상담자는 "이미 하시고 있는 일 중에 효과가 있는 것은 무엇인지 자세히 말해 주세요." 라고 요청하거나, 혹은 "상황이 좀 나을 때, 다른 사람이 보면 두 분이 무엇을 하고 있을까요?"라고 물어본 다음에 "그 밖에 또 무엇이 있나요?"라는 질문을 할 수 있다. 이러한 질문은 내담자가 자신감을 갖도록 도와줘서 내담자는 그때로 돌아가 미소를 짓는다거나 함께 외출한다거나 함께 무언가를 하게 된다. 나아가 목회 상담자는 내담자를 문제가 없을 때 무엇을 하기를 원하는지에 관한 대화로 이끌고, 그들이 그것을 얼마나 잘하고 있는지 평가해 볼 수 있도록 도와야 한다.

척도 질문

이제 Polly와 Charles의 문제에 관한 이야기는 상황이 나아졌을 때 그들이 무엇을 하고 있을지, 그중에 이미 그들이 하고 있는 것은 무엇인지에 관한 것으로 전환되었다. 상황이 더 좋아졌을 때 자신이 무엇을 하고 있을지 상상해 봄으로써 그들이 이미 성공한 것들을 더 잘 기억할 수 있다. 그리고 그들이 이미 성공했던 것들을 기초로 하여 앞으로 구축할 수 있는 것들에 관한 이야기를 나눌 수 있다. 부부의 문제를 있는 그대로 수용해 주면서 목회 상담자는 문제를 확대하는 대신 더 나아진 상황에 관한 대화로 내담자를 초대하였다. 고통스러운 이야기 대신에 가능성으로 초대한 것이다.

척도 질문은 '더 나아진 것'을 측정하기 위해 사용한다. 그러나 해결중심 목회상담에서 무엇이 더 나은 것인가에 대한 객관적인 척도는 없다. 옳고 그른 대답은 없으며, 어떤 것이 다른 것보다 더 도움이 되는가에 대한 대답만 있다. 해결중심 목회상담자와 내담자가 만드는 척도는 목표를 향해 나아가는 직선 척도가 아니다. 그리고 목회 상담자가 묻는 것은 내담자의 미래에 관한 것이 아니다. 그 대신에 우리의 질문은 어떤 일이 이미 일어나고 있으며, 만약 내담자가 그것을 계속한다면 상담을 받게 만든 그 문제가 없어졌을 때의 모습과 자신이 얼마나 가까워질 수 있을지에 대한 것이다. 이런 식으로 하다 보면 상황은 이미 충분히 더 좋기 때문에 문제에 대해 이야기할 필요가 없어진다.

목사: 그래서 만약 여기 0부터 10까지의 척도가 있다고 가정해 보세요. 0은 두 분이 제게 상담을 받기로 결정한 때를 말하고, 10은 기적이 일어난 다음 날을 말합니다. 이 척도에서 오늘은 몇에 해당하나요?

Polly: 지금을 말씀하시는 거예요?

목사: 네.

Polly: 아, 저는 4나 5라고 할 것 같아요. Charles, 맞죠?

Charles: 적어도 4 또는 5요.

목사: (Polly에게) 4나 5라고요? 어떻게 0이 아니라 4나 5인가요?

부부의 정확한 숫자보다 중요한 것은 이들이 0과 10 사이의 어딘가에 있다는 점이다. 그리고 0과 4 사이의 회색 지역은 부부에게 무언가 효과가 있는 것이 있다는 정보를 의미한다.

Polly: 처음 목사님께 상담을 받으러 왔을 때에는 상당히 절망적이었어요. 하지만 이제는 우리에게 좋은 일도 있구나 하는 사실을 알게 되었어요. 예를 들면, 아직 친구들이 있고, 의지할 Charles가 있고요. 힘을 내려고요, 제가 그런 거는 잘하거든요.

Charles: 아내는 잘하고 있어요. 아들의 죽음은 큰 충격이었고, 그 후로 너무 많은 일을 겪었지만, 어떤 면에서는 그럴 수밖에 없었을 거예요. 아들을 사랑했고, 그리워요. 결코 잊지 못할 겁니다.

Charles는 6 또는 7이라고 하였다. 이에 목회 상담자는 Charles는 왜 좀 더 낙관적인지 궁금하다고 했다. 그러자 Charles는 아내가 우는 것이 이해가 된다, 때로는 그녀가 우는 것이 걱정되지만 "항상 곧 괜찮아지더라. 나는 혼자 삭히는 편이지만, 그것이 아들을 그만큼 그리워하지 않는다는 의미는 아니다."라고 대답하였다.

목사: 두 분은 정말 아드님을 사랑하셨군요.

Polly와 Charles는 그들이 사랑했던 아들에 관하여 많은 이야기를 하였다. 둘 다 눈물을 많이 흘렸지만, 이제는 그것을 아들을 기억하는 자연스러운 과정으로 받아들인 듯 보였다.

목사: (Polly에게) Polly, 척도에서 당신이 5라면, Charles와 당신의 친구들은 당신이 무엇을 하고 있는 것을 보게 될까요?

Polly: 전에 말씀드렸듯이, 친구와 뭔가를 더 많이 하거나 벼룩시장에 가거나 하는 것들이요.

목사: 그럼, 5일 때 사람들은 당신이 먼저 무엇을 하는 것을 본다는 거죠?

Polly: 내일 여동생한테 우리 집에 오라고 초대할 것 같아요.

목사: 그리고 Charles, 당신이 7이나 8일 때 Polly는 당신이 무엇을 하고 있는 것을 보게 될까요?

Charles: 아마도 그동안 미뤄 왔던 낚시 여행을 계획할 것 같아요. 그동안 제가 Polly에 대해 너무 걱정하니까 친구들이 저를 빼고 갔었거든요. 하지만 이제 우리의 삶이 제자리를 찾은 것 같아요. 적어도 첫발은 잘 내딛은 것 같습니다.

목회 상담자는 그들이 제자리를 찾은 삶을 계속 잘 유지해 나갈 수 있을지에 대한 자신감을 알아본다. 이때 10은 지금까지 만든 변화를 계속해 나갈 수 있는 완벽한 자신감을 의미하며, 0은 그 반대를 말한다. "두 분은 지금 척도 위에서 어디 즈음에 있으신가요?"

Polly는 Charles와 친구, 친척 그리고 하나님이 자신과 함께 있을 것이라는 자신감이 8이라고 하였다. Charles는 부부가 아들을 그리워하는 마음 때문에 더욱 친밀해졌으니 10이라고 하였다. 그는 그 일로 인해 자신들이 더욱 감사한 마음을 갖고 살게 되었고, 하나님이 함께 계신다는 것을 느낀다고 하였다.

목회 상담자는 최종적으로 자신의 생각을 내담자에게 전하기 전에 잠시 상담실을 떠나 휴식 시간을 갖는다. 항상 그렇듯이, 목회 상담자는 이 부부가 자신에게 이야기한 것들 중에 특별히 인상적이었던 내용을 생각해 보았다. 또한 어떻게 하면 이 내담자 부부가 상담이 끝난 후에도 그들의 삶을 잘 유지하면서 아들에 대한 기억을 서로 공유할 수 있을지 생각해 보고, 그것을 위해 어떤 제안을 할 것인지 숙고하였다. 그러고 나서 상담실로 돌아와 부부에게 다음과 같이 말해 주었다.

목사: 저는 두 분을 수년 간 알고 지내서 참 좋습니다. 아드님에 대한 기억을 생생하게 간직하려는 두 분의 노력에 항상 감동을 받았어요. 그것이 아주 고통스러운 일임에도 불구하고 말이죠. 그리고 두 분이 서로 사랑하는 것을 분명히 알겠어요. 그것이 두 사람에게 큰 의미가 있다는 것과 두 분 중 한 분이 아들이 너무 그리워 힘들어할 때에도 두 분 모두 두 사람의 관계를 잘 유지하기를 원하시는 것도 알았습니다. 또한 친구나 친척이 두 분의 삶의 일부분이라는 것도 알고 계시죠? 아마도 두 분이 모르시는 것은 다른 사람들이 두 분을 보면서 사랑하는 사람을 잃었지만 그 사람을 마음에 어떻게 간직해야 하는지를 보여 주는 좋은 예로서 존경하고 있다는 사실일 것입니다. 저는 이 교회 사람들이 그렇다는 것을 알고 있어요. 동네 사람들도 그렇고요. 그래서 두 분께 제안하고자 합니다. 앞으로 2주 동안 어느 하루를 잡아

서 마치 기적이 일어난 것처럼 행동해 보시는 거예요. 두 분이 각각 하루를 잡는 거예요. 같은 날일 필요는 없고요. 그리고 상대방에게는 자신이 어느 날을 선택했는지 말하지 마세요. Polly는 Charles가 선택한 날을 알아맞히고, Charles도 Polly가 선택한 날이 언제인지 알아맞히는 겁니다. 그리고 2주 후에 두 분이 나가서 멋진 곳에서 저녁을 드시고 디저트까지 드세요. 디저트를 드실 때, 서로 어느 날이었는지 알아맞혀 보고 그날 상대방이 어떻게 다르게 행동했는지 기록한 것들을 비교해 보시는 겁니다.

Polly와 Charles는 다음 상담 약속을 잡지 않았다. 따라서 목회 상담자는 이 문제를 더 의논하지는 않았지만 아마 상담이 더 필요했다면 부부는 다시 전화를 걸어 상담을 요청했을 것이다. 교회나 성당, 절과 같은 지역사회에서 상담을 하는 것의 장점 중 하나는 상담자가 내담자와 내담자 주변인을 지역사회의 일상 속에서 만날 수 있다는 점이다.

영성적 문제들

목회자나 목회 일을 하는 사람은 일상 속에서 자연스럽게 신자의 영성적 문제에 관하여 상담하게 된다. 그리고 사람들이 목회자에게 가져오는 심각한 문제들은 신앙 공동체의 종교적 입장에 따라 다양한 관점에서 다루어질 수 있다. 그런데 내담자가 어떤 문제를 가져오든 해결중심 단기접근이 유익하게 사용될 수 있는 예를 하나 들자면, 내가 유학생들을 대상으로 강의한 대학원의 목회상담 수업에서 찾을 수 있다. 그 수업에 참여한 학생들 중 한 명은 나이지리아에서 온 이슬람교 성직자였다. 나는 그에게 수업에서 배운 것들 중에 나중에 그가 고향에 돌아갔을 때 그 나라의 신자들에게 적용할 만한 것이 있는지 물었다. 이 질문에 그는 기뻐하며 말했다. "적용할 수 있죠! 우리도 기적을 믿어요! 코란을 보면 기적이 일어나거든요!" 그리고 그는 해결중심 질문들이 자신의 신자들과 상담할 때 어떻게 잘 어울릴 수 있을지에 관하여 더 상세히 말해 주었다.

기적이 일어난 다음 날 아침에 삶의 의미를 알게 될 것이라거나, 신을 알게 될 것이라거나, 혹은 사후의 세계를 믿게 될 것이라고 말한다면, 나는 "좋아요. 그럼 그런 일이 일어났다고 가정해 보세요. 내일 아침에 일어나서 삶의 의미를 알게 되었다고 할 때, 가장 친한 친구(동료, 가족, 성경 공부 모임의 사람 등)가 당신이 무엇을 하고 있는 것을 보면 당신이 삶(신, 사후 세계)의 의미를 찾았다는 것을 알 수 있겠습니까? 그것에 대해 좀 더 얘기해 주세요. 그 밖에 또 무엇을 보겠습니까? 그런 일이 이미 어느 정도 일어나고 있습니까? 조금이라도? 당신이 그렇게 하는 것을 볼 때, 그(녀)는 당신의 어떤 점이 달라졌다고 할까요? 그(들)는(은) 무엇이 달라져 있을까요? 0부터 10 사이에서, 0은 '삶의 의미를 전혀 모르겠다'이고, 10은 '당신의 고민이 사라졌다'는 것을 의미할 때, 당신은 지금 몇 입니까? 3이라고요! 어떻게 0이 아니라 3이죠? 만약 당신이 4에 있다면, 가장 친한 친구는 당신이 무엇을 하고 있는 것을 보게 될까요?" 해결중심 상담자는 어떤 처방된 공식에 따라 그 문제를 탐색하지 않고, 어떤 학생의 말에 따르면, "바로 본론으로 들어가서" "결과로 직행한다". 문제가 사라졌을 때(예를 들면, 삶의 의미를 찾았을 때) 그것이 가져올 변화를 찾는 것이다. 이렇게 물으면 사람들은 대체로 아주 조금만 달라질 것이라고 대답한다. 왜냐하면 그들은 이미 자기가 할 수 있는 최선을 다하고 있기 때문이다. 그러면 또 그(녀)가 이미 잘하고 있는 일은 구체적으로 무엇인지, 그런 일들이 좀 더 많이 일어나면 그(녀)는 또 무엇을 하고 있을지 등을 물어볼 수 있는 좋은 기회가 된다.

신만이 할 수 있는 일

종종 목회 상담자들은 신자에게 기적 질문을 하면 신자가 문제를 해결할 수 있는 방법은 오직 하나님께서 그것을 고쳐 주시기만을 믿는 것밖에 없다고 대답한다고 불평한다. 즉, 인간(상담자, 목회자 또는 상담 프로그램)은 고칠 수 없고 신만이 고칠 수 있다, 혹은 옳은 믿음과 규칙을 따르기만 하면 하나님께서 문제를 해결해 주실 것이라는 것이다. 그리고 문제가 나아지지 않으면 결국 자기 자신을 비난하거나 목회자가 잘못 이끌어 준 탓이라고 비난하는 것으로 끝난다는 것이다. 그런데 이 장의 첫 부분에 인용한 de Shazer의 말처럼 나는 이런 태도를 지양한다. 나는 내가 서 있는 입장을 바꾸어서 다음과 같이 말할 것이다. 예를 들면, "좋습니다. 만약 오늘밤 당신이 잠자는 동안 기적이 일어나서 하나님께서 당신을 위해 문제를 해결해 주셨다고 가정해 봅시다. 내일 아침 당신이 일어났을 때, 당신이 무엇을 하고 있으면 당신을 처음으로 본 사람이 당신의 삶이 달라졌다는 사실을 알 수 있을까요? 다른 사람은 당신이 무엇을 하고 있는 것을 보게 될까요? 그들은 무엇을 하고 있을까요?"

이와 비슷한 예는 아주 많다. 예를 들면, 어떤 사람은 기적 질문에 대해 절단된 다리를 되찾거나 사랑하는 사람이 되살아올 것이라고 대답한다. 당신은 그들에게 그것은 비현실적이며, 그런 생각이 그들을 더 힘들게 할 수 있다고 말할 수 있다. 또는 그 대신에 그들의 소망을 수용해 주며, "그럼, 당신의 다리를 되찾는다고/또는 당신의 아들이 살아 돌아온다고 가정해 보세요. 그때는 무엇을 하고 계실까요, 지금 하고 있지 않은 일들 중에? 그중에 지금 할 수 있는 것은 무엇인가요? 당신의 가장 친한 친구가 당신이 무엇을 하고 있는 것을 보면 당신에게 정말 변화가 일어났다고 생각하게 될까요? 그럼 그(녀)는 당신에게 어떻게 다르게 할까요?"라고 말할 수 있다.

지금까지 이 장에서 나는 목회 상담자와 목회 상담자를 찾아온 내담자 간에 해결중심 대화가 어떻게 이루어질 수 있는지 충분히 설명하고자 하였다. 이것은 대화로만 설명이 가능하기 때문에 요약하거나 해결중심 접근이 어떻게 작동하는지 알려주기가 매우 어렵다(de Shazer, 1991). 다음 사례에서 해결중심 대화가 어떻게 전개되고 구축되는지 주의해서 보기 바란다.

이혼할 것인가 말 것인가, 그것이 문제로다

Alice와 John은 결혼한 지 10년 된 30대 부부이며, 9세, 7세, 5세의 세 자녀를 두고 있다. 아이들이 어릴 때 Alice는 남편이 일하는 동안 자신이 아이들을 돌보기로 자청하였다. 그 후 남편은 건설업자로 성공하였다. 그런데 상담이 시작되기 1년 반 전 Alice가 다시 일을 하고 싶어 했고, 파트타임 꽃꽂이 장식가로 일할 기회를 얻었다. 그녀는 그 일이 좋았고, 자신이 그 일을 매우 잘한다는 것을 알게 되었다. 그러나 이때부터 부부간의 갈등이 점점 커졌고, Alice 말에 따르면 남편은 자신에게 흥미가 없으며 그래서 자신은 더 이상 그와 함께 살기를 원하지 않는다고 하였다. Alice가 돈을 벌지 못했을 때에는 John 없이 자신과 아이들이 살아갈 수도 없고 John이 양육비를 주지도 않을 것이기 때문에 이혼할 수 없었다고 한다. John은 아내가 집에 있겠다는 약속을 어겼다고 불평하였다. 그러나 그는 여전히 그녀를 사랑하며 아내와 아이들이 떠나는 것을 바라지 않는다고 하였다. 두 사람 모두 종교적으로 강한 믿음 아래 어린 시절을 보냈으며 지금은 교회를 떠나 살고 있다. Alice가 이혼하자고 하자 John은 전화번호부에서 목회 상담자를 찾아 상담 약속을 잡았다.

부부는 함께 도착하였다. 목회 상담자는 잠시 그들의 직업과 왜 상담에 오게 되었는지에 대한 이야기를 나눈 후 기적 질문을 하였다. 긴 침묵이 지나고 John이 먼저 대답하였다.

John: 아내가 제 눈을 바라보며 다가올 것 같아요. 그리고 제가 잠자리에 들 때 아내도 잠자리에 들고요.

목회자: 아내가 당신의 눈을 보며 함께 잠자리에 들 때, 당신은 어떻게 하고 있을까요?

John: 음, 전에 그랬던 것처럼 우리는 사랑을 나눌 것 같아요. 오랫동안 안 했거든요. 아내는 요즘 제가 잠든 다음에야 침대로 와요.

Alice: 남편이 제게 먼저 다가올 것 같아요. 저에게 좀 더 관심을 기울이고, 제 옷에 대해 비난하지 않고, "당신, 행복해 보여."라고 말할 것 같고요. 그럼 저는 웃을 것 같아요. 제 눈이 반짝이고, 그가 저를 유혹하고, 제가 부탁하지 않아도 고양이의 모래상자를 갈아 주고요. 재밌는 것도 함께하고, 제가 잔소리하지 않아도 친정 일에 신경 써 주고요. 어디 놀러 가려면 한 달 전에 계획을 짜고요.

목회 상담자는 이들의 대답을 기초로 다음 질문을 구상한다. 아주 조금이라도 기적과 같은 일이 일어났을 때, 내담자들의 삶이 어떻게 달라질(나아질) 것 같은지 구체적으로 묘사하도록 한다. 부부는 너무 오래되어서 좀처럼 기억이 나지 않는다고 하였다.

목회자: 혹시 그런 기적 같은 부분이 아주 조금이라도 벌써 일어나고 있나요?

John: 그런 일은 오랫동안 일어나지 않았어요.

목회자: 그런 일이 일어날 수 있을 거라는 것을 무엇을 보면 알 수 있나요?

John: 희망 사항이겠죠.

목회자: 그럼, 그런 일이 일어난다고 가정해 보세요. 만약 당신이 아이들에게 말하지 않아도 자녀들이 보기에 "아빠와 엄마가 잘 지내시는구나."라고 할 수 있으려면, 아버지의 무엇이 달라지면 자녀들이 그렇게 말할 수 있을까요?

John: Alice와 아이들이 집을 나가지 않고 함께 살면요.

목회자: 당신과 아내가 함께 어떻게 살지요?

John: 무슨 의미이신가요? 아이들은 우리 둘 다를 필요로 합니다. 저는 아이들을 위해 부모는 함께 살아야 한다고 생각하는 사람입니다. Alice와 아이들이 다른 사람과 사는데 돈을 보내 줄 생각은 없어요. 그리고 함께라서 좋은 시절도 있었어요. 서로 많이 사랑했고요. 우리가 다시 그렇게 할 수 있다고 생각합니다.

Alice: 제가 John에게 물어봤어요. 나는 더 이상 당신을 사랑하지 않는데 왜 당신은 나랑 살려고 하냐고요. 이 사람은 자신이 좋다고 생각하면 그렇게 될 거라고 생각해요.

John: 제가 말했듯이 저는 아내를 사랑해요. 그녀는 제 아내이고 아이들의 엄마입니다.

목회자: John, 가정해 보세요. 10은 당신이 Alice에게 적극적으로 다가가기 위해 무엇이든 하겠다는 것을 의미하고요, 0은 그 반대, 즉 당신은 그저 앉아서 Alice가 떠나지 않기만을 기다리고 있는 것을 의미한다고 합시다. 오늘 당신은 몇 점에 있습니까?

John: 5점 정도요. 이 결혼을 유지하고 싶어요. 작년 겨울 아내에게 데이트 하자고 했다가 우리 둘 다 정말 끔직한 시간을 보냈어요. 아내가 적어도 노력해 볼 마음이 있는지 알고 싶어요.

목회자: 당신이 6일 때, 당신이 무엇을 하고 있는 것을 보면 아내가 당신이 좀 좋아졌다는 것을 알 수 있을까요?

John: 음, 퇴근하고 집에 오면 아내에게 오늘 어떻게 보냈는지 물어볼 것 같아요. TV 앞에 앉아서 저녁 식사를 기다리는 대신에…….

목회자: Alice, 마찬가지로 당신은 몇 점이죠?

Alice: 1점이요. 아이들이 없다면, 그리고 엄마로서 죄책감만 없다면 저는 벌써 떠났을 거예요.

목회자: 질문 하나 할게요. 10은 두 분이 너무 사랑하셔서 여전히 함께이기를 원하는 것을 의미하고요, 0은 단 10초도 서로를 참기 어렵다는 것을 의미합니다. 당신은 몇 점이죠?

John: 저는 10점요. 아내와 아이들이 집에 남길 원해요, 당연히.

목회자: 좋아요. Alice는요?

Alice: 아, 저는 3점이나 2점과 3점 사이요. 저는 빨리 나가고 싶어요. 이런 결정을 내리는 데 몇 년이나 걸렸고 이제 결심이 섰어요. 이제 제가 뭔가를 해야 할 때라고 생각해요.

해결을 합의하는 데 있어서 두 사람의 목표는 상충되는 듯 보인다. 그러나 기적 질문에 대한 그들의 대답을 보면 여전히 이 결혼을 유지하는 것이 어느 정도 가능하다는 희망이 보이는 듯하다.

목회자: (Alice에게) 만약 당신이 4점이라면, John이 볼 때 당신은 무엇을 하고 있을까요?

Alice: 짐을 싸고 있을 거예요. 같은 동네로 이사 가면 아이들이 다니던 학교를 그대로 다닐 수 있고, John도 만날 수 있을 거예요.

목회자: 그게 4인가요? 마치 10 같은데요.

Alice: 아, 그럼, 4점이라면, John이 제게 돈을 보내 줄 건지, 혹은 제가 혼자 해야만 하는 건지 확실히 알고 있을 것 같습니다.

목회자: 그것을 아는 게 어떻게 도움이 되지요?

Alice: 얼마나 빨리 이사 나갈 수 있을지 아는 데 큰 도움이 될 것 같아요.

목회자: John, 당신은 10점이라고 하셨죠. 그렇게 높은 점수인 것이 새로운 일인가요?

John: 아니요. 저는 항상 Alice와 가족에 대해서는 10점이었어요. 그들을 사랑하니까요, 그게 다예요.

목회자: Alice가 무엇을 하든 상관없이 어떻게 하면 10점을 계속 유지할 수 있겠습니까?

Alice: 남편은 항상 10점일 거예요. 우리에게 항상 긍정적이거든요. 그런 점이 이것을 어렵게 만드는 이유 중 하나예요.

목회자: 그것에 대해 좀 더 얘기해 주세요. 두 분 사이에 상황이 좀 나은 때도 있었을 텐데요. (부부가 고개를 끄덕임)

Alice: 전에는 둘이 아주 즐겁게 보냈어요. 외식이나 영화도 보러 나가고, 친구들과 춤추러 클럽에도 가곤 했죠. 그때는 친구도 많았어요.

John: 한번은 배를 타고 그리스 섬들을 여행했어요. 신혼여행이었죠. 웃고 농담하고……. 친구들도 우리와 만나는 것을 좋아했어요.

목회 상담자는 두 사람 사이가 좋았던 다른 때에 대해서도 자세하게 물어보았다. 그는 내담자들에게 더 나아진 상황에 대하여 대화하도록 하는 것이 때로는 많은 인내심과 의지가 필요하다는 것을 알고 있다. 또한 두 부부의 목표가 상치되는 것으로 보이지만 두 사람 각각의 소망 중에 서로 협력할 만한 공동의 목표가 있는지 궁금하다. 부부는 그들의 관계를 즐겁게 만드는 방법은 알고 있지만, 둘의 대화는 계속 Alice가 집을 떠나는 것과 John은 아내와 아이들이 집을 나가지 않는 것을 주장하면서 맴돌고 있었다. 목회 상담자는 그들의 이야기를 수용하되 '그들의 입장을 변화시키기'로 하였다.

목사: (Alice에게) 자, 그럼 두 분이 떨어져 산다고 가정해 봅시다. 그것이 John에게는 어떻게 도움이 될 거라고 생각하십니까?

Alice: 남편은 아이들 키우는 것에는 관여할 수 있을 겁니다. 그것이 아이들에게도 좋을 거고요. 아이들이 보기에 부모가 서로 불행한 것보다 두 사람이 자기들을 키우기 위해 열심히 일하고 있다는 것을 알게 되겠죠. 그리고 우리는 서로 더 잘 지낼 것 같아요.

목사: 그럼, John. 그렇게 되면 당신과 Alice가 서로 엄청나게 불행하지 않으면서 아이들을 위해 협력할 수 있을 거라고 생각하시나요?

John: 우리에게는 항상 아이들이 먼저예요.

목사: 그럼 0부터 10의 척도에서, 10은 자녀들이 지금으로부터 25년 후에 두 분이 모두 좋은 부모님이었다고 얘기하는 것을 의미하고, 0은 상상할 수 없을 정도로 나쁜 부모였다고 말하는 것을 의미한다면, 당신을 몇 점이라고 할

것 같습니까?

John: 꽤 높을 거라고 생각해요. 제 말은 우리 둘 다 아이들을 너무 사랑하고 관심이 많아요. 그래서 7점이나 8점이라고 생각합니다.

Alice: 맞아요.

목사: 꽤 높은 점수네요. 어떻게 7점이나 8점을 주셨나요?

John과 Alice는 이전에 말한 것과 비슷한 것들에 관하여 이야기하였다. 목회 상담자가 더 자세히 얘기해 달라고 하자 이들은 더 많은 예를 말해 주었다. 이를 통해 목회 상담자는 그들이 부모로서 서로를 높이 평가하고 있음을 알 수 있었다.

목사: 이번에는 Alice 차례입니다. 척도 위에, 10은 당신이 집을 나가서 혼자 해 나갈 수 있을 때까지 이 상황에서 좀 더 살아보는 것을 의미하고, 0은 단 1분도 더는 못 견디겠다…….

Alice: 5점이요. 지금까지도 이렇게 살아왔으니까요. 만약 앞으로 3개월만 더 살게 된다면 10점이 될 거예요.

목회 상담자는 항상 그렇듯이 10분의 휴식을 취하고 다시 돌아와 부부를 만났다.

목사: 저는 상당히 깊은 인상을 받았어요. 두 분 모두 아이들을 정말 많이 생각하시고, 아이들이 잘되도록 하기 위해서 열심히 일하고 계신 것 같습니다. 두 분이 함께 힘든 시간을 거쳐 왔다는 것이 분명하고, 상황이 더 나빠지지 않도록 하신 것이 놀랍습니다. 그리고 아이들을 많이 사랑하시죠? 부모로서 서로를 존경하고요. 아마도 두 분께서 이 모든 시간 동안 무언가 잘해 오셨음이 틀림없습니다. 그래서 두 분께서 저를 좀 도와서 이것을 좀 해 주셨으면 좋겠어요. (부부가 동의함) 두 분이 각자 상대방을 잘 관찰하면서 상대방이 아이들과 잘하고 있을 때, 그리고 뭔가 다르게 하고 있을 때가 언제인

지 잘 알아차리는 겁니다. 그리고 다음에 방문하셨을 때 그것에 관해 얘기해 주시면 어떨까요? (부부가 동의함) 다음에 저와 다시 만나시겠어요?

부부는 그러겠다고 대답하고, 1주일 후에 다음 상담을 약속하였다.

두 번째 회기

목사: 자, 무엇이 좋아졌나요?

John: 음, Alice가 잘하는 것을 많이 봤어요. 가장 놀란 일은 지난 목요일이에요. Alice가 제게 다가와서 껴안더니 입을 맞췄어요. 저를 비난하지도 않았고요. 90% 좋아졌어요! 토요일도 정말 좋은 날이었는데, 아내가 오랫동안 보이지 않았던 미소 짓는 얼굴로 저를 봐 줬어요.

Alice: 사실 일주일 내내 그렇게 했는걸요. 남편과 눈을 많이 맞추고, 낙천적으로 행동하면서 서로 허심탄회하게 대화하고요. 남편에게 도와달라고 말했고요. 좋은 한 주였던 것 같아요! John이 말할 때 좀 더 주의를 기울이는 것이 느껴졌어요. 자기가 말하는 것을 내가 어떻게 받아들일지 좀 더 민감해진 것처럼 보였어요. 제가 생각했던 것보다 아이들과 더 많이 놀아 주었고요.

John: 제가 좀 더 자발적이 된 것 같습니다.

목사: 그게 더 좋아진 일이군요?

Alice: 수요일에 둘이 저녁을 먹으러 나가서 정말 즐거운 시간을 보냈어요. 요즘 들어 가장 이야기를 많이 한 것 같아요.

목사: 자, 그럼 보세요. 10은 기적이 일어난 다음 날 같은 날이고, 0은 남편이 처음 전화를 걸어 상담을 약속했던 날 같은 날이라고 합시다. 오늘 두 분은 몇 점에 있으신가요?

Alice: 5점이요.

목사: 어떻게 0이 아니라 5점이죠?

Alice: 저희가 아이들과 산책도 하고 자전거도 타러 갔거든요. 지난주에 상담이 끝난 후 같이 계획을 세우고, 제가 아이들과 날짜를 잡고, 남편도 그날 시간을 내기로 했죠.

목사: 그게 더 좋아진 일이군요?

Alice: 네, 매우 달라진 것이죠. 그런데 그런 것은 우리가 떨어져 살 때에도 할 수 있는 일이잖아요. 그런 걸 하려고 함께 살 필요는 없으니까요. 아마 따로 살면 더 많이 할지도 몰라요.

목사: 그럼, John은 몇 점이죠?

John: 7점이요.

목사: 7점이나 높이요? 자세히 얘기해 주세요.

John: 아내는 여전히 떠나고 싶어 해요.

목사: 그것이 좋아진 것인가요? 제 말은, 그런데 어떻게 점수가 그렇게 높죠?

John: 아, 네. 저희가 만난 부부 상담자는 항상 저희 문제에 대해 얘기하기를 원했어요. 그래서 제가 그것에 익숙해졌나 봐요. 왜 제가 7점이냐면, 저희가 이전의 우리 같아졌어요, 제 생각엔… 더 희망적이고, 더 가족 같고, Alice와 제가 다시 부부가 된 것 같아요.

목회 상담자는 부부에게 상황이 더 나아졌을 때에 관하여 더 자세히 질문하였다. 부부가 이혼하지 않는 것을 목표로 삼는 대신에 함께든 따로든 어떻게 하면 부부 사이를 더 나아지게 만들 수 있을지에 초점을 두고 대화를 이어 갔다. 부부 사이가 더 좋아지면 누가 알아차릴 수 있을지 물어보자 부부는 아이들과 시어머니가 어떻게 알아차릴지에 관하여 말하였다.

목사: 척도 위에, 10은 지난주처럼 앞으로 6개월 동안 잘 보낼 수 있다는 자신감이 있는 경우이고, 0은 지금보다 훨씬 나빠진 것을 의미할 때, 오늘은 몇 점입니까?

Alice: 저는 6점이라고 할래요.

John: 네, 6점이요.

목회 상담자가 언제나처럼 10분 휴식 시간을 갖고 다시 돌아와서 말했다.

목사: 저는 두 분이 모든 것을 함께하신 시간만큼이나 소통을 잘하시는 점이 참 인상적이라고 생각합니다. 함께 외출하고, 애정을 더 많이 표현하고, 아이들과 시어머님과 무엇을 함께 하고요. 어떤 일이 일어나도 이러한 변화를 계속하겠다는 자신감도 갖고 계십니다. 자, 그래서 이런 제안을 하겠습니다. 이번에는 두 분이 각자 상대방이 아이들과 친척, 동료 그리고 친구들과 무엇을 잘하고 있는지 비밀스럽게 지켜보는 것입니다. 그리고 두 분이 다시 상담에 오시면 그때 그것에 관해서 이야기하는 것은 어떨까요?

Alice: 아이들에게도 지켜보고 기록하게 한 다음, 다음 상담에 아이들과 함께 와도 될까요?

목사: 어떤 것이든 도움이 될 것 같다고 생각하시면 좋습니다.

부부는 목회 상담자가 제안한 것을 해 볼 시간을 갖기 위해 2주 후에 다시 상담에 오기로 하였다.

세 번째 회기

다음 회기에 부부가 왔을 때, 목회 상담자는 "무엇이 더 좋아졌나요?"라고 물었다. John은 Alice 덕분에 지난 2주가 즐거웠다고 하였고, Alice는 John이 더 많은 것을 도와주었다고 대답하였다. 부부는 서로 편안하게 지낼 수 있었고, 모든 것이 8점이라고 하였다.

목회 상담자는 좀 더 자세히 얘기해 보라고 하였고, 부부는 별거를 하게 되면

John이 Alice를 경제적으로 지원하고, John이 원할 때 언제든지 아이들을 만날 수 있도록 하는 것에 합의했다고 하였다. 또한 따로 살게 되더라도 두 사람 모두 아이들이 필요로 하는 사랑과 관심을 주는 것을 최우선으로 하기로 하였다고 전했다.

John: 이 상담에 오면서 저희는 결혼 생활에서 어느 때보다 서로 많은 대화를 하게 되었어요. 전에는 상담자를 찾아가면 많이 싸우고 서로 기분이 엄청 나빠져서 돌아왔거든요. 그런데 이곳에 오면 우리가 동의할 수 있는 합의점을 찾게 돼요. 아직도 아내와 아이들이 집을 나간다는 것이 좋지는 않지만, 최악의 상황이라 하더라도 제가 그들의 삶의 일부가 될 수 있을 것 같습니다.

Alice: 저희 문제를 해결할 수 있다는 믿음을 갖게 해 주셔서 목사님께 감사드립니다. 우리가 좋은 결정을 내릴 수 있는 능력이 있는 사람으로 대해 주셨어요. 그것이 저희가 도움을 받고자 했던 일이거든요.

6개월 후

6개월 후, Alice와 John, 그리고 부부의 자녀들이 함께 교회에 왔다. 예배가 끝난 후에 Alice는 미소를 지으며 목사에게 그 뒤로 무엇이 더 나아졌는지 궁금하지 않은지 물어 왔다. 그러고는 그녀가 집을 나가지 않았다고 말해 주었다. 별거를 하는 것에 대해 아직도 가끔 생각해 보지만, 그런 생각이 이전보다 훨씬 줄어들었다고 하였다. "우리는 가족이고, 만약 따로 살게 되면 이전보다 더 힘들어질 수도 있다고 생각하기 때문에 그것보다는 함께 있어 보는 것도 괜찮겠다는 결론을 내렸어요."라는 말과 함께.

우연히 잠시 이루어지는 상담: 병원 방문

목회 상담자와 내담자의 만남은 우연한 만남이나 정기적인 병원 방문 동안 그때그때 봐 가며 잠시(커피 마시는 시간, 사교 활동, 쇼핑, 길거리 만남, 거동이 어려운 장애인 방문, 전화, 이메일 등을 통해) 이루어지는 경우도 많다.

Sue는 지역 신도들을 돌보는 목회자로 지역 병원을 정기적으로 방문하고 있다. 여기서는 Sue가 수술 후 병원에 입원해 있는 Christine이라는 내담자를 상담한 사례를 소개한다. Christine의 남편은 Sue에게 아내가 매우 우울한 것 같아서 걱정된다며, 자신의 아내를 만나 달라고 하였다. Sue가 Christine을 만났을 때, Christine은 "수술 후에도 더 이상 나아지지 않을 것 같다. 3일이나 지났는데 더 좋아지지 않는 것 같다."며 힘들어하고 있었다. Sue는 혹시 그녀의 기분이 조금 나은 때가 있는지 물어보았다. Christine은 5분이나 10분 정도 기분이 좀 나은 경우도 있지만 "그 다음엔 다시 더 나빠진다."고 대답하였다. Sue가 Christine의 기분이 좀 나은 때에 대해서 자세히 말해 달라고 하자, Christine은 자신이 혼자 일어나 앉기를 얼마나 원하는지에 대하여 이야기하였다. "저는 여기서 죽어 버릴지도 몰라요." 이때 목회 상담자는 두 가지 선택 사이에 서게 된다. 하나는 Christine에게 죽음에 관하여 이야기하는 것이고, 다른 하나는 조금이라도 그녀의 기분이 좋은 때에 관하여 이야기하는 것이다. 이 두 가지 사이에서 Sue는 Christine이 조금 더 나아졌을 때 남편이 그녀의 어떤 점을 보면 그것을 알 수 있을지에 대하여 물어보기로 하였다.

Christine: (웃으며) 남편은 내 불평을 들어 줘요. 남편 말이 내가 불평을 할 때에는 뭔가 할 준비가 되어 있는 거래요.

Sue: 남편이 하는 말이 얼마나 잘 맞죠?

Christine: 거의 항상이요!

Sue: 그럼, 당신은 지금 뭔가를 할 준비가 얼마나 되어 있나요?

Christine: 완전히요.

Sue: 그런 것 같아 보입니다. 지금까지 어떻게 이렇게 잘해 오셨나요?

Sue는 Christine이 무언가를 할 준비가 되어 있다는 점에 초점을 맞췄다. 그래야 Christine의 대답이 그녀가 이제까지 어떻게 대처해 왔는지에 초점을 두게 된다. Sue는 기적 질문을 하였다.

Christine: (미소 지으며) 간호사들이 제 기저귀를 갈아 주지 않아도 되겠죠. 그리고 간호사들 방으로 가서 제 옷을 돌려 달라고, 퇴원하겠다고 할 것 같아요. 하지만 그런 일은 일어나지 않겠죠.

Sue: 만약 그렇다고 가정해 보세요. 당신이 그럴 준비가 되어 있을 때, 그때 당신이 준비가 되어 있다는 것을 알려 주는 첫 번째 작은 신호는 무엇일까요?

Christine: 아, 모르겠어요. 혹시 아침 식사 시간에 제가 일어나 앉아 있는 거요?

Christine은 그날 점심 식사가 오기 전에 이미 일어나 앉아 있었다. 기적은 이미 일어나고 있었던 것이다. 그녀는 좀 더 스스로를 돌보기 시작할 것이고, 남편에게 집안일을 시킬 때 자신이 조금씩 변화하기 시작했다는 것을 남편이 알아차릴 것이라고 하였다. 또한 부부가 함께 휴가 계획을 세울 것이라고 하였다.

Sue: 그럼, 0부터 10의 척도에서, 10은 기적이 일어난 다음 날 아침이고, 0은 수술 후 가장 나빴던 때라고 할 때, 오늘 당신은 몇 점인가요?

Christine: 모르겠어요. 하지만 아마 1점은 될 거예요. 저는 살아 있고 아직 숨 쉬고 있으니까요. 아직 죽지 않았어요, 그렇죠?

Christine은 2점이 되면 남편과 대화할 때 자신의 유머 감각이 되살아날 것이라고 하였다.

Sue: 만약 당신이 5점이라면, 남편과 친구들이 볼 때 당신은 무엇을 하고 있을까요?

Christine: 다음에 그들이 병원에 왔을 때 제 힘으로 일어나서 걷고 있는 거요.

Sue: 당신이 그렇게 할 수 있을 것이라는 걸 어떻게 알 수 있죠?

Christine: 오늘 아침에 제 힘으로 일어나서 누가 오기 전에 화장실을 다녀왔어요. 몸이 좀 떨리고 아팠지만 할 수 있었어요. 점심 때도 그렇게 앉아서 점심을 먹었던 거고요. 이제 연습도 해 봤으니 더 큰 일을 해 봐야지요!

Christine은 몇 가지 더 하고 싶은 일들에 대해 이야기하였다. Sue는 그녀가 나아지면 다른 사람이 그녀가 무엇을 하고 있는 것을 보게 될지, 그리고 그것이 그들과 그녀에게 어떤 변화를 가져올지에 대하여 자세히 질문하였다. Christine은 점점 더 밝은 목소리로 많은 것을 이야기하였다. 목회 상담자는 Christine이 이야기한 것에 기초하여 다음과 같이 질문한다.

Sue: 자, 그럼 당신은 이런 일들을 할 준비가 되어 있을 거라고, 혹은 준비를 할 거라고 말씀하시는 거죠?

Christine: 제 생각엔 준비가 되어 있는 것 같아요. (웃으며) 거의…….

Sue: 좋아요. 그럼, 또 다른 척도에서, 10은 당신이 준비가 되자마자 이 일을 하기로 결심한 것을 의미하고요, 0은 이것들 중 어느 것도 하든지 말든지 관심이 없는 것을 의미합니다. 지금 당신은 몇 점인가요?

Christine: 정말요? 6점인 것 같아요. 어쨌든 해 볼 거예요.

Sue와 Christine 두 사람이 이야기하는 동안 간호사가 몇 번이나 와서 들여다보았기 때문에 Sue는 이때 휴식 시간을 갖는 것이 좋겠다고 판단했다. 휴식 시간 동안 Sue는 Christine이 자신의 기저귀에 주목한 점, 그리고 자신이 할 수 있는 일들을 생각해 낸 점 등에 대해 칭찬하기로 하였다.

Sue: 자, 이제 저는 다른 사람들에게도 가 봐야겠네요. 그 전에 당신에게 몇 가지 해 주고 싶은 말은 먼저 당신에게 큰 감명을 받았다는 것입니다. 그동안 많은 일을 겪으면서 좋은 일과 어려운 일들이 있었어요. 포기할 일도 있었지만 당신은 다시 일어나기를 원해요. 낙심하기도 했지만, 휴가를 가고, 돌아가서 집안일을 할 계획을 세우고 계시죠? 그리고 남편과 친구들이 당신에 대해 많이 걱정하지 않았으면 하고요. 당신은 매우 적극적이고, 책임감 있고, 단호한 사람입니다. 가능하면 빨리 퇴원해서 집에 가기를 원하죠? 그래서 다음과 같이 제안하고 싶어요. 제가 떠난 다음 당신이 휴가에 대해, 그리고 또 당신이 하고 싶은 다른 일들에 대해 생각하고 있을 때, 그때 남편이 어떻게 다른지 주의해서 잘 봐 주세요.

이틀 후 Sue가 병원을 다시 방문했을 때 Christine은 퇴원한 상태였다. Christine에게 전화를 걸자 Christine은 현재 자신의 상태는 "10점!"이라고 대답하면서, 남편이 처음 상담을 의뢰하면서 걱정했던 '우울'은 많이 좋아졌고, 목회 상담자에게 자신의 집을 한 번 방문해 달라고 초대하였다.

집단상담

어떤 집단은 유사한 문제를 가진 사람들로 구성된다. 그 예로 어느 지역 교구에서 자녀를 잃은 부모와 그들의 친구들로 구성된 집단의 사례를 들고자 한다. 그들의 이야기를 듣고 나서, 나는 그들이 때때로 정도는 다르지만 분노를 느낀다는 것이 합당하다는 점이 이해가 되었다. 나는 이 장 앞부분에서의 부부상담 사례와 비슷한 접근을 사용하여 이들을 상담하였다.

먼저 나는 집단원 각각에게 이 집단에 참여함으로써 그들이 원하는 것이 무엇인지 궁금함을 표현했다. 즉, 그들의 가장 친한 친구가 그들에게서 무엇을 보면 이 집단에서 뭔가 가치 있는 일들이 일어나고 있다는 것을 알아차릴 것 같은지 물었다. 그리고 그것들 중에 그들이 계속하고 싶어 할 만한 일들에 관하여 기적 질문, 척도 질문을 사용했다. 그리고 그들의 삶이 더 나아지면 무엇이 달라질지에 관하여 자세히 질문했다. 그런 것들은 수도 없이 많을 것이다. 이러한 질문에 집단원들이 열심히 대답한 결과, 그들은 자신들이 잘해 온 일들을 최선을 다해 계속하기로 하였다. 그리고 3회기에는 그들에게 해결중심 집단상담이 더 이상 필요하지 않다는 결정을 내렸다. 우리는 집단원들이 꼭 필요로 할 때에는 언제든 다시 집단을 계속한다는 약속을 하고 집단상담을 종결하였다. 다만 그들 중 몇몇은 해결중심 질문을 사용하는 지지집단을 만들어 계속 만났다. 집단이 끝난 지 5년 만에 나는 최근 그들의 소식을 들었다. 집단원들은 이 집단을 통해 그들이 받은 도움은 사랑하는 사람을 잃었다는 것이 어떤 정신장애나 기능장애가 아니라는 것을 가르쳐 준 점과 자신들이 사랑하던 사람을 지독히 그리워하면서도 주어진 삶을 제대로 살아낼 수 있는 엄청난 힘을 가지고 있다는 생각을 갖게 해 준 점이라고 말했다고 한다.

결 론

나는 몇 년 동안 사람들을 만나면서 상담이나 프로그램에 참여하지 않고도 마약이나 알코올 문제를 성공적으로 극복한 사람이 있는지 조사하였다. 그 결과 Thomas와 Cockburn(1998)의 연구 결과와 비슷한 결론을 얻었다. 이들의 연구는 '1980년대에 정서, 중독, 건강, 혹은 삶의 문제를 성공적으로 극복한 사람들'에 관한 갤럽(Gallup)의 조사를 바탕으로 한 것인데, 결과는 놀라운 것이었다. 즉, "심장 발작, 배우자나 자녀의 사망, 심각한 우울을 경험한 사람들 중 90% 이상의 사람들이 전문적인 도움을 받지 않고도 문제를 극복하는 것으로 나타났다." (p. 4)

이 장은 자기 자신과 가족, 친구, 동료 그리고 지인을 포함하여 자신의 삶에서 다양한 강점을 끌어냄으로써 엄청난 일을 해낸 보통 사람들의 이야기에 초점을 맞추었다. 이들은 내담자가 자신의 삶에서 해결책을 구축해 나갈 때 전문적인 상담의 도움 없이도 해결책구축을 계속할 수 있다는 것을 나에게 가르쳐 주었다. 나는 그들이 해결 구축을 위한 대화 이상의 도움이 필요하다고 판단하면 자기가 원하는 결과를 얻기 위해 외부의 도움을 찾는 경향이 있다는 것도 알게 되었다. 내담자가 정신과 의사나 상담심리사, 사회사업가 또는 목회 상담자와 같은 상담전문가를 찾아달라고 부탁하면 나는 주로 자격을 갖춘 해결중심 전문가에게 그들을 의뢰한다. 그리고 가능하면 전문가들과 팀을 이루어 그들의 상담에 협력하고 있다. 만약 그들이 원하는 것이 그것이 아니라면 그들은 스스로 적절한 자원을 찾아 나설 것이다. 사람은 스스로 원하는 것을 찾을 수 있는 능력을 충분히 가지고 있기 때문이다.

주

1 나는 이 장에서 '목사' '목회자' '목회 상담자' 혹은 '교회'라는 말을 다양한 종교적 틀 안에서 일하고 있는 사람들을 통칭하기 위하여 폭넓게 사용하였음을 밝힌다.

참고문헌

de Shazer, S. (1985). *Keys to solution in brief therapy.* New York: Norton.

de Shazer, S. (1991). *Putting difference to work.* New York: Norton.

de Shazer, S. (2005). *Current thoughts: The miracle question.* [online]. Available http://www.brief-therapy.org

de Shazer, S., & Isebaert, L. (2003). The Brugges model: A solution-focused approach to problem drinking. *Journal of Family Psychotherapy, 14*(4), 43-52.

Gallagher, D. (2005). Listen and describe. In T. S. Nelson (Ed.), *Education and training in solution-focused brief therapy* (pp. 229-252). Binghamton, NY: The Haworth Press.

Iveson, C., Ratner, H., & George, E. (2001, September). *Sharpening Ockham's razor.* Workshop presented at the European Brief Therapy Association (EBTA)

Conference, Dublin, Ireland.

Thomas, F. N., & Cockburn, J. (1998). *Competency-based counseling.* Minneapolis: Augsburg Fortress.

CHAPTER 11

소진에 대한 해결중심 접근

Yvonne Dolan
Thorana S. Nelson

서 론

종종 심리적 외상이나 약물을 남용하는 내담자를 상담하는 치료자는 소진 또는 간접 외상, 외상 역전이, 연민 피로 등을 경험한다. 이러한 사실은 여러 문헌에서 찾아볼 수 있다. 이러한 현상들 간에 차이는 있지만 신체적 · 정신적 피로 혹은 탈진 경험, 우울증, 건망증, 영적 권태감과 같은 정서적 증상을 나타낸다는 측면에서 유사성이 있으며, 연민 피로나 간접 외상의 경우 외상후 스트레스장애(American Psychiatric Association, 1994)와 같은 증상을 나타낸다. 만약 치료자가 적절한 훈련이나 지지, 전문가와 개인으로서의 균형 잡힌 삶, 또는 감정을 해소할 기회를 충분히 갖지 못한 상태에서 심리적 외상이 있는 내담자와 상담하게 된다면 그로 인한

다양한 증상을 경험하게 되며, 이는 종종 내담자에 대한 질 낮은 서비스, 직장 및 개인적 관계의 손상, 잦은 이직 등의 문제를 야기할 수 있다.

연민 피로와 소진은 정신건강 및 관련 분야의 업무 수행에 막대한 문제를 초래할 수 있다. 그러나 아직 입증된 것은 아니지만 해결중심 치료자들은 소진을 드물게 경험하는 것으로 나타난다. 오랫동안 많은 해결중심 치료자들이 해결중심 단기치료(SFBT)를 사용하면 소진이 예방된다고 말해 왔다. 그들의 설명은 다음과 같다.

- SFBT는 내담자와 대립적인 관계보다는 협력적 관계를 형성하므로 치료가 훨씬 더 즐거운 일이 된다.
- 우리의 목표가 바로 내담자의 목표이기 때문에 동기부여를 위해 지나치게 애쓰지 않아도 된다. 내담자의 목표가 달성되었을 미래는 어떤 모습일까에 대하여 이야기하기 때문에 내담자는 자연스럽게 동기가 부여된다.
- 척도 질문은 치료 과정을 명료하게 해 준다. 이것은 치료자뿐 아니라 내담자가 상담 과정에서 경험하는 스트레스를 줄여 준다.
- 치료자는 기적 질문에 대한 내담자의 답을 들을 때 기분이 좋아지며, 내담자는 가상의 기적에 대한 구체적인 사항들을 이야기하면서 스스로에게 동기를 부여하게 된다.

내담자의 외상을 치료하거나 정신적 스트레스를 재경험하도록 하는 데 초점을 두기보다는 내담자 스스로 정한 목표를 위해 작업하는 것은 내담자와 치료자 모두 외상의 고통을 넘어 보다 나은 미래를 향해 나아가게 만든다. SFBT 치료자는 소진을 덜 경험할 수 있다. 그러나 SFBT 치료자가 다른 치료자들과 마찬가지로 심리적 외상을 가진 내담자를 상담하거나 그들의 고통을 목격함으로써 오는 2차적 효과의 영향을 받지 않는 것은 아니다.

이 장에서는 SFBT 치료자가 비교적 소진에 저항력이 있다는 보고와 관련하여 SFBT가 소진을 경험한 치료자를 회복시키는 데 어떻게 효과적인 도움을 주는지 살펴본다. 또한 이 장에서는 슈퍼바이저나 자문가가 정신건강 전문가 및 기타 치료자의 소진을 경감시키기 위하여 해결중심 기법들을 어떻게 사용할 수 있는지 사례를 통하여 설명하고자 한다. 우리는 기법을 예시하는 해당 부분의 질문을 명확히 표시하기 위하여 굵은 글씨를 사용하였다. 여러 가지 SFBT 기법들이 사용된 면담 부분에는 제목과 예시를 통해 가장 강조하고자 하는 기법들을 표시하도록 하겠다. 그리고 서로 다른 기법들이 어떻게 내담자가 변화하도록 돕는지에 관하여 설명을 추가하였다.

Amy의 사례

Amy는 청소년보호 시설의 재가 사회복지사다. 상담실에 걸어 들어오면서 Amy는 눈동자를 굴리며 날카롭게 한숨을 내쉬었다. 나(이 장의 저자 Yvonne)는 이미 오늘 아침 Amy의 상사와 슈퍼바이저의 소개로 그녀를 만난 적이 있다. Amy가 일하는 상담기관에서 내가 이틀 동안 세미나를 제공하게 되었기 때문이다. 천천히 문을 닫으면서 Amy는 에너지가 다 소진된 사람처럼 소파에 무겁게 주저앉았다. 쿠션에 쿵하고 기대며 상사가 자신이 '소진'되어 있다고 생각하기 때문에 나를 만나라고 했다고 설명했다. 나는 그녀에게 그 말에 동의하는지 물었다. 그녀가 방에 들어오는 태도로 보아 나는 "아니요."라는 대답을 기대하고 있었고, 그녀가 나와 이야기하는 것은 시간 낭비라고 말할 것으로 생각했다. 그러나 바로 그때 Amy의 눈에 눈물이 고이며 입술이 떨리기 시작했다. 짧은 순간 내 눈을 바라보더니 바닥을 내려다보았다. 그녀는 눈물이 볼을 타고 흘러 내려도 아무 움직임 없이 소파에 앉아 있었다. 나는 Amy가 얼굴을 들 때까지 기다렸다. 그리고 그녀가 말하기 시작했을 때 휴지를 건넸다. 그녀는 눈물을 닦고서 내 등 뒤의 벽에 시선을 둔 채 말하기 시작했다.

Amy: 아마도요. 원장님이 맞을지도 몰라요. 제가 요즘 많은 일을 잊어버리거든요. 그리고 최근에는 일하면서 몇 가지 실수도 했어요. 어느 날 밤 제가 당직이었는데 휴대전화로 오는 메시지를 확인해야 한다는 것을 잊어버렸어요. 밖에서 영화를 보고 있었는데, 동료들이 두 시간 동안이나 저를 호출한 것을 몰랐어요. 집에 돌아와 전화기에서 불빛이 반짝이는 것을 보고 나서야 알았어요. 동료들은 제가 어떤 아이의 약물 처방전을 어디에 두었는지 알 수가 없었고, 그 아이의 양어머니가 아침 일찍 그 아이를 데리러 올 거였기 때문에 그게 큰 문제였어요. 만약 처방전을 그때까지 준비해 놓지 않으면, 그 아이의 양어머니뿐 아니라 그날 그 아이를 야외활동에 데리고 가기로 한 사람들까지 엄청 많은 사람들에게 불편을 끼쳤을 거예요. 동료들은 저 때문에 짜증이 났고, 저는 자신을 방어하기 위해 결코 전문가답지 않은 말을 하게 됐어요. 이런 행동은 정상적인 상황에서의 나답지 않은 행동이었죠.

(Amy는 잠시 멈추고 정확한 단어를 고르기 위해 조심스럽게 말했다. 나는 답하였다.)

치료자: 원래 당신은 프로답지만 이번 경우에는 좀 달랐군요.

(Amy는 고개를 들고 끄덕였다. 그리고 무언가를 찾는 듯한 시선으로 나를 바라본 후 바닥을 보면서 계속 말을 이어 갔다.)

Amy: 네… 그리고 지난주에 시설에서 전체 모임이 있어서 아이들에게 모이라고 했는데, 남자아이들 중 한 명이 아래층으로 바로 내려오지 않아서 제가 그 아이에게 과민반응을 보였습니다. 그 아이에게 전화를 세 번이나 했는데, 그 아이의 적대적인 태도에 정말 화가 나서 제가 이성을 잃었어요. 제가 과민반응을 했다고 말할 수 있을 겁니다. 제가 그 아이에게 그 주말까지 TV를 볼 수 없게 했거든요. 그 후에 생각해 보니 아래층으로 즉시 내려오지 않았다고 해서 준 처벌로는 지나치다는 것을 깨달았어요. 그 아이가 처음 두 번의 호출은 듣지 못했다고 말했는데 아마도 사실일 겁니다. 보통 우리는 아이들을 불신하지 않으려 합니다. 그 아이들은 이미 우리에게 오기 전에 너무 많은 일을 겪었거든요. 그래서 전체 모임 후에 그 아이와 앉아서 제가 과민반응을 보여 미안하다고 말했어요. 그리고 네가 다른 규칙만 어기지 않으면 TV 볼 권한을 뺏지 않을 것이라고 말했습니다. 그렇게 제 실수를 만회하려고 노력했지만 여전히 제가 정말 잘못했다고 느껴요. 어제 원장님께 가서 그 일에 대해 말씀드렸어요. 최근에 정말 어리석은 실수를 몇 가지 했다는 걸 알고 있고, 제가 뭐가 잘못된 건지 모르겠다고 말했죠. 소진이 된 것 같다고요. 원장님이 조퇴하고 남은 하루 동안 좀 쉬는 것이 어떠냐고 하셨어요. 그리고 선생님께서 이번 주에 여기에 계실 테니 한번 만나 보는 것이 어떠냐고 제안하셨습니다. 사실대로 말하자면, 저는 정말 선생님을 뵈러 여기에 오고 싶지 않았어요. 이미 많은 일이 있었는데 거기에 해야 할 일을 하나 더하는 것처럼 느껴지거든요.

회기 목표 정하기

나는 내가 Amy의 입장이었더라면 아마 그녀와 똑같이 느꼈을 것이라고 말해 주었다. 그런 다음 그녀가 지금부터 1시간 후 이 방에서 나갈 때 즈음 그녀의 시간을 낭비하지 않고 뭔가 유익한 일이 우리의 만남에서 일어났다고 느끼려면 이 회기에서 무슨 일이 일어나야 하는지 물었다.

적어도 1분 이상이 지난 후에야 그녀는 "모르겠어요."라고 모호하고 간청하는 듯한 목소리로 대답했다. 그런 다음 다시 말이 없었다. 내가 더 젊은 치료자였을 때에는 이런 침묵을 다른 질문이나 뭔가 공감적인 반응으로 메우려 했을 것이다. 그러나 지금의 나는 이런 것들을 억제하고 상대방이 더 생각할 시간을 준다. 나는 사람들이 일반적으로 틀에 얽매이지 않는 질문에 대답하는 데에는 좀 더 시간이 걸린다는 것을 배웠고, 대부분의 SFBT 질문들은 이 범주에 해당한다. 왜냐하면 문제를 제거하는 것보다 미래 지향적이고 해결책 창조를 강조하기 때문이다.

벽에 붙은 디지털 시계로 3분이 지나서야 Amy가 다시 고개를 들더니 깊은 한숨을 내쉬며 천천히 대답했다. 그녀의 목소리는 평상시의 것이 아니라 마치 큰 소리로 생각하면서 동시에 자신의 깊은 곳에서 한 번에 한 단어씩 끌어올리는 듯한 소리와 같았다.

Amy: 제가… 좀 더 명확히 생각하고… 기분이 좀 나아지려면 무엇을 해야 할지 알 수 있을 것 같아요… 압박감도 덜 느낄 것 같고요. 제 말은 어제 조퇴하고 집에 일찍 갔더니 조금 기분이 나아지긴 했어요. 하지만 더 이상 제가 해야 할 일을 잊어버릴 수는 없어요… 이곳은 정말 일손이 부족해요. 예산이 삭감되면서 한 사람 자리가 줄었는데, 그것 때문에 저는 작년에 휴가도 가지 못했어요. 마침 이번 8월에 휴가를 얻긴 했지만 남은 3개월을 어떻게 버틸지 막막합니다. 다만 앞으로 며칠 동안 만이라도 어떤 계획을 세워서 일을 조금이라도 잘해 내면 매일 출근하는 일이 그렇게 두렵지는 않을 것 같아요. 이 직업은 정말 어려운 일이거든요. 그리고 이 기관과 다른 기관 사이의 정치적인 문제도 있고, 아이들은 끊임없이 문제를 일으킵니다. 항상 무슨 일이 일어나죠. 그 점이 어렵습니다.

나는 활동적인 사춘기 소년들과 함께 온종일 일하는 것은 매우 어려운 일이며, 물론 각 기관들 사이의 정치적인 문제도 자연스럽게 스트레스를 더했을 수 있다고 Amy에게 말해 주었다. 그리고 이 일을 얼마나 오랫동안 해 왔는지 물었다.

Amy: 이번 봄에 3년이 돼요… 처음에는 아이들이 좋고, 그들을 돕고 싶어서 이 일을 시작했어요. 그런데 사실 어떤 때에는, 최근에는 더욱더 집에 돌아왔을 때 정말 에너지가 고갈되고 지쳐서 다음 날 일어나지 못할 것처럼 느껴집니다. 제 일을 통해 아이들을 변화시킬 수 있다는 생각이 안 들고, 때로는 아이들에게 정말 큰 좌절감을 느껴서 잠시 동안만이라도 그들을 떠나고 싶은 생각도 듭니다. 하지만… 물론 근무시간에 떠나 버릴 수는 없지요. 집에 들어가면 소파에 푹 파묻혀서 휴식하려고 TV를 켜지만 효과가 없어요. 다음 날 해야 할 일들이 계속 생각나고, 무엇이든 그날 다 하지 못한 일들에 대해 걱정하죠. 제가 소진되었다는 것을 저도 알아요. 바보 같죠. 하지만 일을 그만두고 싶지는 않습니다. 일이 필요해요. 수백만 원의 학자금 대출도 갚아야 하고요. 그래서 일을 그만두고 싶지는 않아요. 하지만 너무 지치고, 밤에 잠도 잘 못 자고, 스트레스를 받으면 먹게 되니까 10kg 가까이 몸무게도 늘었어요… 어떻게 해야 할지 모르겠습니다.

이후 회기는 이렇게 진행되었다.

치료자: 그러니까 경제적인 압박감도 있으시군요. 감당해야 할 일이 많네요. 하지만 그래도 아직까지 일을 그만두고 싶지는 않은 거죠?

Amy: 네, 제가 감당해야 할 일들이 많죠. 하지만 선생님 말씀이 맞습니다. 정말 직장을 그만두고 싶지는 않아요. 계속 다니고 싶어요. 제가 너무 지쳐 있지만요.

치료자: 이런 책임들 때문에 당신이 피곤하게 느끼는 것이 그리 놀라운 일은 아니라고 생각합니다. 말씀하신 대로 최근에는 잠도 잘 못 잤다고 하셨죠? 그렇지만 당신은 이 일을 어느 정도 잘해 오셨네요.

Amy: 지난달에는 지각도 몇 번 했어요. 이것도 또 다른 문제죠.

치료자: 몇 번 그랬군요.

Amy: 예.

예외 질문하기

치료자: 매번 그런 것은 아니죠?

Amy: 네.

치료자: 그것도 대단한 일이네요.

Amy: 대단하지는 않지만, 제 생각에 대견하기는 한 것 같아요. (웃음)

대처 질문으로 예외를 확장하기

내담자가 낙담하고 예외를 생각하기 어려워할 때 혹은 자신을 평가 절하할 때, 대처 질문은 자기 확신을 주는 데 도움이 된다. 그들의 자기인식은 늘 그 문제를 갖고 있다거나 결코 문제에서 벗어날 수 없다는 것이다. 그러나 결국 그들이 기능하고 있다는 것은 그들이 기능할 수 있다는 것을 의미한다.

치료자: 그래서 제가 궁금한 것은… 지금 이것이 당신에게 정말 어려운 문제인 것을 보니, 제 생각에는 그동안 계속 어려웠었다는 의미인데…(Amy가 고개를 끄덕임) 제가 특별히 궁금한 것은 선생님이 그동안 어떻게 이 일을 이 정도 해 올 수 있었는가 하는 것입니다.

Amy: 음, 그냥 저 자신에게 그렇게 하도록 했어요.

치료자: 그 말은 쉽게 들리지만, 우리 둘 다 그것이 그리 쉽지 않다는 것을 압니다. 어떻게 그렇게 하실 수 있었습니까?

Amy: 제가 결심을 했어요. 때때로 정말로 어려울 것 같은 날 출근하고 싶지 않을 때에는 제 자신에게 침대에서 일어나 옷을 걸치고 일하러 가라고 명령했어요. 마치 자신에게 리모컨이 달린 것처럼 대했죠. 어떤 날들은 더 힘든 날도 있었어요.

치료자: 물론 많은 일이 일어나는 직장에서 어떤 날은 더 힘든 날도 있겠지요. 하

지만 선생님은 어떻게든 자신을 움직이도록 하셨네요.

이 일에서 공감은 매우 중요하다. 공감의 말은 당신이 내담자를 이해하고 있으며, 앞으로 나아가는 것을 도와주고 해결을 구축하도록 돕고자 한다는 것을 전달해 준다. 공감적 진술은 "네, 하지만" 보다 "네, 그리고"라는 말을 하게 만드는 데 도움이 된다.

Amy: 많이 그랬죠.

치료자: 많이 그러셨군요. 그래서… 그렇게 힘든 날에는 자신에게 일하러 가라고 명령하셨는데, 그럼 조금 쉬운 날에는… 음, 그러니까 선생님께서 혹시 알고 계신지 궁금한데요, 만약 있다면 무엇이 조금 쉬운 날이 되도록 만들었을까요?

내담자가 해결을 구축하는 방향으로 반응하도록 계속 반복하는 것은 면담 과정을 해결 중심의 분위기로 만들고 그 분위기를 유지하는 데 도움이 된다. 동시에 치료자의 말투를 통해 이해하고 인정하고 있다는 뜻을 전할 수 있다. 치료자는 조금 쉬운 '어떤 날'을 강조함으로써 내담자가 '어떤 날'을 좀 더 자세히 탐색하는 데 도움을 줄 수 있다.

Amy: 쉬운 날은 없지만, 음 어떤 날은 다른 날만큼 그렇게 미친 듯 나쁘지는 않아요. 그런데 금방 무슨 질문하셨죠? 그러니까 그렇게 나쁘지 않은 날 말씀이신가요? 아주 멋진 날은 아니지만 그렇게 나쁘지 않은 날이요?

내담자는 문제에서 예외로 움직이기 시작한다.

치료자: 네…….

Amy: 글쎄요…….

Amy는 목소리가 점점 약해지다가 몇 분 동안 침묵하였다. 마치 깊은 명상에 잠긴 듯 보였다. 어떤 의견이나 생각을 말하는 것으로 이 침묵을 방해한다면 그녀를 다시 문제 속으로 데려가거나 예외와 대처로부터 멀어지게 할 수 있을 것이다.

Amy: 그런 날은… 음, 퇴근 후에 제가 뭔가 하고 싶은 일이 있는 날인 것 같아요… 왜냐하면, 음, 그런 때에는 아이들이 우리를 힘들게 하거나 다른 기관과 문제가 있더라도 그것이 내 인생의 전부는 아니라고 느끼기 때문에 그럭저럭 이겨 낼 수 있을 것 같거든요. 이 일은 단지 내가 직장에서 하는 일이고, 나의 직업은 정말 힘든 일이지만, 이것이 나의 24시간 전체를 차지하는 경험은 아니라는 것이죠.

치료자: 직장에 관한 것일 뿐 선생님이 24시간 동안 경험하는 전부는 아니다?

치료자는 Amy가 언급한 예외를 골라내어 그대로 반복해 준다.

Amy: 네, 어떤 점에서는 말이 안 되죠. 퇴근 후에 무슨 일이 있는 날은 더욱 피곤한 날이라고 생각할 테니까요. 하지만 사실 그 반대예요. 친구들을 만난 지 정말 오래 됐지만 만약 밖에서 친구를 만난다거나 운동을 하러 간다거나 했을 때 집에 돌아와서 느끼는 피곤함은 종류가 다른 것이거든요. 잠도 더 잘 자게 됩니다.

이제 Amy는 깊고 어려운 경험에서 예외를 깨닫는 쪽으로 움직이고 있다. 나는 Amy가 계속 그곳에 머무르도록 하면서 문제가 아닌 해결을 경험하도록 만들고자 한다.

치료자: 제가 좀 더 선명한 그림을 그릴 수 있도록 질문을 하나 해도 될까요?

Amy: 네, 물론입니다.

척도 질문하기

치료자: 그래요. 그럼 이렇게 가정해 봅시다. 우리에게 한쪽 끝은 10, 다른 쪽 끝은 0인 척도가 있다고 하고, 10은 가능한 한 가장 좋은 날을, 0은 그 반대를 의미한다고 할 때, 선생님이 하루를 마치고 침대에 누워서 그날을 되돌아보고 오늘은 비교적 좋았구나 하고 느끼시려면 몇 점에 있어야 할까요?

나는 내담자가 문제와 어려움의 측면에서 보는 대신에 문제에 대한 예외를 가능성과 해결의 측면에서 볼 수 있도록 돕고자 한다. SFBT에서 다음 단계에 무엇을 해야 하는가를 결정하는 것은 과학처럼 정해진 것이 아니다. 결정은 내담자가 하는 말, 면담의 분위기, 그리고 치료자의 최선의 판단으로부터 시작된다. 이러한 치료자의 판단은 때때로 직관에 기초한다. 시간이 지남에 따라 치료자는 자신만의 고유한 스타일을 개발하므로 면담의 흐름을 설명하는 것이 항상 쉽지는 않다. 척도 질문은 치료자와 내담자가 무슨 일이 일어나고 있는지, 그리고 내담자가 무슨 일이 일어나기를 바라는지에 관하여 좀 더 명확한 그림을 그릴 수 있도록 해 준다. 멀고 거의 불가능해 보이는 목표에 초점을 두기보다는 척도 질문을 통해 내담자가 작고 구체적인 목표의 연속선 위에 자신의 점수를 매기도록 하며, 이때 치료자는 내담자가 각 단계를 상세하게 진술할 수 있도록 도움을 주어야 한다.

Amy: 6 또는 7, 아니 사실 5면 아마도 충분히 좋을 것 같다고 생각합니다.

치료자: 5면 충분히 좋을 것 같다고요?

Amy: 예, 정말로 그럴 거예요.

치료자: 그러면 오늘은 얼마쯤인가요?

Amy: 제 생각엔 6 또는 7쯤.

치료자: 무엇 때문에 6 또는 7이죠?

Amy: 글쎄요, 오늘은 금요일이고 앞으로 3일 동안은 일하러 가지 않아도 되니까요.

척도와 예외를 내담자의 실제 생활에 통합시키기

척도 질문은 묻기 쉽고 내담자가 답하기도 쉽다. 그러나 숫자가 명확하고 구체적이고 행동적인 용어에 기초할 때 가장 유용하다. 내담자의 행동과 그녀의 삶에 중요한 다른 사람들의 반응, 그리고 그녀가 어떻게 자신의 일을 해 왔는가를 이해하는 것은 치료에 구체성을 부여해 주며 내담자의 삶에 견고한 현실감을 더해 준다.

치료자: 알겠습니다, 오늘은 7이군요. 만약 월요일에 5가 되려면 무슨 일이 일어나야 할까요?

금요일은 예외적인 예외이며, 따라서 내담자를 아주 조금 더 나은 월요일로 이끌어야 할 필요가 있었다. 만일 월요일이 예외적으로 어려운 날이라면, 치료자는 월요일이 '그냥 보통의' 날과 같으려면 어때야 하는지를 물어보았을 것이다.

Amy: 모르겠습니다. 어디서부터 시작해야 할지조차 모르겠어요.

치료자: 그럼 다음 주 월요일 아침을 상상해 보고 자신이 몇 점에 해당하는지를 묻는다고 상상해 보세요.

Amy: 아, 정말 인정하기 싫지만 아마 2쯤 될 것 같아요.

내담자는 자신의 일상생활과 관련된 척도 질문이 주어졌을 때 전에는 확실하지 않았던 부분들을 구별해 낼 수 있게 된다. 내담자와 상담자가 더 구체적으로 이것들을 구별해 낼수록 그것이 내담자에게 어떤 차이를 가져오는지 더 많은 예외를 발견할 수 있으며, 문제에 대한 자기효능감을 더 많이 느낄 수 있게 된다.

치료자: 아마도 2쯤 되는군요.

Amy: 네.

치료자: 어째서 2보다 더 나쁘지 않다고 생각하시나요?

다른 치료 접근들에서는 치료자들이 내담자의 경험을 결핍으로 보며 내담자에게 어떤 나쁜 일들이 일어나고 있는지 찾아내려 할 것이다. 그러나 SFBT에서는 아무것도 없는 것보다는 무엇이든 있는 것이 낫다고 보기 때문에 내담자가 최소한 많은 혹은 심지어 아주 조금 더 많은 가능성을 볼 수 있도록 돕는다.

Amy: 글쎄요. 2는 꽤 나쁘죠… 하지만 주말 동안 휴식할 수 있었으니 그렇게 나쁘지는 않다고 생각합니다. 그리고 음… 이제 곧 휴가를 얻을 거라는 것을 알고 있고… 모르겠어요. 막혀 버렸어요. 다른 생각을 하면 희망이 없는 것 같지만…….

Amy는 기분이 나쁘지 않으려면 어떤 일이 일어나야 하는지 몇 가지 더 말했지만, 자신이 얼마나 쉽게 좌절하게 되는지에 대해서도 이야기하였다. 또한 몇 가지 미래 지향적인 생각들에 대해서도 이야기하였다. 이는 Amy가 문제가 없는 미래를 향해 움직일 준비가 되었음을 의미한다. 나는 Amy가 무기력감에서 벗어나 희망을 갖게 되기를 바란다. 그것을 위해서는 과거나 현재보다는 미래를 바라보아야 한다.

기적 질문과 척도 질문을 통합하기

해결중심치료의 초점은 효율성과 미래이며, 결핍이나 과거 혹은 현재가 아니다.

과거와 결핍에 초점을 두면 둘 다 더욱 강화될 뿐이다. 효율성과 미래에 초점을 두는 것은 내담자를 위한 가능성을 열어 준다. Amy가 나에게 자신이 얼마나 좌절하였는가에 대하여 이야기할 때, 나는 그녀를 미래 지향적으로 바꾸기로 마음먹었다. 기적 질문을 통해 치료자는 Amy가 목표를 설정하고, 그 목표들이 Amy에게 무엇을 의미하는지 결정하도록 도와줄 수 있다.

> 치료자: 제가 가끔 좀 이상한 질문을 하는데요, 이 질문은 사람들이 뭔가에 막혀 있을 때 종종 도움이 되는 것 같아요. 선생님에게 물어봐도 될까요?
>
> Amy: 네, 좋습니다.
>
> 치료자: 제 질문은 이런 거예요. 일요일 밤 선생님이 잠자고 있는 동안에 어떤 종류의 기적 같은 것이 일어나서 선생님이 5가 된 것입니다. (정확히 무슨 일이 일어난 것인지는 잘 모르지만 무언가 당신 안에서 혹은 그 밖에 있는 어떤 것이 변해 버린 거예요.) 하지만 당신은 잠을 자고 있었기 때문에 기적이 일어났는지 몰라요. 하지만 지금 당신은 5의 상태입니다. 다음 날 당신이나 다른 사람이 무언가 변화가 일어났다는 것을 알아차린다면 무엇이 그 첫 번째 것이 될까요? 당신이 더 이상 2가 아니라 5라면 말입니다.

"다른 사람이 무엇을 알아차릴까요?"라는 질문은 내담자의 관점을 자신에게서 다른 사람을 포함하는 맥락으로 확장시킨다. 그리고 그 그림에 실제 삶의 구체적인 내용들을 더하게 만든다.

> Amy: (한숨을 쉬더니 오랫동안 침묵) 정확히는 잘 모르겠어요… 아마 한 가지를 제외하면요. 저는 침대에서 바로 일어날 것이고, 마지막 순간까지 누워 있지는 않을 것 같아요. (침묵)

SFBT 치료자는 내담자가 생각할 수 있도록 조용히 기다리는 능력을 개발하는 것이 매우 중요하다. “잘 모르겠습니다.”라는 대답은 때로 자동적으로 나온다. 그러나 경험에 따르면, 내담자는 이 이상하고 색다른 그림에 대해 생각해 보고, 그 그림을 그려 보고, 말로 바꾸어서 우리에게 이야기하기 위한 시간을 필요로 한다. 치료자가 자신의 의견을 내놓게 되면 내담자가 생각할 시간을 방해할 뿐만 아니라 치료자의 생각이 대화에 끼어들게 된다. 그러나 이것은 내담자의 삶이며 치료자는 그것을 알 수 없다. 그렇다면 얼마나 기다려야 하는가? 시간이 얼마가 걸리든 기다려야 한다. 만약 내담자가 대답하기 전에 상담 시간이 종료되면, 치료자는 회기를 마무리할 때 내담자를 칭찬하고 내담자에게 기적이 일어난 날의 아침에 대하여 계속 생각해 보도록 제안한다. 그리고 아무리 작은 것이라도 기적이 일어났다는 것을 말해 주는 작은 것들을 알아차리도록 제안한다. Amy의 경우 그녀는 몇 분만에 이 질문에 대답하였다.

Amy: 그리고… 일어나서 바로 옷을 입을 거예요. 왜냐하면 옷이 이미 세탁이 되어 있어서 깨끗하기 때문에 제가 급하게 옷을 찾아 헤매지 않아도 되니까요. 제가 지각하는 이유 중 하나가 옷 때문이거든요.

기적의 구체적인 내용과 효과를 탐색하기 위한 질문

치료자: 당신이나 다른 사람들은 그 밖에 또 무엇을 알아차릴까요?

구체적인 내용을 탐색하는 것은 (a) 기적이 이미 아주 조금이라도 일어나고 있다는 것, 그리고 (b) 기적이 일어나도록 하기 위해서 내담자가 다음으로 할 수 있는 일은 무엇인가를 알려 줄 만한 작은 일들을 발견해 내는 데 도움이 된다. 또한 구체적인 내용을 탐색하는 것은 내담자로 하여금 과거에 이미 기적이 일어났거나 현재 기적이 일어나고 있다는 것을 보여 줄 단서를 찾는 데 도움을 준다. 다른 사람이 변화를 알아차렸다면 그로 인해 변화는 더욱 강화될 것이며, Amy가 자신을 다른 사람과의 관계 속에서 바라보도록 돕는다.

Amy: 이웃을 보면 잠시 멈춰서서 그들과 인사를 할 것 같아요. 제 차로 곧장 달려가지 않고요.

치료자: 그 밖에 또 무슨 일이 있을까요?

SFBT 치료자는 끊임없이 '그 밖에 또 무엇이'라는 질문을 할 수 있다. '그 밖에 또 무엇이'라는 질문은 그림에 더욱 더 구체적인 내용들을 더해 준다.

Amy: 동료와 아이들이 제가 제시간에 출근했다는 것을 알겠지요. 그리고 저는 지각한 것에 대해 미안하지 않으니까 그들에게 더 친근하게 대할 것 같아요.

치료자: 선생님이 그들에게 친근하게 대하면 그들은 어떻게 반응할 것 같습니까?

치료자의 질문은 변화의 효과를 더욱 강화한다. 내담자가 자신의 삶의 많은 부분에서 변화에 대해 생각해 보도록 함으로써 내담자의 해결에 대한 사고능력과 변화의 효과를 알아차릴 수 있는 능력을 강화시켜 준다.

Amy: 제 생각엔 그들도 저에게 더욱 친근하게 대할 것 같아요.

치료자: 그 밖에 당신이 5에 있다는 것을, 즉 당신에게 뭔가 달라졌다는 것을 그들이 알아차릴 수 있는 또 다른 일이 있나요?

다른 사람이 알아차릴 수 있는 것이 무엇인가에 대해 질문함으로써 Amy에게 스스로의 반응에 대하여 생각해 보도록 할 수 있다.

Amy: 아마도 제가 아이들과 농담을 하고 있을 것 같아요.

치료자: 선생님이 그렇게 하고 있을 것 같군요?

치료자는 내담자의 강점을 발견하고 다음 질문에 그것을 반영하여 더욱 강조해 줄 수 있다. 또한 이를 통해 내담자가 보다 자기 확신을 가질 수 있도록 도울 수 있다.

Amy: 예.

치료자: 선생님이 아이들과 농담을 한다면 선생님이 5에 있다는 것을 의미하나요?

Amy: 아니요, 그보다 더 높은 점수일 겁니다. 아마 7에 더 가까울 거예요.

Amy는 대화에 열심히 참여하고 치료자는 Amy의 반응에 호기심을 표현한다.

치료자: 7에 있을 것 같다고요?

Amy: 예.

또 다른 예외 질문

치료자: 전에도 직장에서 7인 적이 있었나요?

Amy: 물론 있었죠.

내담자는 보통 자신이나 타인의 경험에 기초해서 변화가 어떤 모습일지 정의할 수 있다. 이러한 질문은 치료자가 예외를 알아내고 그것을 확장하는 데 도움을 준다. SFBT에서 치료자는 항상 예외와 그것을 발견할 수 있는 질문에 민감하게 주의를 기울여야 한다.

예외를 확대하기

치료자: 무엇 때문에 7이었다고 생각하시나요?

Amy: 모르겠어요. 그냥 제가 웃고 있고, 정치적인 일에 휘말려 있지 않다고 느껴서 그랬던 것 같아요. 음, 다른 기관들이 우리에 대해 어떻게 생각하는지 신경쓰지 않아서 그랬나…….

치료자: 그럼 그 대신에 무슨 생각을 하셨나요?

치료자는 내담자가 어떤 것이 없는 것보다는 있는 것을 발견하도록 도울 때 더욱 효과적이다.

Amy: 아무 생각도 하지 않고 아이들에게만 집중하거나 아이들을 돕는 일만 생각했거나, 아니면 아마도 일을 마친 후에 무엇을 할까 생각하고 있었던 것 같아요.

여기서 Amy가 문제로부터 한 발짝 물러나 다른 일들에 초점을 둘 수 있음을 볼 수 있다. 그녀가 이것을 깨닫는다면 향후 그녀가 6에서 7이 되고자 할 때 도움이 될 것이다.

치료자: 만일 당신이 7이라면 퇴근 후에 무엇을 할 것 같습니까?

각 단계별 구체적인 세부 사항들은 Amy가 목표를 향해 나아갈 수 있도록 도와줄 것이다. 또한 이 질문은 Amy가 전반적으로 좌절감을 느끼는 직장보다는 많은 예외가 포함되어 있는 자신의 삶에 관한 큰 그림을 볼 수 있도록 해 줄 것이다.

Amy: 음, 일을 마치면 자리에 그대로 남아 있기보다는 동료들과 주차장에서 다른 상담기관들과의 문제에 관한 이야기를 하고 있을 것 같습니다. 사실 우리는 그들 때문에 우리 예산이 삭감되었다고 생각하고 있거든요. 그런다고 문제가 해결되는 것은 아니기 때문에 그 이야기를 하면 결국 화가 나버리겠지만요.

치료자: 그럼, 그 대신에 무엇을 하시겠습니까?

Amy: 체육관에 가거나 조카와 미니 골프를 칠 거예요… 아니면 2년 전에 했던 것처럼 다시 정원을 가꿀 겁니다.

이제 Amy는 문제에 침잠해 있는 대신에 그녀가 할 수 있는 것들을 명확히 말하고 있다.

치료자: 그런 것들이 7점에 있을 때의 활동들입니까?

Amy: 사실, 정원 가꾸기는 9단계에 더 가까운 혹은 더 높은 10단계일 겁니다.

내담자의 실제 생활과 척도를 연결하기

치료자: 와, 그렇군요. 그럼 다시 5로 돌아가서 월요일 아침에 당신이 일어났을 때 5쪽으로 조금 더 움직여 가려면 가장 작게는 어떤 일이 일어나야 할 것 같은가요?

기적을 들여다봄으로써 내담자를 문제에서 해결에 관한 이야기로 움직여 가도록 만들 수 있다. 그러나 내담자가 그 여행을 시작하는 것을 돕기 위해서는 작고 구체적인 단계를 알아내는 것이 중요하다. 7 또는 8, 9단계에 초점을 둔다면 도움이 되지 않을 것이다. 왜냐하면 그것은 Amy에게 너무 멀게 보이기 때문이다. SFBT에서 우리는 작은 변화가 내담자로 하여금 목표를 향해 나아가도록 하는 연쇄 반응을 일으키므로 결국 큰 변화를 가져온다는 것을 알고 있다. 큰 변화는 만약 성취되지 못하면 큰 실망을 주고 종종 변화도 가져오지 못한다. 따라서 치료자는 Amy를 현재

시점으로 돌아가게 해서 작고 가능한 변화에 초점을 두도록 한다.

Amy: 음… 하나 분명한 것은요, 작지만 정말 큰 변화를 가져올 만한 일인데, 바로 빨래하기예요. (웃음) 제가 깨끗한 옷이 하나도 없어요.

치료자: 그럼, 당신이 빨래를 해서 월요일 아침에 일어났을 때 깨끗한 옷이 있어요. 그럼 당신은 몇 단계쯤 될까요?

Amy: 아마 2.5, 또는 3일 것입니다.

치료자: 그 밖에 또 무엇이 도움이 될까요?

Amy: 음, 집에서 커피를 마시는 것도 도움이 될 것 같아요. 집에 커피가 있고, 커피 머신에 커피를 넣어 두어 아침에 일어나 그것을 그냥 켜기만 한다면… 도움이 되겠죠.

치료자: 그것은 몇 단계입니까?

Amy: 아마 3.5이거나 그보다 더 높거나…….

치료자: 그 밖에 또 무엇이 있나요?

Amy: 아, 이것은 생각하기 싫지만, 만일 부엌이 깨끗하다면…….

치료자: 만약 부엌이 깨끗하다면?

Amy: 예.

치료자: 그것은 몇 단계입니까?

Amy: 확실히 8단계일 것입니다.

치료자: 8이라고요?

Amy: 네, 제 부엌이 얼마나 엉망인지 선생님은 모르실 거예요.

치료자: 매우 엉망인가 보네요.

Amy: 네, 바닥이랑 싱크대랑 가스레인지를 마구 어질러 놔서…….

치료자: 그러면 5단계가 되려면 부엌을 얼마나 청소해야 할까요?

치료자는 큰 목표를 파악한 후 내담자가 그것을 작은 부분으로 나누어 생각할 수 있도록 돕는다.

Amy: 아마 제가 설거지만 해도 될 겁니다. 2주 정도 그럴 만한 시간이 있으니까요.

치료자: 그럼, 그냥 설거지만 해도 많은 차이가 나겠군요.

Amy: 그럼요.

치료자: 그 밖에 반드시 부엌 전체를 청소하지 않아도 할 수 있는 것이 있나요?

Amy: 친구에게 전화해서 저녁 약속이나 주말에 약속을 잡는 것이요.

치료자: 만약 친구와 약속이 생기면 그건 몇 단계쯤 될까요?

Amy: 적어도 7, 아니 8이나 9요.

치료자: 자, 그럼, 제가 더 물어볼 게 있나요?

Amy: 아니요.

치료자: 그럼, 10분간 휴식 시간을 갖도록 하겠습니다. 그동안 오늘 우리가 이야기한 것들에 대해 깊이 생각해 보시기 바랍니다. 그리고 다시 이야기를 나누도록 하겠습니다. 그래도 될까요?

Amy: 네.

칭 찬

(10분 뒤)

치료자: 저는 가끔 휴식 시간 동안 상담을 관찰한 동료들과 만나기도 하는데요. 그들의 의견이 도움이 되기 때문이랍니다. 비록 오늘 우리에게는 관찰팀이 없었지만, 만약 제 동료들이 우리 상담을 관찰했다면 무슨 이야기를 할까 하고 상상해 보았습니다. 그랬더니 제 머리에 첫 번째로 떠오른 것이 그들이 당신을 무수히 칭찬하였을 것이라는 점이었어요.

가능하다면 SFBT 치료자는 내담자의 장점을 알아내고 칭찬과 제안을 위한 아이디어를 얻기 위하여 팀으로 일하는 것을 선호한다. 그러나 이 사례의 치료자인 나는 관찰 팀 없이도 효과적으로 상담할 수 있었을 뿐만 아니라 Amy에게 다른 사람이 그녀와 그녀가 처한 상황에 대해 어떻게 생각할지에 대해 생각해 보도록 할 수 있었다. 그것은 바로 Amy가 그려 본 미래의 모습에 더 많은 사람과 관계들을 포함함으로써 가능하다.

Amy: 칭찬이요?

치료자: 네, 최근에 많은 어려움이 있었음에도 불구하고 당신이 그것을 잘 견뎌온 것에 대해서 많이 칭찬할 거예요. 그들은 말로 표현할 수 없을 정도로 힘든 일들을 당신이 포기하지 않은 것에 대해서도 칭찬할 겁니다.

Amy: (고개를 끄덕이며) 맞아요. 힘들었죠.

치료자: 그리고 팀이 있었다면 아마도 이렇게 조언했을 것 같습니다. 당신이 좀 더 느긋해질 필요가 있다고요. (나의 멘토인 Steve de Shazer는 이와 같은 상황에서는 "천천히 하라."고 말했다. 그 역시 이러한 조언을 그의 스승인 John Weakland에게서 들었다고 한다.)

Amy: (고개를 끄덕이며) 때로는 제가 모든 일을 한꺼번에 하려는 경향이 있어요. 그것이 문제를 일으키기도 하죠. 그럼 저는 다시 걱정에 휩싸이고 그냥 포기해 버립니다.

치료자: 그래서 제 생각에는 당신이 자신의 마음에 귀 기울이고 너무 서두르지 않는 것이 중요하다고 생각합니다.

Amy: 맞아요.

치료자: 그리고 또 다른 조언은 오늘부터 다음 주 월요일 아침 사이에 당신이 5점이 되는 데 도움이 될 만한 무슨 일이 일어나는지 주의 깊게 살펴보라는 것입니다.

Amy: 빨래나 친구에게 전화하는 것을 말씀하시나요?

치료자: 어떤 일도 좋습니다. 하지만 당신 자신의 속도에 맞게 하는 것이 중요합니

다. 그리고 당신이 말했듯이 모든 것을 한꺼번에 하려고 하지 마세요.

Amy: 너무 많다는 뜻이죠?

치료자: 너무 많다는 뜻입니다.

Amy: 알겠습니다… 제가 어떻게 해야 할지 알 것 같아요.

자신감 척도 질문

치료자: 알겠다는 말에 얼마나 자신이 있습니까?

척도 질문은 거의 모든 경우에 유용하다. 의기소침한 내담자도 자신이 무엇을 할 수 있는지 잘 알고 있으며, 심지어 면담하는 동안 매우 열성적으로 보일 수 있다. 그러나 때때로 이런 열정이 점차 희미해지기 때문에 치료자는 내담자가 계속 생각하고 찾아내도록 도와줄 필요가 있다. 그럼으로써 내담자가 자신이 할 수 있다고 생각했던 것들에 실패하여 좌절했을 때 치료자는 내담자를 뒤에서 '받쳐 주고' 자신감을 얻기 위해 다음 단계에서 무엇을 할 수 있을지에 집중하도록 도와줄 수 있다. 자신감을 척도화하는 것은 회기 내에서 일어난 Amy의 생각의 변화를 굳히고 강화하며 다음 행동을 취하기 위한 대화를 돕는다.

Amy: 제가 알겠다는 것 말이죠?

치료자: 네.

Amy: 10입니다.

치료자: 와! 10이군요. 좋습니다. 그럼 또 다른 질문을 하지요. 당신이 그렇게 할 것이라는 자신감은 얼마나 있으십니까?

치료자는 무엇을 해야 하는지를 아는 것과 실제로 그것을 하는 것 사이에 차이가 있다는 것을 알고 있다.

Amy: 5입니다.

치료자: 그 숫자를 높이기 위해서는 무엇이 필요합니까?

Amy: 제가 그것을 하면요.

치료자: 그것이 당신이 할 수 있는 일이라고 느껴지시나요?

치료자는 내담자가 다음 단계를 실제로 실행할 수 있을지, 그리고 내담자가 실행에 대한 자신감을 갖고 있는지 확인하고자 한다.

Amy: 네, 빨래를 한다거나 친구에게 전화하는 것처럼 작은 일들로 나눠 보면 할 수 있을 것 같아요. 한꺼번에 하려고 하면 할 수 없을 것 같지만요.

치료자: 그럼 작은 일들로 나누는 것이 중요하군요?

치료자는 가능한 한 내담자가 사용한 언어를 사용하고자 한다.

Amy: 맞습니다. (잠시 멈추고는 눈물을 흘림)

치료자: (휴지를 건네며) 괜찮으세요?

Amy: 기분이 많이 좋아졌어요. 사실 정말 많이 좋아졌습니다. 마음이 후련해졌어요. 좋아지겠죠? 직장을 그만두지 않아도 되고요. 이 일을 평생 하지 않을지도 모르고 언젠가는 떠날지도 모르지만, 당장 이 일을 그만두어야 한다고 생각되지는 않습니다. 어떤 일이 일어나든 제가 훨씬 더 잘 통제할 수 있을 것 같아요. 그 점이 정말 좋습니다.

결 론

이 회기는 직장을 그만두어야 한다고 느낄 정도로 악화된 상황에 처한 내담자에게 해결중심 대처 질문, 예외 질문, 예외를 확대하는 질문, 척도 질문, 기적 질문, 그리고 칭찬을 사용하여 내담자가 빨리 회복하고 재충전하여 소진되지 않기 위해 무엇을 해야 하는지 스스로 탐색할 수 있도록 도와주었다.

회기 도입부에 Amy가 그동안 어떻게 잘해 왔는가를 묻는 질문을 통해 그녀 스스로 했던 일들 중에 도움이 되었던 것이 있었음을 깨닫게 해 줄 수 있었다. 기적 질문은 Amy가 보다 나아졌을 때 자신의 삶이 어떤 모습일까를 그려 보도록 해 주었다. 척도 질문은 Amy가 '소진'된 정도를 표현하는 도구로 사용되었고, 그녀가 앞으로 나아가려면 구체적으로 무엇을 할 수 있을지, 그리고 그것에 대한 자신감을 깨닫게 해 주었다. 이후의 대화에서 Amy는 자신이 '적어도 5단계'를 유지하기 위해서 무엇을 해야 하는지 '주의 깊게 살펴보기'로 하였다. 이제 그녀는 5점보다 더 높은 단계에 있으며, 아침에 출근하는 것을 더 이상 두려워하지 않게 되었다.

참고문헌

American Psychiatric Association. (1994). *Diagnostic and statistical manual of mental disorders* (4th ed.). Washington, DC: Author.

정신건강 진료를 위한 해결중심 단기치료

Alasdair J. Macdonald

'의학적 모델'의 소개

'의학적 모델'은 건강관리의 기본 패러다임이다. 또한 질병 관리에 대한 사회학

편집자 주: 우리는 이 장의 저자인 Alasdair Macdonald에게 종종 주요 정신질환이라고 불리는 것들을 진단하고 치료하는 체계의 맥락에서 해결중심 단기치료(SFBT)를 다루어 달라고 요청하였다. 많은 SFBT 치료자들이 정신장애의 징후와 증상은 물론이고, 이를 진단하고 치료하는 정신과 의사들이 훈련받는 전통적인 방법에 대해 잘 알지 못한다. Macdonald는 이 장에서 의학적 모델의 바탕이 되는 철학과 그것이 탈근대적 시각과 어떻게 다른지에 관하여 논의하고, 몇 가지 주요 정신장애의 징후와 증상 및 내원 환자에 관한 쟁점들, 약물 처치를 포함하여 정신장애에 대한 전통적인 의학 처치법에 관하여 설명하고 있다. 또한 SFBT가 병원에서 어떻게 사용될 수 있는지, 의학적 모델이 해결중심 치료를 통해 내담자에게 어떤 이점을 줄 수 있는지 논의하였다. 그리고 그가 일하고 있는 급성 내원환자 병동에 대한 설명과 다양한 상황에 SFBT를 어떻게 활용하고 있는지를 기술하고, 마지막으로 SFBT를 활용한 사례와 연구, 연구 결과에 관하여 논의하고 있다.

적 관점이기도 하다. 이 관점의 가장 주된 가정 중의 하나는 질병과 기능장애에는 원인이 있다는 것이다. 원인을 밝히면 특정 처치와 (희망하건대) 치료법을 알려 주는 '진단'을 얻을 수 있다는 것이다. 이러한 의학적 모델은 '기계적 모델'이라고 볼 수 있다. 왜냐하면 자동차와 가전제품의 결함을 발견하는 것과 똑같은 과정이 적용되기 때문이다. '의학적 모델'은 정신건강 관리 분야에서 의사들이 주도하는 담화를 사용한다. 그러나 의학적 모델이 항상 정신건강 문제를 잘 관리할 수 있는 유용한 틀은 아니다. 건강관리 서비스의 대부분은 의사가 주도적으로 지시하지 않는 의료 팀에 의해서 이루어지기 때문이다(예를 들면, 의사의 의뢰를 받은 물리치료사는 실제로는 의사가 모르거나 익숙하지 않지만 환자에게는 도움이 되는 치료법인 침술요법을 추천할 수도 있다).

의학적 모델은 만성적인 또는 재발하는 장애에 적합하지 않다. 따라서 때로는 그런 장애를 관리하는 데에도 완벽하지 않다. 예를 들면, 신경외과 의사는 환자의 죽음을 막기 위하여 놀라운 솜씨를 발휘한다. 그러나 슬프게도 어떤 환자는 뇌손상을 입거나 심각한 후유장해를 얻는다. 이러한 수술 전문가는 수술 후의 짧은 기간 이외에는 환자가 재정이 부족한 기관이나 정신건강 시설에 인도된 후 그들을 돌보는 일에 거의 관여하지 않는다. 과거의 외상이나 현재의 원인 혹은 알려지지 않은 요소들 때문인지 아닌지는 몰라도 정신질환은 종종 장기간 지속되거나 재발한다. 따라서 정신질환이 의학적 모델에 얼마나 잘 맞는지에 관해서는 논쟁할 만한 부분이 많다. 그러나 사람들은 도움이 될 자원을 얻는 데 관심이 있지 건강 모델에 관하여 토론하는 데에는 관심이 없다.

역사와 문화의 영향

정신장애는 유럽에서 이미 중세 이전부터 명확하게 알려져 있었다. 이는 정신장애를 가진 자의 재산을 관리하기 위한 법이 중세에도 존재했다는 것을 통해 알 수 있다(Roffe & Roffe, 1995). 이 법은 정신장애로 태어난 사람과 생활 환경 때문에 정신장애가 된 사람을 구분하였다. 그러나 그들을 도와줄 수 있는 방법은 의사가 아니라 종교나 행동의 통제를 통한 것뿐이었다.

정신분열증의 발생 빈도가 증가한 것은 19세기 초반이다. 이것을 설명하는 가설은 인구 증가 혹은 전염성 물질 혹은 독성 물질에의 노출이다. 그러나 19세기 유럽의 자료와 오늘날을 면밀히 비교해 보면, 주요 정신장애의 발생은 유의하게 변화하지 않은 것으로 보인다. 19세기에 병원에서 환자를 구금하고 진정제와 노작 활동을 통해 관리하던 방식은 입원 환자의 62%에서 효과가 있는 것으로 나타났다(Macdonald, 2000).

정신장애에 관한 접근은 과학적 · 의학적 문제뿐만 아니라 문화적 · 사회적 문제의 영향을 받는다. 예를 들면, 아프리카의 많은 지역에서는 서양의 약보다 원주민 치료사를 더 신뢰한다. 서양의 약이 더 싸고 더 쉽게 접근 가능한 것이기 때문에 의학적 모델을 오히려 후순위로 이용하려는 것이다(Swartz, 1998). 인도에서도 마찬가지다(Bagadia, Shah, Pradhan, & Gada, 1979). 문화적 가치가 미치는 영향은 근대적 치료에서 법적 구속력을 다르게 사용하는 것에서도 찾을 수 있다. 독일인은 강요하는 것을 꺼리기 때문에 영국에서보다 훨씬 적은 사람이 정신장애로 구금된다. 반대로 스위스에서는 영국보다 5배 많은 사람이 정신장애로 구금된다. 스위스 법률에 따르면, "자기 자신을 적절히 돌보지 못하는 것" 도 구금의 근거가 될 수 있다(Reicher-Rossler & Rossler, 1993). 반면 인도는 아무도 구금하지 않는다. 아마도 대가족 제도 때문에 친척이 장애가 있는 사람을 돌볼 것이라는 기대가 있기 때문이거나, 이들을 위한 병원 침상이 부족하기 때문일 것이다(영국에는 10만 명당 58개의 침상, 인도에는 10만 명당 2.5개의 침상이 있다; Patel & Saxena, 2003).

정신질환자를 위한 수감 시설을 갖추는 것은 나라마다 현저히 다르게 나타나므로 객관적인 현실보다는 문화와 더 관련이 있어 보인다. 왜냐하면 영국은 인구 10만 명당 2.9개의 시설을, 스웨덴은 11.36개의 사실을 포르투갈과 이스라엘은 전혀 갖추고 있지 않다. 이 나라들의 인구는 서로 많이 다르지 않다. 따라서 이것은 문화적이고 사회적인 문제라고 할 수 있을 것이다.

대중의 관점

임상에서 어느 정도의 행동을 '정신장애'라고 할 것인가를 결정하는 것은 바로 대중이다. 나의 동료이자 작업치료사인 Chris Morgan(1982년 10월 21일, 사적인 대화에서)은 적절성이 그것을 결정하는 기준이라고 하였다. 즉, 어떤 행동이 정상이라 하더라도 그 행동이 일어난 맥락에서 잘못된 것이면 '정신장애'라고 할 수 있다는 것이다. 대중은 전문가가 그 장애를 분류(진단)하고 치료하기를 기대한다. 그러면 내담자와 대중은 치료가 제공되는 다양한 방법을 수용할 것이다. 그러나 예를 들면, 심리치료가 어떤 것인지에 관한(Garfield & Bergin, 1986) 그리고 항우울제의 가치와 위험에 관한 대중과 전문가의 관점 사이에는 차이가 있음에 주의해야 한다.

영국과 호주에서 이루어진 연구들(예, Jorm et al., 1997; 2,031명의 호주인 중 85%가 응답)에서 대중은 상담과 비타민이 우울증을 위한 최적의 치료법이며, 항우울제는 중독성이 있다고 믿는 것으로 나타났다. 이와 반대되는 일련의 과학적 증거가 있음에도 불구하고, 지속적인 교육으로도 대중의 믿음을 바꾸지는 못하였다. 대중의 관심이 전문가들 사이에 논쟁을 불러일으킨 또 다른 예로는 주의력결핍 과잉행동장애(ADHD)와 그 치료법을 둘러싼 국제적인 논란을 들 수 있다. 대중이 관심을 보이는 한 정신건강 전문가들이 "이것은 우리가 서비스해야 할 문제가 아니다."라고 반응할 가능성은 굉장히 적다.

핀란드 서부의 개방적 대화 접근(Open dialogue approach: Seikkula, Arnkil, & Eriksson, 2003)은 정신증에 대한 다른 관점을 채택하였는데, 이 접근에서 정신분열증으로 진단되는 경우는 인구 10만 명당 33건에서 7건으로 감소하였다(Aaltonen, Seikkula, Alakare, Haarakangas, Keranen, & Sutela, 1997; Seikkula, Alakare, & Aaltonen, 2000). 스코틀랜드의 유명한 Dingleton 병원은 1960년대에 치료 공동체를 운영하여 이와 비슷한 성공을 거두었다(Jones, 1968).

정신장애에 관한 '의학적 모델' 담화에는 중요한 문제점이 있다. 어떤 신체 건강 문제는 치료제나 치료법이 없다는 것을 대중도 알고 있지만, 20세기 중반 이후로 정신장애에 대하여 어떤 치료제나 치료법이 없다고 말하는 것은 받아들여지지 않았다. 이는 아마도 정신건강 전문가들이 그들의 시장을 극대화하려 했기 때문이거나, 정신장애가 실제로는 신체적 질병처럼 '의학적' 문제가 아니기를 바라는 대중의 믿음에서 비롯된 것일지도 모른다. 그 결과, 정신적 스트레스 치료에 대한 요구는 꾸준히 성장하였으나 많은 전문가는 외부의 요구를 충족시키는 것에 대한 압박감과 어려움을 느끼고 있다. 제약회사들은 이러한 치료에 대한 요구가 점점 커지고 있음을 알고 있다.

실제로 정신장애가 신체적 질병처럼 '의학적'인 것이 아니라는 생각은 사실일지도 모른다. 세계적으로 정신분열증은 인구 1,000명 당 약 4명, 조울증/양극성/정동장애는 100명당 1명이 영향을 받는다고 알려져 있다(Gelder, Gath, Mayou, & Owen, 1996). 그러나 모든 개별 국가가 주요 장애에 있어서 서로 다르고 매우 다양하게 나타나고 있다. 따라서 정신분열증이나 기분장애(국제적 정의에 기초하여)로 진단된 환자만 치료한다면 정신건강 전문가는 굉장히 적은 숫자의 사례들만 다루게 될 것이며, 그들이 훈련받은 것 중 일부만 활용하게 됨에 따라 크게 존경받기는 어려울 것이다.

주요 정신 장애들

정신분열증

정신분열증에 관한 미국(DSM-IV; APA, 1994)과 유럽(ICD-10)의 진단적 분류는 의견이 일치한다. 1개월 이상 기괴한 망상 그리고/또는 자신에 대하여 계속 중계방송하는 목소리를 듣는 환청, 또는 2명 이상의 사람들이 서로 대화하는 환청 증상이 있을 때 정신분열증으로 진단한다. 이러한 증상들이 분명하게 존재하지 않을 경우 진단은 다른 덜 구체적인 증상들, 예를 들면 언어 또는 행동의 와해, 둔감한 정서와 같은 음성 증상들에 의해 내려지게 된다. 많은 정신분열증 환자에게서 미세한 신경학적 손상이 발견되며, 때로는 비슷한 장애를 가진 유사한 유형들이 있다. 암페타민(Amphetamine) 계열의 약물이나 알코올, 리세르그산 디에틸아미드(Lysergic acid diethylamide: LSD)가 비슷한 증상을 촉발할 수 있으며, 이러한 증상은 만성적일 수 있다.

대중의 눈에 정신분열증 진단은 재앙으로 보일 것이다. 그러나 15~25%의 환자가 일생 동안 단 1회의 사건만 경험한다(Gelder et al., 1996; Kumar & Clark, 2002). 많은 환자가 장기적인 치료를 필요로 하지만, 여러 나라에서 이루어진 후속 연구들에 따르면 정신분열증으로 진단받은 환자의 60% 이상이 중년기에는 약을 복용하지 않고도 안정되는 경향이 있으며, 다수가 결혼하고/또는 직업도 갖는 것으로 나타났다(DeSisto, Harding, McCormick, Ashikaga, & Brooks, 1995; Harding, Brooks, Ashikaga, Strauss, & Breier, 1987). 대체로 정신분열증 환자의 직업과 사회적 기능은 그들의 배경에서 기대할 수 있는 것보다 낮은 수준에 머물지만, 이러한 현상은 정신분열증에만 국한된 것은 아니다. 정신분열증이 편집증적 망상에만 국한되어 나타나는 사람은 종종 기술과 능력(망상적 충동을 실현하려는 능력도 포함)을 그대로 유지하는 것으로 나타났다.

기분장애

기분장애(양극성 장애, 정동장애, 조울증 질환)는 고양된 기분 또는 저조한 기분을 느끼는 일화들로 이루어진 조증이나 우울증을 말한다. 경우에 따라 두 가지가 혼재된 상태가 발생하기도 한다. 조증과 우울증 모두 각 일화에 비슷한 패턴이 반복해서 일어나는 생물학적 증상이 특징이며, 가족력이 있는 경우가 많다. 조증은 고양된 기분으로 특징지어지며, 지나치게 활동적이고 수다스러우며, 감퇴된 수면과 식욕을 보인다. 항우울제 치료는 대부분 조증을 유발할 수 있으며, 이것이 진단의 오류를 가져오기도 한다. 증상은 치료받지 않을 경우 보통 3개월에서 6개월까지 지속된다.

우울증

주요 우울증은 저조한 기분, 아침에 일찍 잠이 깨어 다시 잠들지 않는 것, 식욕·체중·집중력과 성에 대한 흥미 감소, 변비, 무월경, 하루에도 정기적으로 기분이 바뀌는 것 등의 증상으로 알려져 있다. 이런 기능들은 모두 시상하부에 의해 조절되는 것으로, 이 증상들 중 적어도 4개 이상이 1주일에 5일 이상, 몇 주 동안 나타날 때 우울증으로 진단하며, 약물치료 등의 신체적 치료법이 매우 효과적으로 나타난다. 그러나 이러한 증상들이 없을 경우 신체적 치료에 대한 반응은 훨씬 더 예측이 어렵다. 85%의 사례에서 일화가 한 번 나타나면 6~9개월 동안 지속되고, 이후의 일화도 유사하게 나타나며, 연령의 증가에 따라 일화는 더 흔해진다.

결 론

나는 정동장애의 생물학적 증상은 누구에게나 나타날 수 있다고 본다. 일단 어떤 스트레스의 양이나 지속 기간이 초과되면 신체는 적응이 어려워지고, 이럴 때 생물학적 증상이 나타난다. 그것은 개인이 어떤 스트레스를 갖고 있는가, 어떤 지원을 받을 수 있는가, 그리고 개인이 물려받은 정동장애에 대한 민감성이 어느 정도인가에 달려 있다. 약물치료는 일화가 끝날 때까지 환자의 스트레스를 완화하고, 그들의 생존을 돕고, 사회적·직업적 관계를 가능하게 한다는 점에서 가장 가치 있다. 그러나 약물치료를 성급히 그만두면 종종 증상이 다시 발생하는데, 이는 약물치료가 증상을 누를 수는 있지만 장애를 치료하지는 못한다는 점을 시사해 준다.

다국적 제약회사들은 '의학적 모델'의 담화를 지지한다고 볼 수 있다. 왜냐하면 기존에 만들어 놓은 약을 팔기 위한 틈새시장을 노리고 새로운 정신질환 진단이 승

인되기를 기대하며, 이윤이 적다는 이유로 때로는 효과가 증명된 질환에 대한 연구도 무시하기 때문이다. 이는 심리치료 분야에서의 시장 활동과 매우 유사하다. 교육생 모집과 학문적인 영향력을 위해 경쟁한다는 점에서 말이다.

응급 평가

응급 평가에 의뢰된 사례는 주요 의사결정자인 의뢰자(평가를 의뢰한 사람)가 지각한 필요에 따라 이후 여러 경로를 밟게 된다. 이 의뢰는 지역 서비스 제공자에 의해 중간에 수정되기도 한다. 성인을 위한 정신과 상담에서 대중이 관심 있어 하는 행동은 주로 사회적 제재를 위한 법적 서비스나 의료 서비스로 넘어간다. 조증이나 정신증(약물에 의해 유도된 것이든 아니든), 때로는 급성 자살 시도가 공통적으로 이런 경로를 밟는다.

약물치료 문제

사별이나 시험 스트레스와 같은 급성 외상의 경우, 수면을 향상시키고 그에 따른 낮 시간의 기능을 향상시키기 위해 수면제를 사용하는 것이 도움이 될 수 있다. 진정제 효과가 있는 항우울제는 인지적 기능이 우려되지 않는다면 수면을 향상시키고 주간의 불안을 낮출 수 있다. 그러나 만약 환자가 혼자서 자녀를 양육하거나 기계 작업을 하는 경우 항우울제 복용은 부적절할 수 있다. 벤조디아제핀(Benzodiazepine) 약물은 의존, 탈억제, 인지기능의 손상을 가져올 위험이 있기 때문에 피해야 한다. 또한 이런 약물치료는 정서적 경험의 과정을 지연시키기 때문에 상실에 적응하는 과정도 지연시킬 수 있다. 즉, 단기간에 정서적 스트레스를 덜 받게 하는 댓가로 전체적으로는 더 긴 기간 동안 정서적 스트레스를 겪어야 한다. 응급 상황에서는 이에 관한 결정을 내리기가 어렵다. 따라서 치료자는 내담자에게 직접적으로 이 사실에 대해 알려 주고 내담자가 자신의 담당 의사와 이 문제를 의논할 수 있도록 하거나, 치료자가 내담자의 담당 의사와 직접 상의할 수도 있다.

자 살

자살은 심각도가 점차 증가하는 순으로 간단한 질문들을 던져 평가할 수 있다. 예를 들면, 과거에 이처럼 기분이 안 좋을 때 미래에 대한 희망이 없다고 느낀 적이 있습니까? 지금도 그렇게 느끼는 경우가 있습니까? 삶이 살아갈 가치가 없다고 느낀 적이 있습니까? 자신을 해치려는 생각을 해 보셨습니까? 어떻게 그렇게 하려고 하셨습니까? 그렇게 하려고 준비했었나요? 유서를 쓴 적이 있습니까? 자신의 생명보험을 확인한 적이 있습니까? 당신의 장례식을 어떻게 하라는 글을 쓴 적이 있습니까? 빚을 갚은 적이 있습니까? 애완동물을 다른 곳에 보냈었습니까? 누가 당신을 가장 그리워할까요?

또 다른 방법은 John Henden이 제안한 '부정적인 기적'(negative miracle)과 같은 간접적인 강점 구축(strength-building) 방법이 있다.[1] "당신이 자살 시도로 사망했다고 상상해 봅시다. 그리고 당신의 장례식 동안 당신이 무덤 위를 맴돌고 있다고 상상해 봅시다. 그곳에 누가 있습니까? 누가 속상해합니까? 당신이 어떻게 했기를 바라고 있습니까? 그곳에 있는 사람들이 서로에게 무슨 말을 합니까?" Henden의 제안은 Dolan(2000) 등의 아이디어, 즉 "지금으로부터 많은 시간이 흐른 후 당신이 죽었을 때, 당신의 삶은 어떠했을 것 같습니까? 당신이 미래에서 얻은 지혜를 통해 지금의 당신에게 조언한다면, 어떤 조언을 할 것 같습니까?" 에서 온 것이다.

내담자에게 분명한 우울 증상이 없다면, 우리는 약물치료를 고려하기 전에 내담자가 며칠만이라도 사회적 · 해결중심적 도움을 받아보기를 권한다. 마찬가지로, 우리는 의사가 약물치료를 시작하기 전에 얼마간이라도 내담자의 생각과 임상에 대해 검토할 것을 권한다. 여기서 기억해야 할 중요한 것은 자살을 생각하고 있는 내담자의 손에 강력한 약물을 쥐여 주는 것에는 위험이 따른다는 점이다.

상 실

갑작스러운 상실과 사별의 경우, 기적 질문에 대한 내담자의 반응에 따라 상담자는 위기 개입을 할 것인가, 혹은 미래 지향적 질문을 할 것인가를 결정하는 것이 좋다. 내담자의 기적이 오직 망자가 살아 돌아오는 것뿐이라면, "하루를 어떻게 살아가시겠습니까? 어떻게 이제까지 살아오셨습니까?" 와 같이 제한적인 목표에만 초점을 둔다. 그리고 일단 그들의 기적이 더 이상 망자가 살아 돌아오는 것이 아니라면 내담자가 선호하는 미래에 관한 질문들을 던질 수 있다.

계획된 평가

개략적 소개

외래나 이동 구급 서비스에 의뢰되는 내담자의 문제 유형은 다양하지만 그 위급성은 덜하다. 예를 들면, 환청이 있다거나 자해 행동을 보이지만 즉각적인 죽음이나 상해의 위험이 없는 정신증과 비슷한 증상을 가진 환자가 의뢰되기 때문이다. 이런 경우 대부분 "~가 원해서 당신이 이곳에 오게 되셨군요." 또는 조금 나은 경우에는, "무엇이 문제인가요?" 라는 질문으로 시작한다. "이곳에 그만 오시려면 무엇이 필요한가요?" 라는 질문으로 상담을 시작한다면, 즉각 새로운 맥락이 형성된다.

당신이 속한 기관에서 요구하는 정보를 수집하거나 필요한 서류를 작성하는 것은 필수적이다. 탈근대적 상담자에게는 종종 이러한 작업이 불편하겠지만, 내담자는 그것에 대해 현실적이다. 다시 말하면, 내담자는 모든 상담기관으로부터 이런저런 질문을 받을 것이라고 예상한다. 아마도 철저하게 기록하는 것이 치료자의 유능함을 증명하는 것으로 보일지도 모른다. 치료자의 유능함은 내담자가 중요하게 여기는 변수 중 하나다(다른 변수는 따뜻함인데, 이것은 내담자마다 이해하는 것이 다르다). 나는 기관에서 요구하는 자료 수집을 먼저 끝내는 것을 선호한다. 그리고 내담자의 문제에 대한 정보와 예외, 그리고 그들이 처한 사회적 맥락뿐만 아니라 가능하면 칭찬과 자원을 강조한다. 내담자의 언어를 사용하고 그들의 근심을 따라가는 것이 협력적 관계를 형성하는 데 도움이 된다. 그다음 미리 수집해 놓은 내담자의 문제와 목표에 기초한 정보를 가지고 척도 질문이나 기적 질문을 구조화하여 제시한다.

나는 내담자가 배우자나 가까운 사람과 함께 방문할 경우, 그들도 상담에 함께 참여할 것을 제안한다. 그들은 내담자에게 유익한 자원일 수 있으며, 내담자의 문제를 이해하는 데 도움이 될 만한 정보를 줄 수 있다. 그들을 제외할 경우 치료 계획에 그들의 지지를 끌어내기 어려울 수 있다. 법적으로는 내담자의 고지된 동의처럼 그들의 동의가 특히 필요한 경우도 있다.

범불안장애의 평가는 일반적인 해결중심 절차에 따라 이루어진다. 많은 범불안장애 내담자가 이전에 발병 경험이 있으며, 재발 시 어떻게 대처해야 하는지 알고 있다. 공황발작은 종종 만성 습관적 혹은 급만성 과호흡 때문에 발생한다. 초기 증상이 반복되면 과호흡증후군 진단이 확정된다. 정기적으로 천천히 호흡하는 연습을 한다면 약물치료나 해결중심 상담 또는 정신과적 진단 없이도 상당히 개선될 수 있다(Clark, Salkovskis, & Chalkley, 1985; Lum, 1981).

약물치료

'우울증'으로 의뢰되는 내담자를 진료할 때에는 생물학적 증상과 적절치 못한 약물 복용량에 대해 살펴보아야 한다. 치료자는 생물학적 증상과 약물에 대해 이야기한다 하더라도 쉽게 해결중심 상담으로 옮겨 갈 수 있다. 약물치료와 SFBT가 동시에 사용되지 못할 이유는 없으므로 약물을 사용하는 적절한 치료 역시 해결중심 치료에 포함될 수 있다. 치료자가 알지 못함(not-knowing)의 관점을 가지고 있다 하더라도 자신의 지식에 기초한 실험을 제안하지 못할 이유는 없다. 나라면 내담자에게 이렇게 말할 것이다. 예를 들면, “제 경험상 당신과 같은 증상을 가진 사람은 약물이 증상을 통제하는 데(물론 중요한 것은 다른 방식으로 좋아지는 것이지만) 도움을 준다는 것을 경험으로 알고 있더군요. 따라서 다른 방법뿐만 아니라 이 선택안도 생각해 볼 수 있습니다.” 정신건강 전문가로서 치료자는 내담자가 약물이 최상의 효과를 낼 때까지 충분히 기다릴 수 있도록 항우울제의 표준 프로토콜에 대해 알고 있어야 한다.

치료자가 약물을 적절히 사용하는 법에 대해 알고 있으면, 약물치료에 대한 동의를 얻는 데 도움이 된다. 같은 양의 약물이라면 항우울제나 항정신성 의약품 중 어느 하나가 다른 것보다 더 효과적이라고 증명된 것은 없다. 차이는 부작용에 있다. 이것이 환자와의 협의하에 조정되어야 하는 문제다. 젊은 남자라면 부작용으로서 발기부전을 싫어할 것이며, 노인이라면 수전증에 좀 더 신경을 쓸 것이다. 다른 사람이 자신을 위협하고 있다고 의심하는 환자의 경우, 진정 효과가 있어서 더 불안함을 주는 약보다는 마음을 차분하고 기민하게 만드는 약을 받아들일 가능성이 더 높다. 치료자는 환자에게 이런 제안을 하거나 직접 환자의 주치의에게 제안할 수도 있다.

효과적인 치료를 위한 개별 항우울제와 항정신성 약물의 적절한 복용량에 대해서는 구체적으로 알려져 있다. 약물 신진대사에 관한 연구들은 우리가 언제 복용량을 늘려야 하는지 예측할 수 있도록 해 주며, 특정 약물이 언제 정확히 효과가 없는지 알 수 있게 해 준다. 그런 때가 오면 치료 프로그램을 증가시키거나 바꾸어야 하는 것이다. 마찬가지로 우리는 안전하게 약물치료를 줄이고 중단하기 위한 평균 시간을 알고 있다. 만약 당신이 환자에게 이런 방식으로 치료할 것이라는 계획을 설명해 주면, 환자는 훨씬 더 그 계획에 협조할 가능성이 높다. 내 경험으로는 하루에 3개 이상의 약물을 추천하는 경우 그것을 성공적으로 따라오는 내담자는 거의 없었다.

예를 들면, 수면 장애로 찾아온 내담자가 있었다. 그녀에게는 많은 우울증상이 있었는데, 진정 효과가 있는 항우울제를 소량 복용하고 일시적으로 좋아진 경험이 있었지만 이후 약을 복용하는 것을 중단하였다. 나는 그녀가 현재 하고 있는 것들을 칭찬하면서 동시에 그녀의 의사에게 항우울제의 양을 늘려 달라고 하라고 조언하였다. 왜냐하면 그것이 그녀의 수면 문제에 도움이 되고, 우울증상도 개선시켜 줄 것이라는 점을 알고 있었기 때문이다.

또 다른 예는 두통과 발기부전으로 방문한 나이 든 남자 내담자다. 두통과 발기부전은 항우울제의 흔한 부작용으로, 그는 2년째 이 약을 복용하고 있었다. 첫 면담에서 그는 우울해 보이지 않았고, 회기 전 변화나 예외를 묻는 질문에 우울증상은 언급되지 않았다. 기적 질문에 대한 대답에서 그는 신체활동을 더 즐기고 싶으며 아내와의 관계가 더 좋아지기를 바란다고 하였다. 우리는 그에게 자신의 문제를 의사에게 보고하고 항우울제의 양을 줄이거나 중단할 수 있는지 물어보도록 하였다.

약물 남용

오늘날 환청은 보통 사람에게도 그다지 드문 일은 아니라고 알려져 있다. 그것이 직접 정신질환과 연결되는 것은 아니라는 것이다. 영국의 환청 네트워크(Hearing Voices Network)[2]는 환청의 20%만 유쾌한 것이라고 추정하고 있다. 이 중 주로 불쾌한 또는 무서운 음성을 듣는 사람들만 치료를 받으러 찾아온다. 해결중심 접근은 이러한 목소리를 바꾸거나 목소리에 대한 자신의 반응을 바꾸고자 하는 사람에게 유용한 접근이다. 정신건강에 관한 한 어떤 사람의 외현적 행동이 자신이나 타인에게 안전하기만 하다면 환청을 듣는 것은 문제가 되지 않는다.

암페타민 계열 각성제를 복용하는 사람은 환청과 피해 공포를 갖게 되는 경우가 많다. 5%의 사람들이 단 1회 복용으로 증상을 발전시키며, 오랫동안 혹은 과도한 양을 복용할 경우 대부분의 사람들에게서 이러한 증상이 나타난다. 복용을 지속하는 경우 이러한 효과는 더 지속적이며, (술과 함께 복용하면) 어떤 경우에는 이 효과가 영구히 나타날 수 있다. 내 경험으로는 적은 양의 항정신성 약물은 증상을 감소시키는 것으로 나타났지만, 단지 1개의 사례에 관한 연구만 보고되어 있다(Brimstedt, 2002). 암페타민 계열 약물과 솔벤트(solvent, 본드 등의 용해성 물질)를 남용하는 경우 회복할 수 없는 광범위한 인지적 손상을 입을 수 있다. 개인적으로 나는 몇몇 젊은이들이 이 약물로 인해 IQ가 15점 이상 떨어지고, 약물 남용을 중단한 뒤에도 인지기능이 회복되지 않는 경우를 본 적이 있다.

물질남용 문제는 종종 해결중심치료에 잘 반응한다. 내담자는 이 접근을 다른 모델들보다 덜 강압적이라고 느낀다. 영국에서 물질남용으로 치료를 받은 사람들 중 많은 사람이 어린 시절에 방임과 학대를 당한 배경이 있는 젊은이들이다. 그 결과 그들의 읽고 쓰는 능력과 언어적 기술은 부족하지만, 자기 방어를 위해 삶의 방식은 영악하게 변해 있다. 그들에게 물질남용은 어떤 인지적 노력이나 안정된 대인관계를 맺는 것을 필요로 하지 않기 때문에 빠른 보상을 제공해 준다. 따라서 해결중심 접근의 상대적인 간명성과 내담자의 속도에 맞추어 작고 실제적인 발전을 추구하는 점은 이런 내담자에게 잘 맞는 것 같다.

많은 연구가 알코올 문제에는 단기 개입이 가장 효과적임을 보여 주었다(Hester & Miller, 1995). 단, 알코올 관련 티아민(thiamine) 결핍으로 인한 단기 기억상실을 갖고 있는 사람은 예외로 한다. 이런 내담자는 진부한 습관을 보이며, 새로운 미래를 그려 보는 것에 어려움을 겪는다. 이들의 피를 검사해 보면 피루빈산(pyruvate, 설탕/녹말) 신진대사에 결함이 나타난다. 티아민을 많은 용량 주사할 경우 대상의 2/3에서 인지기능의 향상이 나타나며, 추상적 사고능력과 새로운 미래를 상상하는 능력이 개선된다. 그렇다고 그들이 모두 술을 끊겠다고 결심하지는 않는다(Cook & Thomson, 1997; Macdonald, 1994a 참조).

기타 장애들

강박충동장애는 전통적으로 정신과에서 어렵고, 아주 다루기 힘들며, 오랜 치료가 필요한 장애로 여겨진다. 내 경험으로는 이들이 해결중심치료에 잘 그리고 빨리 반응하며, 때로는 클로미프라민[아나프라닐(Anafranil)]이나 많은 용량의 플루옥세틴[프로작(Prozac)]과 함께 사용될 때 효과적이었다. 이 두 물질은 항우울제로 일부 강박충동장애에도 도움이 된다. 이들에게 해결중심 접근은 일반적인 유형에 따라 그대로 활용하면 된다. 우리는 내담자에게 현재의 약물을 계속 복용하라고 하며, 의사에게 약물 복용량을 가능한 범위 안에서 늘려 달라고 요청한다. 만약 해결중심 치료만 가지고 5회기 내에 효과가 없으면, 내담자가 의사에게 약물을 추가할 수 있는지 물어보도록 한다.

섭식 장애 역시 해결중심 상담에 종종 잘 반응한다(Jacob, 2001). 폭식증의 경우, 해결중심 상담과 플루옥세틴(프로작)을 함께 제공할 때 효과적이다. 이 약물은 탄수화물 중독을 줄임으로써 폭식행동을 쉽게 줄일 수 있게 해 준다. 같은 이유로 거식증에도 플루옥세틴이 도움이 되지만 처방은 하지 않는다. 왜냐하면 이 물질이 체중 감소를 가져오기 때문이다. 거식증의 경우, 대부분 우울증 때문이 아니라 영양결핍 때문에 정서적 둔화와 인지기능의 저하가 나타난다(Kingston, Szmukler, Andrewes, & Desmond, 1996; Kumar & Clark, 2002; Macdonald, 1997). BC 2500년 이후 폭식증과 거식증은 모두 금욕적 종교 행위의 결과로 인식되었다. 금식의 이유가 무엇이든 매일 1,500칼로리 아래로 섭취할 경우 정서적 반응이 둔화된다. 칼로리 섭취를 제한하는 것은 피지배층과 주민을 통제하는 전통적인 방법이었다.

거식증 환자와는 복잡한 대화를 피하고 환자의 감정이 다시 나타날 때까지 정상적인 식사를 하게 하는 것이 가장 좋다. 처음에는 감정이 돌아왔다는 것을 느낄 수 있을 만큼의 슬픔이나 분노의 단순한 표현으로 정서가 나타난다. 그러고 나서 좀 더 복잡한 감정이 올라오면 어느 정도의 대화가 도움이 될 수 있다. 나중에는 필요하다면 정식 해결중심 작업으로 옮겨 갈 수 있다. 가족에게 이러한 과정에 대하여 알려 줄 필요가 있으며, 가족이 복잡하고 비판적인 충고를 주기보다는 짧고 긍정적인 말을 할 수 있도록 격려하여야 한다. 초기에는 구토 방지 및 체중 증가에 도움이 되는 클로르프로마진[소라진(Thorazine)]을 적은 용량으로 복용하는 것이 도움이 된다. 약을 다량 복용하거나 과도하게 식사를 하게 하면 내담자에게 신체적 위험을 줄 수 있다. 엄격한 행동 수정이나 신체 활동을 제한하는 것은 효과적이지 않다. 그러나 내담자가 식사 후 즉각적으로 토하는 것을 막기 위해 식후 1시간 정도 누군가 내담자와 함께 있어 주는 것이 좋다. 영국에서는 신체 질량 지수(kg/m^2)가 13 또는 그 이하이면 법적으로 억류가 가능하다. 우리는 생리화학적 불균형으로 인한 심장병의 위험 때문에 내담자를 억류하든 하지 않든, 신체 질량 지수가 이 점수를 넘을 때까지는 침대에 누워 있게 한다. 이 체중을 넘으면 내담자의 몸무게가 늘어나는 한(줄어들지 않는 한) 내담자의 신체 활동을 제한하지 않는다. 만약 이후 내담자의 몸무게가 줄어들 경우 24시간 동안 침대에 누워 있게 한다. 일단 다시 음식을 먹기 시작해서 인지적 능력이 회복되면 많은 내담자가 자신의 문제를 적절히 해결해 나간다. 일부는 해결중심 상담으로 도움을 받을 수 있다.

팀 치료

우리는 개인 내담자나 가족을 상담할 때 치료자의 숫자를 제한한다. 이것이 내담자에게는 덜 혼란스럽고, 운영적인 관점에서 볼 때 더 효율적이다. 일부 나라에서는 복지제도 때문에 이렇게 하기가 어렵다. Seikkula 등(2003)과 다른 연구자들(Andersen, 1995 포함)이 이러한 주제와 관련한 접근법을 제시하였는데, 우리의 경우 어떤 내담자가 의뢰되었는데 그가 이미 다른 상담자나 치료자와 다른 장소에서 상담을 받고 있고 그 상담이 성공적이라면 우리에게 새롭게 의뢰된 내담자가 아니라고 가정한다. 그리고 우리는 내담자 및 다른 치료자들과 상담 계획을 협의한다. 다른 상담자가 일시적으로 치료를 중단한 상태라면 해결중심 상담을 제안할 수 있다. 또는 현재 받고 있는 상담이 충분하지 않다면 그것을 멈추고 해결중심 단기치료를 1회 시도해 보도록 제안한다. 해결중심 치료가 그들의 치료에 대한 비판이 아니며 하나의 대안으로 설명된다면 다른 상담자도 대부분 그 계획을 수용할 것이다. 때로는 다른 상담자와의 상담을 잠시 쉬는 것도 수용될 수 있으며, 때로는 법적으로 다른 상담자와 계속 접촉하는 것이 요구되는 경우도 있지만 그런 경우는 거의 드물다.

급성 발작 입원 환자 관리

환자를 입원시키는 것은 만병통치약이 아니므로 특별한 목적이 있는 경우에만 이루어져야 한다. 많은 연구가 입원 치료의 부정적인 측면을 보여 준다. 이것은 19세기 초 사설 정신병원에 관한 조사에서부터 시작되었다. 『정신건강법』은 원래 사회가 아니라 환자를 보호하기 위한 것이었다. 그런데 Goffman(1968)의 『정신병원(Asylums)』이 등장하면서 그 이후로 전 세계적으로 정신병원에 대한 많은 의심이 우리의 생각에 영향을 주었다. 〈뻐꾸기 둥지 위로 날아간 새(One Flew Over the Cuckoo's Nest) (1975; Kesey, 1962)〉라는 영화는 많은 부정적인 반응을 이끌어 냈지만, 아무도 그 영화에서 그려진 병원이 실제로 존재할지도 모른다는 사실을 부정하지 않았다.

입원의 유익한 점은 복잡한 사례를 평가할 수 있고 환자와 사회를 위한 안전한 환경을 제공한다는 점이다. 평가는 항상 목표가 있어야 하며 단기간에 이루어져야 한다. 위험이 수반되는 특수한 치료를 위해 입원 치료가 필수적인 경우도 있다. 입원 서비스에는 반복적으로 위기를 일으키는 환자를 위한 48시간 '비치료' 입원과 '휴식'을 목적으로 하는 환자를 위한 7일간의 '저자극' 입원(방문객, 라디오, TV 없이 침대에서 휴식만 취함) 등의 서비스가 있다. 물론 7일간의 저자극 입원 환자들은 대부분 단순한 휴식만으로는 도움이 되지 않다는 것을 알면 적극적으로 자신의 목적을 추구하기 위한 다음 단계로 옮겨 간다.

내담자가 입원하면 즉시 만나는 것이 도움이 된다. 항상 그렇듯이 나는 내담자에게 이번 입원을 통해 무엇을 원하는지 물어본다. 이 질문은 내담자에게 인식의 전환을 가져온다. 즉, 병원 체계에 자신을 맡기겠다는 인식에서 자신의 문제를 스스로 다루겠다는 인식으로 전환시킨다. 우리는 초기 단계에서 '공식적인' 진단을 내린다. 그러고 나서 그들의 미래 계획에 초점을 둔다. 우리는 꼭 필요하지 않는 한 구체적인 증상들에 대하여 다시 논의하지 않는다. 내담자는 자기가 다루고 싶은 목표 중상이 있을 수 있다. 혹은 그들의 일상생활에 대한 목표가 있을 수도 있다.

증상이 내담자에게 유익한지를 점검해 보는 것은 중요하다. 예를 들면, 어떤 환자는 자신의 개가 먹고 안전하다고 판정한 음식만 먹었다. 그는 음식이 안전하다는 사실을 개와 어떻게 의사소통하는지를 묻는 질문에는 대답하지 못했지만, 이 방식으로 안전을 점검하지 않은 위험한 음식을 먹느니 차라리 굶겠다고 하였다. 결국 우리는 그와 그의 개를 함께 입원시켜야 했다. (불행히도 그 개가 벼룩을 들여 와서 내담자가 퇴원한 뒤 우리는 병동을 소독해야만 했다.)

Steve de Shazer(1998)는 대화가 가능하지 않다면 치료는 이루어질 수 없다고 하였다. 급성 장애가 있는 사람들 중 일부는 대화의 형태로 말은 하지만 어떤 정보도 전달되지 않는 경우도 있다. 상담자가 어떤 말을 해도 대답은 그들이 집착하는 것에 관한 같은 말이나 유사한 말들로 이루어져 있다. 이런 단계에서 치료는 비효율적으로 보인다. 그러나 가능한 한 내담자의 언어를 많이 사용한다면 나중에라도 조력 관계 형성에 도움이 된다.

해결중심 개념을 소개한 후로 우리 병원의 보안병동에서의 폭력 발생 건수가 감소하였다. 이것은 외적인 규칙을 강요하기보다는 내담자가 원하는 것에 우리가 관심을 기울여 주고 있다는 것을 그들이 알게 되었기 때문에 일어난 일이라고 생각된다. 입원 기간도 줄어들었다. 상담자의 이론적 입장이 무엇이든 긴급 입원 환자의 대부분은 음식과 물, 수면이 모자라는 경우가 많다. 음식과 마실 것이 충분한, 차분하고 조용한 하루가 종종 이해와 협조를 증가시킨다. 이 시점에 "잠자는 데 조금 도움이 된다." 면서 약물을 주면 내담자는 잘 수용하기도 한다. 긴 면담이 힘들 경우, 며칠에 걸쳐 짧은 면담을 몇 회 하는 것이 더 좋다. 내담자는 집중력과 자신이 동의한 치료 계획에 대하여 기억하는 데 한계가 있기 때문이다. 이런 경우 해결중심 방법들이 이상적으로 사용될 수 있다.

사례를 들어 보자. 나이 든 남자 한 명이 어느 관광지의 임대 숙소에서 입원 의뢰되었다. 그는 교육도 잘 받고 돈도 있는 사람이었지만 가진 것을 모두 차에 싣고 몇 주마다 새로운 곳으로 이동하며 살고 있었는데, 어느 날 이른 아침 '강도'를 당했다며 경찰에 신고하였다. 경찰이 그의 숙소에 도착했을 때, 그는 전화기를 상자에 넣어 쿠션 밑에 묻어 놓고 카펫으로 창문을 가린 상태였다. 그는 경찰에게 "그 사람들이 내가 가는 곳마다 따라 다녀요. 밤새 나를 고문하고, 내가 이사 간 곳을 그들이 어떻게 그렇게 빨리 또 찾아내는지 모르겠어요."라고 하였다. 그리고 단호한 태도로 자신은 아프지 않으며 자신이 경험한 것은 사실이라고 하였다. 의사는 수면에 도움이 될 거라며 그에게 1회 분의 정신증 약을 주었다. 이후 3일 사이에 그는 안정되고 만족해하였으며, 이후 4주 동안 강도가 들어왔다는 생각이 점차 감소하였고, 그 이후 퇴원하여 의사의 처방대로 약물을 계속 복용하였다.

영국에서 정신과 집중치료실은 대개 몇 주 동안의 단기 입원만 받고 있다. 이곳에서 해결중심 접근은 단기간에 치료적 관계를 발전시켜 주기 때문에 유용하게 사용된다. 의사들 간에 목표와 계획이 쉽게 전달되므로 우리는 이 접근을 통해 시간을 최대한 활용할 수 있다. 내담자의 목표가 단순히 가능한 한 빨리 퇴원하는 것이라면, 우리는 퇴원에 필요한 단계를 설명해 준다. 때로는 어떤 행동이 빨리 퇴원하는 데 장애가 되는지도 알려 준다. 내담자들은 어떤 행동을 하면 그들이 빨리 퇴원할 수 없는지를 명확하게 알기를 원한다. 의사들은 각자의 전문성에 기초하여 내담자가 다음 단계로 이행해도 되는지를 결정한다.

우리는 내담자에게 약물이 그(녀)를 돕는 데 일조한다는 사실을 이야기한다. 따라서 때때로 우리는 "약물치료에 대한 당신의 생각을 존중하지만 지금은 약물이 꼭 필요하다고 생각합니다."라고 말할 필요가 있다. 내담자와 약물에 관하여 협의할 때 약물에 관한 정확한 정보가 도움이 된다. 약물이 유용할지 아닐지 잘 모르는 경우에는 약물치료의 명확한 목표와 함께 정해진 기간 동안만 복용해 보도록 제안한다. 물론 많은 환자가 전에 약물치료를 받아 본 경험이 있다. 따라서 우리는 어떤 특정한 약물이 도움이 되었는지, 혹은 도움이 되지 않았는지 물어본다. 많은 내담자는 의사가 강제로 약물을 복용시킬 수 있는 법률적 권한이 있다는 것을 알고 있다. 물론 이것은 정기적인 치료 프로그램의 경우보다는 긴급 상황인 경우에 하는 것이 좋다. 일반적으로 의사들은 반드시 긴급한 진정 효과를 내야 할 경우 벤조디아제핀에

1개의 정신증 약만 추가한다. 벤조디아제핀의 경우, 비교적 부작용에서 자유로우며 복용하는 환자들에게 널리 받아들여지고 있다. 기억 손상을 가져올 수 있어서 일부 내담자들은 싫어하지만, 어떤 내담자는 부적절한 행동에 대한 기억을 부정할 수 있다는 이점 때문에 이것을 복용한다.

환자들은 초기에 작은 단계(small steps)와 예외(exceptions)를 편안해한다. 그들은 일단 병동에 좀 편안해지면, 좀 더 큰 목표를 원하며, 그들의 목표를 성취하는데 도움이 되는 다른 서비스는 무엇이 있는지 궁금해한다. 척도 질문은 증상과 다른 행동들에 유용한 도구다. 단, 기분이 매우 고양되어 있는 환자에게는 잘 작동하지는 않는 듯 보인다.

의사: 10은 완전히 좋아져서 이 병원을 나가게 되는 것이라면, 당신은 지금 몇 점에 있습니까?

환자: 15점이요!

의사: 마지막에는 몇 점이 되었으면 좋겠습니까?

환자: 20점이요!

이런 환자는 종종 자신의 목표나 자신감을 점수로 제한하는 것을 좋아하지 않는다. 때때로 가까운 사람이 자신에게 낮은 점수를 바란다는 것도 알고 있다. 일부 기분이 고양되어 있는 사람은 기꺼이 척도를 거꾸로 사용하려고 하기도 한다. 예를 들어, 지금은 10이지만 점수가 좀 더 낮아지면 사람들이 자신을 퇴원시켜 줄 것이라고 생각한다.

우리 팀의 의사들이 모두 해결중심 접근으로 작업하기를 원하는 것은 아니다. 그러나 그렇다고 갈등이 생기지는 않는다. 모든 이의 관점이 존중된다. Seligman(1995)과 Wampold(2001)가 펴낸 심리치료의 효과에 관한 연구에 따르면, 내담자의 생각에 맞는 모델이나 치료자가 따르는 모델, 둘 다 효과적이라고 한다. 따라서 치료 팀 안에 1개 이상의 접근이 있다면 가장 좋다고 할 수 있다. 많은 치료자가 이미 자신만의 접근을 가지고 있다. 어떤 내담자에게 어떤 접근을 채택할 것인가에 있어서 치료자 스스로 판단을 내리면서 동시에 SFBT를 하나의 선택안으로 채택할 수 있다. 또는 다른 사람에게 조언을 주면서 자신의 특정한 기법이 필요한 때가 왔을 때 자신이 선호하는 접근을 사용할 수도 있다.

장기간 지속된 문제를 가진 내담자에게도 SFBT가 유용하다. 여기에는 정신질환과 관련된 장애, 후천적 뇌손상, 학습장애 등을 가진 내담자도 포함된다. 이들에게는 일상적인 삶의 기술에 초점을 두면서 작은 단계를 목표로 하는 것이 도움이 되며, 치료자는 단순하고 명확한 언어를 사용하고, 오랜 기간에 걸쳐 프로그램을 지속하는 것이 가장 좋다. 목표는 작고 성취 가능한 단계로 나누어서 행동적인 것으로 만드는 것이 도움이 된다. Greenberg(1998)는 만성 정신건강 문제를 가진 내담자를 위한 해결중심 집단상담의 선구자다. 그는 목표("무엇이 달라지기를 원하십니까?"), 척도 질문, 집단의 조언에 따른 다음 단계 설정, "지난 번 상담에 온 이후로 무엇이 달려졌습니까?"라는 반복적인 질문 등을 강조하였다. 그는 집단 리더의 역할이 집단 내의 활동과 토론의 수준을 유지하는 것이라고 하였다. 그는 자신의 경험을 바탕으로 내담자는 언제든지 집단에 들어왔다 나갔다 해도 되며, 내담자가 회기를 빼먹는다 하더라도 집단에 문제를 일으키거나 내담자 자신의 목표를 달성하는 데 해를 끼치지 않는다고 보았다. 이러한 집단에 대한 그의 접근은 지지집단이나 복지시설에 유용하다.

입원 환자 사례

John은 자신의 집에서 2~3일 동안 발작 상태에 있다가 법적 조치로 강제 구금된 환자다. 그는 스스로 구급차에 타는 것을 거부하는 바람에 경찰에 의해 수갑이 채워진 채로 안전병동으로 이송되었다. 도착 후 3시간 만에 면담이 시작되었다.

첫 번째 면담

치료자: (자신과 간호사를 소개하며) 이곳에서 무엇을 얻기를 바라십니까?

John: 그 사람들이 저를 이곳에 보냈어요. 전에도 그랬었는데. 저를 위해서… 그들이 다 알아요. 선생님도 아시죠?

치료자: '그 사람들'이란 누구죠?

John: 그들이 다 알아요. 그들이 저를 이곳에 보냈어요. 카메라로 모두 찍었죠?

치료자: 무슨 카메라요?

John: 제 집에 있는 카메라들 말이에요. 선생님도 그게 뭔지 다 아시잖아요.

치료자: 저는 카메라도, 테이프도 못 봤어요.

John: 선생님도 다 아시잖아요. 그들이 전에도 그렇게 했어요.

치료자: 그것이 어떻게 당신을 이곳에 오게 만들었나요?

John: 그들이 다 알아요. 제가 그런게 아니에요. 그들이 저를 이곳에 보냈어요. 전에도 그랬어요. 그 사람들한테 말하세요, 저한테가 아니라.

치료자: 휴식을 좀 취한 다음에 그것에 관해 이야기를 할까요? 잠드는 것을 도와드리기 위해 약을 좀 드릴게요. 여기 계시는 동안 비슷한 일이 일어나거든 꼭 우리에게 말씀해 주세요.

다음 날

치료자: (자신과 간호사를 소개하며) 우리 어제 간단히 이야기했지요? 여기 계시는 동안 무엇을 얻고 싶으신지 궁금합니다.

John: 그들이 하고 있는 짓을 그만두어야 해요. 그들이 저를 해치려 해요. 가게를 갈 수가 없어요.

치료자: 그런 일들이 일어나서 당신은 어떻게 하셨습니까?

John: 제가 구청에 갔더니 거기 사람이 하는 말이 자기가 신고받은 게 없어서 아무것도 해 줄 수가 없대요. 그 사람한테 밤에 와서 들어 보라고 했는데 오지 않았어요. 경찰은 거리에 설치한 카메라에 찍힌 것이 없어서 아무것도 해 줄 수 없다고 해요.

치료자: 경찰이 그 카메라에서 무엇을 보게 될까요?

John: 이웃 사람들이 제 집 문을 망치로 두드려요. 그 사람들은 영리해서 경찰 카메라가 찍지 않을 때에만 그런 짓을 하거든요.

치료자: 혹시 당신 이웃들이 그런 일을 한다고 당신이 잘못 생각한 것은 아닐까요?

John: 아니요. 저는 그들이 그런다는 걸 알아요.

치료자: 전에도 망치로 두드리거나 소리치는 것을 들었나요?

John: 5년 전에도 그런 일이 있었어요. 그런데 제가 병원에 입원하자 그들이 그만뒀어요.

치료자: 그만뒀다고요… 언제 다시 시작되었습니까?

John: 약 4개월 전 쯤이요. 제가 약을 바꾸고 나서…….

치료자: 망치로 두드리고 소리치는 것 말고, 그 밖에 최근에 당신을 괴롭히는 일들이 또 있었습니까?

John: 소음 때문에 잠을 못 자요. 누군가 집에 들어올까 봐 가게에 가지 못하니까 잘 먹지도 못해요. 그들이 집에다 카메라를 설치해서 제가 집에 없는 걸 그들이 알거든요.

치료자: 어젯밤 이곳에서는 주무셨나요?

John: 네, 이웃들이 밤에 이곳을 지키는 직원들을 통과해서 들어올 수는 없으니까요. 선생님이 주신 약은 잘 듣지 않아요.

치료자: 직원들이 먹을 것을 좀 주었나요?

John: 뜨거운 식사는 좋아하지 않아요. 하지만 직원들이 샌드위치를 많이 줬어요, 차도 줬어요.

치료자: TV나 신문에서 혹시 보신 게 있나요?

John: 아니요. John이라는 이름의 남자가 신문에 편지를 쓴 게 있었어요. 제가 아니고요.

치료자: 이 모든 일이 일어나서 어떤 일에 집중하는 것이 어렵나요? 예를 들면, 신

문을 읽는다거나…….

John: 아니요, 잠만 충분히 잔다면 그렇지 않아요.

치료자: (구체적인 질문을 통해 John이 최근에 일어난 사건들에 관해 정확히 알고 있다는 점을 확인한다. 그리고 그에게 우울 증상은 없으며, 마약류를 복용하지 않음도 확인한다. John은 금단 증상도 없었고 약물 검사에서도 음성을 보였다.) 술을 드시나요?

John: 돈이 있으면 슈퍼마켓에서 맥주를 살 수 있지만, 슈퍼마켓이 집에서 너무 멀어서 잘 가지 않아요.

(John에게는 고정된 사고의 오류와 환청이 있고, 사고장애 및 피해 망상과 집중력 · 기억의 손상 등이 없으므로 편집증 진단이 충족된다. 우울증과 물질남용도 없다. 이제 필수적인 관리 절차가 완료되었으므로 대화의 초점은 치료 계획으로 옮겨 간다.)

치료자: 그럼, 전에 이런 일이 발생했을 때에는 무엇이 도움이 되었습니까?

John: 병원에서는 먹고 잘 수 있었어요. 차분해지는 약을 먹었고요. Y간호사 선생님이 저를 보러 집에 와 주셨고, 제 생각엔 이웃 사람들이 Y선생님을 아니까 Y선생님이 볼 때는 우리 집에 가까이 오지 않더라고요.

치료자: Y간호사 선생님이 당신을 보러 오는 걸 왜 그만두셨나요?

John: Y간호사 선생님이 퇴직하셨는데 제가 새로운 간호사를 원하지 않았거든요.

치료자: Y선생님이 퇴직한 후에 다른 사람이 대신 업무를 인계받았어요. 그 분이 방문해 주기를 원하세요?

John: 모르겠어요. 누군지 먼저 만나 볼 필요가 있겠죠.

치료자: 누군지 여기서 먼저 만나 보실 수 있도록 말해 둘게요. 만나 보고 생각이 어떤지 말씀해 주세요. 전에 어떤 약이 도움이 되었었나요?

John: 노란 약은 도움이 안 됐어요. 손이 떨리더라고요. 이름은 기억나지 않는데, 무슨 맛인지는 알아요.

치료자: 요즘 우리가 쓰는 약은 대부분 손이 떨리지 않아요. 어젯밤에 한 알 드셨

는데, 지금 손이 떨리시나요?

John: 아니요.

치료자: 오늘과 내일 밤에는 약을 좀 늘려 볼 거예요. 그 후에 효과가 어떤지 보는 동안 같은 양을 드실 겁니다. 괜찮으세요?

John: 약을 먹지 않는 게 좋겠어요. 저는 여기서 나가고 싶어요.

치료자: 약을 드시면 이곳에서 더 빨리 나가실 수 있을 거예요. 손이 떨리거나 다른 문제가 있으면 저희에게 말씀해 주시겠어요? 오늘 더 하고 싶은 말이 있으신가요?

John: 그 사람들이 제 돈을 어떻게 좀 해 줘야 해요. 그렇지 않으면 월세를 못 내요.

치료자: 그들이 무엇을 어떻게 해 줘야 합니까?

John: 한동안 우편물을 뜯어보지 않았는데, 저에게 보조금이 나왔을지도 몰라요.

치료자: 지금 당신에게 보조금이 나왔는지 어떻게 알 수 있을까요?

John: 누군가 사회 복지과에 물어봐야 해요.

치료자: 누가 물어볼 수 있을까요?

John: 이모가요. 지금은 저랑 연락하지 않는데, 전화 좀 하러 가도 돼요?

치료자: 이 방의 전화를 사용하셔도 됩니다. 시간이 얼마 안 지나서 직원이 함께 나가 드릴 수 없어요.

John: 이 방의 전화기를 사용하고 싶지 않은데…….

치료자: 병원 직원 중에 복지 시스템에 대해 잘 알고 있는 사람이 있어요. 전화통화 하실 때 무슨 말을 해야 하는지 그 사람이 도와드릴 겁니다.

John: 좋습니다.

치료자: 그래요. 그럼 0부터 10의 척도에서 생각해 볼 때, '10'은 당신이 퇴원하고 모든 일이 잘 될 때이고, '0'은 전처럼 안 좋을 때를 말한다고 한다면, 당신은 지금 몇 점에 있습니까?

John: 0점이요.

치료자: 그렇군요. 0점인데도 어떻게 이렇게 해 오셨나요?

John: 잠을 좀 자는 게 도움이 됐어요.

치료자: 그렇군요. 잠자는 것이 당신에게 매우 중요하군요. 그 척도에서 0.5점 올라가면 당신은 무엇이 달라져 있을까요?

John: 사람들을 때리고 싶지 않을 것 같아요.

치료자: 누구를 때리고 싶었습니까?

John: 이웃 사람들과 그 경찰관이요. 그 경찰관은 나에게 수갑을 채울 권리가 없어요.

치료자: 어떻게 경찰이 오게 됐죠?

John: 구급차 대원에게 내 집 안에 들어오면 칼로 찌를 거라고 말했거든요.

치료자: 전에 누군가를 찌른 적이 있었나요? 혹은 때리거나?

John: 아니요, 하지만 그렇게 할 뻔 했었어요.

치료자: 어떻게 그렇게 하지 않았죠?

John: 제가 부엌에서 칼을 가져오기 전에 그 사람들이 집 안으로 들어왔어요.

치료자: 아직도 칼을 쓰거나 다른 사람을 찌를 생각이 있습니까?

John: 가끔 그런 생각을 합니다.

치료자: 그런 생각을 하기는 하지만 어떻게 그렇게 하지 않을 수 있나요?

John: 내가 누군가를 찌르면 사람들이 저를 다시 병원에 집어넣을 거라고 생각해요. 그것 때문에 내가 잠자는 동안 이웃 사람들이 나를 잡아갈지도 모른다고…….

치료자: 찌르겠다고 생각한 특정한 사람이 있나요? 이웃 사람들 혹은 누군가 다른 사람?

John: 그 경찰관을 때리고 싶었어요.

치료자: 이 병원에서 어떤 사람을 찌르거나 때리겠다고 생각한 적 있나요?

John: 아니요.

치료자: 당신이 어떤 사람을 찌르거나 때리겠다고 생각하고 있는지 우리가 어떻게 알 수 있나요?

John: 모르겠는데요.

치료자: 그런 생각이 들면 저희에게 말해 주시겠어요?

John: (대답 없음)

치료자: 그런 생각이 드실 때, 당신을 돕기 위해 우리가 무엇을 하면 좋을까요?

John: 제 방에 그대로 있게 해 주세요. 여기 있는 다른 사람들은 이상하거든요.

치료자: 당신이 방에 그대로 있을 필요가 있을 때에는 우리에게 얘기해 주시겠어요?

John: 네.

치료자: 좋아요. 확실하지 않을 때에는 우리가 당신에게 물어볼게요. 제 생각엔 누군가를 때리거나 찌르는 것은 당신이 빨리 퇴원하는 데 도움이 될 것 같지 않아요.

John: (끄덕임)

치료자: 오늘 더 하실 말씀이 있으세요?

John: 아니요. 이제는 말하는 것이 피곤해요.

이틀 후

개인면담 시간에 치료자가 John에게 기적 질문을 하였다. John은 기적은 일어나지 않는다고 대답하였다. 이어서 자신의 삶이 어떠했으면 좋을지에 대한 '꿈'은 있다고 하였다. 치료자는 이 꿈을 기적 질문에 대한 답이라고 보고 탐색에 들어갔다. John의 꿈은 그가 지금 살고 있는 집에 계속 살면서, 사람들을 만나기 위해 어딘가를 가고(거친 사람들이 오기 때문에 술집은 가고 싶지 않다고 함), 잔디 볼링을 해 볼 기회를 갖는 것이었다. John이 십대일 때 몇 년 전에 돌아가신 할아버지가 그를 잔디 볼링에 데려간 적이 있었는데, 그는 자신이 이 경기에 재능이 있다고 믿고 있었다. 그의 꿈은 생활비를 감당할 수 있고, 이런저런 가게에 가서 물건을 살 수 있을 정도로 돈을 좀 '해결하는 것'도 포함되어 있었다.

John은 자신의 재정적인 부분에 관하여 치료자와 이야기를 나누고 계획을 세웠다. 그에게서 폭력의 조짐은 보이지 않았으며, 자기 방에서 혼자 많은 시간을 보내지도 않았다. 우리의 안전 예보는 점차 수준이 낮아졌으며 John에게 점차 산책도 허락되었다. 산책은 처음에는 병원 직원과 그다음에는 혼자 점점 더 긴 시간 동안 할 수 있도록 하였다. 그는 병동 내의 전화만 사용해야 한다는 것을 받아들였고, 약을 복용하였으며, 병동의 작업치료 프로그램에도 참여하였다. 지역 잔디 볼링 클럽에 정보를 달라는 편지도 썼다. 이웃 사람들에 대한 그의 의심도 점차 감소하였고, 새로운 간호사가 자신의 집을 방문하도록 허락하였다. 다른 사람과 말할 때 직접적으로 언급하는 때는 없었지만, 때때로 복도에서 치료자를 만나면 "그 기적에 대해 아직 생각 중이에요!" 라고 하였다. 그는 병원에서 5주를 보낸 후에 퇴원하였다.

평 가

연 구

우리는 1988년 이후 외래환자 평가에 관한 2편의 연구를 발표하였다(Macdonald, 1994b, 1997). 상담이 종결된 지 1년이 지난 내담자와 내담자의 주치의에게 질문지를 보낸 세 번째 연구 결과가 곧 발표될 예정이다. 이 세 편의 연구를 종합하면, 170명의 의뢰된 환자들 중 136명이 상담을 받고, 118명(87%)이 추수 면담까지 참여하였다. 전반적으로 상담이 좋은 효과가 있었다는 경우는 83명(70%)으로, 이들은 사례당 평균 4.03회기에 참여한 것으로 나타났다. 문제해결이나 추가적인 전문상담을 받았는가에 있어서 집단 간 유의한 차이는 없었다. 다만 "상담 효과가 좋았다." 는 집단에서는 새로운 문제가 덜 발생했고, 만성적인 문제를 가진 집단의 적응도가 더 낮게 나타났다. 세 연구 모두에서 환자의 사회경제적 지위에 따른 상담효과의 차이는 유의하지 않았다. 이러한 연구 결과는 매우 중요하다. 왜냐하면 다른 모든 심리치료는 높은 사회경제적 · 교육적 지위를 가진 집단에 더 효과적이기 때문이다[De Jong과 Hopwood(1996)도 사회경제적 집단 간 차이에 관한 비슷한 연구 결과를 보고하였다. 이 연구는 사례에 대한 DSM-IV(APA, 1994) 진단명을 포함하는 등 자료를 모두 재작업한 결과다(De Jong & Berg, 2002)]. 또한 우리는 유럽단기치료학회 연구 프로젝트에 사례를 제출해 놓았다.

스페인의 한 연구에서는 정신건강 클리닉의 외래환자 39명을 추수조사하였다(Beyebach, Morejohn, Palenzuela, & Rodriguez-Arias, 1996). 그 결과 80%의 환자가 평균 33분, 평균 5회기의 치료를 받은 후에 그들의 목표를 달성한 것으로 나타났다. 구체적인 목표와 치료 전 변화가 상담의 효과를 예언하는 변수로 나타났다. 스페인에서 이루어진 다른 연구는 97개의 사례를 보고하였다(Perez Grande, 1991). 그중 25%는 아동이었는데, 71%의 사례에서 평균 5회기 이후 내담자가 향상되는 것으로 나타났다. 97개 사례 중 81개 사례는 평균 19개월 후 전화를 이용한 추수조사에서 최초에 향상된 71%의 내담자들 중 12%는 문제가 재발하였지만, 38%는 추가적인 문제를 해결하였다고 보고하였다. 만성적인 문제를 가진 내담자의 경우 치료에서 중도탈락하는 경우가 많았다.

미국에서 Eakes 등(1997)은 만성 정신분열증 환자를 위한 가족중심 상담에 관하여 보고하였다. 실험집단과 통제집단은 각각 5명의 내담자와 가족으로 구성되었다. 반영 팀(reflecting team)을 활용하고 기적 질문은 사용되지 않았다. 실험집단에서는 가족 간의 불화가 감소하고 자기표현 및 활동 · 오락적 경향이 증가하였다. 통제집단 가족에서는 도덕 · 종교적 경향이 증가하였다. 유타(Utah) 주에서는 Lambert와 Okiishi, Finch, Johnson(1998)이 사설 상담기관에서 이루어진 22개의 해결중심 상담 사례와 대학 정신건강센터에서 이루어진 45개의 정신역동 사례를 비교하였다. 두 기법 모두 표준 심리치료 효과 측정도구를 사용하여 46%의 회복률을 보였다. SFBT 사례는 3회기에 이 정도의 성과를 가져온 반면, 정신건강센터에서 이루어진 사례들은 26회기에 이러한 향상을 달성하였다.

이러한 연구들은 SFBT가 효과와 함께 효율성을 갖추었다는 주장을 뒷받침해준다.

지역 기관

협력적/단기치료를 선호하는 우리의 입원 병동에서는 입원 환자의 수가 적고, 빨리 퇴원하는 환자의 수는 많다. 이러한 수치는 재난이나 사고가 발생했을 때에도 증가하지 않았다. 우리의 중환자실은 다른 지역에서 발생한 긴급 환자들까지 입원시킬 수 있는 영국 북부의 유일한 병원이며, 개방된 병동은 긴급 입원을 위한 침상을 제공하고 위기가 발생했을 때 '맞춤형' 위기 지원이 가능한 곳이다. 1978년 이래로 전국적으로 60%의 침상 수가 줄었음에도 불구하고, 이처럼 입원 환자가 적어서 침상이 남는다는 것은 영국의 정신과 병동에서 드문 일이다. 미국의 콜로라도에서 Vaughn 등도 협력적 접근을 사용하여 입원 환자들에게서 비슷한 효과를 얻었다(Vaughn, Young, Webster, & Thomas, 1996).

이전 병원에서 우리 팀이 속한 병동은 먼 지역에서 온 사람에게 서비스를 제공하는 곳이었다. 옆 팀은 가까운 쌍둥이 빌딩에서 비슷하지만 지역의 통원 가능한 사람들을 대상으로 서비스를 제공하였다. 그런데 우리 병동이 상대적으로 평화로웠고, 우리 환자들이 먼 거리 때문에 가족과 만나거나 집을 방문하기 더 어려운 상황이었음에도 불구하고, 우리 병동에는 항상 남는 침상이 있었다. 옆 병동은 항상 소란스러운 일들이 많이 일어났고, 이 팀은 약 8개월 동안 우리에게 건물을 바꿔 달라며 조용히 그러나 끈질기게 작전을 벌이기도 하였다. 마침내 우리는 그들이 건물에 마법이 걸려 있다고 믿고 있음을 알게 되었다. 그들은 건물을 바꿈으로써 우리의 효과를 모방하고자 한 것이다. 그러나 그것을 설명해 주는 것은 건물이 아니라 내담자의 성공 여부일 것이다.

더 큰 시스템

병원에서 우리의 접근은 인정받고 존중받았으며, 우리는 우리가 원하는 방식으로 상담할 수 있도록 허락받았다. 그러나 역시 다른 곳과 마찬가지로 우리에게도 재정적 · 관료적인 제약이 있었다. 우리가 사용하던 측정 도구가 어떤 이유도 없이 새로 구입한 도구로 대치되었다. 전에 사용하던 도구는 동료 상담자가 개발한 것으로, 내담자와 상담자가 다양한 측면에서 안전을 평가할 수 있는 우수한 척도였다. 그러나 새 도구는 다양한 측면의 판단과 관계를 파악할 수 없는, 사실적인 데이터만 반복적으로 수집하기 위한 것이었다. 병원 운영자의 입장에서는 이해하기 쉬운 도구이지만, 훈련과 경험이 풍부한 치료자들이 수집한 정보를 활용하지 못하는 것이었다.

'보살핌 프로그램 접근'(Care Program Approach) 역시 중앙정부가 도입한 국가적 치료 접근이다. 이 접근은 문제와 의학적 모델에 초점을 둔 경직되고 진부한 프로그램이다. 이 프로그램에서는 내담자가 말할 수는 있지만 자신의 의견을 낼 수 없으므로 타협의 여지가 없고, 참석하고 질문에 답하는 것 외에는 존중받지 못한다. 치료자들은 강제로 도입된 이 접근에 처음부터 반발하였다. 그것은 우리의 해결중심 접근에 적용할 수 있는 융통성도 떨어졌다. 다행히 시간이 지남에 따라 이 접근에서 천천히 발전과 예외, 자원에 관한 대화로 전환하는 것이 가능해졌다.

병원 행정 측면에서도 해결중심 아이디어는 유용하다. 해결중심 아이디어를 경영에 대입하면, 우리가 가진 자원을 잘 활용할 수 있도록 해 준다. 예를 들면, 회의 시간을 줄일 수 있다. 치료자는 병원 행정가에게 회의란 사교의 장이라는 사실을 알고 있을 필요가 있다. 그들은 회의를 지식을 쌓고, 위계와 집단 소속감을 강화하며, 재미없는 일을 미루는 곳이라고 생각한다. 반면 치료자에게 회의는 상담전문가를 고용할 때 가장 재미있는 곳이다. 치료자에게는 서로 다른, 때로는 갈등적인 관심사를 가진 병원 운영자들을 만나는 회의가 운영자들이 생각하는 것처럼 그리 재미있는 일이 아니다.

입원 환자 치료에 영향을 주는 공통의 문제들

법적 체계와 정신건강 법률은 문제 중심으로 만들어져 있다. 법정에 제출할 범죄자에 대한 공식적인 보고서와 구금에 관한 보고서는 문제 중심 정보를 포함하도록 만들어져 있다. 내담자는 상담자가 계속 해결책에 관하여 이야기해 놓고 왜 그다음에는 외부 기관에 제출할 문제 중심의 서류를 주는지 이해하기 어려울 것이다. 나는 내담자가 변화와 목표 달성을 위해 기울인 노력을 칭찬함으로써 내담자와의 치료적 관계를 계속 유지하려고 노력한다. 다른 방법은 다른 치료자가 해결중심 접근을 사용하는 동안 경력 있는 치료자는 문제 중심 접근을 쓰는 것이다. 그러나 이것은 치료 팀 내에 분열을 가져올 수 있다. 영국에서 지역기관 치료 팀은 보통 경력 치료자의 이름으로 조직되므로 경력 치료자가 내담자에게 지지적이지 않은 것으로 보이면 치료자와 내담자 간의 협력적 관계는 와해되기 쉽다.

우리 병원에서 많은 치료자는 SFBT 훈련을 받았다. 그러나 어떤 병원들은 해결중심 접근을 사용하지 않으며, 우리의 치료 계획이나 공식, 안전도 평가를 수용하지 않을지도 모른다. 이는 내담자의 퇴원을 늦어지게 만들며, 내담자와 갈등을 일으킬 수 있다. 어떤 경우에는 병원 행정이 우리의 안전도 평가를 믿지 못해 환자를 퇴원시켜 달라는 우리의 의견을 수용하지 않고 환자를 다른 곳에 보내는 경우도 있었다.

해결중심 모델은 "지금은 어떤가요?"를 강조한다. 이것은 문제에 대한 내담자의 지각에 반박하는 것이 아니라 내담자에게 다른 가능한 지각을 제공하는 것이다. 내담자가 자신의 원가족과 여전히 연락하고 지낸다면, 때때로 우리는 가족 안에서 또는 사회적 맥락 안에서의 내담자의 행동을 탐색하기 위해 해결중심 접근 이외의 일들까지 시도한다(Seikkula et al., 2003). 이것은 어떤 경우에는 효과가 있고, 그렇지 않은 경우도 있었다. 치료 팀 전체가 이러한 과정에 참여할 때 이 접근의 효과가 가장 큰 것으로 나타났다. 그렇지 않은 경우에는 전통적인 접근이 다시 강해지고 모든 협력적 작업이 더욱 어려워졌다. 이는 어떤 상담 사례에서든 마찬가지였다.

결 론

SFBT는 상당히 증거에 기초하고 있다. 그러나 Seligman(1995)과 Wampold (2001), 그리고 다른 연구자들(Bergin & Garfield, 1994 참조)의 연구에서 보듯이, 심리치료에서 어떤 특정한 모델도 명백하게 더 나은 것은 없다. SFBT는 그것이 비용 대비 효과적이기 때문에 이점이 있다. 이 접근의 기초를 알고 나면 쉽게 다양한 상황에 적용할 수 있으며, 다른 기법들을 배워야 할 필요성이 적게 느껴진다. 행정적 목적을 위해 자료를 명확히 기록하는 것도 쉽고, 팀 내의 다른 동료에게 상담 계획을 전달하기도 쉽다. 그리고 일단 해결중심 체제가 적용된 다음에는 팀 접근이나 다양한 접근을 쓰는 상담이 단기에 더 효과적인 것으로 보인다.

주

1 John Henden은 이것을 출판하지는 않았으나 웹사이트를 통해 누구나 볼 수 있도록 해 두었다. http://www.st-mattew.on.ca/bulletin/jeremy/4tech.pdf

2 http://www.patient.co.uk/showdoc/26739000/

참고문헌

Aaltonen, J., Seikkula, J., Alakare, B., Haarakangas, K., Keranen, J., & Sutela, M. (1997). Western Lapland Project: A comprehensive family-and network-centered community psychiatric project. *ISPS, Abstracts and Lectures, 124,* 12-6.

American Psychiatric Association. (1994). Quick reference to the diagnostic criteria from DSM-IV. Washington, DC: Author.

Andersen, T. (1995). Reflecting processes, acts of informing and forming: You can borrow my eyes but you must not take them away from me! In S. Friedman

(Ed.), *The reflecting team in action: Collaborative practice in family therapy* (pp. 11-37). New York: Guilford Press.

Bagadia, V. N., Shah, L. P., Pradhan, P. V., & Gada, M. T. (1979). Treatment of mental disorder in India. *Progress in Neuro-Psychopharmacology, 3,* 109-118.

Bergin, S., & Garfield, A. (Eds.). (1994). *Handbook of psychotherapy and behaviour change* (4th ed.). New York: Wiley.

Beyebach, M., Morejon, A. R., Palenzuela, D. L., & Rodriguez-Arias, J. L. (1996). Research on the process of solution-focused brief therapy. In S. D. Miller, M. A. Hubble, & B. L. Duncan (Eds.), *Handbook of solution-focused brief therapy* (pp. 299-334). San Francisco: Jossey-Bass.

Brimstedt, L. (2002). Is risperidone the right choice in strongly drug-related psychoses? *Lakartidning, 95,* 368 (letter; original in Danish).

Clark, D. M., Salkovskis, P. M., & Chalkley, A. J. (1985). Respiratory control as a treatment for "panic attacks." *Journal of Behaviour Therapy and Experimental Psychiatry, 16,* 23-30.

Cook, C. C. H., & Thomson, A. D. (1997). B-complex vitamins in the prophylaxis and treatment of Wernicke-Korsakoff syndrome. *British Journal of Hospital Medicine, 57,* 461-465.

De Jong, P., & Berg, I. K. (2002). *Interviewing for solutions* (2nd ed.). Pacific Grove, CA: Brooks/Cole.

De Jong, P., & Hopwood, L. E. (1996). Outcome research on treatment conducted at the Brief Family Therapy Center 1992-1993. In S. D. Miller, M. A. Hubble, & B. L. Duncan (Eds.), *Handbook of solution-focused brief therapy* (pp. 272-298). San Francisco: Jossey-Bass.

de Shazer, S. (1998, September). Plenary discussion, European Brief Therapy Association Annual Conference, Bruges, Belgium.

DeSisto, M., Harding, C. M., McCormick, R. V., Ashikaga, T., & Brooks, G. W. (1995). The Maine and Vermont three-decade studies of serious mental illness: I. Matched comparison of cross-sectional outcome; II. Longitudinal course comparisons. *British Journal of Psychiatry, 167,* 331-342.

Dolan, Y. (2000). *Beyond survival: Living well is the best revenge.* London: BT Press.

Eakes, G., Walsh, S., Markowski, M., Cain, H., & Swanson, M. (1997). Family-centred brief solution-focused therapy with chronic schizophrenia: A pilot study. *Journal of Family Therapy, 19,* 145-158.

Garfield, A. E., & Bergin, S. L. (Eds.). (1986). *Handbook of psychotherapy and behaviour change* (3rd ed.). New York: Wiley.

Gelder, M., Gath, D., Mayou, R., & Owen, P. (1996). *Oxford textbook of psychiatry* (3rd ed.). Oxford: Oxford University Press.

Goffman, E. (1968). *Asylums.* Harmondsworth: Penguin.

Greenberg, G. S. (1998). Brief, change-delineating group therapy with acute and chronically mentally ill clients: An achievement-oriented approach. In W. A. Ray & S. de Shazer (Eds.), *Evolving brief therapies* (pp. 220-232). Iowa City: Geist and Russell.

Harding, C. M., Brooks, G. W., Ashikaga, T., Strauss, J. S., & Breier, A. (1987). The Vermont longitudinal study of persons with severe mental illness: I. Methodology, study sample and overall status thirty-two years later. *American Journal of Psychiatry, 144,* 718-726.

Hester, R. K., & Miller, W. R. (Eds.). (1995). *Handbook of alcoholism treatment approaches: Effective alternatives* (2nd ed.). New Jersey: Pearson Allyn Bacon.

Jacob, F. (2001). *Solution focused recovery from eating distress.* London: BT Press.

Jones, M. (1968). *Beyond the therapeutic community: Social learning and social psychiatry.* New Haven: Yale University Press.

Jorm, A. F., Korten, A. E., Jacomb, P. A., Rodgers, B., Pollitt, P., Christensen, H., & Henderson, S. (1997). Helpfulness of interventions for mental disorders: Beliefs of health professional compared with the general public. *British Journalof Psychiatry, 171,* 233-237.

Kesey, K. (1962). *One flew over the cuckoo's nest.* London: Picador (Film version 1975).

Kingston, K., Szmukler, G., Andrewes, B. T., & Desmond, P. (1996). Neuropsychological and structural brain changes in anorexia nervosa before and after refeeding. *Psychological Medicine, 26,* 15-28.

Kumar, P., & Clark, M. (2002). *Clinical medicine* (5th ed.). Edinburgh: WB Saunders.

Lambert, M. J., Okiishi, J. C., Finch, A. E., & Johnson, L. D. (1998). Outcome assessment: From conceptualization to implementation. *Professional Psychology: Research & Practice, 29,* 63-70.

Lum, L. C. (1981). Hyperventilation and anxietystate. *Journal of the Royal Society of Medicine, 74,* 1-4.

Macdonald, A. J. (1994a). A paper that changed my practice: Reversible mental impairment in alcoholics. *British Medical Journal, 308,* 1678.

Macdonald, A. J. (1994b). Brief therapy in adult psychiatry. *Journal of Family Therapy, 16,* 415-426.

Macdonald, A. J. (1997). Brief therapy in adult psychiatry: Further outcomes. *Journal of Family Therapy, 19,* 213-222.

Macdonald, A. J. (2000). Recommended reading for trainees. *Psychiatric Bulletin, 24,* 154 (letter).

Patel, V., & Saxena, S. (2003). Psychiatry in India. *International Psychiatry: Bulletin of the Board of International Affairs of the Royal College of Psychiatrists, 1,* 16-18.

Perez Grande, M. D. (1991). Evaluation de resultados en terapia sistemica breve (Outcome research in brief systemic therapy). *Cuadernos de Terapia Familiar, 18,* 93-110.

Reicher-Rossler, A., & Rossler, W. (1993). Compulsory admission of psychiatric patients-An international comparison. *Acta Psychiatrica Scandinavia, 87,* 231-236.

Roffe, D., & Roffe, C. (1995). Madness and care in the community: A medieval perspective. *British Medical Journal, 311,* 708-712.

Seikkula, J., Alakare, B., & Aaltonen, J. (2000). A two-year follow-up on open dialogue treatment in first episode psychosis: Need for hospitalization and neuroleptic medication decreases. *Social and Clinical Psychiatry, 10,* 20-29.

Seikkula, J., Arnkil, T. E., & Eriksson, E. (2003). Postmodern society and social networks: Open and anticipation dialogues in network meetings. *Family Process, 42,* 185-203.

Seligman, M. E. P. (1995). The effectiveness of psychotherapy: The Consumer Reports study. *American Psychologist, 50,* 965-974.

Suzuki, S. (1970). *Zen mind, beginner's mind.* New York: Weatherhill.

Swartz, L. (1998). *Culture and mental health: A South African view.* Oxford: Oxford University Press.

Vaughn, K., Young, B. C., Webster, D. C., & Thomas, M. R. (1996). A continuum-of-care model for inpatient psychiatric treatment. In S. D. Miller, M. A. Hubble, & B. L. Duncan (Eds.), *Handbook of solution-focused brief therapy* (pp. 99-127). San Francisco: Jossey-Bass.

Wampold, B. E. (2001). *The great psychotherapy debate: Models, methods, and findings.* New Jersey: Lawrence Erlbaum Associates.

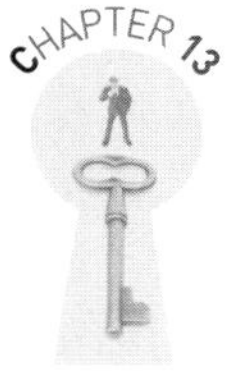

외상과 아동보호를 위한 해결중심 단기치료

Andrew Turnell

서 론

1980년대에 개발된 해결중심 단기치료(SFBT)는 다년간의 단기치료와 상호작용 접근으로부터 진화하였다. 이에 관해서는 이 책의 2장에 이미 소개하였다. 단기치료 전통을 가진 상담자들은 항상 전통적인 치료자들보다 더 개인의 문제와 해결방안에 대하여 고민해 왔다.

단기치료 전통은 그 태생부터 항상 내담자와 내담자의 문제에 대하여 비규범적·비병리학적 자세를 유지하고자 하였다(Fisch, 1988). 즉, 개인의 문제는 그 개인에 내재해 있거나 내생적인 것이 아니라, 문제를 가진 사람 그리고 그와 관계를 맺고 있는 사람들(전문가를 포함해서) 사이의 상호작용 유형 안에서 드러나고 지속되는 행동이라고 보았다. 더 급진적으로는, 문제의 본질과 해결 방안을 정의해야 할 사람은 전문가가 아닌 내담자라고 말해 왔다. 이것이 바로 상호작용적 단기치료 전통을 뒷받침하는 주요 토대가 되는 생각이다.

이러한 생각들은 아마도 단기 치료자들의 무정부주의자적 특성을 반영하는 것일지도 모른다. 우리 단기 치료자들은 내담자뿐 아니라 우리 자신도 뭔가 다르게 생각하고 행동하기를 원한다. 단기치료 전통의 선구자인 Milton Erickson은 변화를 꺼리지 않았던 인물로 유명하다. 그는 치료실 밖에서 내담자를 상담하는 것도 꺼리지 않았다. 예를 들면, 여성 앞에서 숫기 없는 남성 내담자가 수줍음을 극복하도록 돕기 위해 함께 저녁을 먹으러 나간다거나, 한 젊은 환자를 자전거 대회에 나가도록 한 것 등으로 유명하다(Haley, 1973). 단기치료 운동의 선구자들이 의도했던 뭔가 다르게 하고자 하는 열망은 종종 개인의 문제해결을 위해 단기치료의 사상과 실제를 사적인 치료실 맥락에서 벗어나 좀 더 폭넓은 맥락으로 가져가도록 만들었다. 그 예로, 아동보호 서비스(Berg & Kelly, 2000; Turnell & Edwards, 1997, 1999; Weakland & Jordan, 1992), 노령자 보살핌(Herr & Weakland, 1979), 가정폭력 집단상담(Lee, Sebold, & Uken, 2003), 정신 재활센터(Soo-Hoo, 1995), 학교상담(Durrant, 1995), 재가 돌봄 서비스(Durrant, 1993) 등이 있다.

이 장에서는 해결중심 단기치료를 치료실 밖에서 적용해 본 경험을 소개하고자 한다. 특히 다음과 같은 것들을 구체적으로 살펴보고자 한다.

- 아동보호 서비스 활동
- 아동보호 및 정신적 외상을 입은 난민에 대한 평가
- 심각한 정신적 외상을 입거나 고문당한 난민에 대한 서비스
- 사례에 관한 이야기를 내담자와 공동으로 집필하기

아동보호 서비스: 일선 담당자들의 성공 사례

아동보호 서비스에 대해 이야기하는 사람들 대부분은 국회에서든 술집에서든, 본능적으로 아동보호 시설이나 그 직원들이 저지른 부정적이고 잘못된 가혹 행동에 대해 먼저 언급하는 경향이 있다. 이런 종류의 이야기들을 계속하고 또 하는 것은 국가의 아동보호 활동을 심각하게 고민하고 걱정하게 만든다. 또한 일선의 아동보호 담당자를 더 방어적으로 만들며, 그럼으로써 상처받기 쉬운 아동의 안전을 더 위협할 수 있는 상황을 가져올 수 있다.

단기 치료자에게 이러한 현상은 아마도 놀라운 일이 아닐 것이다. 왜냐하면 그들은 일반적으로 문제에 대한 언급이 많아질수록 문제가 더 고착화된다고 생각하기 때문이다. 이러한 문제중심 대화가 가진 딜레마와는 대조적으로, 해결중심 접근은 일반적으로 치료자에게 '내담자의 문제가 발생할 수 있는데도 발생하지 않은 때는 언제인가' '그런 문제가 없이 괜찮은 때는 언제인가'에 초점을 두라고 말한다. Steve Edwards와 나(Turnell & Edwards, 1999)는 아동의 안전을 확보하기 위한 접근의 연장선에서 아동보호 담당자에 대한 접근 역시 해결중심 정신을 근간으로 해왔다. 즉, 어려운 사례나 힘든 문제에 대하여 아동보호 담당자가 스스로 발견한 좋은 상담 방법이 무엇인지에 관해 물어보는 입장을 취한다.

나는 유럽, 북미, 일본 그리고 호주의 아동보호 상담사들과 가깝게 일하면서, 세계 어디에서나 아동보호 담당자들이 매우 다루기 '어려운' 가족과 매우 바쁜 아동보호 사무실 또는 가난한 지역에서 훌륭히 일하고 있다는 것을 알게 되었다. 그렇다고 그런 곳에서 가혹한 아동보호 사례가 발생하지 않는다거나 그런 환경에서 일하는 것이 일반적이라고 말하고자 하는 것은 아니다. 다만 이처럼 어려운 사례들에 대해 담당자가 스스로 발견해 낸 좋은 대처 방법은 가치 있는, 그러나 전적으로 간과되어 온 자원들임을 강조하고 싶다. 담당자가 발견해 낸 좋은 방법에 관해 알게 된다면, 아동보호 서비스 제공 기관들에 변화를 가져올 수 있는 잠재적인 전략을 세우는 데 도움이 될 것이다. 특히 매너리즘이 만연한 때에는 그것이 근본적인 전략이 될 수도 있다. 흥미롭게도, 문제가 있는 조직행동보다 성공적인 조직행동에 초점을 두는 것이 급증하는 강점탐구 운동(appreciative inquiry movement, 역자 주: 미국 Case Western Reserve 대학교 경영대학원 David Cooperrider 교수가 1980년대에 제시한 조직에서의 문제해결 방식으로, 조직과 구성원 업무 수행의 긍정적인 면과 강점을 부각/도출하여 실행 가능한 해결 방안으로 연계하는 조직 개발 과정 혹은 철학을 말함)의 주요 변화 메커니즘이다(예, Cooperrider & Srivastva, 1987; Watkins & Mohr, 2001). 그러나 나는 강점탐구 운동도 좋은 서비스를 중요하게 생각하지만, 해결중심이 좋은 서비스를 이끌어 내고 확장시키는 데 더 높은 수준의 기술을 제공한다고 생각한다. 아마도 그것에 대한 해결중심의 역사가 더 길기 때문일지도 모른다. 좋은 서비스를 극대화하기 위한 해결중심 '기술'은 EARS 탐구과정(elicit: 이끌어 낸다, amplify: 나아진 것을 확장시킨다, reinforce 또는 reflect: 강화한다, start-over: 처음부터 다시 시작한다)에 상세히 나타나 있다. EARS 질문 과정은 두 번째 회기와 그 이후의 회기들에 사용된다(Berg & De Jong, 1999; Turnell & Hopwood, 1994).

나는 이런 방식으로 10년 이상 아동보호 상담사들을 자문해 왔으며, 많은 아동보호 서비스의 좋은 사례와 과정에 관하여 소개해 왔다(Turnell, 2004, 2006; Turnell & Edwards, 1997; Turnell, Lorhbach, & Curran, 출판 중 참조). 그럼에도 불구하고 종종 몇몇 아동보호 상담사들이 매우 어려운 역할 속에서도 혁신적이고 창조적인 전략들을 활용하고 있는 것을 발견하고 놀라고는 한다. 최근에 나는 영국 사회복지서비스 기관에서 Miriam이라는 아동보호 상담사를 자문한 적이 있다. 그녀는 나에게 다음과 같은 이야기를 해 주었다. 그녀가 팔에 타박상을 입은 8세 소녀의 아버지를 만나기 위해 아동의 집을 방문하게 되었는데, 방문 전에 이미 아동으로부터 아버지 때문에 팔에 멍이 들었다는 이야기를 들은 상태였다. 아동의 아버지는 공동주택단지 내의 아파트 17층에 살고 있었다. Miriam이 자신을 아동의 아버지에게 소개하자마자 그는 그녀에게 호통을 치기 시작했고, 마지막에는 "꺼져 버려!"라고 소리를 질렀다고 한다. 그녀는 잠시 멈추었다가 그에게 말하기를 "좋습니다, 꺼져 드릴게요. 하지만 우리는 이야기를 나눠야 하니, 제가 꺼졌다가 언제 다시 나타나도 되겠습니까?"라고 했다. 그랬더니 아이의 아버지가 막 웃더니 "아, 그럼 들어오는 게 낫겠네요."라고 했다고 한다. 이후 Miriam은 아동의 아버지와 재빨리 관계를 형성하고 문제에 대한 안전 조치를 확보할 수 있었다.

나는 모든 아동보호 상담사에게 Miriam이 화난 내담자를 만났을 때 했던 것과 동일한 방식으로 대처하라고 제안하고자 하는 것은 아니다. 하지만 Miriam의 사례나 그와 같은 이야기들을 알리거나 그에 관한 글을 씀으로써 아동보호 상담사가 일선에서 일하면서 얻는 실제적인 지혜를 자랑스럽게 생각하고, 자신의 업무에서 요구되는 일들에 좀 더 창의적인 자신만의 방식을 발견하라고 말해 주고 싶다. Miriam의 사례는 자신의 실제 업무 경험에서 나온 좋은 실천 방식들을 귀납적으로 모아서 이론을 만들 때 아동보호 서비스에 즉시적 효과와 인도주의를 더할 수 있음을 잘 보여 준다. 이는 실제와 동떨어진 이론으로는 성취하기 어려운 것이다.

아동보호 상담사를 위한 훈련과 자문에 이처럼 효과적인 실천 사례들을 제시하는 접근은 단기치료의 기본적인 사고와 유사하다. 문제와 해결책에 관한 가장 중요한 전문가는 그 상황에 놓여 있는 바로 그 사람이라는 점에서 그렇다. 따라서 일선의 상담자들이 해결중심, 강점중심 접근법을 사용하도록 하려면, 그들의 슈퍼바이저나 자문가들은 그들에게 내담자의 강점과 해결책이 무엇인가를 묻기 전에, 그 상담자가 잘하고 있는 상담 방법이 무엇인지 인정하고 그것을 확대시켜 주는 것이 매우 중요하다. 주로 아동 사망에 대해 조사하는 데 집중되어 있는 자원의 절반이라도 일선에서 '어려운' 사례들을 어떻게 잘 실천했는지에 관해 엄밀히 지속적으로 조사하는 데 사용된다면 아동보호 서비스는 장차 크게 달라질 수 있을 것이다.

내담자와 함께 평가하기

평가를 내리는 것은 특히 내담자에게 행하는 전문적인 작업이다. 문제의 정도가 심각할수록 전문가는 더 평가를 내리기를 원하며 전문가의 견해가 더 지배적이 된다. 따라서 내담자의 관점에 특권을 부여하는 단기 치료자는 평가를 내리는 행위를 매우 문제가 있는 것으로 간주한다. 나는 아동보호 서비스에 오랫동안 관여해 왔으며 정신적 외상과 고문을 겪은 난민을 위한 시설에서 치료자로 활동해 왔는데, 두 분야에서 모두 평가는 기관의 의무적인 활동이었다. 내담자의 관점에 특권을 부여하는 단기치료의 전통에 따라 나는 내담자에게 평가를 내리기보다는 내담자와 함께 평가를 진행하는 평가지를 만들었다. 아동보호와 난민치료에 관한 두 개의 평가지를 이 장의 끝에 첨부하였다.

평가지의 질문에 대한 답을 채우고 나면, 내담자에게 자기 답변을 다시 한번 살펴보고 최근 몇 년간 자신의 문제를 다루는 데 가장 도움이 되었던 것들과 그들이 가장 걱정하는 것들을 목록으로 작성하도록 하였다.

나는 성적 학대를 당한 사람들을 대상으로 평가 계획서를 작성해 본 경험이 있는 Yvonne Dolan의 도움을 받아 난민 평가 계획서를 개발하였다(Dolan, 1991). 이 평가 계획서는 따로 설명이 필요 없는 것이다. 그것은 전형적인 외상후 스트레스장애 진단과 관련된 증상학을 따른다. 그러나 이러한 증상들을 일상적인 언어로 설명하고, 증상을 문제보다는 해결 방안들로 구성하였다. 또한 난민들이 자주 말하는 전형적인 문제들을 포함하고 있다. 가장 중요한 특징은 내담자가 이해하고 완성할 수 있도록 만들어졌으며, 내담자의 대답을 통해 상담자가 함께 내담자가 가장 염려하는 문제가 무엇인지를 파악하고 가능한 해결책을 강구할 수 있도록 구안되었다는 점이다. 여러분은 이 평가 계획서를 완전한 것으로 여기기보다는 정신적 외상을 입은 환자에게 혹은 그것이 효과가 있을 것 같은 상황에 편리하게 사용하기 바란다.

나는 Steve Edwards와 함께 아동보호 사례 관리를 위한 안전도 평가지표 및 활용 계획서를 개발하였다(Turnell & Edwards, 1999)([그림 13-1] 참조). 일반적으로

안전도 평가지표 및 활용 계획서	
위험 요인 (과거, 현재, 미래의) 학대가능성이 있는 요소	안전 요인 (과거, 현재, 미래의) 안전과 관련된 요소
안전 및 상황 척도	**안전척도**(위험과 안전에 관한 정보를 고려하여 아동의 상황을 0~10점으로 평가한다. 0은 학대와 방임이 재발하거나 유사 혹은 더 나빠진 경우이며, 10은 사례를 종결해도 될 정도로 아동이 충분히 안전하다고 판단되는 때를 의미한다.) **상황척도**(사례를 0~10점으로 평가한다. 10은 어떤 개입도 필요하지 않은 경우이며, 0은 이 기관에 의뢰된 사례 중 아동학대/방임이 가장 심각했던 사례를 의미한다.)
기관의 목표	이 사례를 종결하기 위해 필요한 것은 무엇인가?
가족의 목표	전반적으로, 그리고 특히 안전과 관련하여 가족이 원하는 것은 무엇인가?
즉시적 성과	무엇을 보면 중요한 변화가 일어났다는 것을 알 수 있는가?

[그림 13-1] 안전도 평가지표 및 활용 계획서

아동보호 분야에서는 내담자의 관점을 전문가의 관점보다 우선 순위에 두는 것이 불가능하다. 왜냐하면 아동보호 상담사는 법적으로 위험도 평가를 내려야 할 의무가 있기 때문이다. 또한 아동보호 평가는 매우 전문화되어 있으며, 서비스 대상자의 관점은 고려하지 않는 경향이 일반적이다. 우리의 '안전 지표' 양식은 이와 같은 경향에 도전하기 위하여 구안되었다. 이것은 단순하지만 엄격한 평가 양식을 제공하므로 상담자는 전문가와 가족 구성원이 염려하는 것들, 위험 요소, 강점, 안전도, 잠재적인 안전 문제에 대해 어떤 관점을 가지고 있는지 일상적인 용어를 사용하여 파악하기 위해 이것을 사용할 수 있다. 이 양식은 대부분의 위험도 평가에서 문제를 확대 해석하는 것을 예방하여 균형을 잡아 준다. '안전 지표' 양식은 두 가지 국가 위험도 평가 방식 중 강점과 안전 중심의 관점을 통합한 모형으로써 활용되었다(Boffa & Podestra, 2004; Department of Community Development, 2001; Department of Human Services, 2000).

스코틀랜드의 던디(Dundee)에서 일하는 Janet Flood는 지역 아동보호 기관에서 오랫동안 사회복지 서비스를 받아 온 가족을 평가하기 위하여 이 안전 지표 평가 양식을 활용하였다. 이 가족의 가장 최근 문제는 10세 Jamie와 관련된 것이다. Jamie는 다른 아동들에게 극단적으로 감정을 분출하는 것 때문에 3개월 동안 14번이나 등교금지를 당했다. 사회복지 센터에서는 이 가족을 문제를 인식하지 못하며 '다중문제'를 지닌 매우 어려운 가족으로 판단했다. 사회복지사들은 이 가족에 대해 많이 염려하였지만, 그중에서도 어머니 Fran에게 폭력을 행사하는 아버지 Freddy에 대해 심각하게 걱정하고 있었다. 자신에 대한 사회복지사들의 이런 시각을 알고 있는지 Freddy는 2년 이상 사회복지사들에게 어떤 것도 협조하지 않았으며 그들을 욕하고 다니는 것으로 알려져 있었다.

Janet은 사회복지사와 함께 어머니 Fran을 먼저 만났다(Freddy는 참석을 거부하였다). Janet은 어머니에게 '안전 지표' 평가를 실시하였다. 어머니에게 가족의 좋은 점을 묻고, 엄마로서 걱정하는 것은 무엇인지에 대하여 물었다. (사전에 Janet은 사회복지사에게 이 과정에 대해 설명해 주고, 사회복지사가 생각하는 가족의 긍정적인 점

세 가지는 무엇인지 미리 생각해 오라고 했었다. 그러나 사회복지사는 이 가족의 긍정적인 면을 찾기가 어려웠다. 그래서 Fran이 다음과 같이 가족의 강점을 말하는 것을 듣고 깜짝 놀라지 않을 수 없었다.) Fran이 말한 가족의 세 가지 강점은 다음과 같다. "Jamie는 일대일로 대하면 말을 잘 듣는다." "Jamie가 화를 낼 때 Jamie를 가장 잘 달래는 사람은 Freddy다." "Freddy는 정기적으로 Jamie와 남자애들을 낚시에 데리고 간다." 또한 사회복지사는 Fran이 가족의 문제점에 대해 솔직하게 말하는 것에 더욱 놀랐다. Fran의 걱정거리는 자신이 Jamie의 행동에 종종 과민반응을 하는 것과 Freddy와 다툴 때 자신이 매 맞는 것을 아이들이 목격한 것에 대한 것이었다. 그 다음 주 Janet은 Fran의 여섯 아이들(4세부터 15세까지의)과 함께 가족의 상황을 설명하고 평가하는 과정을 다시 실시하였고, 어머니와 아이들이 가족의 문제를 해결하기 위해 무엇이 가장 중요하다고 생각하는지 알 수 있었다. Janet과 사회복지사는 이런 내용을 바탕으로 가족을 위한 치료 계획을 세웠다. 몇 주 후 아이들은 집에 남겨 두고 Fran과 Freddy가 함께 센터에 왔다. Janet은 Freddy를 만나자마자 즉시 그가 아버지로서 좋은 일들을 많이 하고 있다고 들었다고 말해 주었다. 특히 Jamie를 잘 도와준다는 점을 언급하였다. 이처럼 가족과 함께 평가를 진행하면서 가족의 문제와 강점, 목표에 초점을 두는 작업이 이루어졌고, 4개월 후 이 가족의 사례는 성공적으로 마무리되었다.

정신적 외상을 입은 난민과 작업하기

나는 4년 6개월 동안 정신적 외상을 지닌 난민을 돕는 기관에서 일한 적이 있다. 처음 그곳에서 일하기 시작했을 때, 나는 SFBT가 이러한 내담자들에게 과연 효과가 있을지 의문이었다. 난민과의 작업은 이전에 백인 중산층 가족이나 개인과 했던 작업과는 매우 달랐다. 단순히는, 전에는 한 회기에 한 시간 이하가 걸리던 것이 난민과는 90분 또는 그 이상의 시간이 소요되는 것이 첫 번째 차이점이었다. 무엇보다 그렇게 오랜 시간이 걸린 이유는 통역을 통해 상담을 진행했기 때문이다. 또한 난민과 성공적으로 작업하기 위해서는 먼저 통역사와 관계를 형성하는 것이 중요하였다. 그래서 나는 내담자를 만나기 전에 통역사를 먼저 만나 회기에 대한 나의 계획을 간략하게 설명하고는 하였다. 통역사를 내 말을 대신 전하는 사람이 아닌 동료나 조언자로서 대할 때 상담이 수월하게 진행된다는 것을 알게 되었다. 나는 또한 다른 언어로 해결중심적 질문을 통역하는 것이 어렵다는 것도 알게 되었다. 특히 기적 질문이 가장 어려웠다. 내가 난민과 일하기 전까지 4년 동안 상담하면서 기적 질문을 못하는 경우는 거의 없었는데, 난민과 상담할 때에는 기적 질문을 하는 경우가 드물었다. 그 결과 나의 상담 방식 역시 변하게 되었다. 전형적인 기법보다는 해결중심의 기본 원리로 돌아가게 되었고, 곧이어 해결중심적 질문을 통해서든 아니든 난민이 그들의 삶에서 변화시키고 싶은 것은 무엇인지, 내가 어떻게 그것을 도울 수 있는지가 나의 가장 큰 관심사가 되었다.

난민이 원하는 것이 무엇인지, 그리고 내가 어떻게 그들을 도울 수 있는지에 집중을 하다 보면 적어도 어느 정도는 내가 치료실 밖에서 일하고 있다는 느낌을 갖게 되었다. 관련된 예들이 많이 있지만, 전형적인 사례 몇 가지만 소개하고자 한다. 처음 난민을 만날 때, 나는 적어도 첫 번째 회기에는 그(녀)를 의뢰한 전문가를 초빙하여 함께 상담하곤 하였다. 이것은 내가 초반에 맞닥뜨릴 수 있는 몇 가지 문제들을 피할 수 있도록 해 주었다. 난민은 이야기하지 않는 그들의 문제에 대해 전문가들이 종종 자세히 알려 주었기 때문이다. 그래서 나는 Dawood라는 이라크인을 처음 만날 때에도 그를 의뢰한 사회복지사에게 참석해 줄 것을 요청하였다.

Dawood는 자신이 왜 나를 만나야 하는지, 그리고 이런 치료가 그에게 어떤 도움이 되는지는 차치하고, 치료란 어떤 것인가에 대해서조차 거의 모르고 있었다. 그를 의뢰한 사회복지사는 그에 대해 다음과 같은 이야기를 해 주었다. 그는 모국에서 고문을 당하고 교도소에 간 적이 있으며, 현재 수면에 상당한 문제가 있고, 도박으로 인해 상당한 빚이 있는 상태라는 것이다. 또한 매우 무질서하고, 집중을 잘 하지 못하며, 그와 같은 국적을 가진 사람들과 만나는 것을 두려워하고, 새 아내와 관계가 좋지 못하며, 무기력하고, 정착하지 못하여 8개월 동안 여섯 번이나 이사를 하였다고 한다. 첫 회기에 Dawood는 거의 말을 하지 않았다. 그러나 두 번째 만남에서 그는 자신의 가장 큰 문제는 술을 하루에 한 병 이상 마시는 것이며, 그것 때문에 2주마다 지급되는 기초생활 보조금을 다 써 버리게 되었고, 그래서 남자로서 자신이 매우 무능하게 느껴지는 것이라고 하였다. 나는 그에게 삶을 정상 궤도로 돌려놓기 위해 어떤 일이 일어나야 하는지 물었고, 그는 그림을 그려야 한다고 대답했다. 왜 그림을 그리지 않느냐고 묻자, 그는 "미술도구가 없어서."라고 대답했다. 내 생각으로는 미술도구를 주더라도 크게 달라질 것 같지 않았지만, 우리 기관에 미술도구(그것은 미술치료용이었다)가 많이 있으므로 그가 필요한 만큼 마음대로 가져갈 수 있다고 말해 주었다. Dawood는 도화지와 물감, 붓을 챙겨서 돌아갔다. 2주 후 그의 초대를 받아 나는 통역사와 함께 그의 집을 방문하였다. 그는 자신이 그린 그림을 자랑스럽게 보여 주었다. 그는 바그다드(Baghdad) 대학에서 순수미술을 전공하였으며, 또한 술을 완전히 끊었다고 하였다. 상당히 놀라운 일이었다. 그에게 "지금의 변화를 지속하려면 무엇이 필요한가요?"라고 묻자 그는 "호주인 미술가를 만났으면 좋겠다."고 대답하였다. 나는 곧 그에게 호주 퍼스(Perth) 지역의 저명한 미술가들을 소개시켜 주었고, 그중 한 명은 Dawood의 친구이자 멘토가 되었다. 6개월 후 Dawood는 호주인 미술가의 도움으로 자신의 첫 번째 전시회를 열었다.

한번은 내가 한 쿠르드인과 상담할 때, 그는 자신이 쿠르드 독립 운동가로 살아왔으니 내가 자신을 도와주려면 쿠르드인의 고통을 이해해야 한다고 하였다. 그래서 우리는 컴퓨터 앞에 쭈그리고 앉아 쿠르드 웹사이트를 찾아보면서 몇 시간을 보냈다. 그 웹사이트에서 인쇄한 것들을 읽기 위해 나는 더 많은 시간을 보내야 했다. 그러고 나서야 그는 내가 그를 도울 수 있도록 허락했다. 나는 그가 호주에서 원하는 삶을 살게 된다면 어떤 삶을 살고 싶은지 물었고, 그는 내게 웹사이트를 보여 준 뒤로 그것에 관하여 많이 생각해 보았다고 말했다. 그는 호주에서 자신의 삶이 가족의 안녕과 아이들의 미래를 위한 것이 되기를 바란다며 더 이상 독립 운동가가 아닌 재단사라는 직업으로 돌아가고 싶다고 하였다. 그러기 위해서 나의 도움이 필요하다고 하였고, 우리는 논의 끝에 내가 알고 있는 재단사에게 가서 그가 무급으로 일하면서 그 일이 정말로 자신이 하고 싶은 일인지 알아보기로 하였다.

또 다른 사례는 한 심리학자가 나에게 50세의 Thanh이라는 베트남인 남성을 상담해 달라고 요청한 것이다. 그 심리학자는 너무 바빠서 첫 회기에 참석하지 못하였다. 대신 Thanh이 매우 우울한 상태이며 자살할 가능성이 높다고 말해 주었다. 또한 자신은 Thanh에게서 아무것도 알아내지 못했지만, 그의 딸이 매우 걱정하고 있다고 하였다. Dawood와 마찬가지로 Thanh 역시 그가 왜 나를 만나야 하는지에 대하여 별다른 생각이 없었다. 또한 자신의 걱정거리나 내가 어떻게 그를 도울 수 있는지에 대하여 아무 말도 하지 않았다. 이때가 난민을 상담하면서 내가 기적 질문(Thomas & Nelson, 이 책의 1장)을 제대로 했던 몇 안 되는 경우 중 한 번이었다. 물론 통역사가 그 질문을 기꺼이 통역해 준 덕분이었다. 기적 질문에 대한 Thanh의 대답은 단순했다. "제가 카라카타(Karrakatta) 공동묘지에 묻히게 되는 것입니다." 순간 내 머릿속에는 그가 자살을 하고 싶다고 말하는 것인지 궁금하였으나, 내가 미처 그 말을 꺼내기도 전에 통역사가 이미 그에게 자살은 가족에게 불명예스러운 일이 될 거라고 말해 버렸다. 한동안 당혹스러움이 있었으나 결국 Thanh이 원하는 것은 그가 사후에 퍼스(Perth)에 있는 가장 큰 공동묘지 내의 군인 묘역에 묻히는 것이라는 것을 알게 되었다. Thanh은 그의 선조 중 남자는 모두 군인이었고, 그 자신도 베트남 전쟁에서 싸우다가 심한 부상을 당한 군인이라고 설명하였다. 그는 절름발이가 아닌 한 명의 군인으로 기억되고 싶었던 것이다.

다음 과정은 Thanh이 말한 대로 그가 참전용사인가를 호주 참전용사부에 확인하는 것이었다. 참전용사부는 베트콩으로 참전한 군인들이 이런 요청을 하는 경우가 많다고 하였다. Thanh이 제출한 서류는 그가 참전용사였음을 입증하기에 충분치 않아서 그것을 증명하기 위해 무엇이 더 필요한지 문의하였더니 그가 소속되었던 미군 부대의 대장에게서 법적 증명을 받아야 한다고 했다. 미국 대사관을 통해 우리는 그 대장이 있는 곳을 알 수 있었고, 그가 필요한 확인을 해 주었다. 이를 통해

Thanh은 참전용사로 인정받게 되었고, 장애연금을 사회보장국이 아닌 참전용사부로부터 받게 되었다. 또한 Thanh은 호주 참전용사 활동에도 참여할 수 있게 되었고, 현충일(국가를 위해 싸운 사람들을 기리기 위한 국경일) 행진에도 참가할 수 있게 되었다. Thanh은 이러한 모든 기회를 자랑스럽게 받아들였으며, 자신이 이제 진짜 남자가 된 것 같다고 하였다.

시간이 지나면서 나는 내가 내담자에게 상담의 주도권을 양도하면 난민은 나를 치료실 밖으로 데리고 가려 한다는 것을 알게 되었다. 때때로 이것은 내가 진심으로 그들을 돕기를 원하는지 확인하려는 것이었다. 이들에게 '말로 하는 치료'는 별 의미가 없으며, 그들의 문제를 해결하기 위해서는 현실적인 도움이 가장 필요한 것이 사실이다. 처음에 나는 이렇게 하는 것이 옳은가 하는 의문이 들었다. "내가 지금 치료를 하고 있는 것일까?" 그러던 중 이 장의 초반에 소개했던 Milton Erickson의 치료에 관한 이야기가 생각났다. 그 이야기에서 나는 큰 위안을 얻었고, Milton에게 괜찮다면 나에게도 역시 괜찮다는 판단이 들었다.

내담자와 글쓰기

SFBT는 무엇보다 내담자의 목표와 목소리를 중요하게 여긴다. 그런데 치료에 관한 글들은 대부분 전문가에 의해 작성되며, 주로 다른 전문가들이 읽는다. 최근 일부 전문가들은 이러한 논리를 확장하여 치료에 관한 글에 내담자의 목소리를 중요하게 담기 시작하였다. SFBT 치료자는 상담이 성공적인가를 결정하는 것은 바로 내담자라고 보기 때문에 전문가로서 우리가 무엇을 해 주는가에 관한 내담자의 생각을 듣는 것이 이치에 맞다고 본다. 미국에서는 Frank Thomas(1994)가 이에 관한 논문을 썼으며, 스웨덴에서는 이 분야의 선구적인 논문 2편이 발표되었다(Bergmark & Söderquist, 2002; Söderquist, Classon, & Sundelin, 2002).

내담자와의 협력이라는 취지에서 나는 아동보호 전문가 및 부모들과 함께 4권의 아동보호 사례연구집을 썼다(Teoh, Laffer, Parton, & Turnell, 2003; Turnell, 2006; Turnell & Edwards, 1999; Turnell, Elliot, & Hogg, 2007). 이 작업을 통해 나는 조력 과정에 대하여 많은 것을 알게 되었으며, 이러한 방식이 조력 과정을 마무리하는 매우 효과적인 방법이라는 것을 알게 되었다. 내담자에게 상담 과정을 글로 쓰는 것에 관심이 있는지 물어보면 대부분 자기 이야기가 치료실 밖으로 알려지는 것에 대해 호의적이다. 대부분의 내담자는 자기 이야기가 유사한 문제를 겪는 다른 사람이나 이들을 상담하는 전문가들에게 도움이 되기를 희망한다.

나는 난민 기관에서 일할 때 내담자와 공동 집필을 할 기회가 있었다. 참여자 중에 자신의 이름을 밝히기는 꺼렸지만 자신의 이야기가 출판되기를 원하는 한 남자가 있었다. 그와의 첫 인터뷰에서 나는 그에게 가장 하고 싶은 이야기가 무엇인지 물었다.[1] 그리고 총 3번의 만남을 통해 내가 준비한 초고들을 그가 수정한 이야기는 다음과 같다.

삶의 투쟁: 고문으로부터 삶을 되찾은 한 남자의 이야기

남아메리카의 한 나라에 준수한 생김새의 한 남자가 살고 있었다. 그는 자신의 결혼과 신앙생활, 직업에 만족하며 성공적인 권투선수로 살아가고 있었다. 그러던 어느 날 그는 몇 명의 남자들에게 납치되어 7일 동안 감금되었고 극심한 고문을 당하였다. 폭행과 조롱도 당했다. 가장 최악의 일은 같이 감금되어 있던 한 여성을 강제로 강간해야만 했던 것이었다. 고문과 강요에 의해 행한 강간이었지만, 이것은 그의 인생을 산산이 흩트려 놓았다. 이 일로 인해 결국 그는 자신의 나라를 떠나 호주로 망명하게 되었다.

그는 이 일을 잊고 살아가려고 했지만 호주에서의 그의 삶은 오히려 더 악화되었다. 납치당하고 강간을 강요받는 악몽을 꾸었으나, 새 아내에게 자신이 겪은 일들에 대해 말하지 않았다. 그는 발기불능으로 아내와 부부관계를 맺을 수 없었으며, 아내는 남편의 불륜을 의심하고 결국 둘은 헤어지게 되었다. 때때로 그는 강간에 대해 상상하며 성적으로 흥분하였고 공원에서 자위를 하기도 하였다. 동시에 정상이 아닌 행동을 하는 자신을 미워하였다. 그는 고문이 빼앗아 간 자신의 정상적인 삶을 필사적으로 되찾고 싶었다.

설상가상으로 그가 의사와 전문가들을 찾아가 상담을 받아도 그들은 도움을 줄 수 없을 것처럼 보였다. 성문제 분야의 경험있는 전문가들은 그의 성적 망상과 공원에서 하는 행동들이 불쾌하더라도 최소한 그가 아직도 성적 욕구를 가지고 있다는 것에 대해 만족해야 한다고 말해서 그는 매우 짜증이 나 있었다. 그것은 그에게 받아들일 수 없는 것을 수용하라고 하는 것과 같았으며, 이렇게 말한 두 명의 전문가로 인해 그는 더욱 불편하고 희망을 잃게 되었다.

그는 마지막으로 다시 한 번 상담을 받고자 ASeTTS(고문과 정신적 외상 생존자들을 지원하기 위한 협의회) 소속의 스페인어를 구사하는 상담자[2]를 만났다. 그는 지금까지 발생한, 그리고 지금도 그가 겪고 있는 일들에 관해 이야기를 하는 것이 수치스러웠지만, 자신이 낫기 위해서는 그 이야기를 해야만 한다고 생각했다. 여성 상담자에게 그런 일들에 관해 이야기하는 것은 상당히 어려운 일이었다. 하지만 그는 매우 열심히 모든 것을 이야기하였고, 상담자는 열심히 그것을 들어 주었다. 그 결과 상담에 진전이 있었고, 문제의 돌파구를 찾을 수 있었다. 그는 처음으로 자신이 이해받는다는 느낌을 받았다.

하지만 또 다른 어려움이 나타났다. 이 여성 상담자가 가족과 함께 아르헨티나로 돌아가게 된 것이다. 많은 용기를 내어 자신의 이야기를 하고 누군가 자신을 이해해 주고 이제 자신이 조금 나아지고 있다고 느꼈던 내담자는 자신과 연결된 고리가 끊어지는 것을 느꼈다. 여성 상담자는 다른 상담자를 추천해 주려고 하였으나 그가 다른 상담자와 관계 맺는 것을 거절할 것 같아 염려되었다. 그러나 어쨌든 새로운 상담자와 만날 약속은 정해졌고, 만남은 차분한 분위기에서 서로에 대한 소개의 순으로 이루어졌다. 다행히 내담자는 그녀가 떠나는 것을 원치는 않지만 자신의 삶을 되찾기 위해 다른 상담자와 다시 시작하기로 결심했다고 말했다. 상담자에게는 이것이 한 고비를 넘기는 돌파구라고 생각되었다.

그러나 또 다른 복잡한 문제가 발생했다. 새로운 상담자가 스페인 어를 조금 밖에 할 줄 몰라서 통역사가 필요했으나 내담자는 라틴계 통역사를 원하지 않는다는 조건을 달았다. 따라서 새로운 상담자는 비라틴계 통역사를 찾을 수밖에 없었다.

호주인 스페인 어 통역사를 찾고 나서야 내담자는 새로운 상담자와 통역사 두 사람에게 자신의 이야기를 다시 시작하였다. 이 시점에 그에게는 밤마다 세 가지 악몽이 반복해서 나타나고 있었다. 첫 번째 악몽은 폭행을 당하는 것이었고, 두 번째 악몽은 도망가려 하지만 도망갈 수 없는 것이었으며, 세 번째 악몽은 그가 강요에 의해 강간하는 자신의 모습을 지켜보는 것이었다. 그는 특히 자신이 아내와 정상적인 성관계를 가질 수 없다는 사실에 수치심을 느꼈다. 상담자에게 이것을 설명한 후에 그는 다른 전문가들처럼 이 상담자도 그가 자신의 발기불능과 강간하는 장면을 상상하며 성적으로 흥분하는 것, 공원에서 음란 행동을 하는 것을 받아들여야 한다고 생각하는지 알고 싶어 했다. 상담자는 다음과 같이 대답했다. “그들은 당신이 받아들일 수 없는 것을 받아들이라고 하였죠. 그러나 당신에게는 정상적인 삶을 돌려받을 권리가 충분히 있습니다.” 이후 그들은 그가 아내에게 자신이 잠자리를 피한 이유를 설명하고, 아내를 원하며, 아내와 다시 관계를 시작하고 싶다는 것을 표현하는 것이 중요하다는 이야기를 나누었다.

그의 아내는 그가 아직도 그녀를 원한다는 것을 알고 기뻐하였으며, 그들은 완전히 잘되지는 않았지만 다시 관계를 갖기 시작하였다. 고문을 당한 경험과 관련하여 상담자는 그에게 그 상황에서 그의 옆에 한 소년이 같이 있었다고 상상해 보도록 하였다.[3] 그 소년이 모든 것을 목격하고 그것에 압도당하고 혼란스럽다고 한다면, 그 소년을 돕기 위해 어른은 어떻게 그 어린 소년을 대해야 한다고 생각하는지 물었다. 그는 그 소년이 무엇을 보았든, 이후에 어떤 이상한 행동을 보이든, 그것에 대해 소년을 비난하거나 벌하지 말아야 한다고 하였다. 그는 소년이 자신의 꿈에 대해 이야기할 수 있어야 하고, 무엇이 정상적인 것인지 그에게 가르쳐 주고 지도해 주는 것이 필요하다고 하였다. 치료자는 혹시 그 소년이 그와 일부분 닮아 있지는 않은지 넌지시 물었다.

몇 주 후 그는 조금 더 변화된 모습을 보였다. 그는 아내와 만족스러운 관계를 가졌고, 이것은 그를 기쁘게 하였다. 하지만 그의 악몽은 더욱 악화되었다. 15일 동안 매일 밤 강간과 폭행을 당하는 악몽을 꾸었다. 그런데 15일 후 갑자기 그는 그의 고향 또는 호주에 전쟁이 일어나는 새로운 꿈을 꾸게 되었다. 내담자와 상담자는 그의 꿈에 관한 그림을 그리기로 하였다. 두 사람 모두 이것이 좋은 계획인지 확신이 없었다. 그림, 특히 그가 강간한 여성에 대한 그림은 그를 끔찍한 공포로 몰아넣었기 때문이다.

이러한 방식으로 악몽에 맞서려는 그의 용기는 더 많은 변화를 가져왔다. 여전히 강간에 대한 꿈을 꾸었지만 이전과는 조금 다르게 경험하고 있었다. 즉, 꿈에 자신이 등장은 하지만 자신을 관찰하는 것처럼 느꼈다. 그러나 이러한 변화에도 불구하고 고문에 대한 충격은 이전보다 더 크게 느꼈다. "그것이 엄청난 무게로 느껴져요!"라고 하였고, 양심의 가책 때문에 마음이 편치 않으며, 과거의 일들에 죄책감을 느꼈다. 동시에 그는 자신의 삶이 조금 더 정상적이 되었으며, 공원에서의 행동도 자제하고 있다고 느꼈고, 학업과 일에 더 에너지를 쏟고 집중하고 있다고 느꼈다.

몇 주 후 그는 고문이 자신의 삶을 통제하는 것에 대하여 이렇게 말했다. 고문을 당한 지 2년이 지난 1990년 처음 호주에 왔을 때에는 고문이 자신의 삶을 100% 통제하고 있었는데, 상담자가 바뀐 1997년 초에는 자신의 삶의 50% 정도를 스스로 통제할 수 있다고 느꼈으니 이제 나머지 50%를 되찾는데 7년이 더 걸릴지도 모른다는 것이다. 그러나 그는 자신의 삶의 75%를 통제할 수 있는 것을 목표로 삼았고, 자신이 확실히 나아지고 있다고 느낀다고 하였다. 이제 그는 더 이상 악몽에 시달리지 않게 되었다며 기뻐했다. 악몽 대신 현관에 겁먹은 채로 서 있는 꿈은 가끔 꾸었지만 자신이 납치당할 것이라는 생각에 압도되는 일은 없었다.

5주 후, 그는 자신의 삶을 75% 통제하는 수준에 도달하였다고 느꼈다. 그는 더 안전하고 편안해졌다. 15일 동안 악몽을 꾸지도 않았으며, 고문 이후 처음으로 음악을 연주하고 가르치는 일을 즐길 수 있었다. 친구들이 그를 도와주었고, 그를 위해 기도해 주었다. 이러한 것들은 그에게 중요한 일이었다. 새로운 꿈이 나타났는데, 공원에서 음란 행동을 하기보다는 거리의 화장실로 쫓아가는 꿈이었다. 그는 이런 자신을 수치스러워했다. 그러나 동시에 그는 마음속의 '나쁜 생각들'을 자신이 통제하고 있다고 느꼈으며, 보다 완벽히 극복하고 싶어 하였다. 그는 자신이 변화하였음을 알고 있었으며, 다시 예전으로 돌아가고 싶지 않다고 다짐했다.

다시 5주 후(상담자와 얼마나 자주 만날 것인가는 그가 결정한 것이다)에는 모든 것이 빠르게 진전되어 극적인 일들이 일어나고 있었다. 새로운 꿈에서 그는 절벽에 서서 거칠게 파도가 몰아치는 검은 바다를 바라보는 자신을 보았다. 그는 위험이 존재하지만 자신이 그로부터 멀리 떨어져 있다고 느꼈다. 장면이 바뀌어 그는 꿈속에서 자신의 아들이 복잡한 도로를 막 건너려는 장면을 보았다. 아들에게 멈추라고 울부짖었다. 그런데 아들은 안전하게 길을 건넜다. 그는 잠시 동안 완전히 겁을 먹고 있었다. 이렇게 아들을 꿈속에서 본 것이 어떤 의미인지 알 수 없었다. 상담자는 그가 이전에 자신이 마치 큰 위험에 빠져 눈이 휘둥그레진 소년과 같다는 이야기를 했던 것을 상기시켜 주었다.

이런 일은 젊고 예쁜 여자가 의도적으로 접근하여 그를 육체적으로 유혹했을 때 다시 발생했다. 다행히도 그는 여자의 유혹을 뿌리칠 수 있었다. 그러나 그는 "그 여자를 거절하기가 정말 어려웠다."고 하였다. 그는 이 일을 그가 꿈속에서 '타락한 성적 기회'를 거절한 것과 유사한 것으로 생각하였다. 그는 실제 세상에서 자신이 단호하게 "아니요."라고 할 수 있다는 것을 알게 되었고, 이 사실에 기뻐하였다. 상담자는 이러한 것들이 고문으로 인해 완전히 파괴되었던 그의 경계를 되찾고 있음을 보여 주는 것이라고 말해 주었다.

또한 그는 다시 아내와 재결합하여 그들의 관계와 책임을 더 충실하게 회복하기 시작하였다. 멋진 여성과 사회 통념에 어긋나는 관계를 가질 수도 있었던 것이 오히려 그가 아내를 사랑한다는 것을 확고히 알게 해 주었다. 나중에 그 여자는 그에게 그가 그녀를 거절했을 때 '진정한 영웅'처럼 보였다고 말했다. 그때 그는 마침내 자신이 공원에서의 문제를 극복했다는 사실을 깨닫게 되었다.

그가 건강을 되찾고 정상 상태로 돌아가 다시 문제가 발생하지 않을 것이 확실해지자 상담자와 통역사는 그의 변화에 매우 만족스러움을 느꼈다. 두 사람은 그의 건강과 정상적인 삶을 되돌리는 데 기여했다는 점이 자랑스러웠다.

추 신

마지막에 이르러 그는 자신의 인생에 영향을 준 문제들이 해결되었다는 것을 깨달았다. 그러나 동시에 때때로 갑자기 지치고, 떨리고, 모든 일에 기운이 없다고 느꼈다. 예를 들면, 음악을 가르치는 일이 매우 힘들게 느껴졌다. 의사를 만나 검사를 받았으나 문제를 발견할 수 없었다. 오히려 반대로 문제였던 혈압이 정상이 되었다는 것을 발견하였을 뿐이다. 그는 자신의 이러한 피로가 당황스러웠다. 상담자는 그가 방금 인생을 건 싸움에서 이긴 것이라고 말해 주었다. 마치 세계 헤비급 챔피언과 18라운드를 싸워서 이긴 것처럼 그가 매우 지쳐 있는 것이 당연하다는 것이다. 이 말은 그에게 타당하게 들렸다. 그리고 그는 자신이 싸움에서 이겼다는 것을 깨달았다. 그는 기운과 힘을 다시 모아 회복할 시간이 자신에게 필요하다는 것을 깨달았다.

결 론

2001년 Eve Lipchik은 『해결중심 단기치료 기법 그 이상의 것들(Beyond Technique in Solution-Focused Brief Therapy)』이라는 책을 썼다. 일찍이 Eve와 함께 논문을 쓸 때, 우리는 SFBT의 효과를 가져오는 근본적인 원리와 관계 형성 작업에 대해 설명하고자 하였다. 나는 SFBT가 너무 단순화되고 기법의 연속으로 비춰진다면 그것을 적용하는 데 한계를 가져올 수 있다는 견해를 Eve와 나누었다. SFBT에 대한 근본적인 생각들이 이 모델의 핵심으로 정의될 때 그림은 달라진다. 해결중심의 기본 가정들에서 볼 때, 해결중심 모델의 주요한 그리고 아마도 유일한 한계점은 내담자가 자신의 문제나 해결책에 대해 갖고 있는 관점을 우선시하느냐 아니냐 하는 것이 완전히 전문가 자신의 관점에 달려 있다는 점이다. 해결중심 접근의 한계점에 대해서는 17장을 참조하기 바란다.

나는 이 글을 쓰면서 일반적인 치료 맥락을 벗어난 나 자신의 개인적 경험을 조금 담아낼 수 있기를 바랐다. 또한 그것들이 종종 SFBT의 일반적인 기법들을 넘어서는 것이기를 원했다. 마지막으로 나는 해결중심적 노력에서 가장 중요한 것은 특정한 기법이나 전략을 치료를 위한 최선의 방법으로 삼는 것이 아니라 사람들의 문제에 희망과 독창성을 전해 주는 것이어야 한다고 생각한다. 단기 치료자로서 전문성이 증가할수록 나는 단기치료의 근본적인 개념에 대해 고민하고 도전하게 되었으며, 내가 알고 있다고 생각하는 것에 대하여 겸손한 자세를 가지게 되었다. 나는 아직도 이러한 과정으로부터 자극받고 있으며, 치료실 안팎에서 단기치료의 생각과 실제를 계속 탐험함으로써 단기치료 전통으로의 여행을 꾸준히 확장해 나갈 수 있을 것이라고 생각하고 있다.

〈부록〉

회복에 관한 해결중심 척도(Solution-Focused Measures of Recovery): 정신적 외상을 입은 난민들을 위한 평가 도구

질 문	전혀 그렇지 않다	거의 그렇지 않다	가끔 그렇다	종종 그렇다	항상 그렇다
1. 나는 과거의 외상적 사건에 대해 생각할 수 있다.					
2. 나는 과거의 외상적 사건에 대해 생각하지 않을 때가 있다.					
3. 나는 과거의 외상적 사건 대신 다른 것을 생각할 수 있다.					
4. 나는 과거의 외상적 경험을 생각할 때, 그것이 나의 잘못이 아니라는 것을 알고 있다.					
5. 나는 고통스러운 생각이나 이미지를 경험 또는 기억한 다음에 마음이 안정될 수 있다.					
6. 나는 조국에 대한 충격적인 사건들이 라디오, TV, 신문에 보도되는 것을 견딜 수 있다.					
7. 나는 편안함을 느낄 때가 있다.					
8. 나는 상실에 대한 나의 감정에 대처할 수 있다.					
9. 나는 내가 직면했던 모든 문제에 잘 대처해 왔다고 느낀다.					
10. 나는 내가 조국을 떠났다는 사실을 받아들일 수 있다.					
11. 나는 조국에서의 삶과 가족, 친구들이 그리우며, 그 그리움을 표현할 수 있다.					
12. 나는 주의 집중이 꽤 좋은 편이다.					
13. 나는 일상의 일들에 집중하고 그것을 완수할 수 있다.					
14. 나는 내가 원하면 적절한 시간 안에 잠들 수 있다.					
15. 나는 잠잘 때 편안함을 느낀다.					
16. 나는 잘 먹고 건강하다.					
17. 나는 차, 커피, 사탕, 술, 기타 기호식품들을 먹을 때 편안하다.					

18. 나는 혼자 있는 것이 편안하다.					
19. 나는 유머감각이 있고 웃을 수 있다.					
20. 나는 내가 즐기는 활동에 참여할 수 있다.					
21. 나는 애정을 신체적으로 표현할 수 있다.					
22. 나는 건전한 성관계를 즐길 수 있다.					
23. 나는 시간을 함께 보낼 친구가 있다.					
24. 나는 내가 경험하는 신체적 고통에 대처할 수 있다.					
25. 나는 이 나라에 정착하기 위해 필요한 지원을 받고 있다.					
26. 나는 나에게 서비스를 제공하는 사람들에게 내가 필요한 것을 말할 수 있다.					
27. 나는 이 나라에서의 삶에서 내가 성취하고자 하는 것이 무엇인지 알고 있다.					
28. 나는 이 나라에서 나 자신과 가족을 위한 새 삶을 이룰 수 있을 것이라고 생각한다.					
29. 나는 삶이 의미 있다고 생각한다.					

주

1 Leonie Peters가 통역사로서 이 사례의 치료와 정리에 귀중한 도움을 주었다.

2 Maria Luz Noe.

3 이러한 방식으로 내담자에게 우리가 어떻게 도움을 줄 수 있을지 물어보고 치료의 방향을 설정해 나갈 수 있었다.

참고문헌

Berg, I. K., & De Jong, P. (1999). *Solution-focused interviewing.* San Francisco: Brooks-Cole.

Berg, I. K., & Kelly, S. (2000). *Building solutions in child protective services.* New York: Norton.

Bergmark, A., & Söderquist, M. (2002). Fighting for freedom: A collaborative success story. *Journal of Family Therapy, 24,* 167-186.

Boffa, J., & Podestra, H. (2004). Partnership and risk assessment in child protection practice. *Protecting Children, 19*(2), 36-48.

Cade, B. (2007). Springs, streams, and tributaries: A history of the brief, solution-focused approach. In T. S. Nelson & F. N. Thomas (Eds.), *Handbook of Solution-Focused Brief Therapy: Clinical Applications* (pp. 25-64). Binghamton, NY: The Haworth Press.

Cooperrider, D. L., & Srivastva, S. (1987). Appreciative inquiry in organizational life. In W. Pasmore & R. Woodman (Eds.), *Research in organization change and development* (Vol. 1) (pp. 129-169). Greenwich, CT: JAI Press.

Department for Community Development (2001). *Risk analysis and risk management framework.* Perth, Australia: Author.

Department of Human Services (2000). *Victorian risk framework, version 2.0.*, Victoria, Australia: Protection and Care Branch.

Dolan, Y. (1991). *Resolving sexual abuse: Solution-focused therapy and Ericksonian hypnosis for adult survivors.* New York: Norton.

Durrant, M. (1993). *Residential treatment: A cooperative, competency-based approach to therapy and program design.* New York: Norton.

Durrant, M. (1995). *Creative strategies for schools problems.* New York: Norton.

Fisch, R. (1988). Training in the brief therapy model. In H. Liddle, D. Breunlin, & R. Schwartz (Eds.), *Handbook of family therapy training and supervision* (pp. 78-92). New York: Guilford.

Haley, J. (1973). *Uncommon therapy.* New York: Norton.

Herr, J., & Weakland, J. H. (1979). *Counselling elders and their families: Practical techniques for applied gerontology.* New York: Springer.

Lee, M. Y., Sebold, J., & Uken, A. (2003). *Solution-focused treatment of domestic violence offenders: Accountability for change.* New York: Oxford University Press.

Lipchik, E. (2001). *Beyond technique in solution-focused brief therapy.* New York: Guilford.

Söderquist, M., Classon, C., & Sundelin, J. (2002). Hold on to your goals: Clients and therapists commenting on videotaped SFT-sessions. *Journal of Systemic Therapies, 21*(4), 48-66.

Soo-Hoo, T. (1995). Implementing brief strategic therapy within a psychiatric residential/day treatment center. In J. H. Weakland & W. A. Ray (Eds.), *Propagations: Thirty years of influence from the Mental Research Institute.* Binghamton, NY: The Haworth Press.

Teoh, A. H., Laffer, J., Parton, N., & Turnell, A. (2003). Trafficking in meaning: Constructive social work in child protection practice. In C. Hall, K. Juhila, N. Parton, & T. Pösö (Eds.), *Clients as practice.* London: Jessica Kingsley.

Thomas, F. N. (1994). The experience of solution-oriented therapy: Post-therapy client interviewing. *Case Studies in Brief and Family Therapy, 8*(1), 47-58.

Thomas, F. N. (2007). Possible limitations, misunderstandings, and misuses of solution-focused brief therapy. In T. S. Nelson & F. N. Thomas (Eds.), *Handbook of Solution-focused Brief Therapy: Clinical Applications* (pp. 391-408). Binghamton, NY: The Haworth Press.

Thomas, F. N., & Nelson, T. S. (2007). Assumptions and practices within the solution-focused brief therapy tradition. In T. S. Nelson & F. N. Thomas (Eds.), *Handbook of Solution-Focused Brief Therapy: Clinical Applications* (pp. 3-24). Binghamton, NY: The Haworth Press.

Turnell, A. (2004). Relationship-grounded, safety-organised child protection practice: Dreamtime or real-time option for child welfare? *Protecting Children, 19*(2), 14-25.

Turnell, A. (2006). Constructive child protection practice: An oxymoron or news of difference? *Journal of Systemic Therapies, 25*(2), 3-12.

Turnell, A., & Edwards, S. (1997). Aspiring to partnership: The signs of safety approach to child protection. *Child Abuse Review, 6,* 179-190.

Turnell, A., & Edwards, S. (1999). *Signs of safety: A safety and solution oriented approach to child protection casework.* New York: Norton.

Turnell, A., & Hopwood, L. (1994). Solution-focused brief therapy: An outline for second and subsequent sessions. *Case Studies in Brief and Family Therapy, 8*(2), 52-64.

Turnell, A., & Lipchik, E. (1999). The role of empathy in brief therapy: The overlooked but vital context. *Australian and New Zealand Journalof Family Therapy, 20*(4), 177-182.

Turnell, A., Elliott, S., & Hogg, V. (2007). Compassionate, safe and rigorous child protection practice with biological parents of adopted children. *Child Abuse Review, 16*(2), 108-119.

Turnell, A., Lohrbach, S., & Curran, S. (in press). Working with the "involuntary client" in child protection: Lessions from successful practice. In M. Calder (Ed.), *The carrot or the stick? Towards effective practice with involuntary clients,* London: Russell House Publishing.

Watkins, J. M., & Mohr, B. J. (2001). *Appreciative inquiry: Change at the speed of imagination.* New York: Jossey-Bass.

Weakland, J. H., & Jordon, L. (1992). Working briefly with reluctant clients: Child protective services as an example, *Journal of Family Therapy, 14,* 231-254.

PART 3

훈 련

Handbook of Solution-Focused Brief Therapy

해결중심 단기치료 훈련과 슈퍼비전을 다룬다.

CHAPTER 14

해결중심 훈련: 도구와 메시지

Heather Fiske

음악을 말로 표현하는 것은 건축을 춤으로 표현하는 것과 같다.
Steve Martin

도구는 메시지다.
Marshall MacLuhan(1994)

서 론

해결중심 단기치료(SFBT) 훈련에 대한 요구가 많아지면서 수많은 대학 수업과 직장교육 프로그램, 워크숍 등이 생겨났다. 그러나 이런 모든 활동과 점증하는 문헌들에도 불구하고, SFBT를 어떻게 가르칠 것인가에 대한 관심은 부족하였다.

물론 항상 그렇듯이 예외는 있다. 예를 들면, De Jong과 Berg(1997b), Chevalier (1995)의 SFBT 훈련을 위한 매뉴얼, Maurer-Hankovszky와 Szabó(2002)의 논문이 있고, SFBT 훈련을 위한 참고사항이나 구체적인 방법들이 다양한 문헌(예, Hoyt, 1996; Sharry, Madden, & Darmody, 2003)과 논문(예, Booker, 1996)에 제시되어 있다. '이미 효과가 있는 것에 기초한다.'는 것과 관련해서는 기존의 체계적 치료 훈련(Erikson & McAuliffe, 2001; Street, 1997)과 성인 학습에 관한 연구들이 유용한 정보를 제공해 준다. 실습생이 지각한 해결중심 훈련에서 무엇이 효과적인가에 관한 Cunanan(2003)(McCollum & Cunanan, 2003)의 최근 연구도 매우 가치가 있다. 『가족치료연구(Journal of Family Psychotherapy)』의 특별호(Nelson, 2005b)도 이 주제에 관한 것이다. 이러한 논문들과 이 장은 경험 있는 SFBT 훈련가와 실습생들로 구성된 '두뇌집단'(think tank)이 배출한 성과의 일부다. 이 두뇌집단은 2002년 Steve de Shazer와 Terry Trepper에 의해 해결중심 단기치료학회(Solution-Focused Brief Therapy Association) 내에 설립된 것으로, 이 집단의 원래 설립 목적은 SFBT 훈련에 유용한 아이디어와 실제를 공유하는 것이었다. 그러한 주제들 중 하나는 SFBT 훈련이 대부분 '하는 것'(doing), 즉 행동과 실험, 해결중심 실제에서 수련생이 자신의 목표를 달성하도록 돕는 방법에 관한 것이라는 점이다.

따라서 이 장에서 나는 해결중심 훈련에서 '하는 것'에 초점을 둘 것이다. 첫 부분에서는 임상 훈련의 공통적인 어려움과 그런 어려움들을 어떻게 해결중심의 틀 안에서 충족시킬 수 있을 것인가에 대하여 다룰 것이다. 그리고 실제 연습 사례를 통하여 '무엇이 효과적인가'에 관해 논의할 것이다.

언어에 관한 주석

이 장의 초안을 쓰면서 나는 이중적이고 모호한 명명법에 관한 실험을 해 보았다. 즉, '학생' '수련생' '학습자' 혹은 '참여자' 등의 단어들과 이와 병행하여 '교육자' '훈련가' '교사' 혹은 '촉진자'라는 명칭을 사용하거나 사용하지 않으려 해 보았다. 그런데 각 단어들은 그 역사와 익숙함, 함축성 그리고 구체성의 측면에서 이점이 있는 반면, 마찬가지로 역사와 익숙함, 함축성 그리고 모호성의 측면에서 단점도 있었다. 특히 위계의 함축성과 수동적 대 능동적 지위가 문제가 되었으며, 어떤 단어도 모든 필요한 기초를 아우르지 못하였다. 결국 나는 이러한 단어들을 모두 사용하기로 하였다.

나는 '교수와 학습'을 동시에 표현하는 한 개의 동사를 찾으려 했다. '교수와 학습을 함께' 또는 '공동 학습/공동 교수'가 정확한 표현이지만 어구가 복잡하였고, '상호적 교육 과정에 참여함' 또는 'SFBT를 함/발견함/공동 발견함' 등의 문구를 만지작거렸지만 더 복잡하고 너무 거만해 보였다. 어떤 단어도 SFBT 훈련이 효과적일 때 그 진정한 협력적인 학습 경험에 내재되어 있는 상호작용과 변화의 생생함을 표현하기에는 부족하였다. 그래서 나는 다른 학습자나 교육자들이 이 주제에 관하여 도움이 되는 아이디어를 가지고 있기를 바란다.

도전과 가능성

정의: 보는 것이 아는 것이다

우리는 무엇을 가르치는가? SFBT는 본질적으로 실제(practice)(de Shazer, 2002)임에도 불구하고, 우리는 계획과 평가, 연구를 위하여 합의된 조작적 정의가 필요하다.

SFBT에 관한 철학과 실제가 계속 정교해지고 있기 때문에 아마도 가장 유용한 접근은 유럽단기치료학회(European Brief Therapy Association: EBTA)에서 SFBT 성과 연구(Beyebach, 2000)를 위하여 개발한 정의일 것이다. EBTA의 정의는 SFBT 실제를 위한 '최소한의 요구 사항' 네 가지를 명시하고 있다.

1. 치료자는 기적 질문(miracle question)을 하고, 그에 대한 후속 질문을 한다.
2. 치료자는 성과에 대한 척도 질문(progress scale)을 하고, 그에 대한 후속 질문을 한다.
3. 치료자는 회기 마지막에 내담자를 칭찬한다.

4. 후속 회기 초반에 치료자는 "무엇이 나아졌습니까?" 라는 질문과 그 후속 질문을 한다.

de Shazer(1994)는 SFBT는 이론에 기초한 것이라기보다는 실제적인 것에서 발전한 것이며, 자신이 쓴 글의 '이론적' 인 부분은 "나의 도구에 관한 설명, 그 이상은 아니다." (p. 274)라고 하였다. 그럼에도 불구하고, 대부분의 학생(그리고 훈련가)들은 이론에 대한 이해가 치료적 접근을 정의하는 데 필수적인 것으로 생각한다(Cunanan, 2003; Maggio, Marcotte, Perry, & Truax, 2001). 흔히 탈근대주의와 구성주의적 관점을 SFBT의 이론적 기초로 본다(Miller, 1997). 이러한 관점이 반영되는 정도는 특정 프로그램의 성격과 학생의 요구 및 흥미에 따라 달라진다. 따라서 나는 임상 훈련에 참여하는 학생들에게 SFBT에 관련된 이론에 관한 참고 자료와 그것을 구하는 방법들을 가르쳐 줄 필요가 있다고 본다. 그러나 "무슨 일이 일어나고 있는가를 보아야 할 때 설명문을 찾고 있는 것은 우매한 일이다." 라고 말한 Wittgenstein(1968)의 경고 역시 강조하고 싶다.

실제 행동으로 보여 주기

내 생각에 해결중심 훈련에서 가장 큰 도전은 방법과 모델을 일치하게 만드는 것에 있는 것 같다. 즉, 해결중심 교육을 어떻게 해결중심 방법으로 할 것인가 하는 문제다. SFBT의 실제는 "온갖 기술이나 방법을 주워 담은 것" 이 아니라 "태도와 자세, 그리고 철학의 표현" (Berg, 1992, p. 14)이기 때문에, 우리의 교육에 관한 접근에서 어떻게 해결중심 태도와 자세, 철학을 보여 줄 것인가? 어떻게 하면 교육과정이 학생 중심이라는 것을 분명히 할 수 있는가? 그리고 어떻게 하면 비전문가의 입장에 서기 위한 전문가의 역할—즉, 훈련가나 교육자 역할—을 할 수 있을 것인가에 대한 어려움이 있다는 것이다.

교육자의 입장에서 '아무것도 모르는' (knowing nothing) 입장을 유지하기란 어렵다. 그리고 훈련에 관한 계약을 협상하는 데에도 도움이 되지 않을지 모른다. Insoo Kim Berg는 단기가족치료센터(Brief Family Therapy Center)(Berg & de Shazer, 1992)에서 훈련 중에 한 번 자신을 SFBT의 '대가'라고 지칭한 적이 있었는데, 그녀는 자신이 생각하는 이 '대가'라는 말은 '한 발자국 앞서서 배우는 자'를 의미한다고 설명하였다. 따라서 적어도 '알지 못하는 자세'가 제대로 작동하지 않을 때 해결중심 훈련가가 취해야 할 태도는 여기서 말하는 '대가'의 입장이라고 하는 것이 적절할 것이다. 이러한 입장은 SFBT를 배우는 수련생과 소통하는 데 특히 유용하며, 기법만 습득할 것을 요구하는 기존의 경직된 훈련 프로그램과 달리 SFBT를 더욱 생생하게 그리고 계속 발전하게 만든다.

한편으로는 해결중심의 핵심 가정을 단순히 적용하거나 공통적인 해결중심 기법을 따르는 것이 SFBT를 일관되게 가르치는 데 도움이 된다. 다음에 제시하는 SFBT의 '중심 철학'이라고 할 수 있는 세 가지 가이드라인을 살펴보자.

1. **고장나지 않았다면 고치지 마라** SFBT를 가르치는 것으로 SFBT에 대한 교육을 시작할 수 있다. 다른 접근법들처럼 어떤 점이 '잘못' 되었는지(예를 들면, '문제를 알아내면 그 문제를 해결할 수 있다.'고 보는 관점) 먼저 이야기할 필요가 없다. 해결중심 훈련가는 단순히 수련생들에게 무엇이 도움이 되는지 경청하라고만 하면 된다. de Shazer가 말했듯이 "(임상 환자들과 일할 때와 마찬가지로) 기본적으로 같은 절차입니다. 불평이 없고 해결해야 할 문제도 없을 때, 그 문제에서 시작할 필요는 없습니다. 그냥 기적 질문에서 시작할 수 있습니다……." (Hoyt, 1996, p. 80에서)
2. **효과가 있으면 그것을 더 많이 하라** 기존에 있는 것을 잘 활용하는 것은 SFBT의 핵심 기법이다. 우리의 훈련은 이미 내담자, 수련생, 작업 팀 또는 어떤 조직에서 이미 효과가 있는 것에서부터 시작한다. SFBT 훈련은 수련생이 이미 가지고 있는 기술을 확인하고 강화하고 반복하고 향상하는 것을 포함한다.

Hoyt: 해결중심으로 수련할 때 훈련가는 어떻게 다르게 합니까?

de Shazer: 음, 임상 내담자에게 하는 것과 똑같이 한다고 생각하면 됩니다. 다시 말하면, 내담자는 무엇이든 자신에게 납득이 되는 일들을 하지요. 그들 자신에게 분명히 효과가 있는 것들을 합니다. 마찬가지로 훈련가가 수련생에게 첫 번째로 해야 할 일은 그에게 효과가 있는 것이 무엇인지를 발견하는 것입니다. 그것으로부터 출발하면 되는 것이죠(Hoyt, 1996, p. 80).

해결중심 훈련 과정에는 수련생의 강점과 기술, 성공적인 면에 대해 칭찬하는 것이 포함된다. 이것은 단지 수련생에게 '친절'하거나 '지지적'인 면을 보여 주기 위해서 취하는 인위적인 태도가 아니다.

3. **효과가 없으면 다른 것을 하라** 이것은 고도로 구조화된 학습 계획이나 훈련 절차를 만들거나 따르려는 사람에게는 조금 두려운 원리다. 이것이 함축하고 있는 의미는 첫째, 훈련이 얼마나 효과적인지를 즉각 평가하여야 할 필요성이 있다는 것(예를 들면, 척도 질문과 같은 것을 통해 평가할 수 있다)이며, 둘째 미리 생각해 둔 계획을 포기하고 더 효과가 있는 무엇인가(대본에 따라 움직이기보다는 즉흥적인 행동)를 할 수 있는 의지와 융통성 둘 다를 갖춰야 한다는 것이다.

다양성

나는 세계에서 가장 다양한 문화가 공존하는 도시, 캐나다 토론토(Toronto)에서 일하고 있다. 여기서는 언어, 인종 그리고 문화적 다양성이 일상적인 일로 받아들여진다. SFBT의 우아한 단순함은 다양한 가능성에 관하여 소통할 때 유용하며, 척도 질문과 같은 기법들은 언어적으로나 문화적으로 잘 통하는 편이다. 다양한 문화적 상황에서 일하는 수련생이나 자신과 다른 문화적 배경을 가진 내담자를 상담하는 수련생은 내담자의 문화와 다른 외부적으로 부과된 '기준'을 들이대기보다는 내담자의 용어로 목표와 과정을 정의하는 것이 도움이 된다. 가장 도움이 되는 것은 수련생이 자신에게 무엇이 효과적일 것 같은지를 발견하도록 하는 것이다. 그들의 언어와 문화, 경험적 맥락에서 어떤 질문이 가장 잘 이용될 수 있는지 알아야 한다(예를 들면, 어떤 언어나 문화에서는 '기적'이라는 말이 종교적 의미를 담고 있지만 다른 문화에서는 아니기도 해서 기적 질문은 적절한 질문이 될 수도 아닐 수도 있다). 이 장에서 언급하는 수련 기법은 비록 다양한 문화를 가진 수련생들에게 적용될 수 있겠지만, 주로 북미 지역에서 적용해 본 것들을 논의하였다. 다른 문화적 맥락에서의 유용성은 아직 증명되지 않았다.

나의 경험상 다른 언어와 문화적 배경을 가진 수련생을 수련생 집단에 포함하는 것은 (a) '내담자의 언어로 말하는' 방법을 찾는 것이 얼마나 중요하고, (b) 내담자의 관점을 이해하고 선입견을 피하는 것이 얼마나 중요한지를 가르치고, 그리고 (c) 해결중심 치료의 언어적인 측면에 수련생이 주의를 기울이도록 하는 데 도움이 되었다. 사실 나는 수련생 집단의 문화적 다양성과 수련생들의 임상적 경험에서의 문화적 다양성이 다른 문화를 이해하는 것을 더 쉽고 명확하게 해 준다는 점에서 유용하다고 생각한다. 나와 비슷한 사람과 대화할 때에는 내가 미처 깨닫지 못하는 사이에 통상적인 언어와 신념의 편견에 빠질 위험이 있다.

훈련 중에 때로는 인종적 · 문화적 다양성보다 교육적 · 경험적 배경의 다양성이 더 문제가 된다. 어떤 학생은 다른 사람보다 훨씬 더 많은 임상 경험을 갖고 있어서 너무 많은 시간을 '기초적인 것'에 낭비하고 있다는 불만을 갖는다. 교육적 다양성은 정보가 어떻게 제시되고 이해되는지와 관련하여 어려움을 가져올 수 있다. 예를 들면, 대학원 수준의 교육 배경을 가진 수련생에게는 전문적 용어나 과학서적을 참조하는 것이 익숙하고 더 신뢰감을 줄 수 있지만, 그렇지 않은 사람에게는 어려운 방법일 수 있다. 이러한 예로, 학교 장면에서 상담교육을 제공할 때 학교 경비원과 영양사부터 상담 교사까지 학교의 모든 교직원을 대상으로 훈련을 하는 경우를 들 수 있다. 내가 경험한 또 다른 예는 노숙자를 대상으로 서비스를 제공하는 사람들을 훈련한 경우인데, 이들 중 몇몇은 대학 이상의 학위를 가지고 있었지만 몇 사람은 글을 읽지도 못하였다.

이전에 받은 상담훈련이 '언어장애'를 일으키기도 한다. 예를 들면, 어떤 수련생은 정신역동적 상담 용어를, 또 어떤 수련생은 인지치료 용어를, 또 다른 수련생은 전략적 치료 용어를 사용한다. 그런데 이처럼 더 '배운' 학생은 인내심을 쉽게 잃을 수 있다. 수년 동안 다른 치료적 관점과 훈련을 경험해 온 학생보다 오히려 SFBT를 비교적 수련 초기에 접하게 되는 학생이 태도나 행동, 인지적 어려움을 덜 경험한다. de Shazer가 말하였듯이, "신선한 사람들이 훨씬 더 쉽다. …엔지니어에 비유하면 비교적 더 짧은 시간 안에 훈련시킬 수 있다는 의미다."(Hoyt, 1994, pp. 21-22)

교육적 · 경험적 다양성과 관련하여 나는 다음과 같은 것들이 도움이 된다고 생각한다. 첫째, '진실'에 대한 여러 가지 관점이 존재한다고 생각하라. 따라서 해결중심 치료자의 가장 큰 관심사는 내담자가 목표를 성취하도록 하는 데 무엇이 가장 도움이 되는가 하는 것이다. 이것을 해결중심 훈련에 적용하면 수련생의 '언어'가 무엇이든 간에 그들에게 유용한 것이 무엇인지를 판단하는 것이 쉬워진다. 둘째, 설명이나 이론보다는 무엇이 일어나고 있는가, 특히 무엇이 효과적인가에 주목하면서 치료의 실제와 기술의 적용에 초점을 두라는 것이다. 셋째, 훈련가는 수련생의 다양한 기술과 배경이 풍부한 자원이라는 태도를 모델링해야 한다. 예를 들면, 수련생에게 명확하게 다른 방식과 배경, 언어 습관을 가진 치료자가 진행하는 효과적인 해결중심 치료 장면을 (실제로 혹은 테이프로) 보여 주는 것이 가능하다. Berg와 Dolan의 『해결중심 이야기(Tales of Solutions)』(2001)에 제시된 사례들의 경우 다양한 해결중심 유형들을 보여 준다. 네 번째 방법은 수련생에게 해결중심 접근의 칭찬과 예외를 발견하기 위한 질문들, 그리고 그 밖의 기법들의 효과를 개인적으로 경험할 수 있도록 연습을 시키는 것이다(참조, Berg, 2005; Fiske, 2005; Hackett, 2005; Lamarre, 2005; Maurer-Hankovszky & Szabó, 2002; Milner, 2005; Sharry et al., 2003; Taylor, 2005a, 2005b; Young, 2005; Zalter & Fiske, 2005).

'해결 강요'와 다른 신화들

어떤 수련생은 SFBT를 '해결을 강요하는' 치료(Nylund & Corsiglia, 1994)라고 왜곡하여 생각하기도 한다. 이것은 특히 자신의 고용주로부터 SFBT를 배우도록 강요받은 상담자나 의무적으로 교육이 부과된 수련생에게 어려움을 준다.

수련생이 "해결을 강요한다."며 불편해할 때, 그것을 다루는 좋은 방법은 훈련 초기에 그 문제를 꺼내어 함께 논의하는 것이다. 예를 들면, "SFBT에 대해 어떤 이야기를 들었습니까? 걱정되는 것이 있습니까? 흥미롭거나 매력적인 것은 무엇입니까?" 등에 관해 이야기를 나눈다. 그리고 그들에게 나의 교육을 (a) 비판적으로 듣고, (b) 무엇이든 유용한 것이 있는지 주의 깊게 관찰하라고 조언한다. 다행히도, 실제로 해결중심 임상작업을 접하고 나면 수련생이 갖고 있던 '해결을 강요할 것이라는' 기대는 대부분 깨진다. 즉, 보는 것이 믿는 것이다.

특히 매우 어려운 사례나 어려운 상담 상황에 대한 해결중심 치료를 관찰하게 되면, 해결중심 치료에 대한 다른 잘못된 신화들도 깨지게 될 것이다. 예를 들면, 해결중심 치료는 '단지' 조작적 조건화와 긍정적 사고, 로저스식(Rogerian) 경청이며, 잘 기능하고 있는 '쉬운' 내담자에게만 효과적이라는 신화 말이다.

평 가

de Shazer는 Hoyt와의 대화에서 "평가는 치료가 아닙니다. 따라서 같은 방식으로 성과를 측정할 수 없습니다."(Hoyt, 1996, p. 80)라고 하였다. 일반적인 수련생 평가 방법은 해결중심 접근과 상반된다. 내담자 중심 모델에서 성과를 평가하기 위해 준거참조 지표를 사용하는 것에는 기본적으로 모순이 있다. 임상 훈련을 평가하는 유일하고도 타당한 해결중심 준거는 수련생에 의해 결정된다. 그러나 수련생에 대한 평가가 이루어지는 대부분의 상황에서 수련생은 외부적으로 결정된 기준을 충족해야만 하며, 훈련가는 수련생이 신뢰할 만한 지식과 기술을 보여 줄 것을 요구하는 기관이나 전문성에 대한 요구를 충족시킬 수 있는 평가 프로토콜을 개발하여야 한다.

이것은 철학적으로나 실제적으로 극복 불가능한 문제는 아니다. 가르치고 배운 방식과 일관되게 수련생을 평가하는 것이 중요하지만, 어떤 접근도 오직 그 이론의 관점에 의해서만 평가되어야 한다는 것도 옳지는 않다. SFBT의 관점에서 외적인 기준에 따라 평가한다는 것은 '내담자의 언어로 말하는' 또 다른 예일 뿐이다.

전형적인 해결중심 훈련의 틀 안에서 평가는 이미 많은 수준에서 일어나고 있다. 첫째, 개별 수련생은 자기만의 고유한 훈련 목표에 대한 성취도를 끊임없이 평가한다. 둘째, 훈련가는 수련생으로부터 형식적(예를 들면, 어떤 것이 효과가 있었는지, 무엇을 다르게 할 것인지 등을 묻는 질문들을 통해), 비형식적(예를 들면, 훈련 과정과 내용이 얼마나 제대로 진행되고 있는지를 묻는 척도 질문과 그 점수를 좀 더 향상시키려면 어떻게 해야 하는지를 묻는 후속 질문 등을 통해)으로 평가적 피드백을 받는다. 해결중심의 평가적 피드백을 제공하는 또 다른 방법은 해결중심 메시지(과제와 더불어 무엇이 효과적이었는지에 대한 칭찬)를 개발하는 것이다. 이것은 훈련가와 수련생이 서로에게 제공하는 메시지로서 상호 협력적 작업이 될 수 있다.

수련생의 해결중심 임상적 기술과 발전을 더 형식적으로 평가하는 몇 가지 유용한 방법들이 있다. 이러한 방법들은 모두 수련생이 무엇을 성공적으로 하고 있는가에 대하여 '해결중심적'이라는 특성이 있다. 이것은 외적인 평가 요구에 대하여 유용한 자료를 제공하기도 한다. Chevalier(1995)는 서로 다른 영역을 평가하는 짧은 '기술 평가지'라는 것을 만들었다. De Jong과 Berg(1997b)의 '면접자 기술 평가 양식'은 좀 더 길고 포괄적인 평가 척도다. Warner(출판년도 미상)는 '질적 자기 평가'를 개발하였고, Brenda Zalter와 나는 Warner의 접근을 응용하고 확장하여 '자문 피드백 양식'을 개발하였는데, 이는 수련생이 녹음한 회기나 실제 상담 상황을 평가하는 데 사용될 수 있다. 이 양식은 수련생이 자신을 평가할 수 있고, 동료나 교수가 수련생을 평가할 수도 있어서 생산적이고 해결중심적인 피드백을 위한 풍부한 자료를 제공한다(후속 연구를 통해 해결중심 교육자의 훈련에 대한 피드백 양식을 개발하는 것도 의미 있는 일이 될 것이다).

마지막으로, 평가의 결정적 단계는 해결중심 수련 프로그램에 대한 평가적 연구다(이 분야는 아직까지 많이 연구되지 못하였다). 이 연구에는 세 가지 기본적인 질문이 있다.

1. 프로그램은 SFBT 훈련의 특성을 준수하고 있는가?
2. 프로그램을 마친 학생이 SFBT를 사용하는가? (예를 들면, EBTA의 가이드라인에 따라 상담하고 있는가?)
3. 프로그램을 마친 수련생의 내담자의 성과는 어떻게 다른가?

무엇이 효과적인가

시작하기

첫 수업이나 워크숍 전에 사전 면담이나 이메일 혹은 질문지 등을 통해 다음과 같은 질문을 할 수 있다. 이는 수련생과의 첫 만남에서부터 해결중심 입장을 견지할 수 있도록 해 준다.

- 만약 기적이 일어나서 이 수련 과정이 치료자로서/인턴으로서 당신의 필요를 모두 만족시켜 준다면… 무엇이 달라질 것 같습니까?
- 내담자를 만날 때 당신은 어떻게 다르게 하고 있을까요? 동료를 만날 때, 또는 의뢰를 하게 되는 기관이나 전문가와 당신은 어떻게 다르게 일하고 있을까요?
- 내담자는 당신에게서 무엇이 달라졌다고 말할까요? 이것이 그들에게 어떤 변화를 가져올까요?
- 효과가 있다면 당신은 그것을 계속하게 될 것 같습니까? 그것은 무엇입니까?

- 당신이 이미 하고 있는 것 중에 효과적인 것을 더욱 향상시키기 위해 어떻게 하시겠습니까?
- 당신은 어떻게 하면 가장 잘 배울 수 있습니까?

이러한 사전 질문은 '목적적 관계' 형성을 위한 단계를 마련해 준다. 또한 서로 다른 문화적 집단에서 온 수련생들과 작업할 때 수련생들의 요구와 선호도에 따라 교육 방법을 맞추는 데에도 도움을 준다. 수련생들이나 워크숍을 진행하는 사람들에게 "나는 여러분이 상담하는 내담자와 여러분이 일하는 환경 속에서 무엇이 효과적인지 알기를 원합니다."라는 사전 메시지를 주는 것이다.

수련생이 어떤 훈련 모델을 선호하는지부터 점심으로 무엇을 먹고 싶은지까지 수련 과정을 통해 수련생에게 선택권을 제공할 수 있는 모든 영역에 대하여 물어보는 것이 좋다. 그들의 의견을 구해서 그것을 활용하고, 그것을 가치로 삼고, 그것이 수련생에게 명확한 효과를 내도록 만드는 것이 중요하다.

수련생들과의 첫 번째 만남에서 나는 전통적으로 '해결중심 상황 점검'을 한다. 즉, 무엇이 효과적인지, 무엇이 덜 효과적인지, 무엇이 문제인지, 무엇을 다르게 하고 싶은지 등에 관하여 질문한다. 그리고 이에 관한 정보들을 기록하여 그들의 의견이 얼마나 유용하고 적절하며 성공적인 전략들인지에 관하여 코멘트(칭찬)하는 것이 중요하다.

도입과 동기유발이 즉각적인 해결중심 분위기를 조성해 줄 수 있다. 예를 들면, 나는 종종 수련생들이 자기 자신을 소개하는 데 '이름짓기 게임'(Fiske & Zalter, 2005a)을 활용한다.

1. 성을 뺀 이름을 소개하기(문화적으로 적절한 경우)
2. 치료자로서의 자질, 기술, 혹은 내담자에게 도움이 될 수 있는 자신의 특성을 그들의 이름 첫 글자와 같은 글자의 한 단어로 소개하기〔예를 들면, "내 이름은 '헤더'(헤)이고 나는 '헤(헤)아림이 깊은' 사람"이라고 소개하는 것이다〕.

이러한 과제는 두 가지 측면에서 유용하다. 첫째, 강점에 주의를 기울이게 하며, 둘째, 수련생들의 즉각적인 반응과 웃음을 이끌어 낸다. 이때의 긍정적인 단어들은 수련 회기가 마칠 때 즈음 수련생이나 훈련가의 해결중심 집단 메시지의 기초가 되며, 수련생들은 이것을 그들이 수련을 통해 연마하고 활용하기를 바라는 임상적 강점 목록의 첫 번째 항목으로 삼을 수 있다.

목표 설정하기

어떤 교육 프로그램이든 교육자가 하나 혹은 그 이상의 목표와 몇 가지 구체적이고 조작적인 목표를 제시하는 것이 표준이 된다. 그러나 SFBT 훈련에서는 수련생이 자신의 개별적인 목표를 설정하는 것 역시 중요하다고 본다. 훈련가는 보통 초반부터 목표 설정 질문(goal-setting question)을 한다. 예를 들면, 수련생이 훈련을 통해 얻고 싶은 것이 있다면 무엇인지 묻는다. 이러한 질문은 훈련가가 수련생에게 '잘 맞는' 훈련 형식과 내용을 선정하는 데 도움이 되기 때문에 중요하다.

다음의 4단계에 따라 개별 수련생은 자신의 목표를 좀 더 발전시킬 수 있다.

1. 수련생들에게 이 훈련이 자신과 내담자에게 유익하게 사용될 수 있는 구체적인 미래의 모습을 그려 보게 한다. 여기에는 기적 질문 같은 질문들이 도움이 된다. 말로 해도 좋고, 글로 써도 좋다. 대안적 방법으로는 미래의 직장에서 받게 될 직무 평가를 해 보기, '나의 내담자가 나와의 상담에 대해 어떻게 말할 것인가'에 관한 역할놀이 해 보기, 지금으로부터 2년 후 '수련생 동료모임'에 관한 역할놀이 해 보기 등의 방법들이 있다(Maurer-Hankovszky & Szabó, 2002).
2. 그들이 원하는 변화가 이미 어떻게 일어나고 있는지 생각해 보도록 한다(그들이 이미 하고 있는 것 중에 효과가 있는 것은 무엇인지 생각해 보기).
3. 척도 질문을 사용하여 이러한 변화와 관련하여 자신은 지금 어디쯤 와 있는지, 이 훈련이 끝날 때 즈음 몇 점이 되기를 바라는지 평가해 보도록 한다.

4. 성과와 목표 달성을 위한 구체적이고 관찰 가능한 준거를 설정하도록 한다. "당신이 변화하기를 바라는 방향으로 나아가고 있다는 것을 알려 주는 첫 번째 작은 신호는 무엇일까요?" 혹은 "당신이 무엇을 다르게 하고 있을까요?"

SFBT 훈련에서 개별적인 목표 설정을 위해 내가 선호하는 방법은 '행동으로 하는 척도 질문'(Fiske & Zalter, 2005b)을 활용하는 것이다. 나는 수련생들에게 그들이 가장 어려운 내담자를 만났다고 가정하고, 현재 자신이 그(녀)를 도울 수 있다는 자신감을 1~10점의 척도에서 몇 점에 위치해 있는지 숫자로 표현하게 한다. 수련을 위해 모인 방의 중앙으로 움직일수록 10점이 되며, 수련생들이 자신의 점수에 따라 방에서 움직이게 한다. 그다음에는 같은 척도 위에서 그들이 되고 싶은 점수는 몇 점인지에 따라 위치를 바꾸게 한다. 이 점수가 곧 그들의 목표가 된다. 그리고 그들이 목표 점수에 도달했을 때 어떻게 달라질 것 같은지, 그 목표에 도달하기 위하여 자신이 첫 번째로 할 수 있는 일은 무엇인지에 관하여 토론하도록 한다. 이 방법의 장점은 수련생들이 질문에 답하기 위해 방 안을 돌아다니게 되면서 긴장이 완화되고, 보다 자유롭게 대화하며, 수련 과정 및 서로에게 좀 더 집중하게 되는 효과가 있다는 점이다(이러한 형식의 다양한 활동에 대해서는 Jackson, 2005 참조).

관점 바꾸기

De Jong과 Berg(1997b)는 SFBT 훈련은 수련생들의 치료자 역할에 대한 패러다임이 '문제를 해결해 주는 전문가'에서 '내담자가 스스로 해결책을 발견하도록 돕는 입장'으로 전환되도록 한다는 점에서 가치가 있다고 하였다. Matthias Varga von Kibed(von Kibed & de Shazer, 2003)는 '분리의 관점'(eyes of separation)과 '연결의 관점'(eyes of connection)의 차이에 대하여 설명하였는데, 여기서 분리의 관점은 결함과 잘못, 오류를 분석하고 나누고 찾아내고자 하는 관점이며, 연결의 관점은 효과가 있는 것, 도움이 되는 것, 관련이 있는 것을 알아차리는 관점을 말한다. 학습자는 이 두 관점의 차이를 알고, '연결의 관점'을 통해 바라보는 것이 유용하다는 것을 경험함으로써 패러다임의 전환을 이룰 수 있다. 이러한 경험은 특히 다른 상담 훈련을 받아 봤거나 매우 다른 패러다임을 경험한 수련생들에게 중요할 수 있다. "…연령대가 높을수록, 경험이 많은 치료자일수록 무엇이 효과적인지에 대해 다 알고 있으면서도 그들이 그것을 알고 있다는 사실을 모른다. 그리고 그들은 무엇이 효과가 없는지를 보면서 전전긍긍한다."(de Shazer & Hoyt, 1994, p. 22에서 인용)

이에 관한 유용한 예는 De Jong과 Berg(1997b)의 『문제에 관한 대화, 해결에 관한 대화(Problem Talk versus Solution Talk)』를 보면 된다. 이들은 학생들에게 두 개의 간단한 시나리오를 연습하고 비교해 보도록 하였는데, 하나는 문제의 자세한 사항들에 주목하는 대화이고, 다른 하나는 무엇이 잘되고 있는지 구체적인 사항들에 주목하는 대화다.

Lamarre(2005)와 Ghul(2005) 역시 다른 효과적인 방법들을 제시해 주었다. 먼저 수련생들이 짝을 이루어 한 사람은 불평이나 화나는 일에 대해 이야기하고 다른 한 사람은 말없이 듣도록 하였다. 3분 후에 이야기를 들어 준 수련생이 자신이 들은 내용을 기초로 불평한 수련생에게 세 가지 칭찬을 해 주도록 하였다. 이 연습 후에 다음과 같은 분석이 이루어졌다. (a) 문제에 관한 이야기를 들으면서도 불평하는 사람에게서 칭찬할 만한 강점과 자원, 성공을 발견하는 것이 가능하다—심지어 그것이 얼마나 쉬운지. (b) 불평을 하는 사람도 칭찬을 받는다는 것이 얼마나 감사한 경험인지 알게 되었다. (c) 칭찬이 얼마나 어깨를 토닥이는 경험인지, 즉 불평하는 사람이 생각하지 못했던 자신의 긍정적인 측면에 주의를 기울이게 만든다는 것을 알게 되었다. 그리고 (d) 들어 주는 사람은 문제보다 칭찬에 주의를 기울여 듣는다는 것이 얼마나 다른 경험인지 알게 되었다. 나는 이들 중 마지막 요소야말로 SFBT가 많은 치료자에게 매력을 주는 주된 요소들 중 하나라고 생각한다.

SFBT 훈련가는 수련생의 '관점을 변화시키기' 위하여 자기만의 창의적이고 다양한 방법을 고안하여 사용한다. 예를 들면, TV 드라마 장면 활용(Andrews, 2005)

알코올 중독에 관한 질병 개념(Shafer, 2005), '질문의 벽'(Wall of questions)(Maurer-Hankovszky & Szabó, 2002), DSM 진단명(Nelson, 2005c), 반전이 있는 사례 연구(Simon, 2005), 환청이 있는 사람과의 대화(MacDonald, 2005), 그리고 범죄의 원인에 관한 가정(Myers, 2005) 등이 있다.

연습, 연습, 또 연습하라

'행동하는 것이 아는 것이다.' 효과적인 훈련을 위한 중요한 기준 중 하나는 수련생이 '전문가'가 하는 말을 수동적으로 듣거나 '전문가'의 해결중심치료 비디오 테이프를 보는 것보다는 자신의 전문성을 발견하고 향상시키기 위하여 얼마나 많은 시간 동안 적극적으로 '하였는가'(doing)일 것이다. 어떻게 하면 우리는 강의하는 것을 최소화하고 적극적인 학습을 최대화할 수 있을까?

De Jong과 Berg(1997b)는 훈련가가 길게 홀로 이야기하는 것을 경계하기 위하여 '작은 강의'라는 용어를 사용하였다. 학생들은 '길고 종합적인' 강의보다 '짧고 집중적인 대화'를 훨씬 선호한다. 그리고 이야기와 사례를 담아 대화를 생생하게 만들고, 실제적인 연습을 중간 중간에 배치하는 것이 좋다(Maggio, Chenail, & Todd, 2001).

Gale Miller는 더 실제적이고, '비전문가가 이끄는'(훈련가가 비전문가 입장에 서는) 간단한 방법을 제시하였는데(De Jong & Berg, 1997b에서 인용), 수련생들에게 질문을 던져(예를 들면, "내담자가 '잘 모르겠어요.'라고 말할 때 어떻게 하면 좋을까요?"와 같은 질문을 한다) 그들이라면 어떻게 할지 이야기하도록 하는 것이다.

John Sharry(2001)는 해결중심 심리교육 집단에 비슷한 과정을 개발하였는데, 이 4단계 모델은 훈련 장면에서도 이미 적용되고 있다.

1. 예측(predicting) – 수련생이 자신의 아이디어를 먼저 떠올려 보도록 한다.
2. 고찰(reviewing) – 제시된 질문에 대한 수련생의 생각을 함께 검토한다.

3. 적합한 것 찾기(finding fit)－수련생이 자신에게 효과가 있을 아이디어를 선택하도록 돕는다.
4. 계획(planning)－수련생이 자신의 아이디어를 치료에 어떻게 적용할 것인지 계획하도록 돕는다.

SFBT 훈련가의 주된 임무 중 하나는 수련생이 기법을 연습할 수 있도록 '구조화된 기회'를 제공하는 것이다(De Jong & Berg, 1997b). 이를 위해서는 실제 내담자에 대한 치료를 감독하는 것부터 수련생들끼리 기법을 연습할 수 있도록 구조화된 연습을 제공하는 것까지 다양한 방법이 있다. 예를 들어, 내담자의 언어를 사용하여 대화하는 것이 중요하다는 것을 수련생에게 알려 주기 위해서는 (a) 시청각 자료를 사용하여 강의를 하거나, (b) 수련생들이 서로의 이야기를 경청한 다음, 상대방의 관점을 설명할 수 있는 '네 개의 문장'을 말하도록 하는 방법이 있다(Chevalier, 1995). 이 밖에도 설교식 교수법 대신 해결중심 기법을 가르치기 위한 다양한 방법으로 출판된 자료들(Chevalier, 1995; De Jong & Berg, 1997b, Maurer-Hankovszky & Szabó, 2002; Nelson, 2005b; Sharry et al., 2003)을 통해 찾아볼 수 있다. 또한 해결중심 단기치료학회(SFBTA)나 유럽단기치료학회(EBTA)에서 발표된 자료들을 보면, 해결중심 훈련가들 간의 대화와 해결중심 수련생들과의 상호작용에 대한 다양한 아이디어를 얻을 수 있을 것이다.

수련생들은 수련 회기 중에는 물론 수련 회기 사이에 연습을 위한 시간을 필요로 한다. 실습 시간 사이의 간격은 수련생들이 배운 것을 경험과 통합하는 데 많은 노력이 필요하기 때문에 중요하다. 이상적인 훈련 방법은 수련 기관이 협동 작업과 현장 슈퍼비전을 제공할 수 있는 임상 실습 환경을 갖추는 것이다. 만약 그렇지 못한 경우, 상담 기법 연습과 교정을 위한 다른 방법을 찾는 것이 꼭 필요하다.

공식적인 인턴십과 학외 연수, 기관 내 슈퍼비전 실습이 불가능한 경우 다음의 몇 가지 방법으로 해결중심 치료를 성공적으로 통합할 수 있다.

1. Insoo Kim Berg(1992년 8월 12일, 사적인 대화에서)는 첫 훈련 이후 수주에서 수개월 이내에 두 번째 훈련이 이루어질 수 있도록 훈련 시간을 조정하라고 제안하였다. 수련생들은 두 기간 사이에 연습을 할 수 있고, 두 번째 '보수교육'에서 질문을 하거나 그들의 해결중심 기술을 교정할 수 있다.
2. 수련생들이 계속해서 해결중심 기법을 사용하고 발전시킬 수 있도록 네트워크를 형성하는 것이 좋다. 직장이나 지역에서 해결중심 그룹을 조직하거나 조직할 수 있도록 격려함으로써 온라인 혹은 오프라인에서 정기적으로 만나 경험을 나누거나 서로의 상담 테이프를 보게 하고, 또는 (이상적으로는) 현장 자문을 제공할 수도 있다. 매년 열리는 해결중심 단기치료학회(SFBTA)와 같은 학회들은 더 강력한 동기를 제공할 수 있다.
3. 인터넷을 통한 원격 교육을 통해 슈퍼비전과 자문 등 많은 것을 제공할 수 있다. 이는 소외된 치료자도 쉽게 접근할 수 있도록 해 준다(Berg, 2003; Maggio et al., 2001; Oullette & Sells. 2003).
4. 성과 연구에 참여하는 경우 해결중심 모델이 낯선 치료자도 그 핵심 기법들을 준수할 가능성이 높아진다고 한다. 따라서 이러한 연구에 참여하도록 독려하는 것이 도움이 된다.
5. Peter De Jong(De Jong & Berg, 1997b)은 SFBT를 훈련받은 학생들이 SFBT를 처음 배우는 학생들에게 기법을 훈련하도록 하였더니 양쪽 모두 기술이 '향상'되었다고 하였다.
6. Maurer-Hankovszky와 Szabó(2002)는 그들의 워크숍에 참여한 치료자들에게 '마술 학습일지'를 주고 '목표와 기적, 자원, 예외'를 계속해서 기록하도록 하였다.

시연과 관찰

수련생뿐 아니라 훈련가 역시 자신이 내담자와 실제로 어떻게 작업하는지를 보여 주는 것이 공평할 것이다. 사실 수련생들은 훈련가가 '실제 행동으로' 하는 것을 보는 것이 그들에게 도움이 된다고 이야기한다. 그러나 대부분의 훈련가는 해결중심 치료의 핵심을 보여 주기 위하여 비디오 테이프나 (나의 경우) 축어록을 읽도록 한다. 반영 팀을 통해 학생들에게 현장 자문을 주는 경우도 있다. 물론 이와 같은 현장 자문 역시 중요함에는 틀림이 없지만, 대부분의 훈련가는 녹화된 테이프나 축어록을 계속 사용한다. 왜냐하면 이렇게 할 때 특정한 방법이나 적용 방법에 관하여 보다 명확한 예시를 제시해 줄 수 있기 때문이다. 또한 솔직히 어떤 사례들은 그냥 이렇게 제시하는 것이 더 낫다. Insoo Kim Berg의 말을 빌려서 설명하면, "당신이 수련생을 도와주려면 먼저 그들의 흥미를 끌어야 한다".

대부분의 훈련가는 유명한 해결중심 치료자들의 사례 비디오 테이프를 활용한다. 각자 선호하는 것들이 있는데, 나의 경우 Berg(1994)의 '해소할 수 없는 차이' 비디오 테이프를 좋아한다.[1] 그러나 모든 해결중심 치료자들이 자기만의 고유한 방식이 효과적이기 때문에 만일 학생들이 다양한 방식의 치료자 테이프를 보게 되는 것이 아니라면 특정 비디오 테이프를 선호한다는 것은 오히려 장애물이 될 수도 있다.

관찰 과제는 수련생의 몰입과 시연을 통한 학습을 극대화시켜 준다. 관찰 과제는 수련생에게 내담자가 반복적으로 사용하는 단어나 문구를 찾아내도록 한다거나 내담자에게 변화를 가져오는 치료자의 행동이나 말을 찾는 것, 치료자가 도움이 되었음을 보여 주는 내담자의 행동이나 말을 찾는 것, 혹은 내담자가 치료자에게 협력하기 위해 하는 행동, 치료자가 내담자에게 협력하기 위해 하는 행동, 치료자와 내담자의 강점과 자원을 찾는 것 등이 포함된다. Gallagher(2005)는 이러한 과제에 관한 풍부한 자료를 제공해 준다. 일반적으로 수련생에게는 치료자의 행동보다 내담자의 행동을 관찰하도록 하는 것이 더 중요하다.

수련생이 관찰한 내용을 보고하도록 하는 방법에는 여러 가지가 있다. 수련생에게 대안적인 해결중심 개입 방법을 제시하도록 한다거나, 내담자에게 전달할 해결중심 메시지를 생각해 보도록 한다거나, 녹화 테이프나 축어록의 일부를 보도록 한 다음 소집단으로 나누어 나머지 회기에 대한 역할놀이를 하도록 하는 방법 등이 있다.

역할놀이

상담 기술 연습을 위해 역할놀이를 활용하는 것의 유용성과 일반화 가능성에 대해서는 오랫동안 의문이 제기되어 왔음에도 불구하고(예, Haley, 1981), 다양한 역할놀이 훈련은 훈련가들의 도구상자 중에서 가장 폭넓게 사용되는 '행동' 도구다. 예를 들어, 수련생이 기적 질문에 대하여 내담자가 "잘 모르겠는데요."라고 대답하였을 때 어떻게 해야 하는지를 묻는다면, 훈련가는 '역할놀이'를 해 보자고 제안할 수 있다. 수련생들은 전통적으로 이런 '즉석' 공연에 열광하며 종종 "아하!"라는 깨달음을 표하므로 이것이 훈련가나 치료자를 더 강화하게 된다. 그러나 역할놀이가 수련생이 기적 질문을 적절한 타이밍에 사용할 수 있도록 하는가에 대해서는 여전히 불분명하다(2001년 9월 5일, de Shazer와의 사적인 대화에서). 그렇다면 역할놀이를 어떻게 활용할 때 수련생의 SFBT 능력을 좀 더 촉진할 수 있을까?

가장 흔한 역할놀이 유형은 수련생이 제시한 사례에 대하여 수련생이 '내담자' 역할을 하고 훈련가가 '치료자' 역할을 하는 것이다. 이런 경우 연관성(적어도 수련생에게는)과 즉시성이 장점이 된다. 그러나 (a) 수련생과 훈련가가 실제 치료자와 내담자와 '같은 입장'에 들어가기가 어렵다는 점, (b) 사례를 서술하고 설명하는 데 귀중한 시간이 소비된다는 점, (c) 다른 수련생들이 관찰하도록 하는 것은 그들이 직접 참여하는 것만큼 유용하지 않을 수 있다는 점, 그리고 (d) 어떤 사례는 다른 수련생들에게는 연관성이 없을 수 있다는 점 등의 단점이 있다. 연관성의 문제는 실제 상담에 일반화할 수 있는가와 관련된 특히 중요한 문제다. Cunanan(2003)의 연구에서 응답자들은 자신의 내담자에게서 긍정적인 변화를 보게 된 것이 그들이 SFBT를 진심으로 받아들이게 된 계기가 되었다고 하였다. 역할놀이가 실제 상황에 가까울수록 더 긍정적인 영향을 미칠 수 있을 것이다.

다른 유형의 역할놀이로는 수련생들이 함께 역할놀이 사례를 만들도록 하는 방법이 있다. 수련생들 모두가 참여할 때 의미는 더 커지게 된다. 이런 유형의 역할놀이는 수련생들을 소집단으로 나누어서 각 집단에 내담자, 치료자, 팀/관찰자 역할을 두거나, 전체 집단에서 훈련가가 치료자 역할을 하고 수련생들 모두가 내담자 역할을 하는 방법, 또는 소집단에서 한 명이 내담자 역할을 하고 다른 수련생들이 돌아가며 치료자 역할을 하는 방법으로 진행될 수 있다(De Jong & Berg, 1997b; de Shazer, 2005). 한 명이 내담자 역할을 하고 다른 수련생들이 돌아가며 치료자 역할을 할 경우, 수련생들은 내담자의 반응에 주의하여 자신이 할 질문을 구성할 수 있다. 또 다른 역할놀이 유형은 수련생들이 사례 축어록을 읽다가 어느 순간에 멈춘 다음 그 시점부터 역할놀이를 하도록 하는 방법이다.

나는 영화에 나오는 적절한 인물과 상황을 골라서 동영상을 활용한다. 인물의 '문제' 행동을 나타내는 동영상을 5~10분 동안 보여 주고 수련생들로 하여금 그 등장인물과의 치료적 대화를 역할놀이로 구현하게끔 한다. 이 방법의 장점은 모두가 상황에 대해 똑같이 알고 있으며, 어떤 특정 주제와 연관된 흥미로운 '사례'를 내가 선택할 수 있다는 점, 단지 '영화'에 불과하므로 수련생들이 해결중심 기법을 실험해 보는 '놀이'를 해도 괜찮으며, 수련생들이 외상 후유증이나 자살행동과 같은 어렵고 스트레스가 높은 소재에 대해서도 어느 정도 유익한 '거리'를 둘 수 있도록 해 준다는 점이다. Insoo Kim Berg는 나와의 사적인 대화에서(2003년 6월 2일) 〈소프라노 가족(The Sopranos)〉(역자 주: 미국의 유명 TV 드라마)에 나오는 부부상담 회기에 관한 동영상을 부부상담 워크숍에서 역할놀이 소재로 활용하고 있다고 밝혔다.

역할놀이에는 한 가지 상황만 계속 사용하기보다는 수련생의 임상적 관심사나 상담 기술 발달 수준에 따라 상황을 선택하는 것이 좋다. De Jong과 Berg(1997b)는 SFBT 수련에 사용할 수 있는 역할놀이 시나리오들을 다수 제시하고 수련생의 해결 구축 기술 습득 수준에 따라 어떻게 활용할 수 있는지를 보여 주었다.

경험이 많은 훈련가들은 수련생들의 개인적인 어려움을 소재로 활용할 때 역할놀이가 가장 영향력이 있다고 믿는다(2003년 12월 15일, Michael Kennedy와의 사적인 대화에서). 즉, 훈련이 실제 상담 회기가 되는 것이다. 그러나 공개되는 자료의 성격에 어느 정도 제한이 있을 때에만 유용하다. 훈련은 '치료'가 아니기 때문이다. 또한 자기 개방도 필수는 아니어야 한다. 수련생 자신의 직업과 관련된 소재만 역할놀이에 활용하도록 제안하는 것이 좋다. 나는 종종 Yvonne Dolan이 말한 '유령 상담'이라는 용어를 사용하는데, 이것은 역할놀이를 위해 풍부한 문제 자료를 만들어 내는 것을 말한다. 한 가지 주의할 점은 문화적 맥락에 따라 자기 개방에 대한 강한 거부감이 있는 경우 허구적인 소재를 가지고 역할놀이를 하는 것이 더 나을 수 있다.

Brenda Zalter는 만성 질환 내담자에 대한 SFBT 워크숍에서 참가자들에게 각각 하나씩 만성질환 및 관련 증상을 준 다음, 그들이 내담자가 되어 해결중심 치료에 반응하도록 한다(2004년 4월 4일, 사적인 대화에서).

어떤 수련 장면에서는 역할놀이를 위해 특정한 역할을 연기하도록 훈련받은 배우를 '표준화된 환자'로 활용할 수도 있다. 표준화된 환자를 가지고 하는 역할놀이의 장점은 치료 중에 대화를 다시 '되돌려서' 다른 것을 재시도할 수 있다는 점이다. 이러한 형식은 Langer(1997)가 말한 '의식적인'(mindful) 학습을 가능하게 한다. 의식적 학습이란 암기를 통하여 하나의 올바른 방식으로만 어떤 일을 하도록 학습하기보다는 변화된 환경에 대해 조금씩 적응해 나가는 능력을 향상시켜 나가는 방식으로 기술을 습득하는 것을 말한다.

소집단 역할놀이를 할 때에는 치료자와 내담자가 한 일 또는 말한 것 중에 도움이 되었던 것을 한 단어로 말하도록 한다. 그리고 가능하면 이것을 녹음하도록 한다. 이 훈련은 2~3분 정도의 짧은 시간이 소요되며, '효과가 있는 것을 발견하고 강화하기 위하여 칭찬을 활용한다.' '내담자가 하는 행동 중에 도움이 되는 행동을 주된 요소로 삼고 그것에 주의를 기울인다.'는 해결중심의 두 가지 핵심 사항을 강조한다. 부끄럽지만 나에게는 이 훈련을 내담자뿐만 아니라 치료자에게 적용하기까지 수년의 시간이 소요되었던 것 같다. 오래된 습관 때문에…….

훈련가는 여기서 설명한 역할놀이 방법을 여러 가지 방법으로 변형할 수 있다. 그 외에도 훈련가는 수련생이 변화를 위한 구체적인 계획을 세우도록 적극적으로 격려함으로써 수련 경험과 실제를 통합할 수 있도록 돕기 위해 노력해야 한다. 이를 위해 편지나 이메일, 전화 등을 통해 수련생과 사후에도 접촉하거나 그들이 해결중심 연구와 수업, 수련생 동료 모임에 참여할 수 있도록 격려할 수 있다.

스토리텔링

해결중심 기법을 설명하기 위하여 훈련가가 사용하는 이야기는 정보 전달을 위한 맥락을 조성한다. 인간은 정보가 맥락 안에서, 특히 사적 연관성이 있는 맥락 안에서 제시될 때 정보를 가장 잘 학습하게 된다. 그중에서도 가장 좋은 것은 맥락 속에 웃음과 뜻밖의 놀라움이 있을 때다. 즉, 무엇보다 먼저 수련생들의 주의를 끌어야 한다. 이야기는 새로운 학습의 바퀴에 윤활유 역할을 한다.

우리는 이야기에 우리 자신의 변치 않는 의미를 부여할 수 없다. "교육은 사건 혹은 경험을 제시할 때 다른 사람들이 자신만의 고유한 의미를 발견할 수 있도록 격려하여야 한다."(Ross, 1996) 스토리텔러로서 해결중심 훈련가는 한 가지 날카로운 핵심을 담은 이야기를 쓴 작가인 Aesop보다는 "메시지는 보내진 것이 아니라 받아들여진 것이다."라는 점을 인식한 Milton Erickson과 더 비슷하다(de Shazer, 1994).

또한 교육자는 학생들이 그들만의 고유한 이야기를 발견하고 말할 수 있도록 기회를 제공할 수 있다. 이러한 예로, De Jong(2005)의 수련생들의 '성공 이야기 확인하기', Fiske와 Zalter(2005c)의 '해결중심 보물찾기 게임' 등을 들 수 있다.

혼합하기와 맞추기

인간은 서로 다른 다양한 방법으로 학습한다. 훈련가로서 우리는 개인의 학습 양식에 주목하여 과제를 제시하고, 개인에게 가장 효과적인 전략을 훈련시킴으로써 성공적인 학습을 최대화할 수 있다. 개별화가 어려운 경우(예를 들면, 수련생 집단 크기가 너무 큰 경우)에는 학습법을 혼합하여 제공함으로써 수련생 대부분이 각자 선호하는 양식을 사용할 수 있도록 할 수 있다. 짧은 강의, 상호작용 연습, 시연, 관찰 활동, 일반 토론, 구조화된 기술 연습 등의 '메뉴'를 제공함으로써 '모두에게 하나씩' 제공할 수 있다. 전체 집단, 소집단, 일대일 연습 등의 방법을 번갈아 사용하여 융통성과 흥미를 최대화할 수 있다. 포맷을 변화시킴으로써 수련 시간의 속도와 분위기를 동적으로 유지할 수 있다.

속 도

속도와 타이밍은 성공적인 수련의 핵심이지만, 기법보다 구체화하거나 가르치기가 어렵다. 수련생의 요구와 흥미, 에너지에 부합하기 위해서는 수련생들이 원하는 것이 무엇인지 정기적으로 확인하는 것이 좋다. 예를 들면, "1~10의 척도에서, 10은 '지금 당장 휴식 시간이 필요하다'를 의미하고, 1은 '결코 휴식이 필요하지 않다'라고 할 때……."라고 질문할 수 있다. 특히 수련생의 에너지와 흥미가 떨어졌을 때에는 수련생들이 좀 더 활발하게 참여할 수 있도록 포맷을 전환하는 것이 도움이 될 수 있다(무언가 다른 것을 하라). 대개는 신체적으로 움직이도록 하는 것이 분위기를 바꿔 준다.

피곤해하는 수련생 집단에 생기를 불어넣는 방법으로 '가게에서 물건 고르기' 방법을 활용할 수 있다. 이것은 수련생들이 이야기, 훈련, 현장 시연, 혹은 비디오 시청 중에 고를 수 있도록 하는 방법이다. 내가 자주 사용하는 것 중 하나는 해결중심의 가정이나 기법이 그려진 만화 카드를 사용하는 것이다.

마지막으로, 어떤 교사도 학생도 매일 '쌩쌩'하지는 않다는 점을 기억하는 것이 도움이 된다.

돌봄과 먹이기

'돌봄과 먹이기'는 무엇보다 말 그대로 정보나 음식, 음료, 휴식, 일정, 사교와 수다 떨기 시간 등과 관련하여 수련생들이 편안한지를 확인하라는 의미다. 어떤 의무 사항이나 예산, 그 밖의 제약들로 인해서 생기는 제한점들이 있더라도 이러한 사항들을 고려함으로써 수련 경험이 주는 긍정적인 영향력을 증가시킬 수 있다.

수련생들에게 주어야 하는 것 중에는 복사된 자료나 이메일 자료를 나누어 주는 것이 포함된다. 수련생이 자신의 업무로 돌아갔을 때 상담 장면에서 사용하거나 참고할 만한 자료라면 특히 도움이 된다. 일례로, De Jong과 Berg(1997a)의 '해결 구축을 위한 도구' 매뉴얼은 이런 자료로 활용하기에 훌륭하다. 특정한 방법을 개발하는 것 또한 유용한 수련 활동이다.

마지막으로, 수련생이 어려움을 호소할 때 사용하는 '언어'를 차용하는 것은 수련생들로 하여금 수련 경험을 더욱 적절하고 '영양가 있는' 것으로 생각하게 만든다.

교육자의 자원과 강점 활용하기

자신의 도구를 갈고닦는 자가 일을 더 잘한다. 해결중심 훈련가의 '도구'는 무엇인가? 그리고 우리는 그 도구를 어떻게 관리하는가?

임상 경험

나는 "훈련가가 지속적으로 사례를 만나고, 기술을 연습하는 것"(De Jong & Berg, 1997b)이 중요하다고 생각한다. 경험이야말로 우리가 가르치는 것을 '살아 있게' 만드는 핵심 요소다. 특히 수련생이 많은 경험을 얻기 전에는 그렇다. 우리는 경험을 통해 수련생의 임상적 질문에 자연스럽고 도움이 되는 대답을 해 줄 수 있으며, 해결중심 대화가 자연스럽게 흘러가는 모습을 보여 줄 수 있다. 많은 수련생이 기본 기술을 습득한 다음 주로 맞닥뜨리는 장애물이 바로 이런 자연스러운 흐름을 유지하는 것이다.

언어에 대한 관심과 상담 중의 언어 사용

수련생의 언어 사용에 주의를 기울이는 것처럼 훈련가는 자신의 사소한 언어 사용에도 주의를 기울여야 한다. 또한 수련생의 독특하고 유익한 언어 사용도 알아차려야 한다.

음 성

우리의 음성은 주요 교수(치료) 도구이므로 우리는 그 작동 순서와 범위, 그리고 표현의 효과를 최대화하는 데 주의를 기울여야 한다고 생각한다. 이를 위해 음성 훈련이나 코칭, 연습, 침묵 등을 고려할 수 있다.

스토리텔링 능력

SFBT 훈련은 스탠딩 코미디가 아니다. 그것은 훈련가의 이야기가 아니라 수련생들의 이야기란 점이 중요하다. 그러나 설명하는 이야기가 전혀 없이 가르치는 것은 따분하고 재미없는 작업이 될 수 있다. 따라서 우리들 중 타고난 이야기꾼은 매우 소수이지만, 각자 고유한 방식이 있으므로 우리는 자신의 스토리텔링 능력을 연마하기 위한 시간을 가질 필요가 있다.

도서관

우리가 '도서관'에서 참고할 수 있는 것에는 책과 학술지, 논문들만 있는 것이 아니다. 이것들도 중요하지만, 프린트된 인쇄물이나 비디오 · 오디오 테이프, 소설 또는 개인적인 자료 출처에서 나온 사례와 이야기 등 접근 가능한 유익한 자료들을 모으는 것이 도움이 된다.

유머 감각

나의 할머니는 지혜롭게도 유머 감각이 아주 중요한 장점이라는 것을 가르쳐 주셨다. 대학원에서 심리학 공부를 하면서 나는 유머 감각이 상담자에게 필요한 '인지적 융통성'이라는 것을 알게 되었다. 이것은 어떤 공식에 의존하는 것이 아니라 어느 순간 어떤 특정한 내담자에게 효과적인 것을 사용할 수 있는 능력을 의미한다.

호기심

상담 개입에서 호기심이 중요한 것처럼 상담 훈련에서도 호기심은 중요하다. 수련생이 원하는 것은 무엇인가, 그들이 그것을 위해 이미 하고 있는 것은 무엇인가, 그들은 어떤 자원을 갖고 있는가, 그리고 그들이 성공하도록 하기 위해 나는 무엇을 할 수 있는가에 대한 호기심을 가져야 한다.

개인의 도구상자

개인의 도구상자에는 미완성 상태이지만 유익하고 특별한 도구들이 가득 차 있다. 당신만의 고유한 개인 도구상자를 만들기 위해 다음의 질문들을 생각해 보라.

- 훈련가로서 나의 장점은 무엇인가? 수련생이나 학생들은 나의 장점이 무엇이라고 말할 것 같은가? 나의 장점에 관하여 지금까지 어떤 피드백을 받았는가? 어떻게 하면 더 구체적인 피드백을 들을 수 있는가?
- 나는 나의 장점을 어떻게 활용하고 유지하고 향상시키고 있는가?
- 내가 사용하는 기술과 도구들 중에 더 향상될 수 있는 것은 무엇인가?
- 학생들에게 존중과 호기심의 태도로 다가가기 위하여 개인적으로, 전문적으로 어떤 연습을 하면 도움이 될 것인가?

잘 마무리하기

"이제 당신은 '언제 마무리를 해야 하는지 어떻게 알 것인가?'를 결정해야 한다. 수련은 언제 끝나는가? 나는 이것이 정해져 있다고 생각하지 않지만, 대체로 수련생이 결정한다."(Hoyt, 1996, p. 80에서 Steve de Shazer) 나는 수련을 언제 끝내야 하는지에 대해 논의하기보다는 그것을 어떻게 유익하게 끝낼 것인가에 초점을 두고자 한다. 해결중심 훈련의 마무리는 일관되게 해결중심 메시지로 이루어진다. 또한 수련생들은 그들의 목표를 향해 발전한 내용을 검토함으로써 그들이 새로 습득한 기술을 강화한다. 해결중심 '행동 계획'은 수련생들이 배운 기술을 유지할 수 있도록 해 준다.

토론토의 해결중심 프로그램을 마친 수련생들을 설문조사한 결과, 수련생들은 대부분 '집단 선물'(Zalter & Fiske, 2005)이나 '감사 연습'(Thomas, 2005)과 같은 마무리 작업에 대하여 언급하였다. 이것은 상담에서 배운 것을 응용하고 칭찬의 효과를 보여 주는 것이기도 하지만 동시에 가볍고 재미있는 활동이다. 이는 Miller (1997)가 언급한 SFBT의 '심각한 즐거움'과 같은 특성이며, 학습을 촉진시키는 것이기도 하다.

미래를 위한 제언

당신에게 기적이 일어나서… 해결중심 훈련이 더 유용하고, 더 흥미롭게 발전한다면…무엇이 달라지겠습니까?

해결중심 훈련의 긍정적인 미래를 위해서는 수련활동에 관해 출판된 자료들이나 해결중심 훈련가와 수련생들을 한데 묶을 수 있는 기회 등과 관련하여 이미 시작된 변화를 계속해야 한다. SFBT 훈련에 관한 더 많은 연구가 이루어진다면 더 큰 변화가 일어나리라고 본다. 그런 연구가 가능하려면 일관된 모델을 확립하는 것이 필수적이다. 즉, SFBT 훈련이 어떠해야 하는지에 대한 준거가 필요하다. 내가 생각해 본 준거 목록은 다음과 같다. 나는 이 목록이 유용한 토론을 이끌어 내기를 기대한다.

- 훈련가는 수련생에게 선택권을 준다.
- 수련생은 그들이 이미 하고 있는 것 중에서 효과적인 것을 정의한다.
- 수련생은 자신의 개인적 수련 목표를 설정하고 평가한다.
- 수련생에게 '발견중심 학습' 기회를 제공한다.
- 훈련가는 해결중심 기법에 대한 정보 그리고/또는 시연을 제공한다.
  - 기적 질문
  - 목표 설정
  - 예외 발견
  - 척도 질문
  - 대처 질문
  - 관계 질문
  - 칭찬
  - 해결중심 메시지
- 훈련은 구조화된 실습 기회를 제공한다.

결 론

SFBT 훈련의 '비밀'은 훈련가가 수련생의 이야기를 주의 깊게 듣는 것, 그리고 그들이 이야기하는 것을 진지하게 받아들이는 것이다. 그것은 이미 독자 여러분도 알고 있다. 여러분의 학습과 수련이 풍부하고 경이로운 것이 되기를 바란다.

주

1 나는 Steve de Shazer의 '천장에서 들리는 소리'라는 사례를 좋아한다. 이 사례에서 de Shazer는 위층에 사는 이웃이 천장을 통해 광선을 쏘기 때문에 잠을 잘 수가 없다고 믿고 있는 환자를 어떻게 치료하는지 보여 준다.

참고문헌

Andrews, J. (2005). Communicating a different reality: Expanding points of view. In T. S. Nelson (Ed.), *Education and training in solution-focused brief therapy* (pp. 253-255). Binghamton, NY: The Haworth Press.

Berg, I. K. (1992). A wolf in disguise is not a grandmother. *Journal of Systemic Therapies, 13*(1), 13-14.

Berg, I. K. (1994). *Irreconcilable differences: A solution-focused approach to marital therapy.* (Videotape). Available at www.brief-therapy.com

Berg, I. K. (2003). *Online courses for distance learning.* Retrieved Dec. 30, 2003 from http://www.brief-therapy.org/insoo_online.htm

Berg, I. K. (2005). The state of miracles in relationships. In T. S. Nelson (Ed.), *Education and training in solution-focused brief therapy* (pp. 115-118). Binghamton, NY: The Haworth Press.

Berg, I. K., & de Shazer, S. (1992, July). *Advanced clinical training.* Workshop presented at the Brief Family Therapy Center, Milwaukee, WI.

Berg, I. K., & Dolan, Y. (2001). *Tales of solutions: A collection of hope-inspiring stories.* New York: Norton.

Beyebach, M. (2000). *European Brief Therapy Association outcome study: Research definition.* Retrieved Dec. 26, 2005 from http://www.ebta.nu/page2/page30/page30.html

Booker, J. (1996). Solution-focused hospital diversion: Treatment of first choice. In S. D. Miller, M. A. Hubble, & B. L. Duncan (Eds.), *Handbook of solution-focused brief therapy* (pp. 205-227). San Francisco: Jossey-Bass.

Chevalier, A. J. (1995). *On the client's path: A manual to teaching brief solution-focused therapy.* Oakland, CA: New Harbinger.

Cunanan, E. (2003). *What works when learning solution focused brief therapy: A qualitative study of trainees' experience?* Unpublished master's thesis, Department of Human Development, Virginia Tech University, Falls Church, VA.

De Jong, P. (2005). Teaching practice via success stories. In T. S. Nelson (Ed.), *Education and training in solution-focused brief therapy* (pp. 257-262). Binghamton, NY: The Haworth Press.

De Jong, P., & Berg, I. K. (1997a). *Interviewing for solutions.* Pacific Grove, CA: Brooks/Cole.

De Jong, P., & Berg, I. K. (1997b). *Instructor's resource manual for interviewing for solutions.* Pacific Grove, CA: Brooks/Cole.

de Shazer, S. (1994). *Words were originally magic.* New York: Norton.

de Shazer, S. (2002, June). *Seminar on teaching solution-focused brief therapy.* Purdue University Calumet, Hammond, IN.

de Shazer, S. (2005). Inside and outside. In T. S. Nelson (Ed.), *Education and training in solution-focused brief therapy* (pp. 71-72). Binghamton, NY: The Haworth Press.

Eriksen, K., & McAuliffe, G. (Eds.). (2001). *Teaching counselors and therapists: Constructivist and developmental course design.* Westport, CT: Bergin & Garvey.

Fiske, H. (2005). Five small-group exercises for experiential learning of SFBT. In T. S. Nelson (Ed.), *Education and training in solution-focused brief therapy* (pp. 155-158). Binghamton, NY: The Haworth Press.

Fiske, H., & Zalter, B. (2005a). The name game. In T. S. Nelson (Ed.), *Education and training in solution-focused brief therapy* (pp. 61-62). Binghamton, NY: The Haworth Press.

Fiske, H., & Zalter, B. (2005b). Scaling in action. In T. S. Nelson (Ed.), *Education and training in solution-focused brief therapy* (pp. 107-110). Binghamton, NY: The Haworth Press.

Fiske, H., & Zalter, B. (2005c). Solution-focused scavenger hunt. In T. S. Nelson

(Ed.), *Education and training in solution-focused brief therapy* (pp. 127-130). Binghamton, NY: The Haworth Press.

Gallagher, D. (2005). The listen and describe approach to training in Solution-Focused Brief Therapy. In T. S. Nelson (Ed.), *Education and training in solution-focused brief therapy* (pp. 229-252). Binghamton, NY: The Haworth Press.

Ghul, R. (2005). Moan, moan, moan. In T. S. Nelson (Ed.), *Education and training in solution-focused brief therapy* (pp. 63-64). Binghamton, NY: The Haworth Press.

Hackett, P. (2005). Ever appreciating circles. In T. S. Nelson (Ed.), *Education and training in solution-focused brief therapy* (pp. 83-84). Binghamton, NY: The Haworth Press.

Haley, J. (1981). 14 ways to fail as a teacher of family therapy. In *Reflections on therapyand other essays.* Chevy Chase, MD: The Family Therapy Institute of Washington, DC.

Hoyt, M. F. (1994). On the importance of keeping it simple and taking the patient seriously: A conversation with Steve de Shazer and John Weakland. In M. F. Hoyt (Ed.), *Constructive therapies* (pp. 11-40). New York: Guilford.

Hoyt, M. F. (1996). Solution-building and language games: A conversation with Steve de Shazer. In M. F. Hoyt (Ed.), *Constructive Therapies, 2* (pp. 60-86). New York: Guilford.

Jackson, P. (2005). A scaling walk. In T. S. Nelson (Ed.), *Education and training in solution-focused brief therapy* (pp. 111-112). Binghamton, NY: The Haworth Press.

Lamarre, J. (2005). Complaining exercise. In T. S. Nelson (Ed.), *Education and training in solution-focused brief therapy* (pp. 65-66). Binghamton, NY: The Haworth Press.

Langer, E. (1997). *The power of mindful learning.* Reading, MA: Addison-Wesley.

MacDonald, A. J. (2005). "Voices": An exercise in developing solution-focused conversations with the mentally ill. In T. S. Nelson (Ed.), *Education and training in solution-focused brief therapy* (pp. 39-42). Binghamton, NY: The Haworth Press.

Maggio, L. M., Chenail, R., & Todd, T. (2001). Teaching family therapy in an electronic age. *Journal of Systemic Therapies, 20*(1), 12-23.

Maggior, L. M., & Marcotte, M., Perry, J., & Truax, D. (2001). Student perspectives on training. *Journal of Systemic Therapies, 20*(1), 36-44.

Martin, S. (n.d.), as cited in Reamy-Stephenson, M. (1986). No bolts from the blue. In D. E. Efron (Ed.), *Journeys: Expansion of the strategic-systemic therapies.* New York: Brunner/Mazel.

Maurer-Hankovszky, K., & Szabó, P. (2002). *Elements of solution-focused training methodology.* Retrieved October 29, 2005 from "Resources" at www.solworld.org. (Originally published as "Element lösungsorientierter Didaktik" in *LO, Lemende Organisation, 9,* 29-32).

McCollum, E., & Cunanan, E. (2003, November). *What works when teaching and learning solution-focused brief therapy?* Presented at the first annual conference of the Solution-Focused Brief Therapy Association, Loma Linda, CA.

McLuhan, M. (1994). *Understanding media: The extensions of man.* (reprinted edition, first pub. 1964). Cambridge, MA: MIT Press.

Miller, G. (1997). *Becoming miracle workers: Language and meaning in brief therapy.* New York: Aldine de Gruyter.

Milner, J. (2005). Doing something different. In T. S. Nelson (Ed.), *Education and training in solution-focused brief therapy* (pp. 163-168). Binghamton, NY: The Haworth Press.

Myers, S. (2005). Brief training in brief therapies. In T. S. Nelson (Ed.), *Education and training in solution-focused brief therapy* (pp. 159-162). Binghamton, NY: The Haworth Press.

Nelson, T. S. (2005a). Editor's introduction: The birth of the Solution-Focused Brief Therapy Association. In T. S. Nelson (Ed.), *Education and training in solution-focused brief therapy* (pp. 1-4). Binghamton, NY: The Haworth Press.

Nelson, T. S. (Ed.). (2005b). *Education and training in solution-focused brief therapy.* Binghamton, NY: The Haworth Press.

Nelson, T. (2005c). Pathologies to descriptions: Moving from problem to solution

DSM (Diagnostic Solution Method). In T. S. Nelson (Ed.), *Education and training in solution-focused brief therapy* (pp. 73-74). Binghamton, NY: The Haworth Press.

Nylund, D., & Corsiglia, V. (1994). Becoming solution-focused forced in brief therapy: Remembering something important we already knew. *Journal of Systemic Therapies, 13*(1), 5-12.

Oullette, P. M., & Sells, S. P. (2003). Learning therapy in a technology-supported instructional environment. *Journal of Systemic Therapies, 22*(3), 14-26.

Riegeluth, C. M. (Ed.). (1987). *Instructional theories in action: Lessons illustrating selected theories and models.* Hillsdale, NJ: Lawrence Erlbaum Associates.

Ross, R. (1996). *Returning to the teachings: Exploring aboriginal justice.* Toronto, ON: Penguin.

Shafer, K. (2005). The disease concept and SFT: Difference in action. In T. S. Nelson (Ed.), *Education and training in solution-focused brief therapy* (pp. 75-78). Binghamton, NY: The Haworth Press.

Sharry, J. (2001). *Solution-focused groupwork.* London: Sage.

Sharry, J., Madden, B., & Darmody, M. (2003). *Becoming a solution detective: Identifying your clients' strengths in practical brief therapy.* Binghamton, NY: The Haworth Press.

Simon, J. (2005). Three case studies. In T. S. Nelson (Ed.), *Education and training in solution-focused brief therapy* (pp. 149-154). Binghamton, NY: The Haworth Press.

Street, E. (1997). Family therapy training research?An updating review. *Journal of Family Therapy, 19,* 89-111.

Sutherland, P. (Ed.). (1997). *Adult learning: A reader.* London: Kogan Page.

Taylor, L. (2005a). Curious questioning. In T. S. Nelson (Ed.), *Education and training in solution-focused brief therapy* (pp. 87-88). Binghamton, NY: The Haworth Press.

Taylor, L. (2005b). Openers. In T. S. Nelson (Ed.), *Education and training in solution-focused brief therapy* (pp. 59-60). Binghamton, NY: The Haworth Press.

Thomas, F. (2005). Exercise of appreciation. In T. S. Nelson (Ed.), *Education and training in solution-focused brief therapy* (pp. 135-136). Binghamton, NY: The Haworth Press.

von Kibed, M. V., & de Shazer, S. (2003, November). A conversation on Wittgenstein. Plenary presentation at the Conference on Solution-Focused Practices 2003, first annual conference of the Solution-Focused Brief Therapy Association, Loma Linda, CA.

Warner, R. (n.d.). *Solution-focused training: Developing the "qualitative self assessment practices standards."* EFBTA Newsletter. Retrieved Dec. 18, 2003 from http://www.ebta.nu/article-warner1.html

Wittgenstein, L. (1968). *Philosophical investigation* (3rd ed., G.E.M. Anscombe, Trans.). New York: MacMillan.

Young, S. (2005). Success and failure. In T. S. Nelson (Ed.), *Education and training in solution-focused brief therapy* (pp. 85-86). Binghamton, NY: The Haworth Press.

Zalter, B., & Fiske, H. (2005). Group gift exercise. In T. S. Nelson (Ed.), *Education and training in solution-focused brief therapy* (pp. 131-134). Binghamton, NY: The Haworth Press.

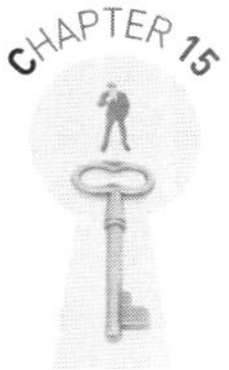

해결중심 슈퍼비전

John Wheeler

서 론

언젠가 나의 동료들 중 한 명이 자신의 슈퍼비전 경험에서 "아하" 했던 순간("Aha" moment)에 대해 이야기해 준 적이 있다. 그는 경험이 많은 해결중심 치료자였는데, 해결중심 단기치료(SFBT)에 새로 입문한 그의 동료가 그에게 슈퍼비전을 요청하였다고 한다. 그래서 그는 현장 슈퍼비전을 제공하기로 약속하였다. 어느 날 상담을 받으러 온 어떤 가족에게 슈퍼바이지가 SFBT를 활용하여 상담하는 동안, 이 슈퍼바이저는 일방경을 통해 그들을 관찰하게 되었다. 슈퍼바이지는 상담이 시작된 후 휴식 시간이 될 때까지 많은 기회를 놓치고 있었다. 가족이 문제가 없을 때에 대하여 이야기하여도 예외를 탐색하지 않았고, 변화를 위한 목표를 설정하지도 못했다. 가족이 척도 질문(0부터 10까지, 즉 최악부터 최고까지)에서 3점에서 5점이 되기를 원한다고 하였으나, 슈퍼바이지는 무엇이 변해야 3점에서 5점이 되는 것을 의미하는지 명료화하지 않았다. 또한 그는 문제해결에 자원이 될 만한 가족이 가진 좋은 자질을 칭찬할 기회도 알아차리지 못하고 지나쳐 버렸다. 기적 질문도 사용하지 않았다. 휴식 시간에 슈퍼바이저는 자신이 본 것들을 슈퍼바이지에게 이야기해 주고 몇 가지 제안을 하였다. 그리고 슈퍼바이지는 상담실로 돌아가 상담을 마무리하였다. 다음 두 회기도 이와 비슷하게 흘러갔다. 세 번째 회기가 되었을 때, 슈퍼바이저의 눈에는 이 슈퍼바이지가 더 이상 나아지지 않고 있다는 사실이 분명해졌다. 슈퍼바이지는 상담에 대해 더 주저하고 더 혼란스러워하였으며, 슈퍼바이저는 이 슈퍼바이지가 SFBT를 배울 능력이 없는 것은 아닌가 하는 의심이 들었을 뿐만 아니라 슈퍼바이저로서의 자신의 능력에 대해서도 회의가 생기기 시작하였다. 더욱 놀라운 것은 상담을 받고 있던 가족이 점점 나빠지고 있다는 점이었다. 그런데 갑자기 4회기에 들어 이 슈퍼바이저에게 "아하" 하는 순간이 찾아왔다. 자신을 자책하던 슈퍼바이저는 자신이 상담에서는 항상 해결중심이 될 수 있으면서 왜 슈퍼비전에서는 전혀 해결중심이 아닐까 하는 것을 깨달았다. 그래서 이제는 슈퍼바이지가 잘하고 있는 것을 찾아보기로 하였다. 그는 쉬는 시간에 이런 자신의 생각을 슈퍼바이지와 나누었고, 슈퍼바이지에게 회기를 어떻게 마무리하고 싶은지 물어보았다. 이때부터 슈퍼바이지와 가족은 앞으로 나아가기 시작하였다.

이 슈퍼바이저가 핵심을 좀 더 일찍 명확하게 파악하지 못한 것을 비판적으로 바라보기 전에 우리가 주목해야 할 사실은 해결중심 치료에 관한 첫 번째 책이 출판된 이후 해결중심 슈퍼비전에 관한 책이 출판되기까지 약 8년이라는 긴 시간이 걸렸다는 점이다. 하나의 이론적 접근이 치료의 실제 영역에서 슈퍼비전의 영역으로 도약하는 데에는 우리가 생각하는 것만큼 그 움직임이 명확하게 보이는 것도 아닐뿐더러 먼저 해결되어야 할 복잡한 문제들도 발생하게 되어 있다.

나는 이 장에서 나에게 해결중심 치료의 도구들을 슈퍼비전으로 가져오는 데 영감을 준 몇 가지 지침이 된 것들을 제시하고자 한다. 그런 다음 각각의 해결중심 도구들을 슈퍼비전 맥락에서 어떻게 활용할 수 있는지 설명하고자 한다. 그리고 치료에서 슈퍼비전으로 전환하는 데 기여한 사람들에 관한 이야기를 할 것이며, 슈퍼바이지와 슈퍼비전, 치료적 상담, 그리고 내담자에 관한 가정들을 제시할 것이다. 또한 이 장에서는 전통적인 슈퍼비전 방식은 물론 최신 전자 장비를 활용하여 해결중심 슈퍼비전을 다양하게 적용하는 데 많은 부분을 할애하였다(예를 들면, 지속적인 일대일 슈퍼비전부터 단회 자문, 집단 슈퍼비전, 비형식적 지지집단, 비디오 비평, 전화 자문, 이메일, 온라인 토론회 등).[1] 마지막 부분은 이러한 방식으로 슈퍼비전을 받고 있는 슈퍼바이지들의 이야기로 마무리하였다.

지침이 되는 생각들

『예언자(The Prophet)』(Gibran, 1972)에서 사람들은 예언자에게 가르침에 관하여 이야기해 줄 것을 요청하였다. 예언자가 대답하였다.

> 어떤 사람도 이미 당신의 지식의 새벽에 반쯤 잠들어 있는 것 이외의 것은 밝힐 수 없습니다. 제자들과 함께 사원의 그림자 속을 걸어가는 스승은 그의 지혜가 아니라 신의와 사랑을 내어 주고 있는 것입니다. 만약 그가 정말로 지혜롭다면 당신을 그가 가진 지혜의 집에 들어가게 하기보다는 당신 자신의 마음의 문턱을 넘도록 이끌 것입니다(p. 67).

이 말은 "단순히 가르침이 되는 가르침은 효과가 없다."는 Maturana와 Varela(1980)의 관점을 떠올리게 만든다. 내 상담에 도움이 되었던 생각들을 슈퍼바이지에게 아무리 심어 주려고 애를 써도 그렇게 될 수는 없다. 나는 아마도 슈퍼바이지의 마음속에 자라나고 있는 그의 고유한 생각들을 명료화할 수 있도록 도움을 주고, 그(녀)의 여러 가지 아이디어를 나열하는 데 도움을 줄 수는 있을 것이다. 그러나 나의 지식은 나만의 독특한 것이어서 지식이 변화 없이 한 사람의 머리에서 다른 사람의 머리로 전달될 수는 없다. 마음의 문턱을 넘도록 한다는 것은 두 가지 축복일 수 있다. 하나는 Brookfield(1994)가 말한 "(다른 사람이) 무엇을 배우도록 돕는 것"(p. 214)이라고 할 수 있는데, 내 경험으로는 이 말이 맞는 것 같다. 다른 하나는 Brookfield가 말한 "어떤 순간"을 말하는데, 만화에서 한 등장인물이 절벽에서 뛰어내렸는데 갑자기 그 밑에 아무것도 없다는 것을 깨닫는 그 순간과 같은 것이라고 할 수 있을 것이다. 사회복지학과에 다니던 한 학생은 나에게 슈퍼비전을 받은 경험을 회상하며 나의 질문이 자신을 생각의 문턱에 서게 만드는 순간 자신이 얼마나 불안했었는지 말해 주었다(Wheeler & Greaves, 2005). 슈퍼바이저의 믿음과 사랑은 "정서적으로 돌보는 동료 학습 공동체"(p. 212)에 특히 중요한 요소인 것 같다. Brookfield는 새로운 생각이 산출되는 데 이것이 매우 중요하다고 하였다.

슈퍼비전에서 믿음이란 수많은 가능성에 대한 믿음을 의미한다. 상담에 능력이 없어 보이는 슈퍼바이지라도 White(1999)가 말한 "보이지 않는 것"을 가지고 있다고 믿고 그것을 보살피고 격려하면 상담에 유용한 요소가 될 수 있다. 중요한 개념을 이해하기 위해 애쓰는 슈퍼바이지, 그리고 Anderson과 Swim(1995)이 말한 "생각의 타성"(p. 10)에 빠진 슈퍼바이지가 갑자기 돌파구를 찾을지도 모른다. 이상하게 상담하는 듯 보이는 슈퍼바이지도 내담자에게는 도움이 되는 상담을 하고 있을지도 모른다. Cantwell과 Holmes(1995)가 "옳은 치료 방법이란 없다."고 말했듯이, 모든 상담자에게는 Polkinghorne(1992)이 말한 자신만의 "상담에 관한 인식론"(p. 157)을 구축할 잠재력이 있다. 그러나 사랑한다는 것은 어떠한가? 사랑에 관한 정의 중 하나는 결혼식에서 자주 듣는 말이다.

> 사랑은 오래 참고 온유하다. 사랑은 시기하지 않으며 자랑하지 않는다. 사랑은 교만하거나 무례하지 아니하며, 자기의 이익을 구하지 아니하며, 성내거나 화내지 아니한다. 사랑은 불의를 기하지 아니하며 옳은 것에 기뻐한다(신약성서, 고린도 전서 13:4-6).

여기서 오래 참는다는 것은 슈퍼바이저가 이미 정해져 있는 다양한 형태의 믿음을 수행할 때 생겨난다. 이때 자랑하고 교만한 것도 있을 수 있다. 대부분의 슈퍼비전 관계에서 그렇듯이 슈퍼바이저가 "높은 영향력"(Bobele, Gardner, & Biever, 1995, p. 17)을 갖는 것이 이런 자세에 해당된다. 보통 슈퍼바이저는 슈퍼바이지보다 상담 경험이 더 많다. 따라서 슈퍼바이지가 자신의 상담에 관해 이야기할 때, 슈퍼바이저는 자신이 경험한 훨씬 더 흥미 있는 사례들로 이를 쉽게 압도해 버릴 수 있다. 또한 슈퍼바이지가 무엇을 해야 할지 막막하기만 할 때, 슈퍼바이저는 비슷한 상황에서 자신은 어떻게 했었는지, 또는 어떻게 무엇을 할 것인지에 관하여 풍부한 경험을 이야기해 줄 수 있다. 그러나 이러한 행동들은 슈퍼바이저를 슈퍼바이저가 아닌 치료자로 쉽게 둔갑시켜 버린다. 그래서 Thomas(2000)가 말한 "구루"(Guru, 권위자)가 되어 그의 지혜는 영원히 슈퍼바이지가 따라잡을 수 없는, 슈퍼바이지의 능력 밖의 것이 된다. 성내거나 화내는 것 역시 나타날 수 있다. 슈퍼바이지가 스스로 발견하기를 기다리는 것은 짜증나는 일이며, 슈퍼바이저 자신의 눈에는 명확히 보이는 것을 슈퍼바이지에게 말해 버리고 싶은 욕구를 참는다는 것은 어려울 수 있다.

슈퍼바이저는 슈퍼바이지가 슈퍼비전에서 나왔던 좋은 아이디어에 따라 상담하지 않았음을 알게 될 때 화가 난다. 그리고 그들이 함께 보낸 시간이 무슨 소용이 있는지 의심하게 된다. 그러나 Kolb와 Rubin, McIntyre(1971)가 말했듯이, 개인마다 학습하는 방법은 독특하기 때문에 슈퍼바이지는 스스로 생각해 낸 아이디어일때 그것을 유지하고 사용할 가능성이 훨씬 높다. 결국 다음에 내담자를 만났을 때 무슨 말을 하고 무엇을 할지 결정하는 것은 궁극적으로 슈퍼바이지의 몫이다. Berger와 Dammann(1982)은 "제안은 슈퍼바이저가 하지만, 실제로 하는 사람은 치료자(슈퍼바이지)다."(p. 5)라고 하였다. 마지막으로, 성서에서 인용한 사랑에 관한 글은 이 장의 첫 부분에 언급한 나의 동료가 고민했던 중요한 선택의 문제를 떠올리게 한다. 슈퍼바이저는 슈퍼바이지가 잘하는 것에 주목하는 것이 좋을까? 아니면 슈퍼바이지가 잘 못하고 있는 것에 주목하는 것이 더 유용할까?

Foucault(1982)는 전문가가 어떤 생각이나 행동에 대해 옳다 혹은 옳지 않다는 것을 기초로 사람들을 나눌 때 막대한 힘을 휘두르게 된다고 하였다. 이것의 연장선에서 White(1997)는 전문가가 슈퍼비전을 통해 힘을 행사하는 것에 관하여 탐구하였다. 치료자들이 점차 강점 중심의 시각에 관심을 갖게 되면서 슈퍼바이저들도 자신의 초점을 전환하여 슈퍼비전에서 강점 중심의 자세를 취하게 되었다. Merl (1995)은 회기 후 토론에 있어서 "실수보다는 무엇이 도움이 되었는지에 초점을 두라."(p. 51)고 하였다. Wetchler(1990)는 "문제중심 접근은 슈퍼바이지에게 자신이 실수를 한 것 같다는 부적절감을 느끼도록 강화한다."(p. 131)고 경고하였다. 실수에 초점을 두는 것은 슈퍼바이저의 역할을 Thomas(2000)가 말한 "문지기"(gatekeeper)의 역할로 만들어 버릴 위험이 있다. 다시 말하면, 슈퍼바이저의 역할을 밀 껍데기에서 알곡을 걸러 내는 사람으로 바꿔 놓는다. 슈퍼바이지는 자신이 실수한 것에 대해 심판받고 비판받을 것이 예상될 때, 슈퍼비전 회의에서 자신의 실수를 드러내지 않으려 하게 된다. 이것은 세 가지 심각한 위험을 초래한다. 첫째, 슈퍼바이지에게 상담은 완전무결해야 한다는 시각을 갖게 함으로써 슈퍼바이지가 더 많이 성장하고 실수할 수 있는 기회를 제공할 수 없다. 둘째, 슈퍼바이지는 슈퍼바이저가 가르쳐 주는 상담과 내담자가 경험하는 실제 상담, 둘 사이에서 꼼짝 못하게 된다. 마지막으로, 내담자는 상담의 성과를 저해받는 상담을 견뎌야 한다.

해결중심 슈퍼비전의 도구들

해결중심 슈퍼비전의 도구에는 무엇이 있는가? 해결중심 치료는 대체로 문제가 없을 때에 관한 대화, 목표, 칭찬, 회기 전 변화, 척도 질문, 예외, 기적 질문 그리고 알아차리기 과제를 포함한다. 이들 각각이 슈퍼비전에 유용하게 사용될 수 있다.

문제가 없을 때에 관한 대화

슈퍼비전에서 문제가 없을 때에 관한 대화는 슈퍼바이지의 상담에서 무엇이 효과적인지에 관심을 기울이고, 내담자를 돕기 위해 슈퍼바이지가 갖고 있는 자원이 무엇인가에 관심을 기울일 수 있도록 해 준다. 나에게 슈퍼비전을 받았던 한 슈퍼바이지는 아동과 상담하는 데 어려움을 겪고 있었고, 자신이 일하는 상담기관에서 사용하는 도구를 불만족스러워했다. 이 슈퍼바이지에게 나는 일 이외에 그가 갖고 있는 재능이 무엇인지 물어보았다. 그러자 슈퍼바이지는 자신에게 예술적 재능이 있다고 대답하였다. 그 후 이 슈퍼바이지는 자신의 재능을 활용한 감정 그림 카드를 여러 장 만들어 상담에 사용하였다. 이는 아동의 관심을 끌기에 충분했다.

목 표

슈퍼비전에서 목표는 상담뿐만 아니라 슈퍼비전 자체를 위해서도 유용하다. 슈퍼바이저는 다음과 같은 질문들을 통해 슈퍼바이지가 상담의 방향을 잡을 수 있도록 도와 줄 수 있다. "무엇을 보면 당신의 상담이 효과가 있다는 것을 알 수 있습니까?" "만약 우리가 내담자에게 '무엇을 보면 상담이 도움이 된다는 것을 알 수 있습니까?' 라고 물으면, 그들은 무엇이라고 대답할까요?" "내담자와 당신은 언제 상담을 종결할지 어떻게 알 수 있을까요?"

슈퍼비전이 슈퍼바이지에게 도움이 되도록 하기 위해서 슈퍼바이저는 슈퍼바이지에게 다음과 같은 질문을 할 수 있다. "당신은 이 슈퍼비전에서 무엇을 얻고 싶나요?" "슈퍼비전이 끝날 때 즈음, 무엇을 보면 우리가 만난 것이 가치가 있다는 것을 알 수 있을까요?" 또는 "당신이 이 내담자와 상담하는 데 슈퍼비전이 어떤 도움을 줄 수 있을까요?" 이러한 질문에 대한 슈퍼바이지들의 대답은 종종 슈퍼바이저들을 놀라게 한다. 그러나 때때로 슈퍼바이지는 혼란스러워하거나 뭐라고 대답해야 할지 모르는 경우도 있다. 어떤 슈퍼바이지는 내가 "나라면 어떻게 할지 듣고 싶으신가요?"라고 물었을 때, "아니요. 어떻게 해야 하는지는 알고 있습니다. 다만 그것을 할 수 있다는 자신감이 제게 좀 더 필요한 것 같아요."라고 대답한 경우도 있었다.

칭 찬

슈퍼바이저가 슈퍼바이지의 능력에 대해 칭찬해 줄 때, 슈퍼바이지는 슈퍼바이저의 주요 관심사가 무엇인지 더 잘 기억할 수 있으며, 상담에 활용할 수 있는 자신의 재능을 더 잘 파악할 수 있고, 자신의 실수를 탐색할 수 있다는 안전감을 더 많이 느끼게 된다.

예를 들면, 언젠가 나는 한 슈퍼바이지가 가족을 면담하는 것을 관찰하던 중 흥미로운 장면을 본 적이 있다. 부모가 큰 소리로 다투고 어린 자녀들이 점점 더 시끄럽게 떠드는데 슈퍼바이지는 차분하고 주의 깊게 그들을 바라보고 있었다. 이윽고 슈퍼바이지는 정중하게 가족에게 개입하였고, 효과적으로 그 상황을 통제할 수 있었다. 가족이 떠난 후 나는 그의 이러한 능력을 칭찬하였다. 그러자 그는 자신이 군대에서 받았던 훈련에 대해 이야기해 주었다. 군대에서는 누구도 다음에 무슨 일이 일어날지 알 수 없으며, 항상 단호하고 적절하게 행동할 준비가 되어 있어야 하기 때문에 자신이 침착하면서도 동시에 항상 경계해야 하는 것을 배울 수 있었다고 말이다.

회기 전 변화

슈퍼바이지에게 슈퍼비전은 매우 중요하다. 따라서 실제로 슈퍼비전을 받기 전에 머릿속으로 여러 가지 생각을 하게 되는 것이 이상한 일은 아니다. '나는 오늘 무엇을 검토하여야 하는가' '무엇을 연습해야 하는가?' '슈퍼바이저가 무슨 생각을 할까?' '슈퍼바이저에게 ~에 대해 이야기하는 것을 잊으면 안 돼.' 슈퍼바이저가 어떤 질문을 하면 슈퍼바이지에게 도움이 될까 생각하기도 전에 슈퍼바이지 스스로 자신의 상담에 대해 이미 생각하고 있는 것이다. 슈퍼바이저는 이러한 슈퍼바이지의 여러 가지 생각을 슈퍼비전에 활용할 수 있다. 예를 들어, 앞서 설명했던 목표 설정을 위한 질문과 같은 간단한 질문들을 활용할 수 있다. 이런 질문을 통해 슈퍼바이저는 어떻게 슈퍼비전을 시작하는 것이 가장 좋을지 알 수 있다. 상담에서도 마찬가지다. 특히 슈퍼바이지가 꽉 막혀서 어떻게 해야 할지 모를 때 이런 질문을 활용할 수 있다.

슈퍼바이지: 이 다음부터 내담자에게 어떻게 해야 할지 모르겠어요.

슈퍼바이저: 어떻게 해야 할지에 대하여 당신은 어디까지 알고 있나요?

슈퍼바이지: 아, 생각이 났어요.

슈퍼바이저: "네" 라는 뜻인가요?

척도 질문

척도 질문은 내담자의 발전을 평가하고, 목표를 명료화하고, 무엇이 효과가 있는지 확인하고, 다음 단계를 고안하는 데 사용할 수 있다. 나의 슈퍼바이지 한 명에게 그녀가 어렵게 느끼는 사례에 대하여 어려운 정도를 0부터 10 사이에 평가하라고 한 적이 있다. 이때 10은 그녀가 원하는 대로 상담이 잘 되어 가는 것을 의미한다. 슈퍼바이지는 3이라고 대답했고, 나는 그녀에게 무엇을 보면 자신의 상담이 3이라고 할 수 있는지 물었다. 그러자 슈퍼바이지는 자신이 상담에 집중해 있을 때의 모습들을 설명하였다. 그리고 특히 걱정되는 부분은 내담자의 문제에 변화가 없는 점이라고 하였다. 나는 그녀가 이 슈퍼비전에서는 어떻게 집중할 수 있는지를 탐색하였다. 그러자 슈퍼바이지는 이제 자신의 내담자와 상담할 준비가 되었으며, 내담자의 변화가 나타나려면 어떤 일이 일어나야 하는지 내담자와 마음을 열고 탐색할 준비가 되었다고 말하였다.

척도 질문은 내담자, 슈퍼바이지, 또는 두 사람의 상담에 초점을 둘 수 있다. 아마 슈퍼바이지는 슈퍼비전을 통해 자기 자신을 들여다보고 싶어 할지도 모른다. 그러나 de Shazer(2002)는 슈퍼바이저로서 이러한 부분에 초점을 두는 것을 피했다. 그 이유는 슈퍼바이지가 자신의 상담을 과소평가하도록 만들기 때문이며, 더 중요하게는 슈퍼비전은 상담자에 대한 것이 아니라 상담에 대한 것이어야 한다고 생각했기 때문이다.

예 외

슈퍼바이지가 고착되어 있을 때에도 상담이 충분히 잘되고 있거나 잘되어 온 점이 있을 것이다. 또는 슈퍼바이지는 앞으로 비슷한 상황에서 잘해 나갈 것이며 더 발전할 수 있다.

어떤 슈퍼바이지는 나에게 내담자가 다리에서 뛰어내리겠다고 해서 자신이 얼마나 당황하였는지에 대해 이야기해 준 적이 있다. 내담자가 그런 말을 할 때 어떤 해결중심 질문을 사용하느냐고 묻자, 그녀는 이렇게 대답하였다. "그것이 당신에게 어떻게 도움이 됩니까?" "그것이 당신이 바꾸고 싶은 것을 어떻게 바꿔 주나요?" 나는 그런 질문이 얼마나 효과가 있는지 궁금했다. 그녀는 이런 질문을 통해 치료자는 내담자의 변화를 위한 목표를 더 잘 파악할 수 있으며, 그다음에 그 변화를 위한 목표에 대하여 함께 의논하다 보면 내담자를 죽지 않게 만들 가능성이 높아진다고 하였다.

기적 질문

기적 질문은 슈퍼바이지가 상담에서 당면하는 어려운 문제와 당황스러운 주제에서 벗어나 모든 것이 더 나아진 미래를 향해 나아갈 수 있는 강력한 기회를 제공한다. 내담자가 문제중심 사고에 빠질 수 있는 것처럼 슈퍼바이지도 그럴 수 있다. 특히 공감적이고 내담자의 세계관에 개방적인 슈퍼바이지의 경우가 그렇다.

한 아동보호 전문 사회복지사는 이혼 후 남편과 살고 있는 자녀들을 걱정하는 어머니와 상담하고 있었다. 사회복지사는 이 어머니가 전화를 걸어올 때마다 일일이 아이들이 어떻게 지내는지 확인하고 문제가 없음을 전해 주곤 하였다. 그러나 이 어머니는 사회복지사에게 계속 전화를 해댔다. 슈퍼비전 시간에 슈퍼바이저가 이 사회복지사에게 기적 질문을 하자, 그는 이 어머니로부터 전화를 받지 않고 일주일을 보내고 싶다고 하였다. 그런데 이 기적 질문에 답하면서 그는 자신이 아이들의 안전에 대해 더 이상 걱정할 필요가 없음을 깨닫게 되었다. 자신이 아이들과 충분히 이야기했고, 아이들의 안전을 다른 사람들과도 확인하였다는 사실을 깨닫게 된 것이다. 따라서 이제 그는 자신이 파악한 증거에 기초하여 다음 단계로 무엇을 할 것인가를 계획할 수 있게 되었다. 예를 들면, 이 어머니가 자신에게 전화를 함으로써 원하는 변화가 무엇인지 물어본다거나 부모를 함께 상담에 오게 하는 것 등이다.

알아차리기 과제

슈퍼비전을 통해 무언가 더 얻어 가고자 하는 슈퍼바이지에게는 알아차리기 과제를 줄 수 있다. 치료자는 보통 상담 과정에서 특이하게 드러나는 것을 중심으로 상당히 임의적인 주의를 기울이는 경향이 있다. 이때가 상담에서 성공적인 순간이 될 수도 있지만, 어쩌면 괴롭고 당황스러운 순간일 수도 있다. 알아차리기 과제는 슈퍼바이지가 그 순간에 상담에 도움이 될 것이라고 생각하는 것은 무엇이든지 다 알아차리도록 하는 것이다.

어떤 학부모를 상담하던 사회복지사의 사례를 보자. 그의 말에 따르면, 이 어머니는 감정을 전혀 드러내지 않아서 그녀의 감정이 어떤지, 혹은 그녀에게 무엇이 문제인지 파악하기 어려웠기 때문에 그가 상담에 전념하기가 어려웠다고 하였다. 슈퍼바이저는 이 슈퍼바이지(사회복지사)에게 내담자의 감정을 알아차릴 수 있는 힌트가 되는 것이 나타나는지 잘 찾아보도록 하였다. 얼마 지나지 않아 내담자인 학부모가 이 사회복지사에게 화를 냈는데, 사회복지사는 이것을 마침내 자신이 상담에 몰입할 수 있는 기회라고 생각하고 그 학부모에게 보다 열려 있는 자세로, 그리고 생산적으로 관여하게 되었다.

눈 위에 난 발자국

해결중심 슈퍼비전은 더 이상 사람들이 탐험하기를 기다리는 넓디 넓은 설원이 아니다. 많은 발자국이 이미 지나갔다. 1990년부터 해결중심 치료 도구들을 해결중심 슈퍼비전에 적용하기 위한 글들이 잇달아 출판되었다(Edwards & Chen, 1999; Marek, Sandifer, Beach, Coward, & Protinsky, 1994; O'Connell, 2005; Pichot & Dolan, 2003; Selekman & Todd, 1995; Thomas, 1994; Wetchler, 1990). 영국에서도 해결중심 슈퍼비전이 다양하게 적용되었다. O'Connell과 Jones(1997)는 상담자의 이론적 접근과 관계없이 해결중심 접근을 슈퍼비전에 이용할 것을 주장하였으며, Nash(1999)는 교육심리학 학생들에게 이 접근을 사용한 경험을 소개하였다. Bucknell(2000), Wheeler와 Greaves(2005)는 해결중심 접근을 사회복지 교육에 적용할 수 있는 가능성에 대하여 탐색하였다.

Selekman과 Todd(1995)는 슈퍼바이저의 관심이 '결함과 문제' 중심에서 '강점과 성공' 중심으로 전환되어야 한다고 보았다. 그들은 슈퍼바이저가 상담에 대한 지식에 의존하기보다는 "슈퍼바이지의 독특한 협력적 반응 방식을 주의 깊게 확인"(p. 22)하기를 권장하였다. 그리고 이것을 기반으로 기존의 해결중심 도구들을 사용하여 상담의 효과를 향상시킬 수 있다고 보았다. 기존의 전통적인 위계적 슈퍼비전과 달리 Selekman과 Todd는 자신들도 처음 상담 접근을 배울 때 어려웠던 점들을 기꺼이 슈퍼바이지들과 나누었다. 그들은 슈퍼바이지의 '틀린 목표' 또는 '지식의 부족'에 대해 슈퍼바이저가 인내하지 못한다면, 그것은 그들이 슈퍼바이지를 신뢰할 수 있는 능력에 문제가 있음을 의미하는 것이라고 보았다.

Thomas(1996)는 해결중심 슈퍼비전이 "다른 가족치료 슈퍼비전 모델과는 상당히 다르다."(p. 129)고 하였다. 그는 슈퍼바이저의 역할은 슈퍼바이지의 머리에 지식을 쏟아 붓는 것이 아니라 슈퍼바이지의 지식과 능력을 불러일으키는 역할로 보았다. 또한 이형동질이라는 개념에 기초하여 슈퍼비전에서 협력적이고 존중하는 관계를 경험한 슈퍼바이지가 자신들의 내담자에게도 협력적이고 존중하는 태도를 보일 것이라고 주장하였다.

O'Hanlon과 Weiner-Davis(1989)의 책에서 Thomas는 해결중심 치료의 가설이 슈퍼비전의 가설로도 쉽게 해석될 수 있음을 보여 주었다. 슈퍼바이지가 잠재적으로 내담자에게 해를 끼칠 수 있는 경우, 슈퍼바이저는 어떻게 해야 하는가와 같은 민감한 주제들에 대하여 Thomas는 그런 상황에서 해결중심 슈퍼바이저의 선택은 대체로 슈퍼비전 초기에 두 사람이 맺은 동의에 기초하여 결정된다고 하였다.

후에 해결중심 슈퍼비전에 관한 발표(Wheeler, Thomas, Lowe, Fleckney, & Greaves, 2002)에서 Thomas는 이에 관해 좀 더 상세하게 언급하였는데, 해결중심 슈퍼바이저로서 자신은 슈퍼바이지의 반응에 따라 세 가지 입장을 취한다고 하였다. 즉, 수기 신호, 은유, 투 바이 포의 입장이다. 수기 신호(semaphore; flag signals)의 입장에서 슈퍼바이저는 슈퍼바이지 스스로 자신의 실수를 알아차리도록 한다. 은유(metaphor)의 입장에서 슈퍼바이저는 자신이 염려하는 것을 슈퍼바이지가 알아차릴 수 있도록 조금 더 정교한 메시지를 고안한다. 투 바이 포(2×4, two-by-four, 역자 주: 두께 2인치, 너비 4인치의 건축용 목재로서, Frank N. Thomas는 몽둥이로 사용될 수 있는 목재, 즉 좀 더 지시적이고 직접적인 슈퍼비전을 의미한다고 하였음)의 입장에서 슈퍼바이저는 자신이 염려하는 것에 대하여 최대한 명료하게 목소리를 낸다. 즉, 슈퍼바이저가 '관찰자'에서 '연륜 있는 경력자'로 입장을 바꾼다. 이 세 가지 입장은 우리에게 슈퍼비전은 반드시 구속하는 것이 아니라 어디까지나 선택의 문제임을 확인시켜 준다.

Edwards와 Chen(1999)은 도교의 무위사상의 '선'(禪)의 개념에 기초하여 슈퍼바이저가 자신의 생각을 강요하지 않을 때, 슈퍼바이지 스스로 발전할 수 있는 선천적인 경향성이 더 잘 나타날 수 있다고 하였다. 흥미롭게도, Edwards와 Chen은 만약 가능하다면 말 그대로 내담자를 슈퍼비전에 데려오거나, 만약 불가능하다면 '마치 내담자가 와 있다.'고 생각하라고 하였다. 내 경험에 따르면, 실제로든 혹은 상상 속에서든 내담자가 슈퍼비전에 와 있다는 것은 슈퍼바이저-슈퍼바이지, 슈퍼바이저-내담자의 위계적 관계에 강력한 영향을 준다. 만약 내담자가 앞에 있다면 슈퍼바이지나 슈퍼바이저는 내담자를 결함이 있는 사람으로 보거나 진단명으로 개념화하고 설명하려는 경향이 줄어들 것이다. Edwards와 Chen은 슈퍼바이지의 미래를 생각할 때, 강점 중심의 슈퍼비전이 슈퍼바이지의 자기주도성에 많은 기여를 할 수 있다고 보았다. 그리고 이런 생각을 바탕으로 할 때, 슈퍼바이지가 내담자에게 미치는 자신의 영향력에 대한 책임감뿐 아니라 힘들고 때로는 압박감까지 주는 이 직업에서 자기 자신을 돌보고 성장시킬 책임을 질 수 있게 만들 수 있다고 하였다.

Lowe와 Guy(2002)는 강점 기반 슈퍼비전의 공통점을 "변화 지향적이고, 구성주의적이며,[2] 능력에 기초하며, 협력적인 점"이라고 하였다. 이들은 슈퍼바이저가 자신의 임상 지식을 사용할 가능성을 배제하지는 않았지만, 그렇다 하더라도 슈퍼바이저는 슈퍼비전에서 논의할 주제를 추천하거나 제안하는 등의 비전문가라는 입장(nonexpert position)을 취함으로써 강점 기반이 될 수 있다고 생각했다. Lowe와 Guy는 장기 슈퍼비전에서 특히 해결중심 슈퍼비전을 어떻게 활용할 수 있는지 소개하였다. 앞에서 설명하였듯이, de Shazer는 슈퍼비전이 슈퍼바이지에 대한 치료가 되는 것에 관심을 기울이지 않았다. 하지만 이에 대한 대안으로 Lowe와 Guy는 다른 전통적인 슈퍼비전처럼 해결중심 슈퍼비전이 슈퍼바이지의 전문가로서의 정체성을 구축해 나가는 과정에 활용될 수 있으며, 그것을 촉진할 수도 있다고 보았다. 즉, 슈퍼바이저는 초점이 되는 이야기(슈퍼바이지가 슈퍼비전에 가져온 문제)뿐만 아니라 치료자의 이야기와 슈퍼비전 이야기에도 주의를 기울이는 것이 유익하다고 하였다. 여기서 '치료자의 이야기'란 슈퍼바이지의 전문적 발달 과정을 나타내는 것이며, '슈퍼비전 이야기'는 슈퍼바이저와 슈퍼바이지 간의 관계를 모니터

링하는 것을 말한다. 그러나 그들은 슈퍼바이저가 반드시 이러한 이야기들을 탐색해야 하는 것은 아니며, 슈퍼비전이 어떻게 진행되느냐에 따라 탐색해 볼 만한 유용한 참고 자료라고 본다.

또 다른 사람들(예, Lowe & Guy, 1996; Merl, 1995; Norman, 2005)은 Andersen (1991)의 독창적인 반영 팀(reflecting team) 접근을 해결중심 슈퍼비전에 어떻게 활용할 수 있는지 보여 주었다.

슈퍼바이저의 가설

슈퍼바이지에 대한 가설

- 슈퍼바이지는 내담자에게 최선을 다하고자 한다.

  슈퍼바이지의 자세는 의욕이 없고, 지친 태도에서부터 매우 열성적인 태도까지의 연속선 상의 어느 지점에 있다. 열성적인 슈퍼바이지도 때로는 상담에 대한 실의에 빠질 수 있다. 그러면 슈퍼바이저는 슈퍼바이지의 치료자가 되겠다는 목표까지 의심하게 된다. 이때 슈퍼바이지를 다시 정상 궤도에 올려놓기 위해서는, 예를 들어 "이 내담자와의 상담이 잘되고 있다고 상상해 보세요. 그러면 이 내담자의 삶에 지금은 일어나지 않는 어떤 일이 일어날 것 같습니까?" 와 같은 질문을 할 수 있다.
- 슈퍼바이지는 이미 내담자에게 도움이 될 만한 무언가를 하고 있을 가능성이 높다.

  종종 슈퍼바이지는 내담자를 도울 수 있는 무언가를 얻어 가고자 슈퍼비전을 받으러 온다. 그런 슈퍼바이지에게 "만약 내가 당신의 내담자를 만나서 당신과의 상담에서 무엇이 좋은지 물어본다면, 내담자가 뭐라고 대답할 것 같습니까?" 와 같은 질문을 한다면, 슈퍼바이지는 뭔가를 얻어 가야겠다는 생각보다는 자신이 이미 내담자에게 도움이 되는, 그리고 내담자가 상담을 계속 받을 만한 무언가를 하고 있다는 사실을 깨닫게 될 것이다.

- 슈퍼바이지에게는 숨겨진 재능이 있다.

슈퍼바이지들은 종종 "그냥 그렇게 했어요." 또는 "다른 사람들도 모두 그렇게 하지 않나요?"라는 말로 자신의 좋은 능력을 깎아내린다. 나는 어떤 슈퍼바이지에게 어린 남자아이를 상담에 오도록 설득하는 것이 얼마나 어려운 일인가에 대해 이야기한 적이 있다. 나는 공격적인 남자아이를 어떻게 그녀가 잘 다룰 수 있었는지 물어보았다. 그러자 그녀는 '평화주의' 덕분이라고 대답하였다. 이것은 나는 물론 그녀에게도 놀라운 대답이었다. 나는 그녀의 평화주의가 어디에서 왔는지, 그리고 남자아이가 공격적인 태도를 보이다가 기꺼이 상담에 오게 된 것에 그것이 어떻게 도움이 되었는지에 관하여 더 많은 질문을 하였다.

- 대부분의 슈퍼바이지는 자신의 상담이 가진 가치를 과소평가한다.

앞에서 말한 것처럼, de Shazer(2002)는 슈퍼바이지의 상담의 질을 평가하기 위한 척도 질문을 하지 않는다. 왜냐하면 대부분의 치료자는 자신이 하고 있는 일의 가치를 낮게 평가하기 때문이다. de Shazer는 슈퍼바이지에게 내담자는 상담을 어떻게 평가할 것 같은지를 물어보는 것이 더 도움이 된다고 하였다. 나는 이 두 가지를 해 본 결과, 슈퍼바이지들은 대체로 내담자의 눈으로 상담에 대한 척도 질문을 했을 때 자신의 상담에 더 높은 점수를 준다는 것을 발견하였다. 이것이 아마도 해결중심 슈퍼비전의 가장 큰 장점 중의 하나일 것이다. 슈퍼바이지들 대부분은 해결중심 슈퍼비전을 마치고 돌아갈 때 자신이 가지고 온 것보다 더 많은 것을 가지고 떠나게 된다.

- 언제나 배울 것이 더 있다.

슈퍼바이지를 생각의 문턱까지 데리고 갈 기회는 항상 있다. 그러나 슈퍼비전이 너무 슈퍼바이지에게 자극을 주는 질문으로만 가득 차 있다면 뇌에 과부하가 걸린다. 때때로 슈퍼바이지의 지식을 더 확장시키고자 하는 나의 열의에 고

삐가 풀려 버리면, 슈퍼비전이 끝날 때쯤 슈퍼바이지는 지쳐 버린다. 때로는 내게 그만 좀 하자고 말하기도 한다. '모든 것에는 적절한 것이 좋다.'

슈퍼비전에 대한 가설

- 슈퍼비전은 슈퍼바이지의 상담에 유용한 도움을 줄 수 있다.
  슈퍼비전은 슈퍼바이지가 자신의 상담에 대해 생각해 보고 미래의 상담의 질을 높일 수 있는 특별한 기회를 제공한다. 슈퍼바이지와 슈퍼바이저의 호기심은 새로운 생각을 촉진할 수 있는 촉매제가 될 수 있다. 슈퍼바이저는 슈퍼바이지가 꺼낸 특정 이슈에 대하여, 또는 슈퍼바이지의 성격에 대하여 질문할 수 있다. 이런 질문들은 슈퍼바이저 자신도 전에는 던져 본 적이 없는 질문일 수 있다. 슈퍼바이지는 그들 스스로는 생각해 보지 못했던 질문들을 슈퍼바이저가 던질 때, 상담 전반 혹은 특정한 상담 영역에 관한 자신의 아이디어를 창출해 낼 수 있다.
- 슈퍼바이저의 관심의 초점은 슈퍼바이지와 그들의 상담에 큰 영향을 줄 수 있다.
  이 장의 시작 부분에서 말했던 나의 동료에 관한 사례에서 보았듯이, 선택은 매우 중요하다. Yvonne(Wheeler & Greaves, 2005)와 내가 쓴 글에서 나는 그녀의 가족 평가에 대한 발표를 현장 슈퍼비전했던 경험에 관하여 썼었다. 발표에는 전문가들과 그녀가 평가한 가족이 참석하고 있었는데, 발표 도중 한동안 Yvonne는 말을 잃고 가만히 있은 적이 있다. 물론 그녀는 다시 제자리로 돌아오기는 하였지만, 나는 슈퍼비전 시간에 왜 그녀가 할 말을 잃었었는지 묻지 않았다. 대신 그녀가 어떻게 제자리로 돌아와 목소리를 낼 수 있었는지 물어보았다. 이 질문은 후에 그녀가 다른 어려운 상담 장면에 맞닥뜨렸을 때 어떻게 대처해야 하는지를 잘 알 수 있도록 해 주었다. 그녀가 왜 할 말을 잃게 되었는지를 아는 것은 그녀에게 자신의 약점을 하나 더 알게 해 줄 뿐이며, 상황을 더 나쁘게 만드는 것이다. 우리가 이 이야기를 동료들과 나누었을 때, 동료 중 한 명이 자신의 비슷한 경험에 대해 이야기해 준 적이 있다. 그녀가 할 말을 잃고 말문이 막혔을 때, 그녀의 슈퍼바이저는 자신이 그녀와 함께 상담에 들어갈 것이며 만약 그녀가 할 말을 잃어버리면 그때 자신이 이어받아 주겠다, 자신이 끼어들기를 바라면 그녀는 기침으로 신호를 보내기만 하면 된다고 말해 주었다고 한다. 요즘 그녀가 상담 중에 할 말을 잃고 기침을 하게 될 때와 같은 상황이 오면 어떻게 하고 있을지 정말 궁금하다.

- 내담자에 대한 설명은 내담자에 대한 슈퍼바이지의 기대와 상담 능력에 강력한 영향을 준다.

  한번은 집단 슈퍼비전 시간에 어떤 슈퍼바이지가 자신의 내담자를 '교묘하게 다른 사람을 조종하는' 사람이라고 설명하였다. 나는 집단의 다른 사람들에게 이 말에 대해 어떻게 생각하는지 물어보았다. 그러자 모두 이 내담자에 대해 들은 내용을 바탕으로 잘 맞는 단어인 것 같다고 하였다. 나는 슈퍼바이지에게 그가 내담자를 이렇게 설명하도록 만든 내담자의 행동에 대해 다시 말해 달라고 하였고, 다른 사람들은 적어도 5개의 다른 단어들을 생각해 보라고 하였다. 그리고 슈퍼바이지에게 집단이 말한 단어들과 원래의 단어 중에서 내담자를 효과적으로 상담하는 데 가장 도움을 줄 것 같은 단어를 선택하도록 하였다. 그러자 슈퍼바이지는 '겁먹은'이라는 단어를 선택하였다.

치료적 상담에 대한 가설

- 치료적인 상담은 할 만한 가치가 있다.

  Hubble과 Duncan, Miller(2002)가 말하였듯이, 치료적 작업은 충분히 할 만한 가치가 있다. 슈퍼비전이 실망스러운 상황에 있다면, 슈퍼바이저는 때로 한 발자국 뒤로 물러나 상담에서 무엇이 효과적인지 슈퍼바이지가 알고 있는가를 생각해 보는 것이 도움이 된다. "좋아요, 변화의 15%가 상담자의 기술에 달려 있다면, 당신은 당신이 할 수 있는 모든 것을 하고 있습니까? 아니면 무언가 다른 것을 해 볼 수 있겠습니까?" 또는 "만약 15%의 변화가 내담자의 희망에 달려 있다면, 0부터 10 사이에 이 내담자의 희망은 몇 점입니까? 점수를 높이려면 무엇이 필요합니까?"

- 대부분의 상담자들은 내담자의 협력 유형에 따라 자신의 상담 방식을 조정할 수 있다.

de Shazer(1984)가 주장하였듯이, 저항은 주로 상담자와 내담자가 서로 조화되지 않을 때 일어나는 것이다. 10점이 슈퍼바이지와 내담자가 완벽히 조화를 이루는 것임을 의미하는 척도 질문을 던지면, 슈퍼바이지들은 낮은 점수를 이야기하지만 0점인 경우는 거의 없다. 그러면 무엇이 슈퍼바이지로 하여금 그 점수를 말하게 했는지, 예를 들면 무엇이 0점이 아닌 3점이라고 말하게 만들었는지 슈퍼바이저는 호기심을 가지고 탐색할 수 있다. 슈퍼바이지가 이미 알고 있는 것들 중에 가능성을 더 확장할 수 있는 것은 무엇인지 탐색하는 것이다.

- 해결중심 슈퍼비전은 해결중심 치료자만을 위한 것이 아니다.

O'Connell과 Jones(1997)는 슈퍼바이지가 어떤 치료 모델을 사용하는가와 상관없이 해결중심 슈퍼비전의 가설과 기법은 도움이 될 수 있다고 하였다. 어떤 슈퍼바이지가 자신의 체계론적 이해에 도움을 달라고 하였을 때, 나는 그녀에게 이렇게 질문하였다. "이 자문을 받고 나서 도움이 되었다는 것을 어떻게 알 수 있습니까?" 그녀는 자신의 태도와 선택에 대해 좀 더 명확한 생각을 얻을 수 있을 것이라고 하였다. "그러면 우리가 이야기하는 동안 무엇을 하였으면 좋겠습니까?"라고 묻자, 그녀는 자신이 하고 있는 상담의 전후 사정을 큰 그림으로 설명하고 재빨리 그것을 칠판에 써 나갔다. 또 다른 슈퍼바이지는 자신이 인간중심 상담에 자신이 있기 때문에 감정을 표현하는 것이 중요하다고 말했다. 나는 슈퍼비전이 잘되어 갈 때와 아닐 때의 슈퍼바이지의 감정의 차이에 대하여 탐색하였다. 그리고 척도 질문을 사용하여 중간에 그가 선호하는 감정이 성장하고 있는지 체크하였다.

내담자에 대한 가설

- 내담자는 이제까지 자신의 삶에 최선을 다해 살아왔다. 그러나 슈퍼바이지가 섬세하게 조율된 도움을 제공한다면 그들은 더 많은 것을 할 수 있을 것이다.
  무관심한 슈퍼바이지보다 호기심 많은 슈퍼바이지가 내담자에게 더 도움이 될 가능성이 크다. "내담자가 지금까지 자신의 인생을 어떻게 살아왔는지 당신이 알아낸 것은 무엇입니까?"라는 질문은 내담자의 자원을 전경으로 가져와 좀 더 탐색해 볼 수 있도록 해 준다. "내담자가 그 밖에 또 무엇을 할 수 있을 거라고 생각하십니까?" "그리고 그 가능성을 말해 줄 만한 것을 내담자에게서 이미 발견하셨나요? 그것은 무엇인가요?"와 같은 질문은 슈퍼바이지를 내담자와 좀 더 생산적으로 연결시킨다.
- 상담을 계속하는 내담자는 변화를 위한 목표를 가지고 있는 것이며, 슈퍼바이지가 도움을 줄 수 있을 것이라는 믿음을 갖고 있는 것이다.
  해결중심으로 생각하면 언제 어떤 일이 일어날지 항상 호기심을 가질 만한 일들이 많이 있다. 비록 슈퍼바이지에게는 중요한 일이라는 명백한 증거가 없을지라도, 내담자에게는 중요한 것일 수 있다. 이런 것을 탐색하기 위하여 슈퍼바이저는 "내담자가 왜 상담에 온 것 같습니까?" "내담자가 상담에 올 때 무엇을 바라고 있었을까요?" "첫 회기에 무슨 일이 있었기에 내담자가 상담에 다시 오기로 결정했을까요?"라는 질문을 한다.

슈퍼비전의 형태

과거 치료자들은 자신들의 접근을 유지하기 위하여 보통 개인 또는 집단 슈퍼비전 방식을 사용해 왔다. SFBT는 치료적 실제에서 출발했지만, 이 접근이 넓게 퍼져 나가면서 치료 장면과 다른 구조를 가진 다양한 장면에서도 이 접근이 사용되었다.

이런 치료 이외의 장면에서 일하는 상담자들에게는 치료자들에게 주어진 것과 같은 환경이 주어지지 않기 때문에 새로운 형태의 슈퍼비전이 필요하다. 즉, 그들에게는 바쁜 일과와 경험 많은 전문가들에게 재빨리 검토받아야 할 필요성 등을 고려한 슈퍼비전이 필요하다.

또한 많은 상담자는 자신의 일이 위급 환자에게 서비스를 제공하는 전문가들의 일과 다르지 않다고 생각한다. 따라서 다음에 설명할 내용은 전통적인 슈퍼비전 형태를 망라한 것이지만, 새롭게 나타나고 있는 전자 도구들을 포함하여 이야기할 것이다. 각 내용에는 앞에서 설명한 모든 해결중심 도구들이 유용하지만, 반복을 피하기 위하여 여기서는 특히 중요한 슈퍼비전 측면에만 집중하고자 한다.

지속적인 일대일 슈퍼비전

개인 슈퍼비전에서는 슈퍼바이저가 슈퍼바이지를 일정 기간 만남으로써 슈퍼바이지의 상담 방식을 더 잘 이해하고 발전시키도록 도우며, 나아가 슈퍼바이지의 내담자에게도 도움을 주게 된다. 슈퍼바이저는 목표 설정을 위한 질문을 통해 슈퍼바이지와 상호 협력적인 약속을 맺을 수 있으며, 이는 이후에 슈퍼비전이 잘 진행될 수 있는 유용한 기준이 된다.

나는 한 슈퍼바이지에게 이런 질문을 한 적이 있다. "우리가 함께 시간을 보내는 동안 이 슈퍼비전이 당신의 상담에 분명한 도움을 주려면 우리가 무엇에 초점을 둘 필요가 있겠습니까?" 그녀는 "저는 제 상담을 이론적인 근거와 좀 더 연결하기를 원합니다. 상담에 대해 생각하는 것도 좋지만, 그러면 제 생각에만 머물 위험이 있는 것 같습니다. 책으로부터 배울 수 있는 것이 많은데 말이죠." 그 후에 우리가 둘 다 우리의 생각에만 머물러 있을 때, 나는 전에 그녀가 한 말을 생각하고 다음과 같이 질문하였다. "지금 당신이 생각하는 것을 책에서 읽은 것과 연결할 수 있겠습니까? 우리가 지금 탐색하고 있는 주제에 대해서 저자는 무엇이라고 말할까요?"

슈퍼비전을 계속하다 보면 슈퍼바이저나 슈퍼바이지 둘 다 어떻게 하면 슈퍼비전이 슈퍼바이지의 상담에 도움이 될 수 있을지에 관심을 갖게 된다. 슈퍼비전이 몇 회 이루어지고 나면, 슈퍼바이저는 다음과 같은 질문을 할 수 있다. "0에서 10까지의 척도에서, 10은 이 슈퍼비전이 당신의 상담에 놀라울 정도로 좋은 영향을 미치는 것을 말하고, 0은 슈퍼비전을 그만두어야 한다는 것을 의미할 때, 몇에 해당합니까?" 슈퍼바이지가 6이라고 대답한다고 가정하면, 슈퍼바이저는 다음과 같이 질문할 수 있다. "좋아요, 그럼 무엇을 볼 때 6이라고 할 수 있나요?" "우리가 각자 무엇을 하고 있기에 6이라고 말할 수 있나요?" "숫자를 7로 올리기 위해서 우리 각자가 무엇을 할 수 있을까요?" "당신의 내담자는 몇 점이기를 원할 것 같습니까?"

해결중심 관점에서 슈퍼비전의 종결기는 슈퍼바이저가 슈퍼바이지의 미래의 상담에 적극적으로 기여할 수 있는 기회다. 슈퍼바이저는 새로 발견한 슈퍼바이지의 상담 능력에 대해 칭찬할 수 있다. 또한 "슈퍼비전을 통해 당신의 상담 능력에 대하여 무엇을 알게 되었습니까?" "당신이 발견한 재능 중에 기억하고 싶은 것은 무엇입니까?" "내가 당신에게 했던 도움이 되는 질문 중에 나중에 당신이 자신에게 하고 싶은 질문은 무엇인가요?" 등을 물어볼 수 있다. 해결중심 슈퍼비전의 종결에 대하여 좀 더 자세히 알고 싶다면 Wheeler와 Greaves(2005)를 참조하기 바란다.

단회 자문

때때로 숙련된 상담자는 단회 자문을 요청받기도 한다. 이런 경우 목표 설정을 위한 질문(goaling question)이 특히 중요하다. 그렇지 않으면 귀중한 자문 시간이 효과 없이 낭비될 수 있다. 의뢰인이 줄줄이 질문을 던지며 시작할지도 모르지만, 가능하면 슈퍼바이저가 다음과 같은 질문을 하는 것이 유용하다. "자문을 받기로 했을 때, 어떤 도움을 얻기를 바라셨습니까?" "우리가 자문을 끝낼 때 즈음 당신은 이 만남이 도움이 됐다는 것을 어떻게 알 수 있을까요?"

내게 단회 자문을 요청한 한 관리자에게 "자문을 끝낼 때 즈음 이 자문이 도움이 되었다는 것을 어떻게 알 수 있을까요?"라고 질문하자, 그는 다음과 같이 대답하였다. “저는 지금 좀 혼란스러워서 자문이 제게 좀 더 명료한 답을 주기를 바라고 있습니다.” 이후 우리는 ‘명료함’에 대한 척도 질문으로 옮겨 갔다. 이 질문은 이미 효과가 있는 것이 무엇인지 찾아내고, 새로운 전략을 탐색하기 위한 기초가 되었다. 중간에 우리는 자문이 얼마나 효과가 있는가를 확인하는 데 이 ‘명료함’ 척도를 다시 활용하였고, 마지막에는 자문이 도움이 된 정도를 평가하고 그녀가 새로 알게 된 것을 강화하는 데 그것을 활용하였다.

지속적인 집단 슈퍼비전

집단 슈퍼비전에서는 모든 사람이 정보를 얻고 상담을 향상시킬 수 있는 풍부한 자원을 얻을 수 있다. 일정 기간 만나는 개인 슈퍼비전에서와 마찬가지로, 집단 슈퍼비전에서도 목표를 설정하고 약속과 기본 규칙을 정하는 시간을 갖는 것이 좋다. 나는 보통 첫 번째 만남을 집단과 내가 어떻게 협력하여야 하는지를 명확하게 정의하는 시간으로 활용한다. 그런데 집단과 기본 규칙을 의논하는 것은 불만을 가져올 수도 있다. 참여자들은 “그냥 우리 사례에 대해 얘기하면 안 될까요? 그것 때문에 여기 온 건데요.”라고 말하기도 한다. 그러나 내 경험상 해결중심 질문을 통해 만들어 낸 약속과 기본 규칙은 이러한 불만을 일으키지 않는다. 해결중심 질문은 참여자들에게 매력적이며, 무엇보다 집단을 통해 무엇을 얻을 수 있을지에 대한 희망을 불러일으킨다.

첫 번째 만남을 집단의 목표와 규칙을 정의하는 데 보내고 마무리할 때 즈음, 한 참여자는 이렇게 유용한 자료를 만들 수 있어서 정말 흥분된다고 말한 적이 있다. 집단 슈퍼비전을 받기도 전에 이런 과정이 벌써 도움이 될 수 있음을 알 수 있다. 개인 슈퍼비전에서와 마찬가지로, 집단의 약속과 기본 규칙은 집단 슈퍼비전의 유용성을 평가하기 위해 나중에 다시 재검토할 수 있다. 첫 회기에 논의한 내용을 문서로 남겨 두면 새로운 집단원이 집단에 들어왔을 때 집단의 분위기와 목적을 안내하는 문서로도 활용할 수 있다.

목표 설정을 위한 질문은 집단 슈퍼비전의 목적을 명확히 하는 데 도움이 된다. 예를 들면, "어떻게 하면 이 집단이 당신의 상담에 도움이 되었다고 할 수 있겠습니까?" "당신이 소속된 기관은 이 집단에서 어떤 것이 다루어지기를 바랄까요?" "그들은 무엇을 보면 당신이 이 집단 슈퍼비전에 참여하기를 잘했다고 생각할까요?" "당신의 내담자가 무엇을 보면 당신이 이 집단에 참여하였다는 것을 알 수 있을까요?"와 같은 질문이다. 일단 목적이 명료화되면, 이런 목표들은 집단 슈퍼비전의 구체적인 내용을 도출할 수 있도록 해 준다. "이런 결과를 얻으려면 집단에서 무엇을 해야 할까요?"와 같은 질문이 도움이 된다. 예를 들어, 한 집단은 유용한 활동으로 역할놀이를 들었고, 따라서 나는 슈퍼비전 중에 역할놀이를 해 보자고 제안할 수 있었다. 이런 아이디어는 내가 강요한 것이 아니라 집단으로부터 나온 것이므로 집단이 거부할 가능성도 없다.

목표 설정을 위한 질문은 슈퍼바이저의 역할을 명확히 하는 데에도 도움이 된다. 예를 들면, "이 집단 슈퍼비전에 대해 생각해 보세요. 내가 무엇을 하고 있을 것 같습니까?" "만약 이 집단을 비디오로 찍는다면, 그 비디오를 보는 사람이 제가 무엇을 하고 있는 것을 보면 '아, 저 사람이 슈퍼바이저구나.' 하고 알 수 있을 것 같습니까?" "이전의 집단 슈퍼비전 경험에 비추어 보았을 때, 제가 어떻게 해 주면 좋겠습니까? 제가 무엇을 하지 않기를 바라십니까?"와 같은 질문이다.

또한 목표 설정을 위한 질문은 공동의 책임과 참여자들의 역할을 명확하게 해 준다. 어떤 집단에 나는 다음과 같이 물었다. "0에서 10까지의 척도에서, 10은 제가 여러분의 상담 발전에 전적으로 책임이 있는 경우이고, 0은 제가 전혀 책임이 없는 경우라고 할 때, 여러분은 몇 점이라고 하시겠습니까?" 집단이 약 5점 정도라는 의견을 보일 때, 나는 다음과 같이 질문하였다. "5점이라고 하려면 여러분은 무엇을 할 필요가 있을까요, 그리고 5점이라고 하려면 제가 무엇을 하기를 원하십니까?" 이 질문을 통해 집단은 서로에게 질문을 하고, 각자의 경험을 듣고 싶어 한다는 것을 알게 되었다. 또한 그들의 경험보다 좀 더 폭넓은 나의 경험을 듣고 싶어 한다는 것을 알 수 있었다. 마지막 부분과 관련하여 나는 내가 어떤 특정한 상담 상황에서 나라면 어떻게 할 것인지에 대해 질문을 받는다면, "좋아요, 나라면 어떻게 할 것인지 말하기 전에 다른 사람이라면 어떻게 할지 먼저 알아볼까요?"라고 반응하기로 하였다.

집단 슈퍼비전은 상담 실제에 관한 풍부한 자료를 제공해 준다. 그러나 신중하게 조율하지 않는다면, 토론은 부산하고 경쟁적이 되며, 참여자들에게 도움이 되지 않을 것이다. 특히 자신의 사례를 공유해 준 사람에게 그럴 수 있다. 사회적 구성주의에서 실재란 우리가 이야기하기로 선택한 실재를 의미한다. 집단 슈퍼바이저로서 어떤 잠재적 실재가 집단에 존재하게 되는가를 알아차리는 것은 중요하다. 그렇지 않으면, 우리가 정말 원하지 않았던 것으로 끝날 수도 있다. 매회 모임의 시작에 목표를 설정하는 것은 그 모임에서 다룰 다양한 주제를 정의하는 데 도움이 된다. 상담자들은 종종 그들이 해결하지 못하고 막혀 있는 문제를 슈퍼비전에 가지고 오는데, 적어도 이전에는 무엇이 효과적이었던가를 논의하는 것으로 시작하면 집단원들은 더 많은 아이디어와 자신감을 가지고 집단을 떠나게 될 것이다. 종종 집단 슈퍼비전 초기에 목표를 설정할 때, 어떤 상담자가 자신이 살펴보고 싶은 어려운 사례에 대하여 이야기한다. 그런데 성공적인 상담은 매우 전염성이 높아서 내가 어떤 집단원과 그의 효과적이었던 상담 경험에 대해 이야기를 나눈 후 다음 집단원과 작업하려고 하면, 이들 중 벌써 많은 사람이 이제 더 이상 자신의 사례가 어렵지 않아졌다고 말하곤 한다. 동료 상담자에게 무엇이 효과적이었는가를 듣는 것만으로도 자신에게 어떤 것이 효과적일지를 알게 되는 것이다.

그러나 집단 슈퍼비전 과정이 제멋대로 흘러가게 내버려 둔다면, 효과적인 상담에 대한 논의를 하는 것이 궤도를 벗어나 버릴 수도 있다. [그림 15-1]은 토론이 실패할 수 있는 세 가지 영역을 보여 준다. '명석한 아이디어 영역'(zone of bright ideas)은 말하는 사람에게는 매력적일 수 있으나, 자신의 사례를 발표한 참여자를 깎아내리는 경쟁적이고 비판적인 견해를 가져올 수 있다. 슈퍼바이저는 종종 참여자들을 이 영역에서 벗어나 좀 더 생산적인 영역으로 가도록 이끌어야 한다. 내 생각에는 무엇보다 자신의 사례를 발표한 상담자가 토론으로부터 가장 큰 이익을 얻

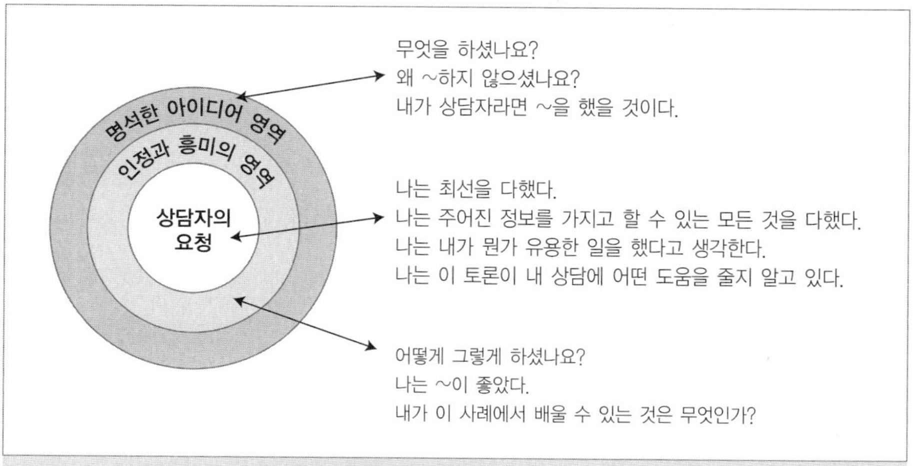

[그림 15-1] 상담자의 요청-상담이 성공적일 때

을 수 있어야 한다. 따라서 이 영역은 '상담자의 요청'(the worker's call)이라고 불린다. 무엇보다도 먼저 슈퍼바이저와 나머지 상담자들은 발표한 상담자가 자신의 상담을 위해 어떤 도움을 받고자 하는지 알고 있어야 한다는 것을 의미한다. 한 참여자는 이렇게 설명하였다. "저는 이 내담자가 정말 잘해 왔다는 것을 알고 있습니다. 제가 바라는 것은 여러분이 제가 그것을 어떻게 도왔는지에 대해 말씀해 주셨으면 하는 것입니다. 만약 있다면 말이죠." '인정과 흥미의 영역'(zone of affirmation and interest)은 참여자들이 항상 머물러 있어야 하는 영역이다. 즉, 나는 참여자들이 이 영역에 있기를 바란다. 따라서 만약 그들 중 일부가 이 영역 밖에서 배회하고 있다면, 나는 아마도 이렇게 말할 것이다. "좋습니다. 만약 이것이 당신의 사례라면 당신은 그렇게 하겠다는 뜻이군요. 그런데 당신은 Jane이 한 일들 중 어떤 부분이 마음에 듭니까?" 나는 보통 더 폭넓게 토론이 이루어지기 전에 상담자가 자신의 상담에서 무엇이 효과적이었는지를 먼저 이야기하도록 돕는 것을 선호한다. 그러고 나서 "그래서 Jane이 우리와 나눈 이야기들 중 무엇이 좋았나요?" 또는 "좋아요, 그래서 이 상담 사례에서 무엇을 배웠나요?"라는 질문을 통해 토론의 초점을 제시한다. 이러한 질문들은 Merl(1995), Lowe와 Guy(2002)에 자세하게 설명되어 있는 바와 같이, 자연스럽게 해결중심이 반영된 집단 슈퍼비전이 되도록 해 준다.

경험이 많은 해결중심 치료자들로 구성된 집단은 보통 슈퍼바이저의 도움이 거의 필요 없는 중앙 영역에 해당한다. 경험이 적은 상담자들은 좀 더 문제중심의 사고와 상호작용으로 돌아가기 쉽다. 이런 상황에서는 슈퍼바이저가 성공적인 상담 사례를 풀어나가는 데 주도적인 역할을 담당할 때 논의가 좀 더 풍성하게 이루어진다. 그래야 집단의 나머지 상담자들이 동료로부터 배울 수 있는 것, 그들이 잘할 수 있는 것들에 대해 훨씬 더 많이 생각하도록 만들 수 있다.

어려운 사례는 집단이나 그들의 슈퍼바이저들에게도 도전이 될 수 있다. [그림 15-2]에서 가장 바깥에 있는 원은 **'공포와 불안의 영역'**(zone of panic and anxiety)으로, 해결하기 어려운 사례의 전염성을 의미하며, 이 영역에서 참여자들은 높은 수준의 비난과 도움이 안 되는 특성을 보일 수 있다. 따라서 사례를 가져온 상담자 자신도 마음이 불편한 사례를 소개할 때에는 그에게 집단으로부터 어떤 도움을 받기를 원하는지 이야기하도록 이끄는 슈퍼바이저의 역할이 어느 때보다 중요하다. 그렇게 하지 않으면, 참여자는 그에게 도움이 되는지 확인도 하지 않은 상태에서 자신에게 효과가 있을 만한 방식을 알려 주는 길로 빠질 위험성이 있다. 일단 사례

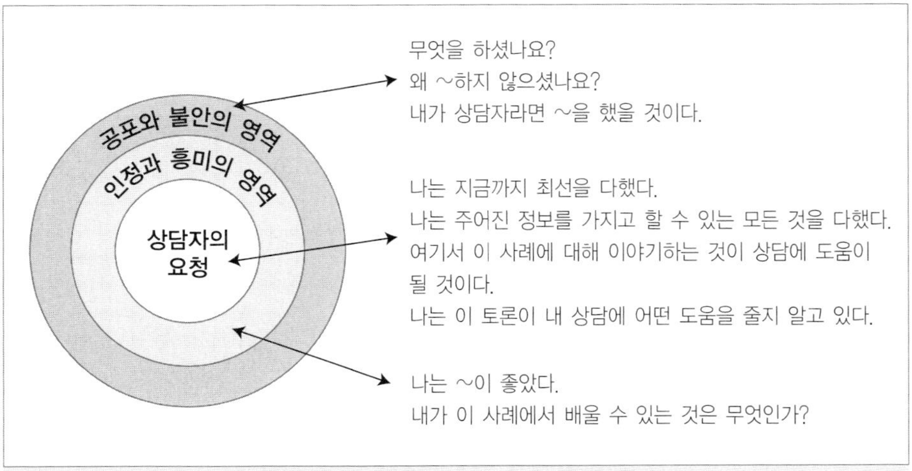

[그림 15-2] 상담자의 요청-상담이 고착 상태일 때

를 가져온 상담자의 슈퍼비전에 대한 목표가 구체화되면, 슈퍼바이저는 그것을 활용하여 집단이 그 상담자에게 도움을 줄 수 있는 바른 길로 가도록 안내할 수 있다.

한 참여자는 자신의 내담자와 다음 상담 회기에서 어떤 해결중심 상담 기술을 사용할 수 있을지 아이디어가 필요하다고 하였다. 이에 나머지 집단원들이 자신들의 생각을 제공하였고, 나는 그 참여자에게 이렇게 질문하였다. "좋아요, 많은 아이디어가 나와서 선택할 것들이 많은데요. 당신의 주의를 끈 것은 무엇인가요? 무엇이 당신과 당신의 내담자에게 맞을 것 같습니까?"

흥미로운 사실은 내가 집단을 중앙 영역으로 이끌면 집단원들이 대체로 어려운 사례를 제시한 상담자가 무엇을 잘해 왔는지 금방 알아차린다는 점이다. 예를 들면, "당신은 다음 단계로 무엇을 해야 할지 확신이 없다고 했지만, 저는 내담자가 당신을 집 안으로 들어오게 하고 이야기를 나누었다는 사실에 감동받았어요. 어떻게 그렇게 하실 수 있었죠?" 라고 말한다. 어떤 집단에서는 한 참여자가 어려운 사례를 나눈 동료의 어려운 상황을 듣고 눈물을 흘린 경우도 있었다. 눈물을 흘린 이 상담자는 자기 자신이 초보 상담자였을 때 비슷한 상황에서 실패했던 때가 떠올랐으며, 그 일이 수년 동안 그녀의 뇌리에서 떠나지 않으며 상담에 대한 자신감을 떨어뜨렸다고 말했다. 그리고 동료의 사례를 보면서 과거에 자신의 경험이 부족했던 사실을 좀 더 수용하게 되었으며, 시간이 지나면서 이러한 상황을 좀 더 잘 다룰 수 있게 되었음을 깨닫게 되었다고 하였다.

비형식적 지지집단

지지집단의 경우에서처럼, 때때로 어떤 집단은 고정된 멤버십과 같은 장점이 없는 경우도 있다. 그러나 이것이 집단 만남을 더 경이롭게 만들 수 있다. 바로 참여자들의 독특한 결합 덕분이다. 어떻게 하면 '그들에게' '이 시간'을 가장 유용한 시간이 되도록 할 수 있을 것인가를 명확하게 하는 것이 특히 중요하다. 또한 참여자들을 [그림 15-1]과 [그림 15-2]에서 설명한 가장 도움이 되는 질문 영역으로 이끄는 것도 중요하다.

예를 들어, 광고를 통해 지지집단을 모집하였더니 전체 8명의 참여자들 중 4명은 매우 경험이 많은 해결중심 치료자이고, 4명은 거의 경험이 없지만 질문거리가 많은 사람들로 구성된 적이 있었다. 그래서 우리는 4명씩 마주보도록 2개의 줄을 만들어서 '전문가'들에게 '초보자'들이 '자주하는 질문'을 하도록 하였다. 집단의 마무리 단계에서 초보자들은 정말 많은 것을 배울 수 있었으며, 계속 훈련을 받고 싶다고 하였다. 놀랍게도 '전문가'들도 많은 것을 배웠다고 하였는데, 아마도 "가르치는 것을 통해 더 많은 것을 배운다."는 고대의 지혜(예, Coelho, 1992) 덕분인 것 같다.

비디오 슈퍼비전

비디오 슈퍼비전은 가족치료 분야에서 잘 확립되어 있는 훈련 방법이다. 슈퍼바이저가 슈퍼바이지의 상담을 볼 때 해결중심 관점을 갖는다면 그것을 더 최적화하는 데 도움이 된다. 만약 슈퍼바이저와의 토론 없이 슈퍼바이지가 비디오만 보게 된다면 그것은 도움이 되지 않을 수 있다. 예를 들어, 미국의 한 농구선수가 자신이 실수한 경기를 녹화한 비디오를 계속 본 결과 그의 경기가 점점 더 나빠졌다는 이야기와 비슷하다. 최악의 경우 슈퍼바이지는 슈퍼바이저에게 "여기 테이프가 있으니 한번 보시고 어떻게 생각하는지 알려 주세요."라고 말할지도 모른다. 이런 경우 슈퍼바이저는 앞에서 언급한 바와 같이, "우리에게 이런 기회가 주어졌으니 이것으로 무엇을 했으면 좋겠습니까?"라고 물어볼 수 있다. 비디오 슈퍼비전과 함께 슈퍼바이저는 다음과 같은 질문을 할 때 더 도움이 된다. 예를 들면, "우리가 이것을 보는 동안 당신이 무엇을 하면 좋겠습니까? 그리고 당신의 상담에 도움이 되려면 내가 무엇을 해야 할까요?" 또는 슈퍼바이저가 미리 과제를 내줄 수 있다. 예를 들면, "내가 비디오의 어떤 부분을 보기를 원하는지 선택해서 오셨으면 좋겠어요. 그리고 그것을 선택할 때 당신이 무엇을 배우고 싶었는지 생각해 보세요. 무엇 때문에 그것을 선택하게 되었나요? 그리고 제게서 무엇을 얻고 싶으신가요?"

상담자는 비디오 녹화를 하면 자신의 상담의 부적절한 면이 드러날까 봐 두려워하는 경향이 있다. 그러나 비디오는 종종 풍부한 상담 방식을 보여 주는 증거가 된다. 경력이 많은 나의 동료 중 한 명이 자신의 강의를 비디오로 녹화하는 것에 대해 당황스러움을 표시한 적이 있다. 나는 그녀에게 "당신이 강의실에서 발표를 하고 있고, 이것이 당신이 가진 유일한 테이프라고 상상해 보세요. 당신이 알고 있는 가장 중요한 것들을 설명하기 위해서 이것을 어떻게 사용하시겠습니까?" 그러자 그녀는 치료적인 기술과 방법의 예에 대해서 아주 잘 설명하기 시작하였다.

전화 자문

너무 바빠서 정기적인 슈퍼비전에 시간을 할애하거나 슈퍼비전 집단에 참석하는 것은 어렵지만, 경험 있는 상담자와의 간헐적인 접촉을 통하여 제대로 해결중심 상담을 실시하고자 하는 상담자에게 전화는 좋은 자문 방법이다. 전화 슈퍼비전을 위해서는 상담과 치료를 위하여 이미 전화를 사용하고 있는 상담자들로부터 배울 점들이 많다. 예를 들면, 전화 접촉의 불확실성을 고려할 때, 슈퍼바이저는 슈퍼바이지에게 가능한 시간에 대하여 정직할 필요가 있다. 예를 들면, "저는 지금 5분밖에 시간이 없습니다. 당신이 좀 더 시간이 필요하다면 내일은 좀 더 긴 시간을 낼 수 있어요."라는 식으로 말해야 한다. 보이는 정보가 없다는 것은 슈퍼바이저가 슈퍼바이지의 말을 확실히 이해하기 위해서 좀 더 주의 깊게 들어야 한다는 것을 의미한다. 따라서 자신이 이해한 것이 맞는지 확인할 필요가 있음을 의미한다. 예를 들면, "제가 이해하기로는 … 이것이 맞나요?"라고 질문하는 것이다. 누구에게나 매 순간이 귀중한 것처럼, 전화 접촉은 특히 귀중한 시간처럼 느껴질 수 있다. 시작을 위한 친근하고 사교적인 대화와 그 후에 시급한 문제를 다루는 것, 즉 주로 전화를 건 슈퍼바이지가 모든 다른 슈퍼비전에서 그렇듯이 슈퍼바이저와의 논의를 통해 얻고자 하는 것을 명료화하는 것, 이 둘 사이에 섬세한 균형을 이루어야 한다. 예를 들면, 어느 날 갑자기 어느 상담자로부터 예상치도 않았던 전화를 받았을 때 나에게는 토론할 시간이 단 5분밖에 없었던 적이 있었다. 나는 슈퍼바이지에게 필요한 모든 것을 상상하기 시작했고 그것은 꼭 만나야만 하는 것일 수 있었다. 그러나 "내가 어떻게 도와주면 좋을까요?"라고 질문하자, 곧 목표가 명확하게 드러났고 나는 그것에 대답해 줄 수 있었다.

많은 슈퍼바이저가 슈퍼바이지가 질문에 대하여 숙고하고 있을 때 침묵을 견디는 것에 익숙하지만, 전화 자문에서 침묵은 때때로 상대의 전화가 끊어졌음을 의미하기도 한다. 따라서 "아직 듣고 계신가요?"라는 질문을 해야 하며, 당신도 작은 소리를 내서 당신이 여전히 듣고 있다는 것을 상대방이 알 수 있도록 해 주어야 한다.

이메일

이메일은 상담자가 다른 사람들로부터 지원받을 수 있는 기회를 제공해 준다. 온라인 접촉은 지구상의 어느 곳으로부터이든 빠른 대답을 얻는 것을 가능하게 해 준다. 그러나 이메일을 통한 말은 영원히 기록되고 복사되는 것이 가능하다. Wright (2003)가 지적하였듯이, 이메일을 상담에 사용하는 치료자와 상담자들은 적어도 비밀 보장이나 책임성에 있어서 아직은 비교적 미지의 바다에 있다. 나의 동료들 중 일부는 해결중심 상담 훈련을 처음 받는 상담자들을 위한 온라인 멘토링 도구를 개발할 때, 다음과 같이 제안하였다.

- '보내기' 버튼을 너무 빨리 누르지 마라. 처음 생각이 좋을 수도 있지만, 그 다음에 다시 보면 종종 더 나아진다. 더 읽어 보면 처음에는 명확하지 않았던 모호한 점들이 드러나게 된다.

- 답변하기 전에 질문이 무엇인지 확인할 것. 필요하다면 확실히 하기 위해 더 명확히 질문해 달라고 요청하라.
- 상대의 기술 수준이나 전문적 역할에 대하여 가정하지 말 것. 당신의 가정과 다를 수 있다. 필요하다면 다시 확인하라.
- 특별히 조언을 요청하지 않은 경우 조언 대신 질문하라.
- 사례에 대해서는 슈퍼바이지가 전문가임을 기억할 것. 당신은 촉진하고 지지해 주는 사람이다.
- 잘 모르겠으면 모르겠다고 말하고 나중에 다시 연락하겠다고 하라.

온라인 토론회

온라인 토론 모임은 치료자 공동체에 귀중한 학습 기회를 제공해 준다. '해결중심치료 리스트'(http://listserv.icors.org/archives/sft-l.html)는 해결중심 치료자들을 위한 최초의 온라인 토론 모임이다. 그러나 이메일과 마찬가지로 온라인 토론 모임은 새로운 영역이다. Johnson(2002)이 지적한 바와 같이, 이제까지 이 온라인 공동체는 공존을 위해 합의된 규칙을 발전시킬 만한 시간이 별로 없었다. 촉진자가 있는 집단과는 달리 온라인 모임은 조직한 사람이 설정한 경계 밖으로 나가지 않는 한 규제로부터 자유롭다. 따라서 어떤 사람이 의견을 구하면 다른 것에 대하여 이야기하고 싶어 하는 사람에 의해 그 질문이 재빨리 묻혀 버릴 수 있으며, 어떤 질문에 대한 반응은 하나도 없는 반면, 어떤 질문에 대한 대답은 너무 많을 수도 있다. 앞에서 언급한 이메일과 관련한 제안들이 온라인 모임에도 적용될 수 있다. 추가적인 제안은 다음과 같다.

- 서로 존중할 것
- 생각할 여지를 남길 것. 글의 모호함이 상대방에게 생각할 여지를 남긴다.
- 자신의 글을 남이 인정해 주기를 기대하지 말 것

- 의견은 제안일 뿐. 타인의 의견이 마음에 들지 않는다 해도 그에게 말할 필요는 없다.
- 다른 사람의 의견에 즉각적으로 답하지 말고 미룰 것. 자신의 대답에 대해 생각할 시간을 가져라.

때때로 온라인 모임에서는 도움을 구한 사람이 다양한 아이디어의 폭탄을 맞을 때가 있다. 그럴 때는 그 사람이 모임으로부터 원하는 것이 무엇인지 확인하고 지금까지의 토론에서 무엇이 도움이 되었는지 물어봄으로써 질문을 토론으로 이끄는 것이 유용하다. 이렇게 함으로써 그 사람을 돕는 최선의 방법이 무엇인가를 중심으로 전체 집단을 움직이게 만들 수 있다. 그리고 이런 질문은 모임이 어떻게 하면 서로에게 도움이 되는지 학습할 수 있도록 해 준다. 해결중심 온라인 모임은 대부분의 다른 슈퍼비전 모임과 달리 모든 사람이 동등한 책임을 나눠 가진다.

슈퍼바이지의 관점에 관한 연구

Thomas(1994)는 슈퍼비전에 대한 슈퍼바이지의 인식에 관한 연구가 부족하다고 지적하면서, Heath와 Tharp(1991)의 연구를 인용하여 슈퍼바이지가 슈퍼비전에서 원하는 것은 슈퍼바이저가 자신을 존중해 주고, 슈퍼바이저 자신의 전문적 지식은 제쳐 두고 슈퍼바이지의 능력을 인지하고 인정해 주며, 경청하고 융통성이 있는 것이라고 하였다.

Magnuson과 Wilcoxon, Norem(2000)은 7년에서 23년의 상담 경험을 가진 11명의 치료자들의 관점을 조사하였다. 연구자들은 이들이 슈퍼비전의 장기적 이점에 대해 좀 더 많은 이야기를 할 수 있을 것이라고 가정하였다. 대체로 슈퍼바이지들은 그들의 학습에 좀 더 도움이 되기 위해 준비된 슈퍼바이저, 그들의 변화를 자극할 만한 기술을 보여 주는 슈퍼바이저, 그들의 사고를 촉진하고 그들이 참여할 수 있는 경험을 제공한 슈퍼바이저를 높게 평가하였다. 특히 참여자들은 자신에 대한 슈퍼바이저의 믿음과 전문가로서의 성장에 대한 슈퍼바이저의 관심이 중요하다고 하였다. 일부는 슈퍼비전에서의 안전한 느낌과 슈퍼바이저의 비판보다는 인정의 중요성에 대하여 언급하였다.

Thomas와 Shappee(2001)는 좀 더 구체적으로 해결중심 슈퍼비전에 대한 슈퍼바이지의 경험에 관하여 연구하였다. 도움이 된 슈퍼바이저의 방식과 행동, 태도에 관한 질문에 슈퍼바이지들은 슈퍼바이저의 사람됨에 대하여 언급하였다. 전반적으로 무엇이 도움이 되었는지를 묻는 질문에는 자신을 믿도록 배움, 자신만의 방식을 개발함, 해결중심 기술이 발달함, 그리고 흥미롭게도 셀프 슈퍼비전을 개발하게 된 점을 들었다. 상담에 슈퍼비전이 어떤 영향을 주었는가를 묻는 질문에는 내담자와의 협력, 지속적인 평가, 목표와 장점에 초점을 두게 된 점이라고 답하였다. 다른 사람을 슈퍼비전하는 데에는 어떤 영향을 주었는가를 묻는 질문에는 슈퍼바이지의 강점에 초점을 두게 된 점이라고 하였다. 그들의 슈퍼비전에 대한 관점에 어떤 변화가 있었는지를 묻는 질문에는 슈퍼바이지의 단점에 초점을 두던 데에서 강점에 초점을 두게 되었으며, 위계적 태도에서 협력적 태도로 변화한 점이라고 답하였다.

Klingman(2002)은 이스라엘에서 학교 상담자들에게 해결중심 자문을 활용해 본 결과를 보고하였다. 해결중심 자문을 실시하기에 앞서 이 집단은 원래 과정 보고(process debriefing) 방식을 통한 슈퍼비전을 해 왔었는데, 이 슈퍼비전 방식은 그들의 소진된 감정을 꺼내 놓는 데에는 도움이 되었지만 학생들과의 상담을 즐겁게 느낄 정도로 좋아지게 만든 것은 아니라고 느끼고 있었다. 그러나 해결중심 자문을 실시한 결과, 해결중심 자문은 이들에게 자신의 역할에 대하여 보다 현실적이고 낙관적인 기대를 갖도록 만들었으며, 효과적인 행동이 무엇인지 알 수 있도록 해 주었고, 자기 통제감을 증진시키고, 학생들과 상담하는 것에 대한 자신감을 강화해 주었다고 하였다. 그리고 무엇보다 과정 보고는 그들이 계속 상담할 수 있도록 해 주었지만, 해결중심 자문은 그들이 학교로 돌아가 학생들에게 더 많은 것을 제공할 수 있도록 해 주는 역할을 하였다고 보고하였다.

사회복지 실습 슈퍼바이저인 나는 센터에서 나의 슈퍼바이지인 학생들에게 종종 자신의 경험에 대해 고찰해 보도록 하고 있다. 나는 상담과 슈퍼비전에서 해결중심 도구를 어떻게 활용할 것인가에 관심이 있는데, Yvonne Greaves라는 학생에 대한 슈퍼비전에서 무엇이 효과적이었는가에 대해 좀 더 구체적으로 제시하고자 한다(Wheeler & Greaves, 2005). Yvonne는 실습을 마치면서 다음과 같이 말하였다.

> 나는 해결중심 슈퍼비전을 받으면서 효과적으로 상담할 수 있는 능력을 발견하였을 뿐만 아니라 실습이 끝난 후에는 예상치 못했던 나 스스로를 슈퍼비전할 수 있는 능력까지 얻게 되었다. 이제 사회복지사로서 나 자신에게 스스로 해결중심 질문을 할 수 있게 되었으며, 이것은 나의 생각에 영감을 주고 나의 독창성을 향상시키며, 가장 중요하게는 성취 가능한 목표를 알아내고 행동을 취하며, 한 번에 작지만 한 걸음씩 자신 있게 내딛을 수 있도록 해 주었다. 사회복지사에게 상담은 도전적인 일이다. 하지만 해결중심 슈퍼비전 덕분에 나는 '불가능'을 '가능'으로 바꾸고, 나의 상담 능력이 훨씬 더 성장하고 발전할 것을 기대할 수 있게 되었다.

나는 이것이 해결중심 자문이 가진 가능성 중에서 가장 흥미로운 부분이라고 생각한다. 어떤 학생은 슈퍼비전에서 원하는 것이 무엇이냐는 질문에, 자신은 나의 복제품이 되기를 원치 않는다고 말하였다. 나 역시 그것을 원하지 않는다. 나는 그녀가 어떤 사람이 될지에 훨씬 더 관심이 많다. Thomas(2000)는 슈퍼바이저가 '안내자'의 역할을 할 것을 권하였다. 특히 셰르파(Sherpa, 역자 주: 히말라야에서 등반가들을 안내하거나 짐을 운반하는 일을 하는 사람)처럼 자신이 산을 더 잘 알지만 등반하는 사람이 스스로 자신의 여행을 선택할 수 있도록 하는 태도를 지지하였다.

해결중심 치료는 '내담자의 삶은 독특한 것'이라고 본다. 해결중심 슈퍼비전은 '슈퍼바이지가 가지고 있는 독특한 능력과 그가 상담하는 환경에 적절한 기회를 이끌어 냄으로써 그 자신만의 독특한 접근을 개발'할 수 있도록 돕는다. 해결중심 슈퍼비전은 슈퍼바이지가 그들의 슈퍼바이저가 상상하는 세계 밖으로 여행을 떠날 수 있도록 독려한다. 그것이 복제품보다 훨씬 더 낫다.

주

1 John Bennet, Haley Cunningham, Yvonne Greaves, Sue Robson, 그리고 Susanna Weinard가 해결중심 멘토링 훈련에 참여해 준 덕분에 이 장의 전화 자문, 이메일, 온라인 토론회 부분이 완성될 수 있었다.

2 편집자 주: 구성주의 또는 탈근대주의 사고 등의 용어가 낯선 독자들은 McNamee & Gergen (2002)의 저서 등을 참조하기 바란다.

참고문헌

Andersen, T. (1991). *The reflecting team: Dialogues and dialogues about dialogues.* New York: Norton.

Anderson, H., & Swim, S. (1995). Supervision as collaborative conversation: Connecting the voices of supervisor and supervisee. *Journal of Systemic Therapies, 14,* 1–13.

Berger, M., & Dammann, C. (1982). Live supervision as context, treatment, and training. *Family Process, 21,* 337–344.

Bobele, M., Gardner, G., & Biever, J. (1995). Supervision as social construction. *Journal of Systemic Therapies, 14,* 14–25.

Brookfield, S. (1994). Tales from the dark side: A phenomenography of adult critical reflection. *International Journal of Lifelong Adult Education, 13,* 203–216.

Bucknell, D. (2000). Practice teaching: Problem to solution. *Social Work Education, 19,* 125–144.

Cantwell, P., & Holmes, S. (1995). Cumulative process: A collaborative approach to supervision. *Journal of Systemic Therapies, 14,* 35–46.

Coelho, P. (1992). *The pilgrimage.* Glascow: Omnia Books Ltd.

de Shazer, S. (1984). The death of resistance. *Family Process, 23,* 11-17.

de Shazer, S. (2002, September). *Solution focused supervision.* Workshop at the European Brief Therapy Association annual conference, Cardiff, UK.

Edwards, J. K., & Chen, M. (1999). Strength-based supervision: Frameworks, current practice, and future directions. *The Family Journal: Counselling and Therapy for Couples and Families, 17,* 349-357.

Foucault, M. (1982). Afterword: The subject and power. In H. Dreyfus & P. Rabinow (Eds.), *Michel Foucault: Beyond structuralism and hermeneutics* (pp. 208-226). Chicago: University of Chicago Press.

Gibran, K. (1972). *The prophet.* London: Heineman.

Heath, T., & Tharp, L. (1991, November). *What really happens in supervision?* Workshop at the American Association for Marriage and Family Therapy annual conference, Dallas, TX.

Hubble, M. A., Duncan, B. L., & Miller, S. D. (2002). *Heart and soul of change: What works in therapy.* Washington, DC: American Psychological Association.

Johnson, S. (2002). *Emergence: The connected lives of ants, brains, cities, and software.* London: Penguin Books.

Klingman, A. (2002). From supportive-listening to a solution-focused intervention for counsellors dealing with political trauma. *British Journal of Guidance and Counselling, 30,* 247-259.

Kolb, D. A., Rubin, I. M., & McIntyre, M. M. (1971). *Organisational psychology: An experiential approach.* New York: Prentice Hall.

Lowe, R., & Guy, G. (1996). A reflecting team format for solution-oriented supervisors. *Journal of Systemic Therapies, 15,* 26-45.

Lowe, R., & Guy, G. (2002). Solution oriented inquiry for ongoing supervision: Expanding the horizon of change. In M. McMahon & W. Patton (Eds.), *Supervision in the helping professions: A practical approach* (pp. 66-77). French Forrest, NSW: Pearson Education Australia.

Magnuson, S., Wilcoxon, S. A., & Norem, K. (2000). Exemplary supervision practices:

Retrospective observations of experienced counsellors. *TCA Journal, 28,* 93-101.

Marek, L. I., Sandifer, D. M., Beach, A., Coward, R. L., & Protinsky, H. O. (1994). Supervision without the problem: A model of solution-focused supervision. *Journal of Family Psychotherapy, 5,* 57-64.

Maturana, H. R., & Varela, F. J. (1980). *Autopoesis and cognition: The realisation of the living.* Boston: Reidel Press.

McNamee, S., & Gergen, K. J. (Eds.). (1992). *Therapy as social construction.* Thousand Oaks, CA: Sage.

Merl, H. (1995). Reflecting supervision. *Journal of Systemic Therapies, 14,* 47-56.

Nash, J. (1999). Developing and refining supervisory skills: An application of solution-focused supervision. *Educational Psychology in Practice, 15,* 108-115.

Norman, H. (2005). Solution focused reflecting teams. In B. O'Connell (Ed.), *Solution-focused therapy* (pp. 156-167). London: Sage.

O'Connell, B. (2005). *Solution-focused therapy.* London: Sage.

O'Connell, B., & Jones, C. (1997, November). Solution focused supervision. *Counselling,* 289-292.

O'Hanlon, W., & Weiner-Davis, M. (1989). *In search of solutions: A new direction in psychotherapy.* New York: Norton.

Pichot, T., & Dolan, Y. M. (2003). *Solution-focused brief therapy: Its effective use in agency settings.* Binghamton, NY: The Haworth Press.

Polkinghome, D. E. (1992). Postmodern epistemology of practice. In S. Kvale (Ed.), *Psychology and postmodernism* (pp. 146-165). London: Sage.

Selekman, M. D., & Todd, T. C. (1995). Co-creating a context for change in the supervisory system: The solution-focused supervision model. *Journal of Systemic Therapies, 14,* 21-33.

The Holy Bible, Revised Standard Version (1966). London: Thomas Nelson & Sons, Ltd.

Thomas, F. N. (1994). Solution-oriented supervision: The coaxing of expertise. *The Family Journal: Counselling and Therapy for Couples and Families, 2,* 11-18.

Thomas, F. N. (1996). Solution focused supervision. In S. Miller, H. Hubble, & B. Duncan (Eds.), *Handbook of solution focused brief therapy: Foundations, applications, and research* (pp. 128-151). San Francisco: Jossey-Bass.

Thomas, F. N. (2000). Mutual admiration: Fortifying your competency based supervision experience. *RATKES: Journal of the Finnish Association for the Advancement of Solution and Resource Oriented Therapy and Methods, 2,* 30-39.

Thomas, F. N., & Shappee, K. (2001, September). *The experience of solution focused supervision.* Workshop at the European Brief Therapy Association annual conference, Dublin, Ireland.

Wetchler, J. L. (1990). Solution-oriented supervision. *Family Therapy, 17,* 129-138.

Wheeler, J., & Greaves, Y. (2005). Solution focused practice teaching in social work. In T. S. Nelson (Ed.), *Education and training in solution-focused brief therapy* (pp. 263-276). Binghamton, NY: The Haworth Press.

Wheeler, J., Thomas, F., Lowe, R., Fleckney, G., & Greaves, G. (2002). *Searching for strengths in solution focused supervision.* Workshop at the European Brief Therapy Association annual conference, Cardiff, UK.

White, M. (1997). *Narratives of therapists' lives.* Adelaide: Dulwich Publications.

White, M. (1999, June). *Narrative therapy.* Workshop, London, UK.

Wright, J. (2003). Pause and reflect. *Context: The Magazine for Family Therapy and Systemic Practice, 70,* 31-32.

PART 4

마무리

Handbook of Solution-Focused Brief Therapy

이 책의 마무리다.

- 해결중심 단기치료 사례
- 해결중심 단기치료의 한계 및 오용
- Steve de Shazer에 대한 헌사

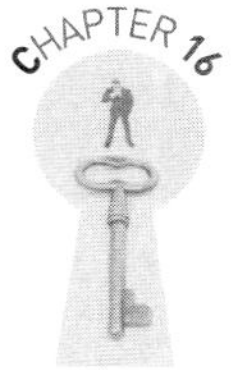

사례: Lucy와 Caleb

Thorana S. Nelson

서 론

Lucy와 Caleb은 모자지간으로 Caleb의 형(이혼 문제로 나에게 몇 년간 상담을 받은 적이 있음)의 권유로 상담에 오게 되었다. 내가 이 사례를 소개하고자 하는 이유는 이 사례가 해결중심 단기치료(SFBT)가 이론과 실제에서 어떻게 효과적인가를 잘 보여 주며, 이 사례에는 치료자가 개인이나 가족을 병리적으로 바라보게 만들 수 있는 요소들이 꽤 있다고 생각하기 때문이다. 이 장에서는 내담자-치료자 관계, 목표, 기적 질문, 예외, 척도, 휴식 그리고 과제를 통하여 SFBT의 기본적인 이론과 기술을 어떻게 사용하는지 보여 주고자 한다.

첫 회기

Lucy는 67세이며, 그녀의 아들 Caleb은 38세다. 이들이 상담에 온 이유는 Caleb이 남에게, 특히 직장에 있는 사람들에게뿐만 아니라 기타 상황에서 부적절한 글을 쓰거나 전화로 부적절한 말을 할지도 모른다는 걱정 때문이었다. 이들은 가족이 운영하는 사업체를 가지고 있는데, Caleb의 역할은 가격을 책정하기 위한 정보를 수집하고 정부나 다른 기업체와 소통하며 사업과 관련된 정보를 모으는 것이었다. 또한 그는 판매자나 소비자를 위한 고객 응대 서비스를 담당하고 있었는데, 이 모든 일이 많은 전화 통화와 보고서를 써야 하는 일이었다. 그러나 Caleb 스스로도 자신이 업무를 잘한다고 생각하지 않고 있었으며, 반드시 보고해야 할 것들을 혹시 잊어버리지는 않는지 걱정이 많았다. 이로 인해 Caleb은 보고서를 두 번, 세 번 확인해야만 하는 어려움을 겪고 있었다.

Lucy에 따르면, Caleb은 학교에서 매우 수줍음을 많이 타는 아이였지만, 친구들과 레슬링도 하고 기계 부품을 만지며 노는 정상적인 아이였다고 한다. 데이트를 한 적도 있지만 '그렇게 많이'는 아니며, 대학을 1년간 다녔으나 가족 사업을 돕기 위해 그만두었다. 대학에서의 수업은 어렵고 벅찼다고 한다. Caleb이 상담에 온 이유는 자신이 무엇을 잘못했는지 점검하기 위해 머릿속으로 몇 번이나 계속 상황을 되새겨야 하는 것 때문이다. 이 문제는 상담을 시작하기 6개월 전부터 시작된 증상으로, 그 당시 무슨 사건 때문에 이 문제가 시작되었는지는 잘 모르겠다고 하였다. Caleb은 자기가 좀 더 자신을 신뢰할 필요가 있다고 생각하고 있었다.

SFBT에서는 문제의 자세한 내용보다 문제가 없을 때 내담자의 삶이 어떻게 달라질 것인가에 더 관심이 있다. 따라서 나는 Caleb에게 그의 글이나 말에서 무엇이 부적절하다고 생각될 수 있는지 묻지 않았다. 그보다 나는 이런 걱정이 그와 그의 삶에 어떤 영향을 미치는지, 그리고 문제가 없다면 무슨 일이 일어날지에 더욱 관심이 있다. 그래서 나는 그 걱정거리나 두려움이 그에게 어떤 영향을 미치는지 물어보았다.

Caleb: 음, 일을 처리하는 게 어려워요. 부적절한 말을 할까 봐 너무 두려워서 전화를 미루게 돼요.

Lucy: 그래서 저희 중에 누군가가 옆에 있어 줘야 해요.

Caleb: 네, 제가 잘못 말하지 않았다는 것을 확인하고 싶어요. 그래서 제가 그러는지 봐 줄 누군가가 옆에 있어야 해요.

Lucy: 애 아버지나 제가 있어 줘야 해요. 그런데 애가 결코 잘못된 말을 하지는 않거든요.

Caleb: 네, 다른 사람을, 제 말은, 확실하진 않지만… 인정하고 싶지 않지만, '당황'스럽게 하는…….

치료자: 알겠어요. 뭔가 말을 잘못했을까 봐 두려운 거군요. 그래서 당신이 신뢰하는 사람이 그것을 확인해 주길 바라고요, 누군가…….

Caleb: …네, 제 문제를 아는 사람이요. (한숨을 쉬며 누그러진 모습)

나는 Caleb이 자신의 경험에 대해 이야기한 것을 내가 이해했다는 것을 나의 말이 아닌 그의 말로 분명히 하고 싶었다. 모든 사람의 경험은 자신에게는 독특한 것이어서 우리가 타인의 경험을 실제로 이해했다고 상상하는 것은 옳지 않으며 도움이 되지도 않는다.

나는 아직 우리가 어디로 향하는지 알지 못한다. Caleb이 조금 느리다는 점과 그가 어떤 사고장애나 발달지체 같은 문제가 있지는 않은지 의심되었다. 또한 어머니가 함께 상담에 왔고, 그의 문제에 대해 많이 알고 있는 것처럼 보인다는 것도 알 수 있다. 가족 치료자로서 내가 받은 훈련에 따르면, 이 가족이 너무 '밀착'되어 있는 것은 아닌지 의심하게 된다.

계속되는 면담에서 Lucy와 Caleb은 내 질문에 열심히 대답하였고, 나는 내가 강점 기반으로 상담을 하며, 그들의 문제나 과거에 대한 구체적인 내용을 캐내기보다는 내담자가 자신의 삶을 어떻게 살아갈 것인가를 발견하도록 돕는 것을 목표로 한다는 사전 동의서를 제공하였다. 이런 것들을 기초로 나는 우리가 고객/치료자 관계(De Jong & Berg, 2002)에 있다고 생각하였다. 그들은 문제에 대해 머뭇거리거나 모호한 자세를 취하지 않았으며, 누군가 다른 사람에게 문제가 있다고 생각하지도 않았다. 따라서 나는 우리가 방문자/집주인 혹은 불평가/경청자의 관계에 있다고 보지 않는다.

다음으로 나는 Lucy와 Caleb에게 상담의 목표에 대해 물었다. 나는 그들이 처한 상황에 대한 궁금증이 있었지만 조금 더 기다려 보기로 했다. 이들은 협력적이기는 했지만, 너무 열심히 문제에 대하여 구체적으로 설명하려고 하였다. 나는 가능하면 그런 대화를 제한하고자 하였다. 내담자는 자기가 문제에 대하여 더 자세히 설명할수록 치료자를 더 많이 돕는 것으로 생각하고 상담에 임하는 경향이 있다. 그러나 나는 되도록 이런 대화를 제한하는데, 그것이 상담에 도움이 된다고 생각하기 때문이다. 나는 시간과 비용에 민감하기 때문에 내담자가 가능하면 빨리 변화하도록 돕고 싶다. 나중에 알게 되었지만, Caleb과 Lucy는 여전히 나에게 문제에 대하여 좀 더 설명할 필요가 있다고 느끼고 있었다. 그러나 지금도 나는 문제에 대하여 더 많이 질문하지 않은 것을 다행이라고 생각한다. 왜냐하면 내가 택한 방법이 문제중심의 대화를 막고 해결중심의 대화 분위기를 가져오는 데 도움이 되었기 때문이다.

우리는 내담자의 문제를 경청하는 것을 반대하는 것은 아니다. 다만, 내담자의 문제의 과정을 이해하면 문제해결에 대한 단서를 더 많이 얻을 수 있기 때문에 내담자에게 더 유용할 것이라고 믿지 않을 뿐이다. 문제에 대한 자세한 내용을 파악하는 데에는 많은 시간이 걸릴 뿐만 아니라, 문제의 과정을 이해하는 것이 진단과 치료를 위해서 꼭 필요하다고 치료자와 내담자를 현혹하기 때문이다. 나에게는 Caleb과 그의 가족이 Caleb의 문제로 어려움을 느끼고 있다는 사실만으로도 충분하다. 문제에 대해 자세히 아는 것은 보다 구체적이고 정확한 상담 계획을 세우는 데 전혀 도움이 되지 않는다. 왜냐하면 앞으로 설명하겠지만, 그의 문제에 대하여 자세히 설명하는 것이 반드시 그 문제에 대한 해결책과 관련이 있지는 않다는 것을 나는 알고 있기 때문이다.

Caleb과 Lucy의 상담 목표는 부모가 없는 곳에서도 Caleb이 무언가 부적절한 말을 할 것이라는 걱정 없이 전화를 할 수 있게 되는 것이라고 하였다. Lucy는 Caleb이 부적절한 말을 하는 것을 결코 들어 본 적이 없다고 하였고, 만약 그가 부적절한 말을 한다면 그녀나 남편이 그것을 벌써 알아차렸을 것이라고 하였다. 혹은 고객이 항의하거나(예를 들면, "당신 지금 뭐라고 했어?"), 전화를 끊어 버리거나, 다시는 전화하지 않았을 것이므로 Caleb이 알아챌 수 있었을 것이라고 하였다. 그러나 이런 일들은 결코 일어나지 않았고, Caleb은 자신이 실제로 그런 부적절한 말을 하지 않았다는 데 자신이 있었다. 그의 문제는 그가 너무 걱정이 많은 나머지 반드시 그의 부모의 확인을 받아야만 한다는 것이고, 대화한 내용을 머릿속으로 몇 번이나 되새김질하거나 전화에 너무 집중한 나머지 기진맥진해 버린다는 것이었다.

Lucy는 Caleb의 작은아버지 중 한 명이 Caleb에게 투렛 증후군이나 강박충동장애가 있는 것 같다고 말했다고 하였다. 이런 상황에서 다른 접근으로 훈련받은 치료자라면 개인의 병리라는 생각에 귀가 솔깃해질 것이다. 그러나 해결중심 치료자는 특정 진단을 내리는 것보다 내담자가 해결책을 찾도록 돕는 데 더 관심이 있다. 우리는 해결책이 항상 명확하게 문제와 관련되지는 않으며, 그러한 진단이 강점보다는 결함에 주목하도록 만들기 때문에 종종 도움이 되지 않는다는 것을 알고 있다. 그러나 우리는 무슨 일이 일어나고 있는가에 대한 내담자의 이론이 매우 중요하다는 것 또한 알고 있다.

치료자: 그것(투렛 증후군이나 강박충동장애일 가능성)이 당신에게 어떤 도움이 되었나요?

Lucy: 음, 우리는 Caleb에게 약 같은 게 필요하지 않나 생각했어요.

치료자: 의사와 상담해 보셨나요?

Lucy: 아니요, 선생님을 먼저 뵙고 싶었어요.

치료자: 만약 약을 먹지 않고도 문제가 없어진다면 좋겠습니까? 만약 그렇지 않다

면 언제든 다른 선택을 할 수 있어요.

Caleb: 물론이죠! 꼭 그래야 하는 게 아니라면 약을 먹고 싶지는 않아요.

치료자: 좋아요. 그럼 질문을 좀 할게요, 그래도 될까요?[1]

Lucy: 물론이에요.

치료자: 이 걱정거리가 사라지면 어머니의 삶은 어떻게 달라질까요?

'… 문제가 사라지면'은 추정적인 질문이다. 이것은 어려운 문제가 더 이상 존재하지 않거나 내담자에게 더 이상 문제가 아닌 때가 있을 것이라고 미리 전제한다. 또한 내담자의 삶에 어떤 부분이 달라질 것이며, 이 질문에 대한 내담자의 대답은 상담의 목표를 설정하는 것을 도와줄 수 있다고 가정한다. Lucy와 Caleb 둘 다 무엇이 달라질 것인지에 대하여 몇 가지를 말했다. 이 대화 중에 나는 Caleb이 그의 부모 집에서 몇 킬로미터 떨어진 곳에 자신의 집을 스스로 지었으며, 그의 부모가 많이 도와주기는 하였지만 Caleb이 자기 집을 스스로 지은 사실을 매우 자랑스럽게 여긴다는 것을 알게 되었다. 물론 그는 자신이 부적절한 말이나 행동을 할까 봐 대부분의 시간을 자기 집에서 살지 않았지만, 나는 이것을 그의 강점으로 보기로 하였다.

치료자: 그럼, 당신은 이미 당신의 고민거리와 관련하여 몇 가지 방법을 알고 계시군요. 당신이 하고 싶지 않은 말을 하지 않기 위해서 부모님을 옆에 계시도록 하고, 당신을 더 힘들게 할 수도 있는 상황으로부터 벗어나기 위해 자신을 지키고 있군요. 그 밖에 또 무엇을 하고 있습니까?

Caleb: 음, 전화기를 집 밖에 둬요. 그럼으로써 제가 집 안에 있을 때 뭔가를 하지 않게 할 수 있죠.

치료자: 정말이요? 매우 똑똑하시네요.

이러한 행동은 강점이라기보다는 어떤 병리의 증거로 보는 것이 더 쉬울 것이다. 그러나 나는 우리가 해결 구축을 위한 대화로 계속 나아가기 위하여 이것을 강점으로 보기로 하였다. 또한 나는 Caleb에게 '똑똑하다'고 함으로써 내가 그를 가르치려고 하는 것은 아닌지 나 자신을 검증해야 한다. 그와 그의 어머니는 미소 짓고 있었지만, 나는 나 자신에 주의해야 한다. 우리의 생각(Caleb의 발달 수준에 관한 것)은 우리의 말 속에 은연중에 드러나기 쉽기 때문이다.

치료자: 이 문제를 해결하기 위해 그 밖에 또 무엇을 해 보셨나요?

Lucy: 그 밖에 또 무엇을 해야 할지 잘 모르겠어요. 그래서 선생님을 뵈러 왔어요.

치료자: 그것은 두 분이 언제 도움이 필요한지 잘 알고 계시다는 소리네요. 좋아요.

Caleb: 그런가요? 네. (다시 안심한 듯 보인다.) 저는 아버지가 제가 쓴 보고서를 읽어 보시는지 확인해요. (Caleb은 더 많은 해결책에 대해 열심히 도움을 주었다.)

치료자: 다른 질문이 있어요. 자신을 믿는 것에 어려움이 있다고 하셨죠? 하지만 제가 보기엔 당신이 믿을 만한 사람이라는 것을 보여 주는 것들이 많이 있는 것 같아요. 당신 자신을 '믿을 수 있는' 때가 있다면 언제입니까?

Caleb: 아, 말하기 어려운데…… (Caleb과 Lucy는 Caleb이 스스로를 믿을 수 있을 때와 부모가 Caleb을 믿을 수 있는 때에 관하여 계속 이야기하였다. 이는 그들이 예외를 알아차릴 수 있음을 보여 주는 것이며, Lucy가 Caleb의 '잘못'된 점을 아는 것보다 그의 능력을 지지해 주는 것에 더 많은 관심이 있음을 보여 주는 것이기도 하다.)

이제 회기의 마무리에 가까이 와 있다. 나는 Lucy와 Caleb에게 우리가 이야기한 것에 관하여 생각해 보도록 하고, 나의 동료들이 상담을 관찰하고 어떻게 생각하는지 듣기 위해서 종종 짧은 휴식 시간을 갖는다고 말해 주었다. 이런 휴식 시간은 물리적으로 상담실을 떠남으로써 가질 수도 있고, 단순히 뒤편에 앉아서 내담자들과 나 자신을 분리한 후 내가 적어 놓은 노트를 보면서 할 수도 있다. 때로는 내담자들에게 휴식 시간을 갖기 전에 나에게 더 하고 싶은 말이 있는지 물어보는 것도 유용하다. 하지만 Lucy와 Caleb의 경우 회기를 마무리할 시점이 너무 가까웠고, 나에게 또 다른 상담 약속이 있었기 때문에 그렇게 하지는 않았다. 그들이 문제에 관한 이야기와 자세한 설명으로 쉽게 빠질 것으로 생각되었고, 충분한 정보를 얻었으므로 나는 이 즈음에서 첫 회기를 끝내도 된다고 생각하였다.

치료자: (몇 분 후) Caleb, 저는 이런 힘든 상황에서 당신이 보여 준 강점과 당신의 능력에 감명을 받았다고 말해 주고 싶어요.[2] 가족 사업에서 당신은 중요한 존재이고, 당신의 집을 스스로 지었어요. 우리도 집을 짓긴 했지만 제가 지은 것은 아니고… 아무튼 저는 그것이 쉽지 않은 일이라는 것을 알아요.

Lucy가 끼어들어 집 짓는 것과 관련된 이야기를 하였다. 그녀는 Caleb이 스스로를 믿고 결정한 일들에 대하여 말하고자 하였으나 동시에 자신도 뭔가 기여를 하고 싶어 하였다.

치료자: Caleb은 자신의 문제가 가족 사업에 나쁜 영향을 줄까 봐 걱정하고 있어요. Caleb이 어떤 사람인지 잘 알 것 같아요.

Caleb은 미소 짓고, Lucy는 고개를 끄덕인다.

치료자: 마지막으로, 저에게 어려운 문제에 대해 말씀하셨는데, 누구나 매우 걱정할 만한 문제이지만 동시에 그 문제를 도울 수 있는 몇 가지 일들을 당신이 이미 하고 있어요. 이것은 당신이 이 문제를 곧 멈추고 삶을 잘 살아갈 수 있다는 것을 의미한다고 생각합니다. 자, 1부터 10까지의 척도에서, 10은 이 문제에서 완전히 자유로워지는 것을 의미하고, 1은 그 반대를 의미할 때, 지금 당신은 몇 점에 있다고 생각하십니까?

나는 그의 어려움에 관하여 여러 가지를 알아내고 싶었으나, 그 문제에 관한 전반적인 그림을 그리는 데 도움이 될 만한 무언가를 원했고 그들에게 척도 질문을 소개하고 싶었다.

Caleb: 재미있는 질문이네요. 저는 제 자신이 3 또는 4점에 있다고 하겠습니다. 이 문제가 매우 걱정스럽기는 하지만, 도움이 되는 몇 가지를 시도해 왔으니까요.

치료자: 이 문제를 곧 멈출 수 있을 것이라는 자신감이 얼마나 되죠? 10점은 완전히 100% 자신 있는 거예요.

Caleb: 오늘 이전에는 6점이라고 할 수 있는데, 지금은 8 또는 9점인 것 같아요. 곧 이 문제를 해결할 수 있을 것 같아요.

치료자: 좋아요, 걱정으로부터 얼마나 자유로운가에 대해서는 3점이나 4점이고요, 이것을 고칠 수 있는가에 대해서는 매우 자신이 있군요. 그럼 4점이 되었을 때, 그때는 어떻게 알 수 있을까요?

Caleb: 음… 4점이 되면 전화기를 집 안에 들여다 놓고요, 제 집으로 이사를 갈 것 같습니다.

치료자: 와! 그게 4점인가요, 아니면 그보다 높은 점수인가요?[3]

Lucy: 더 높다고 생각하는데요… 큰 변화라고 생각해요.

Caleb: 예, 맞아요.

치료자: 그럼, 좀 더 작은 단계로 한다면 무엇이 작은 변화일까요?

Caleb: 전화로 무엇을 이야기할지 적어 놓을 것 같아요. 그게 도움이 될 것 같습니다.

Caleb은 작은 변화가 일어났을 때 어떻게 달라질 것인가에 관한 그림보다는 전략에 대해 생각해 냈다. 때때로 치료자는 내담자가 대답하기 전까지 자기가 무슨 질문을 했는지 잘 모른다. 나에게 이것은 Caleb이 이미 열심히 노력하고 있으며,

나는 단지 그를 안내할 뿐이라는 것을 의미한다. 나는 그를 방해하지 않도록 주의해야 한다.

치료자: 좋아요, 다음 상담에 또 오시겠습니까? 그렇다면 다음 상담 약속을 잡고, 그런 다음 제가 과제를 하나 드릴게요. (나는 내담자가 다시 상담에 올 거라고 결코 단정하지 않는다.) 두 분이 들어 보시고 그것이 도움이 될 것 같은지 한번 생각해 보셨으면 합니다. 도움이 될 것 같지 않다면 우리가 함께 다른 것을 생각해 보기로 하죠. (Caleb과 Lucy 둘 다 고개를 끄덕임). 이번 주에, 그러니까 다음 주에 저를 만나러 오시기 전까지 두 분이 이 문제에 대해 걱정하지 않는 때가 있는지 조금 더 알아오시기 바랍니다. Lucy, 당신과 남편이 그리 크게 걱정하지 않는 때가 언제인지 알게 된다면 도움이 될 것 같나요? 그러면 다음 상담에 오셨을 때 우리에게 다음 단계를 위해 무엇을 해야 하는지 아이디어가 생길 것 같습니다.

Caleb: 엄마도 오셔도 되나요? 저는 엄마가 여기 계실 때 더 편안한 것 같아요. 물론, 엄마가 안 계신 것이 더 나은 때도 있을 테지만요…….

치료자: 그것은 당신에게 달렸어요. 누가 상담에 올 것인지 당신이 결정하세요.

나는 '첫 회기 과제 공식'(formula first session task)을 주고자 하였다(de Shazer, 1982). 첫 회기 과제 공식이란 내담자가 다음 회기까지 그들이 원하는 일이 일어나고 있는지 알아 오도록 하는 것이다. 나는 이 과제가 특히 좌절에 빠진 부부나 관계 절망에 빠진 사람들에게 효과적이라고 생각한다. Caleb과 Lucy는 준비되어 있었고, 앞으로 나가고자 하는 것을 느낄 수 있었다. 그들은 이미 예전과 다르게 생각하기 시작하였고, 문제를 이해하려 하기보다는 예외와 해결책에 관하여 살펴볼 때 자신들이 문제에 어떻게 접근하는지 구체적인 아이디어를 얻고자 하였다.

두 번째 회기

매 회기를 시작할 때 나는 무엇이 더 좋아졌는지에 관하여 묻는 것을 좋아한다. 우리는 어떤 다른 일에 대해 이야기할지도 모른다. 그러나 내담자는 문제에 대해 이야기하기를 기대하며 상담에 오는 경향이 있다. 그래서 나는 우리가 어떤 좋지 않은 일뿐만 아니라 좋은 일에 대해서도 이야기할 것이라는 분위기를 조성하는 것이 효과적이라고 생각한다.

Caleb: 뭐가 좋아졌냐고요? 음, 즐거운 한 주를 보냈어요. 사실 돈을 좀 벌었어요! (웃음)

Lucy: 네, 즐거운 한 주를 보냈어요. 그리고 Caleb은 즐거운 휴가를 보냈고요.

Caleb: 네, 이번 주는 좀 더 쉬웠던 것 같아요. 제가 생각할 시간을 갖고, 심지어 먼저 전화를 건 적도 있어요. 그리고 전화에 집중할 수 있었고요. 한 가지에 집중하니까 쉬웠어요. 그래서 스트레스도 줄었고요.

치료자: 와, 좋은 일들이 많았던 것 같네요.

Caleb: 네, 저도 그렇게 생각해요.

그러고 나서 Caleb은 무엇이 자신의 문제에 '해결의 빛'을 던져 주었는지 이야기하였다. 그는 약 1년 6개월 전에 인터넷에서 음란 동영상을 보게 되었는데, 이것은 그가 가진 종교에서는 금기시하는 일이었다. 한번은 그가 음란 동영상을 보는 중에 전화를 받게 되었고, 전화를 끊고 나서 그는 자신이 성적인 생각을 하고 있었기 때문에 통화 중에 뭔가 부적절한 말을 하지는 않았을지 걱정하게 되었다. Caleb은 부부 관계를 제외하고는 성적인 생각을 갖는 것이 부적절하다고 여겼기 때문에 매우 고민하기 시작하였다. 집에 설치한 인터넷을 해지하였지만, 그의 걱정은 점점 더 심해져서 마침내 혼자서 보내는 시간을 거의 없애고 자신이 믿을 수 있는 사람들, 특히 부모와 많은 시간을 보내게 되었다.

이런 구체적인 정보를 제공하는 것은 Caleb에게 매우 중요한 일인 것처럼 보였다. 그는 나의 반응을 살피는 것 같았는데, 나는 이미 이런 종류의 일이 그를 괴롭히는 것으로 짐작하고 있었기 때문에 그다지 놀라지 않았고 당연히 충격을 받지도 않았다. 나는 이런 일에 비판적이지 않기 때문에 계속해서 다음과 같이 말했다.

치료자: 그것에 관해 이야기해 주어서 고마워요. 물론 말하기가 쉽지는 않았을 거예요. 저는 이미 그런 것일 거라고 짐작했었습니다. 저는 그 일에 대해 걱정하지 않아요. 제가 여기서 당신을 돕고자 하는 것은 당신이 해결책을 찾아서 더 이상 걱정하지 않는 것입니다. 그래도 괜찮겠죠?

Caleb: (안도하는 목소리로) 네.

Lucy: 아들이 선생님에게 이야기해야만 한다고 생각했나 봐요. 말하자면, 투명하게 하자는 거죠. 아들이 그것에 대해 걱정했거든요.

치료자: 음, 다른 사람들은 그것에 대해 우려할 수 있겠지만, 저는 그것에 대해 우려하지 않습니다. Caleb, 그래서 인터넷을 끊고, 그것에 대해 두려워하지 않고, 안전하게 자신을 지키기 위해서 다른 일에 집중하셨다고 했죠?[4] 잘하셨어요! 어떻게 그렇게 하셨죠? 무엇 때문에 그렇게 할 생각을 했나요?

Caleb: 음, 그때는 그렇게 하는게 그냥 논리적이라고 생각했어요. 이제는 제 집에 더 많이 있고 싶어요. 부모님이랑 함께하는 것이 싫다는 뜻은 아니고요.

Lucy: 물론이지…….

Caleb: …제 삶을 살고 싶어요.

나에게는 Caleb이 자신의 삶을 살고 싶다고 하는 말은 문제보다 해결책을 찾을 준비가 되어 있다는 것을 의미한다. 그러나 아직 Lucy는 확실하지 않다.

치료자: Lucy, Caleb이 자신의 삶을 살고 싶다는 말이 당신에게는 어떻게 들리나요?

Lucy: 네, 저는 아들이 자기 집에서 살아야 한다고 생각해요. 아들이랑 같이 있는 게 싫은 것은 아니지만 우리도 다른 해야 할 일들이 있잖아요.

치료자: 당연히 그러시겠지요. 그럼 어떤 일들을 하실까요?

Lucy: 음, 만약 Caleb이 사업장에서 좀 더 편안해지면 저와 남편, 둘 중에 한 명이 항상 거기에 있어야 할 필요가 없잖아요. 그러면 짧게 여행이라도 가겠죠. 사업이 나쁜 편이 아니니 남편이랑 둘이서 며칠 정도 휴가를 갈 수 있을 거예요.

치료자: 정말요? 이렇게 오랫동안 일하셨으니 제 생각엔 두 분에게 그럴 자격이 있는 것 같습니다.

Lucy: 오랜 기간이었죠. 남편은 좀 쉬어도 돼요. 그도 Caleb을 가까이서 도와주는 것을 싫어하지는 않지만, 다른 일을 하는 데에는 방해가 되기도 하니까요.

Caleb: 네, 부모님이 하고 싶은 일을 항상 하지는 못하시는 것을 알아요. 마치 제가 사람들과 통화할 때 두 배의 책임을 느끼는 것처럼 말이죠.

나는 이 시점이 기적 질문을 사용하여 재빨리 그림을 정교화할 수 있는 타이밍이라고 보았다. 나는 여러 가지 이유로 기적 질문을 사용하는데, 그중 하나는 내담자가 문제에 갇혀 꼼짝 못하고 있을 때 목표에 관하여 생각할 수 있도록 돕기 위해서다. 이 사례의 경우, 나는 Lucy와 Caleb 둘 다 문제에 갇혀 있기보다는 준비가 되어 있다고 보았기 때문에 한 단계 더 나아가기 위하여 기적 질문을 사용한다.

치료자: 제가 이상한 질문을 하나 할게요. 괜찮으시죠? (둘 다 끄덕임) 만약 오늘 평상시처럼 여러분이 자신의 일로 돌아가 저녁을 먹고, 무엇을 하시든 편안하게 쉬시고, 그다음 잠자리에 들었다고 가정해 보세요. 그런데 밤 사이에 기적이 일어나서 여러분을 상담에 오게 만든 그 문제들이 사라졌습

니다. 바로 그거예요! 아침에 여러분이 일어났을 때, '와… 기적이 일어났나?' 하고 생각하게 만드는, 첫 번째로 여러분이 눈치챌 수 있는 것은 무엇인가요? (침묵함. 이 이상한 질문에 대해 내담자들이 대답하기까지 종종 몇 분이 걸리기도 한다.)

Caleb: 음, 제가 처음으로 볼 수 있는 것은 제가 저의 집에 있는 것입니다. 부모님 집에서 잠을 자지 않았을 것 같아요.

치료자: 그래요! 그 밖에 또 뭐가 있나요?

Caleb: 음, 아마도 사업장에서 전화 통화를 한 다음, 내가 말한 것에 대해 걱정하지 않고 있겠죠. 부모님이 제가 통화할 때마다 듣지 않아도 되고, 제가 인터넷할 때도 보지 않으시고…….

Lucy: 네, 남편이랑 제가 Caleb에 대해 걱정하지 않고 평범한 하루를 보낼 수 있을 것 같아요.

치료자: 아드님이 전화 통화 중에 무슨 말을 할까 봐 걱정되시나요?

Lucy: 아니요, 우리는 아들이 화가 날까 봐 걱정하죠. 아들은 부적절한 말을 한 적이 한 번도 없거든요.

치료자: 와, 그러니까 Caleb이 화도 안 내고, 또는 어머니께서 그렇게 많이 도와주시지 않아도 자신의 삶을 살 수 있을 것이라고 생각하시는군요?

Lucy: 네.

치료자: 그렇군요. 그럼 그 대신에 그는 무엇을 하고 있을까요?[5]

이 질문은 예외로 가기 위해 좋은 시작 질문이다. 그다음 나는 기적 질문과 예외(예외가 현재 조금이라도 일어나고 있는 때, 그리고 그것이 내담자에게 어떤 변화를 가져오는지)를 연결하고자 한다.

우리는 문제에 관한 이야기에서 매우 잘 빠져 나오고 있었다. 때때로 초심 해결중심 치료자는 문제에 관한 이야기는 절대로 해서는 안 된다거나 내담자가 결코 문제에 관하여 이야기하게 두어서는 안 된다고 생각한다. 나는 예외 질문이 때로는 내담자의 문제에 너무 많은 초점을 둔다는 것을 발견하였다. "문제가 일어나지 않는 때는 언제인가요?"는 여전히 문제에 관하여 질문하고 있다. 예외 질문은 문제가 일어나지 않는 때뿐만 아니라 문제가 일어나지 않을 때 내담자의 삶이 어떻게 다른지에 대한 대화가 이루어지도록 돕는 것이어야 한다.

Caleb: 아마도 제 자신의 삶이 있겠죠! 항상 가족과 있는 대신에 친구들과 함께 있을 거고요. 제가 원하는 것처럼 아내와 자식들도 있을 거고요.

치료자: 아내와 자식들도 있고… 멋지네요. 당신에게 아내와 자녀들이 있다면, 부모님은 무엇이 달라진 것을 보게 되실까요?

Caleb: 부모님은 손자가 셋 있는데 먼 지역에 살아서 자주 못 보세요. 그러니까 저에게 아내와 자식이 있다면 부모님은 저와 함께 있기보다는 좀 더 자주 손자들을 만나러 가실 수 있겠죠. 저는 제 가족으로 바쁠 테니까요! (미소 지음)

치료자: 그러면 부모님을 자주 보지 못할 텐데, 그것이 괜찮으신가요?

Lucy: 그럼요. 우리가 자주 못 볼 정도로 그렇게 멀리 살지는 않을 거예요. 사업도 계속 같이할 거고요.

치료자: 좋아요, 아드님에게 아내와 자녀가 있고, 자기 집에서 살고, 또 가족 사업도 같이하실 거고요. 신나 보여요. 아드님의 이런 모습을 마지막으로 본 게 언제죠?

Lucy: 확실하지는 않지만, 아들이 친구와 여행을 가려고 차를 빌렸던 때가 마지막이었던 것 같아요.

Caleb: 아마 맞을 거예요. 제가 지금은 그다지 사교적인 삶을 살고 있지 않거든요.

문제가 해결되었을 때에는 어떨 것 같은지 좀 더 자세한 질문을 할 수도 있었지만, 내가 묻기도 전에 내담자들은 나보다 앞서가고 있었다. 기적이 일어나게 하려면 어떤 행동을 취해야 하는지 명확하지 않을 때에는 기적이 일어난 날에 대해 작고 구체적인 내용들을 묻는 것이 효과적이다. 이러한 질문들은 내담자에게 모든 것이 실패한 것은 아니며, 조금 더 나아질 수 있고, 이미 조금 더 나아지고 있으며, 더 많이 나아질 수 있다는 것을 알게 해 준다. 이 사례의 경우 내담자는 장기적인 목표에 대해 확신을 가지고 있었으며, 잠재적인 다음 단계에 대한 실마리도 가지고 있다. 그러나 나는 조심스러울 필요가 있으며, '사교적인 삶'을 사는 것이 쉬울 것이라고 가정하지 않는다.

치료자: 사교적인 삶이 필요하다고요? 그 목표를 향해 나아간다면 첫 번째 단계는 무엇이 될까요?

Caleb: 제 친구들과 다시 연락하고, 교회도 다시 나가야 하겠죠. 제 말은, 일요일에는 부모님과 함께 있는 대신에 말이죠.

Lucy: 그렇게 해도 돼. Ben에게 전화해서 뭘 함께하자고 하렴.

Caleb: Ben이랑 자주 어울려 다녔죠. 보트 타러 갈 수도 있고…….

Caleb은 문제와 관련되지 않은 해결책을 찾아냈다. 그러나 Caleb이 친구와 전화통화를 하는 것이 어려움이 될 수 있을 것이라는 생각이 들었다. 하지만 Caleb은 이 문제에 주목하지 않았고, 또 그가 문제에 주목하지 않는 한 나는 문제에 초점을 두는 이야기를 하지 않는다. 왜냐하면 그것은 나중에라도 언제든지 확인할 수 있기 때문이다.

치료자: 이 친구와 많이 어울렸다고요?

Caleb: 네.

Lucy: 초등학교 때부터 친구예요. (Caleb은 친구와 어울렸던 시절에 대해 이야기를 시작한다.)

치료자: (부드럽게 가로막으며) 그래서 Ben과 오랫동안 친구였군요. Caleb, 이게 당신이 할 수 있는 일인가요? 그것이 어떻게 도움이 될까요?

Caleb: 음, 저에게 좀 사교적인 삶이 있고 데이트를 하고 아내가 생긴다면, 성적인 생각은 그다지 문제가 안 될 것 같아요. 무슨 의미인지 아시죠? 제가 말하고 싶은 것은…….

치료자: 물론이죠, 아내가 있으면 인터넷이 필요하지 않고 그렇게 스트레스 받지 않겠지요.

Caleb: 맞아요. 친구가 있으면 도움이 되고, 그럼 데이트도 하고 지금보다 스트레스도 덜 받고요. 제가 전화로 말한 것에 대해 그렇게 걱정할 시간도 없을 거고요.

Lucy: Ben한테 보트 타러 가자고 해 봐.

Caleb: 알았어요. 물론 보트를 준비해 두어야 하겠지만, 또 그 일에 집중할 수 있으니까요. 참, 게다가 보트가 저의 집에 있어요! (웃음)

치료자: 좋아요, 잘 됐군요. 이제 잠시 휴식 시간을 가지려는데 괜찮죠? 저한테 또 말씀하실 게 있나요?

이 질문은 문제 중심의 대화로 흐르게 하기 쉽다. 그러나 다행히 그들은 그렇게 하지 않았고, 그것은 좋은 신호다.

치료자: (몇 분 동안 생각하는 시간을 가진 다음) 두 분께 제가 얼마나 깊은 인상을 받았는지 말씀드리고 싶어요. 처음 오셨을 때 걱정을 많이 하셨던 것을 생각해 보면, 두 분은 이미 좋은 해결책을 찾아내신 것 같아요. 1부터 10까지의 척도에서, 1은 가장 걱정이 되는 때를, 10은 걱정이 없는 때를 의미한다면, 누구도 항상 10이 될 수는 없지만요, 몇 점에 있다고 하시겠어요?

나는 Lucy와 Caleb이 말하는 내용이나 목소리로 볼 때 서로 다른 점수에 있을 것으로 생각하였다. 그러나 나의 직감대로 그들이 서로 다른 점수에 있기 때문에 이런 척도 질문이 그들의 문제를 드러나게 할까 봐 두려워하지는 않는다. 또한 이 척도 질문이 우리의 대화를 어디로 끌고 갈지 몰라서 약간 걱정되기도 하지만, 그들이 나와 고객/치료자 관계에 있다고 확신하고 있었기 때문에 이 질문에 대한 대답을 해결을 구축하는 데 사용할 수 있을 것이라고 생각하였다.

Caleb: 아, 잘 모르겠어요. 아마도 4점?

Lucy: 저는 4점이나 5점이라고 할래요.

치료자: 4점이나 5점이요? 와, 먼 길을 오셨네요.

Lucy: 아, 예. 그동안 남편과 저는 Caleb의 문제에 너무 집중해 있어서 아들이 가지고 있는 잠재력에 대해서는 잊어버리고 있었어요.

Caleb: 음, 확실하지 않아서 말 안 했는데요… 이번 주에 부모님이 안 계실 때 전화 통화를 할 일이 몇 번 있었는데, 그냥 했어요.

치료자: 정말이요? 와, 어떻게 그렇게 하셨죠?

Caleb: 음, 그냥 말해야 할 것들을 적어서 집중하고 다른 것들은 무시해 버리니까 그렇게 산만한 생각이 안 들었어요.

Lucy: 언제 그랬니?

Caleb: 며칠 전에 엄마가 가게에 나가 있을 때 전기 기사와 통화할 일이 있었어요.

치료자: 집중하려고 애쓰셨군요. 와, 전화한 다음에 그것에 대해 걱정되지 않았어요?

Caleb: 음, 조금은 그랬어요. 하지만 다른 일로 나 자신을 바쁘게 만들어 그것에 대해 생각하지 않았어요. 제가 뭔가 끔찍한 말을 했다면 다른 사람들이 저에게 말했을 거라고 생각했어요. 그들과 거의 15년 동안이나 일해 왔거든요. 그 사람들은 제가 잘 알아요.

SFBT에서는 이와 같은 즉각적인 언급을 바람직한 변화를 의미하는 것으로 본다. 나는 항상 내담자가 바람직한 것에 대해서 이야기할 때 주의 깊게 본다. 왜냐하면 내가 바람직한 것을 듣기를 원한다는 것을 내담자가 알기 때문이다. 따라서 내가 묻지 않았는데도 내담자가 예외와 변화에 대해 이야기하는 것은 좋은 신호다.

치료자: 와, 잘하셨어요. 그걸 망치고 싶지 않으니까 저는 어떤 제안도 하지 않을게요. 당신이 보기에 다음 단계는 무엇이라고 생각하시나요?

Caleb은 분명 앞으로 더 나아갈 준비가 되어 있었다. 나는 어떤 제안을 함으로써 그를 방해하고 싶지 않았다. 그가 반드시 그것을 따라야 한다고 생각하거나 그가 원하는 것과는 다른 방향으로 그를 이끌 수도 있기 때문이었다. 그에게는 나의 의견이 필요해 보이지도 않았다!

Caleb: 음, Ben에게 전화를 해야 할 것 같아요. 보트를 준비하고요. 하지만 언제 보트 타러 갈 수 있는지 먼저 전화를 걸어야겠죠. 그리고 보트를 호수까지 끌고 가려면 트럭도 준비해 놔야 할 거예요.

치료자: 혼자서요?

Caleb: 아, 아니요. Ben이 같이 트럭을 손볼 수 있는지 물어봐야죠. 그리고 운동도 해야 할 것 같아요. 많은 시간을 사무실에서 일하면서 달팽이처럼 느려졌어요.

치료자: 그것이 당신이 할 수 있는 일이군요? 그렇게 하면 4.5점이나 5점처럼 조금 높은 점수 같아 보일까요?

Caleb: 예, 그렇게 생각해요. 서두를 필요는 없지만, 뭔가 해야 할 필요가 있어요.

치료자: 좋아요, 파이팅하세요! 그럼 다음 상담에 오실 건가요?

세 번째 회기

치료자: 자, 이번 주에는 무엇이 더 나아졌나요?

나는 과제에 대해서 질문하지 않는다. SFBT에서는 좀처럼 그런 질문을 하지 않는다. 만약 그것이 도움이 된다면 그것은 대화 중에 나타나거나, 혹은 나타날 필요가 없을 것이다. 만약 그것이 도움이 되지 않는다 해도 그것은 대화 중에 나타날 것이며 우리는 그것을 유용하게 다루거나, 혹은 단순히 나타나지 않을 수도 있다. 때로는 내담자가 과제를 어떻게 수정해서 자신에게 더 유용하게 만들었는지 알아보는 것이 도움이 된다.

Lucy: 아들이 친구와 연락을 했어요.

Caleb: 그런데 제가 휴가를 받아서 가고 싶은 날에 Ben이 같이 갈 수 없어서 함께 가려면 시간이 좀 지나야 할 것 같아요. 하지만 보트는 고쳐 놨어요.

치료자: 정말요? 멋지군요. 그 밖에 또 무엇이 나아졌나요?

Caleb: 제 사촌이랑 스키 타러 가기로 했어요. 그리고 지난 토요일에 회사에서 파티가 있었고, 저도 참석했어요.

치료자: 와, 여러 사람이랑 계획을 세웠군요. 어떻게 그렇게 할 수 있었죠?

나는 '이끌어 내고, 확장하고, 반영/강화하고, 다시 시작하라(Elicit, Amplify, Reflect/reinforce, Start-over)'의 약자인 EARS(De Jong & Berg, 2002)가 정말 유용하다고 생각한다. 여기서 나는 성공을 좀 더 구체적으로 확장하고자 하였다.

Caleb: 음, Ben이 자기는 보트 타러 못 간다며 대신에 Craig가 스키 타러 가고 싶다고 하더니 아직 못 갔다고 말해 줬어요. 그래서 제가 Craig의 보트를 빌리거나 제 보트를 고치는 걸 도와줄 수 있는지 물어보려고 그에게 전화해서 보트가 작동하느냐고 물어봤어요.

치료자: 당신이 뭔가 나쁜 말을 할까 봐 걱정은 안 하셨군요?

Caleb: 전혀요. 만약 제가 그런 말을 한다면 그 녀석이 얼마나 빨리 제 엉덩이를 걷어차 버릴지 알고 있거든요. 그냥 일상적인 대화를 했어요. 스트레스는 받지 않았고요.

치료자: 일상적인 대화를 하셨군요. 일상적인 대화를 나눈 때가 또 있었나요?

Caleb: (자신을 향해 미소 지으며 고개를 끄덕이는 Lucy를 바라봄) 음… 어떤 회사에 전화를 해야 했는데, 어려운 전화라는 걸 알고 있었죠. 부모님은 두 분 다 안 계셨고, 저는 굉장히 집중해야 했어요. 아버지도 안 계시고…….
(Lucy로부터 꽤 긴 설명이 있었다.)

치료자: (중간에 가로막으며) …그래서 부모님이 오시기를 기다리거나 아니면 당신이 전화를 걸거나 해야 했다는 말이죠?

Caleb: 네, 그래서 제가 결심을 하고 전화를 했어요. 질문할 것과 문제점들을 적어 놓고요. 전화를 해서 그냥 이야기했어요.

Lucy: …Dell 삼촌이 방에 있었죠.

Caleb: 맞아요. 그런데 보통은 삼촌이 방에 계시면 제가 더 신경이 쓰여요. 왜냐하면 삼촌이 늘 저를 놀리시기 때문에…….

Lucy: 그는 모든 사람을 놀린단다. 아무튼 네 이야기를 계속해 봐. 그 밖에 또 무엇이 있었는지 선생님한테 얘기하렴.

Caleb: 네, 보통은 삼촌이 저를 굉장히 긴장하게 만들어서 신발 끈도 매기 어려워요.(웃음) 그런데 제 마음에서 삼촌을 쫓아내고, 삼촌이 말하는 걸 안 들으려고 라디오를 켰어요. 마침 아버지가 오셔서 같이 들어 주셨죠. 정말 중요한 전화라서…….

치료자: 그러니까 당신이 부적절한 말을 할까 봐 확인하려던 것은 아니군요?

Caleb: 절대로 아니고요. 제가 모든 것을 잘하고 있는지 확인할 필요가 있었던 것 뿐이에요. 아버지는 항상 망쳐 버리기 때문에 절대로 그런 전화는 못 하세요. 하지만 제가 집중하면 잘할 수 있다는 것은 아시죠.

치료자: 와! 정말 대단한데요! 어떻게 그 일이 쉬워진 거죠?

Caleb: 음, 제가 졸업한 학교의 보이 스카우트와 놀러 가기 전에 일을 해 놓고 싶었고, 그 일을 해 버리는 게 낫다고 스스로 결심했어요. 제가 무슨 말을 할지에 대해서는 그렇게 많이 생각하지 않고요.

치료자: 그래서 1부터 10의 척도에서, 1은 당신이 잘할 것이라는 자신감이 하나도 없는 것이고, 10은 당신이 전화로 잘 대화할 수 있을 거라는 자신감이 최고로 있는 것이라고 할 때, 그때는 몇 점이었죠?

Caleb: 그때 7점이었던 것 같아요.

치료자: 그럼, 지금도 그 점수인가요?

Caleb: 음, 그렇지는 않습니다. 나중에 그것에 대해 생각했을 때 겁이 났어요.

치료자: 그래서 어떻게 하셨죠?

Caleb: 아버지에게 그것에 대해 이야기했더니 아버지가 저더러 잘했다고 하셨어요. 아버지가 한 것보다 제가 더 잘했다고…….

Lucy: 그래, 네가 잘했어.

치료자: 좀 혼란스러운데요. 전화를 잘했다고 하신 건가요, 아니면 뭔가 나쁜 말을 하지 않았다는 점에서 잘했다고 말씀하신 건가요?

Caleb: 아! 전화를 잘했다는 뜻이에요. 제가 나쁜 말을 하는지 안 하는지는 전혀 생각하지 않으신 것 같아요. 저도 그것에 대해서는 아주 나중까지 생각해 보지 않았어요. 그래서 아마도 그때 8점이었던 것 같아요. 자만하고 싶지 않지만요. (미소 지음)

치료자: 자만한 거 아니에요. 하지만 여전히 조심해야 할 필요는 있겠지요. 다음 단계는 무엇이라고 생각하시나요? 기적이 일어난 날에 얼마나 가까워졌나요?

Caleb: 제 생각에는 약 5.5점인 것 같아요.

치료자: 그럼, 8점이라면 뭐가 어떻게 달라질까요?

Caleb: 다른 방에 사람이 있어서 제가 뭔가 나쁜 말을 하는지 들어 준다면 전화를 걸 수 있을 것 같아요.

치료자: 부모님 말인가요?

Caleb: 아, 아니요. 누구든 괜찮아요.

치료자: 그래요? 부모님께서 모니터링을 해 주시기를 원하는 줄 알았는데요.

Caleb: 음, 그랬었지만 지금은 꼭 필요한 것은 아닌 것 같아요.

치료자: 좋아요. 그 밖에 또 뭐가 있죠?

Caleb: 음, 머릿속에서 그렇게 많이 다시 재생시키지 않을 것 같아요. 만약 그렇게 되새김질을 하게 되면 그냥 다른 생각을 해 버리거나 다른 일을 바쁘게 하는 거죠. 만약 Dell 삼촌이 계시면 무슨 말을 하시든 그냥 무시해 버리려고요. 삼촌은 멍청해요.

치료자: 좋아요. 삼촌은 멍청해요. 당신이 8점일 때, 다른 사람들은 무엇을 알아차릴까요? 친구인 Ben이나 Craig는 무엇을 알아차릴까요? (이때 Lucy가 내 사무실을 둘러보더니 옆에 있는 책상에서 뭔가를 집어 들었다. 그녀가 지루한 것 같다.)

Caleb: 음, 그들은 제가 갖고 있는 이… 문제…에 관해서 모르기 때문에 그들이 눈치챌 수 있을지 모르겠어요. 하지만 다른 것들… 다른 대화 주제들에 대해서는 이야기할 수 있겠죠.

치료자: 네. 어떤?

Caleb: 어, 낚시나 보트, 보이 스카우트와 같이 여행 가는 것이나 TV 같은 것들이요. 보이 스카우트 여행 때문에 신이 나요. 제 사교 기술에 도움이 될 것 같아요.

치료자: 맞아요. 제 생각엔 당신이 보이 스카우트 리더에게 초대를 받기 위해서는 뭔가 사교적인 일을 했을 것 같은데요. 아마도 누군가 당신이 남자아이들에게 좋은 역할 모델이 될 거라고 생각한 것이 틀림없어요.

Caleb: (웃음) 그게 확실한지는 모르겠지만, 아마 같이 가 줄 사람이 없었던 모양이에요.

치료자: (같이 웃음) 아마도요! 하지만 그들이 당신에 대해 걱정되는 부분이 있다면 같이 가자고 하지는 않았을 것 같아요.

Caleb: 아마도 그랬겠죠. 그랬다면 누가 저에게 그런 요청을 했겠어요?

Caleb은 이제 자신의 말이나 행동에 대해 걱정하고, 걱정한다는 사실에 또 걱정하기보다는 자신의 강점과 가능성에 초점을 둠으로써 잘하고 있었다. Lucy도 아들에게 여전히 주의를 기울이기는 하지만 그렇게 간섭하지는 않는다. 내가 그녀를 훈련시켰기 때문인지, 아니면 아들을 걱정하느라 그녀 자신의 삶을 얼마나 잊고 지내왔는지 깨닫게 되었기 때문인지, 혹은 자신의 삶에서 아들의 삶을 분리시킨 것인지 알 수는 없지만, 그것은 중요하지 않다. 그들의 목표가 눈에 보이는 한 그들이 서로의 삶에 얼마나 관여하고 있는지 나는 개의치 않는다.

나는 Caleb과 무엇을 보면 그가 사교적인 기술이 있는지 알 수 있을지, 그가 자신의 삶을 잘해 나가기 위해 가지고 있는 자원은 무엇인지에 대하여 이야기를 나누었다. 그리고 이것이 기적이 일어난 날의 모습과 어떻게 같은지, 그리고 그의 목표와 자신감 점수가 향상되는 데 어떻게 도움이 되었는지, 그래서 그가 목표를 향해 얼마나 나아갈 수 있을지, 그리고 그가 자기 자신을 얼마나 믿을 수 있는지에 관하여 질문을 계속하였다.

치료자: 그래서 다음 단계는 무엇인가요? 다음 상담을 하시겠어요?

Caleb: 네, 그런데 여행을 가잖아요…….

치료자: 저도 휴가를 갈 거예요…….

Caleb: 그래서…….

치료자: 그럼 한 달 쯤 후에 결정하면 어때요? 그때 검토해서 어떤지 살펴보고, 상세한 것들을 조정하고, 그다음에 당신이 원하는 것이 무엇인지 생각해 보는 것이 어떻겠습니까?

Caleb: 좋습니다. 어머니가 저랑 함께 오셔야 하나요?

치료자: 당신이 결정하세요. 자, 그럼, 이제 저에게 생각할 시간을 좀 주세요.

Caleb: 좋습니다. (내가 노트를 들여다보는 동안 Lucy와 Caleb은 인내심 있게 기다렸다.)

나는 Caleb의 변화에 흥분되었지만, 혹시 내가 너무 성급하게 구는 것은 아닌지 확인하여야 한다. 때로는 내담자보다 내가 더 많이 향상되었다고 생각하기 쉽다. 치료자는 용기를 주어야 하지만 동시에 현실적이어야 하는 것, 그것이 치료자가 줄타기를 해야 하는 부분이다. 나는 Caleb이 새로운 시도를 했다가 실패하게 되는 것을 원치 않는다. 물론 그가 실패한다 해도 다시 잘해 내리라는 것을 알고 있다. 그래서 위험을 계산하고 Caleb에게 가장 긍정적인 것을 이끌어 내려고 하는 것이다.

치료자: 좋아요. 제 노트를 들여다보면서 정말 근사한 것을 발견했어요. (Caleb에게 나의 노트를 보여 주며) 모두 긍정적인 내용이에요. 굉장히 많은 일을 하셨어요. Ben과 연락하고, Ben이 시간이 안 되니까 Craig에게 전화를 하고, 업무를 위해 전화 통화를 했죠. 그리고 전화 통화를 하는 데 도움이 될 만한 것들을 알아냈고(의도적으로 강조함), 보이 스카우트 여행에 대해서도 생각하셨고, 그것이 자신의 삶을 살아가는 데 필요한 사교적인 생활에 얼마나 도움이 되는지 등등에 대해서도 생각하셨죠. 근사한 일들이 많아요. 그래서 지금 당신에게 해 줄 제안이 없네요. 당신이 무엇을 해야 하는지 잘 알고 계신 것 같아요. (Caleb은 자신의 구두를 보고 있는 어머니를 잠깐 보더니 고개를 끄덕였다.) 지금 당신은 7점이라고 하였지만, 8점이 되면 어떨지도 알고 있고요, 자신을 더 많이 신뢰하게 되었으며, 더 중요한 것은 자신과 자신이 할 일에 대한 자신감이 크다는 것입니다. 따라서 한 달 후에도 상담에 오고 싶으시다면…….

Caleb: 예, 제가 모든 것을 할 수 있다고 믿을 만큼 그렇게 자신감 있는 것은 아니지만…….

치료자: 맞아요, 너무 앞서 나가고 싶지는 않으시죠? 그래서 제 생각에는 당신이 이번 여행에서 무엇을 보면 자신의 사교 기술이 좋아지고 있는지, 사람들과 어떻게 이야기를 하고, 남자아이들에게 당신이 어떻게 하면 좋은 역할 모델이 되는지 잘 관찰해 오시면 도움이 될 것 같습니다.

Caleb: 네, 이번 여행에 어떤 남자 한 명이 같이 가는데, 그에게 그의 여동생과 같은 팀이 될 수 있게 해 달라고 부탁할 수 있을 것 같아요.

에필로그

Caleb을 만난 지 몇 개월이 지났을 때 그에게서 상담 약속을 잡기 위한 전화가 왔다. 그는 사업차 다른 지역에 가기 전에 상담을 받고 싶으며, 그때의 여행은 잘 진행되었고, 그것에 관한 이야기를 좀 더 하고 싶다고 하였다. 그래서 그와 상담 약속을 잡았지만, Caleb은 다시 전화를 걸어와 Ben, 그리고 Ben의 친구들과 함께 보트를 타러 간다며 이 약속을 취소하였다. 이때 통화에서 그의 부모가 휴가를 갔다는 것을 알 수 있었다. 그리고 그는 그의 부모와 함께 살고 있지 않으며, 그의 여동생이 부모와 함께 산다고 하였다. 드디어 Caleb과 그의 부모 모두 각자 자신들의 삶을 살게 된 것 같았다. 나는 Caleb이 어떻게 지내는지 매우 궁금하지만 전화를 걸지는 않을 것이다. 내가 그의 문제에 대해 염려하고 있다는 인상을 주고 싶지 않기 때문이다. 다만 그의 해결책에 대해 생각하며 미소를 지을 것이다.

주

1 대부분의 내담자가 질문에 순순히 대답하지만, 질문을 해도 괜찮은지 정중히 물어보는 것이 좋다. 그렇게 함으로써 우리의 생각보다 내담자의 생각이 더 중요하다는 분위기를 조성할 수 있다.

2 칭찬.

3 내담자가 작고 실행 가능한 변화를 이룰 수 있도록 돕는 것이 중요하다. 너무 빠른 변화는 오히려 좌절을 가져올 수 있다.

4 문제에 대한 내담자의 강점을 사용하고, 좀 더 구체적인 그림을 그리는 데 강점을 활용한다.

5 무엇이 없을 때보다는 있을 때에 관하여 묻는다.

참고문헌

De Jong, P., & Berg, I. K. (2002). *Interviewing for solutions* (2nd ed.). Pacific Grove, CA: Brooks/Cole.

de Shazer, S. (1982). *Patterns of brief family therapy: An ecosystemic approach.* New York: Guilford.

해결중심 단기치료의 한계, 오해 그리고 오용

Frank N. Thomas

이론을 채택한다는 것은 그 결과를 책임진다는 의미다.
John Ellis(1989)
『해체에 반하여(Against Deconstruction)』

모든 이론적 모델과 치료 전략은 본질적으로 한계가 있으며, 반복해서 적용할 때 불가능한 부분들이 나타나기 마련이다.
Duncan, Hubble, & Miller(1997)
『불가능한 사례에 관한 심리치료(Psychotherapy with 'Impossible' Cases)』

서 론

심리치료 분야의 전문가들은 아이디어에 관한 논쟁을 좋아한다. 학회와 인터넷 공간, 커피숍이나 술집, 슈퍼비전이나 수업 시간이 모두 토론의 장을 제공한다. 그리고 이러한 모든 환경이 해결중심 단기치료(SFBT)의 토론을 뒷받침해 줌으로써 새로운 이해와 실제가 형성될 수 있었다. 나는 모델과 실제 또는 이론이 건강하다는 좋은 지표는 지속적이고 정중한 대화가 이루어지는 것이라고 생각하며, 이 장을

이 장에 대한 조언과 비판을 준 Thorana Nelson, Lovi Thomas, Alasdair Macdonald, Jack Cockburn에게 감사를 전한다.

통해서 이러한 대화를 촉진할 수 있기를 희망한다.

여러분은 "신프로이트 학파보다 더한 프로이트 학파는 없을 것이다."라는 말을 들어 보았을 것이다. 불행히도, 이 말은 단기치료와 SFBT 분야에도 일부 적용된다. 이 말은 어떤 사람들이 다른 사람들을 소외시키거나 소외되는 사람들이 있다는 전제에서 나온 말이기 때문이다. Berg와 de Shazer의 추종자 혹은 동료라고 주장하는 사람들과 몇몇 SFBT의 선구자들은 경직된 기준과 융통성이 없는 이론적 구조를 주장해 왔다. 그리고 이는 SFBT에 관한 정의를 편협하게 만드는 결과를 낳았다.

나는 이것이 문제라고 생각한다. 나에게 심리치료 접근이란 가변성과 내구성이 있기 때문에 유용한 것이다. 즉, 상담자가 제기하는 질문에 답할 수 있고 이론적 통합성을 잘 유지하는 심리치료 이론이 훨씬 더 오래가기 쉽다고 생각한다. 하지만 어떤 이론들은 부정적인 증거에도 불구하고 지지할 만하지 않은 자신들의 이론에 대한 충성심만 요구하며 이론을 적용하는 데 있어서 치료자의 창의성을 제한하기도 한다.

이 장에서 나는 SFBT의 한계와 오해, 오용 및 윤리적 문제에 대하여 몇 가지 의견을 제시하고자 한다. 이 중 어떤 것들은 독자 여러분의 경험과 거리가 있는 것일지도 모른다. 혹은 여러분에게는 아무 관련이 없거나 문제가 되지 않는 것으로 이미 일축해 버린 것들일 수도 있다. 내가 제안할 의견 중에 어떤 것들은 해결중심 공동체에 솔직한 논쟁을 촉발할 수도 있을 것이다. 내가 바라는 것은 우리가 SFBT의 선구자들이 높은 곳에서 내려 주는 마지막 판정만 기다리고 있기보다는 모든 이해당사자들 간의 합리적인 토론과 서로를 존중하는 의견 교환을 통해 이론과 적용 둘 다에 긍정적인 변화를 가져오는 것이다. 이 장에서 내가 제시하는 어떤 한계점과 오용은 이 접근법을 상담에 활용할 때 적절히 사용되고 수정할 수 있는 것들이다. 반면, 어떤 것들은 SFBT의 이론과 실제에 대해 보다 본질적인 문제를 제기할 수도 있을 것이다.

제한점, 오용 그리고 오해

반드시 필요하지 않은 때에 행동하는 것
반드시 필요한 때에 행동하지 않는 것
부적절하게 행동하는 것
Watzlawick, Weakland, & Fisch(1974)

이 세 가지 기준은 30여 년 전 정신건강연구소(MRI)의 설립자들이 그들의 단기 문제중심 접근을 만들 때 쓴 단기치료 역사의 핵심적인 부분이다(Watzlawick et al., 1974). 나는 이것이 어떤 유형의 치료적 접근이든 그 효과를 평가하는 데 여전히 중요한 요소라고 생각한다.

SFBT가 첫 번째 기준('반드시 필요하지 않은 때에 행동하는 것')을 위배한다고 비판받는 경우는 거의 없다. SFBT는 최소주의를 지향하는 접근으로 가능한 덜 간섭하는 접근이기 때문이다. 사실 Nylund와 Corsiglia(1994)는 이 기준을 보다 확장하여 SFBT의 가정을 강요하거나 내담자 반응에 대해 보다 강렬하게 반응하는 접근을 비판하였다. 대부분의 SFBT 상담자들은 부적절한 행동에 대해 지속적으로 자기감독한다.

두 번째 기준('반드시 필요한 때에 행동하지 않는 것')은 어떤 상담 영역에서는 중요한 기준이다. 예를 들면, 항정신성 의약품 사용에 관한 논쟁이 지속되고 있는데, SFBT 치료자는 이러한 중요한 논란을 피하지 않는다. 비난받아야 할 것은 어떤 의약품이든 거부하는 태도다. 이러한 입장은 주요 윤리적 기준, 즉 "내담자의 자율성"(Kitchener, 1984, 2000)을 위배하는 것이다. 왜냐하면 항정신성 의약품 치료를 거부하는 주의를 가진 치료자는 내담자의 고지된 선택의 범위를 부당하게 제한하는 것이기 때문이다. 한편, 내담자에게 선택권을 고지하지 않고 치료의 일환으로 의약품 처방을 받도록 권장(때로는 강요)하는 치료자도 흔히 있다. 따라서 이 두 입장은 동전의 양면과 같다고 할 수 있다(그리고 똑같이 비윤리적이다). SFBT 상담자는 내담자에게 모든 가능한 선택권을 제공할 의무가 있음을 인식하고, 내담자가 SFBT로 얻는 것이 없거나 추가적인 요구(예를 들면, 법적 · 의학적 도움)가 있다면 이들을 적절한 곳(전문가)에 의뢰하여야 한다. SFBT는 효과적인 치료 모델이지만 만병통치약은 아니다. 어떤 상담자도 자신의 신념체계를 내담자에게 강요할 수 없다.

세 번째 기준('부적절하게 행동하는 것')은 단기치료 분야에서는 자주 제기되는 문제가 아니다. 이 기준의 경우, 심리치료 그 자체가 부적절할 수 있는 가능성에 대해 생각해 보아야 한다. SFBT에서는 방문자/불평가/고객의 관계(De Jong & Berg, 2002)를 이야기할 때 이 문제가 잘 드러난다. 어떤 치료자는 심리치료가 내담자의 요구나 기대에 부응할 수 있는 해결책을 거의 혹은 전혀 제시할 수 없음에도 불구하고 어떤 문제나 불평, 요구에 대해서도 심리치료가 적절하다고 믿는다. 이에 딱 맞아 떨어지는 예로 부부간 문제인 가정폭력 문제를 들 수 있다. 연구에 따르면, 무분별하게 부부상담이 제공되었을 때 폭력의 강도와 빈도가 오히려 증가할 수 있는 것으로 나타났다(Harway & Hansen, 1994). 가정폭력에 좀 더 효과적인 개입 방법은 같은 문제를 가진 사람들의 지지, 학대받은 배우자와 자녀를 위한 쉼터, 법적인 해결 등이다. SFBT 연구자들이나 다른 연구자들(Prochaska, 1999)도 성공적인 치료의 핵심은 바로 타이밍과 적절한 개입 방법이라고 지적하고 있다.

SFBT의 필수사항에 주목하라: 효과가 없으면 다른 것을 (혹은 다르게) 하라

우리 모두는 '확신의 모호한 명확성'(Tomm, 1991, p. 36)의 유혹에 넘어가기 쉽다. 때때로 나는 다양한 심리치료 접근을 쓰는 상담자들 중에 군국주의 혹은 근본주의자 같은 마음가짐을 가진 상담자를 만난다. 어떤 상담 접근을 배우는 동안 우리는 그 접근에 개인적으로 충성심을 갖게 되는데, 그것은 부지불식간에 우리의 인식에 편향과 선입견을 심어 준다. 어떤 접근에 능숙해진다는 것은 자기 자신과 그 접근, 혹은 둘 다에 과장된 특성을 부여하며 일반화하도록 이끌 수 있다. 나는 이것이 우리를 Dwayne Ford(2005)가 말한 '사고 없는 충성심'이라는 것에 빠지게 한다고 생각한다. SFBT를 배우고 있는 어떤 학생 상담자(그는 500시간 이하의 상담 경험을 가지고 있다)와 나눈 다음의 대화를 보자.

> 학생 상담자: 저는 이 지역 상담자들의 90%보다 상담을 잘합니다.
> 나: 자네는 아직 이 지역 상담자들의 90%를 만나지 조차 못했네.

Bill O'Hanlon(1990)은 "이론 역전이"(theory of countertransference)에 대하여 쓴 적이 있는데, 이는 치료자의 가정과 상담 실제가 내담자의 세계관 및 상담에 대한 기대와 상충할 때 발생하는 불협화음을 말한다. 즉, 치료자가 자신의 가정을 내담자의 가정보다 더 우월하다고 생각하는 유혹을 말하며, 그 대가는 매우 크다.

> 불행히도 치료자의 의도는 최선을 다하고자 하는 것임에도 불구하고, 치료자의 경험이 쌓이면 기술이나 방법에 의지하게 되는 것이 흔한 사실이다. 그러나 그 결과 상담은 고전을 면치 못하게 된다. 따라서 경험은 양날의 칼이다. 치료자가 실제에서 경험이 쌓이면 이전에 갖고 있던 융통성과 개방성은 없어진다.

이론에 충성하는 것—특히 치료적 접근에 대한 추론과 역사, 연구, 기타 비판적 시각을 넘어서는 충성—은 SFBT에 어떤 도움도 되지 않는다. 근본주의는 과잉 단순화와 진실을 특정 사람이나 시기에 제한하는 경향이 있다. 기독교 초기 2000년의 기록을 20세기 기독교 근본주의가 사실상 무시하였듯이(물론 성경의 영어 번역에 일부 수용된 것을 제외하고), 이 시대의 리더나 그들의 사인에 충성하는 것이 더 나아 보일 것이다(Grenz & Franke, 2001). 그러나 그 대가는 클 것이다. 다른 사고의 흐름과 역사적 전례들, 그리고 폭넓은 연구 결과를 무시하면서 어떤 한 접근에 지나치게 충성하는 치료자는 그 접근의 차단기를 과부하로 끊어지게 만들 수 있다. "아이디어에 그것이 감당할 수 있는 것보다 더 큰 현실을 얹게 되면 그 아이디어는 실패하기 마련이다." (Amundson, 2001, p. 186) SFBT에 관한 글을 쓰고 상담을 하는 전문가들 중 일부는 이러한 한계점을 인식하고, 우리가 접근에 집착하는 것을 내담자가 감수할 필요는 없다고 말한다. "좋은 해결중심 치료자는 만약 필요하다면 해결중심 모델을 포기하는 한이 있더라도 내담자의 소망과 독특한 협력 방식을 받아들일 만큼 충분히 융통성이 있어야 한다." (Sharry, Madden, & Darmody, 2003, p. 90)

> 내담자가 요구하는 변화에만 초점을 두는 치료자는 말하여지지 않은 것, 즉 내담자가 말하지 않은 다른 문제와 요구는 간과할 수 있다(Tyler, 1978).

Harlene Anderson(2005)은 심리치료 공동체가 가진 이해의 한계점에 대해 지속적으로 이야기해 왔다. 그녀는 상담에서 말하여지지 않은 것의 중요성을 강조하고, SFBT 치료자들에게 확실성의 입장이 아니라 계속 호기심을 보여 주는 자세(이 책의 1장 참조)를 견지할 필요성이 있음을 강조하였다. 한 시기에 중요해 보이는 것은 치료자가 가진 편견의 가공품일 수도 있다. 그리고 선택할 수 있는 것들을 빨리 닫아 버리는 것은 Kitchener(2000)의 윤리적 전제인 "비위해성" (nonmaleficence)을 위반하는 것일 수 있다. 왜냐하면 내담자에게 자신을 드러낼 충분한 시간과 공간을 우리가 허락하지 않는 것이기 때문이다. Bernard Malamud(1963)의 말을 바꾸어 표현하면, 당신이 잘못된 길로 접어들었다면 절대로 원하는 역에 도착할 수 없다.

질문의 초점이 좁으면 종종 인식도 좁아지게 된다. SFBT 치료자는 모든 상담 접근에는 내재된 한계점이 있음을 인식하고 내담자가 주는 피드백을 받아들일 공간, 즉 호기심의 공간을 비워 두도록 노력해야 한다.

낙관주의는 지나친 낙천주의 사고로 흐를 수 있다

Jack Cockburn과 나는 우리가 쓴 책 『능력 기반 상담(Competency-Based Counseling)』(Thomas & Cockburn, 1998)에서 낙천주의의 위험성에 대해 말한 적이 있다. 우리는 수많은 토론을 거쳐 이론적인 주의보다는 임상적 경험에 기초하기로 결론을 내렸다. 우리는 무엇이든 가능하다고 믿는 내담자와 치료자들을 수없이 만났다. 하지만 그 결과 그러한 믿음을 경계해야 한다는 충분한 증거를 발견할 수 있었다. 모든 사람과 상황에는 한계가 있다. 그러나 불행히도, 어떤 치료자와 내담자들은 그렇게 생각하지 않는다. 이런 경우, 생각했던 것과 달리 쉽게 손실이나 실패를 경험하게 되는 결과를 가져올 것이다.

De Jong과 Berg(2002)는 SFBT에서 목표는 '실제적인 용어'로 설정해야 한다고 하였다. 자신의 삶을 변화시키고자 하는 사람에게 그것은 가능한 일일까? 이 목표를 달성하면 내담자는 (예측할 수 있는) 결과를 얻을 수 있을까? 만약 내담자의 목표가 극단적이고 비이성적으로 보일 때 치료자는 내담자가 원하는 목표를 위해 상담할 수 있을까? 치료자는 자신과 배경이 다른 내담자가 자신이 처한 환경을 훨씬 뛰어넘는 변화를 가져올 수 있다고 믿을 수 있다. 그러나 아무리 내담자가 노력한다 하여도 종종 극복하기 어려운 언어, 민족, 신체적 한계, 성, 인종, 그리고 경제적인 문제와 관련된 환경적 장애는 있을 수 있다(문화에 대한 토론 절 참조).

병리는 실제로 존재할지도 모른다. 탈근대주의 치료자가 지식과 경험의 사회적 구성을 강조하는 것처럼 고약함과 추함, 사악함은 그것이 존재하지 않는다고 생각하거나 그런 경험들을 무시함으로써 없앨 수는 없다.

적은 것이 많은 것보다 낫지 않을 수도 있다(경제성의 법칙의 응용)

SFBT에 관한 많은 출판물이 경제성을 SFBT의 우월한 점이라고 제시한다. de Shazer(1985)가 "오컴의 면도날(Ockam's Razor)"(단순한 것이 효과적일 때에는 복잡한 것을 쓰지 말 것)을 통해 소개하였듯이, SFBT는 종종 단순성과 최소한의 개입을 자랑한다. SFBT의 다른 가정들도 이 경제성의 법칙과 긴밀한 관계에 있다. 예를 들면, 작은 변화가 또 다른 변화를 가져온다는 물결 효과 또는 눈덩이 효과(Måhlberg

& Sjöblom, 2004; McFarland, 1995; O'Hanlon & Weiner-Davis, 1989), 문제가 무엇인지 반드시 알아야 할 필요는 없다는 생각(Durrant, 1995), 그리고 경제적이고 최소주의적 접근을 먼저 쓰라는 믿음(de Shazer, 1988) 등이다.

SFBT는 가장 빠른 변화를 추구하는 과정에서 더 크고 더 포괄적인 문제, 그리고 변화로 가는 길을 눈감아 버릴 수도 있다. 수필가이자 생태환경주의자인 Wendell Berry(1981)는 좋은 해결책은 "새로운 문제가 계속 자라게 해서는 안 된다."고 하였다. 왜냐하면 "새로운 문제는 해결책을 제시한 방법의 범위 밖에서 일어나기(일어날 수 있기) 때문이다."(p. 135) SFBT를 주창한 사람들은 SFBT는 이론이 아니라 상담에서 일어난 내담자에게 도움이 되는 것들을 기술한 것이라고 반복해서 주장했었다. 그들은 왜 혹은 어떻게 라는 것에 대해 어떤 주장도 하지 않았다. 만약 이것이 맞다면 SFBT는 이론이 아니므로, 아마도 상담자는 한 맥락에서는 해결이지만 다른 맥락에서는 문제가 될 수 있을 때 지침이 되어 주는 더 폭넓은 이론을 채택하여야만 한다. 또한 나는 상담자가 SFBT의 발전에 관하여 더 많은 책을 읽어 보기를 제안한다. 그래서 상담자가 뼈대도 없이 단순히 기법만을 사용하도록 할 것이 아니라 이 접근을 사용하기 위한 맥락을 갖게 되길 바란다. 이 책에 있는 장들은 더 많은 것을 배우는 데 관심이 있는 사람들에게 풍부한 자료를 제공해 준다.

'오컴의 면도날'은—어떤 지침이 되는 아이디어이든—그냥 하나의 아이디어다. 그러나 불행히도, 어떤 사람들은 지침이 되는 원리로부터 융통성이 없는 규칙을 만들어 냈다. de Shazer 자신도 한때 이런 글을 쓴 적이 있다. "물론 어떤 접근법도 항상 효과적인 것은 아니다. …우리는 보다 복잡한 설명을 위한 은유 체계를 가지고 있어서 그것을 기초로 치료적 접근을 세우는 것이 우선되어야 한다. 최소한의 접근은 실패한다."(1988, p. 150) 내담자의 삶과 문제, 상담은 우리의 인식보다 더 복잡한 것일 수 있다. 우리가 깊은 생각 없이 내담자가 가져온 복잡한 것들을 무시한다면 내담자를 돕고자 하는 우리의 노력은 실패할지도 모른다. 왜냐하면 우리의 접근(혹은 접근에 대한 이해)이 우리를 눈멀게 하기 때문이다. 병리는 의학적인 것이며 대화를 통해 쉽게 다뤄지거나 변화될 수 없는 것일지도 모른다. 때로 우리는 이치를 벗어나는 자가 치료를 믿기 때문에 행동적 증상들을 실수와 똑같이 취급해 버린다(예를 들면, 아무리 운동을 열심히 한다 해도 낮은 갑상선 기능 때문에 발생하는 우울증이나 기분부전을 보전할 수는 없다). 모든 것을 고칠 수는 없다. 내담자가 해답을 가지고 있다는 가정을 모든 것이 충족시키지는 않는다. 우리는 모든 것을 고치거나 설명할 수 없다.

내가 SFBT를 사용하는 전문가들에게 개인적으로 그들의 상담에 관하여 물어보면, 모두가 SFBT 치료자가 되려고 하는 것은 아니라고 대답한다. 나는 이 점이 의미 있다고 생각한다. 다른 모델을 사용하는 상담자에게 왜 그 상담을 추구하는지 물어보면 가장 흔히 하는 대답은 "제가 나중에 다른 생각을 하지 않을 무엇인가가 필요해서요." 혹은 "제 상황이 매우 복잡해서요."다. 때로는 간단한 것이 더 낫지 않을 수도 있다(Thomas, 2007). 복잡한 것이 더 나을 때도 있고, 문제를 하나하나 해체해 보는 것이 틀릴 때도 있다(Ellis, 1989). 우리가 만나는 모든 내담자에게도 똑같을지 모른다. 우리가 de Shazer가 말한 것처럼 '보다 더 복잡한 설명적 은유'에 열려 있다면, 치료적 맥락에서 변화를 도모하는 우리의 능력은 더 확장될 수 있을 것이다.

SFBT 상담자는 (우연히 혹은 의도적으로) 더 폭넓은 맥락을 무시할 지도 모른다. 여기서 더 폭넓은 맥락이란 체계적 치료자들이 말하는 '보살핌의 궤도'를 말한다 (Doherty, 1999).

SFBT 문헌에서 사용된 임상 사례들의 대부분은 단일 사례다. 따라서 상담에 참여하지 않은 다른 사람들에게 임상적 개입이 어떤 영향을 미칠지 예측하는 데 참조하기 어렵다. 만약 상담자가 내담자를 그의 삶의 맥락에서 떼어놓고 상담한다면, 그는 피치 못하게 윤리적 심리치료의 원리를 위배하게 된다. Kitchener(1984)가 말한 '자율성'의 개념은 정신건강 전문가가 다른 사람의 권리를 침해하지 않는 한 가능하면 내담자 스스로 자율적인 의사결정을 할 수 있도록 하며 그것을 보호하여야 한다는 것을 명시하고 있다. Bill O'Hanlon(1990)은 "문제는 외부와 단절된 상태에서 존재하지 않는다. 문제는 언어적 · 사회적 · 문화적 맥락 속에서 존재한다."(p. 80)고 하였다.

내담자의 친밀한 관계와 사회적 지지망, 가까운 문화적 연결고리를 무시하거나 공격하는 것은 모두에게 손해다. Duane Bidwell(1999)은 "SFBT 접근의 실질적인 요소인 '내담자가 가장 잘 안다.'는 가설은 공동체의 지식과 경험이 내담자에게 도움이 될 수 있다는 것을 존중하지도 동의하지도 인정하지도 그리고 폭넓게 인식하지도 않았다."(p. 16)고 하였다. 그리고 Bidwell은 SFBT가 (그리고 다른 많은 접근법이) 상담에서 일어난 내담자의 변화가 그(녀)와 가까운 관계나 그(녀)가 속한 공동체에 미친 영향에 대하여 어떻게 간과해 왔는지를 설명하였다. SFBT에 관한 저자들 중 누구도 치료자나 내담자에게 그들이 내리는 결정이 다른 사람에게 어떤 영향을 미칠지 주의 깊게 고려하도록 하는 것, 즉 상담에서 얻어지는 해결의 윤리에 대하여 공개적으로 의문을 던지는 경우를 찾아보기는 어렵다고 하였다. 윤리적인 상담을 위해서 우리는 일어날 가능성이 있는 것뿐만 아니라 일어날 개연성이 있는 것까지 주의 깊게 고려하여야 한다. 다시 말하면, 상담의 영향이 상담실 밖의 가까운 관계들에 미칠 영향에 대해서도 평가해 보아야 하는 것이다.

상담에서 내담자가 내리는 결정은 종종 그들의 삶에서 행동으로 옮겨진다. 우리는 이런 행동이 문제가 되지 않고 내담자가 더 잘 적응하는 데 도움이 되기를 바란다. 치료자는 내담자의 결정이 상담실 밖에서의 내담자의 삶에 영향을 미친다는 점을 기억해야 한다. 중립적인 결정이란 없다. 한 내담자가 한 행동을 만약 다른 내담자가 한다면 다른 결과를 가져올 것이다. 예를 들면, 자기주장 훈련은 대체로 대부분의 사람에게 도움이 되지만, 내담자의 삶의 맥락을 고려하지 않고 자기주장 행동을 하도록 하는 것은 부정적인, 아니 치명적인 결과를 가져올 수도 있다. 자신의 권리를 주장하는 것은 긍정적인 변화를 가져올 수도 있지만, 직장을 잃게 되거나 폭력적인 배우자 관계에서는 심지어 폭력이라는 결과를 가져올 수도 있다. 이것은 '피해자를 비난하고자 하는 것'이 아니라 그것이 맥락적 현실이라는 것이다.

허락 없는 강요

상담자들은 강요(동의 없이 추진함)와 허락(동의 하에 추진함)을 구별하는 것에 대해서 자주 질문하는데, 사실 셀프 슈퍼비전 과정에서 자주 논의되지는 않고 있다. SFBT에서는 어떤 아이디어가 해체될 것인지, 문제의 정의를 수정할 것인지, 언제 경험을 재구조화할 것인지를 상담자가 결정한다. 내담자가 자신의 정신건강이나 정체성 혹은 대인관계에 위험할 수도 있는 선택을 하게 하는 경우는 드물다.

SFBT에서는 더 적응적인 것이 나타날 때까지 내담자의 현재 경험에 대하여 계속 질문하고 재검토함으로써 내담자의 문제를 해체한다. 이러한 조형 과정(shaping process)은 치료자의 가설적 언어를 통해서 이루어진다. 즉, 치료자는 내담자가 내린 결론이나 이야기에 대하여 미심쩍은 자세로 다른 대안을 소개한다. 이럴 때 내담자가 내린 결론은 강탈당하거나 은밀하게 반박을 당하게 되는 것이다. SFBT에서 가장 흔히 쓰는 기법은 내담자의 결론("항상 이렇습니다.")을 덜 절대적인 방향으로 움직이도록 하는 것, 즉 문제를 새롭게 기술하도록 하는 것이다. 예를 들면, 다음과 같다.

> 내담자: 저는 자고 싶지만 아무리 해도 결코 잠을 이룰 수가 없습니다. 몇 시간 동안 깨어서…….
>
> 치료자: 때때로 잠드는 것이 어렵다는 소리군요.

John Ellis는 그의 저서 『해체에 반하여(Against Deconstruction)』(1989)에서 다른 사람의 생각을 해체하려는 사람의 의도는 얼마나 투명할 수 있을까라는 질문을 한 적이 있다. 상담 체계는 내담자가 자신의 문제를 더 이상 고통스러운 것으로 생각하지 않도록 치료자와 내담자가 재구조화하는 과정이다.

『McSweeney』의 편집자이자 저자인 Dave Eggers는 다음과 같이 말했다(Gordon, 2000).

> 나는 나의 문제와 내 머릿속에서 들리는 목소리를 매우 좋아한다. 나는 나의 모든 어려운 일을 잘 활용하고 있으며, 결코 이 문제를 덜거나 제거하기 위해서 정신건강 전문가를 만나지는 않을 것이다(이것이 모순되는 말이라고 자주 생각하지만)(p. 9).

Bernstein과 Hartsell(2000)은 고지된 동의는 치료자가 활용하는 모든 상담을 포함하여야 한다고 하였다. "내담자는 자신이 받는 상담에 대하여 알 권리가 있다. 초기 목표와 목적, 그리고 상담의 기법들이 기술되어야 한다."(p. 21; 또한 Gladding, Remley, & Huber, 2001 참조) 미국에서는 자격을 갖춘 심리치료자들 대부분이 치료의 과정과 절차의 특성, 치료자의 치료적 접근, 이익과 위험, 대안적 상담 방법, 상담에서 얻을 수 있는 성과에 대하여 공개해야 한다(Caudill, 2004; Gladding et al., 2001). 미국 부부 및 가족치료학회(AMFT)의 윤리강령(2001) 및 미국심리학회(APA)(2003), 미국사회복지학회(NASW)(1996), 미국상담학회(ACA)(1996)는 이 의무사항들을 준수한다. 따라서 우리는 아마도 상담실 밖에서나 이러한 사항들에 대한 의무를 생각하지 않고 SFBT를 할 수 있을 것이다.

따라서 SFBT 치료자는 상담 과정과 실제에서 태생적으로 자신이 권력을 가진 위치에 있음을 인정하고, 선택의 기점에 섰을 때 더 투명해야 할 필요가 있다. SFBT는 변화를 가져올 수 있는 강력한 접근이므로 치료자의 편향을 솔직히 드러내는 것이나 해체를 위한 과정에 들어가기 전에 내담자의 허락을 얻는다고 하여도 상담의 효과가 줄어들 것 같지는 않다.

상담에서 내담자의 동의를 계속 구하는 것은 중요하다. 상담 초반에 대부분의 내담자가 '상담에 대한 동의서'를 읽고 사인을 하지만, 그들이 노출된 취약한 부분을 상담 내내 이해하는 사람은 거의 없다. 치료자가 내담자의 이익을 위해 행동한다는 것을 전제로 하는 '선의의 원리'는 고지된 동의에 입각하여 상담이 이루어질 때 균형을 이루게 된다.

잘못 알고 있는 것: SFBT와 문화

SFBT는 인종과 민족, 성, 나이, 그리고 내담자(치료자)에게 영향을 줄 수 있는 기타 현상들에 덜 민감할 수 있다. 이 접근에서는 문화에 대한 민감성이 좀처럼 토론의 주제가 되지 않는다. 대신에 다수의 공통의 경험보다 개인의 경험의 고유성이 강조된다. 따라서 SFBT가 사회적 구성주의 인식론에 기초하고 있다고 하지만, 그것과의 공통점은 종종 평가되는 것보다 적은 편이다. Steve de Shazer(2001)는 다음과 같이 말했다.

> SFBT는 홍콩, 서울, 도쿄, 싱가폴, 헬싱키, 런던 등 어느 곳에서 사용하든 똑같이 효과적이고 효율적으로 보인다. 마찬가지로 치료자와 내담자가 다른 인종, 성별, 종교일 때에도 효과적인 것 같다. 이것은 아마도 SFBT가 내담자가 (상담으로부터) 원하는 것을 얻도록 돕는 데 관심이 있기 '때문'일 것이다(p. 1).

De Jong과 Berg(2002)는 SFBT와 문화적 다양성에 대하여 다음과 같이 논의하고 있다.

> …상담 분야에서 다양성에 효과적인 상담을 육성하려는 노력은 주로 문제해결 중심의 인식론을 전제로 하였다. …우리는 문화적 다양성은 많은 사람 간에 존재하는 엄청난 차이점들의 한 측면이라고 본다. 따라서 상담에서 알지 못함의 자세(posture of not knowing)를 취할 필요가 있음을 확인시켜 주는 것이라고 생각한다(p. 257).

이러한 주장의 한 가지 문제점은 치료자가 모른다는 자세를 유지하면서 SFBT 접근를 사용하려 할 때 내재적인 모순이 발생한다는 점이다. Iveson(2005)은 다음과 같이 말했다.

> 해결중심 단기치료에서 알지 못한다는 자세를 극단적으로 해석하면 과제와 칭찬의 필요성도 문제가 된다. 해결중심 과제는 매우 간접적이어서 내담자가 상당한 사고의 과정을 거치도록 만든다. 내담자를 고객, 불평가, 방문자로 보는 아이디어도 내담자(혹은 내담자-치료자 관계)를 평가하는 도구로 흔히 사용된다. 내담자가 거치는 사고의 과정은 바로 SFBT가 피하려고 하는 '아는 것'(knowing)의 한 종류라고 할 수 있다. 그러나 사실 '문제중심의 아는 것'만이 '아는 것'은 아니지 않은가. 칭찬 역시 아는 것을 필요로 하므로 '알지 못함'이라고 보기 어렵다. 칭찬도 어쨌든 평가의 산물이다. 잘못된 칭찬(예를 들면, 우리 문화에서는 긍정적인 특성으로 환영받는 것이지만, 내담자의 문화에서는 다르게 인식될 수 있다)을 보면 이런 평가가 얼마나 얄팍하고 일시적인 것인지 알 수 있다(p. 5).

Iveson의 지적도 주의 깊게 고려해 볼 가치가 있다. '알지 못함'의 자세는 모호한 것이어서 이러한 태도를 유지하는 데에는 한계가 있다(Anderson, 2005). 게다가 알지 못함의 자세는 SFBT의 과정 및 기법들이 형성되던 초기 10년 동안 SFBT의 필수요소가 아니었으며 1990년대에 와서야 포함되었다(그리고 '알지 못함'이 포함된 지 10년 이상의 시간이 지난 다음에야 심리치료 문헌과 실제에서 유명해졌다). 모른다는 자세를 취하기 위하여 개인의 편견을 일축하거나 문화적 영향을 못 본 척하는 입장은 다양한 삶과 경험에 민감해지라는 대안적 입장보다 더 위험한 것일 수 있다. 고인이 된 Heinz von Foerster의 말을 인용하면, 우리가 모르는 것을 믿지 않는 것과 우리가 아는 것을 믿지 않는 것은 둘 다 위험하다.

Gingerich와 Eisengart(2000)는 SFBT 연구들을 고찰한 결과, 문화와 인종 혹은 민족에 주목하여 잘 설계된 연구가 부족하다고 하였다. SFBT를 인종/문화/민족과 연결하려는 연구들은 대부분 과학적인 논문이라고 하기보다는 SFBT의 가정의 타당성을 입증하고 특정 임상 사례들과 관련된 문화에 대하여 이야기하는 것에 그쳤다(Berg & Jaya, 1993; Berg, Sperry, & Carlson, 1999; Chang & Ng, 2000; Corcoran, 2000; Manthei, 1996; Song, 1999; Thomas, Sunderaraj Samuel, & Chang, 1995;

Yeung, 1999 참조). Lee(1997)의 연구는 다양한 가족에 SFBT가 효과적이었음을 밝힌 기술 통계 연구였지만, 문화, 인종, 민족에 민감하지 못한 자료에 대한 사후 평균 비교에 그쳤다. Springer와 Lynch, Rubin(2000)의 연구는 히스패닉 아동에 대한 SFBT 집단상담을 실시하였으나 그 결과를 일반화하기에는 연구 대상의 수가 너무 적었다. 지금까지 SFBT가 다양성에 민감한 치료 접근이라는 주장은 연구에 기초한 것이라기보다는 생각과 추정에 기초한 것으로 보인다. 유럽단기치료학회(EBTA)가 연구기금 프로그램을 통해 해 온 것처럼 SFBT의 이론적 가설과 연구에 의한 뒷받침 사이의 간극은 쉽게 드러날 수 있다.

단기가 항상 더 좋은 것은 아니다

성별과 교차문화적 연구를 차용하여 SFBT에서 알파 오류와 베타 오류를 범할 수 있다(Hare-Mustin, 1987). 여기서 알파 오류(alpha error)란 차이를 과장하는 것을, 베타 오류(beta error)란 실제 차이를 무시 또는 경시하는 것을 말한다.

알파 오류

SFBT는 내담자의 성장, 효과, 그리고 긍정적인 변화를 강조한다. 이러한 문제와 관련한 두 편의 연구를 보자. 먼저 Metcalf는 유명한 SFBT 센터에서 내담자와 치료자들을 각각 인터뷰하였다(Metcalf, 1993; Metcalf & Thomas, 1994; Metcalf, Thomas, Miller, Hubble, & Duncan, 1996). 종결 과정에 대한 질문에 내담자의 일부는 치료자가 서둘러 혹은 성급하게 종결하였다는 느낌을 보고하였다. 반면 치료자들은 목표의 달성 및 내담자의 바람에 기초하여 적절히 종결한 것으로 보고하였다. SFBT는 변화를 강조하는 접근으로 유명하다. 그런데 이처럼 SFBT 상담자들이 자신들의 상담에 영향을 줄 수 있는 편향을 가지고 있어서 알파 오류(변화가 없는데 변화가 있다고 하는 것)를 범할 가능성이 크다는 점은 독자 여러분에게 놀라운 일일 것이다.

두 번째는 일명 '회기 전 변화'(presession change)라고 부르는 현상에 관한 몇몇 학자들의 연구다. Weiner-Davis와 de Shazer, Gingerich(1987)는 처음으로 SFBT 접근에서의 회기 전 변화 현상에 대해 보고하였고, 다른 학자들(Allgood, Parham, Salts, & Smith, 1995; Johnson, Nelson, & Allgood, 1998; Lawson, 1994)은 내담자들의 경험에 관하여 연구하였다. 이러한 연구들을 고찰한 결과, 명확한 것은 연구자/치료자는 자신들의 보고에 있어 쉽게 편향될 수 있다는 것이었다. Johnson 등(1998)에 의하면 회기 전 변화에 관한 질문이 객관적으로 측정되었는지(즉, 지필문항에 반응하기), 혹은 치료자에 의해 구두로 측정되었는지(이것은 즉시성이나 반복 측정에 의해 편향될 수 있다)에 따라 내담자들의 보고는 매우 다르게 나타났다.

베타 오류

SFBT 치료자가 베타 오류(실제 일어난 변화를 보지 못하는 것)를 범할 가능성은 내담자가 이끌도록 내버려 두는 능력과 직접적으로 관련이 있다. "한 걸음 뒤에서 이끄는 것"(Cantwell & Holmes, 1994)이 SFBT의 규칙이지만, 치료자는 종종 내담자가 방향과 속도를 정하도록 허용하는 인내심이 부족하다(Nylund & Corsiglia, 1994). 이러한 접근을 오용하는 가장 흔한 것은 판매 전략 중에 "'예'로 끝나는 질문기법"(www.ChangingMinds.org, 2005)과 비슷하다. www.ChangingMinds.org 홈페이지에서 이 전략을 가장 잘 설명해 주는 설명을 보자.

> "예"로 끝나는 질문기법이란 "예"라는 대답을 반복하게 만드는 패턴을 설정함으로써 다른 사람들이 습관적으로 반응하도록 만드는 것을 말한다. 일단 이 패턴이 설정되면 사람들은 자동적으로 "예"라고 대답하게 되고, 그러면 당신이 정말로 "예"를 듣고 싶은 질문을 상대방이 알아채지 못하게 집어넣을 수 있다. 또한 많은 사람은 "아니요"라는 대답을 특별히 좋아하지 않는다. "아니요"를 무례하다고 생각하기 때문이다.

이것이 어떤 사람에게는 부적절하게 보이는 것처럼, SFBT의 슈퍼비전과 훈련을 담당하는 우리 중 다수가 치료자들이 자신의 경험의 수준과 상관없이 "예"라는 대답을 반복하도록 만드는 것을 자주 볼 수 있다. 대학에서 상담 실습 수업을 지도하거나 동료들과의 워크숍에서 임상 비디오를 볼 때, 효율성이 신속함이라고 믿는 사람들에게서 이러한 모습을 볼 수 있다. Nylund와 Corsiglia(1994)는 이 부분에 주의를 당부한다. 그들은 모든 예외가 똑같지 않다고 말한다. 그리고 치료자가 변화의 중요성을 결정하고 내담자의 현실이 지지 혹은 지탱할 수 있는 범위 바깥으로 경험을 확장시킬 때 우리는 '해결을 강요하는 치료'를 하고 있는 것이라고 하였다.

de Shazer는 다음과 같이 말했다. "상담은 가능한 한 적은 회기로 이루어져야 한다. 꼭 필요하지 않다면 한 회기도 더할 필요가 없다." (Hoyt, 1996, p. 61) 나에게는 이것이 효율적인 치료자가 될 수 있다는 자유를 준다. 하지만 그것이 내담자에게 중요한 혹은 지속적이라고 생각되지 않는 변화를 강요하는 근거로 사용되어서는 안 된다고 생각한다.

악의 가능성을 설명하는 것이 불가능하다

대부분의 심리치료 모델이나 접근들처럼 SFBT 역시 내담자의 본성은 선하다고 가정한다. 즉, 개인이 어떤 결정을 내릴 때 그의 야망과 의도는 다른 사람과 세상을 고려한 것이며 그는 보편적인 선을 선택할 것(또는 적어도 분명히 자신이나 다른 사람을 해칠 해결책은 거부할 것)이라고 본다. 또한, 다른 이론을 따르지 않는다면, SFBT 치료자는 개인의 행동의 결과가 그의 행동을 통제하게 될 것이라는 생각을 지지할 것이다. 이런 검증되지 않은(혹은 적어도 알려지지 않은) 인류학적 편향이 인간에 대한 또 다른 가능한 믿음을 가로막을 수도 있다. 따라서 나는 이러한 편향에 다소 비판적이며, Bidwell(1999)의 다음과 같은 의견에 동의한다. "나는 '자연적 조절'이라는 것이 반드시 성공적일 것이라고 생각하지는 않는다. 인간의 오용과 힘을 막기 위해 자본주의를 조절할 것이라고 믿었던 '보이지 않는 손'이 그랬던 것처럼. 이러한

문제를 심각하게 고려하지 않는다면 SFBT 모델은 취약해질 수밖에 없다." (p. 13)

"악의 초자연적 성격에 대한 믿음이 꼭 필요한 것은 아니다. 인간은 모든 사악함이 가능하다." (Conrad, 2006, p. 2) 이것은 Joseph Conrad가 1911년에 쓴 글에서 인용한 것인데, 이 말은 거의 백여 년이 지난 지금 이 대화에서 중요한 의미를 지닌다. 악에 대하여 논하는 것이 반드시 신에 대한 믿음과 관련되는 것은 아니다. 초자연적인 존재에 대한 믿음과 상관없이 우리는 계속 세상에서 일어나는 폭력과 정의롭지 못한 일을 저지르는 행위의 실체를 이해해야만 한다. 유신론자(Martin Luther King, Jr.이나 Blaise Pascal 같은)와 무신론자(Aristotle나 Ayn Rand를 포함한) 둘 다 악의 실체와 그 실체를 사회가 설명할 필요성에 대하여 광범위하게 글을 썼었다. Ken Gergen(2002)은 사회적 구성주의는 본질적으로 도덕에 관심이 있으며, 따라서 판단(옳고 그른 것을 평가할 뿐만 아니라 더 좋은 것에서부터 더 나은 것까지 그 정도를 평가하는)과 옳고 그른 것의 원천에 대한 토론(인간의 본성, 환경, 무시, 의도, 신/악마 등)(Murdoch, 1970, 2001 참조)에 열려 있다고 하였다. 우리가 궁극적인 진실의 원천을 주장하지 않는 한, 이러한 주제에 관한 인류학의 토론은 우리에게 유용한 정보를 줄 수 있다.

나는 우리가 내담자와 어떤 선택안을 찾을 때, 치료자가 내담자에게 자신의 결정에 대하여 윤리적으로 사고하고 그러한 결정이 그들 자신에게 미칠 결과를 상상해 보도록 하는 것뿐만 아니라 그러한 결정이 타인에게 미칠 영향도 고려해 보도록 하는 것이 중요하다고 생각한다. 또한 SFBT 치료자가 자신의 인간과 인간의 조건에 관한 개인적 신념이 치료적 대화에 어떤 편향된 영향을 미치는지 검토하면서 자신을 셀프 슈퍼비전하는 것이 중요하다고 생각한다. 우리가 쓰고 있는 렌즈(Hoffman, 1990)를 주의 깊게 살펴보고, 우리가 그것을 어떻게 구성하고 유지하는지 아는 것이 임상을 위한 지속적인 자원이 되어야 한다.

결론

폭넓게 SFBT라는 접근으로 상담을 하고 있는 우리는 다른 목소리나 관점들에 대해 두려워하지 말고 그것을 포용할 수 있어야 한다. 점점 더 분명한 이데올로기가 영향을 미치고 있는 세상에서 근시안적 관점은 이해는 되지만 반드시 선망의 대상이 되는 것은 아니다. 만약 SFBT가 그 내부와 외부로부터의 비판에 계속 열려 있을 수 있다면, 우리의 미래는 많은 가능성을 가지고 밝게 펼쳐질 것이라고 나는 믿는다. 그러나 진화론의 개념을 적용해 볼 때, 만약 융통성을 잃고 변화하는 환경과 도전에 적응하는 데 실패한다면 우리는 사라질 것이다. 우리는 이 접근을 사용하면서 한계점이 있을 수 있음을 인정하고 오해와 오용을 적극적으로 다루는 것이 기본이 되어야 한다. 심지어 우리의 모든 것이 이해되지 못한다 하더라도 말이다(그중 일부는 오해 그 이상이기는 하지만). 그리고 열정적인 토의와 건강한 의심은 받아들여서 이 접근법을 더 풍부하게 만들어 나가야 한다.

참고문헌

Allgood, S. M., Parham, K. B., Salts, C. J., & Smith, T. A. (1995). The association between pre-treatment change and unplanned termination in family therapy. *American Journal of Family Therapy, 23,* 195-202.

American Association for Marriage and Family Therapy (2001, July 1). *AAMFT code of ethics.* Retrieved January 16, 2006, from http://www.aamft.org/resources/lrmplan/ethics/ethicscode2001.asp

American Counseling Association (1996). *Code of ethics.* Retrieved September 23, 2005, from http://www.cacd.org/codeofethics.html

American Counseling Association (2003). *Code of ethics.* Retrieved September 23, 2005, from http://www.apa.org/ethics/

Amundson, J. K. (2001). Why narrative therapy need not fear science and "other" things. *Journal of Family Therapy, 23,* 175-188.

Anderson, H. (2005). Myths about "not-knowing." *Family Process, 44*(4), 497-504.

Berg, I. K., & Jaya, A. (1993). Different and same: Family therapy with Asian-American families. *Journal of Marital and Family Therapy, 19,* 31-38.

Berg, I. K., Sperry, L., & Carlson, J. (1999). Intimacy and culture: A solution-focused perspective: An interview. In J. Carlson & L. Sperry (Eds.), *The intimate couple* (pp. 41-54). Philadelphia, PA: Brunner/Mazel.

Bernstein, B. E., & Hartsell, T. L. (2000). *The portable ethicist for mental health professionals: An A-Z guide to responsible practice.* New York: Wiley.

Berry, W. (1981). *The gift of good land.* San Francisco: North Point Press.

Bidwell, D. R. (1999). Hope and possibility: The theology of culture inherent to solution-focused brief therapy. *American Journal of Pastoral Counseling, 3,* 3-21.

Cantwell, P., & Holmes, S. (1994). Social construction: A paradigm shift for systemic therapy and training. *The Australian Journal of Family Therapy, 15,* 17-26.

Caudill, O. B., Jr. (2004). *The hidden issue of informed consent.* Retrieved January 15, 2006, from http://www.aamft.org

Chang, H. H., & Ng, K. S. (2000). I Ching, solution-focused therapyand change: A clinical integrative framework. *Family Therapy, 27,* 47-57.

ChangingMinds.org (n.d.). "Yes-set close technique." Retrieved June 20, 2005, from http://www.changingminds.org/disciplines/sales/closing/yes-set_close.htm

Conrad, J. (2006, 1911). *Under western eyes.* Retrieved January 15, 2006, from http://www.conrad.thefreelibrary.com/Under-Western-Eyes/2-4

Corcoran, J. (2000). Solution-focused family therapy with ethnic minority clients. *Crisis Intervention and Time-Limited Treatment, 6,* 5-12.

De Jong, P., & Berg, I. K. (2002). *Interviewing for solutions* (2nd ed.). Pacific Grove, CA: Brooks/Cole.

de Shazer, S. (1985). *Keys to solution in brief therapy.* New York: Norton.

de Shazer, S. (1988). *Clues: Investigating solutions in brief therapy.* New York: Norton.

de Shazer, S. (2001, January 31). Need help with my thesis. [Online]. Message posed to the Solution Focused Therapy SFT-L electronic mailing list, archived at http://www.listserv.icors.org/archives/sft-l.html

Doherty, W. J. (1999, October). If most therapies are equally effective, why be an MFT? A workshop presented at the American Association for Marriage and Family Therapy annual conference, Chicago, IL.

Duncan, B. L., Hubble, M. A., & Miller, S. D. (1997). *Psychotherapy with "impossible" cases: The efficient treatment of therapy veterans.* New York: Norton.

Durrant, M. (1995). *Creative strategies for school problems: Solutions for psychologists and teachers.* New York: Norton.

Ellis, J. M. (1989). *Against deconstruction.* Princeton, NJ: Princeton University Press.

Ford, D. (2005, April 23). Editorial: The scent of marketing. *Fort Worth Star-Telegram,* p. B2.

Gergen, K. J. (2002). Reflecting on/with my companions. In C. A. M. Hermans, G. Immink, A. DeJong, & J. van der Lans (Eds.), *Social constructionism and theology* (pp. 273-289). Leiden, Netherlands: Brill.

Gordon, F. (2000, July/August). Dave Eggers: And his calculatingly intuitive response. *Poets & Writers, 28*(4), 8-12.

Gingerich, W. J., & Eisengart, S. (2000). Solution-focused brief therapy: A review of the outcome research. *Family Process, 39,* 477-498.

Gladding, S. T., Remley, T. P., Jr., & Huber, C. H. (2001). *Ehitcal, legal, and professional issues in the practice of marriage and family therapy* (3rd ed.). Upper Saddle River, NJ: Merrill Prentice Hall.

Grenz, S. J., & Franke, J. R. (2001). *Beyond foundationalism: Shaping theology in a postmodern context.* Louisville, KY: Westminster John Knox Press.

Hare-Mustin, R. (1987). The problem of gender in family therapy. *Family Process, 26,* 15-27.

Harway, M., & Hansen, M. (1994). *Spouse abuse: Assessing and treating battered women, batterers, and their children.* Sarasota, FL: Professional Resource Press.

Hoffman, L. (1990). Constructing realities: An art of lenses. *Family Process, 29,* 1-12.

Hoyt, M. (1996). Solution building and language games: A conversation with Steve de Shazer. In M. Hoyt (Ed.), *Constructive Therapies, 2* (pp. 60-86). New York: Guilford Press.

Iveson, C. (2005). Teaching the difficult craft of not knowing. *Solution News, 1*(3), 3-5.

Johnson, L. N., Nelson, T. S., & Allgood, S. M. (1998). Noticing pretreatment change and therapy outcome: An initial study. *The American Journal of Family Therapy, 26,* 159-168.

Kitchener, K. S. (1984). Ethics in counseling psychology: Distinctions and directions. *Counseling Psychologist, 12,* 15-18.

Kitchener, K. (2000). *Foundations of ethical practice, research, and teaching in psychology.* Mahwah, NJ: Lawrence Erlbaum.

Lawson, D. (1994). Identifying pretreatment change. *Journal of Counseling and Development, 72,* 244-248.

Lee, M. Y. (1997). A study of solution-focused brief family therapy: Outcomes and issues. *The American Journal of Family Therapy, 25,* 3-17.

Måhlberg, K., & Sjöblom, M. (2004). *Solution-focused education.* Smedjebacken, Sweden: ScandBook AB.

Malamud, B. (1963). *The natural.* London: Eyre & Spottiswoode.

Manthei, R. J. (1996). Increasing tolerance and respect of clients through the use of solution-focused counselling. *International Journal for the Advancement of Counselling, 18,* 143-152.

McFarland, B. (1995). *Brief therapy and eating disorders: A practical guide to solution-focused work with clients.* San Francisco: Jossey-Bass.

Metcalf, L. (1993). *The pragmatics of change in solution-focused brief therapy: Ethnographic interviews with couples and their therapists.* Unpublished doctoral dissertation, Texas Woman's University.

Metcalf, L., & Thomas, F. N. (1994). Client and therapist perceptions of solution focused brief therapy: A qualitative analysis. *Journal of Family Psychotherapy,*

5(4), 49-66.

Metcalf, L., Thomas, F. N., Miller, S. D., Hubble, M. A., & Duncan, B. (1996). Client and therapist perceptions of solution focused brief therapy: A qualitative analysis. In S. D. Miller, M. A. Hubble, & Duncan, B. (Eds.), *Handbook of solution-focused brief therapy: Foundations, applications, and research* (pp. 335-349). San Francisco: Jossey-Bass.

Murdoch, I. (1970, 2001). *Sovereignty of good.* London: Routledge & K. Paul.

NASW (1996). *Code of ethics of the National Association of Social Workers.* Retrieved July 30, 2004, from http://www.naswdc.org/pubs/code/code.asp

Nylund, D., & Corsiglia, V. (1994). Becoming solution-focused forced in brief therapy: Remembering something important we already knew. *Journal of Systemic Therapies, 13,* 5-12.

O'Hanlon, W. (1990). A grand unified theory for brief therapy: Putting problems in context. In J. K. Zeig & S. G. Gilligan (Eds.), *Brief therapy: Myths, methods, and metaphors* (pp. 78-89). New York: Brunner/Mazel.

O'Hanlon, W., & Weiner-Davis, M. (1989). *In search of solutions: A new direction in psychotherapy.* New York: Norton.

Prochaska, J. O. (1999). How do people change, and how can we change to help many more people? In M. A. Hubble, B. L. Duncan, & S. D. Miller (Eds.), *The heart and soul of change: What works in therapy* (pp. 227-255). Washington, DC: American Psychological Association.

Sharry, J., Madden, B., & Darmody, M. (2003). *Becoming a solution detective: Identifying your clients' strengths in practical brief therapy.* Binghamton, NY: The Haworth Press.

Song, S. J. (1999). Using solution-focused therapy with Korean families. In K. S. Ng (Ed.), *Counseling Asian families from a systems perspective* (pp. 127-141). Alexandria, VA: American Counseling Association.

Springer, D. W., Lynch, C., & Rubin, A. (2000). Effects of a solution-focused mutual aid group for Hispanic children if incarcerated parents. *Child & Adolescent Social*

Work Journal, 17, 431-442.

Thomas, F. N. (2007). *Simpler may not be better.* Manuscript submitted for publication.

Thomas, F., & Cockburn, J. (1998). *Competency-based counseling: Building on client strengths.* Minneapolis: Fortress.

Thomas, F. N., & Nelson, T. S. (2007). Assumptions within the Solution-Focused Brief Therapy tradition. In T. S. Nelson & F. N. Thomas (Eds.), *Handbook of solution-focused brief therapy: Clinical applications* (pp. 3-24). Binghamton, NY: The Haworth Press.

Thomas, F. N., Sunderaraj-Samuel, M., & Chang, H. H. (1995). Competency and culture. *News of the Difference, 4*(2), 9-10.

Tomm, K. (1991). Tell me Carl, Where do I exist? In G. Weber & F. B. Simon (Eds.), *Strange encounters with Carl Auer* (pp. 29-40). New York: Norton.

Tyler, S. A. (1978). *The said and the unsaid: Mind, meaning, and culture.* New York: Academic Press.

Watzlawick, P., Weakland, J. H., & Fisch, R. (1974). *Change: Principles of problem formation and problem resolution.* New York: Norton.

Weiner-Davis, M., de Shazer, S., & Gingerich, W. J. (1987). Building on pretreatment change to construct the therapeutic solution: An exploratory study. *Journal of Marital and Family Therapy, 13,* 359-363.

Yeung, F. K. C. (1999). The adaptation of solution-focused therapy in Chinese culture: A linguistic perspective. *Transcultural Psychiatry, 36,* 477-489.

Steve de Shazer에게 바치는 헌사

Brian Cade

25년도 더 전에 나는 Lynn Hoffman의 소개로 Steve de Shazer(1940~2005)를 처음 만났다. Lynn은 나와 Steve가 많은 공통점이 있을 것으로 생각했던 것 같다. 그녀의 판단은 옳았다. 우리는 서로 편지를 주고받기 시작했는데, 물론 그 시절의 (국제전화는 엄두도 못 낼만큼 비쌌기 때문에) 편지는 항공 우편이었다. 따라서 서로 간의 소통은 상당한 시간이 소요되는 일이었다. 실제로 내가 Steve와 그의 아내이자 동료인 Insoo를 처음 만난 곳은 영국 웨일즈(Wales)의 카디프(Cardiff)에 있는 기차역에서였다. 그는 마르고 키가 컸으며 벌목꾼처럼 옷을 입고 있었다. Insoo는 아주 작고 침착하며, Steve와는 전혀 다른 모습이었다(물론 Steve도 한국 여성처럼 보이지는 않았지만). 당시 나는 카디프에 있는 가족센터에서 일하고 있었는데, Steve는 우리 센터의 상담자들 및 학생들과의 만남

이 헌사는 2005년도에 영국에서 출판된 저널 Context: The magazine for Family Therapy and Systematic Practice에 저자가 쓴 부고를 출판사의 허락하에 수정한 것이다.

에서 즉석 강연을 해 주기로 하였다. 그의 강의에서 내가 처음 받은 인상은 그의 강의가 어찌나 솜씨가 없었던지(그의 말은 중얼거림에 가까웠고 강의실 가장 구석진 천장 어딘가에서 맴돌았다), 그리고 그의 몸짓이나 얼굴 표정이 얼마나 특이했었는가 하는 것들이었다. 그러나 나는 곧 그의 흥미로운 생각에 감화되었다. 우리는 금방 친구가 되었고, Jay Haley의 초기 저서인 『심리치료의 전략들(Strategies of Psychotherapy)』(1963)에서 받은 영향에 대해 공유하였다. 이 책을 통해 우리는 상호작용 관점과 Milton H. Erickson의 독특한 상담에 대하여 알게 되었다.

우리는 둘 다 캘리포니아의 팰로앨토(Palo Alto)에 있는 단기치료센터(Brief Therapy Center)의 영향을 받았으며, John Weakland의 친구였다. 1970년대에 Steve는 단기치료센터에서 일하기 위해 잠시 동안 팰로앨토로 이사를 했었다. 그 시기에 Insoo 또한 단기치료센터와 접촉했었다. 그리고 그녀를 Steve와 만나게 해 준 사람이 바로 John이었다. John이 자기는 뭔가 다른 일을 해야 한다면서 Insoo에게 Steve를 만나러 가도록 했다고 한다. 내가 듣기로는 그녀가 처음부터 Steve를 좋아한 것은 아니라고 한다(나중에 바뀌었음이 분명하지만!). 따라서 어떤 면에서 그 다음에 일어난 일은 적어도 John 덕분이거나 John 탓이라고 할 수 있다.

Steve는 전문적인 재즈 색소폰 연주자였었다. 따라서 음계와 음 사이의 간격에 대한 그의 관심이 상담에 대한 최소주의 접근에 반영되어 있다고 볼 수 있을 것 같다. 내가 Steve와 함께한 많은 시간을 회고해 보면, 내담자와 상담할 때를 제외하고는 우리가 치료에 대한 이야기를 나눈 경우는 매우 드물었다고 생각된다. 우리는 주로 문학에 관한 이야기를 나누었고 음악을 함께 들었다. 우리에겐 항상 Insoo를 피하는 쉬운 방법이 있었는데, 그것은 재즈나 20세기 음악을 함께 연주하는 것이었다. 그러면 그녀는 곧장 잠자리에 들곤 했는데, 한번은 모차르트 이후의 음악은 들을 가치가 없다고 말한 적도 있다.

Steve는 폭넓은 독서와 탐정소설을 좋아했다. 특히 그는 셜록 홈즈라는 등장인물을 좋아했고, 결코 어떤 사실보다 앞서서 결론을 내리지 않는 셜록 홈즈의 결단력을 자신의 저서에 반영하였다. 그는 추측하는 것을 '병'이라고 보았고, 추측은 치료자에게 자신이 뭔가를 하고 있다는 환상을 심어 준다고 보았다. 그는 철학과 요리를 좋아했고 그것에 뛰어났다. 그리고 장시간의 산책을 즐겼다.

나는 Steve의 치료를 보는 것을 좋아했다. 특히 내가 좋아한 것은 그가 치료 회기 안에서 무엇을 할지 결코 쉽게 예측할 수 없다는 점이었다(나도 같은 평판을 듣기 때문에 나는 내가 이런 방향으로 좀 편향되어 있다고 생각한다). 나에게는 카디프나 밀워키의 일방경 뒤에서 우리가 함께 작업했던 시절의 추억이 소중하다. 우리는 관찰실 뒤에서 함께 서성이며 상담에 귀 기울이기도 했을 뿐만 아니라 이야기를 나누고 농담을 하기도 하였다. 적어도 한 번 이상 Insoo나 우리 동료들 중 한 명이 뒤돌아보고는 얼굴을 찌푸리며 "쉿!" 하고 속삭이기도 했었다. 우리는 그들이 집중하는 것을 방해하기도 했다. 우리도 그들처럼 열심히 일하고 있었지만, 그들과는 다른 방식으로, 우리에게는 새로운 방식의 사고와 독창성을 향상시키는 방식으로 일하고 있는 것이었다.

그러나 나는 Steve가 상담실 안에서 내담자가 하는 말에 얼마나 극도로 집중하는지를 보고 감명을 받았다. 몇 년 전 시드니에서 내가 살고 있는 지역의 한 대학 심리학과에서 Steve의 초기 강의 테이프의 복사본을 더 이상 사용하지 않는다며(그들은 Insoo의 강의 테이프를 사용하는 데 만족하고 있었기 때문에) 나에게 주었다. 왜 Steve의 강의 테이프를 사용하지 않는지 그 이유를 묻자 Steve의 강의가 잘못 되어서 그렇다고 하였다. 그가 내담자에게 공감을 표현하지 않으며, 자세와 몸짓, 얼굴 표정, 중얼거림이나 웅얼거림, 그리고 좀처럼 내담자와 눈맞춤을 하지 않는 것 등이 학생들을 훈련하는 방향과 완전히 상반되기 때문이라는 것이다. 나는 내담자의 반응을 볼 때, 내담자는 분명히 Steve가 경청하고 공감해 주고 있음을 느끼고 있으며, 첫 회기의 마지막 부분에는 정말 상담에 몰입하게 되었고, 두 번째 회기에서는 그녀를 괴롭히던 문제를 해결하였다는 점을 지적해 주었다. 그러나 그들은 감명을 받지 못한 듯 보였다.

Steve는 항상 잘 지내기 쉬운 사람은 아니었다. 그는 매우 독선적이기도 하고, 조금은 괴짜같기도 했으며, 멍청한 사람들을 참지도 못했다. 사실 그는 미국보다 유럽에서 많은 시간을 보내며 훨씬 더 편안해하는 것 같았다. 한번은 나에게 이런 말을 했다. "미국의 청중은 나를 좋아하지 않는 것 같네. 그들은 나의 유머 감각을 이해하지 못한다네." 그러나 그는 항상 밀워키로 돌아가고 싶어 했다. 그는 겉으로 보이는 걸걸하고 퉁명스러운 모습보다 훨씬 더 배려하는 사람이었다. 나는 많은 사람이 그렇듯이 그를 매우 좋은, 그리고 변함이 없고 사려 깊은 친구라고 생각한다.

그의 죽음으로 단기치료 및 가족치료 분야는 가장 뛰어나고, 가장 독창적이며 인습을 타파하는 사람을 잃었다. Steve는 다섯 권의 책과 많은 책의 일부를 쓴 저자다. 그의 글들은 치료 접근의 실제 뒤에 있는 사고의 발달 단계를 설명해 준다. 그의 여섯 번째 저서인 『기적 그 이상의 것들(More Than Miracles)』은 그의 사후에 Haworth 출판사를 통해서 출판될 것이다. 현재 다양한 맥락과 다양한 문제를 다루기 위한 해결중심 접근의 기초를 설명하는 많은 책이 출판될 준비를 하고 있다. 그러나 단순히 기법 수준 그 이상으로 해결중심 접근을 충분히 이해하기 위해서는 모든 해결중심 치료자가 Steve의 책을 통해 여행을 떠나 볼 필요가 있다고 나는 강하게 믿는다. 그들은 Steve가 성장한 길을 따라 그의 접근이 어떻게 발전하였는지 이해할 필요가 있다(Steve는 이것을 모델이라고 부르지 않았지만 말이다).

또한 나는 Steve와 Insoo의 많은 동료에게 감사를 표하고 싶다. 그들 모두 각기 다른 방식으로 해결중심 접근에 기여하였기 때문이다. (내가 의도치 않게 빠뜨린 사람이 있다면 용서해 주길 바라며) 그들은 James Derks, Marvin Weiner, Elam Nunnally, Eve Lipchik, Alex Molnar와 Marilyn La Court, Wallace Gingerich, Michele Weiner-Davis, John Walter, Kate Kowalski, Ron Kral, Gale Miller, Scott Miller 그리고 Larry Hopwood다.

찾아보기

인명

Jackson, D. D. 60
Palazzoli, M. S. 63
Erickson, M. H. 51, 410
Wittgenstein, L. 105

내용

EARS 412
WOWW 298

강점 손가락 활동 304
고객형 37
교장선생님이 너 오래 기법 310
과제 44
관계 질문 312
관계성 질문 178
구성주의 107
구조주의 105
기적 질문 40, 80, 105, 107, 122, 146, 171, 273, 314, 318, 357, 482, 527

노래 질문 310
놀라운 결과를 창조하기 247

단기치료 409
단기치료센터 66
독특한 결과 62

목표 37
목표 설정을 위한 질문 494
문제로부터 자유로운 대화 270
물결 효과 34
미소 척도 307

반영적 질문 148, 149, 162

방문형 36
변화에 대한 기대 121
불평형 36
비디오 대화 246

사이버네틱스 56
사회적 구성주의 107
상호성 136, 145
신인식론 106
실재 108

알아차리기 과제 483
알지 못한다는 자세 23
알지 못함의 자세 71, 119, 555
앎 102
언어 게임 105
예외 41, 62, 121, 482
예외 질문 177, 352, 528
외재화 63
이야기치료 62
인식론 103
인식의 전환 45
일반체계이론 56

정상화 136, 144
정신건강연구소 60, 113
존재에 의한 지식 107, 124
좋은 이야기 지향 137
지식 102, 108

차이 질문 180
척도 질문 43, 174, 277, 315, 321, 355, 481
첫 번째 연상 신호 301
첫 회기 과제 75
첫 회기 과제 공식 524
친한 친구 질문 316
칭찬 181, 365
칭찬 차트 303

크리스탈 볼 기법 125

타당화 145
탈근대주의적 전환 106
팀 치료 386

파트너십 재건 부부치료 139
플라시보 효과 122

학생 차트 304
해결중심 평가 202
현상학 118
회기 전 변화 480, 558
휴식 44

저자 소개

Thorana S. Nelson

유타 주립대학교 가족 · 소비자 · 인간개발학과 가족치료 전공 교수

『101 Interventions in Family Therapy and 101 More Interventions in Family Therapy』『Tales from Family Therapy』『Education and Training in Solution-Focused Brief Therapy』『Mental Health System』 등의 저자

Frank N. Thomas

텍사스 기독대학교 교육대학 상담 전공 부교수

『Competency-Based Counseling』『Tales from Family Therapy』의 저자

『Journal of Systemic Therapies』 및 『Journal of the Finnish Association for the Advancement of Solution and Resource Oriented Therapy and Methods』의 편집자

Duane R. Bidwell

필립스 신학교 목회상담학과 조교수, 신학자, 공인 목회상담자

『Short-Term Spiritual Guidance』의 저자

Brian Cade

호주 웨일즈카디프가족연구소 창립 멤버, 영국심리치료협회 소속 가족치료사

『A Brief Guide to Brief Therapy』의 저자

Yvonne Dolan

해결중심단기치료학회 회장

『More than Miracles: The State of the Art of Solution-Focused Brief Therap』의 저자

Heather Fiske

캐나다 요크 대학교 박사, 토론토에서 활동하는 임상심리사

Cynthia Franklin

텍사스 오스틴 대학교 사회복지대학 정신건강학과 교수

『The School Services Sourcebook: A Guide for School-Based Professionals』『Family Treatment: Evidence-based Practice for Populations At-Risk』『Clinical Assessment for Social Workers: Quantitative and Qualitative Methods』의 저자

Daniel Gallagher

뉴욕 제너럴 신학교 졸업

포드햄 대학교의 종교 · 종교교육 대학원 비전임 교수

『Education and Training in Solution-Focused Brief Therapy』『The Listen and Describe Approach to Solution-Focused Brief Therapy』의 저자

Beth Gerlach

텍사스 오스틴 대학교 사회복지대학 박사과정

고등학교 학교사회복지사

Paul Hackett

영국 브라이턴 지역 사회복지사

Mo Yee Lee

캐나다 토론토 대학교 졸업

오하이오 주립대학교의 사회복지대학 교수

『Solution-Focused Treatment With Domestic Violence Offenders: Accountability For Change』『Solution-Oriented Social Work』『A Practice Approach to Working with Client Strengths and Evidence-Based Integrative Therapy』『An Eastern Holistic Approach Toward Harmony and Transformation』의 저자

Alasdair J. Macdonald

영국 글래스고 대학교 졸업

영국 국립건강보험 자문 정신과 의사

Mark Mitchell

공인 부부 · 가족치료사

Teri Pichot

덴버 대학교 사회복지 석사 졸업, 중독전문가

제퍼슨 카운티 보건환경국의 물질남용 상담프로그램 운영자

『Solution-Focused Brief Therapy: Effective Use in Agencies』의 저자

John Sebold

캘리포니아 주 퀸시에 위치한 풀마스 카운티 정신위생과장

『Solution-Focused Treatment of Domestic Violence Offenders: Accountability for Change』의 저자

Guy Shennan

영국 런던에 위치한 BRIEF의 해결중심 상담자이자 훈련가, 사회복지사

BRIEF에서 운영하는 해결중심상담 자격과정 담당자

Sabine Tolksdorf

독일의 쾰른 인근의 초등학교 교사

Andrew Turnell

호주 퍼스의 갈등해결을 위한 자문회사 소속 사회복지사, 단기 가족치료사

안전신호접근(Signs of Safety Approach)의 공동창시자

Adriana Uken

해결중심단기치료 훈련가, 자문가, '풀마스 프로젝트'의 공동 개발자

『Solution-Focused Treatment of Domestic Violence Offenders: Accountability for Change』의 저자

John Wheeler

영국 노섬브리아 대학교 상담학 석사, 체계적 심리치료사

Phillip Ziegler와 Tobey Hiller

『Recreation Partnership: A Soluition-Oriented, Collaborative Approach to Couples Therapy』의 저자

역자 소개

⊙ 김희정(HEEJONG KIM)

한국교원대학교 교육학과 교수

뉴욕 주립대학교 상담교육 철학박사

연세대학교 교육학과 학 · 석사

해결중심 단기치료: 이해와 실제

Handbook of Solution-Focused Brief Therapy: Clinical Applications

2017년 4월 10일 1판 1쇄 인쇄
2017년 4월 20일 1판 1쇄 발행

엮은이 • Thorana S. Nelson • Frank N. Thomas
옮긴이 • 김희정
펴낸이 • 김진환
펴낸곳 • (주) 학지사
04031 서울특별시 마포구 양화로 15길 20 마인드월드빌딩
대표전화 • 02-330-5114 팩스 • 02-324-2345
등록번호 • 제313-2006-000265호

홈페이지 • http://www.hakjisa.co.kr
페이스북 • https://www.facebook.com/hakjisa

ISBN 978-89-997-1226-5 93180

정가 22,000원

이 도서의 국립중앙도서관 출판시도서목록(CIP)은 서지정보유통지원시스템 홈페이지(http://seoji.nl.go.kr)와 국가자료공동목록시스템(http://www.nl.go.kr/kolisnet)에서 이용하실 수 있습니다.
(CIP 제어번호: CIP2017007056)